J. U. Jarnik

Etymologisches Wörterbuch der romanischen Sprachen

J. U. Jarnik

Etymologisches Wörterbuch der romanischen Sprachen

ISBN/EAN: 9783743443273

Hergestellt in Europa, USA, Kanada, Australien, Japan

Cover: Foto ©Andreas Hilbeck / pixelio.de

Manufactured and distributed by brebook publishing software (www.brebook.com)

J. U. Jarnik

Etymologisches Wörterbuch der romanischen Sprachen

NEUER VOLLSTÄNDIGER

INDEX

ZU

DIEZ' ETYMOLOGISCHEM WÖRTERBUCHE

DER ROMANISCHEN SPRACHEN

MIT BERÜCKSICHTIGUNG VON SCHELERS ANHANG
ZUR FÜNFTEN AUSGABE.

VON

JOHANN URBAN JARNÍK.

HEILBRONN

GEBR. HENNINGER

1889.

Buchdruckerei von B. STÝBLO in Prag.

VORWORT.

Die erste vor zehn Jahren veröffentlichte Fassung des vorliegenden Werkes ist seit mehreren Jahren vollständig vergriffen, wodurch bewiesen ist, dass meine damals ausgesprochenen Erwartungen gerechtfertigt waren. Eine Neubearbeitung ist um so nothwendiger geworden, als seit Diez' Hinscheiden noch zwei neue Ausgaben seines Werkes erschienen, welche zwar unveränderte Abdrücke der noch von Diez besorgten dritten sind, aber zugleich einen Anhang enthalten, der ebenfalls berücksichtigt werden musste.

Ich bin zu der Ansicht gelangt, dass nur durch ein wirklich vollständiges Register der Zweck, den mein Buch verfolgt, vollkommen erreicht werden könne. Daher sind diesmal alle Wörter aufgenommen, während in der ersten Fassung absichtlich manchen die Aufnahme versagt worden. Dies betrifft namentlich einfache romanische Wörter, welche Diez als Etyma anderer aufstellt oder aus dem oder jenem Grunde zum Vergleich heranzieht. Zu diesem die romanischen Wörter umfassenden Theil ist nun ein zweiter hinzugekommen, Listen von Wörtern derjenigen Sprachen enthaltend, aus denen die romanischen entweder ihr Sprachmaterial schöpften oder denen sie etwas von ihrem Wortreichtum abgaben. Erst durch diesen zweiten Theil wird eigentlich das Werk vollständig und wird nicht nur Romanisten gute Dienste leisten, sondern auch den Kennern aller daselbst citierten Sprachen, da es ihnen ein Leichtes sein wird, sich ohne grossen Zeitverlust darüber zu orientieren, welche Wörter ihres Specialstudiums und in welchem Sinne von Diez in seinem Meisterwerk mit entsprechenden

romanischen in Verbindung gebracht werden. Da nun hier die
Wörter in Sprachgruppen geordnet erscheinen, so bilden diese
Listen zugleich eine Übersicht des romanischen Sprachschatzes
nach dessen Ursprung — soweit sich dieser im Et. Wtb. verzeichnet findet, — was bei einem Werke dieser Art gewiss
von Interesse ist.

Was nun die Einrichtung des Buches betrifft, so sind
zunächst einige Bemerkungen über die Art und Weise zu
machen, wie das Vorkommen von Wörtern in Schelers Anhang zur fünften Ausgabe bezeichnet wird. Um ein Wort als
auch im Anhang erwähnt zu bezeichnen, ist grundsätzlich
ein Sternchen in Anwendung gebracht, welches links oben
beim betreffenden Stichwort angebracht ist. Dieses Zeichen
wird in der Regel nur dann gesetzt, wenn das an der Spitze
stehende Wort an der betreffenden Stelle des Anhangs ausdrücklich citiert wird. Diese Einschränkung konnte aus dem
Grunde durchgeführt werden, dass in meinem Index auch sämmt-
liche Stichwörter Aufnahme gefunden haben: sobald nun dieser
Stichwörter selbst oder irgend eines unter ihnen verzeichneten
Wortes im Anhange Erwähnung geschieht, erhalten die den
Band bezeichnenden römischen Ziffern das Sternchen und auch
der erste Band wird zu diesem Zwecke mit „*I" bezeichnet,
während bei diesem sonst jede Bezeichnung in der Regel wegfällt
und jedes Wort, bei dem sich kein „II" befindet, dadurch schon
in den ersten Band verwiesen wird. Man möge daher — und dies
gilt auch vom zweiten, nichtromanischen Theil des Indexes —
so oft man sicher sein will, ob der Anhang über irgend ein
Wort nichts berichte, jedesmal auch das betreffende Stichwort
im romanischen Theil nachschlagen: findet man das Sternchen nicht, so kann man sicher sein, dass ein Nachschlagen
im Anhang vollständig unnütz wäre. Dass bei dieser Einrichtung ein häufigeres Nachschlagen im Index nothwendig wird,
ist wahr, allein es dürfte wenig schaden, da das Nachschlagen
selbst nicht so zeitraubend und unangenehm ist, wenn man
nur weiss, dass es nicht vergeblich geschieht.

Der Vollständigkeit halber mögen im romanischen Index noch folgende Stichwörter eingeschaltet werden: *bis* — *I; *bricco²* — *I; *fiappo* — *IIa; *manevir* — *IIc; ebenso möge zu *beffa* — *I (auch Nachträge); zu *ciarlare* — *I (im Anhang unter *ciarlatano*); zu *fiacco* — *I (im Anhang unter *fiasque* IIc); zu *ros* noch *I und zu *scotolare* noch *IIa hinzugefügt werden.

Ausserdem sind auch eckige Klammern in Anwendung gebracht und zwar in doppelter Weise: ist ein an die Spitze der Zeile gesetztes Wort eingeklammert, so bedeutet dies, dass dieses Wort oder diese Wortform ausschliessliches Eigentum des Anhanges sei; ist dagegen eines der rechts angebrachten Stichwörter in eckige Klammern geschlossen, so wird dadurch bezeichnet, dass das an die Spitze gestellte Wort nur im Anhang mit dem eingeklammerten in Verbindung gebracht werde. Befinden sich — was nur selten geschieht — beide Wörter in Klammern, so zeigt dies an, dass das betreffende Wort von Diez in die III. Ausgabe nicht aufgenommen wurde, während es Scheler einer der beiden vorhergehenden entnahm. Wenn Scheler eines Wortes in seinen Nachträgen Erwähnung thut, so wird dies ausdrücklich bemerkt. Diesmal ist auch die so gehaltvolle Vorrede berücksichtigt worden, und zwar weisen die römischen Zahlen darauf hin, neben welchen in runden Klammern die Seiten der V. Ausgabe verzeichnet sind.

Über die weitere Einrichtung ist noch Folgendes zu bemerken. Die Tilde ~ bezeichnet in der Regel Homonyma verschiedenen Ursprunges, nur hie und da dürften sich noch als Überrest der ersten Bearbeitung, wo ein solcher Unterschied nicht gemacht wurde, auch Wörter desselben Ursprunges und derselben Bedeutung auf diese Weise von einander geschieden zeigen. Ein anderer Überrest der ersten Fassung, der sich mitunter als sehr nützlich erweisen dürfte, ist folgender: oft findet es sich, dass einem und demselben Worte in den verschiedenen romanischen Sprachen oder Dialekten, ja manchmal auch in derselben Sprache etwas verschiedene

Bedeutungen beigelegt werden. In der ersten Bearbeitung
wurde dies durch das oft recht merkliche Auseinandergehen
der die Zeilen bezeichnenden Zahlen bei demselben Stichwort
ersichtlich gemacht, während diesmal ein zwischen die Sprach-
bezeichnungen gesetzter Strichpunkt dasselbe bezeichnen soll.
Ein zwischen zwei an der Spitze stehende Wörter von ver-
schiedenem Ursprunge gesetzter Beistrich zeigt an, dass die
beiden Wörter in umgekehrter Reihenfolge in Betracht zu
ziehen sind so z. B. *ad, inde = inde ad.*

In den Listen des zweiten Theiles werden, besonders
was die lateinischen Elemente betrifft, auch bloss erschlossene Formen angeführt. Da nun das Sternchen,
dessen man sich bei solcher Gelegenheit zu bedienen pflegt,
in diesem Werke andere Verwendung gefunden, so sind der-
artige Wörter dadurch gekennzeichnet, dass sie entweder vollständig oder derjenige Theil von ihnen, durch welchen sie sich
von den in der Litteratur belegbaren Formen unterscheiden,
mit Cursive gedruckt wurde; damit sie sich nun von andern
sei es klassischem oder dem Mittellatein angehörigen deutlich
abheben, wurde für diesen Theil ausserdem eine fettere Schrift
angewendet. Auch hier ist auf die Unterscheidungszeichen
genau zu achten, da z. B. ein *ml.,* das bei dem letzten mehrerer
mittels Beistriche von einander getrennten Wörter steht, zu
allen gehört, während, wenn ein Theil einer solchen Reihe von
dem andern mittels Strichpunkt getrennt wird, dies so viel
bedeutet, dass *ml.* nur zu den n a c h dem Strichpunkt gesetzten
Wörtern gehöre.

Von der Hinzufügung der Seiten und Zeilenzahlen ist
diesmal abgesehen worden, da sie nach dem übereinstimmen-
den Urtheil der Recensenten der ersten Bearbeitung vollständig überflüssig war und auch Zersplitterung derselben Wörter
und deren Vertheilung auf verschiedene Zeilen zur Folge
hatte; übrigens würde dadurch der Schein enstehen, als ob
das Buch nur für eine einzige Ausgabe des Wörterbuches

verwendbar wäre, während es doch bei *allen* Ausgaben mit gleichem Nutzen gebraucht werden kann.

Bei dem zweiten, nichtromanischen Theil ist speciell noch zu erwähnen, dass die Etyma — was besonders die lateinischen betrifft — falls sie wenigstens für Diez sicher standen, auch dort überall hergestellt wurden, wo sie von ihm nicht ausdrücklich citiert wurden, sei es, dass er sie als selbstverständlich wegliess, oder, dass er nicht sie, sondern die ihnen entsprechenden romanischen als unmittelbare Quelle anderer romanischen Wörter hinstellte. Im letzteren Falle findet man sie allerdings zu gleicher Zeit auch im romanischen Index verzeichnet. In vielen Fällen ist dies auch bei denjenigen Wörtern der Fall, die bloss zum Vergleich herangezogen wurden, sicherer ist es jedoch, sich da auch im romanischen Theil umzusehen, da Diez auch solche romanische Wörter zu Vergleichen heranzieht, deren Ursprung für ihn nicht ganz sicher steht.

Im romanischen Theile haben allerdings nur thatsächlich vorkommende Wörter Aufnahme gefunden; sollte sich hie und da doch eine der von Diez bloss erschlossenen romanischen Formen eingeschlichen haben, so hat das weiter nichts zu bedeuten, da ja jedermann gewiss nur über wirklich vorkommende romanische Wörter sich wird belehren wollen.

Nicht so bald eignet sich ein Buch zur Herstellung eines anregenden Indexes so vorzüglich wie das Werk des grossen Meisters: fast überall, besonders im zweiten nichtromanischen Theile, befindet sich der Leser zwei Wörtern gegenüber, und überall wird sich ihm die Frage aufdrängen, wie sich Diez das gegenseitige Verhältnis der beiden vorgestellt habe, ob er das erstere anführt, weil er sich das Stichwort davon abstammend denkt oder ob er nur den Versuch einer verunglückten Etymologie verzeichnet, in welcher Beziehung Diez, wie bekannt, recht nachsichtig war. Auf diese Weise könnte jeder mit Hilfe des Buches etymologische Übungen vornehmen, deren Nutzen besonders durch fleissige Benützung des Anhangs von Scheler erhöht wird, in welchem oft Ansichten anderer Gelehrter denen von Diez entgegengehalten werden. Damit nun diese Benützung leichter durchgeführt werden könne, werde ich ausser den Versehen in meinem Buche auch einige auf Nachweise bezügliche Ziffern dieses Anhanges richtig stellen.

Und so möge diese Neubearbeitung, bei deren Herstellung der Verfasser sich keine Mühe hat verdriessen lassen, als ein Act der Pietät gegen den Altvater der romanischen Philologie allen jenen gewidmet werden, die in dem unsterblichen Werke Belehrung und Anregung zu weiterem Forschen suchen.

Prag, März 1889.

Johann Urban Jarnik.

Abkürzungen.

II

nfr. — neufranzösisch
nhd. — neuhochdeutsch
nord. — nordisch
nörd. — nördlich
norm. — normannisch
norw. — norwegisch
npg. — neuportugiesisch
npr. — neuprovenzalisch
nsp. — neuspanisch
obd. — oberdeutsch
occ. — occitanisch
östr. — österreichisch
parm. — parmesanisch
(Pass.) — Passion
pg. — portugiesisch
piac. — Mundart von Piacenza
pic. — picardisch
piem. — piemontesisch
pis. — pisanisch
(pl.) — plural
(poët.) — poëtisch
poit. poitev. — poitevinisch
poln. — polnisch
(pop.) — populär
pr. — provenzalisch
(präs.) — praesens
(prät.) — praeteritum
(pt.) — particip
(Rab.) — Rabelais
rom. — romagnolisch
rothw. — rothwälsch
russ. — russisch
s. — sächsisch

sard. — sardisch
(sbst.) — substantiv
schwäb. — schwäbisch
schwd. — schwedisch
schwz. — schweizerisch
(selt.) — selten
serb. — serbisch
(sg.) — singular
sic. — sicilianisch
skand. — skandinavisch
slav. — slavisch
slov. — slovenisch
sp. — spanisch
spl. — spätlateinisch
spml. — spätmittellateinisch
tir. — tirolisch
tosc. — toscanisch
(tr.) — transitiv
trient. — trientinisch
val. — valencianisch
(vb.) — verb
ven. — venezianisch
ver. — veronesisch
(volksm.) — volksmässig
(volkst.) — volksthümlich
vrgl. — vergleiche
(vrlt.) — veraltet
wal. — walachisch
wald. — waldensisch
wall. — wallonisch
wend. — wendisch
westl. — westlich

Zeichenerklärung.

* bezeichnet, dass das an der Spitze stehende Wort
a u c h im Anhang ausdrücklich citiert wird; ist dasselbe ein
Stichwort, so bezieht sich das Sternchen entweder auf dieses
selbst oder auf die darunter verzeichneten Wörter.

[·] v o r d e m Längestrich bezeichnen, dass das
von denselben eingeschlossene Wort sich n u r i m A n h a n g
befindet.

[ ] n a c h d e m Längestrich bezeichnen, dass das
von ihnen eingeschlossene Stichwort n u r i m A n h a n g mit
dem an der Spitze stehenden in Verbindung gebracht wird.

Näheres darüber besagt das Vorwort.

Anmerkung. Bei Buchstaben, welche mit einem Zeichen versehen sind,
wie ç, ñ, ś, ã, ç, ŋ, ä, č, ö, ů, ǵ und ähn. ist bei der
alphabetischen Ordnung der zu Grunde liegende Buch-
stabe o h n e Zeichen massgebend gewesen.

Erster,

ROMANISCHER THEIL.

a

a *it. pr. wal.*
～ *afr.* — appo
～ *pg. wal.* — il
á *sp. Fg.* — a
à *fr.* — ib.
[aacier] *afr.* — agazzare
aage *afr.* — âge IIc
aaise, aaisier *afr.* — agio
aanz *afr.* (*Leod.*), — affanno
aaso *afg.* — agio
aate *afr.* — azaut IIc
aatie, aatin, aatine *afr.* — aatir IIc
aatir *afr.* — *IIc
ab *pr. cat. afr.* (Eide) — appo; avec IIc; chez IIc
～ *pr.* — aib IIc
aba *pg.* — álabe IIb
abá *sp.* — evay IIb
abába *sp.* — IIb; amapóla IIb
ababól *sp.* — abába IIb
abac *fr.* — ábbaco IIa; alguarismo IIb
abah *pr.* — abait IIc; *ambasciata
[abaier] *afr.* — aboyer IIc
abait *fr. afr.* — *IIc; *ambasciata
abalear *sp. pg.* — *balicare
abandon *pr. fr.* — *bando
abandonar *pr.* — ib.
abans *pr.* — anzi
abarca *sp. pg.* — IIb
abarcar *sp. pg.* — barcar IIb
abaubir *afr.* — ébaubi IIc
abayer *afr.* — *aboyer IIc; bajare IIa
abbacare *it.* — rabâcher IIc
ábbaco *it.* — IIa; alguarismo IIb
abbagliare, abbaglio, abbagliore *it.* — bagliore IIa
abbajare *it.* — bajare IIa; [aboyer IIc]
abbandono *it.* — *bando
abbarbagliare *it.* — bagliore IIa
abbarcai *sard.* — barcar IIb
abbarlugá *gen.* — bagliore IIa
abbattere *it.* — ribaltare IIa
abbentare *sic.* — avventare IIa
abbicare *it.* — bica IIa
[abbisogna] *it.* — estovoir IIc
abborrare *it.* — borra
abbozzare, abbozzo *it.* — bozza
abbragiare *it.* — bragia
abbreuver *fr.* — breuvage IIc

abbrivare, abbrivo *it.* — brio
abbronzare *it.* — bronzo
abbrusciare, abbrustiare *it.* — bruciare
abce *asp.* — auce IIb; azzardo
abdos *pr.* — abait IIc
abdurar, abdurat *pr.* — adurer IIc
abech *npr.* — libeccio
abedul *sp.* — bétula
abeille *fr.* — ape
abeja *sp.* — ib.
abelha *pg. pr.* — ib.
abeliai *sard.* — bajare IIa
abellucar *pr.* — bellugue IIc
abento *sic.* — avventare IIa
abéquer *fr.* — becco
aberluder *champ.* — bellugue IIc
abés *asp.* — avés IIb
abet *pr. afr. norm.* — beter IIc
abetar *pr. asp.* — ib.
abetarda *pg.* — ottarda
abete *it.* — abezzo IIa
abeter *afr. norm.* — beter IIc
abeto *it.* — abezzo IIa
abeurar *pr.* — breuvage IIc
abezzo *it.* — IIa
abigarrar *sp.* — bigarrer IIc
abime, abimer *fr.* — abisso
abis *pr.* — ib.
abismar *sp.* — ib.
abisme *pr.* — ib
abismo *sp. pg.* — ib.
abismu *sard.* — ib.
abissar *pr.* — ib.
abissare *it.* — ib.
abisso *it.*
abit *pr.* — aib IIc
abivas *sp.* — vívole
ablasmar *pr.* — ouvrir IIc
able *fr.* — IIc
abóbeda *pg.* — volto
abois (pl.) *fr.* — *aboyer IIc
abomé *afr.* — *IIc
abonar *sp.* — abonner IIc
abonner (s') *fr.* — IIc
abor *wal.* — brina IIa
abosmé *afr.* — abomé IIc
abouter *fr.* (vrlt.) — raboter IIc
aboutir *fr.* — bottare
aboyer *fr.* — *IIc; [bajare IIa]

abra *sp. pg.* — IIb; abrigo
abrandar *apr.* — bando
abrasar *sp.* — bragia
abravar *asp.* — bravo
ábrego *sp.* — IIb
abri *fr.* — abrigo
abriaga *pr.* — ebbriáco
abriar, abric *pr.* — abrigo
[abriconer] *afr.* — bricco²
abricot *fr.* — albercocco
abrier *afr. berr.* — abrigo
abrievé *afr.* — brio
abrig *cat.* — abrigo
abrigada *sp.* — ib.
abrigador *pg.* — ib.
abrigamiento, abrigaño *sp.* — ib.
abrigar *sp. pg. pr.* — ib.
abrigo *sp. pg.* — *I
abrir *sp.* — ouvrir IIc; abra IIb;
    abrojo IIb
abriter *fr.* — abrigo
abrivar, abrivatz *pr.* — brio
abrivé *afr.* — ib.
abrizar *pr.* — briser IIc
abrojo *sp.* — IIb
abrolhar *pg.* — broglio
abrolho *pg.* — abrojo IIb
abroncar *pr.* — bronco
abrostíno *it.* — IIa
abrotano *it.* — aurone IIc
abrunho *pg.* — brugna
abrusar *asp.* — bruiser IIc
abubilla *sp.* — upupa
abuelo *sp.* — aïeul IIc
[abuissier] *afr.* — bronco; busca
abur *wal.* — spirito
abutre *pg.* — avoltore
abuzzago *it.* — buse IIc
abziach *aval.* — auce IIb
acá *sp.* — qua
acabado *sp.* — fino
acabar *sp. pg. pr.*
acabat *pr.* — fino
acabdar *asp.* — accattare
açacalar *pg.* — acicalar IIb
acachar *sp.* — quatto
acaecer *sp. pg.* — IIb
acaentar *pg.* — calentar IIb
açafroa *pg.* — zafferano
[Ácaire] *fr.* — cara
acamar *sp. pg.* — cama IIb
acapta, acapte *pr.* — accattare
acarar *sp.* — cara
acariâtre *nfr.* — *ib.
acarier *afr.* — *ib.
acatamiento, acatar *sp.* — catar
acater *afr.* — accattare
acaudillar *sp.* — capitello
accabler *nfr.* — caable IIc
accabustar *pr.* — *chapuzar IIb
accanire *it.* — stordire

accarnare *it.* — acharner IIc
accasciare *it.* — cass
accattare *it. ait. ncap.* — I; incet-
    tare IIa
accatto *it.* — accattare
acceggia *it.* — *I
accennare *it.* — cenno
accertello *it.* — IIa; cetrero IIb
acchettu *sic.* — haca
acchiare *neap.* — achar IIb
acchinea *it.* — haca
accia *it.* — *I
acciacco *it.* — achaque IIb
[acciacinarsi] *it.* — trassinare IIa
acciaffari *sic.* — ceffo IIa
acciajo *it.*
acciale *it.* — acciajo
acciamarra *sard.* — zamarro IIb
acciare *it.* — accia
accide *afr.* — accidia
accidia *it. pr.*
[accimare] *mit.* — esmar
accio *it.* — avacciare IIa
accise *fr.* — assises IIc
accismare *it.* — *esmar
acciuga *it.*
acclamper *norm.* — clamp IIc
accointance *afr.* — conto
[accointe] *afr.* — chaland IIc
accointer *fr.* — conto
accompagnare *it.* — compagno
acconciare, acconcio *it.* — conciare IIa
accontarsi *it.* — couto
accoppiare *it.* — trovare
accord *fr.* — accordo
accordare *it.* — ib.
accordo *it.*
accorgersi *it.* — corgere IIa
accort *pr.* — accordo
accostare *it.* — costa
accoster *fr.* — ib.
accoustrement, accoustrer *afr.* —
    cucire
accoutrer *fr.* — *ib.
accrocher *fr.* — croc IIc; scrocco;
    [haver IIc]
accudire *it.* — cudir IIb
accussì *sic.* — così
acebo *sp.* — IIb
acechar *sp.* — IIb
acedera *sp.* — oseille IIc
acée *fr.* (mndt.) — acceggia
aceiro *apg.* — acciajo
aceite *sp. pg.* — IIb
acel *wal.* — quello
acelga *sp. pg.* — IIb
aceñar *asp.* — cenno
acener *afr.* — ib.
acer *pg.* — ácero
acerin *fr.* — ghiazzerino
acero *sp.* — acciajo

ácero *it.*
acesmar *agen.* — esmar
acesmer *afr.* — *ib
acest *wal.* — questo
aceto *it.* — aisil IIc
[acetore] *asp.* — astore
acetosa *it.* — oseille IIc
acetre *sp.* — secchia
acezar *asp.* — IIb; tropezar IIb
acezo *asp.* — acezar IIb
acha *fg.* — ascla
~ *fg.* — accia
achaque *sp. pg. apg.* — *IIb
achar *pg.* — IIb; ajar IIb; halagar IIb
acharné *fr.* — acharner IIc
acharner *fr.* — IIc
achat *fr.* — accattare
achatar *apg.* — ib.
ache *pg.* — achar IIb; ajar IIb
~ (f.) *fr.* — IIc; XII (X)
achegar *pg.* — llegar IIb
acheter *nfr.* — accattare; incettare IIa
achever *fr.* — acabar
achier *fr.* — ape
[achopal] *afr.* — zoppo
aciago *sp.* — auce IIb; azzardo
acibar *sp.* — *IIb
acicalar *sp. pg.* — IIb
acicate *sp. fg.* — IIb
acidia *asp.* — accidia
acier *pr. fr.* — acciajo
acino *it.* — aisne IIc
acipado *sp.* — IIb
aclapar *pr.* — clap IIc
acliquer *pic.* — clinche IIc
aco *pr.* — ciò
aço *npg.* — acciajo
açofeifa *pg.* — azufaifa IIb
acoindansa, acoindar *pr.* — conto
acolá *pg.* — colà
[acolzetra] *asp.* — cóltrice
aconchar *sp.* — conciare IIa
acónito *sp.* — encono IIb
acontecer *nsp. fg.* — contir IIb
[açopar] *afr.* — zoppo
acor (m.) *afr.* — coron IIc
acordo *fg.* — accordo
acosar *nsp.* — coso IIb
acostar *sp. pr.* — costa
acotar *sp. fg.* — quota
~ *sp.* — coto IIb
acoutar *pg.* — ib.
açoutar, açoute *pg.* — azote IIb
acqua *it.* — scialacquare IIa
acre (f.) *fr.* — IIc
acsè *rom.* — così
acsi *pr.* — ib.
actions *fr.* — agina
acucia *asp.* — IIb
acuciar *asp.* — acucia IIb

acudir *sp. pg.* — cudir IIb
acuerdo *sp.* — accordo
acullá *sp.* — colà
aculvertir *afr.* — culvert IIc
acuntir *asp.* — contir IIb
[açupar] *pr.* — zoppo
ad *it.* — a
adaga *pg.* — daga
adagiare, adagio *it.* — agio
adail *pg.* — adalid IIb
adaiser *afr.* — *adeser IIc
adala *sp.* — dala
adalid *sp.* — IIb
adalir, adalit *sp.* (vrlt.) — adalid IIb
adapte *asp.* — azaut IIc
[adaptir] *pr.* — aatir IIc
adaraga *sp.* — targa
adarga *sp. pg.* — ib.
adarve *sp.* — IIb
adastiare *it.* — astio IIa
adatto *it.* — azaut IIc
adaut *pr.* — ib.
addietro *it.* — retro
addio *it.* — dio
addobbare *it.*
addonca *neap.* — dunque
adduber *afr.* — addobbare
adelenc *pr.* — IIc
adelfa *sp. pg.* — IIb
ademan *sp. pg.* — IIb
aderdre *pr. afr.* — aerdre IIc
aderire *it.* — ib.
aderredor *asp.* — redor IIb
ades *pr. afr.* — esso'
adesar *pr.* — adeser IIc
adescare *it.* — esca; amadouer IIc
adeser *afr.* — *IIc
adesso *it.* — esso
adibe *fg.* — adiva IIb
adiesso *asp.* — esso
adieu *fr.* — dio
a dieu siatz *pr.* — ib.
a dieu siau *acat.* — ib.
a dieu soyez *afr.* — ib.
adiman *pr.* — diamante
á dios *sp.* — dio
adiudha *afr.* (Eide) — ajuto
adiva *sp.* — IIb; chacal IIc
adivas *sp.* — vívole
adive *sp. fr.* — adiva IIb
adizzare *it.* — *izza IIa
admiral *afr. nfr.* — almirante
admirarse *sp.* — sandío IIb
admonéter *nfr.* — amonestar
adne *afr.* — posnée IIc; [desinare]
adobar *asp. pr.; nsp. npg.* — addobbare
adonar *pr.* — adonare IIa
adonare *it.* — IIa
adonarse *sp.* — adonare IIa
adonc *fr.* — dunque

adonner (s') *fr.* — adonare IIa
adonqua *ait.* — dunque
adoras *pr.* — ora²
adormidera *sp.* — amapóla IIb
adouber *afr.* — addobbare
adrech *npr.* — ritto
adrede *sp. pg.* — IIb
adreit *pr.* — adrede IIb
adresse, adresser *fr.* — rizzare
adretas *cat.* — adrede IIb
adrimar *asp.* — rima
adro-basto *com.* — artoun IIc
adrunar *asp.* — runer IIc
aduana *sp. pg.* — dogana
adubar *apg. npg.* — addobbare
adubrir *pr.* — ouvrir IIc
aduela *sp.* — doga
aduggiare *it.* — uggia IIa
adunc *afr.* — dunque
adunche *ait.* — ib.
adunque *it.* — ib
adur *asp.* — IIb
aduras *asp.* — adur IIb
aduré *afr.* — adurer IIc
adurer *afr. wall.* — IIc
aé *afr.* — âge IIc
~ *afr.* — avoi IIc
[aenchier. aengier, aengnier] *afr.* — enger IIc
aër *asp. pr.* — aere
aer *wal.* — ib.
aerdre *pr. afr.* — IIc; adeser IIc
aere *it.* — *I
[aesmer] *afr.* — esmar
afa *it.* — affanno
afagar *pg.* — balagar IIb
afaire (m.) *pr.* — affare
afalagar *asp.* — halagar IIb
[afaldare] *it.* — falda
afalegar *cat.* — balagar IIb
afan *pr. sp. pg.* — affanno
afanà *ven.* — ib.
afanar *sp. pr.* — ib.
afaño *asp.* — ib.
afans *afr.* (Pass.) — ib.
afar *pr.* — affare; faccenda
afé *sp.* — avoi IIc
afeitar *sp. pg.* — IIb
afer *asp.* — affare
afeurer *afr.* — foro
affaire (f.) *nfr.* (m.) *afr.* — affare
affaissar *pr.* — fascio
affaisser *fr.* — ib.
affaler *fr.* — IIc
affannare (tr.) *it.* — affanno
affanno *it.*
affare (m.) *it.* — I; faccenda
affeuar *pr.* — fio
affibbiare *it.* — affubler IIc
afficcare *it.* — ficcare
afficher *fr.* — ib.

affilare *it.* — fila
affiler *fr.* — filou IIc
afflater *afr.* — flatter IIc
affoler *fr.* — folle
affollare *it.* — follare
affres (pl.), affreux *nfr.* — afre IIc
affrico *it.* — ábrego IIb
affrioler *fr.* — frique IIc
affront *fr.* — affrontare
affrontare *it.* — I; cara
affronter *fr.* — affrontare
affronto *it.* — ib.
affubler *fr.* — *IIc
affustare *it.* — fusta
affût, affûter *fr.* — ib.
aficar *pr.* — ficcare
afilar *sp. pg.* — fila
afiubè *rom.* — affubler IIc
afiuciar *sp.* (vrlt.) — fiúcia IIb
aflà *wal.* — achar IIb
aflar *apg. chw.* — ib.
aflatar *pr.* — flatter IIc
afolar *pr.* — *follare
afoler *afr.* — *ib.; folle
afolir *pr.* — folle
afollar *asp.* — *follare.
afonder *afr.* — fondo
afondrer *fr.* — ib.
afonsar *pr.* — ib.
afontar *asp.* — onire
aforar *sp. pg. pr.* — foro
afoutar, afouto *pg.* — hoto IIb
afr *piem.* — afre IIc
afranher *pr.* — ouvrir IIc
afre *afr. burg.* — IIc
afrenta, afrentar *sp.* — affrontare
afro *it.* — afre IIc
afrontar *sp. pr.* — affrontare
afublalh *pr.* — affubler IIc
agace *fr.* — gazza
agacer *fr.* — *agazzare
agachar *sp.* — quatto
agait *sp.* — guatare
agalla *sp.* — gavigna IIa; gale IIc
agarrafar *sp.* — graffio
agasajar *sp.* — gasalha
agasalhar *pg.* [*pr*] — ib.
agasalharse *apg.* — ib.
agassa *pr.* — gazza
agastar *pg.* — agazzare
agazzare *it.* — *I
àge *fr.* — IIc
agencer *fr.* — gente
agengibre *sp.* — zenzovéro
ageno *sp.* — IIb
agensar *pr.* — gente
agenzare *it.* — ib
aggavignare *it.* — gavigoa IIa
aggecchirsi *it.* — gecchire
agghiadare *it.* — ghiado
aggio *it.* — agio

aggradare aggradevole, aggradire *it.*
   — grado
aggraffare *it.* — graffio
aggrampare *it.* — grampa; [grappa]
[aggranfiare] *it.* — grappa
aggrappare *it.* — ib.
aggrevare *it.* — greve
aggrinzare *it.* — grimo IIa
[aggrovigliare] *it.* — garbuglio
agguatare *it.* — guatare
aggueffare *it.* — *IIa; guiper IIc
agherbino *it.* — garbino
aghirone *it.*
agiare, agiato *it.* — agio
agina *it. asp.* — *I; asinha IIb
aginha *apg.* — agina
agio *it. piem.* — *I; crogiare IIa
agire *it.* — gire IIa
agis *npr.* — agina
aglá *cat.* — aglan IIc
aglan *pr.* — *IIc
agland *afr. berr.* — aglan IIc
aglaver *pic.* — ghiado
aglayarse, aglayo *asp.* — ib.
agocchia *it.* — aguglia
agognare *it.* — IIa
agomia *pg.* — gumia IIb
agora *asp. pg.* — ora¹
[agosto] *it.* — ruvido IIa
agouloupá *npr.* — viluppo
agouro *pg.* — augurio
agrazo *pg.* — agresto
agradable, agradar *sp. pr.* — grado
agrafe *fr.* — graffio: grappa
agrafer *wall.* — graffio
[agramir] *afr.* — gramo
agransi (s') *lothr.* — engrant IIc
agrap *wall.* — grappa
agrape, agraper *pic.* — ib.
agras *pr.* — agresto
agraz *sp.* — ib.
agre *asp.* — ib.
agréable *fr.* — grado
agréer *fr.* — agrès IIc
~ *fr.* — grado; graal IIc
agregier *afr.* — greve
agrei *afr.* — agrès IIc
agreiar *pr.* — grado
agreier *afr.* — agrès IIc
agrella *cat.* — oseille IIc
agrès (m. pl.) *fr.* — IIc
agresto *it.*
agretto *it.* — oseille IIc
agreujar *pr.* — greve
agrever *afr.* — ib.
agriś *wal.* — agresto
agró *cat.* — aghirone
agrotto *it.* — IIa
aguage *sp.* — ouaiche IIc
aguaitar *sp. pr.* — guatare
[aguanno] *it.* — avannotto IIa

aguato *it.* — guatare
aguer *pr.* — hagard IIc
agüero *sp.* — augurio
aguet (nur pl.) *fr.* — guatare
aguetier *afr.* — ib.
aguglia *it.* — *I
aguijar *pr.* — aguglia
aguilaucier *pr.* — aiglent IIc
aguilando *sp.* — aguinaldo IIb
[aguilaneuf] *fr.* — ib.
aguilen *pr.* — aiglent IIc
aguilha *pr.* — ib.
aguilhar *pg.* — aguglia
aguinaldo *sp.* — *IIb
aguincher (s') *fr.* (mndt.) — guiche IIc
aguja *sp.* — aguglia
agulha *pr. pg.* — ib.
agulpè *rom.* — viluppo
agur, agurar *pr.* — augurio
aguzzino *it.* — alguacil IIb
ah *fr.* — avoi IIc
ahain *afr.* — affanno
ahaise *afr.* — agio
ahan *fr.; hen.* — affanno
ahanables *afr.* — ib
ahaner (intr.) *fr.* — ib.
ahans, ahanz *afr.* — ib.
abatir *afr.* — aatir IIc
[aherdre] *afr.* — ib.
ahí *pg. usp.* — ivi
ahía *pr.* — ajuto
ahina *asp.* — agina
ahincar *asp.* — ficcare
ahir *cat.* — ieri
ahojar *sp.* — stordire
ahonter *afr.* — onire
ahoquer *afr. pic.* — hoc IIc
ahora *sp.* — ora¹
ahotado *asp.* — hoto IIb
ahuciar *sp.* (vrlt.) — fiúcia IIb
ahuecar *sp.* — hueco IIb
ahun *asp.* — anche
ahur, ahurat *pr.* — augurio
ahurir *afr. nfr.* — hure IIc
ah voie *fr.* — avoi IIc
aï *burg. Jura* — andare
al *npr.* (mndt.) — haïr IIc
aib (m.) *pr.* — IIc
aibai *com.* — oibò IIa
aibit *pr.* — aib IIc
aicel *pr.* — quello
aicest *pr.* — questo
aici *pr. wal.* — qui
aida *ven.* — andare
aidar *pr.* — ajuto
aidatzi *wal.* — andare
aide *afr.* — *ajuto
aide *nfr.* — ib.
~ *wal.* — andare
aider *fr.* — *ajuto
aidier *afr.* — dio; [ajuto]

aïe *afr.* — *ajuto
aïeul *fr.* — IIc
aiffilei, aiffilou *lothr.* — filou IIc
aigle *fr.* — regretter IIc
aiglent *afr.* — IIc
aiglentina *pr.* — aiglent IIc
aigrat *dauph.* — agresto
aigre *fr.* — ib.
aigret *afr.* — ib.
aigreto *npr.* — oseille IIc
aigrette *fr.* — aghirone
aigron *pr.* — ib.
aigu *fr.* — *IIc (Nachträge)
aigue *afr.* — *cavallo
~ *afr.* — eau IIc
aiguiand *lothr.* — aglan IIc
aiguille *fr.* — *aguglia; aiglent IIc
ai las *pr.* — lasso
ailas *pr.* — hé IIc
ailaurbe *lothr.* — sombra IIb
ailleurs *fr.* — IIc
aillier *afr.* — alérion IIc
aïman *pr.* — diamante
aïmaut *afr.* — ib.
aimant *nfr.* — ib.
aime *afr.* — IIc
ain *afr.* — IIc
aina *it.* — agina
ainc *afr.* — anche
ainçois *afr.* — IIc; fuora; sezzo IIa
ainda *pg.* — inda IIb; anche
aine (f.) *fr.* — inguine
aîné *fr.* — IIc
ains *afr.* — anche
~ *afr.* — *anzi
ainse *afr.* — ansia
~ *afr.* — ansia IIb
ainsi *nfr.* — così; si IIc
ainsinc *afr.* — così; anche
ains-né *afr.* — aîné IIc
ainsos *afr.* — ansia
aintel *afr.* — cotale
aipo *pg.* — ache IIc; petrosellino
air *pr. fr.* — aere
aïr *pr.* — haïr IIc
~ *burg. Jura* — andare
airain *fr.* — rame
airamen *pr.* — inchiostro
aïrar *pr.* — haïr IIc
aire *sp. pr.* — aere
~ *afr.* — *ib.
aire (f.) *fr.* — aere; aja IIa
airme *afr.* — anima
airon *sp.* — aghirone
airoso *sp.* — aere
ais *pr.* — agio
~ *pr.* — ansia
~ *fr.* — IIc
aisar *pr.* — agio
aise *pr.* — aere; agio
~ *fr.* — aere; *agio

aisé *fr.* — agio
aisi *pr.* — ib.
aisier *afr.* — ib.
aisil *afr.* — *IIc
[aisin] *afr.* — aisil IIc
aisina, aisir *pr.* — agio
aisne *afr.* — IIc
aissa *pr.* — ansia
~ *pr.* — accia
aisse *afr.* — ansia
aisseau *fr.* — ais IIc
aissela *pr.* — ascella
aissi *pr.* — così
~ *pr.* — qui
aissil *afr.* — aisil IIc
aisso *pr.* — ciò
aissos *pr.* — ansia
aist *wal.* — esto
aistre *afr.* — piastra
aïta *it.* — ajuto
aital *pr.* — cotale
aitale *ait. pis.* — ib.
aitant *pr.* — cotanto
aïtare *it.* — ajuto; [desinare]
aitèe *com.* — andare
aiubre *asp.* — alubre IIb
aïude *pic.* — ajuto
aiudha *afr.* (Eide) — ajuto
aiular *asp.* — aullar IIb
aiviron *lothr.* — aviron IIc
aizinar *pr.* — agio
aizzare *it.* — izza IIa
aja *it.* — ayo IIb
~ *it.* — IIa
ajar *sp.* — IIb
ajeptà *wal.* — gettare
ajeri *sic.* — ieri
ajo *it.* — ayo IIb
~ *sp.* — al
ajostar *pr.* — giusta
ajoucá (s') *npr.* — juc IIc
ajouter *fr.* — giusta
ajuda, ajudar *pg. pr.* — ajuto
[ajue] *afr.* — ib.
ajuster *fr.* — ordeñar IIb
ajutare *it.* — ajuto
ajuto *it.* — *I
al *asp. apg. pr. afr.*
ala *sp. pg.* — enola
~ *sp.* — aza IIb
alá *apg.* — là
alabar *sp. pg.* — *IIb
alabarda *it. sp. pg.*
álabe *sp.* — IIb
alaccia *sic.* — laccia
alacha *sp.* — ib.
alacho *npr.* — ib.
alacran *sp.* — IIb
alacrão *pg.* — alacran IIb
aladre *val.* — aratro
alaé *asp.* — alafé IIb

alafé *asp. pg.* — IIb
álaga *sp.* — IIb
alahé *asp. pg.* — alafé IIb
alambar *sp. pg.* — ambra
alambic *fr.* — lambicco
alambique *sp.* — ib.
alambre *sp.* — rame
~ (m.) *sp. pg.* — ambra
álamo *sp. pg.* — IIb
alan *afr.* — alano
alano *sp. it.*
alanzar *sp.* — stordire .
alão *pg.* — alano
alar *pg.* — halar
alarbe *sp.* — IIb
alarde *sp. pg.* — IIb
alare *it.* — lar
alarido *sp. pg.* — IIb
alarma *sp. pr.* — allarme
alarme *fr.* — ib.
alarmo *occ.* — ib.
alarve *pg.* — alarbe IIb
[alaskir] *afr.* — fléchir IIc
alaton *sp.* — ottone
alaudare *südwal. asp.* — alabar IIb
alaúde *pg.* — liúto
alaude *lothr.* — éclair IIc
alauza *pr.* — allodola
alauzar *pr.* — alabar IIb
alauzeta *pr.* — allodola
[alavanca] *npg.* — pianca
alazan *sp.* — *IIb
alazão *pg.* — alazan IIb
alazor *sp. pg.* — zafferano
alb *wal. chw.* — bianco
alba *it. sp. pr.*
~ *cat.* — álbaro IIa
alban *pr.*
albañal *sp.* — IIb
albañar *sp.* — albañal IIb
albanel *pr.* — alban
albanello *it.* — ib.
albar *sp.* — álbaro IIa
~ *pr.* — aubier IIc
albarda *sp.* — barda
albaricoque *sp.* — albercocco
álbaro *it.* — IIa
albazano *sp.* — IIb
albedrío *sp.* — *IIb
albédro *sp.* — *IIb
albera *mail.; bresc.* — álbaro IIa
alberare *it.*
alberc *pr.* — albergo; usbergo
alberchigo *sp.* — pérsica
albercocco *it.*
alberella *it.* — álbaro IIa
alberga *pr.* — albergo
albergar *sp. pr.* — ib.
albergare *it.* — ib.
albergo *it. asp.* — *I; [stamberga IIa]
albergue *nsp. pg.* — albergo; abrigo

albernoz *pg.* — albornóz IIb
álbero *it.* — álbaro IIa
alberone *it.* — aviron IIc
albicocco *it.* — albercocco
albine *wal.* — ape
[albir] *pr.* — albedrío IIb
albire *pr.* — ib ; veiaire IIc
albo *sp. it.* — bianco; albazano IIb
[albóndiga, albondiguilla] *sp.* — andouille IIc
albore *ait.* — alberare
albornóz *sp. pg.* — IIb
alboroto *sp.* — *IIb
alborozo *sp.* — alboroto IIb
alborzo *sp.* (mndt.) — *albédro IIb
albra *piem.* — álbaro IIa
albran *sp. fr.* — halbran IIc
albrent *fr.* — ib.
albricia *sp.* — IIb
albricoque *pg.* — albercocco
albron *piem.* — álbaro IIa
albudeca *cat.* — pateca IIb
albudieca *pg.* — ib.
albur *sp.* — able IIc
alcabála *sp.* — IIb
alcachofa *sp.* —articiocco
alcachofra *pg.* — ib.
alcahuete *sp.* — IIb
alcaide *sp. pg.* — IIb
alcalde *sp.* — IIb; eneldo IIb
alcali *it. sp.*
alcall, alcalle *asp.* — alcalde IIb
alcance *sp. pg.* — IIb
alcanços *pg.* — alcance IIb
alcandára *sp.* — IIb
alcanfor *sp.* — cánfora
alcanzar *sp. pg.* — alcance IIb; guadaguare
alcaot *pr.* — alcahuete IIb
alcaparra *sp. pg.* — cáppero
alcaravea *sp.* — carvi
alcarchofa *sp.* — articiocco
alcarraza *sp.* — IIb
alcartaz *sp.* — IIb
alcatrão *pg.* — catrame
alcatraz *asp.* — alcartaz IIb
alcavála *pg.* — alcabála IIb
alcavot *pr.* — alcahuete IIb
alcayote *pg.* — ib.
alcázar *sp. pg.* — IIb
alchímia *it.*
alchimie *fr.* — alchímia
[alcidere] *it.* — ancidere IIa
alcoba *pg. sp.* — alcóva
Alcoba *pg.* — ib.
alcohol
alcon *afr. burg.* — alcuno
alcor *sp.* — IIb
alcorcovar,alcorcovo*pg.*—corcovarIIb
alcornoch *it.* — alcornoque IIb
alcornoque (m.) *sp. pg.* — IIb

alcorque (m.) *sp. pg.* — IIb
alcoto *pr.* — cotone
alcoton *sp.* — ib.
alcóva *it.*
alcôve (f.) *fr.* — alcóva
alcu *pr.* — alcuno
alcuba *pr.* — alcóva
alcubilla *sp.* — IIb
alcuña *asp.* — IIb; hargne IIc
alcunho *pg.* — alcuña IIb
alcuno *it.*
alcuño *sp.* (vrlt.) — alcuña IIb
alcunya *aval.* — ib.
alcurnia *asp.* — ib.; hargne IIc
aldace *it. flor.* — ardire; scalterire IIa; [ancidere IIa]
aldéa *sp. pg. cat.* — IIb; almea IIb
aldres *apr.* — rien IIc
[ale] *afr.* — andare
alear *sp.* — lega²
aléce (m.) *sp.* — laccia
aléci *sic.* — ib.
aledaño *sp.* — IIb
alegre *sp. pr.* — allegro
alègre *fr.* — ib.
aleive *pg.* — aleve IIb
alelí *pg.* — goivo IIb
alem *pg.* — allende IIb
Alemania *sp.* — germanía IIb
alemele *afr.* — lama²; [aglan IIc]
álemo *pg.* — álamo IIb
alena *it. pr.* — alenare
~ *pr.* — lésina
alenar *pr. cat.* — alenare
alenare *it.*
aléne *fr.* — lésina
alentar *sp. pg.* — aliento IIb
alento *pg.* — ib.
aler *afr.* — *andare
alerce *sp.* — IIb; serpe IIc
alérion *afr. fr.* — IIc
alerte *fr.* — erto IIa; visto
alerto *sp.* — erto IIa
alesna *sp.* — lésina
[alesson] *schwz.* — aglan IIc
aleudar *sp.* — liévito
aleujar *pr.* — lieve
aleute *wal.* — liúto
alevadar *sp.* — liévito
alevar *pr.* — allevare
aleve *sp.* — IIb
aleviar *pr.* — lieve
alevilla *sp.* — parpaglione
alevo *asp.* — allevare
aleyalar *pr.* — lega²
alezan *fr.* — alazan IIb
alfage *afr.* — aufage IIc
alfaja *sp.* — alhaja IIb
alfambar *pg.* — alfombra IIb
alfana *sp.* — IIb
alfandega *pg.* — fóndaco

alfange *sp. pg.* — IIb
alfaras *sp.* — haras IIc
alfaraz *sp. pg.* — IIb; ferrant IIc
alfarda *sp. pg.* — fardo
alfarroba, alfarrobeira *pg.* — carruba
alferan *pr.* — ferrant IIc
alferce, alférece *asp.* — alférez IIb
alférez *sp. pg.* — IIb
alfido *it.*
alfiere *it.* — alfido
~ *it.* — IIa
alfil *sp. pg.* — alfido
alfilel *sp.* — alfiler IIb
alfiler *sp.* — IIb
alfileres *sp.* — alfiler IIb
alfinete *pg.* — ib.
alfir *pg.* — alfido
alfócigo *sp.* — IIb
alfombra *sp.* — IIb
alfonsigo *sp.* — alfócigo IIb
alforge *pg.* — alforja IIb
alforja *sp.* — IIb
alforria *pg.* — horro IIb
alforva *pg.* — alholba IIb
alfostico *pg.* — alfócigo IIb
alfóstigo *pg.* — ib.
alfoz *sp. pg.* — IIb
[algame] *afr.* — amalgamare
algara *sp. pg.* — IIb
algarabía *sp.* — germanía IIb; bret IIc
algarada *sp. pg.* — algara IIb
algarade *fr.* — ib.
algarear *sp. pg.* — ib.
algarroba, algarrobo *sp.* — carruba
algazelle *fr.* — gazzella
álgebra *it. sp.*
algèbre *fr.* — álgebra
algeir *afr.* — algier IIc
algez *sp.* — IIb
algier *afr.* — *IIc
algo *sp. pg.* — I; ergo IIb; hidalgo IIb
algodon *sp.* — cotone; [gabella]
algorisme *pr.* — alguarismo IIb
algorismo *pg.* — ib.
algoritmo *sp.* — ib.
algorrem *apg.* — rien IIc
algoz *pg.* — IIb
algozaria *pg.* — algoz IIb
alguacil *sp.* — IIc
alguarismo *sp.* — IIb; guarismo IIb
[alguaza] *arag.* — ganzua IIb
alguazil *pg.* — alguacil IIb
alguem *pg.* — quien IIb; algo
alguien *sp.* — algo; alcuno; quien IIb
algum *pg.* — alcuno
alguno *sp.* — ib.
algur *apg.* — algures IIb
algures *pg.* — IIb; nenhures IIb
alh *pr.* — al
alhaja *sp.* — IIb
alhêo *pg.* — ageno IIb

alholba *sp.* — IIb
albóndiga *sp.* — fóndaco
alhondre *pr.* — IIc
alhors *pr.* — ailleurs IIc
albur *afg.* — algures IIb
álice (f.) *it.* — laccia
Alichino *it.* — bellequin IIc
alicornio *fg.* — licorno
alicorno *it.* — ib.
alie *afr.* — alize IIc
alien *afr.* — ageno IIb
alieno *it.* — ib.
aliento *sp.* — IIb
alier *afr.* — alize IIc
alievo *it.* — allevare
[alifar] *sp.* — anafar IIb
aligo *npr.* — alize IIc
Aligre *fr.* — allegro
aliguier *npr.* — alize IIc
alisar *sp.* — liscio
aliscara *acat.* — bascbière IIc
alise (f) *fr.* — alize IIc
~ *norm.* — liscio
aliso *sp.* — IIb
alistar *sp.* — lista
aliviar, alivio *sp.* — lieve
alize (f.) *fr.* — IIc
alizier *fr.* — alize IIc
aljaba *sp.* — IIb
aljava *fg.* — aljaba IIb
aljófar *sp.* — IIb; caffe
aljofre *fg.* — aljófar IIb
aljuba *sp.* — giubba
alkimia *fr.* — alchímia
alla *it.* — alna
~ *it.* — halle IIc
allá *sp.* — là
allacciare *it.* — laccia
allar *fr.* (Pass.) — andare
allarmare *it.* — allarme
all'arme! *it.* — ib.
allarme (m.) *it.*
allato *it.* — les IIc
allazzare *it.* — IIa; laisse IIc
allée *fr.* — andare
allegar *sp.* — llegar IIb
allegare *it.* — lega²
alléger *fr.* — lieve
alleggiare *it.* — ib.
allegro *it.*
allende *asp.* — IIb
allenu *sard.* — ageno IIb
aller *fr.* — *andare
all'erta *it.* — erto IIa; visto
allestare, allestire *it.* — lesto
alleu *fr.* — allodio
allevare *it.*
allí *sp. fg.* — li; allende IIb
allievo *it.* — XXVI (XX)
allin *fg.* — anche
[alloccare] *ait.* — badalucco IIa

allocco *it.* — locco
allodio *it.* — *I
allodola *it.*
allogare *it.* — allouer IIc
alloggiare *it.* — loggia
allora *it.* — ora²
allotta *it.* (vrlt.) — otta IIa
alloué *fr.* — allouer IIc
allouer *fr.* — *IIc
alluz *fr.* (Rabel.) — trincare
alma *it.* (poët.) *sp. fg.* — anima
almacen *sp.* — magazzino
almaden *sp.* (vrlt.) — IIb
almadraque *sp. fg.* — materasso
almafre *fg.* — almofar IIb
almagacen *sp.* — magazzino
almagra *sp. pg.* — IIb
almagre *sp. fg.* — almagra IIb
almanac *fr.* — almanacco
almanacco *it.* — *I
almanaque *sp.* — almanacco
almatrac *fr.* — materasso
almea *sp.* — aldéa IIb
almear *sp.* — meta
almece *fg.* — IIb
almeja *sp.* — nicchio
almena *sp.* — IIb
almendra *sp.* — mándorla
almendruco *sp.* — faggio
almesc *cat.* — musco
almete *sp. fg.* — elmo
almez *sp.* — IIb
almidon *sp.* — ámido
almiraglio *it.* — almirante
almirante *it. sp. fg.*
almiscar *fg.* — musco
almizcle *sp.* — ib.
almoçala *asp.* — almussa
almocela *sp.* — ib.
almocella *afg.* — ib.
almoço *fg.* — almuerzo IIb
almoeda *fg.* — almoneda IIb
almofaça *fg.* — almohaza IIb
almofada *fg.* — almohada IIb
almofar *sp.* — IIb
almofre *sp.* — almofar IIb
almogarave *sp.* — mugavéro
almogaure *fg.* — ib.
almogavar *sp.* — ib.
almohada *sp.* — IIb
almohaza *sp.* — IIb
almoneda *sp.* — IIb
almoradux *sp.* — majorana
almorço *pg.* — almuerzo IIb
almorranas (pl.) *sp.* — IIb
almorreimas *fg.* — almorranas IIb
almorzar *sp.* — almuerzo IIb
almosna *asp. fr.* — limósina
almoxarife *sp. fg.* — IIb
almucela *fr.* — almussa
almucella *sp. afg.* — ib.

almucio *sp.* — almussa
almud *sp.* — IIb
almude *pg.* — almud IIb
almuerzo *sp.* — IIb
almugaber, almugavar *aval.* — mugavéro
almugaver *acat.* — ib.
almussa *pr.* — I; tocca
alna *it. asp. pr. apg.*
alnado *sp.* — IIb; ainé IIc
alnedo *sp.* — ontáno IIa
alo *pr.* — allodio
aloa *asp.* — allodola
aloc *pr.* — allodio: [fastidio]
alocar *sp.* — locco
alocco *it.* — ib.; badalucco IIa
alodetta *it.* — allodola
alodi *fr.* — allodio
alodio *sp.* — ib.; [fastidio]
aloe *afr.* — allodola
aloè *it.* — galèa
aloeta *asp.* — allodola
alogne *afr.* — aluine IIc
aloi *fr.* — lega²
aloisne *afr.* — aluine IIc
alondra *nsp.* — allodola
aloudre *afr.* — róndine
alonge *fr.* — longe² IIc
alors *fr.* — ora²
alosé, aloser *afr.* — lusinga
alosna *sp. pg.* — aluine IIc
alonette *nfr.* — allodola
aloyer *fr.* — lega²
alperche *pg.* — pérsica
alpersico *sp.* — ib.
alque *pr.* — algo
alquen *afr. burg.* — alcuno
alques *pr.* — algo
alquilar *sp. pg.* — alquile IIb
alquile *sp. pg.* — IIb
alquímia *sp. pg.* — alchímia
alquirivia *pg.* — chirivía IIb
alquitran *sp.* — catrame
alrededor *nsp.* — *redor IIb
alrotar *apg. pg.* — arlotto
als *pr.* — al
alsar *pr.* — alzare
alsi *afr.* — aussi IIc
alsì *flor.* — ib.
Alta-comba *it.* — combo
altalena *it.* — altaleno IIa
altaleno *it.* — IIa
altamisa *sp.* — IIb
altana *it.* — IIa
alterar *pr.* — altérer IIc
altérer *fr.* — IIc; [corruccio]
altiero *it.* — otero IIb
altimira *cat.* — altamisa IIb
altiu *pr.* — antif IIc
altivo *sp.* — ib.
alto *it. sp.* — halt IIc

altramente *it.* — mente
altresì *it.*
altresi *pr.* — altresì
altretal *pr.* — altrettale
altretan *pr.* — altrettanto
altrettale *it.*
altrettanto *it.*
altrui *it.* — ageno IIb
aluat *wal.* — liévito
alubre *asp.* — IIa; algures IIb
alucar *pr.* — lueur IIc
alucher *afr.* — ib.
aluda *asp.* — allodola
aluine *fr.* — IIc
aluir *pg.* — IIb
alumelle *nfr.* — lama²
alva *chw. pg.* — alba
alvação *pg.* — albazano IIb
alvacil *sp. pg.* — alguacil IIb
alvacir *pg.* — ib.
alvão *pg.* — alban
alveo *it.* — auge IIc
alverja *sp.* — ervo
alvíçara (fast nur pl.) *pg.* — albricia IIb
alvicia *asp.* — ib.
alvistra *asp.* — albricia IIb
alvo *pg.* — bianco
alvoroto *pg.* — alboroto IIb
alzar *sp.* — alzare
alzare *it.*
am *ait. pr.* — appo
ama *sp. pg.; occ.* — IIb
amà *wall.* — aumaille IIc
amáca *it.* — *I
ámad *cat.* — ámago² IIb
amadou *fr.* — *amadouer IIc (Nachträge)
amadouer *fr.* — *IIc (Nachträge)
[amadour] *südfr.* — amadouer IIc (Nachträge)
amafil *pr.* — añafil IIb
ámag *cat.* — ámago² IIb
amagar *sp. apg.* — amágo IIb
~ *pr. cat.* — ámago² IIb
amágo *sp. apg.* — IIb
ámago¹ *sp. pg.; sp.* — IIb
amahaca *sp.* — amáca
amainar *sp. pg.* — ammainare
amaldo *sp.* — acelga IIb
amalgamare *it.* — *I
amanavir *pr.* — manevir IIc
amande *fr.* — mándorla
amandola *pr.* — ib.
amanevir, amanevis *afr.* — *manevir IIc
amanir *cat.* — ib.
amanoïr, amanoïtz *pr.* — ib.
amapóla *sp.* — IIb
amar *wal.* — amaricare
amarantine *fr.* — aluine IIc

amarasca *it.* — marasca IIa
amarbit *occ.* — manevir IIc
amareggiare *it.* — amaricare
amarello *pg.* — amarillo IIb
amarg *cat.* — amaricare
amargar *sp. pg. pr.* — ib.
amargo *sp. pg.* — ib.
amargor, amargoso *sp.* — ib.
amari *pic.* — marrir
amaricare *it.*
amarillo *sp.* — *IIb
amarina *it.* — marasca IIa
amaro *it. apg.* — amaricare
[amaron] *schwz.* — aglan IIc
amarra *sp. pg.* — amarrar
amarrar *sp. pg.*
amarre, amarrer *fr.* — amarrar
amarrido *sp.* — marrir
amaru *sic.* — amaricare
amarvir, amarvitz *pr.* — manevir IIc
amatir *afr.* — matto
amatita *it.* — IIa
amb *fr.* — appo
ambaissada, ambaissat *pr.* — ambasciata
amban *fr.* — auvent IIc; combo
ámbar *sp. pg.* — ambra
ambar gris *sp.* — carabe IIb
ambasceria *it.* — ambasciata
ambascia, ambasciadore, ambasciare *it.* — ib.
ambasciata *it.* — *I
ambassade *fr.* — ambasciata
ambiare *it.*
ambídos *asp.* — IIb; envis IIc; combo
amblar *sp. pg. pr.* — ambiare
ambler *fr.* — ib.
ambon *afr.* — auvent IIc
ambore *afr.* — *IIc
ambra (f.) *it.* — I; carabe IIb
ambre (m.) *fr.* — ambra; carabe IIb
[ambriacogna] *piem.* — menzogna
ambrollar *sp.* — parare
ambrom *apg.* — embronc IIc
ambur, ambure *afr.* — ambore IIc
amburo *it.* (vrlt.) — ib.
amda *pr.* — tante IIc
ûme *nfr.* — anima
amedáno *it.* — ontáno IIa
ameia *pg.* — almena IIb
ameijoa *pg.* — nicchio
amello *nfr.* — mándorla
amén de *sp.* — IIb
amena *asp.* — almena IIb
amenaza *sp.* — minaccia
amendament *pr.* — amender IIc
amendare *it.* — ib.
amende, amendement *fr.* — ib.
amender *fr.* — IIc
amendoa *pg.* — mándorla
amener *fr.* — ammainare

amenlou *occ.* — mándorla
amentar *apg.* — mentar
amentaver *pr.* — ib.
amentevoir, amentoivre *afr.* — ib.
amer *pic.* — esmar
ameta *lomb.* — tante IIc
amfascia *it.* — ambasciata
[amia] *sp.* — atril IIb
amida *lomb.* — tante IIc
amidão *pg.* — ámido
ámido *it. pg.*
amido *sp.* — andare; [escada IIb]
amidon *fr.* — ámido
amidos *asp.* — ambídos IIb
amidouler *pic.* — *amadouer IIc
(Nachträge)
[ami doux] *fr.* — ib. (Nachträge)
amie *fr.* — mie IIc
amilanar *sp.* — astore; milano •
amirafle *afr.* — almirante
amiral *afr. nfr.* — ib.
amiralh, amiran *pr.* — ib.
amirant *afr.* — ib.
amirat *pr.* — ib.
amiraut, amiré *afr.* — ib.
amistà *it.* — tosto
amit *afr.* — amito IIb
amito *sp.* — IIb
ammaccare *it.* — macco; maciulla IIa
ammainare *it.*
ammalato *it.* — malato
ammannare, ammannire *it.* — maña IIb
ammanto *it.* — manto
[ammaragnar] *sic.* — marrir
ammazzare *it.* — mazza; [massacre IIc]
[ammencire] *it.* — mince IIc
ammentare *it.* — mentar
ammiccare *it.* — IIa
ammiraglio *it.* — almirante
ammirare *it.* — rima
ammò *com.* — mo IIa
ammollare *it.* — molla
[ammortare] *it.* — intuzzare IIa
ammortire *it.* — sortire
[ammorzare] *it.* — intuzzare IIa
ammoscire *it.* — moscio
[ammucchiare] *it.* — mucchio IIa
ammucciari *sic.* — musser IIc
ammutinare *it.* — meute IIc
amnar *chw.* — andare
amo *sp. pg.* — ama IIb
~ *it.* — ain IIc
[amoerre] *it.* — moire IIc (Nachträge)
amoestar *sp.* — amonestar
amonestar *sp. pr.* — *I
amonester *afr.* — amonestar
amorce, amorcer *fr.* — morceau IIc
amorche *pic.* — ib.
amortiguar *sp.* — IIb; santiguar IIb
amosir *pr.* — moscio
amotinar *sp.* — meute IIc

ampaig *chw.* — pacciare
amparar *sp. yr. pg.* — parare
[ampas] *afr.* — abait IIc
ampio *it.* — ancho IIb
ampleis *afr. yr.* — *IIc; [esso]
amplus *afr.* — ampleis IIc
ampôi *com.* — lampione IIa
ámpola *piem.* — ib.
amù *wal.* — mo IIa
[amuerro] *it.* — moire IIc (Nachträge)
amusco *sp.* — musco IIb; arisco IIb
amuser *fr.* — muso
amvón *wal.* — auvent IIc
an *pr.* — lanquan IIc
anà *lomb.* — andare
ana *nsp.* — alna; álamo IIb
~ *mallorc.* — diana IIa
añadir *sp.* — IIb; añagaza IIb
anafar *pg.* — *IIb
anaffiare — ancidere IIa
anafil *pg.* — añafil IIb
añafil *sp.* — IIb
añagaza *sp.* — IIb
ananás *it. sp. fr.*
auanaz, ananazeiro *pg.* — ananás
anappo *it.*
aner *pr. cat.* — andare
anc *pr.* — anche
anca *sp. pg. pr. it.* — *I
anca-nuech *pr.* — *anche
ancas (pl.) *sp. pr.* — anca
anceis *pr.* — *esso; ainçois IIc; fuora;
   [ampleis IIc]
aucesserie, ancessors, ancestres *afr.*
   — ancêtres IIc
ancêtres *fr.* — IIc
anche *fr.* — *anca
~ *it.* — *I; enteco IIb; [ora]; oggi
anchioa *ven.* — acciuga
ancho *sp. pg.* — IIb; cacho IIb
anchoa *sp.* — acciuga
anchois *fr.* — ib.
anchova *pg.* — ib.
ancian *pr.* — anzi
anciano *sp.* — ib.
[anciare] *it.* — grascia IIa
ancidere *it.* (poët.) — *IIa
ancien *fr.* — anzi; aubain IIc; mien
   IIc
ancino *it.*
ancioa *ver.* — acciuga
anciova *piem. sic.* — ib.
[ancis] *afr.* — ancidere IIa
anciua *gen.* — acciuga
anc mais *pr.* — anche
anco *it.* — ib.
~ *pg.* — IIb; anca
ancoi *ait.* (mndt.) — anche; oggi
[ançois] *afr.* — esso
ancolie *fr.* — IIc; fianco
ancón (m.) *sp.*; — anco IIb; rincon IIb

ancona *bresc.* — *IIa
anconeta *bresc.* — ancona IIa
ancora *it.* — ora²
ancorscher *chw.* — corgere IIa
ancrescher *chw.* — increscere IIa
ancse *pr.* — anche: *se IIc
anc sempre *pr.* — anche; *se IIc
ancúde, ancúdine *it.* — incúde; ancidere IIa; [innesto IIa]
ancui *pr.* — anche
ancuso *piem.* — incúde
anda *lomb.* — andare
andado *sp.* — alnado IIb
andaime, andaimo *pg.* — andana
andain *fr.; berr.; norm.* — ib.
andaina *pg.* — ib.
Andalucia *sp.* — guimp'e IIc; andare
Andaluz *sp.* — andare
andame *hen.* — andana
andamio *asp.; nsp.* — ib.
andamo *apg.* — ib.
andana *com. piem.; sp.*
andante *sp.* — andare
andar *sp. pg.* — *ib.; andarío IIb;
   andas IIb
andare *it.* — *I; andana
andareddu *sard.* — andare
andarío *pg.* — IIb
andas *sp.* — IIb; hante IIc
andata *it.* — andare
andes (pl.) *asp. pg.* — andas IIb
andetti *ait.* — andare
andi *wall.* — landier IIc
andide *asp.* — andare
andido *sp.* — ib.
andiedi *ait.* — ib.
andier *afr.* — landier IIc
ándito *it. sp.* — andare
andorinha *pg.* — róndine
andorro *sp.* — andare
andouille *fr.* — *IIc; douille² IIc
audoureto *npr.* — róndine
andrómina *sp.* — IIb
androne *it.* — verone IIa
anduchiel *chw.* — andouille IIc
andude *asp.* — andare
andudo *asp.* — ib.
anduve *sp.* — ib.
ane *afr.* — hanneton IIc
[anechier] *afr.* — esca
anegar *sp. pg.* — negare
anel *afr.* — sortija IIb
anelare *it.* — alenare
aner *afr.* — andare
[anesser] *afr.* — esca
aneto *it.* — cneldo IIb
angar *fr.* — IIc
angâr *wall.* — angar IIc
angarda *pr.* — angarde IIc; auvent
   IIc
angarde *afr.* — IIc

ángaro sp. — IIb
ange fr. — IIc
angele afr. — IIc
[angheria] it. — avania
angiai sard. — enger IIc
[Angiers, Angieus] afr. — estribo
angiva pr. — gengiva
anglar pr. — IIc; ranc IIc
augle afr. — ange IIc
angoisse, angoisser fr. — angoscia
angon lothr. — gonzo
angoscia it. — I; crosciare
angosciare it. — angoscia; [bruciare]
angoxa asp. — angoscia
angra sp. pg. — IIb
angre afr. — ange IIc
anguinaglia it. — inguine; ancidere
  IIa; [innesto IIa]
angular chw. — embler IIc
angurría sp. — *IIb
anha pr. — ninno
anhelar sp. — alenare; asma IIa
auiañl pr. — añafil IIb
anil pg. — añil IIb
añil sp. — IIb
anima it.
animal farm. piem. — aumaille IIc
animela rom. — ib.
añir sp. — añil IIb
Anjan pr. — caillou IIc
Anjou fr. — ib.
anma pr. — anima
anme afr. — ib.
anoar wald. — andare
annegare it. — negare
[annestare] it. — innesto IIa
anniccare sard. – ammiccare IIa
annichilare it. — gecchire
anniggià, anninnijare, annirgai sard.
  — bennir
annitrire it. — ib.
annottare it. — nuitantre IIc
annoverare it. — nóvero IIa
anqui afr. — qui
ans pr. cat. afr. — anzi
ansa sard. — ansia IIb
~ cat. — aza IIb
ansar sp. — páxaro IIb
ansare it. — asma IIa
ansessi pr. — assassino
ansí asp. — così
ansia it. sp. pg.
~ sp. pg. sard. cat. — IIb
ansiar sp. — asma IIa
ansiare, ansima, ansimare it. — ib.
ansin burg. — così
ansioso it. sp. — ansia
ansolver chw. — asciolvere IIa
anta pr. — onire; anche
antain afr. — tante IIc
antamnà piem. — entamer IIc

antan apr. npr. afr. — antaño; lanquan IIc
antanho apg. — antaño
antaño sp. — I; uguanno
antar pr. — onire
ante afr. fr. (mndt.) — *tante IIc
antedia sp. — hontem IIb
antenado sp. — alnado IIb
antenois afr. — antaño
anteojos sp. — antojo IIb
[anter] afr. — hanter IIc
antes sp. — anche
áutes sp. pg. — *anzi
anti afr. — antif IIc
[~] ait. — anzi
antic pr. — antif IIc
antico it. — ib.
antienne fr. — IIc
antif afr. — IIc; relief IIc
antigatge pr. — âge IIc
antin wall. — tante IIc
antique nfr. — antif IIc
[antise] afr. — hanter IIc
antojo sp. pg. — IIb
antolhos pg. — antojo IIb
antorcha nsp. — torciare
antreci afr. — si IIc
antresiais norm. — entresait IIc
antroqua chw. — jusque IIc
antruejo nsp. — entroido IIb
antruido asp. — ib.
antschéiver chw. — cominciare
antuviar, antúvio sp. — nviar IIb
anuitier afr. — nuitantre IIc
añusgar sp. — IIb
anvan pr. — auvent IIc; combo
anvi burg. — envis IIc
anzare it. — danzare
anzi it. — *I; ainçois II; [poi]
anziano it. — anzi
[anzo] ait. — ib.
anzol pg. — ancino
anzuelo sp. — ib.
aocher afr. — osche IIc
aoi afr. — avoi IIc
aon pr. — aondar IIc
aondar pr. — IIc
aontar asp. — onire
a ora it. — ora²
aoras pr. — ib.
à ore afr. — ib.
ao redor pg. — redor IIb
aou occ. — aus IIc
aoubre npr. — álbaro IIa
aouss wall. — guado¹
aovrir afr. — ouvrir IIc
apaciguar sp. — IIb; santiguar IIb
apagar pr. — pagare
apairar amail. — pairar IIb
apairè piem. — ib.
apajá gen. — ib.

apanage *fr.* — appaner IIc
apanar *pr.* — ib.
apañar *sp.* — pan IIc
aparejar *sp.* — parecchio
aparelhar *pr.* — ib.; cucire
apcha *pr.* — accia
ape *it.*
apear *sp. pg.* — IIb
apegar *sp. pg. pr.* — pegar
à peine *fr.* — appena
apeiro *pg.* — apero IIb
apelar *sp. pr.* — reptar; ralo IIb
apell *wall.* — appeau IIc
apénas *sp. pg.* → appena; avés IIb
aper *com.* — apero IIb
apero *sp.* — IIb
apertá *occ.* (vrlt.) — prieto IIb
apertar *pg.* — ib.
apesgar *sp.* — peso
apiari *pr.* — ape
apiario *it.* — ib.
apio *sp.* — XII (X)
apio dulce *sp.* — sédano
apitar *sp.* — pito
apiter *afr.* — ib.
[apolice] *afr.* — pólizza
aposentar *sp. pg.* — IIb
aposento *sp. pg.* — aposentar IIb
apostille *fr.* — postilla
apostitz *pr.* — posticcio
apostizo *sp.* — ib.
apoyar *sp. pg.* — poggio
appaner *afr.* — IIc
apparecchiare, apparecchio *it.* — parecchio
appareiller *fr.* — ib.
appas (pl.), appât *fr.* — pasta
appeau *fr.* — IIc
appena *it.*
appendíce *it.* — pendíce IIa
appetto *it.* — rimpetto IIa
appiccare, appicciare *it.* — pegar
appio *it.* — ache IIc; XII (X)
appo *it.* — I; avec IIc
appoggiare *it.* — poggio
apposticcio *it.* — posticcio
apprendere *it.* — parare
appresso *it.* — presso
appritari *sic.* — prieto IIb
approcciare *ait.* — proche IIc; rocca
approcher *fr.* — proche IIc; rocca; reprocher IIc
appui, appuyer *fr.* — poggio
apres *apg. pr.* — presso
après *fr.* — ib.
apretar *sp.* — prieto IIb
apretarse *sp.* — peritarsi IIa
aprico *it.* (poët.) — abrigo
aprigá *bearn.* — ib.
aprimar *pr. cat.* — primo
aprire *it.* — ouvrir IIc

aprisco *sp.* — apero IIb
apropchar *pr.* — proche IIc
apropià *wal.* — ib.
[apte] *pr.* — aatir IIc
apune, apús *wal.* — ponente
aquecer *apg.* — acaecer IIb
~ *pg.* — calentar IIb; acaecer IIb
aquel *sp. pr.* — quello
aquelle *pg.* — ib.
aquem *pg.* — aquende IIb
aquende *asp.* — IIb
aquentar *pg.* — calentar IIb
aquese *sp.* — IIb
aquesse *apg.* — aquese IIb
aquest *pr. cat.* — questo
aqueste *sp. pg.* — ib.
aquí *sp. pr.* — qui; aquende IIb
aquilegia *it.* — ancolie IIc
aquo *pr.* — ciò
ar *pg.* — aere
~ *apg. gallic. pr.* — ora²
ara *pr. cat.* — *ib.; anche
arabesco *it.*
arabescos *sp.* — arabesco
arabesques *fr.* — ib.
arabía *sp.* — germanía IIb
arada (f.) *cat.* — arátro
arado *sp. pg.* — ib.
aragan *sp.* — IIb
araigar *pr.* — arracher IIc
araigne *afr.* — araignée IIc
araignée *fr.* — IIc
araire *pr. fr.* (mndt.) — arátro
araldo *it.*
aram *pr.* — rame
arambre *sp.* — ib.
arame *wal.* — ib.
aramie *afr.*; *norm.* — aramir IIc
aramir *pr. afr.* — IIc
aran *champ.* — ran IIc
arañar *sp.* — IIb
arancio *it.* — *I
araño *sp.* — arañar IIb
arapende *asp.* — arpent IIc
aras *pr.* — ora²
arátolo *it.* — arátro
arátro *it.* — I; siller IIc
aratru, aratu *südwal.* — arátro
arauto *pg.* — araldo
arazzo *it.* — IIa; raso
arbalesta *pr.* — arbalête IIc
arbalête *fr.* — IIc
arban *afr.* — bando
arbergar *pr.* — albergo
arbol *sp.* — arrebol IIb; pino² IIb
arbolar *sp.* — alberare
arbolarse *sp.* — pino² IIb
arborer *fr.* — alberare
arbosser *cat.* — albédro IIb
[arbouse] *fr.* — ib.
arbousier *fr.* — *ib.

arbra, arbron *piem.* — álbaro IIa
[arbuscello] *it.* — bruciare
[arbusco] *it.* — gracco
arcabuz *sp.* — arcabugio
arcaccia *it.* — arcasse IIc .
arcage *afr.* — *argot IIc
arcame *it.* — carcasso
arção *fg.* — arcione
arcasse *fr.* (vrlt.) — IIc
arc-a-tour *afr.* — cranequin IIc
arcaza *sp.* — arcasse IIc
arce *nsp.* — ácero
arcea *sp.* — acceggia
árcen *sp.* — árgine; arcilla IIb
archal *fr.* — oricalco
archanner *berr.* — regañar
archegaye *afr.* — zagaia
[archibanco] *it.* — scranna IIa
archibuso *it.* — arcobugio
arcigaye *afr.* — zagaia
arcigno *it.* — *rèche IIc; rognone
arcilla *sp.* — IIb; corzo IIb; erguir IIc;
  esparcir IIb; récio IIb; árgine
arciocco *it.* — articiocco
arcione *it.*
[arcipredola] *it.* — scranna IIa
arcobaleno *it.* — baleno IIa
arcobugio *it.*
arco celeste *it.* — baleno IIa
arco de verzene *ven.* — ib.
arçon *fr.* — arcione; torso; écu IIc
arco piovoso *it.* — baleno IIc
arcu de donno deu *sard.* — ib.
arcu de Nuè *sic.* — ib.
arda *sp.* — IIb
~ *fr.* (Eluc.) — IIb; *arna IIc
ardalho *fr.* — ardiglione
ardenoise *fr.* — ardoise IIc
ardesia *it.* — ib.
ardid *sp. fg.* — ardire; sud IIc
ardido *sp.* — ardire
ardiglione *it.*
ardil *asp. fg.* — ardire; sud IIc
ardilla *sp.* — arda IIb; scojattolo
ardillon *fr.* — ardiglione
ardir *fr.* — ardire
ardire *it.* — I; hardier IIc
ardit *pr.* — ardire
ardite *sp.* — IIb; liart IIc
ardito *it.* — ardire
ardoisa *fg.* — ardoise IIc
ardoise *fr.* — IIc
areamen *pr.* — redo
arecar *occ.* — recare IIa
aredar *fr.* — redo
arégne *lothr.* — araignée IIc
areire *fr.* — retro
aremir *acat.* — aramir IIc
arenc *fr.* — aringa
arène *wall.* — rin IIc
arenga, arengar *sp. fg. fr.* — aringo

arenque (m.) *sf.* — aringa
arent *mail.* — rez IIc
arère *afr.* — arátro
aresta *sp.* — arista
arester *afr.* — estovoir IIc
aresto *fg.* — arresto
arestol *fr.* — resta¹
arestuel *afr.* — ib.
arête *fr.* — arista
arezzo *it.* — aura
arfiare *ven.* — árgine
arfil *sp.* — alfido
arga *cat.* — árgano
árgan *com.* — aragan IIb
árgana *sp.* — árgano
arganeau *fr.* — ib.
arganel *sp.* — ib.
arganello *it.* — ib.
árgano *it. sf.* — *I; [argue IIc]
argào *fg.* — árgano
argaza *rom.* — gazza
argentine *fr.* — aluine IIc
arghen *berg.* — aragan IIb
árgine (m.) *it.* — *I
argio *gen.* — auge IIc
argnone *it.* — rognone
[argo] *afr.* — argot IIc
argoglio *ait.* — orgoglio
argola *fg.* — argolla IIb
argolh *wald.* — orgoglio
argolla *sp.* — IIb
argot *fr.* — *IIc
argot² *fr.* — *IIc
[argoté] *wall.* — argot IIc
[argoter] *afr.* — ib.
argousin *fr.* — alguacil IIb
argue (f.) *fr.* — *IIc; *árgano
argüe (m.) *sf.* — ib.
arguer *fr.* — argue IIc
argüer *fr.* — *ruer IIc; ergoter IIc
arguir *sp.* — ergoter IIc
arguire *it.* — ib.
argull *acat.* — orgoglio
arguyo *asp.* — ib.
aria *it. sp. pg.* — aere
aribar *fr.* — arrivare
ariciu *wal.* — riccio
aride *afr.* — alarido IIb
arigot *fr.* — larigot IIc
aringa *it.* — *I
~ *it.* — aringo
aringare, ariughiera *it.* — ib.
aringo *it.* — *I; rang IIc; [redo]
arioso *it.* — aere
arip (f.) *wall.* — arroche IIc
arisco *sp. fg.* — IIb
arismetica *asp. cat. pr. ait.* — risma
arista *it.*
ariu *sic.* — aere
arlabecca *fr.* — ribeba
Arlecamps *fr.* — arlecchino

arlecchino *it.*
arlequin *fr. sp.* — arlecchino
arlocher *heu.* — locher IIc
arlot *pr. afr. pic.* — arlotto
arlote *sp.* — ib.
arlotto *it.*
arma *pr.* — anima
armada *sp.* — flotta
armadilla *sp.* — IIb
armaire *afr.* — armoire IIc
armal *chw.* — aumaille IIc
armari *pr.* — armoire IIc
armario *it. sp.* — ib.
arm'arme! *it.* — allarme
armata *it.* — flotta
armazem *pg.* — magazzino
arme *afr.* — anima; merme
armellino *it.* — l; ratto
armesariu *wal.* — árgine; guaragno
armet *fr.* — elmo
armiño *sp.* — armellino
[armoier] *afr.* — armoire IIc
armoire (f.) *fr.* — *IIc
[armoirie] *nfr.* — armoire IIc
armoiries (f. pl.) *fr.* — ib.
armoise (f.) *fr.* — IIc; altamisa IIb
armol *afr.* — armuelle IIb
armolas, armoles *pg.* — ib.
[armorier] *nfr.* — armoire IIc
armu (de caddu) *sard.* — ars IIc
armuelle *sp.* — *IIb
ármur *wal.* — ars IIc
arn *piem.* — arátro
arna *sp. cat.* — arnia
~ *pr. cat. sard.* — *IIc; arda IIb
arnar *pr. cat.* — arna IIc
arnascar, arnassar *pr.* — arnese
arnequin *sp.* — arlecchino
arnes *sp. pg. pr.* — arnese
arnese *it.*
arnia *it.*
arnione *it.* — rognone
Arnou *fr.* — grigou IIc
aro *npr.* — ora²
~ *sp. pg.; apg.* — *IIb; argolla IIb
arocher *afr.* — rocca
aroguer *wall.* — rogue IIc
aronde, arondelle *afr.* — róndine; [micio]
aroquer *afr.* — rocca
arossar *pr.* — rosser IIc; [rocca]
arouter *afr.* — rotta
arpa *it. sp. pg. pr. neap.* — *I; accia; haca; herpé IIc
[arpailleur] *fr.* (volkst.) — argue IIc
arpão *pg.* — arpa
arpar *pr.; sp. pg. pr.* — ib.
arpeggiare *it.* — ib.
arpen *pr.* — arpent IIc
arpent *fr.* — IIc
arpicare, arpignone, arpione *it.*—arpa

arpon *sp.* — arpa
arquebuse *fr.* — arcobugio
arrabal *sp. pg.* — arrabalde IIb
arrabalde *sp. pg.* — IIb; eneldo IIb
arrabbatarsi *it.* — rabasta IIc
arrabil *pg.* — ribeba
arracef *apg.* — arrecife IIb
arracher *fr.* — IIc; ranco
arracife *asp.* — arrecife IIb
arraffare, arraffiare *it.* — raffare
arraial *pg.* — real² IIb
arraigar *sp.* — ranco
arramir *afr.* — aramir IIc
arrampè *rom.* — rampa
arrancà *gen.* — ranco
arrancar *sp.* — ib.
arrancare *it.; ait.* — ib.
arrancharse *sp.* — rang IIc
arrandellare *it.* — randello IIa
arranger *fr.* — ib.
arrappare *it.* — rappare
Arras *fr.* — arazzo IIa; raso
arrate *asp.* — arrel IIb
arratel *pg.* — ib.
arre *sp. pg.* — arriero IIb
arrear *sp.* — redo
arrebatar *sp. pg.* — rebatar IIb
arrebol *sp. pg.* — IIb
arrebolar *sp.* — arrebol IIb
arrecadar *pg.* — recaudar IIb
arrecife *sp. pg.* — IIb
arrecirse *sp.* — récio IIb
arredare *it.* — redo
arredío *pg.* — radío IIb
arredo *it.* — *redo
arredondar *sp.* — arrebol IIb
arréer *afr.* — redo IIb
arrefem *pg.* — rehen IIb
arrega *pr.* — raggio
arrei *pr.* — redo
arreiar, arreio *pg.* — ib.
arrel *sp.* — IIb
arrelde *sp.* — arrel IIb
arremedar *sp. pg.* — remedar IIb
arrenc, arrengar *pr.* — rang IIc
arreo *sp.* — redo
arrestare *it.* — arresto; resta²
arresto *it. asp.*
arrêt, arrêter *fr.* — arresto
arrezar *pr.* — redo
arri *it. npr.* — arriero IIb
arriba *sp. pg.* — IIb
arribar *sp. pg.* — arrivare
arricciare *it.* — riccio
~ *it.* — riccio²
arricciarsi *it.* — ruffa
arrieire *pg.* — arriero IIb
arrière *fr.* — retro
arrière-ban *fr.* — *bando
arriero *sp.* — IIb
arriesgar *sp.* — risicare

arriffare *it.* — riffa
[Arrigo] *it.* — bettola IIa
arrimar *nsp. cat.* — rima
arrimer *fr.* — *ib.
arripare *it.* — arrivare
arripiar *pg.* — IIb
arriscado *sp.* — arisco IIb
arriscar *sp. pg.* —*risicare; arisco IIb
[arrisco] *sp.* — risicare
arriser *fr.* — IIc
arrivare *it.* — I; ria IIb; andare
arriver (la nef) *afr.; fr.* —arrivare; avventura
arroba *sp. pg.* — IIb
arroche (f.) *fr.* — IIc; armuelle IIb
arrochettare *it.* — rocchetto
arrogere (osi oto) *it.* — (vrlt.) — IIa
arrogio *asp.* — arroyo IIb
arroi, arroier *afr.* — *redo
arroio *pg.* — arroyo IIb
arrojar *sp. pg.* — *IIb
arrojo *sp. pg.* — arrojar IIb
arrollar *sp.* — rotolo
arropea *sp.* — ferropea IIb
arrosar *pr.* — ros
arroser *fr.* — ib.
arrostare *it.* — rosta IIa
arrostire, arrostito, arrosto *it.*—rostire
arrovellare *it.* — *rovello IIa; arrebol IIb (Nachträge)
arroyar *sp.* — arroyo IIb
arroyo *sp.* — IIb
arroz *sp. pg.* — riso
arrufar *pg. cat.; sp.* — ruffa
arrufarse *sp.* — ib.
arruffare *it.* — ib.
arruga *sp.* — ruga
arrumar *sp. pg.* — rombo
arrumer *fr.* — ib.; [rima]
arruner *norm.* — rombo
[arruxar] *cat.* — arrojar IIb
ars *cat.* — ácero
~ (pl.) *afr.; fr.* — IIc
arsenal *sp. fr.* — arsenale
arsenale *it.*
[arsinzer] *moden.* — rincer IIc
arso *pr.* — arcione
[arssagaya] *pr.* — zagaia
arsura *it. pr.* — asurarse IIb
art *pr.* — hard IIc
[arta] *pr.* — arna IIc
artalejo, artalete *sp.* — artoun IIc
arte] *afr.* — arna IIc
arteça *pg.* — artoun IIc
arteil *pr. afr. fr.* (mndt.) — artiglio
artelharia *apg.* — artilha
artelho *pg.* — artiglio
artesa *sp.* — artoun IIc
artesano *sp.* — artigiano
artezão *pg.* — ib.

artichaut *fr.* — *articiocco
articiocco *it.* — *I
artiga *sp. cat.* — IIb
artigiano *it.* — *I; ardire
artiglieria *it.* — artilha
artiglio *it.* — I; garra
artigua *pr.* — artiga IIb
artijo *sp.* — artiglio
artilha *pr.*
artilharia *pr.* — artilha
artiller *afr.* — ib.
artillerie *afr.; nfr.* — ib.
artilleux, artillier *afr.* — ib.
[artimaire] *afr.* — grammaire IIc
artisan *fr.* — artigiano
[artison] *fr.* — arna IIc
[artoison] *afr.* — ib.
artone *it.* — artoun IIc
artot *champ.* — argot[2] IIc
artoun *npr.* — IIc
[artuison] *afr.* — arna IIc
[artumaire] *afr.* — mire IIc
[artuson] *afr.* — arna IIc
aruñar *sp.* (vrlt. pop.) — arañar IIb
arveja *sp.* — ervo
arzanà *it.* — arsenale
árzare *ven.* — árgine
arzon *sp.* — arcione
as *sp. pr. fr.* — asso
asa *sp.* — aza IIb
asà *wal.* — così
asayar, asayo *sp.* — saggio[2]
asaz *asp.* — assai
asca *neap.* — ascla
~ *lomb.* — IIa
ascella *it.; gen.*
aschaid *chw.* — aisil IIc
ascher *chw.* — asco IIb
aschiare *it.* — astio IIa
aschiella *chw.* — oseille IIc
aschio *it.* — astio IIa
aschría *chw.* — asco IIb
ascia *it.* — accia
asciare *neap.*—achar IIb; [grascia IIa]
asciari *sic.* — achar IIb
asciogliere *it.* — sciogliere IIa
asciolvere *it.* — IIa
ascione *sard.* — nasturzio
asciugare *it.* — suco
asciutto *it.* — ib.; aspettare IIa
ascla *pr. cat.* — *I; [pestillo IIb]; (atelier IIc)
asclar *pr. cat.* — ascla
asco *sp. pg.* — IIb; ansia
ascolta *it.* — ascoltare; XXVII (XXI)
ascoltare *it.* — I; aura
ascona *pg.; pr.* — azcona IIb
ascons *norm.* — alcuno
ascoroso *sp. pg. amail.* — asco IIb
ascoso *sp. pg.* — asco IIb
ascouter *afr.* — ascoltare

ascu *sard.* — asco IIb
ascua *sp. pg.* — IIb
ascuchar *asp.* — ascoltare
ascun *norm.* — alcuno
aseámene *wal.* — insembre
asear *sp.* — *IIb
asediar, asedio *sp.* — sedio
asemblar *sp. pr.* — sembrare
asentar *sp. pg.* — sentare
aserar *pr.* — sera
ascrier, aserir *afr.* — ib.
asesino *sp.* — assassino
asesmar *pr.* — esmar
asestar *sp.* — sesta
asetjar *pr.* — sedio
asfiori *it.* — zafferano
asfóro *ven.* — ib.
[asgo] *sp.* — asir IIb
así *nsp.* — così
asiau *hen.* — haise IIc
asiento *sp.* — sentare
asima *it.* — asma IIa
asinha *pg.* — IIb
asio *it.* (selt.) — agio; crogiare IIa
asir *sp. pg.* — *IIb
asiza *pr.* — assises IIc
asma *it.* — IIa; ansia IIb
asmar *asp. apg.* — esmar
asolare *it.* — scialare IIa
asomar *sp. pg. pr.* — sommo
asortir *sp.* — sortire²
aspa *sp.* — aspo
aspagne *wall.* — spanna
asperella *it.* — espielle IIc
aspettare *it.* — IIa
aspetto *it.* — aspettare IIa
[aspic] *fr.* — fastidio
aspo *it.*
asprume *it.* — costuma
asqueroso *sp. pg.* — asco IIb
asre *asp.* — ácero
assáa *mail.* — sala IIa
assaggiare, assaggio *it.* — saggio²
assai *it.* — *I; se IIc
~, assaiar *pr.* — saggio²
assaisonner *fr.* — stagione
assassi *pr.* — assassino
assassin *fr.* — ib.
assassino *it.*
assatz *pr.* — assai
assaz *pg.* — ib.; avés IIb
asse *it.* — ais IIc
~ *it.* — sala IIa
assecus *asard.* — sezzo IIa; aínçois IIc
assediare, assedio, asseggio *it.* — sedio
assegnare *it.* — assener IIc
asseiar *pg.* — asear IIb
asseitar *pg.* — acechar IIb
assembiare *it.* — sembrare

assembler *fr.* — sembrare
assembrare *it.* — ib.
[assenal] *fr.* (volkst.) — assener IIc
assener *afr.; nfr.* — *IIc
assentare *it.* — sentare
assenter *afr.* — *ib.
[assentir] *afr.* — ib.
assestar *pr.* — sesta
assestare *it.* — *ib.
assetar *pr.* — assettare
assetiar *pr.* — setiar IIc
assettare *it.* — *I; [asear IIb]; [sesta]
assetto *it.* — assettare
assez *fr.* — assai
assi *cat.* — qui
assicella *it.* — ais IIc
assiculo *it.* — essieu IIc
assiderarsi *it.* — sido IIa
assiéger *fr.* — sedio
assieta *pr.* — assettare
assiette *fr.* — ib.
[assignal] *afr.* — assener IIc
assigner *fr.* — ib.
assí *ven.* — sala IIa
assim *pg.* — così; anche
assire *afr. pr.* — assises IIc
assisa *it.; neap.* — ib.
assise *afr.* — ib.; sisa IIb
assises (pl.) *fr.* — IIc
assitiar *pr.* — setiar IIc
asso *it.*
assoager *afr.* — IIc
assolto *it.* — solto IIa
assoluto *it.* — sollo IIa
assolvere (olsi) *it.* — sciogliere IIa
assommare *it.* — *salma
assommer *afr.* — sommo
~ *fr.* — *salma; [tutare]
[assopar] *afr.* — zoppo
assortir *fr.* — sortire²
assortire *it.* — ib.
assouagier *afr.* — assoager IIc
assouffir *afr.* — assouvir IIc
assouvir *fr. afr.* — IIc
assoviar *pg.* — soffiare
assuaviar *pr.* — assoager IIc
assura *sard.* — asurarse IIb
assustu *sard.* — sostare
asta *it. sp.* — hante IIc
astela *pr.* — ascla
astele *afr.* — ib.
astelier *pr.; npr.* — atelier IIc; [flèche IIc]
asteptà *wal.* — aspettare IIa
astiare *it.* — astio IIa
astier *npr.* — atelier IIc; [flèche IIc]
astilla *sp.* — ascla; [pestillo IIb]
astillero *sp.* — atelier IIc
astine *afr.* — aatir IIc
astio *it.* — IIa; aatir IIc
astiu *pr.* — hâte IIc

astivamente *ait.* — hâte IIc
astore *it.* — *I (auch Nachträge); milano
astou *npr.* — astore
astrach *com.* — piastra
astracu *sic.* — ib.
astratto *it.* — stratto IIa
astre *afr.* — piastra
~ *fr. fr.* — astro
astregh *mail.* — piastra
astreindre *fr.* — étreindre IIc
[astrent] *afr.* — festo IIb
astrich *mail.* — piastra
ástrico *it.* (mndt.) — ib.
astro *it. sp. fg.*
astroso *sp. fg.* — astro
astruc *fr.* — ib.
astrugo *asp.* — ib.
astuccio *it.* — *I
astutare *ait.* — tutare
asurarse *sp.* — IIb
ata *asp. apg.* — té IIb; hasta IIb
atabal *sp.* — ataballo
atabale *pg.* — ib.
ataballo *it.*
atacar *sp.* — tacco
[atahud] *sp.* — ataud
ataïna *pr.* — taïnar IIc
ataïnar *pr.* — ib.
ataïne *burg.* — ib.
ataïne, ataïner *afr.* — ib.
atal *sp.* — cotale
atalentar *pr.* — talento
atalenter *afr.* — ib.
atambor *sp. fg.* — tamburo
atancarse *sp.* — stancare
atánes *asp.* — té IIb
atanto *asp.* — cotanto
atapir (s') *afr.* — tapir IIc
atar *sp. fg. cat.* — IIb
atarazana, atarazanal *sp.* — arsenale
atarfe *sp.* (vrlt.) — IIb
atarger *pic.* — targer IIc
atarjea *sp.* — targa
ataud *sp. pg.* — *I
ataviar *sp. fg.* — IIb
atavio *sp. fg.* — ataviar IIb
até *pg.* — té IIb
ate *afr.* — azaut IIc; [malato]; [aatir IIc]
atear *sp. pg.* — tea IIb
ateler *afr.* — teler IIc
atelier *fr.* — *IIc; [flèche IIc]
atem *apg.* — té IIb
atenent *wald.* — immantinente
aterecer, aterir *sp. apg.* — intero
ateritar *sp.* — ib.
atestiguar *sp.* — santiguar IIb
atezar *sp.* — tez IIb
atieirar *pr.* — tirare
atilar *pg.* — attillare

atildar *sp.* — attillare
atilhar *pr.* — ib.
atinar, atino *sp. fg.* — tino IIb
atirar *pr.* — tirare
atirier *afr.* — ib.
atisbar *sp.* — IIb
atiser *fr.* — aatir IIc
atizar *sp. pr.* — tizzo
atoar *sp. fg.* — touer IIc
atobar *sp.* — IIb
atoivre *afr.* — toivre IIc
atontar *sp.* — tonto IIb
atorar *sp.* — tuero IIb
atordir *asp. apg.* — *stordire
atorn, atorner *afr.* — torno
atour *nfr.* — ib.
atracar *sp. pg.* — IIb
atrampar *sp.* — trappa
atrapar *sp. pr.* — ib.
atras *sp. pg. pr.* — retro; tras
atrasag, atrasaiadament, atrasait *pr.* — entresait IIc
atraver *afr.* — *tref IIc
atraversar *sp. pg.* — travieso IIb
âtre *nfr.* — piastra
atrepice *it.* — arroche IIc
atresi *pr.* — altresì
atrestal *pr.* — altrettale
atrestan *pr.* — altrettanto
atretal *pr.* — altrettale
atretan *pr.* — altrettanto
atreverse *sp. pg.* — IIb
atribuir *sp.* — atreverse IIb
atril *sp.* — *IIb
atriusar *pr.* — trusar IIc
atriver *afr.* — trevar IIc; tregua
atropelar *pr.* — tropa
atropeler *afr.* — ib.
atropellar *sp. pg.* — ib.
atrozar *sp.* — torciare
atruendo *asp.* — estruendo IIb
atruissar *pr.* — trusar IIc
atsar *cat.* — azzardo
atta *com.* — tata
attaccare *it.* — tacco
attacher *fr.* — ib.; teler IIc
attalentare *it.* — talento
attaquer *fr.* — tacco; [aatir IIc]
attaupinarsi *it.* — tapir IIc
attecchire *it.* — tecchire IIa
atteler *fr.* — teler IIc
attelle *nfr.* — ascla
[atterrire] *it.* — bigot IIc
attifer *nfr.* — tifer IIc
attillare *it.*
áttimo *it.* — IIa
attiraglio *it.* — tirare
attirail *fr.* — ib.
attirer *afr.* — ib.
attiser *fr.* — tizzo
attizzare *it.* — ib.; torso

atto *it.* — auto IIb
attonare *it.* — atobar IIb
attraper *fr.* — trappa
attrappare *it.* — ib.
attuale *it.* — avale IIa
[attupari] *sic.* — stoffa
atturare *it.*
attutare *it.* — tutare
atufar *pg.* — tufo
atun *sp.* — tonno
atupir *pg.* — toppo
atur *pr.* — atturare
aturar *sp. pg. pr. cat.* — ib.
aturdir *sp. pg.* — *stordire
atusar *sp.* — tusar IIb
atuzar *pr.* — tizzo
~ *pr.* — tutare
atzitzà *wal.* — tizzo
au *wal.* — o
~ *wald.* — appo
aubain *fr.* — IIc
aube *fr.* — alba
~ *fr.* — loba IIb
auberge *nfr.* — *albergo
aubier *fr.* — IIc; obier IIc
aubour *afr.* — aubier IIc
aubra *npr.* — álbaro IIa
aubrelle *fr. berr.* — ib.
aubrier *fr.* — alban
auburon *lothr.* — aviron IIc
auc *apr. npr.* — oca
auca *sp. pr. chw.* — ib.; mur; nática
auce (f.) *asp.* — *IIb; azzardo
aucube *afr.* — alcóva
aucuen *afr. burg.* — alcuno
aucun *fr.* — ib.
audace *it.* — scalterire IIa
Audoart *pr.* — allodio
aüe *afr.* — ajuto
aufage *afr.* — IIc
aufaine (destrier) *afr.* — alfana IIb
auferant *afr.* — alfaraz IIb
auferrant *afr.* — IIc; ferrant IIc
aufin *afr.* — alfido
Aufricant *afr.* — ferrant IIc
auge *it. sp. pg.*
~ *fr.* — IIc
augel *pr.* — uccello
augello *it.* (poët.) — ib.
augue *afr.* — eau IIc
~ *afr.* — hogue IIc
augur *pr.* — augurio
augurar *sp.* — ib.
augurare *it.* — ib.
augurer *fr.* — ib.
auguri *pr.* — ib.
augurio *it.*
auguroso *it.* — augurio
aujourd'hui *fr.* — oggi
ául *pr.* — *avol IIc; flauto; trou IIc
aullar *sp.* — IIb

auloide *lothr.* — éclair IIc
aülteri *pr.* — glaive IIc
aumaille (f. pl.) *fr.* — IIc; oca
aumaire (m.) *afr.* — armoire IIc
aume *lothr.* — esmar
aumône *fr.* — limósina
aumuce, aumucette *afr.* — almussa
aumusse *fr.* — ib.
aun *sp.* — anche; così
auna *it.* — alna
aunaie *fr.* — ontáno IIa
aunc, aunca *chw.* — anche
aune *fr.* — alna
aunée *fr.* — enola
aunir *pr.* — onire; galoppare
aúpa *sp.* — upa IIb
auquen *afr. burg.* — alcuno
auques *afr.* — algo
auqueton *afr.* — cotone
aür *pr.* — augurio; ora
aura *it. sp. pg. pr. chw.* — I; brezza
aurá *npr.* — sauro
aurat, auratge, aurei *pr.* — aura
aureneta *cat.* — róndine
aurfres *pr.* — orfroi IIc
[auria flor] *pr.* — oriflamme IIc
auriban *pr.* — banda; [oriflamme IIc]
auricalco *sp.* — oricalco
auriflamma *pr.* — banda
auriflan, auriflor *pr.* — *oriflamme IIc
auriol *pr.* — loriot IIc
aurler *wall.* — hâle IIc
aurone (f.) *fr.* — IIc
aurore *wal.* — alba
aüros *pr.* — augurio
aurpel *pr.* — orpello
aus (m.) *npr.* — IIc
ausar *pr.* — alzare
ausberc *pr.* — usbergo
[auscar] *pr.* — osche IIc
ause *champ.* — aus IIc
ausinc *afr.* — aussi IIc
aussar *pr.* — trissar IIc
aussi *fr.* — IIc
aussitôt *fr.* — tosto
austá *pr.* (vrlt.) — óter IIc
austarda *pr.* — ottarda
austor *pr.* — *astore
astronomia *pr.* — *astore (Nachträge)
autan *asp.* — autant IIc
autant *fr.* — IIc
autel *afr.* — IIc
autillo *sp.* — IIb
auto *sp. pg.* — IIb
~ da fé *pg.* — auto IIb
~ de fé *sp.* — ib.
autorc, autorgar *pr.* — otriare
autour *nfr.* — astore
~ *fr.* — torno
autrei *pr.* — otriare

autresi *afr.* — altresì
autretant *afr.* — altrettanto
antretel *afr.* — altrettale
autreyar *pr.* — otriare
autruche (f.) *fr.* — struzzo
auvent *fr.* — IIc
Auvergne *fr.* — hargne IIc
[auvoire] *afr.* — albedrío IIb
auvrir *afr.* — ouvrir IIc
auzir *pr.* — épanouir IIc; brouir IIc
avá *sp. pg.* — evay IIb
avacciare *it.* — *IIa
avaccio *it.* — avacciare IIa
avachi (s') *wall.* — avachir IIc
avachir (s') *fr.* — *IIc
avahar *sp.* — bafo IIb
avainder *champ.* — aveindre IIc
avais *pr.* — avaissa IIc
avaissa *pr.* — IIc
avaisse *fr.* — avaissa IIc
aval avale *it.* — avale IIa
avalaison *afr.* — avalange IIc
avalanche *fr.* — ib.
avalange *fr.* — IIc
avale *it.* — IIa
avancer *fr.* — anzi; [pertugiare]
avania *it. pg.* — *I
avanie *fr.* — avania
avannotto *it.* — *IIa
avant *pr. fr.* — anzi
avantage *fr.* — ib.
avantatge *pr.* — ib.
avant-garde *fr.* — angarde IIc
avanti *it.* — *anzi
avanzar *sp. fr.* — ib.
avanzare *it.* — ib.; avacciare IIa
avaria *it. pg.* — I; [avania]
avarie, avarié *fr.* — avaria
avec *fr.* — *IIc; o IIc; appo
[avecica] *sp.* — auce IIb
avecilla *sp.* — uccello; [auce IIb]
[avecinha] *pg.* — auce IIb
[avecita] *sp.* — ib.
avecques *afr.* — avec IIc
avèdre *occ.* — aveindre IIc
aveindre *fr.* — IIc
avel *afr. champ.* — *IIc
avelline *fr.* — aluine IIc
avello *it.* — IIa; avel IIc
avenant *fr.* — IIc
aveneron *fr.* — haveron IIc
avenir *fr.* — affare
aventare *it.* — avventare IIa
aventura *pg. sp. pr.* — avventura
aventure *fr.* — ib.
aver *pr.*; (f.) *npr.* — ganado IIb
ave rei *pg.* — roitelet IIc
averia *sp.* — avaria
[~] *gen.* — avania
averindo *sp.* — avaria
averiguar *sp. pg.* — IIb; santiguar IIb

averno *npr.* — verne IIc
averon *fr.* — haveron IIc
avès *asp.* — IIb
aves *npr.* — ritto
avés *sp.* — appena
avesso *pg.* — avieso IIb
avestruz *sp.* — struzzo; ottarda
avette *norm.* — ape
aveu *fr.* — avouer IIc
aveugle, aveugler *fr.* — avocolo
avezar *sp. pg. pr.* — vizio
aviaux *afr. champ.* — avel IIc
[aviere] *afr.* — veiaire IIc
avieso *sp.* — IIb
avil *apg.* — avol IIc
avinen *pr.* — avenant IIc
aviol *pr.* — aïeul IIc
[avir] *pr.* — albedrío IIb
aviron *fr.* — IIc
avis *pr. fr.* — viso
aviso *sp.* — ib.
avisto *agen.* — visto
avives (f. pl.) *fr.* — vívole
avô *pg.* — aïeul IIc
avoar *pr.* — avouer IIc
avoc *afr.* — avec IIc; o IIc
avocar *pg. pr.* — avouer IIc
avocolare *it.* — avocolo
avocolo *it.*
avogolar *pr.* — avocolo
avoi *afr.* — IIc
avoir *fr.* — ganado IIb
avol *pr. apg. acat. asp.* — *IIc; flauto; trou IIc
avolé *afr.* — avol IIc
avoleza *pr.* — ib.
avolezza *ait.* — ib.
[avoliner] *afr.* — mulino
ávolo *it.* — aïeul IIc
avóltero *it.* — avoutre IIc
avoltojo *it.* — avoltore
avoltore *it.*
avori *pr.* — avorió
avorio *it.*
[avosto] *it.* — ruvido IIa
avotron *wall.* — avoutre IIc
avoué *fr.* — avouer IIc
avouer *fr.* — IIc
avoultre *afr.* — aveindre IIc
[avoutire] *afr.* — mire IIc
avoutre *pr. afr.* — IIc; bastardo
avriller *jur.* — abrigo
avrir *afr.* — ouvrir IIc
avuec *afr.* — *avec IIc
avulteri *pr.* — glaive IIc
avutarda *sp.* — ottarda
avutron *wall.* — avoutre IIc
avvamparo *it.* — vampo IIa
avvegnachè *it.* — IIa
avvegna dio che *it.* — eziandío IIa
avvenante, avvenente *it.* — avenant IIc

avvenire *it.* — affare; avvegnachè IIa;
  avventare IIa
avventare *it.* — IIa
avventura *it.* — I; arrivare
avvezzare *it.* — vizio
avvinchiare *it.* — vinchio IIa
avvisare. avviso *it.* — viso
avvisto *it.* — visto
[avvitichiarsi] *it.* — verrina
awoi *wall.* — oui IIc
axada *asp.* — accia
axedrea *sp.* — satureja
axedrez *sp.* — IIb
axella *cat.* — ascella
axenjo *sp.* — IIb
axobar *cat.* — axuar IIb
axonge *fr.* — enxundia IIb
axovar *sp.* — axuar IIb
axuar *sp.* — IIb
aya *sp.* — ayo IIb
ayantar *sp.* — ieri
aye *afr.* — ea
~ *fr.* — IIc
ayer *sp.* — ieri; giunare; ivi
~ *afr.* — retro
ayo *sp.* — IIb
ayuda, ayudar *sp.* — ajuto
ayunar *sp.* — giunare
ayuno *sp.* — aullar IIb
ayunque *sp.* — incúde
ayuso *asp.* — giuso; ieri
az *pr.* — a
~ *pg.* — asso
aza *sp.* — haza IIb
~ *pg.* — *IIb
azada *nsp.* — accia
azafate *sp. pg.* — IIb
azafran, azafranillo *sp.* — zafferano
azagaia *sp. pg.* — zagaia
azancfa *sp.* (vrlt.) — cenefa IIb
[azaptir] *pr.* — aatir IIc
azar *pr.*; *sp. pg.* — azzardo
azaut *pr.* — IIc; [aatir IIc]

azautar *pr.* — azaut IIc
azcona *sp.* — IIb
azedinha *pg.* — oseille IIc
azemar *sp.* — *esmar
azenu *asard.* — ageno IIb
azermar, azesmar *pr.* — *esmar
azevinho *pg.* — acebo IIb
azevre *pg.* — acíbar IIb
aziago *pg.* — auce IIb
azienda *it.* — faccenda
aziman *pr.* — diamante
azinheira, azinho *pg.* — elce
azir *asp.* — asir IIb
~, azirar *pr.* — haïr IIc
azo *pg.* — agio
azófar *sp. pg.* — IIb
azofeifa *sp.* — azufaifa IIb
azogue *sp.* — IIb
[azolar] *it.* (mndt.) — aza IIb
azor *nsp. pg.* — *astore
azorar *sp.* — ib.
azotar *sp.* — azote IIb
azóte *sp.* — IIb
azougue *pg.* — azogue IIb
aztor *asp.* — *astore
azúcar *sp. pg.* — zúcchero
azucena *sp. pg.* — IIb
ażudà *wal.* — ajuto
azuela *sp.* — accia
azufaifa *sp.* — IIb; giúggiola
azufre *sp.* — solfo
azul *sp. pg.* — azzurro
azulteri *pr.* — glaive IIc
ażunà *wal.* — giunare
azur *pr. fr.* — azzurro
azza *it.* — accia
azzale *ven.* — acciajo
azzardare *it.* — azzardo
azzardo *it.*
azzimare *it.* — *esmar
azzuolo *it.* — azzurro
azzurro *it.*

b

baailler *afr.* badare
bah *chw.* — babbo IIa
baba *sp. pg.* — bava
~ *pic.* — babbéo
babái *occ.* — pápe IIa
babau *pr.* — babbéo
babazorro *sp.* — IIb
babbaccio *it.* — babbéo
babbano *it.* — ib.
babbéo *it.* — I; bambo
babbi *mail.* — beffa
babbo *it.* — IIa; papa

bábbole, babbuasso *it.* — babbéo
babbuino *it.*
babę *wal.* — babbo IIa
babear *sp.* — bava IIc
babeurre *fr.* — *IIc
babieca *sp.* — bava; *bègue IIc
babil *fr.* — IIc
babiller *fr.* — babil IIc
babine *fr.* — babbuino
babioles *fr.* — babbéo
bâbord *fr.* — IIc
babosa *sp.* — bava

babouches (f. pl.) *fr.* — IIc
babouin *fr.* — babbuino
babu *sard.* — babbo IIa
babuchas *sp.* — babouches IIc
babuino *sp.* — babbuino
bac *fr. hen.* — IIc
[~] *nordit.* — gracco
baca *sp. pr.* — bague IIc; baya IIb
bacalá *ven. piem.* — cabeliau IIc
bacalao *sp.* — ib.
bacalar *pr.* — baccalare
bácara *sic.* — bicchiere
bacca *it.* — bague IIc
baccalare *it.*
baccelliere *it.* — baccalare
baccello *it.* — IIa; gagliuolo IIa; *baciocco IIa
bacchetta *it.*
bacharel *pg.* — baccalare
bachele *afr.* — bagascia
bachelette, bachelier *fr.* — baccalare
bacherozzo *it.* — camozza
bachiller *sp.* — baccalare
bacía *sp. pg.* — IIb; bacino
baciapile *it.* — pappalardo
baciare *it.* — bacio
bacin *asp. pr.* — bacino
bacino *it.* — I; bacía IIb
bacio *it.*
bacio *it.* — *IIa
baciocco *it.* — *IIa
bacioccolo *it.* — bacino
baclar *pr.* — bacler IIc
bacler *fr.* — IIc
baco *it.* — IIa; bigio; cimento IIa; [chenille IIc]; [bègue IIc]
bacoco *it.* — albercocco
bacon *pr. afr.; dauph.* — IIc
bacoulette *norm.* — bele IIc
bada *pr. it.* — badare; XXVII (XXI); baja²; die IIc
badada (bocca) *ait.* — badare
badado *occ.* — ib.
badajo *sp.* — battere
badalbar *pr.* — badare; badalucco IIa
badalisco *it.* XXV (XIX) 8
badaloco *ven.* — badalucco IIa
badaluc *fr.* — ib.
badaluccare *it.* — ib.
badalucco *it.* — *IIa; loque IIc
badana *sp. pg.* — IIb
badar *pr. cat.; pr.* — badare; baja; gana
badare *it.* — *I; *badalucco IIa; baja²; muso
badau *pr.* — badare
badaud *fr.* — ib.; lordo; maraud IIc
baddottula *sic.* — bele IIc
badea *sp. pg.* — pateca IIb
bader *berr.* — badare

baderla *it.* — badare
baderlà *com.* — ib.
baderlar *chw.* — ib.
bades (en) *afr.* — ib.
badbada (boca) *ait.* — ib.
badia *cat.* — baja
badigliare *it.* — badare
badil, badila *sp.* — badile
badile *it.*
badin, badiner *fr.* — badare
badiu, badoc *pr.* — ib.
badolè *piem.* — badalucco IIa
baduel *pr.* — badare
bae (f. pl.) *wal.* — bagno
baer *afr.* — badare; lordo
bafa *asp. pr.* — beffa; rabougrir IIc
[~] *aven.* — bâfre IIc
bafar *asp.* — beffa
~ *pg.* — bafo IIb
bafari *pg.* — baharí IIb
bafe *pic.* — beffa; bâfre IIc
baffù *sic.* — papa
baflier *pic.* — bâfre IIc
bafo *asp. pg.* — IIb
Bafomet *pr.* — rabougrir IIc
bafordo *apg.* — bagordo
bafouer *fr. lothr.* — *beffa; amadouer IIc (Nachträge)
bafra *piem.* — bâfre IIc
bâfre (f.) *fr.* — *IIc; safre IIc
bafrè *piem.* — bâfre IIc
bâfrer *fr.* — *ib.; safre IIc
bafreux *hen.* — bâfre IIc
bafron *piem.* — ib.
baga *lomb.; sp.* — I; pacco; bagatella; bagascia
~ *pg. pr.* — baya IIb; bague IIc
bagage *pg. fr.* — baga
bagaglia *it.* — ib.
bagasa *sp.* — bagascia; garzo IIb
bagascia *it.*
bagasse *afr.* — bagascia
bagata *parm.* — bagatella
bagatela *sp.* — ib.
bagatella *it.* — *I; [bajo]
bagatelle *fr.* — bagatella
bagattare *mod.* — ib.
bagattino *it.* — *ib.
bagaxa *pg.* — bagascia
bagio *it.* — bacio
bagliore *it.* — IIa; [lordo]
bagnare *it.* — bagno
bagno *it.* — I; mulino
bagordare *it.* — bagordo
bagordo *it.* — I; bourde IIc
bagua *pr.* — baga
baguassa *pr.* — bagascia
bague *afr.* — baga
~ *fr.* — IIc
baguette *fr.* — bacchetta
bah *npr.* — baire

bahari *sp.* — IIb
babi *hen.* — baire
bahia *sp. pr. sard.* — baja
baho *nsp.* — bafo IIb
bahú, bahúl *pg.* — baúle
bahut *fr.* — ib.
bai *pr. fr.* — bajo; noja
~ *norm.* — belare
baiart *pr.* — bajo
baie *fr.* — baja; baja²
~ *fr.* — baja²
~ *fr.* — bague IIc
baïf *afr.* — baire
baigner *fr.* — bagno
bail *afr.* — bailo
baila *it. pr. chw.* — ib.
bailar *pr.* — ib.
~ *sp. pg.* — ballare
bailc *pr.* — bailo
~ *sp. pg.* — ballare
bailia *sp. pr.* — bailo
bailieu *pr.* — ib.
bailio *pg.* — ib.
bailir *pr.* — ib.
baille *fr.* — bac IIc
bailler *afr.* (mndt.) — bailo
bâiller *nfr.* — badare
baillet *fr.* — bajo
bailli *fr.* — bailo
baillie, baillir *afr.* — ib.
bailo *it.*
bain *fr.* — bagno
bainilha *pg.* — vainiglia
baïonnette *fr.* — *IIc
baire *it.*
bais *pr.* — bacio
baisele *afr.* — bagascia
baisselette *afr.* — baccalare
[bait] *wälschtir.* — bettola IIc
[baita] *lomb.* — ib.
baixel *pg.* — vascello
baixo, baixos (pl.) *pg.* — basso
baja *it.*
baja² *it.*
bajare *it.* — *IIa; [aboyer IIc]
bajasse *afr.* — bagasse
[bajella] *tosk.* — bagatella
bajo *it.* — *I; noja; crojo IIa; [bagatella]
bajocco *it.* — *bajo; [bagatella]
bajuca *it.* — baja²; [bagatella]
bal *pr. fr.* — ballare
bala *sp. pr.* — balla
balach *pr.* — balascio
balache *pg.* — ib.
baladí *sp.* — IIb
baladrar *sp.* — *IIb; [braire IIc]
balafre (f.) *fr.* — IIc
balafrè *piem.* — bâfre IIc
balafrer *fr.* — balafre IIc
balai *fr.; pr.* — IIc

balaiar *pr.* — balicare; balai IIc
balain *afr.* — bal IIc
balais *pg. pr. fr.* — balascio
~ *afr.* — balai IIc
balance *fr.* — bilancia; XXIV(XVIII) 4
balandra *sp. pg.* — palandra; [pa-landrano]
balandrá *npr.* — palandrano
balandran *sp. fr.* [mail.] — ib.
balandre *fr.* — palandra
balanquin *asp.* — baldacchino
balansa *pr.* — bilancia
balanza *sp. ven. mail.* — ib.
balar *pr.* — ballare; [baladrar IIb]
balascio *it.*
balaústra, balaustrata *it.* — balaústro
balaústre *sp.* — ib.
balaústro *it.*
balax, balaxe *sp.* — balascio
balayer *fr.* — balai IIc
balb *pr.* — bobo IIb
balbo *it.* — ib.
balc *pr.* — IIc
balca (adj.) *pr.* — balc IIc
balcão *pg.* — balco
balco *it.*
balcon *fr. sp.* — balco
balcone *it.* — ib.; barbacane
balda *sp. pg.* — baldo
baldacchino *it.*
Baldacco *it.* — baldacchino; smeraldo
baldão *pg.* — baldo
baldaquin *fr. sp.* — baldacchino
baldar, balde *sp. pg.* — baldo
baldío *sp. pg.* — ib.
baldo *it.; sp. pg.* — I; baudet IIc
baldoar *pg.* — baldo
baldona *asp.* — ib.
baldonar *sp.* — ib.
baldore, baldória *it.* — ib.
[baleina] *graubündt.* — baleno IIa
balejar *cat.* — balicare
balenare *it.* — *baleno IIa
[balengh] *wälschtir.* — bilenco IIa
baleno *it.* — *IIa; frana IIa; XXIV (XVIII) 4
baler *afr.* — ballare
balèvre *fr.* — *IIc
baleys *afr.* — balai IIc
balhar *pg.* — ballare
balia, balía *it.* — bailo
baliai *sard.* — ib.
balicà *lomb.* — *balicare; [ballare]
balija *sp.* — valigia
balio, balire *it.* — bailo
balisa *sp. pg.*
balise *fr.* — balisa
balissa *cat.* — ib.
balitar *asp.* — baladrar IIb
balivo *it.* — bailo
balla *it.* — l; ballare

[ballant] fr. — ballare
ballar asp. — ib.
ballare it. — *I; *balicare; [balzare]
ballata it. — ballare
balle fr. — balla
ballo it. — ballare
balloar fr. — boulevard IIc
ballon fr. — balla
ballone it. — ib.
balloquer Rheims — loque IIc
ballot fr. — blottir IIc
ballotta it. — bellota IIb
[ballotter] fr. — ballare
balm oberit. schweiz. — balme IIc
balma pr. cat. — ib.
balme afr. — IIc
baloccare, balocco it. — badalucco IIa
baloch com. — ib.
baloier afr. — balicare
balon sp. — balla
balordo it. — *lordo
balosc com. — berlusco IIa
balot afr. — blottir IIc
balourd fr. — *lordo
bals cat. — balzare
balsa sp. pg. — IIb
balsamine fr. — aluine IIc
balsar pr. — balzare
baltresca it. — bertesca
baltz wal. — balza IIa
baluardo it. — boulevard IIc
baluarte sp. — ib.
baluc pr. — badalucco IIa
balucar chw. — loque IIc
baluccare it. — badalucco IIa
baluce asp. — baluz IIb
balurd chw. — lordo
balustre fr. — balaústro
baluz asp. — IIb; bagliore IIa
balza it. — *IIa
~ it. — balzare
balzan nfr. — balza IIa
balzano it. — ib.
balzare it. — *I
balzellare, balzelloni, balzo it. —
  balzare
bamba sp. — bambo
bambagello it. — bigio
bambagia, bambagino it — bambagio
bambagio it. — I; bigio
bambárria (m.) sp. — bambo
bamben rom. — ninno
bambi wall. — bambo
bambino it. — ib.
bambo it.
bamboccio it. — bambo
bamboche fr. — ib.
bámbola it. — ib.
bambolear sp. — ib.
bamboleggiare it. — ib.
bamboler norm. — ib.

bámbolo it. — bambo
ban fr. fr. — bando; banlieue IIc
 ~ afr. — banda; [banco]
 ~ pr. — IIc
bana fr. — ban IIc
banaigl chw. — benna
banar(d), banarut occ. — ban IIc
banasta sp. cat. npr. — *benna
banaste afr. — ib.
banastre afr. piem. — ib.
banc pr. fr. — banco
banca it. sp. pg. pr. — ib.
banche fr. — banco
banchettare, banchetto, banchiere it.
 — ib.
banco it. sp. fg. — *I
banda it. sp. pr. — I; balicare; [ori-
 flamme IIc]
bande fr. — banda
 ~ fr. — benda
bandear sp. — banda
bandeiar pr. — ib.
bandera sp. — ib.
bandíbula sp. — IIb
bandiera it. pr. — banda
bandir sp. fg. pr. — bando
bandire, bandito it. — ib.
bando it. sp. pg. — *I
bandóla sp. — pandúra
bandoliera, bandolo it. — banda
bandon fr. afr. — bando
bandono it. — ib.
bandoulière fr. — banda
bandurra pg. — pandúra
bandurria sf. — ib.
baneiar, baneira pr. — banda
banfù mail. — bafo IIb
bangà com. — banda
banh fr. — bagno
banir fg. — bando
banlieue fr. — IIc; [arna IIc]
banmolin afr. — banlieue IIc
banne, banneau, banneton fr. — benna
bannière fr. — banda
bannir fr. — bando
baño sp. — bagno
banoier afr. — banda
banque. [banquet] fr. — banco
banse (f.) fr. (mndt.) — benna
banya cat. — ban IIc
baquet fr. — bac IIc
baqueta sp. — bacchetta
bar fr. — bara
 ~ fr.; berg. com. — barone
bara it.; chw.
barabatula sard. — farfalla
barabuffa it. — baragouin IIc
baraça fg. — XVI (XIII)
baracane it. — I; barragan IIb
baracca it.
[baracundia] it. — baragouin IIc

[barafunda] *pg.* — baragouin IIc
baragouin *fr.* — *IIc
[baraguana] *sic.* — baragouin IIc
barahunda *sp.* — *ib.
baraigne *afr.* — bréhaigne IIc
baraja, barajar *sp.* — baro
baralha *pg. pr.* — ib.
baralhar *pr. pg.* — ib.
baran *pr.* — ib.
[baranda] *sp.* — verone IIa
[baraonda] *it.* — baragouin IIc
baraque *fr.* — baracca
barar *sp.* — varare
barare *it.* — haro; baratto
barat *pr. fr.* — baratto
barata *asp. pr. cat.* — ib.
baratar *nsp.; asp. pg. pr. cat.; apg.* — ib.
barate *afr.* — ib.
barato *asp.; nsp.* — ib.
baratta, barattare *it.* — ib.
baratter *nfr.* — ib.
baratto *it.*
barba (m.) *it. chw.* — IIa
barbacana *sp. pr.* — barbacane
barbacane *it. fr.* — *I
barbacão *pg.* — barbacane
barbachaun *chw.* (vrlt.) — ib.
barba di Giove *it.* — jusbarba
barbaglio *it.* — bagliore IIa
barbajol *pr.* — jusbarba
barbáno *it. com.* — barba IIa
barbasco *sp.* — IIb
barbassoro *it.* — vassallo
barbasto *occ.* — givre² IIc
[barbastrello] *it.* — chauve-souris IIc
barbe *afr.* — barba IIa
~ *fr.* — biche² IIc
barbecho *sp.*
barbeito *pg.* — barbecho
barbel *bresc.* — parpaglione
barbelée (gelée) *norm. pic.* — givre² IIc
barbiche *fr.* — biche² IIc
barbier *fr.* — bouc IIc
barbin *gen.* — biche² IIc
barbone *it.* — ib.
barbotar *sp.* — borbogliare
barbotejar *cat.* — ib.
barboter *pic.* — ib.
barbottà *mail.* — ib.
barbue *fr.* — morue IIc
barbugliare *it.* — borbogliare
barbullar *sp.* — ib.
barca *it. sp. pg. pr.* — I; chaland IIc
barce *wal.* — barca
barco *it.* — parco
barda *it. sp. pg.; sp.; pg.; pg.*
bardache (m.) *fr.; afr.* — bardascia
bardahe *afr.* — ib.
bardasca *asp.* — barbasco IIb

bardascia *it.; sard.*
bardassa *lomb. piem.* — bardascia
bardaxa *sp.* — ib.
barde *fr.; afr.; afr. champ.* — barda
bardę *wal.* — ib.
bardeau *fr.* — ib.
bardel *pr.* — ib.
bardella *it.* — ib.
bardelle *fr.* — ib.
bardosso *it.* — bisdosso IIa; XXIV
(XVIII) 4
bardot *fr.* — barda
bardotto *it.* — ib.
[barella] *it.* — berlina IIa
bareter *afr.* — baratto
barga *sp. apg.*
bargagnare *it.* — *bargagno
bargagno *it.* — *I
bargaigner *afr.* — grignon IIc
bargaine, [bargaing] *afr.* — *bargagno
barganh *pr.* — ib.
barganha, barganhar, *pr. pg.* — ib.
bargante *pg.* — briga
barge *afr.* — barca
bargello *it.*
bargir *chw.* — braire IIc
bargliocca *chw.* — loque IIc
barguigner *fr.* — bargagno; chaland
IIc; grignon IIc
barigel *afr.* — bargello
baril *fr.* — barra
barile *it.* — ib.
bariolé *fr.* (älter) — barioler IIc
barioler *fr.* — *IIc
baritel *dauph.* — bluter IIc
baritom *pg.* — baritono
baritono *it. sp.*
barja *pr.* — barca
Bar-le-Duc *fr.* — barra
barleffi *mail.* — balafre IIc
barlocco (f.) *npr.* — loque IIc
barloch *com.* — badalucco IIa
barlong *fr.* — IIc; XXIV (XVIII) 4
barlume *it.* — IIa; bis; bagliore IIa;
[lordo]; bellugue IIc
barlusì, barluss *mail.* — bellugue IIc
barme *piem.* — balme IIc
barnage *afr.* — vassallo
barnatge *pr.* — barone
barnie *afr.* — ib.
barniz, barnizar *sp.* — vernice
baro *it.*
baró *pr.* — barone
baroccio *it.* — biroccio; ruffa
barocco *it.* — baro
baron *afr. nfr.,* — barone; garzone;
vassallo
barone *it.* — baro
~ *it.*
baronie *afr.* — barone
barountá *npr.* — barruntar IIb

barque *fr.* — barca
barra *it. sp. pr.* — I; baracca; barriga IIb; embargar IIb
barraca *sp.* — baracca
barracan *pr. fr.* — baracane
barrachel *sp. pg.* — bargello
barragan *sp.* — IIb; baracane
barragào *pg.* — barragan IIb
barral, barrar *sp.* — barra
barrare *it.* — baro
barras *sp.* — barra
barre *fr.* — ib.
barrear *sp.* — ib.
barreau *fr.* — ib.
barregana *pg.* — baracane
barrena *sp.* — verrina
barrer *fr.* — barra
barrera *sp.* — ib.
barreta *pr.* — berretta
barrete (m.) *asp.* — ib.
barrette *fr.* — *ib.; XXIV (XVIII) 4
barri *pr. cat.* — barra
barrica *sp.* — barra; barriga IIb
barricata *sp.* — barra
barriera *it.* — ib.
barrière *fr.* — ib.
barriga *sp. pg.* — *IIb; baudré IIc
barril *sp. pg.* — barra
barrina *cat. sard.* — verrina
bárrio *sp.* — barra
barrique *fr.* — ib.
barro *it.* — baro
barroca *pg.* — barrueco IIb
barrocho *sp.* — biroccio
barroco *pg.* — barrueco IIb
barronta *asp.* — barruntar IIb
barroque *fr.* — barrueco IIb
barrueco *sp.* — *IIb
barrufaut *pr.* — ruffa
barrunta *asp.* — barruntar IIb
barruntar *sp. pg.* — IIb
barrunte *asp.* — barruntar IIb
barsacca *sard.* — bisaccia
Bar-sur-Aube *fr.* — barra
bartela *com.* — brete
baruca *asp.* — baro
[baruccabà] *aret.* — baragouin IIc
baruf *com.* — ruffa
barufar *chw.* — ib.
baruffa *it.* — ib.
barulhar *pr.* — baro
barullo *it.* — ib.
barutá *occ.* — bluter IIc
barutar *pr.* — barruntar IIb
barutel *pr.* — bluter IIc
barutelá *occ.* — ib.
barvattu *log.* — barbecho
baryton *fr.* (vrlt.) — baritono
bas *pr. fr.; afr.* — basso; bascule
  IIc; bastardo
~ (sbst.) *fr.* — basso

bas, fille de, fils de, frère de *afr.* —
  bastardo
basa *cat.* — bazza
basane, basané *fr.* — badana IIb
basca *sp. pr.* — IIb
bascar *asp.* — basca IIb
baschizzi *chw.* — ib.
bascle *afr.* — bazo IIb
bascule *fr.* — *IIc
basengs *chw.* — sogna
basin *fr.* — bambagio; bigio; [bègue
  IIc]¡
basinu *sard.* — bigio
basir *npr. dauph.* — basire IIa
basire *it.* — IIa
Basire *afr.* — ib.
basquiner *afr.* — IIc
bassa *cat.* — balsa IIb
bassare *it.* — basso
basse-lèvre *fr.* — balèvre IIc
bassin *fr.* — bacino; [combo]
basso *it.*
bassotto *it.* — basso
bast *pr.* — basto
~, fille de, fils de *afr.* — bastardo
basta *it. sp. pg. cat.* — basto
bastage *sp.* — ib.
bastagio *it.* — ib.
bastais *pr.* — ib.
bastar *pr.; sp. pg. pr.* — ib.
bastardo *it. sp. pg.* — *I
bastare *it.; ven.* — basto
bastart *pr.* — bastardo
bastax *cat.* — basto
bastear *sp* — ib.
bastia *it.* — ib.
bastida *asp. pr.* — ib.
bastille *fr.* — ib.
bastimento *it.* — fregata
bastione *it.* — basto
bastir *asp. pr.; asp.* — ib.
bastire *it.* — ib.; cucire
basto (sbst.) *it. sp.* — I; bastardo
~ *sp. pg.; sp.*
bastone *it.* — basto
bât *fr.* — ib.
batacchio *it.* — battere
batafalua *sp.* (vrlt.) — IIb
batafaluga *sp.* (vrlt.) — batafalua IIb
bataille *fr.* — battere
batalla, batan *sp.* — ib.
bâtard *fr.* — bastardo
bataria *pr.* — battere
batassare *it.* — IIa
batata *sp. pg.* — patata IIb
bat-beurre *fr.* — babeurre IIc
báte *wal.* — battere
bateau *fr.* — batto
batel *sp.* — ib.
batelh *pr.* — ib.
bater *pg.* — battere

bâter, bâtir *fr.* — basto
batir *sp.* — battere
bâton *fr.* — basto
batre *pr.* — battere
battaglia *it.* — ib.
~ singolare *it.* — duello
battaglio *it.* — battere
battello *it.* — batto
battere *it.* — I; battifredo; batassare IIa
batterie *fr.* — battere
battifredo *it.* — I; XXV (XIX) 8
battigia *it.* — battere
batto *it.*
battre *fr.* — battere
batuda *asp.* — esclo IIc
bau (m.) *fr.* — IIc; [bauche IIc]
baube *afr.* — ébaubi IIc; [bègue IIc]
[bauboier] *afr.* — bredouiller IIc
bauc *pr.* — baúle; [bauche IIc]
~ *pr.* — *bou IIc
bauçant *afr.* — *balza IIa
bauche *fr.* (vrlt.) — *IIc
baud *afr. acat.* — baldo; baudet IIc
~ (sbst.) *fr.* — IIc
baude *hen.* — baudet IIc
~ *norm.* — baud IIc
baudelé *pic.* — boue IIc
[baudenfla] *it.* (mndt.) — bouder IIc
baudequin *afr.* — baldacchino
baudet *fr.* — IIc
baudor *pr. afr.* — baldo
baudos *pr.* — ib.
baudrat *pr.* — baudré IIc
baudré *afr.* — IIc; barriga IIb
baudrier *fr.* — baudré IIc
baudru *berr.* — barriga IIb
bauffrer *afr.* — bàfre IIc
[bauge] *fr.* — bauche IIc
baúl *sp.* — baúle
baulai *sard.* — bajare IIa
baúle *it.* — I; [casipola]
baumilha *pg.* — vainiglia
baumo *npr. ncat.* — balme IIc
bauque *pic.* — balco
baur *wall.* — bur IIc
bauri *npr.* — borro IIa
baus *afr.* — *balzare
bausan *sp.* — bugía
~ *pr.* — balza IIa
baussan, baussana *pr.* — bugía
baut *pr.* — baldo
bauza, bauzar, bauzia *pr.* — bugía
bava *it.* — I; ninno; máschera
bavar *pr. pg.* — bava
bavard *fr.* — ib.
bavaro *it.* — bàfre IIc
bavarolo *ven.* — ib.
bave *fr.; afr.* — bava; bàfre IIc
bavec *pr.* — bava; *bègue IIc
baveca *pr.* — máschera

baver, baveux *fr.* — bava
baxel, baxillo *sp.* — vascello
baxo, baxos (sbst.) *sp.* — basso
baya *sp.* — IIb; gagliuolo IIa; bac cello IIa
bayer *nfr.* — badare; baja
bayle *sp.* — bailo
bayo *sp.* — bajo; bigio; noja
Bayona *sp.* — baja
Bayonne *fr.* — *baïonnette IIc
baza *sp.* — bazza
bazana *pr.* — badana IIb
bazo *sp.* — bigio; albazano IIb
~ *sp. pg.* — IIb
[bazucar] *sp.* — zaherir IIb
bazza *it.*
bázzica, bazzicare *it.* — bazza
be *cat.; rom.* — belare
beare *wal.* — birra
beau *fr.* — eau IIc; beaucoup IIc; cicisbeo IIa
beaucoup *fr.* — IIc; vie IIa
beau-fils *fr.* — beau IIc
beau-frère *fr.* — ib.; cognato
Beauliant *afr.* — ferrant IIc
beau-père *fr.* — beau IIc
beaupré *fr.* — IIc
bebb *com.* — beffa
beberrica *pg.* — XXVII (XXI)
bébéte *hen.* — farfalla
bèbo *occ.* — beffa
bec *pr. fr.* — becco; bègue IIc; benc IIc
beca *pr.* — ib.
becabunga *sp. pg.* — beccabungia
bécabunga *fr.* — ib.
becada *cat.* — becco
becard *norm.* — becco IIa
bécasse *fr.* — becco
beccabungia *it.* — I; bugna
beccaccia, beccare *it.* — becco
beccaro *it.* — bouc IIc
becco *it.* — I; bicchiere
~ *it.* — IIa; cornard IIc; bode IIb; bouc IIc
~ cornuto *it.* — cornard IIc
becerra *pg.* — becerro IIb
becerro *sp. pg.* — IIb
bechar *pr.* — becco
bêche, bêcher *fr.* — ib.
becia *piem.* — biche IIc
[becq-oisel] *afr.* — arna IIc
becquer *fr.* — becco
bedaine *fr.* — bedon IIc
béddol *crem.* — bétula
beddula *sard.* — bele IIc
bédeau *fr.* — bidello
bedel *sp. pr.* — ib.
bedello *it.* — bétula
bedière *norm.* — bied IIc
bedigo *occ.* — bidet IIc

bédo *hen.* — bidet IIc
bedoll *cat.* — bétula
bedon *fr.* — IIc; dondon IIc; [bidon IIc]
bedondaine *fr.* — bedon IIc; dondon IIc
bedoneau *afr.* — bedon IIc
bedou *norm.* — ib.
bedouan, bedouau *afr.* — ib.
beer *afr.* — badare; lordo
béer *fr.* — ghignare; béguenle IIc
befa *sp.* — beffa
befana *it.* — IIa
befar *sp.* — beffa
befe *occ.* — ib.
beffa *it.* — *I; babbuino; amadouer IIc
beffare *it.* — beffa; moquer IIc
beffe *afr.* — beffa
~ (tá) *gen.* — *ib.
beffler *fr.* — ib.
beffroi *fr.* — battifredo
beffroit *afr.* — ib.
befo *sp.* — beffa
befre *asp.* — bévero
beg, bega *parm.* — baco IIa
begas *norm.* — bègue IIc
begaud *afr.* — ib.
bégayer *fr.* — ib.
bégh *rom.* — bacío IIa
bègue *fr.* — *IIc
béguer *burg. norm. pic.* — bègue IIc
béqueule *fr.* — IIc
behetría *sp. pg.* — IIb
behorder *afr.* — bourde IIc
behort *afr.* — bagordo
beià, beiat *wal.* — bailo
beignet *fr.* — bugna
beijo *pg.* — bacio
• beique *pic.* — bègue IIc
beira *pg.* — riviera
bel *afr.* — bellezour IIc; eau IIc; laido
belaire, belais *pr.* — ampleis IIc; [malvagio]
bela-mera *npr.* — beau IIc
belandra *sard.* — palandra
belar *pr.* — guerra
belare *it.*
belcolpo *it.* — beaucoup IIc
beldroega *pg.* — portulaca
bele *afr.* — *IIc; donnola IIa
belé *afr.* — bellezour IIc
beleguim *pg.* — belleguin IIb
belenc *pr.* — benc IIc
beleño *sp.* — IIb
béler *fr.* — belare; belitre IIc
beleta *sp.* — bele IIc
[beletissimo] *oberit.* — bellezour IIc
belette *nfr.* — bele IIc
belfo *sp.* — beffa

beliai *sard.* — bajare IIa
belido *asp.* — bellezour IIc
belier *fr.* — IIc; alérion IIc; cascabel IIb
belière *fr.* — belier IIc
Belin *afr.* — ib.
belistre *afr.* — belitre IIc
belitre *fr.* — IIc; poltro; bigot IIc
belitre *sp.* — belitre IIc
belitrone *it.* — ib.
bellaco *sp.* — vigliacco
bellaire, bellazer, bellazor *pr.* — bellezour IIc
belledissemo *neap.* — *ib.
belle-fille *fr.* — beau IIc
bellegnin *sp.* — IIb
belle-mère *fr.* — beau IIc
belle-sœur *fr.* — ib.
belletta *it.* — IIa
belletto *it.* — IIa
bellezour *afr.* — *IIc
bellico *it.* — ombelico
bellicone *it.* — wilecome IIc
[bellin, bellinc] *afr.* — bilenco IIa; brelan IIc
bellizcar *pg.* — pellizcar IIb
bello *it.* — belletto IIa
béllora *mail.* — bele IIc
bellota *sp.* — IIb
béllua *gen.* — bele IIc
bellugue *afr.* — IIc; bagliore IIa; [luquer IIc]
beloi *afr.* — bellugue IIc
belota *pg.* — bellota IIb
[belourde] *afr.* — falourde IIc
beluette *norm.* — bellugue IIc
beluga, belugeiar *pr.* — ib; [luquer IIc]
benastre, benastruc *pr.* — astro
benc (m.) *pr. npr. occ.* — IIc
benda *it. pr.*
bendare *it.* — benda
bender *afr.* — ib.
benla *parm.* — bele IIc
benna *it. com. chw.* — *I
benne *afr.* — benna
benneau *fr.* — ib.
benóla *com.* — ib.
beo *gen.* — bied IIc
béodo *asp.* — IIb
beort *pr.* — bagordo
beou-pero *npr.* — beau IIc
bequat *champ.* — becco IIa
béquériau *hen.* — ib.
bequet *fr.* — brochet IIc
bèqueter *wall.* — bègue IIc
bequi *jur.* — becco IIa
béquille *fr.* — becco
ber *afr.* — barone
~ *pic.* — bercer¹ IIc
bera *pr.* — bara

berbeace *wal.* — berbice
berbecà *wal.* — bercer IIc
berbequim *pg.* — vilebrequin IIc
berbice *it.*
berbiquí *sp.* — vilebrequin IIc
berbis (f.) *pic.* — berbice
berbitz *pr.* — ib.
berca *pr.* — brèche IIc
bercail *nfr.* — berbice
bercar *pr.* — brèche IIc
berceau *fr.* — bercer² IIc
bercer *afr.* — IIc
bercer² *fr.* — *IIc
bercero *sp.* — verza
bercil *afr.* — berbice
bercilocchio *it.* — bircio IIa
berço *npg.* — bercer² IIc
[berdeler] *fr.* (mndt.) — bredouiller IIc
bere *it.* — lira IIa
bereigne *metƷ.* — bréhaigne IIc
berele *afr.* — baro
[béret] *fr.* — berretta
[beretin] *it.* (mndt.) — bujo
berfroi *afr.* — battifredo
bergamota *sp.* — bergamotta
bergamote *fr.* — ib.
bergamotta *it.*
bergante *sp.* — briga
berge *nfr.* — barca
~ *fr.* — barga
berger *fr.* — berbice
bergier *pr.* — ib.
Bergonba *pr.* — rogner IIc
bericle *pr. afr.; genf.* — besicle IIc;
  brillare
berik *wall.* — besicle IIc
berio *npr.* — bara
berla *mail.* — IIa
berlafe *hen.* — balafre IIc
berlafre *champ.* — ib.
berlaita *piem.* — bis
berlanga *sp.* — brelan IIc
berle (f.) *fr.* — IIc
~ de rivière *fr.* — beccabungia
berlenc *afr.* — brelan IIc; [bilenco
  IIa]
berlichè *piem.* — bis
berlina *it. chw.* — *IIa
~ *it. sp.* — berline IIc
berline *fr.* — IIc
berlingare *it.* — IIa
berlingo, berlingozzo *it.* — berlingare
  IIa
berlong *afr.* — barlong IIc
berloque, berloquer *hen.* — loque IIc
berlou, berlouque *hen.* — berlusco IIa
berlue *fr.* — bellugue IIc; bagliore
  IIa; lia
berluette *norm.* — bellugue IIc
berlusco *it.* — *IIa
berlusè *piem.* — bellugue IIc

berma *sp.* — berme IIc
berme *fr.* — IIc
bermejo *sp.* — vermiglio
bernare *neap.* — berner IIc
berne *afr.* — bernia; berner IIc
~ *afr.* — verne IIc
berner *fr.* — IIc
bernia *sp.*
bérnia *it.* — I; troja; berner IIc
bernicar *pr.* — vernice
bernie *fr.* — bérnia
berniz *sp.* — vernice
bérola *com.* — bele IIc
berr *rom.* — barone
bèrra *lothr.* — ib.
[berret] *fr.* — berretta
berreta *pr.* — ib.
berretta *it.* — *I; bujo; birro IIa
berria *npr.* — berle IIc
berrina *sard.* — verrina
berro *sp.* — IIb; nasturzio
~ *piem.* — barone
berrouée *berr.* — brouée IIc
berrovier *pr.* — berruier IIc
berroviere *it.* — ib.
berrueco *sp.* — barrueco IIb
berruel *agen.* — berruier IIc
berruier *afr.* — IIc
Berry *fr.* — berruier IIc
bers *pr. afr.* — bercer² IIc
bersac, bersacca *piem.* — bisaccia
bersaglio *it.* — bercer IIc
bersail, bersailler, berseiller berser
  afr. — ib.
berta *it.; lomb. piem.; — *I; bretto
  IIa
Bertain *afr.* — *putto
bertarel *com.* — bertovello
bertaud *hen.* — berta
bertauder *hen. fr.* — *berta; bretto •
  IIa
bertaut *pr.* — berta
bertavel *crem. mail. piem.* — bertovello
bertavelle *com.* — ib.
berteggiare *it.* — berta
bertesca *it.* — *I
bertevolo *ven.* — bertovello
bertoldà *com.* — berta
[bertonar] *it.* (mndt.) — ib.
[bertonder] *afr.* — ib.
bertone *it.* — ib.
bertouser *fr.* — bis; [berta]
bertovello *it.*
Bertrand *fr.* — engrant IIc
bertresca *pr.* — bertesca
bertuccio *it.* — berta
berwette *wall.* — biroccio
berza *sp.; it.* — verza
berzaglio *it.* — bercer IIc
bes *npr. cat.* — bétula

besace *fr.* — bisaccia
besaigre *fr.* — IIc; bis
besaigu *afr.* — bicciacuto IIa
besancà *piem.* — bis
besant *fr.* — bisante
besante *sp. pg.* — ib.
bescant *piem.* — canto
besche *afr.* — becco
beschlar *chw.* — bescio IIa
bescia *com.* — ib.
bescio *it.* — IIa
bescle *npr.* — bazo IIb
bescoll *cat.* — nuca
beser *fr. norm.* — IIc
besi *fr.* (*westl.*) — IIc
besià *lomb.* — biscia IIa
besicle[s] (f. pl.) *fr.* — IIc; chaise
    IIc; poudre IIc
besivre *afr.* — bis
beslei *pr.* — ib.
besloi *afr.* — bellugue IIc
beso *sp.* — bacio
besogne (f.) *fr.* — sogna
besoin *fr.* — ib.
besonh, besonha, besonhar *pr.* — ib.
besorder *afr.* — bis
bessa *npr.* — biscia IIa
bes-schinz *crem.* — sguancio IIa
besso *it.* — bescio IIa
bestancier *afr.* — *stentare IIa; ten-
    cer IIc
bestans *afr.* — stentare IIa
bestemmia *it.* — biasimo
beston *wal.* — basto
bestordre, bestors *afr.* — tordre IIc
beta *pg.* — veta IIb
betáe *wal.* — battere
betarda *pg.* — ottarda
betat *pr.* — beter IIc
bête *fr.* — farfalla
[bête a bon Dieu] *fr.* — mariposa IIb
veté *afr.* — beter IIc
beter *afr.* — *IIc
bétoine *fr.* — brettonica
[béton] *fr.* — beter IIc
[bette] *fr.* — bettola IIa
bettola *it.* — *IIa
bettoliere *it.* — bettola IIa
bétula *it. pg.*
betulla *it. pg.* — bétula
beu *pr.* — plevir IIc; trieu IIc
beugler *fr.* — *IIc
beugne *fr.* — bugna
beuratge *pr.* — breuvage IIc
beuture *wal.* — birra
beveraggio *it.* — breuvage IIc
bévere *it.* — birra
beveria *pr.* — breuvage IIc
bévero *it.*
bévue *fr.* — IIc
bezan *pr.* — bisante

bezer *fr.* — beser IIc
bezzi, aver *it.* — bezzo IIa
bezzicare *it.*—becco; [stuzzicare IIa]
bezzo *it.* — IIa
biacca *it.* — IIa
biada *it.*; *crem.* — biado; fiavo IIa
biadajuolo *it.* — blaireau IIc
biadetto *it.* — *biavo
biado *it.* — *I; [biavo]
biais *pr. acat. val. fr.* — biasciu;
    bis; bisojo IIb; sghembo IIa
biaisar *pr.* — biasciu
biaiser *fr.* — ib.
bial *piem.* — bied IIc
~ *afr.* — eau IIc
bianco *it.*
biante *it.* — IIa
biasciare *it.* — *IIa
biascicare *it.* — biasciare IIa
biasciu *sard.*
biasimare *it.* — biasimo
biasimo *it.*
biassa *npr.* — bisaccia
biastemma, biastemmare *it.*—biasimo
biat, biatar *chw.* — bluter IIc
biaude *burg.* — bliaut
biava *mail. piem. ven.* — biado; fiavo
    IIa; [ubbia IIa]
biavo *it. ven.* — *I
biax *ncat.* — biasciu
biaza *sp.* — bisaccia
bíbaro *sp.* — bévero
biberon *pic.* — moscione IIa
biberquin *pic.* — vilebrequin IIc
bica *it.* — IIa
bicchiere *it.*
bicciacuto *it.* — IIa
bicciocca *it.* — bicocca
bicerra *sp.* — becerro IIb
bicha *sp. pg.* — biscia IIa
biche *fr.* — IIc
biche[2] *afr.* — IIc
bicher *chw.* — bicchiere
bicho *npr.* — biche IIc
~ *sp. pg.* — *biscia IIa
bichon *fr.* — biche[1] IIc
bicicocca *it.* — bicocca
bico *sp. pg.* — becco
~ *it.* — bieco IIa
~ *npr.* — biche IIc
bicoca *sp. ven.* — bicocca
bicocà *lomb.* — ib.
bicocca *it. sard.*; *lomb.* [mail. com.]
    — *I
[bicoche] *com.* — bicocca
bicochin *piem.* — ib.
bicoq (m.), bicoque *fr.* — ib.
bicoquete, bicoquin *sp.* — ib.
bicorne *fr.* — dagorne IIc
bicornia *it.* — bigorne IIc
bida *com.* — bode IIb

bide *berr. com.* — bidet IIc

bidello *it.*

bidet*fr.*— IIc; belare; milsoudor IIc

bidetto *it.* — bidet IIc

[bidon] *fr.* — IIc

biece (pl. f.) *it.* — bieco IIa

bieci (pl. m.) *it.* — ib.

bieco *it.* — IIa; bigle IIc

bied *afr.* — IIc; mies IIc

bief *burg.* — bied IIc

biel *afr.* — eau IIc

bientôt *fr.* — tosto

bieque *pic.* — bègue IIc

bière *fr.* — bara

~ *fr.* — birra

biere *sard.* — ib.

bièse-à-balowe *wall.* — hanneton IIc

biet *piem.* — blet IIc

bieter *afr.* — beter IIc

bietta *it.* — *IIa

bieu *norm.* — bied IIc

bièvre *fr.* — bévero

biez *nfr.* — bied IIc

biffer *fr.* — IIc

biffera *it.*— IIa; fiasco; [caleffare IIa]

bifi *cat.* — beffa

bifolco *it.* — IIa

biga *piem.* — IIa

~ *pr. cat.* — viga IIb

bigant *parm.* — biante IIa

bigarrar *cat.* — bigarrer IIc

bigarrer *fr.* — IIc

bigatto, bigattolo *it.* — baco IIa

bighiotto *it.* — bigot IIc

bigio *it.* — *I; bigot IIc

bigione *it.* — bigio

bigle *fr.* — IIc

bigler *fr.* — bigle IIc

biglia *it.*

bigne, bignet *fr.* — bugna

bigoncia *it.* — IIa

bigonzio *ven.* — bigoucia IIa

bigordo *it.* — bagordo

bigorne *fr.* — IIc; bigarrer IIc; dagorne IIc

bigornia *sp.* — bigorne IIc

bigornier *hen.* — bornio

bigot *fr.* — *IIc; [cagot IIc]

bigote *pr.*; *afr.* — bigot IIc

bigotelle, bigoter *afr.* — ib.

bigotera *pr.* — ib.

bigotere *afr.* — ib.

bigotie *fr.* — ib.

bih *wall.* — biche IIc

bijou *fr.* — IIc

bilancia *it.*

bilenco *it.* — *IIa; [brelan IIc]

bilha *pr.* — biglia

bilicare *it.* — ombelico

bilico *it.* — ib.; testeso IIa

billa *sp.* — biglia

billard, bille *fr.* — biglia

billet *fr.* — bolla

billot *fr.* — biglia

biltre *pg.* — belitre IIc

[biluga] *pr.* — falourde IIc

bimbo *it.* — bambo

binda *lomb.* — benda

~ *trient.* — ghindare

bindolo *it.* — ib.

binocle *fr.* — binocolo

binocolo *it.*

bioc *pr. cat.* — IIc

biocar *pr. cat.* — bioc IIc

bioccolo *it.* — IIa; busto

bioco *pg.* — bioc IIc

biondella *it.* — biondo

biondo *it.*

biort *pr.* — bagordo

bioss *mod.* — biotto

bioto *ven.* — ib.

biott *lomb. mail.* — ib.

biotto *it.* — I; [brullo IIa]

bique *fr.* — becco IIa; biche IIc

bira *ven.* — birra

birar *sp.* — virar

birba, birbante, birbone *it.* — bribe

bircio *it.* — IIa

birette *berr.* — loup-garou IIc

biribara *it.* — charivari IIc

biroccio *it.* — I; ruffa

birola *sp.* — virar

[birone] *it.* (mndt.) — verrina

birou, birounieiro *npr.* — *verrina;
[pirouette IIc]

birozzo *ven.* — biroccio

birra *it.*

birracchio *it.* — biro IIa

birret *pr.* — berretta

birreta *sp.* — ib.

birro *it.* — IIa

bis *pr. fr.*; *afr.* — bigio; [bègue IIc]

bisa *pr. piem.* — bigio; *brezza

bisaccia *it.*

bisante *it.*

bisarma *asp.* — giusarma

bisat *chw.* — tata

bisaza *sp.* — bisaccia

bisbetico *it.* — *IIa

bisbigliare *it.* — bisbiglio IIa

bisbiglio *it.* — IIa

bisbille *pic.* — bisbiglio IIa

biscantare *it.*

biscanto *it.* — canto

bischidu *sard.* — vincido IIa

biscia *it.* — *IIa

[bisciancola] *it.* — bascule IIc

biscio *it.* — biscia IIa

biscotto *it.*

biscueit *pr.* — biscotto

biscuit *fr.* — ib.

bisdosso *it.* — IIa

bise fr. afr. — *bigio
biseau fr. — bis
bisel sp. — ib.
bisest piem. — bissêtre IIc
biset fr. — bigio
bisià, bisiell, bisient lomb. — biscia IIa
bisieutre norm. — bissêtre IIc
bisiocc lomb. — biscia IIa
bislessare it. — lessare IIa
bislungo it. — barlong IIc
bismalva it. — malvavischio
bismuth (m.) fr. — IIc
bisoeucc com. — bisojo IIb
bisognare, bisogno it. — sogna; [estovoir IIc]
bisogu sard. — bisojo IIb
bisojo sp. — IIb; biasciu; bis; bigle IIc; bizco IIb
bisriond piem. — tondo IIa
biss lomb. — biscia IIa
[~] com. — bigio
bissa lomb. — biscia IIa
bissac pr. fr. — bisaccia
[bissascudara] it. (mndt.) — tartaruga
bisse afr. — biscia IIa
~ afr. (nórd.) — biche IIc
bissestre afr. — bissêtre IIc
bissêtre afr. — IIc
bistarde champ. — ottarda
biste gasc. — visto
bistens, bistensar pr. — *stentare IIa
bistentare, bistento it. — *ib.
bistondo it. — tondo IIa
bistorcc piem. — nasturzio
bita sp. cat. — bitta
bitta it. — I; bietta IIa
bitte fr. — bitta
bivac fr. — IIc
biver pr. — breuvage IIc
bivouac (m.), bivouaquer fr. — bivac IIc
bizarre fr. — bizzarro
bizarro sp. pg. — ib.
bizco sp. — IIb
bizcocho sp. — biscotto
bizel occ. — bis
bizerra sp. — becerro IIb
bizma (f.) sp. — IIb
bizza it. — bizzarro
bizzarro it.
bizzocco it. — *IIa
bizzoccone it. — bizzocco IIa
bladaria pr. — biado; blaireau IIc
blafard fr. — *IIc; azzardo
[blafe] afr. — blafard IIc
blago sp. — fiasco
blaireau fr. — IIc
blairie afr. — biado; blaireau IIc

'blâme fr. — biasimo
blanc pr. fr. — bianco
~ fr. — bajo
~ d'œuf fr. — glaire IIc
[blanca] sp. — liart IIc
blanc-ferrant afr. — ferrant IIc
[blanchi] fr. — oriflamme IIc
blanc-manger fr. — bramangiere IIa
blanco sp. — bianco
blandir, blandon sp. — brando
blanquero sp. — mégir IIc
blanquier pr. — ib.
blasá occ. — blaser IIc
blasé pic. — ib.
blaser fr. — IIc
blasme pr. — biasimo
blasmo asp. — ib.
blasó val. — blasone
blason fr. sp. — ib.; bragia
blasonar sp. — blasone
blasonare it. — ib.
blasone it.
blasonner fr. — blasone
blassà com. — biasciare IIa
blastemma chw. — biasimo
blastenge afr. — ib.
blastenh pr. — ib.
blat cat. pr. — biado
blau pr. — biavo; [blafard IIc]
blauzir pr. — brouir IIc
blava, blavairo pr. — biavo
blaveiar pr. — éblouir IIc; biavo
blavenc pr. — biavo; éblouir IIc
blaveza pr. — biavo; éblouir IIc
blavir pr. — éblouir IIc
blavo asp. — biavo
blé nfr. — biado; biondo; blaireau IIc
bleasc wal. — spirito
blèche fr. — IIc; [blesser IIc]
[blechier] norm. — blesser IIc
blecier afr. — *ib.
bled afr. — biado
bledo sp. — IIb
bledomora sp. — bledo IIb
blée, [blef], bleif afr. — biado
bleme afr. — blême IIc
blême fr. — *IIc
blémir fr. afr. — blême IIc
bleque afr. norm. — blèche IIc
bléreau fr. — blaireau IIc
bles pr. — blois IIc
blesme afr. — blême IIc
[blesmi] afr. — oriflamme IIc
blesser fr. [berr.] — *IIc; [blet IIc]
[blessi] Morvan. — blesser IIc
blestem wal. — biasimo
blet fr. — *IIc; [blesser IIc]
[~] afr. — biado
blétir hen. — blet IIc

blette (poire) *fr.* — blet IIc
[blettir] *berr.* — blesser IIc
bleu *fr.* — biavo
blezo *sp.* — *bercer² IIc
~ *pr.* — blasone
blial, bliau *pr.* — bliaut
bliaut *pr. afr.*
blicter *lomb.* — belitre IIc
blin *norm.* — belier IIc
blinde *it.* — blinder IIc
blinder *fr.* — IIc
blindes (pl.) *fr.* — blinder IIc
blite *pic.* — bizzocco IIa
blizaut *pr.* — bliaut
blizo *pr.* — blasone
bloc *fr.* — IIc
bloca *pr. asp.* — boucle IIc; fiasco;
  acelga IIb
bloccare *it.* — bloc IIc
blocus *fr.* — ib.
bloi *pr. afr.* — biondo
blois *afr.* — IIc; foin IIc
blon *pr.* — biondo
blond *fr.* — ib.
blonda (adj.) *pr.* — ib.
blondo *sp.* — ib.
bloquear *sp.* — bloc IIc
bloquer *fr.* — ib.
bloquier *pr.* — boucle IIc
blos *pr. afr.* — biotto; [brullo IIa]
blosse *berr.* — blet IIc
blostre *afr.* — IIc
blot *lomb.* — biotto
blottir (se) *fr.* — IIc
blouir *afr.* — brouir IIc
blouque *afr.* — boucle IIc
blous *npr.* — biotto
blù *it.* — biavo
bluette, bluetter *fr.* — bellugue
  IIc
blusc *com.* — berlusco IIa
bluteau *fr.* — bluter IIc
bluter *fr.* — IIc; barruntar IIb;
  [boulanger IIc]
blutoir *fr.* — bluter IIc
blutt *chw.* — biotto
boa *pg.* — bofé IIb
~ *pr.* — boue IIc
boarte *wal.* — bordo
boascia *com.* — bouse IIc
boazza *parm.* — ib.
bob *pr.* — bobo IIb
bobance *afr.* — bomba
bobans, bobansa *pr.* — ib.
bobant *afr.* — bomba
bobina *piem.* — bobine IIc
bobine *fr.* — IIc
bobinette *norm. pic.* — bobine IIc
bobo *sp. pg.* — IIb; [bègue IIc]
~ *fr.* — XXIII (XVIII) 3
bobò *com.* — IIa; bomba²

' boc *pr. cat.* — bouc IIc; bucherame;
  becco IIa
boca *it.* — *I
~ *pr. sp. pg.* — bocca; miccia
bocage *fr.* — bosco
bocal *sp. fr. wal.* — boccale
bocaram *cat.* — bucherame
bocaran *pr.* — ib.
bocaría *pr.* — houc IIc
bocca *it.* — I; buco
boccale *it.*
bocch *com.* — bouc IIc
boccia *it.* — bozza
boccone *it.* — buz IIb
~ *it.* — boucher IIc
boce *it.* — bociare IIa
bocear *sp.* — IIb
bocejar *asp. pg.* — bocear IIb
bocera *sp.* — ib.
bocet *sp.* — buz IIb
bocezar *sp.* — bocear IIb
bocha *sp.* — bozza; miccia
boche *pic.* — bozza
bochecha *pg.* — ib.
bochier *pr.* — bouc IIc
[bochin] *sp.* — mozzo
bochorno *sp. pg.* — *IIb
bociare *it.* — IIa
bocla *pr.* — boucle IIc
bocle *afr.* — ib.
boco *pr.* — boucher IIc
boda *sp. pg. cat.* — IIb
bode *sp. pg.* — IIb
~ *sp.* — bouc IIc
bodequin *hen.* — botequin IIb
boder *hen.* — bouder IIc
bodére *lothr.* — boue IIc
bodero *piem.* — bouder IIc
bodin *com.* — ib.
bodne *afr.* — borne IIc; [bonde IIc]
bodou (fé 'l) *piem.* — bouder IIc
bodriga *parm.* — *barriga IIb
bodrio *sp. pg.* — brodo
boe *afr.* — boue IIc
boefs *afr.* — uopo
boel *afr.* — budello
boëline *afr.* — bouline IIc
bof *piem.* — buf
bofar *pg.* — bofe IIb
bofe *sp. pg.* — IIb
bofé *apg.* — IIb
bofena *sp.* — bofe IIb
bofet *wall.* — buf
bofeton *sp.* — ib.
boff *mail.* — ib.
boffar *parm.* — ib.
bóffice *it.* — ib.; XXIV (XIX) 5
bofordo *asp. apg.* — bagordo
boga *lomb.* — bova IIa
~ *sp. pg.* — boca
~ *lomb.* — boue IIc

boga, bogar *sp.* — vogare; XXVII (XX)
[bogara] *it.* — boca
boge *afr.* — bolgia
bogi *wall.* — bouger IIc
bogia *ven.* — boja²
bogia *pr.* — bugía³
boglariu *wal.* — boucle IIc
bogn, bogna *rom.* — bugna
bogue *fr.* — *boca
[bogueiro] *pg.* — ib.
[boguera] *sp.* — ib.
bohena *sp.* — bofe IIb
bohordeïs, bohorder *afr.* — bagordo
bohordo *asp.* — ib.
bohort *afr.* — ib.
boia *fr.* — boja
boidu *sard.* — voto IIa
boie *pg.* — boja
~ *wall.* — boja²
boiou *npr.* — ib.
boira *cat.* — brina IIa
boire *fr.* — boisson IIc; breuvage IIc
bois *pr.* — bosso
~ *fr.* — *bosco; busca; bauche IIc; hautbois IIc
boisdie *afr.* — bugía; XXIV (XIX) 5
boisdif, boiser, boisie *afr.* — bugía
boissa *pr.* — boite IIc
boisse [*afr.*] *hen.* — *busca
boisseau *fr.* — boite IIc
boisson *pr.* — bosso
~ (f.) *fr.* — IIc
Boistallé *fr.* — tala IIb
boiste *afr.* — boite IIc
boisteau *fr.* (mndt.) — ib.
boite *fr.* — IIc; baratto; bosso; busto
[boite] *fr.* — bettola IIa
boiter *fr.* — boite IIc
boitu *sard.* — voto IIa
boja *ait.*
boja² *it.*; *ait.* — I; XXVII (XX); bourreau IIc; [bova IIa]
Bojano *it.* — boja IIa
bojar *sp.* — IIb
~ *pr.* — bouger IIc
bojer *chw.* — boja²; bourreau IIc
bola *sp. pr.* — bolla
~ *pr.* — borne IIc
bola *berg. bresc.* — pula˙ IIa
bolcar *cat.* — volcar IIb
[boldon] *com.* — bonde IIc; bouder IIc
boldra *it.* — poltro
boldrié *pg.* — baudré IIc
boldrone *it.* — poltro
bolegar *pr.* — bouger IIc
[bolenger] *afr.* — boulanger IIc
bolerna *it.* — galerno
boleta *pg.* — bellota IIb
bolgia *it.*
bolha *pg.* — bolla
boline *afr.* — bouline IIc

bolir *pg. pr.* — bolla; bouger IIc
bolla *it.* — I; gonna; boulanger IIc
bolletta, bollettino *it.* — bolla
bollewerque *afr.* — boulevard IIc
bollire *it.* — bolla
bollo *it.*; *sp.* — ib.
~ *sp.* — boulanger IIc
bollon *sp.* — bolla
bollone *it.* — ib.
bolota *pg.* — bellota IIb
bols *pr.* — bolso IIa
bolsa *sp. pg.* — borsa
bolso *it.* — IIa; [bussare IIa]
bolte *wal.* — volto
bolzone *it.*
bom *pg.* — bonina IIb
bomba *pr. aval.*
bomba² *sp. pg. cat.*
bombance *afr.* — bomba
bombanza, bombarda *it.* — ib.
bombare *it.* — bobò IIa; bomba²
bombàs *mail.* — bambagio
bombasí *sp.* — ib.
bombasin *fr.* — ib.
bómbero *it.* — IIa
bombettare, bombo, bómbola *it.* — bobò IIa
bomere *sard.* — bómbero IIa
bomerie *norm.* — IIc
bon *fr.* — mais IIc
bona *pr.* — ora
bonaccia *it.*
bonace *fr.* — bonaccia
bonanza *sp.* — ib.
bonassa *pr.* — ib.
bonaür *pr.* — augurio
bonazo *sp.* — bonaccia
bond *fr.* — bondir IIc
bonde *fr.* — *IIc
[~] *afr.* — IIc
bonder *pic.* — bondir IIc
bondir *fr.*; *afr. pr.* — IIc; jaillir IIc
bondon *fr. pr.* — bonde IIc
[~] *com.* — ib.
bone *afr.* — ora
[boneco] *pg.* — bègue IIc
boneta *pr.* — bonete
bonete *sp. pg.*
boneür, boneüré, boneüreté *afr.* — augurio
bonheur *nfr.* — ib.
bonina *sp. pg.* — IIb
bonne *afr.* — borne IIc; abonner IIc
bonnet *fr.* — bonete
bonte *it.* (mndt.) — bioccolo IIa; busto
bopà *com.* — bajare IIa
boquai *burg.* — urtare
boque *arag.* — bouc IIc
boqueran *pr.* — bucherame
bor *afr.* — ora

bora *cat.* — orlo
~ *apg.* — ora
~ *mail. ven. rom.* — burrasca
borana *ven.* — brina IIa
borantze *wal.* — borraggine
borax *fr.* — borrace
borbeter *afr.* — borbogliare
borbogliare *it.*
borboleta *pg.* — IIb; parpaglione
borbolhar *pg.* — borbogliare; borboleta IIb
borbollar *sp.*; *cat.* — borbogliare
borbotar *sp.* — ib.
borboter *pic.* — ib.
borbottare *it.* — ib.
borbou *wall.* — bourbe IIc
borbouller *pic.* — borbogliare
borbulha, borbulhar *pg.* — ib.
borc *pr.* — borgo
borceguí *sp.* — borzacchino
borchia *it.* — *IIa
bord *fr.* — bordo; lof IIc
borda *pr. cat.*
~ *pg. asp.* — bordo
~ *pr.* — bourde IIc
bordão *pg.* — bordone
~ *pg.* — bordone²
bordar *sp.* — bordo
bordayer *fr.* — lof IIc
borde *afr.* — borda
~ *sp. afr.*
~ *sp.* — bordo
bordear *sp.* — lof IIc
bordeggiare *it.* — ib.
bordel *pr. fr.* — borda
bordele *afr.* — ib.
bordello *it.* — ib.
border *fr.* — bordo
bordo *it. sp. pg.*
bordon *pr. sp.* — bordone; bioc IIc
~ *sp.* — bordone²
bordone *it.* — I; muleta IIb
bordone² *it.*
bore *wal.* — brina IIa
borea *sard.* — ib.
bórea *it.* — burrasca
borel *pr.* — bourreau IIc
borgese, borghese *it.* — borgo
borgue *fr.* — *bornio; hargue IIc;
  caluc IIc
[borgner] *fr.* — bornio
borgnoier *afr.* — ib.
borgo *it.*
borgois *afr.* — borgo
borgues *pr.* — ib.
bória *it.* — IIa
boriare. boriarsi *it.* — bória IIa;
  XX (XVI); astio IIa
borich *lomb.* — burro
boricco *it.* — brina IIa
boril *asp.* —- borino

borin *lomb.* — bourgeon IIc
borina *ven.* — brina IIa
borino *it.* — I; [vástago IIb]
borla *sp.* — burla
borli *lim.* — bornio
borm (m.) *npr.* — mormo
borne (f.) *fr.* — IIc; bouder IIc;
  [bonde IIc]
~ *afr.* (*Douai*) — bornio
bornear *sp.* — *ib.
borner *fr.* — borne IIc
borni (pl.) *it.* — ib.
~ *cat.* — bornio
bornicle *genf. jur.* — ib.; bigle IIc
bornier *duac.* — bornio
bornio *it.* — *I
borniola *it.* — bornio
bornir *pg.* — bruno
borra *it. pr. sp.*; *sp.* — I; borraggine;
  . burla; burro
borraccia *it.* — borra
borrace *it.*
~ *it.* — borraggine
borracha *sp.* — borra
borrage *pr.* — borraggine
borragem *pg.* — ib.
borraggine *it.*
borraja *sp.* — borraggine
borrana *it.* — ib.
borrão *pg.* — borra
borrar *sp. pg.* — ib.
borras *sp.* — ib.
borrás *pr.* — ib.
borrasca *sp. cat. pg.* — burrasca
borrascoso *it.* — ib.
borrax *sp.* — borrace
borre *it.* — borra
borrego *sp.* — ib.
borrero *asp.* — bourreau IIc
borrico *sp. neap.* — burro
borro *sp.* — borra
~ *it.* — IIa
borroffler *fr.* — bouder IIc
borron *sp.* — borra
borsa *it: pr.* — I; bouder IIc; lonza;
  fonda IIb
bort *pr.* — borde
~ *pr.* — bagordo; bourde IIc
borzacchino *it.*
bosar *asp.* — versare
bosc *pr.* — bosco; bosso; busca
boscage *sp.* — bosco
boscar *asp.* — buscare
boschage, boschet *fr.* (vrlt.) — bosco
boschetto *it.* — ib.
[boschier] *afr.* — boucher IIc
bosco *it.* — *I; busca; buscare
bosconi *wal.* — basquiner IIc
bosque *sp. pg.* — *bosco
bosquejar *sp.* — bozza
bosquet *fr.* — bosco

bossa *fr.* — bozza
bosse *fr.* — ib.; XI (IX)
bossel *fr.* — boite IIc
bosseler *fr.* — bozza
bosseman *fr.* — IIc
bosseta *fr.* — bosso
bossette *fr.* — *ib.
bossi *fr.* — bocca
bosso *it.* — *I
~ *fr.* — bolzone
bóssolo *it.* — *bosso
bossu *fr.* — bozza
bostal *fg.* — bostar IIb
bostar *sp.* — IIb
bostezar *sp.* — bocear IIb; tropeza IIb; acezar IIb
bostia *fr.* — boite IIc
bosunflá *wal.* — bouder IIc
bot (pied) *fr.* — botta
bota *sp. fr.* — botte
botar *fr. sp. fg.* — bottare; embutir IIb
bote *sp.* — bottare
~ *champ. dauph.* — botta
bote *wal.* — botte
botequin *sp. hen.* — IIb
botica *sp.* — bottega
botier *hen.* — boite IIc
botiga *fr.* — bottega
botija, botilla *sp.* — botte
botin *sp.* — bottino
boto *sp.* — botta
~ *it.* — boda IIb
boton *sp. fr.* — bottare
botro *it.* — borro IIa
bott *chw.* — botta
botta *it.*
~ *it.* — bottare
~ scudaja *it.* — tartaruga
bottare *it.* — bozza; raboter IIc
botte *afr.; fr.* — botta
~ *it. fr.* — I; boite IIc; imbuto
~ *fr.* — bottare
bottega *it.*
botticello *it.* — boite IIc
bottiglia, bottino *it.* — botte
botto, bottone *it.* — bottare
bou *afr.* — *IIc; bova IIa
bouba *fg.* — bubbone
boublé *lothr.* — borboleta IIb; parpaglione
bouc *fr.* — IIc; bode IIb; becco IIa; [zeba]
[boucassin] *fr.* — bucherame
boucel *afr.* — boite IIc
bouc-estain *afr.* — stambecco IIa
bouche *fr.* — bocca; bouc IIc; *boucher IIc
[~] *afr.* — boucher IIc
boucher *fr.* — *bouc IIc; bourreau IIc; [zeba]
boucher *fr.* — *IIc
boucherie *fr.* — bouc IIc
bouchiau *afr.* — boite IIc
bouchon *fr.* — *boucher IIc
boucle (f.) *fr.* — IIc
bouclier *fr.* — boucle IIc
boud-enflá *npr.* — bouder IIc
bouder *fr.* — *IIc; borne IIc; bugna; [bonde IIc]
boud-iflá *npr.* — bouder IIc
boudin *fr.* — *ib.
boudine *afr. fr.* — ib.
boudôli, boud-ouflá *npr.* — ib.
boudougno *npr.* — ib.; bugna
Bondouin *npr.* — baudet IIc
boue *fr.* — IIc
bouée *npr.* — boja
bouffá *npr.* — buf
bouffer *fr.* — ib.; polisson IIc
bouffigá, bouffigo *npr.* — buf
bouffir *fr.* — ib.
bouffon *fr.* — polisson IIc
bouge *nfr.* — bolgia
bouger *fr.* — IIc
bougette *fr.* — bolgia
bougie *fr.* — bugia'
bougneto, bougno *npr.* — bugna
bougran *fr.* — *bucherame
bougre *fr.* — *IIc; rabougrir IIc
bougrerie *afr.* — bougre IIc
[bouguière] *fr.* — boca
[bouhi] *wal.* — bussare IIa
boubonit *afr.* — bagordo
bouillir, bouillon *fr.* — bolla
bouino *npr.* — borne IIc
boulanger *fr.* — *IIc
boulcá *lim.* — volcar IIb
boule *champ. pic.* — bétula
~ *fr.; afr. pic.* — bolla; boulanger IIc; bouleverser IIc
bouleau *fr.* — bétula
bouler *fr.* — bolla
boulevard *fr.* — IIc
boulevari *champ. pic. gen. norm.* — charivari IIc
boulevart *fr.* — boulevard IIc
boulever *afr.* — ib.
bouleverser *fr.* — IIc
boulimie *fr.* — búlimo IIa
bouline *fr.* — IIc
boulon *fr. afr.* — bolla; bolzone
boundá *npr.* — bondir IIc
boundle *afr.* — benda
boune *afr.* — borne IIc
bouni *lim.* — bugna
bouquer *fr.* — IIc
bouquet *fr.* — bosco
bouquin *fr.* — IIc
[boura] *fr.* — bucherame
bouracan *fr.* — baracane; [bucherame]

bourbe (f.) *fr.* — IIc
bourde *fr.* — IIc
bourder *fr.* — bourde IIc
bourdon *fr.* — bordone; [mazette IIc]
~ *fr.* — bordoue²: garzone
bourdonner *fr.* — bordone²
boure *occ.* — *bourgeon IIc
bourg, bourgeois *fr.* — borgo
bourgeon *fr.* — *IIc; drageon IIc
Bourgogne *fr.* — vergogna
bourleur *afr.* — burla
bourlo *npr.* — ib.
bournicler *jur.* — bornio; bigle IIc
bournous *fr.* — albornóz IIb
bouroaite *fr.* (Mousket) — biroccio
bourrache *fr.* — borraggine
bourras *fr.* — ib.; borra
bourrasque *fr.* — burrasca
bourre *fr.* — borra
bourreau *fr.* — IIc
bourreler *fr.* — bourreau IIc
bourrer *fr.* — borra
bourrique *fr.* — burro
bourru *berr.* — ib.
bourse *fr.* — borsa
boursouffler *fr.* — *bouder IIc
[boursouflar] *it.* (mndt.) — ib.
bouse *fr.* — IIc; crotte IIc
bousne *afr.* — borne IIc
boussin *afr.* — bocca
boussole *fr.* — l'osso
bout *fr.* — bottare; coron IIc
boute, bouteille *fr.* — botte
bouter *fr.* — bottare; [culbute IIc]
boutique *fr.* — bottega
bouton *fr.* — bottare
bova (nur pl.) *it.* — *IIa
~ *chw.* — balme IIc
bovatscha *chw.* — bouse IIc
bóveda *sp.* — volto
bo-volant *lothr.* — chauve-souris IIc
bovu *sard.* — bobo IIb
box *sp.* — bosso
boya *sp.* — boja
~ *asp.* — boja²; bourreau IIc
boyau *fr.* — budello
boye *afr.* — boja
boz *afr.* — botta
boza *pr.* — bouse IIc
bozal *sp.* — bocca
bozola *pr.* — borne IIc
bozon *asp. afr.* — bolzone
bozza *it.* — I; bottare
bozzago *it.* — buse IIc
bozzo *it.* — bozza; cornard IIc
brà *wall.* — bras IIc
[braadar] *pg.* — baladrar IIb
brac *pr.* — bracco
~ *pr. cat.* — brago
~ *pr.* — IIc
braca *it.* — *I

braca (adj.) *pr.* — brac IIc
braccare *it.* — alberare; bracco; faína
braccio *it.* — treccia
bracco *it.* — I; faína
brace *afr.* — braza
bracelet *fr.* — maçon IIc
bracia *it.* — bragia
braco *sp.* — bracco
bracon *afr.* — ib.
braconner, braconnier *fr.* — ib.
bradar *pg.* — *braire IIc; [baladrar IIb]
bradire *it.* — braire IIc
brado *it.* — *bravo; manso
bradon *pr.* — brandone
braffá *npr.* — bâfre IIc
braga *sp. pg.; sp.* — braca
bragá *npr.* — brague IIc
[bragagnar] *it.* (mndt.) — bargagno
bragard *afr.* — *brague IIc
brageux *afr.* — brago
bragia *it.*
bragir *chw.* — braire IIc
brago *it.* — I; brac IIc
bragos *pr.* — brago
brague *afr.* — *IIc
braguer *afr. nfr.* — brague IIc
[bragues] *fr.* — ib.
brahe *wal.* — bras IIc
brahon *asp.* — brandone
brai *afr.; nfr.* — brago
braidar *pr.* — braire IIc
braidif *afr.* — ib.
braidir *pr. afr.* — ib.; bredouiller IIc
braidiu *pr.* — braire IIc; bravo
[bráido] *ait.* — bravo
braie (gew. pl.) *afr.; nfr.* — braca
[braiel, braier, braieul] *afr.* — ib.
braigne *afr.* — magagna
braillar *pr.* — braire IIc
brailler *fr.* — ib.
braiman *pr.* — IIc
braime *burg.* — bréhaigne IIc
braion *afr.* — brandone
braire *pr. fr. afr. pic. norm.* — *IIc; *bravo; bredouiller IIc; [baladrar IIb]; [rallar]
braise *fr.* — bragia
brait *afr. pr.* — braire IIc
brajè *piem.* — ib.
[bråkeler] *wall.* — brague IIc
bramá *npr.* — bramare
bramangiere *it.* — IIa
bramar *sp. pr.* — bramare
bramare *it.*
brâme *Rheims* — brème IIc
bramer *fr.* — bramare
bramido *sp.* — alarido IIb
brammar *chw.* — bramare
bramo *npr.* — brème IIc

bran *fr. afr.* — brando
~ *nfr.; piem.* — brenno
brana *sf.* — bréhaigne IIc
braña *sp.* — brenno
branc *fr.* — branca
~ *afr.* — brando
branca *it. apg. pr. asp.* — *I; brenta
  IIa
branche *fr.* — branca
brancicare *it.* — ib.
branco *fg.* — bianco
brancolare *it.* — branca
brandá *npr.* — brando
brandar *pr.* — ib.
brande *genf.* — brenta IIa
~ *fr.; berr.* — IIc; landa
brandè *piem.* — brando
[brandeler] *afr.* — ib.
brander *afr.* — *ib.
brandes *fr.* — landa
[brandier] *afr.* — brando
brandiller *fr.* — *ib.
brandir *pr. fr.* — ib.
brandire *it.* — ib.; brandistocco IIa
brandistocco *it.* — IIa
brando *it.; pr.* — *I
~ *npr.* — brande IIc
brandon *fr.* — brando
brandone *it.*
branea *sp.* — brenno
branlequeue *fr.* — cutretta IIa
branler *fr.* — *brando
[branlier] *afr.* — ib.
[branloier] *afr.* — ib.
brano *it.* — brandone
brant *afr. aval.* — brando
braon *pr.* — brandone
braouzí *npr.* — brouir IIc
braque *fr.* — bracco
braquer *fr.* — IIc
bras *afr.* — IIc
~ *fr.* — bressin IIc
brasa *sp. pr.* — bragia; brasile
brasão *pg.* — blasone
brasar *asp.* — bras IIc
brascà *mail.* — bragia
brascia *it.* — ib.
braser *fr.* — ib.
brasil *sp. pg.* — brasile
brasilado *sp.* — ib.
brasile *it.*
brasiletto *it.* — brasile
brasiller, brasoier *afr.* — bragia
brassa *pr.* — braza
brasse *fr.* — ib.
brasser *fr.* — bras IIc
brassin *fr.* — bressin IIc
bratta *gen.* — IIa
brau *fr.; npr.; cat.* — bravo
brauzir *pr.* — épanouir IIc; brouir
  IIc

brava (adj.) *fr.* — bravo
brave *fr.* — ib.
braviar *sp.* — ib.
bravío *sf. fg.* — *ib.
bravo *it. sp. pg.; ait.; sf. fg.* —
  *I
bravon *lothr.* — brandone
bray *asp.* — brago
Bray, le pays de *fr.* — ib.
braya *pr.* — braca
brayer *fr.* — brago
braza *pg.* — bragia
~ *sp. fg.*
brazon *pr.* — brandone
brea *sp.* — brago
brear *sp. pg.* — ib.
breb *wal.* — bévero
brebis *fr.* — berbice; barioler IIc;
  ouaille IIc
[brecar] *acat.* — briga
breccia *it.* — brèche IIc
brecha *sp.* — ib.
brèche *fr.* — IIc
breço *apg.* — bercer² IIc
bred *cat.* — bledo IIb
[bredaler] *fr.* (mndt.) — bredouiller
  IIc
[bredeler] *afr.* — ib.
bredir *afr.* — ib.
bredo *pg.* — bledo IIb
bredola *pr.* — predella IIa
bredouiller *fr.* — *IIc
brega *sp. pg. pr. cat.* — *briga
bregar *sp.; pr. cat.* — *ib.
bregle *wal.* — brida
bréhaigne *fr. afr.* — IIc; magagna
breimante *asp.* — braiman IIc
breine *pic.* — bréhaigne IIc
breino *occ.* — brina IIa
brelan *fr.* — *IIc; bertesca; [bi-
  lenco IIa]
brelander *fr.* — brelan IIc
brelenc *afr.* — ib.
brella *mail.* — predella IIa
breloque *fr.* — loque IIc
brème *fr.* — IIc
bren *pr. afr. asp. com. piem.* —
  brenno
[brena] *it.* (mndt.) — brida
breña *sp.* — IIb
brence *wal.* — branca
brenha *fg.* — breña IIb
brenna *it.* — IIa
brenno *gen.* — I; brin
brenta *it.* — IIa
breo *pg.* — brago
bres *pr.* — bercer² IIc
bresague *gasc.* — fresaie IIc
bresca *sard. cat. mant. sf. pr.*
bresche *afr.* — bresca
brésil *fr.* — brasile

bresil *pr. afr.* — brasile
brésiller *fr.* — ib.; briser IIc
brésilles *berr.* — briser IIc
bressar *pr.* — bercer² IIc
bressin *fr.* — IIc
bret *pr. afr.* — IIc
~ *pr. afr.* — brete
bretailler *fr.* — brette IIc
bretans *afr.* — romanzo
bretauder *fr.; afr.* — *berta
brete *sp. pg.*
bretela *com.* — brete
bretelle *fr.* — ib.
bretesche *afr.* — bertesca
bretja *asp.* — brèche IIc
[bretoneiar] *pr.* — bredouiller IIc
bretonica *sp. pg.* — brettonica
bretonner *fr.* — bret IIc
brette (f.) *fr.* — *IIc
brettine *it.* — brete
bréttine *it.* — *brida
bretto *it.* (vrlt.) — IIa; bréhaigne IIc
brettonica *it.*
bretz *pr.* — brete; [bredouiller IIc]
breuil *fr.* — broglio
breuilles *afr.* — brouailles IIc
breuvage *fr.* — IIc
brevemente *it.* — mente
brezilh *pr.* — brasile
brezilhar *pr.* — ib.; briser IIc
brezo *sp.* — *bercer² IIc; [lleco IIb]
brezza *it.* — *I
bri *afr.* (selt.) — brio
briaco *it.* — ebbriáco
brial *sp. pg.* — bliaut
brib *wall.* — bribe
briba *sp.* — ib.
briban *afr.* — ib.
bribar *sp.* — ib.
bribe *fr.* — I; brimborion IIc
briber *wall.* — bribe
brihon *sp.* — ib.
bric *pr. afr.* — *bricco²
brica *lomb.* — briser IIc; [briga]
bricca *it.* — bricco
bricchetto *it.* — sobriquet IIc
bricco *it.* — I; briser IIc
~ *it.* — burro; brina IIa
briccola *it.* — brèche IIc
briccolino *it.* — bricco
briccone *it.* — *bricco²
brich *piem.* — bricco
[briche] *afr.* — bricco²
bricia, briciola, briciolo *it.* — briser IIc
brico *sp.* — IIb
bricol *mail.* — bricco
bricole *fr.* — brèche IIc
bricon *pr. afr.* — *bricco²
bricona *pr.* — ib.
[briconie] *afr.* — ib.

brida *sp. pg. pr.* — *I; brete
bride *fr.* — brida
bridel *afr.* — ib.
[brif] *apiem.* — brio
brifaud *afr.* — bribe
brife *pic.* — ib.
brifer *afr.* — ib.
briffalda *it.* — ib.
briga *it. apg.; sp.* (vrlt.) — *I; bricco²
~ *pr.* — *briser IIc; [briga]
brigade, brigand, brigandine *fr.* — briga
[brigant] *afr.* — ib.
brigante (sbst. adj.) *it.* — ib.
brigantino *it.* — ib.
brigão, brigar *pg.* — ib.
[brigar] *pr.* — briser IIc
brigare *it.* — *briga
brigata *it.* — ib.
briglia *it.* — brida
brignole, Brignole *fr.* — brugna
brigola *sp.* — brèche IIc
brigoso *sp.* — brio
brigue *afr.; nfr.* — *briga
briguer *fr.* — *ib.
brill *parm.* — brillare
brillar *pr. sp.* — ib.
brillare *it.* — *I; perla; alberare; glacier IIc
briller *fr.* — brillare
brim *pg.* — brin
brimber *pic.* — bribe
brimborion *fr.* — IIc
brin *pr. fr. arag.*
~ *afr.* — IIc
brin² d'estoc *fr.* — IIc
brina *it.* — *IIa; bória IIa; burrasca
brincar *sp. pg.* — *IIb
brinco, brincos (pl.) *sp. pg.* — brincar IIb
brinda *piem.* — brenta IIa
brindàr *sp.* — bríndisi IIa
brinde *fr.* — ib.
bríndisi *it.* — IIa; trincare
bringuai *burg.* — bríndisi IIa
bringuéi *lothr.* — ib.
brinnu *sard.* — brenno
briuo *occ.* — brina IIa
brinoso *it.* — ib.
brio *it. sp. pg.* — *I; [brívido IIa]
~ *dauph.* — brive IIc
brioso *sp.* — brio
brique *fr.; burg. hen.* — bricco; [bricco²]
briquet *afr.* — sobriquet IIc
bris (m.) *fr.; piac.* — briser IIc
brisa *sp.* — bigio; brezza
~ *mail.* — *brezza
~ *sp. cat. arag.* — IIb; briser IIc
~ *lomb.* — briser IIc
brisacca *sard.* — bisaccia

brisar *pr.* — briser IIc
briscar *sp. cat.* — IIb
brischar *chw.* — bruciare
brise *fr.* — brezza
brisée *afr.* — *rotta; strada; brive IIc
[brisées] *fr.* — estern IIc
briser *fr.* — *IIc; brasile; [briga]
~ *norm.* — friche IIc
~ (son corps) *afr.* — braquer IIc
britar *afg.* — IIb
[brittola] *wälschtir.* — brette IIc
briu *pr.* — brio; bravo
briva *dauph.* — brive IIc
brivar *pr.* — brio
brive *fr.* — IIc
[~] *afr.* — brio
brívido *it.* — *IIa; [brio]
briza *asp. pg.* — brezza
~ *pr.* — briser IIc; brasile
brizar *asp.* — bercer² IIc
~ *pr.* — briser IIc
brizna *sp.* — ib.
brizo *asp.* — bercer¹ IIc
bro *pr.* — brodo
broare *ven.* — brouir IIc
brobbio *it.* — reprocher IIc
broc *pr. fr.* — brocca
~ *afr. pic.* — brocco; hoc IIc
~ *lomb.* — brocco
broca *piem. parm. ven.; lomb.; pr.* — brocco
brocar *pr.* — ib.
brocard *fr.* — ib.
brocca *it.* — I; pote; [borchia IIa]
~ *it. sic.* — brocco
~ *mail.* — bronco
broccare, broccato *it.* — brocco
brocchetto *it.* — brochet IIc
brocchiere *it.* — boucle IIc
brocciu *sic.* — biroccio
brocco *it.* — I; brochet IIc; [borchia IIa]
bróccolo *it.* — brocco
broce *afr.* — broza
~ *afr.* — mince IIc
broch *parm.* — brocco
broche *fr.* — ib.; hoc IIc; brochet IIc
brocher *fr.* — bordo; brocco
brochet *fr.* — IIc
brochon *pic.* — brocca
brocio *piem.* — brocco
brocon *parm.* — bronco
broda *it.* — brodo
brodar *cat.* — bordo
brodequin *fr.* — borzacchino; bouquin IIc
broder *fr.* — bordo
brodio *sp. pg.* — brodo
brodo *it.*
broè *piem.* — brouir IIc
brogir *acat.* — bruire

brogliare *it.* — broglio
broglio *it.* — I*
broie, [broier] *afr.* — *briga
broigne *afr.* — IIc
broion *afr.* — brete
broissier *afr.* — briscar IIb
broisson *pr.* — brocca
brolhar *pr. pg.* — broglio
brollar *asp.* — ib.
brollo *it.* — *brullo IIa
broma *cat.* — bruma
[bron] *afr.* — broncio IIa
bronc *pr.* — bronco; [broncio IIa]
broncar *asp.* — embronc IIc
bronce *sp.* — bronzo
broncha *asp.* — bronco
bronchard *pic.* — broncio IIa
bronche *afr.* — *bronco
broncher [*afr.*] *fr.* — *ib.; [embronc IIc]
[bronchier] *afr.* — bronco; broncio IIa
[bronciare] *tosc.* — broncio IIa
broncio *it.* — *IIa; *embronc IIc
bronco *it.* — *I; [embronc IIc]
~ (adj.) *sp. pg.* — *I; brozno IIb
broncone *it.* — bronco
bronda *piem.* — bronde IIc
bronde *afr.* — IIc
brondel, brondill *pr.* — bronde IIc
bronba *pr.* — broigne IIc
broñir *sp.* — bruno
brontolare *it.* — *IIa
bronza *ven.* — *bronzo
bronzar *asp.* — ib.
bronze, bronzer *fr.* — ib.
bronzino *it.* — ib.
bronzo *it.* — *I
brosder *wall.* — bordo
broslar *asp. apg.* — ib.
brosno *asp.* — brozno IIb
brossa *pr.* — broza
brosse *fr.* — *ib.
brostar *pr.* — ib.
brostia *pr.* — boite IIc; bosso
brot *pr.* — brote
brota *sp.* — ib.
brotar *pr. sp.* — ib.
brote *sp.*
broton *pr. sp.* — brote
brouache *pic.* — brouée IIc
brouailles *fr.* — IIc
brouasser *berr.* — brouée IIc
brouche *pic.* — broza
brouée *fr.* — IIc; broglio
brouet *fr.* — brodo
brouette *fr.* — biroccio
brouhagne *wall.* — bréhaigne IIc
brouhène *wall.* — bruine IIc
brouillard *fr.* — broglio; brouée IIc
brouiller, brouillon *fr.* — *broglio
brouir *fr. afr.* — *IIc; épanouir IIc

broundo *occ.* — bronde IIc
brouques *pic.* — IIc
broussaille *fr.* — broza
broust *afr.* — ib.
brout *fr.* — brote
brouter *fr.* — broza
brovè *piem.* — brouir IIc
broyer *fr.* — *briga
broyna *pr.* — broigne IIc
bröz *chw.* — biroccio
broza *sp.* — *I; [bercer² IIc]
brozne *sp.* — bronzo
brozno *asp.* — *IIb; [broncio IIa]
bru² *fr.* — IIc; beau IIc; [choyer IIc]
bruant *pic.* — hanneton IIc
bruc *pr.* — IIc; bronco
brucare *it.* — bruco
bruces (de) *sp.* — buz IIb
bruciare *it.* — *I
brucio *it.* — bruco
bruco *it.*
bruelh, bruelba *pr.* — broglio
bruelle *afr.* — ib.
brueroi *afr.* — bru IIc
bruesche *Foix* — bruxa IIb
brug *mail. occ.* — bru IIc
brughiera *mail.* — ib.
brúgi *com.* — bruire
brugir *pr.* — ib.; bruine IIc
brugna *it.*
brugnoeu *mail.* — brugna
brugnon *fr.* — ib.
brugo *sp.* — bruco
~ *gen.* — bru IIc
bruguera *cat.* — ib.
brúida *pr.* — bruire
bruin *afr.* — brin IIc
bruina *pr.* — bruine IIc
bruine *fr.* — IIc; brin IIc; brouée IIc
bruiner *fr.* — bruine IIc
brnir *afr.* — *brouir IIc; bruine IIc
bruire *champ.* — bruine IIc
~ *it. fr.* — I; *bravo; braire IIc
bruiser *afr.* — IIc
bruit *fr.* — bruire; [bravo]
brúit *pr.* — ib.
bruíto *it.* — ib.
bruizar *pr.* — bruciare
[brújula] *sp.* — ib.
brûler *fr.* — ib.
brulba *pg.* — broglio
brullo *it.* — *IIa
bruma *pr. sp. pg.*
bruman *champ. norm.* — bru² IIc
brume *fr.* — bruma
brumę *wal.* — ib.
brun *pr. fr.* — bruno
bruncu *sard.* — bronco
brunho *pg.* — brugna
brunie *afr.* — broigne IIc
brunir *pr. fr. pg.* — bruno

bruñir *sp.* — bruno
brunire *it.* — ib.; bronzo
bruno *it. sp. pg.* — I; bronzo
~ *sp.* — brugna
bruolo *it.* — broglio
brus *pr.* — broza; bru IIc
brusc *pr.; fr.* — bresca; brusco; busto
brusca *pr. cat.; pg.* — brusco
~ *cat.* — busca; [bruciare]
bruscare *it.* — brusco
[brusciare] *it.* — bruciare
brusco *it. sp.* — *I; [frusco IIa]
brusco² *it.; sp. pg.* — *I; bravo; [brusco]
[bruscolo] *it.* — brusco
bruser *afr.* — bruiser IIc
bruslar *pr.* — bruciare
[brusler] *afr.* — ib.
brusque, brusquer *fr.* — *brusco²
brusti *it.* (mndt.) — bordo
brustia *it.* — broza; boîte IIc
brustolare *it.* — bruciare
brut *pr.* — bruc IIc
[~] *fr.* — brusco
brutar *sp.* — bluter IIc
brütt *chw.* — bru² IIc
brutto *it.* — IIa
bruttofatto *neap.* — maufé IIc
bruxa *sp. pg. cat.* — IIb
bruxo *sp. pg. cat.* — bruxa IIb
brúxula *sp.* — bosso
bruy *afr.* — bru² IIc
bruyère *fr.* — bru IIc
bruza *sp.* — broza; bruxa IIb
bruzar *pr.* — bruciare
bruzina *pr.* — bruine IIc
bruzir *pr.* — bruire; bruine IIc
bruzzaglia *it.* — broza
bua *sp.* — bubbone
buadar *chw.* — bucato
buba *sp.* — bubbone; puya IIb
~ *mail.* — upupa
~ *it.* (mndt.) — babbo IIa
bubão *pg.* — bubbone
búbbola *it.* — upupa
bubbone *it.*
bube *fr.* — bubbone
bubę *wal.* — ib.
bubo *pg.* — ib.
buboiu *wal.* — ib.
bubon *fr. sp.* — ib.
bubù *gen.* — bobò IIa
buc *cat.; pr. afr.* — buco; trou IIc
buca *it.* — bucato
~ *it.* — buco
bucare *it.* — bucato; buco
bucato *it.*
buccia *it.* — buccio IIa
buccina *it.* — desinare
buccio *it.* — *IIa

buce *afr.* — busse IIc
buce *wal.* — bocca
bucela *pr.* — ib.
buces (de) *fr.* — buz IIb
bucba, buchar *sp.* — bozza
buche *sp.* — ib.
bûche, bûcher *fr.* — busca
bucherame *it.* — *I
bucherare *it.* — bucherame
buchete *sp.* — bozza
buck *chw.* — bouc IIc
bucle *sp.* — boucle IIc
buco *it. sp.* — I; rombo IIb; trou IIc ;
   [zaherir IIb]
~ *asp.* — bouc IIc
buda *it.; sard.* — IIa
budedda *sard.* — huda IIa
budel *pr. asp.* — budello
budello *it.*
buder *berg. bresc.* — borro IIa
budget *fr.* — bolgia
budriere *it.* — baudré IIc
budrione *mod.* — borro IIa
buée *fr.* — bucato
buega *sp.* — IIb; mogo IIb
buena (en) *sp.* — ora
bueno *sp.* — bonina IIb
buer *afr.* — bucato
~ *afr.* — ora
buerna *pr.* — galerno
buf *fr. fr.* — I; buféra IIa; soffiare
bufa *sp.* — buf
bufar *sp. fg. fr.* — ib.; buféra IIa;
   bofe IIb
buféra *it.* — IIa
bufet *afr.* — buf
bufete *sp.* — ib.
buffa *it.* — ib.
buffá *npr.* — ib.
buffare *it.* — ib.
buffe, buffer *afr.* — ib.
buffet *fr.* — ib.
buffier *afr.* — ib.
buffle *nfr.* — beugler IIc
buffo *it.; npr.* — buf
buffoi *afr.* — ib.
buffone *it.* — ib.
bufo *fg.* — bubo IIb
bufoi *afr.* — buf
[bufois] *afr.* — gabbo
buga *fr.* — boca
bugada *sp. pr.* — bucato
bugh *com.* — buco
bugia *it.*
bugia' *it. sp. fg.*
bugiadro, bugiardo *it.* — leggiadro
   IIa
bugiare *it.* — bugía
bugio *it.* — ib.; arcobugio
bugle *afr.* — *beugler IIc
bugler *fr.* (vrlt.) — ib.

bugliar *chw.* — borboleta IIb
buglione *it.* — garbuglio
bugn *mail.* — bugna
bugna *mail. ven.* — *I
~ *it.* — bugno IIa
bugne *afr.* — bugna
bugno *it.; npr.* — IIa
bugnocca *crem.* — bugna
bugnola *it.* — bugno IIa
bugnon *ver.* — bugna
~ *afr.* — bugno IIa
bugnu *sard.* — bugna
huguer *fr.* — bucato
[buguiero] *npr.* — boca
bube *wal.* — buho IIb
buho *sp.* — IIb
[buhon] *lothr.* — buse IIc
buidar *cat.* — vide IIc
buie *afr.* — boja
~ *burg.* — bucato
buir *asp. fg.* — IIb
buire *afr.* — bujo
[buiron] *afr.* — bur IIc
buis *fr.* — bosso; [bosco]
[buisse] *afr.* — bronco; busca
buissier *afr.* — *bussare IIa
buissou *fr.* — bosso; [bosco]
buitre, buitron *sp.* — avoltore
bujo *it.* — *I; berretta; burro; bluter
   IIc
bujose (pl.) *it.* — bujo
bula *sp. pr.* — bolla
~ *com. riem.* — pula IIa
bulet *com.* — boulanger IIc
buleter *afr.* — bluter IIc; [boulan-
   ger IIc]
bulba *fg.* — bolla
bulicare *it.* — bouger IIc
búlimo *it.* — IIa
bulir *fg. pr.* — bolla; bouger IIc
bulla *it. fg.* — bolla
~ *sp.* — ib.; garbuglio
~ *chw.* — parpaglione; borboleta
   IIb
bullaccio *it.* — pula IIa
bullanga *cat.* — garbuglio
bulle, bulletin *fr.* — bolla
bulletta *it.* — ib.
bullir *sp. pr.* — bolla; bouger IIc
bulo *lomb. piem. ven.* — IIa
bulra *fg.* — arlotto
bulter *hen.* — bluter IIc
bulto *sp.* — IIb; volto
bultz *wal.* — bulto IIb
bumbác *wal.* — baco IIa
buñuelo *sp.* — bugoa
buque *sp.* — buco
buquer *fr.* (vrlt.) — *IIc
[~] *hen.* — bussare IIa
bur *lomb.* — bujo
~ *norm.* — *IIc

burana *ven.* — brina IIa
burattello *it.* — bluter IIc
buratto *it.* — bujo; bluter IIc
búrbero *it.* — borbogliare
burbuja *sp.* — ib.; somorgujo IIb
burchia *it.* — IIa
burchio *it.* — *burchia IIa
burcho *asp.* — ib.
burda *it.* — buda IIa
burdalla *sp.* — burdo IIb
burdel *sp.* — borda
burdo *sp.* — *IIb; [mazette IIc]
~ *pr.* (Eluc.) — borde
burdu *sard.* — ib.
bure *fr.* — bujo; bluter IIc
bureau *fr.* — bujo; canopè; greffe
  IIc
burel *pr.; pg. pr.* — bujo
burella *it.* — ib.
buret *nfr.* — ib.
buretel *afr.* — bluter IIc
burga *sp.* — IIb
burgel *pg.* — borg›
burges *sp.* — ib.
burgo *sp. pg.* — ib.
Burgos *sp.* — ib.
burguez *pg.* — ib.
buric *wal.* — ombelico
buriel *sp.* — bujo
buril *sp. pg.* — borino
burin *fr.* — ib.
burjaca *sp.* — bolgia
burla *it. sp. pg.* — I; arlotto
burlaire *pr.* — burla
burlar *sp. pg.* — ib.
burlare, burlesco *it.* — ib.
buron *afr.* — *bur IIc
burquier *pr.* — burro
burrasca *it.*
burrascuni *sic.* — burrasca
burrico *pg.* — burro
burro *sp. pg.* — I; borra
burrone *it.* — borro IIa
burrula *sard.* — burla
burteau *burg.* — bluter IIc
bus *pr.* — buz IIb
~ *pr.* — busse IIc
busare *it.* — bugía
busart *fr.* — buse IIc; hagard IIc

busca *lomb. piem. pr.; cat.* — *I;
  bosco; [bussare IIa]
~ *it. sp. pg.; sp.* — buscare
buscalbar *pr.* — busca
buscar *sp. pg.* — buscare
buscare *it.*
busche *afr.* — busca
[buscher] *afr.* — bussare IIa
buscione *it.* — bosso
busco *sp.* — buscare
buse (f.) *fr.* — *IIc
~ *afr.* — busse IIc
buseca *piem.* — bozza
busecchio *it.* — ib.
busía *lomb.* — bugía
busna *it.* — desinare
buso (sbst.) *asp.* — bugía
~ (adj.) *it.* — ib.; arcobugio
busquer *fr.* — buscare
~ *afr.* — *bussare IIa
bussare *it.* — *IIa; [buquer IIc];
  [tabust IIc]
busse *afr.* — IIc
[bussola] *it.* — bosso; bruciare
bust *pr.* — busto
buste (m.) *fr.* — ib.
busto *it. sp. pg.* — I; buco
but *fr.* — bozza
butaciu *wal.* — botta
bute *wal.* — botte
~ *fr.* — culbute IIc
[buter] *fr.* — ib.
butin *fr.* — bottino
butirada *asp.* — manteca IIb
butt *mail.* — bottare
buttare *it.* — ib.; [busca]
butte *fr.* — bozza
búture *wal.* — borro IIa
[buvette] *fr.* — bettola IIa
buxeta *sp.* — bosso
buxo *pg.* — ib.
buz *sp. pg. aval.; sp.* — IIb; bocear IIb
buza *pr.* — bouse IIc
buzac *pr.* — buse IIc
buze *wal.* — buz IIb
buzio *pg.* — bigio
buzo *asp.* — busse IIc
buzzecca *mail.* — bozza
buzzo *it.* — ib.

C

ca *asp. apg. ait.; apg. ait.; chw.*
  sard. lomb. — I; car
~ *wal.* — che
~ *it.* (mndt.) — casa
~ *pr.* — cagot IIc
çà *fr.* — qua

cá *pg.* — qua
caable *afr.* — IIc; carabina
cabal *sp. pg. pr.* — IIb; tabarro
cábala *it. sp. pg.*
cabale *fr.* — cábala
cabalgar *sp.* — cavallo

[caballa] *it.* — gabella
caballero, caballeta, caballo *sp.* — cavallo
[caban] *nfr.* — gabbáno
cabana *pg. pr. piem.* — capanna; gabbáno
cabaũa *sp.* — capanna
cabane *fr.* — ib.
cabhia *sard. ven.* — gabbia
cabdal *pr.* — caudal IIb
cabe *sp. apg.*; *sp.* — IIb
cabear *asp.* — cabe IIb
cabeissa *pr.* — cavezza
cabeliau *fr.* — *IIc
[cabella] *it.* — gabella
caber *sp. pg. pr. wald.* — capére; cappa
cabes *pr.* — cavezza
cabestan (m.) *fr.* — IIc
cabeza, cabezo *sp. pg.* — cavezza; catastro
cabezon *sp.* — catastro
~ *sf.* — cavezza
cabial *sp.* — caviale
cabido *pg.* — capítolo
cabildo *sp.* — ib.; tilde IIb
[cabillaud] *fr.* — cabeliau IIc
cabinet *fr.* — capanna
cabiro *pr.* — chevron IIc
cable *sp. pg.* — cappio
~ *afr.* — caable IIc
câble *fr.* — cappio
[cabliau] *fr.* — cabeliau IIc
cabo *sp. pg.* — cappio
~ *sp.* — menoscabo; cabal IIb
~ *asp. apg.* — cabe IIb
[caboche, cabochon] *fr.* — capocchia IIa
caboral (adj.) *asp.* — caporale
[caborgne] *fr.* (mndt.) — caluc IIc
caboz *pg.* — chabot IIc
cabra *sp.* — raposa IIb
cabrá *npr.* — cabrer IIc
cabrer (se) *fr.* — IIc; lambeau IIc
cabrestante *sp.* — cabestan IIc
cabrio *pr.* — chevron IIc
cabrion *sp.* — ib.
cabritillo *sp.* — pestillo IIb
cabron *sp.* — cornard IIc
cabtener *asp.* — mantenere
cabus *fr.* — IIc; cappa
cabussar *cat. pr.* — *chapuzar IIb
cabzar *asp.* — cacciare
cac *pr.* — chaque IIc
cacagual *sp.* — cacáo
cacáo *it. sp. pg. fr.*; *sp. pg.* — ib.
cacaoeiro *pg.* — cacáo
cacaotier, cacaoyer *fr.* — ib.
caçapo *pg.* — gazápo IIb
cacaracá *occ.* — coquelicot IIc

caccáo *it.* — cacáo
caccia *it.* — cacciare
cacciare *it.* — I; avacciare IIa
cacha *sp.* — cacho IIb
cachà *npr.* — quatto
cachar *sp.* — cacho IIb
[cachas] *sp.* — gota
cache *fr.* — quatto
cacher *fr.* — *ib.; blottir IIc; tapir IIc
cachet *fr.* — quatto
[cachete] *sp.* — gota
cachette *fr.* — quatto
cacho *sp.* — ib.
~ *sf.* — IIb
cachonda *sp.* — cachorro IIb
cachorro *sp.* — IIb; mozzo
cachot *fr.* — quatto
cacio *it.* — cascio; bragia; bruciare; fiócina IIa
caco *pg.* — IIb
cacouet *berr.* — nuca
cada *sp. pg. pr.* — *cadaúno; chaque IIc
cadable *afr.* — caable IIc
cadafal *acat.* — catafalco
cadafalc *pr.* — ib.
cadafalco, cadafalso, cadahalso *sp.* — ib.
cada hum *pg.* — cadaúno
cadalecho *sp.* — cataletto
cadaliech *npr.* — ib.
cadalso *sp.* — catafalco
cadastre *fr.* — catastro; [cadeau IIc]
cada un *pr.* — cadaúno
cadaúno *it.* — *I; ciascuno; chaque IIc
cada uno *sp.* — cadaúno
cadeau *fr.* — *IIc
cadefaut *afr.* — catafalco
cadeira *pg.* — cadera IIb
~ *pr.* — chaire IIc
cadeler *afr.* — capitello
~ *fr.* (vrlt.) — cadeau IIc
cadena (daou col) *occ.* — chignon IIc
cadenado *asp.* — candado IIb
cadenas *fr.* — ib.
cadenza *it.* — chance IIc
cadera *sp. cat.* — IIb
caderillas (pl.) *sp.* — cadera IIb
cadet *fr.* — *IIc
cadbun *afr.* (Eide) — cadaúno
cadiello *asp.* — recaudar IIb
cadimo *pg.* — IIb
cadira *asp. cat.* — chaire IIc
cadran *fr.* — IIc
cadre *fr.* — quadro
cadréga *com. piem.* — *chaire IIc
cadun *npr.* — cadaúno
caduno *it.* — ib.
caduta *it.* — queda IIb
caer *sp.* — ib.
caes (sg. und pl.) *pg.* — cayo

caf *pr.* — caffo IIa
cafard *fr.* — *cafre IIb; cagot IIc
café *fr. sp.* — caffe
cafer *wal.* — chevron IIc
cafetier *fr.* — tante IIc
caffe *it.*
~ *berr.* — caffo IIa
caffo *it.* — IIa
cáfila *sp. pg.* — IIb
cafougni *wall.* — chiffe IIc
cafre *sp. pg. cat.* — *IIb; cagot IIc
cafu *wall.* — chiffe IIc
cafura *it.* — cánfora
cafut *champ.* — chiffe IIc
cágado *pg.* — galápago IIb
cage (f.) *fr.* — gabbia; neige IIc;
rêve IIc
caggente *ait.* — pezzente IIa
cagione *it.* — IIa; achaque IIb
cagliare, caglio *it.* — quagliare
cagna, cagnaccio *it.* — chien IIc
cagnard *burg. npr.* — *casnard IIc
cagnaud *berr.* — ib.
cagnazzo *it.* — chien IIc
cagne *pic.* — casnard IIc; gagnon IIc
cagneggiare *it.* — chien IIc
cagner *Rheims* — casnard IIc
cagnesco *it.* — chien IIc
~ (stare in) *it.* — rèche IIc
cagnon *mail.* — chenille IIc
~ *afr.* — gagnon IIc
cagnotto, cagnuccio *it.* — chien IIc
cagot *fr.* — *IIc; [camuso]; bigot IIc
cagou *fr.* — *grigou IIc
cahier *fr.* — *IIc
Cahors *fr.* — chaorcin IIc
caboter *fr.* — sargotar IIc
cahuer *berr.* — cohue IIc
cahuette *afr.* — cahute IIc
cahuler *hen.* — urlare
cahute *fr.* — IIc
caïaou *occ.* — caillou IIc
caiau *occ. wall.* — ib.
caida *sp.* — queda IIb
caieler *afr.* — capitello
caiewai *wall.* — caillou IIc
caigne *pic.* — chien IIc
caillau *afr.* — caillou IIc
caille *fr.* — quaglia
~ *berr.* — caillou IIc
cailler *fr.* — quagliare; quatto;
caillou IIc
cailleu, caillex *afr.* — caillou IIc
caillou *fr.* — IIc
caïlloulet *afr.* — caillou IIc
caïm *pr.* — cadimo IIb
çaint *afr.* — cinghia
caire *pr.* — quadro
~ *pr.* — coron IIc
cairel *pr.* — quadro
cairó *pr.* — coron IIc

cais *pr.* — casso²
caissa *pr.* — cassa
caisse *fr.* — ib.
caitin *pr.* — cattivo
caive *afr.* — gabbia; rêve IIc
caixa *pg.* — cassa
cajado *pg.* — cayado IIb
cajão *apg.* — cagione IIa
cajoler *fr.* — gabbia
[cajom] *pg.* — corazon IIb
cajute *fr.* — cahute IIc
cal *wal.* — cavallo
cala *it. sp. pg. pr.; pg. sp.; sp.* — calare
calá *npr.* — ib.
calabre *asp. pr.* — caable IIc; carabina
calabrin *afr.* — carabina
calabrino *it.* — ib.
calabrone *it.* — IIa; baratto; [caleffare IIa]
caladre *sp.* — calandra
calafatar *pr.* — calafatare
calafatare *it.* — *I
calafatear *sp.* — calafatare
calafater *fr.* — ib.
calagasu *sard.* — parpaglione
calamandréa *it.*
calambre *sp.* — IIb
calamel *afr.* — chalumeau IIc
calamina *sp. pg.* — calaminaria
calaminaria *it.*
calamine *fr.* — calaminaria
calamíta *it. sp. pg.*
calamite *fr.* — calamíta
calan *sp.* — chaland IIc
calaña *sp.* — IIb
calanca *it. npr.* — calare
calandra *it. pr.*
calandre *fr.* — calandra
~ *fr.* — IIc; cammeo; XXIV (XVIII) 4
calandria *sp. cat.* — calandra
calandrino *it.* — ib.
calápat *cat.* — galápago IIb; [crapaud IIc]
calappio *it.* — chiappare IIa; [caleffare IIa]
calar *sp. pg. pr.; pr. pg.; chw.; sp. pg.* — calare
calaro *it.* — I; calma; [caleffare IIa]
calavera *sp.* — IIb
calca *it.* — follare
calcare *it.* — *mare IIc; follare
calcio *it.* — coz IIb
caldaja *it.* — *I
caldera, calderon *sp.* — caldaja
calderone *it.* — ib.
caldo *sp.* — bolla
~ caldo *it.* — tosto
cale *fr.* — calare
calecer *asp.* — calentar IIb

calèche (f.) fr. — calesse
caleçon fr. — calzo
caleffare it. — *IIa
calentar sp. — IIb; acaecer IIb
caler fr.; pic. — calare
~ asp. fr. — calere
calere it.
calesa sp. — calesse
calessa it. — cammeo
calesse it.
calesso it. — calesse
calfar pr. — chauffer IIc
calfeutrer fr. — *calafatare
calha fr. — guaglia
~ pg. — IIb
calhandra pg. — calandra
calhão pg. — caillou IIc
calhau fr. — ib.
caliandro npr. — calandra
caliau pic. — caillou IIc
calibo asp. — calibro
[caliborgne] fr. (mndt.) — caluc IIc
calibre sp. fr.; fr. — calibro
calibro it. — *I
caliel afr. — caillou IIc
calina sp. pr. — IIb; bruine IIc
callar sp. — calare; XXV (XIX) 7
calma it. sp. pg.; sp. pr.
~ ven. — chaume IIc
calmare it. — calma
calme (m.) fr. — ib.
calnado sp. — candado IIb
calogna it. — menzogna
caloña, calouar asp. —chalonge IIc
calonja fr. — ib.; menzogna
calonjar pr. — chalonge IIc
calorgne Haut-Maine — caluco IIa;
   [lorgner IIc]; *caluc IIc
[calouche] fr. (mndt.) — caluc IIc
[caloure] fr. (mndt.) — ib.
calpestare it. — *IIa
calpestío it. — calpestare IIa
calpisar wald. — ib.
calterire, calterito it. — scalterire IIa
caluc fr. — *caluco IIa
~ pr. — *IIc: [lorgner IIc]
caluco it. — *IIa; caluc IIc
caluscerta, caluxertula sard. — lacerta
calza it. sp. — calzo
calzada sp. pg. — *I
calzo it.
calzone it. — calzo
cama sp. — IIb; cammeo
~ asp. bearn. cat. — gamba
cama¹ (nur pl.) sp. — *IIb
camafeio pg. — cammeo
camafeo sp. pg. — ib.
camafeu pg. — ib.
camaglio it. — *I
camaïeu fr. — cammeo

camail afr.; nfr. — *camaglio
camal sp. — *ib.
camangiare it. — IIa
camara sp. — páxaro IIb
camarada sp. pg. — camerata
camarade (m. f.) fr. — ib.
camard fr. — camuso
camarlenc pr. — camarlingo
camarlengo sp. — ib.
camarlingo it.
camba asp.; pr. sard. — gamba
~ pg. — jante IIc; gamba
cambaio pg. — gamba
cambellotto it. — *I
cambi pr. — cambiare
cambiar sp. pg. pr. — ib.
cambiare it.
cambio it. sp. pg. — cambiare
camboisser berr. — gamba
cambra pg. — calambre IIb
cambrá npr. — cambrer IIc
Cambrai fr. — vrai IIc
cambre pr. — cánape
cambrer fr. — IIc; gamba
cambrões pg. — cambron IIb
cambron sp. — IIb
camedrío sp. — calamandréa
camée (m.) fr. — cammeo
camelão pg. — cambellotto
camelin afr. — ib.
camelot fr. — ib.
camelote sp. — ib.
camerata it. — I; boja²
cami pr. — cammino
cámice (m.) it. — camicia
camicia it. — I; ciacco IIa
camiciola it. — camicia
caminar pr. — cammino
caminata it.
caminho pg. — cammino
camino pr. — ib.
camisa sp. pg. pr. — camicia
camisade fr. — ib.
camiscia it. — ib.
camisola sp. — ib.
camisole fr. — ib.
camjar, camje pr. — cambiare
cammellino it. — cambellotto
cammeo it. — I; carole IIc
camminare it. — cammino
camminata it. — caminata
cammino it.
camois pr. — camuso
camoissé. camoissier afr. — ib.
ça-mon fr. — mon IIc
camosciare it. — camuso
camoscio it. — camozza; biscia IIa;
   camuso
camosé afr. — camuso
camoss piem. — camozza
camossa piem. — ib.

camote *sp.* — IIb
camous *npr.* — camozza
camoussé *hen.* — camuso
camozz *tyr.* — camozza
camozza *it. tyr.* — I; biscia IIa
campagna *it.*
campagne *fr.* — campagna
campaine *berr.* — campana
campainha *pg.* — ib.
campana *it. sp. pr. cat.* — I; cloche IIc
campaña *sp.* — campagna
campano *lim.* — campana
campar *sp.* — campo
campare *it.* — scappare
campeador, campear *sp.* — campo
campêche *fr.* — campeggio
campeche *sp.* — ib.
campeggiare *it.* — campo
campeggio *it.*
campeon *sp.* — campo
camper *fr.* — ib.
camphre *fr.* — cánfora
campignuolo *it.* — champignon IIc
campio *pr.* — campo
campione *it.* — ib.
campo *it.*
camuça *pg.* — camozza
camuffare *it.* — muffare
camuotsch *chw.* — camozza
camurça *pg.* — ib.
camus *pr. fr.* — camuso
camusia *pr.* — ib.
camuso *it.* — *1
camuza *sp.* — camozza
camuzat *pr.* — camuso
can *pr.* — chien IIc; quan IIb; cuccio
~ *asp. ast. gal.* — perro IIb
~ *mail.* — chenille IIc
~ *pr.* — escantir IIc
canabas *pr.* — cánape
cañado *asp.* — candado IIb
canaglia *it.*
cañaheja *sp.* — cañaherla IIb
cañaberla *sp.* — IIb
canaille *fr.* — canaglia; raca IIc
canalla *sp.* — canaglia
cañamazo *sp.* — cánape
cañamiel *sp.* — caunamele
cáñamo *sp.* — cánape
cánape *it.*
canapé *sp. fr.* — canopè; cammeo
canapeu *wal.* — canopè
canapsa *fr.* — IIc
canard *nfr.* — cane IIc
canasta *sp. npr.* — canasto IIb; [henna]
canasto *sp. npr.* — *IIb
canastre *fr.* — canasto IIb
canastro *sp.* — ib.

canáva *sard.* — cánova IIa
canavaccio *it.* — cánape
canbas *apg.* — gambais
cancaru *sard.* — gánghero IIa
caucellare *it.*
canchen *mail.* — gánghero IIa
canczon *pr.* — zediglia
candado *sp.* — IIb
candar *asp.* — candado IIb
cande (azucar) *sp.* — candire
candeal *sp.* — scandella
candelarbre *afr.* — XXV (XIX) 8
candi *it. fr.* — candire
Candiotta *it.* — galéa
candir (se) *fr.* — candire
candire *it.*
candito (zucchero) *it.* — candire
cane *afr.*; *nfr.* — IIc
~ *it.* — chien IIc; rèche IIc
canebe *pr.* — cánape
canecer *sp.* — chancir IIc
canela *sp. pg. pr.* — cannella
canestro *it.* — canasto IIb
canette *fr.* — cane IIc
cauevas *fr.* — cánape
cánfora *it. sp.*
cangiare *it.* — cambiare; loggia
cangilon *sp.* — IIb
cangirão *pg.* — cangilon IIb
cangrejo *sp.* — granchio
caugrena *it. sp.*
cangrène *fr.* — cangrena
canh, canha *pr.* — chien IIc: casnard IIc
canho *pg.* — IIb
canhoto *pg.* — canho IIb
canibal *sp.* — canníbale
canif *fr.* — IIc; guenipe IIc
canilha *pr.* — chenille IIc
canivet *pr.* — canif IIc
canívete *pg.* — ib.
cañivete *asp.* — ib.
canuamele *it.*
canne *fr.* — cane IIc
cannella *it.* — I; brasile
cannelle *fr.* — cannella
canníbale *it.*
cannibale *fr.* — canníbale
cannone *it.*
canon *fr.* — cannone
cañon *sp.* — ib.
canopè *it.*
canot *nfr.* — cane IIc
canote *afr.* — ib.
cánova *it.* — *IIa
canova *it.* — canto
cansar *sp.* — cass; cansare IIa
cansare *it.* — IIa; cass
canso *asp.* — cass
cant *afr.* — canto; échantillon IIc
cantamento *it.* — cimento IIa

canteiro *fg.* — cantiere
cantel *sp.* — ib.
~ *fr.* — canto
cantiere *it.*
cantillo *sp.* — canto
cantimplora *it. sp.* — *chantepleure IIc
cantina *it. sp.* — canto
cantine *fr.* — ib.
canto *it. sp. fg.; it.*
canton *fr. pr. sp.; wald.* — canto
cantone *it.* — ib.
canuir *afr.* — chancir IIc
canyafera *cat.* — cañaherla IIb
cão *fg.* — perro IIb
caon *afr.* — chignon IIc
caorcí *fr.* — chaorcin IIc
Caorsa *it.* — ib.
caorz (siori dal) *wälschtyr.* — ib.
cap. *wal.* — testa
~ *pr.* — chef IIc; camaglio; cagot IIc; capre IIc
capa *sp. fg. fr.* — cappa
capaccio *it.* — lampo
capacho *sp. fg.* — cappa
capairó *pr.* — ib.
capanna *it.* — I; casipola; gabbáno
capar *sp. fg.* — chapuiser IIc
caparbio *it.* — *IIa
caparra *arag.* — cáppero
caparrosa *sp. fg.* — copparosa
capazo *sp.* — cappa
capdel, capdelar *fr.* — capitello; [cadet IIc]
[capdet] *bearn. gasc.* — cadet IIc
capdiello *asp.* — capitello
capére *it.*
capestro *it.* — chevétre IIc
capezzale *it.* — cavezza
[capgirar] *cat.* — zaherir IIb
capitaine *fr.* — capitano
[capitale, lettre] *fr.* — cadeau IIc
capitan *sp.* — capitano
capitani *pr.* — ib.
capitano *it.*
capitare *it.* — IIa; recaudar IIb
capitello *it.*
capitol *pr.; südfr.* — capítolo
capítolo *it.*
capitoul *fr.* — capítolo
capitulo *sp.* — ib.
capmalh *fr.* — camaglio
capo *it.* — caporale; lampo; camangiare IIa; caparbio IIa; catto IIa
capocchia *it.* — *IIa
capozchio *it.* — capocchia IIa
caporal (adj.) *asp.* — caporale
caporale (adj.) *it.*
caporano *it.* — caporale
capot *fr.* — cappa
capote *sp.* — ib.

capovolgere, capovoltare *it.* — chavirer IIc
cappa *it.*
~ *asp. mail.* — capanna
cappella, cappello *it.* — cappa
cappelluta *it.* — cogujada IIb
cáppero *it.*
capperone *it.* — cappa
cappio *it.* — I; caracca
cappone *it.* — cappa
cappotto *it.* — ib.
cappuccio *it.* — ib.
capraggine *it.* — borraggine
capre *fr.* — IIc
câpre *fr.* — cáppero
capre selbatece *wal.* — camozza
capriccio *it.* — I; ticchio IIa; grillo IIa; verve IIc
[capriccioso] *it.* — caparbio IIa
caprice *fr.* — capriccio
capricho *sp.* — ib.
capriun *afr.* — chevron IIc
capruno *sp.* — raposa IIb
captar *sp.* — catar
captener *pr.* — mantenere
capter *fr.* — catar
captif *fr.* — cattivo
capuccio *it.* — cabus IIc
capuce *fr.* — cappa
capucho *sp.* — ib.
capuchon *fr.* — ib.
capuz *sp.* — ib.
capuzar *pr.* — chapuiser IIc
caque *fr.* — *caquer IIc
caquer *fr.* — *IIc
car *asp. apg. pr. fr.* — I; ca
cara *sp. fg. pr.* — *I; escarapelarse IIb
~ *sp.* — rimpetto IIa
cáraba *sp.*
carabe *sp. fg.* — IIb
carabé *fr.* — carabe IIb
carabela *sp.* — cáraba
carabin *fr.* — carabina
carabina *it. sp. fg.*
carabine *fr.* — carabina
caracca *it.* — *I
[caracoa] *sp.* — caracca
caracol *sp. fg. fr.* — caragollo; *escargot IIc
caracollo *it.* — caragollo
[caracte] *afr.* — charade IIc
carafal *val.* — catafalco
caraffa *it.* — *I
caraffe *fr.* — caraffa
caragnare *lomb.* — *sparagnare
caragol *cat.* — caragollo
caragollo *it.*
carait *afr.* — charme IIc
caramel *fr.* — chalumeau IIc
caramida *pr. cat.* — calamita

caramillo *sp.* — chalumeau IIc
caranquejo *pg.* — XVI (XIII)
carastia *asp.* — carestía
carat *fr.* — carato
caratello *it.* — *IIa
carato *it.; ven.*
carauz (m.) *sp.* — trincare
caravella *it.* — cáraba
caravelle *fr.* — ib.
caravil *pr.* — charivari IIc
carc *pr.* — caricare
carcame *it.* — carcasso; XXIV
  (XIX) 6
carcan *pr.fr.* — *IIc; XXIV (XVIII) 4
carcare *it.* — caricare
carcas *pg.* — carcasso
carcasa *sp.* — *ib.
carcassa *it. pg.* — *ib.
carcasse *fr.* — *ib.
carcasso *it.* — *I; turquois IIc
cárcava *sp. pg.* — IIb
carcavar *sp. pg.* — cárcava IIb
carcavel *dauph.* — cascabel IIb
cárcavo *sp.* — cárcava IIb
carcax *sp.* — *carcasso
carcel (f.) *sp.* — chartre IIc
carcere (gen. com.) *it.* — ib.
carciofo *it.* — articiocco
[carcol] *pr.* — carcan IIc
carcoma *sp. pg.* — *carcomer IIb
carcomer *sp. pg.* — *IIb
cardare *it.* — cardo; garzo IIa
carde *fr.* — garzo IIa; garzone
cardedda *sic.* — garzo IIa
cárdeno *sp.* — IIb
cárdeo *pg.* — cárdeno IIb
carder *fr.* — garzone
cardinal *fr.* — maron IIc
cardo *it. sp. pg.* — I; garzo IIa
cardon *sp. pr.* — cardo
cardonal *afr.* — maron IIc
carear *sp.* — cara
[carega] *it.* (mndt.) — chaire IIc
Carella *neap.* — XXIV (XIX) 5
carême (m.) *fr.* — quarésima
carena *it. sp.* — crena IIb
carène *fr.* — ib.
carestía *it. sp. pr. pg.* — *I
carestié *occ.* — carestía
carestios *pr.* — *ib.
carestoso *it.* — ib.
carga *pr. sp.* — caricare
cargar *sp. pr.* — ib.
cargo *sp.* — ib.
cariandro *npr.* — calandra
cariása *sard.* — ciriegia
caribari *afr.* — charivari IIc
caribe *sp.* — caníbale
caribo *it.* — charivari IIc
carica *it.* — caricare
caricare *it.*

caricatura *it.* — caricare
cárice *it.* — carrizo IIb
carico *it.* — caricare
carimallot *norm.* — charivari IIc
carin *afr.* — charme IIc
caristia *sp. pg.* — carestía
carlavè *piem.* — carnevale IIa
[carlit] *afr.* — cataletto
Carlos *sp.* — dio; sohez IIb
carmentran *npr.* — carnevale IIa
carmesí *sp.* — carmesino
carmesino *it.*
carmin *fr. sp.* — carmesino; XXIV
  (XVIII) 4
carminio *it.* — carmesino
carn *afr.* — viande IIc
carnajo *it.* — cimeterio
carnascialare, carnasciale *it.* — carnevale IIa
carnaval *sp. fr.* — ib.
carne *afr.; (f.) fr.* — IIc
~ hen. — charme[2] IIc
~ *sp.* — carnero IIb
~ *it.* — carnevale IIa
carneiro *pg.* — carnero IIb
carnel *pr. afr.* — ib.; cran IIc
carneler *nfr.* — cran IIc
carnero *sp.* — IIb; coche IIc; cran
  IIc
~ *sp.* — cimeterio
carnestolendas *sp.* — carnevale IIa
[carnet] *fr.* — cahier IIc
carnevale *it.* — IIa
carnicol *sp. pg.* — carnero IIb
carnier *pr.* — cimeterio;
carnilivari *sic.* — carnevale IIa
carnovale *it.* — ib.
carofil *wal.* — garófano
carogna *it. pr.* — *I
carola *it.* — carole IIc
carolar *pr.* — ib.
carolare *it.* — ib.
carole *afr.* — *IIc; viola
caroler *afr.* — carole IIc
[caroñar] *sp.* — carogna
carosello *it.* — carriera
caroube, carouge *fr.* — carruba
carousse (f.) *fr.* — trincare
carp *pr.* — IIc
~ *chw.* — greppo IIa
carpa *sp.*
~ (adj.) *pr.* — carp IIc
carpá *npr.* — carpone IIa
[carpare] *it.* — crapaud IIc
carpe *sp.* — charme[2] IIc
~ *fr.* — carpa
carpentier *pr.* — carpentiere
carpentiere *it.* — *I
carpia *it.* — charpie IIc
carpiccio *it.* — carpone IIa
cárpin *wal.* — charme[2] IIc

cárpino *it.* — cbarme² IIc
carpintero *sp.* — carpentiere
carpione *it.* — carpa
carpir-se *pg.* — lagnarsi
carpo *it.* — carpone IIa
carpone *it.* — IIa
carquois *fr. afr.* — *carcasso
carrabba *sic.* — caraffa
carraca *sp. pg.* — caracca
[carrada] *sard.* — caratello IIa
carraque *fr.* — caracca
carrasca *sp. cat.* — IIb
carrasco *sp. pg.* — carrasca IIb
carrata *it.* — caratello IIa
carré, carreau *fr.* — quadro; bigarrer IIc
carreforc *fr.* — carrefour IIc
carrefour *fr.* — IIc
carregar *pg.* — caricare
carreignon *afr.* — cahier IIc
carrer *fr.* — quadro; cara
carrera *sp.* — carriera
[-] *ait.* — caratello IIa
carriço *pg.* — carrizo IIb
carriera *it.*; *fr.* — *I
carrière *fr.* — carriera; quadro
~ *fr.* — quadro
carrignon *fr.* — cahier IIc
carrillon *fr.* — IIc
carrizo *sp.* — IIb
carrobio *it.* — IIa
carrobo *it.* — carruba
carroccio *it.* — biroccio
carroûa, carroño *sp.* — carogna
carrosse *fr.* — carriera
carrousel *fr.* — *ib.
carroza *sp.* — ib.
carrozza *it.* — ib.
carruba *it.*
carrubbio *it.* — carruba
carta *it.* — *scartare
cartaccia *it.* — alcartaz IIb
cartaz *pg.* — ib.
cartier *afr.* — quartiere
[carusari, carusu] *sic.* — toso
carvallo *sp.* — carrasca IIb
carvi *it. sp. fr.* — *I
carzoeul *parm.* — garzo IIa
cas *fr.* — casso
~ (en) *asp.* — *chez IIc
casa *it. sp. pg. fr.* — I; casamatta
casaca *sp. pg.* — casacca
casacca *it.* — *I
casa d'arme *it.* — casarma
casamata *sp.* — casamatta
casamatta *it.* — *I
casaque *fr.* — *casacca
casar *sp. pg. fr.*; *chw.* — casa
casare *it.* — ib.
casca *sp.* — cascar IIb
cascabel *sp.* — IIb

cascabillo *sp.* — cascabel IIb
cascai *sard.* — cascar IIb
cascajo *sp.* — ib.
cascar *sp. pg.* — IIb
cáscara *sp.* — cascar IIb; máschera
cascare, cascata *it.* — casco IIa
cascavel *pg. pr.* — cascabel IIb
caschaun *agen.* — ciascuno
cascio *it.* — I; fiócina IIa
casco *it.* — IIa
~ *sp.*; *it.* — cascar IIb; máschera
cascons *norm.* — alcuno
cascun *asp. pr.* — ciascuno
case *wal.* — casa
casemate *fr.* — casamatta
caserma *it.* — *I
caserna *sp. pg.* — caserma
caserne *fr.* — *ib.
[casernet] *fr.* — cahier IIc
casimira *pg.* — casimiro IIb
casimiro *sp.* — IIb
casipola *it.* — *I; casacca
casnard *afr.* — *IIc
casne *pr.* — chêne IIc
caspa *sp. pg.* — IIb
caspoui *wall.* — gaspiller IIc
casque *fr.* — cascar IIb
cass *pr. afr.* — I; cansare IIa
cassa *fr.* — cacciare
~ *it.* — *I
~ *cat.* — cazza
[cassapanco] *it.* — scranna IIa
cassar *fr.* — cacciare
~ *pr.* — cass; casso²
cassare *it.* — casso
casse *afr. pic.* — cazza
casser *fr.* — cass
~ *fr.* — casso
~ (m.) *pr.* — chêne IIc
cássero *it.* — alcázar IIb; navío IIb
casserola *it.* — cazza
casserole *fr.* — ib.
cassetta, cassettone *it.* — cassa
cas-seuris *pic.* — chauve-souris IIc
cassiron *parm.* — carcasso
casso *it. sp. pg.*
casso² *it.* — I; busto; carcasso
casso (m.) *gasc.* — chêne IIc
cassourra *bearn.* — ib.
casta *sp. pg.* — IIb
castaldione *it.* — castaldo IIa
castaldo *it.* — IIa
castéina *parm.* — cassa
Castel-vetro *it.* — vecchio
castiar *fr.* — reprocher IIc
castigare *it.* — gamba
castiglar *pr.* — chatouiller IIc
castone *it.* — *cassa
[castrar] *sp.* — escarzar IIb
castrare *it.* — paltone IIa
castrois *afr.* — montone

4*

castrole *champ. pic.* — cazza
castrone *it.* — paltone IIa
casule *afr.* — *casipola
casulla *sp.* — *ib.; baúle
casupola *it.* — casipola; vignoble IIc
cat *pr.* — gatto; gamba; urlare
cata *usp. pg.* — catar
~ *pr.* — gatto
catà *lomb.* — catar
cata-colto *it.* — ib.
catacomba *it.* — I; catar
catacombe *fr.* — catacomba
catacumba *sp. pr.* — ib.
catafalco *it.* — I; catar; caffo IIa
catafalque *fr.* — catafalco
catalecho *sp.* — catar
cataletto *it.* — *I; catar
catar *asp. apg.; npg. nsp.; pr.; chw.*
   parm. ven. — I; catacomba; catafalco; cataletto; trovare; gatto;
   andare
cataraña *sp.* — IIb
cataribera *sp.* — catar
catasta *it.* — IIb
catasto *it.* — catastro; [benna]
catastro *it. sp.*
catatomba *mail.* — catacomba
cata-tuffulu *sic.* — truffe
catatumba *sp.* — catacomba
catauno *it.* — cadaúno
cataviento *sp.* — catar
catenaccio *it.* — candado IIb
catenella *it.* — cadeau IIc
[cate pelue] *afr.* — chenille IIc
cate-seuris *pic.* — chauve-souris IIc
catl *wall.* — chatouiller IIc
catido *asp.* — andare
[catilhar] *pr.* — chatouiller IIc
catiller *afr.* — catar
catir *fr.* — quatto
cativo *sp.* — cattivo
cativonia *amail.* — *menzogna
catrame *it.*
cattano *ait.* — capitano
cattare *it.* — catar
~ *sard.* — quatto
cattivo *it.*
catuno *it.* — cadaúno
catxap *cat.* — gazápo IIb
cau, caucala *pr.* — choe IIc
cauchemar (m.) *fr.* — *mare IIc;
   grimoire IIc
caucher *afr.* — mare IIc
caudal *sp. pg.* — IIb
caudaloso *sp. pg.* — caudal IIb
caudel *afr.* — bolla
[caude-souris] *afr.* — chauve-souris
   IIc
caudiau *pic.* — bolla
caudiera *pr.* — caldaja
caudillo *sp.* — capitello; recaudar IIb

caul *pr.* — cavolo
cauma *chw.* — calma
caupir *pr.* — chaupir IIc
cauque *hen.* — jauger IIc
cauquemar *hen.* — mare IIc
cauquer *pic.* — ib.
causa *it. sp.; pr.* — cosa
cause *fr.* — ib.
cause *wal.* — ib.
causer *nfr.* — ib.
causimen, causir, causit *pr.* — choisir
   IIc
caussa *pr.* — calzo
caussada *pr.* — calzada
cautivo *sp.* — cattivo
caval *pr.* — cavallo
cavalcare *it.* — ib.
cavalier *pr. fr.* — ib.
cavaliere *it.* — ib.
cavalletta *it.* — ib.
cavallo *it.* — *I; [gualdrappa]
~ di Troja *neap.* — troja
cavare *it.* — IIa
cava rota *pr.* — grotta
cavayer *pr.* — cavallo
cave *pic.* — choe IIc
[caveca] *pr.* — bègue IIc
caveira *pg.* — calavera IIb
cavelle *it.* — *IIa
cavesson *fr.* — cavezza
cavette *pic.* — choe IIc
cavezza *it.*
cavezzone *it.* — cavezza
caviale *it.*
caviar *pg. fr.* — caviale
cavicchia *it.* — *I; XXIII (XVIII) 2
cavicchio, caviglia, caviglio *it.* —
   cavicchia
cavilha *pr. pg.* — ib.
caviron *sp.* — chevron IIc
cavo *it.* — foggia IIa; écrou IIc
cavolo *it.*
cawan *pic.* — choe IIc
caxa *sp.* — cassa
caya *sp.* — zumaya IIb
cayado *sp.* — IIb
caye *nfr.* — cayo
cayer *afr.* — cahier IIc
cayo (nur pl.) *sp.*
~ *sp.* — IIb
cayson *wald.* — cagione IIa
caz (m.) *chw.* — cazza
caza *sp. pg.* — cacciare
~ *chw.* — cazza
cazar *sp. pg.* — cacciare
cazern *pr.* — cahier IIc
[cazernet] *pr.* — ib.
cazo, cazuela *sp.* — cazza
cazza *it.*
cazzuola *it.* — cazza
ce *nfr.* — ciò

ce *wal.* — che
ce *wal.* — ib.
ceafe *wal.* — nuca
céans *nfr.* — ens IIc
ceaspeta *wal.* — cespo IIa
cebada *sp.* — IIb
cebar *sp.* — cebada IIb
cebellina *sp. pg.* — zibellino
cece *it.* — I; cécero; vampo IIa
cécero *it.* — *I
cecial, cecína *sp.* — cers IIc
cécino *ait.* — cécero; árgine; centinare
cedazo *sp.* — staccio
cedejar, cedelar *pr.* — soif IIc
cedcrno *it.* — cedro
cedilla *sp.* — zediglia
cédille *fr.* — ib.
cedo *asp. apg.* — cetto
cédola *it.*
cedriuolo *it.* — cedro
cedro *it.*
~ d'olor *cat.* — alerce IIb
cedronella *it.* — cedro
cédula *sp. pr. pg.* — cédola
cédule *fr.* — ib.; zeste IIc
ceffare *it.* — ceffo IIa
ceffo *it.* — IIa
ceffuto *it.* — ceffo IIa
cegonha *pg.* — cigücña IIb
ceifar *pg.* —
ceindre *fr.* — IIc
cejar *sp.* — IIb; ciar IIb
cel *pr. afr. wal.* — quello
[cèl] *trev.* — celata
celada *sp.* — ib.
Céladon *fr.* — céladon IIc
céladon *fr.* — IIc
celata *it.* — *I
celda *sp.* — IIb
celebro *sp. pg.* — cervello
céleri *fr.* — sédano
[celestre] *afr.* — ruste IIc
cella *asp.* — celda IIb
celosia *sp.* — zelo
celtre *asp.* — secchia
celui *pr. afr. wal.* — quello
cemase *wal.* — camìcia
cembel *pr. afr.* — zimbello
cembelar *pr.* — ib.
cembeler *afr.* — ib.
cempellar *asp.* — ib.
cenabara *sard.* — venerdì
cencerrada *sp.* — charivari IIc
cencerro *sp. pg.* — IIb; charivari IIc
[cenci] *it.* — rincer IIc
cendai *sp. pg. pr. afr.* — zendale
cendrada *cat.* — cernada IIb
cendre *pr.* — ceniza IIb
cenefa *sp.* — IIb
cónelle *fr.* — IIc; [bègue IIc]

cenepe *wal.* — cánape
cener *afr.* — cenno
~ *berr.* — scemo
cenes *fr.* — ceniza IIb
cenb *pr.* — segno
cenha *fr.* — cinghia
cenicero, ceniciento *sp.* — ceniza IIb
ceniza *sp.* — IIb
cenizo, cenizoso *sp.* — ceniza IIb
cennamella *it.* — ceramella IIa
cennar *pr.* — cenno
cenno *it.* — *I; XXIII (XVIII) 3; gozzo IIa
ceño *sp.* — cenno
cenogil (m.) *sp.* — IIb
cenoura *pg.* — zanahoria IIb
censal *fr.* — sensale
centeio *pg.* — centeno IIb
centeno *sp.* — *IIb
céntina *it.* — centinare
centinare *it.*
centinela *sp.* — sentinella
cenuse *wal.* — ceniza IIb
ceuzaya *sp.* — IIb
ceo *afr.* — ciò
cepa *sp.* — zeppa IIa
cepilho *pg.* — cepillo IIb
cepillo *sp.* — IIb
cepo *sp.* — cepillo IIb
cera *it. chw.* — *cara
cerafolio *sp.* — cerfoglio
ceramella *it.* — IIa
cerbice *wal.* — nuca
cercà *wal.* — cercare
cercar *pr.; sp. pg. apg.* — ib.
cercare *it.* — I; buscare
cerce *pg.* — cércine
cerceau *fr.* — IIc
cercedula *it.* — cerceta
cercelle *fr.* — ib.
cercen *sp.* — cércine
cercenar *sp.* — ib.; rogner IIc
cerceta *sp. pg.*
cercetà *wal.* — cercare
cercevolo *it.* — cerceta
cerchier *afr.* — cercare
cercillo *asp.* — zarcillo IIb
cércine (m.) *it.* — I; rogner IIc
cercueil *fr.* — IIc
cerda *sp. pg.* — cerdo IIb
cerdo *sp. pg.* — IIb
cerebro *pg.* — cervello
cereira *pr.* — ciriegia
cereja, cerejeira *pg.* — ib.
cerexia *sard.* — ib.
cereza, cerezo *sp.* — ib.
cerfeuil *fr.* — cerfoglio
cerfoglio *it.*
cerise, cerisier *fr.* — ciriègia
ceriul gurii *wal.* — palais IIc
cerlach *piem.* — quaglia

cerna *it.* — cierna IIb
cernada *sp.* — IIb
cerne (m.) *fr.* — cérciue
~ *pg.* — cierna IIb
cernealę *wal.* — inchiostro
cernecchio *it.*
cerneja *sp.* — cernecchio
cernelha *pg.* — ib.
cerner *fr.* — cércine
~ *sp.* — cierna IIb
ceroulas *pg.* — zaragüelles IIb
cerquier *pic.* — cercare
cerquinho *pg.* — IIb
cerraje *asp.* — serrare
cerrar *sp. pg.* — ib.; XXV (XIX) 7
cerre *fr.* — cerro IIa
cerretano *it.* — *ciarlare
Cerreto *it.* — ib.
cerrion *sp.* — IIb
cerro *it.* — IIa
~ *sp. pg.* — IIb; [haterel IIc]
cers *cat. pr.* — IIc
certano *pg.* — zutano IIb
[certiduni] *lucches.* — ciascuno
[certuni] *it.* — ib.
cerveau *fr.* — cervello
cerveja *pg.* — birra
cervel *pr.* — cervello
cervella (pl.) *it. pr. chw.* — ib.
cervelle *fr.* — ib.; ficelle IIc
cervello *it.*
cerveza *sp. pr.* — birra
cervice *it.* — nuca
cervigia *it.* — birra
cerviz *sp. pr. afr.* — nuca
cervogia *it.* — birra
cervoise *afr.* — ib.
cervosa *it.* — ib.
cęsarmę *wal.* — caserma
cesca *pr.* — sescha IIc
cesoje (pl.) *it.* — IIa
cespicare *it.* — cespo IIa; *bronco
cespo *it.* — IIa; bronco
cespuglio *it.* — cespo IIa
cessal *pr.* — sensale
cessare *it.* — cejar IIb
cesso *it.* — IIa
cest *pr. afr. wal.* — questo
cesto *it.* — cespo IIa
cestui *pr. afr. wal.* — questo
cet *nfr.* — ib.
cetate *wal.* — città
cétera, cetra *it.* — chitarra
cetrero *sp.* — IIb
cetto *it.*
ceusu *sic.* — gelso IIa
cęutà *wal.* — catar
cevada *pg.* — cebada IIb
cever *cat.* — acíbar IIb
[céver] *oberit. tir.* — civière IIc
cexar *asp.* — cejar IIb

cezer *pr.* — cece
cha *nsp.* — tè
[~] *npr. poitev.* — cadaúno
chaable *afr.* — caable IIc
chaaignon *afr.* — chignon IIc; mais IIc
chabasca *sp.* — IIb
chabir *pr.* — chef IIc
chablis *nfr.* — caable IIc
chaborra *sp.* — chabasca IIb
chabot *fr.* — IIc
~ *hen.* — sabot IIc
chabraque *fr.* — IIc
chabrian *occ.* — calabrone IIa
chacal *fr. sp.* — IIc
chace *afr.* — cacciare
cháchara *sp.* — IIb; ciancia
chacier *afr.* — cacciare
chacona *sp.* — IIb
chacun *nfr.* — ciascuno; chaque IIc; XXIV (XVIII) 4
[chaeles] *afr.* — cavelle IIa
chaère *afr.* — chaise IIc
chafaut *afr.* — catafalco
cha-fuec *occ.* — chenet IIc
chafundar *pg.* — *chapuzar IIb
chagner *berr.* — regañar
chagrin *fr.* — IIc; grabuge IIc
chahute *afr.* — cahute IIc
[chaieles] *afr.* — cavelle IIa
chaignon *afr.* — chignon IIc; grignon IIc; glisser IIc; mais IIc
[chaillau] *afr.* — pavot IIc
chaillo, chaillot, chaillou *afr.* — caillou IIc; [pavot IIc]
chaïne *afr.* — chignou IIc
chãino *npr.* — gineta
chainon *fr.* (älter) — chignon IIc
chainse (m. f.) *afr.* — camicia
chaire *fr.* — *IIc; cadera IIb; chaise IIc
chaise *fr.* — IIc; camuso
chaland *fr.* — *IIc
chalandre *afr.* — chaland IIc
chalemel *afr.* — chalumeau IIc; caramella IIa
[chalendes] *fr.* (mndt.) — aguinaldo IIb
chalenge *afr.* — chalonge IIc
Chalevanne *fr.* — vanne IIc
châlit *nfr.* — cataletto
chalivali *afr.* — charivari IIc
chaloir *afr.* — calere; [chaland IIc]
chalonge *afr.* — IIc; menzogna
chalongier *afr.* — chalonge IIc
chaloupe *fr.* — IIc
chalt pas *afr.* — tosto
chalumeau *fr.* — IIc
chalupa *sp.* — chaloupe IIc
chama *pg.* — chamuscar IIb
chamada *pg.* — chamade IIc

chamade *fr.* — IIc
chamalote *pg.* — cambellotto
chamar *pg.* — chiamare; ciurma; chamade IIc
chamarasca *sp.* — IIb
chamarra *sp.* — zamarro IIb
chamarrer *fr.* — ib.
chamberga *sp.* — IIb
chambrelain *fr.* — camarlingo
chambró *dauph.* — gámbero
chame *wall.* — jante IIc
chamelote *sp.* — cambellotto
chamois *fr.* — camozza; biche IIc
chamorra *sp. pg.* — chamorro IIb
chamorro *sp. pg.* — IIb
chamotsch *chw.* — camozza
champagne *fr.* (vrlt.) — campagna
champier *afr.* — campo
champignon *fr.* — IIc
champion, champoier *fr.* — campo
chamsil *pr. afr.* (Pass.) — camicia
chamuscar *sp. pg.* — IIb
chanavari *dauph.* — charivari IIc
chanca *pg.* — zanca
chance *fr.* — IIc
chancelar *pr.* — cancellare
chanceler *fr.* — ib.
chancir *fr.* — IIc
chanclo *sp.* — zanca
chancre *fr.* — granchio
chanela *sp.* — IIb
change, changer *fr.* — cambiare
changer *fr.* — loggia
changlót *val.* — hipo IIb
chanir *norm.* — chancir IIc
[chanlant] *afr. fr.* (mndt.) — chaland IIc
chanole *afr.* — nuca
chant *afr.* — échantillon IIc
chanteau *fr.* — canto
chantepleure *fr.* — *IIc
chanter *fr.* — chantepleure IIc; chapuiser IIc
chantier *fr.* — cantiere
chantuser *afr.* — chapuiser IIc
chanvre *fr.* — cánape
chanza *sp. pg.* — ciancia
chaon *afr.* — chignon IIc; nuca
chaorcí *pr.* — chaorcin IIc
chaorcin *pr.* — IIc; berruier IIc
chaouche-vielio *occ.* — mare IIc
chapa *sp. pg.* — IIb
chapar *sp. pg.* — chapa IIb
chaparra *sp.* — IIb; garric IIc
chaparro *sp.* — chaparra IIb
chape *fr.* — cappa; chapa IIb
chapeau *fr.* — cappa
chapel *afr.* — ib.
chapeler *afr.* — chapler IIc
chaperon *fr.* — cappa
chapim *pg.* — chapa IIb

chapin *sp.* — chapa IIb
~ (aller à) *norm.* — ib.
chapitre *fr.* — capítolo; trottare
chapladis *pr.* — chapler IIc
chaplar, chaple *pr.* — ib.
chapleïs *afr.* — ib.
chapler *afr.* — *IIc
chaploier *afr.* — chapler IIc
chapon *fr.* — garzone
chapuis *afr.* — chapuiser IIc
chapuiser *afr.* — IIc; XXIV (XIX) 5
chapuzar *sp.* — *IIb
chaque *fr.* — *IIc; ciascuno
[characte] *afr.* — charade IIc
charade *fr.* — *IIc
charado *npr.* — charade IIc
charaie *afr.* — *ib.; charme IIc
[charaude] *afr.* — charade IIc; astore
charchant *afr.* — carcan IIc
charco *sp. pg.* — *IIb
chardon *fr.* — cardo; ronce IIc
charer *norm.* — ciarlare
charge *fr.* — caricare; barca
charger *fr.* — caricare
charisson *berr.* — échalas IIc
charivari *fr.* — *IIc
charlar *sp. pg.* — ciarlare
charlatan *fr.* — ib.
Charles, Charlemagne *fr.* — ib.
Charlon *afr.* — abisso
charme (m.) *afr.*; *nfr.* — IIc
charme² (m.) *fr.* — IIc
charmer *nfr.* — charme IIc
charmeresse *afr.* — ib.
charne *berr.* — charme² IIc
charnier *fr.* — cimeterio
charnière *nfr.* — carne IIc
charogne *fr.* — carogna
charpa *sp.* — sciarpa
charpente, [charpenter], charpentier *fr.* — *carpentiere
charpie *fr.* — IIc
charpir *afr.* — charpie IIc
charraie *afr.* — charme IIc
charrar *val.* — ciarlare
charrière *afr. nfr.* (mndt.) — carriera
charro *sp. pg.* — *IIb
charroie, charroieresse *afr.* — charme IIc
charrua *pg.* — arátro
charrue *nfr.* — ib.
charte *fr.* — IIc; scartare
chartre (f.) *fr.* — charte IIc
~ (f.) *afr.* — IIc
charui *npr.* — carvi
chasco *sp. pg.* — IIb
chascun *pr. afr.* — ciascuno; chêne IIc; [cavelle IIa]
[chasque] *afr.* — chaque IIc

chasse *nfr.* — cacciare; chaza IIb
châsse *fr.* — cassa
chasser *nfr.* — cacciare; chaza IIb
chasuble *fr.* — casipola; vignoble
   IIc
chat *fr.* — gatto
chata *sp.* — piatto
chataine *afr.* — capitano
chat-huant *fr.* — choe IIc
châtier *fr.* — IIc
chato (adj.) *sp. pg.* — piatto;
   sciatto IIa; [xato IIb]
[chaton] *fr.* — cassa
chatouiller *fr.* — *IIc
chatte *fr.* — gatto
chattemite *fr.* — micio
chau, chauana *pr.* — choe IIc
chaudel *afr.* — caudal IIc
chaudière, chaudron *fr.* — caldaja
chauffer *fr.* — IIc
chaume *npr.* — calma
~ (m.) *fr.* — IIc
chaumière, chaumine *fr.* — chaume
   IIc
chaupir *pr.* — IIc
chausar *pr.* — cosa
chausir *pr.* — choisir IIc; otar IIb
chau-sori *wall.* — chauve-souris IIc
chausse *fr.* — calzo
chaussée *fr.* — calzada
chausson *fr.* — calzo
chauve-souris *fr.* — *IIc
chavant *berr.* — choe IIc
chaveco *pg.* — I; xabeca IIb
chavir *afr.* — chef IIc
chavirer *fr.* — IIc
chawe-sori *wall.* — chauve-souris
   IIc
chayere *afr.* — chaire IIc
chaz *pr.* — chez IIc
chaza *sp.* — IIb
chazar *sp.* — chazi IIb
che *it.*
cheance *afr.* — chance IIc
chebec *fr.* — chaveco
chedda *sard.* — settimana
chef *fr.* — *IIc; capitare IIa; [chien
   IIc]
chegar *pg.* — llegar IIb
chehausori *wall.* — chauve-souris
   IIc •
chei *lothr.* — chien IIc
chein *wall.* — ib.
cheirar, cheiro *pg.* — fragrare
[cheles] *afr.* — cavelle IIa
chelme *afr.* — IIc
chelui *pic.* — quello
[chembiel] *afr.* — zimbello
chemer (se) *fr.* — scemo
chemin *fr.* — cammino; escamoter
   IIc

cheminée *fr.* — caminata
[cheminel, —eau, —ot] *afr.* — chenet IIc
cheminer *fr.* — cammino
chemise *fr.* — camicia
chen *pr.* — chien IIc
chenábura *sard.* — venerdì
chenapan *fr.* — IIc
chenáura *sard.* — venerdì
chêne (m.) *fr.* — IIc; mélèze IIc
chéneau *fr.* — IIc
chenet *fr.* — *IIc
chenille *fr.* — *IIc
chente *it.* — IIa; niente
chenu-ferrant *afr.* — ferrant IIc
cheoir *afr.* — chance IIc
cheppia *it.* — chieppa IIa
[cher] *fr.* — chien IIc
cherchant *afr.* — carcan IIc
chercher *nfr.* — cercare; buscare;
   XXIII (XVIII) 1
chercu *sard.* — quercia IIa
chère *fr.* — *cara
cherere *it.* (poët.) — chiedere IIa
cherivia *pg.* — chirivía IIb
chervis *fr.* — ib.
chescon *norm.* — alcuno
chescun *afr.* — ciascuno
chesne *afr.* — chêne IIc
[chesque] *afr.* — chaque IIc
[chester] *afr.* — bronco
chetare *it.* — cheto
chétif *fr.* — cattivo
cheto *it.* — *I
cheun *afr.* — cadaúno
cheuv *piem.* — covone IIa
cheval *fr.* — cavallo
[chevaler] *fr.* — solive IIc
[chevalet] *fr.* — ib.; cavallo
chevalier *fr.* — cavallo; bouc IIc
chevance *fr.* — chef IIc
chevaucher *fr.* — cavallo; marcher IIc
chevece *afr.* — cavezza
chevet *fr.* — chef IIc
chevetaine *afr.* — capitano
chevêtre (m.) *fr.* — IIc
cheville *fr.* — cavicchia
chevir *fr.* — chef IIc
chèvre *fr.* — lambeau IIc; becco IIa;
   crevette IIc
chevreau *fr.* — becco IIa
chevrette *fr.* — *crevette IIc
chevron *fr.* — IIc
chez *fr.* — *IIc
chèze *fr.* — chaise IIc
chi *it.* — che
chiácchiera *it.* — cháchara IIb
[chiajeto] *neap.* — piato
chiamare *it.*
chiappare *it.* — *IIa
chiara *it.* — glaire IIc

chiarina *it.*
chiasso *it.* — 1; lesto; gonna
[chiatto] *it.* — piatto
chiávica *it.* — IIa
chiavo *it.* — chiodo IIa
chiazza *it.* — IIa
chiazzare *it.* — chiazza IIa
chiba *sp.* — zeba
chibo *sp. pg.* — ib.
chiboire *afr.* — ciborio
chic *cat.* — cica
chicane *fr.* — *ib.
chícara *pg.* — xícara IIb
chicchera *it.* — ib.
chícharo *sp.* — cece; cica
chicharra *sp.* — cigala
chiche (pl. pois chiches) *fr.* — cece; cica
~ *fr.* — cica
~ *fr.* — cicisbeo IIa
chichota *sp.* — cica
chichoter *fr.* — ib.
chico *sp.* — ib.
chicot *fr.* — ib.
chicotar *asp.* — ib.
chicote *sp.* — ib.; muchacho IIb
chida *sard.* — settimana
chiedere *it.* — IIa
chief (à) *afr.* — cabe IIb; [chien IIc]
~ (venir à) *afr.* — chef IIc
chiela *it.* — chiglia
chiemà *wal.* — chiamare
chieu *fr.* — *IIc; gagnon IIc
~ de mer *fr.* — requin IIc
chienaille *afr.* — canaglia
chienne *fr.* — chien IIc
chieppa *it.* — IIa
chier *fr.* — *eschiter IIc (Nachträge)
[~] *afr.* — chien IIc
chiere *afr. norm. lothr.* — *cara
[chies] *afr.* — chez IIc
chife *norm.* — chiffe IIc
chifer *pic.* — ib.
chiffe *fr.* — *IIc; chippe IIc
chiffer *champ.* — tifer IIc
chiffon, chiffonner *fr.* — chiffe IIc
chiffre *fr.* — cifra
chifla *pr. sp.* — ciúfulo
chiflar *sp. pr.* — siffler IIc
[chifler] *afr.* — [choyer IIc]
chifonie *afr.* — sampogna
chifouiller *champ.* — chiffe IIc
chiglia *it.*
chignon *fr.* — IIc: nuca; glisser
    IIc; grignon IIc; grata
chillar *sp.* — IIb
chillete *neap.* — ette IIa
chilrar *pg.* — zirlare
chime *wal.* — cima
chimera *it.*
chimère *fr.* — chimera
chimica *it. sp. pg.* — alchimia

chimie *fr.* — ib.
chin *pr.* — chien IIc
chinche *sp. pg.* — IIb
chinea *it.* — haca
chinela *sp.* — chanela IIb
chinge *wal.* — cinghia
chini *sard.* — che
chinovár *wal.* — cinábro
chinquer *fr.* — escanciar
chintana *it.* — quintana
chioccare *it.* — IIa
chioccia *it.* — chiocciare
chiocciare *it.*
chioccio *it.* — chiocciare
chiócciola *it.* — IIa
chiodo *it.* — IIa; fio; [biavo]; [biado]
chioma *it.* — IIa
[chiopa] *ven.* — chiappare IIa
chiotto *it.* — cheto
chiourme *fr.* — ciurma
chiovo *it.* — chiodo IIa; corone IIa
chipault *fr.* — chiffe IIc
chipe *afr.* — ib.
chipot, chipoter *fr.* — ib.
chippe *fr.* — IIc; chiffe IIc
chipper *fr.* — chiffe IIc
chiquer *fr.* (mndt.) — escanciar
chiquet *fr.* — cica
chiriáxa *sard.* — ciriegia
chirivía *sp.* — IIb
chirlar *sp. pg.* — zirlare; ciarlare
chiroui (m.) *fr.* — chirivía IIb
chirriar *sp.* — zirlare
chisá, chisas *sard.* — quizá IIb
chisme *sp.* — IIb
chispa *sp. pg.* — IIb
chitá *ngr.* — zitto
chitare *it.* — cheto
chitarra *it.*
chito, chiton *sp.* — zitto
chiudere *it.*
chiuppo *neap.* — pioppo
chiurlare *it.* — *urlare; chiappare IIa
[chiurlo] *it.* — urlare
chiurma *sic.* — ciurma
chiusa *it.* — llosa IIb
chiva *sp.* — zeba
[chivelli] *ait.* — cavelle IIa
chivo *sp.* — zeba
chizu *sard.* — tempio
chlaz *afr.* — chiasso
choc *nfr.* — ciocco
chóca *pg.* — chiocciare
choça *pg.* — choza IIb
chocar *sp.* — ciocco
chocha *sp.* — *chorcha IIb
[chochaperdiz] *sp.* — ib.
chocho *sp. pg.* — *IIb
choclo *sp.* — zauca
chocolat *fr.* — cioccolata
chocolate *sp.* — ib.

choe *afr.* — IIc; chauve-souris IIc
choisir *fr.* — IIc; crosciare
Choisy, choix *fr.* — choisir IIc
cholla *sp.* — *IIb
chommer *fr.* — calma
chondre *lothr.* — échandole IIc
chope *afr.* — *zoppo; [bronco];
  [tropezar IIb]
~ *hen.* — chopine IIc
chopine *fr.* — IIc
chopiner *fr.* — chopine IIc
chopo *sp. pg.* — pioppo
chopper *fr.* — *zoppo; [bronco];
  [tropezar IIb]
choque *afr.; sp.* — ciocco; [bronco];
  [bussare IIa]
choquer *fr.* — ciocco; [bronco];
  [bussare IIa]
chorcha *sp.* — *IIb
chorchier *pic.* — XXIII (XVIII) 1
chorlo *sp.* — IIb
chorro *sp. pg.* — IIb
chos *apg.* — chus IIb
chose *fr.* — cosa
choser *afr.* — ib.
chotar, choto *sp.* — crocciare
chou *fr.* — cavolo
chouan *Anjou* — choe IIc
chou-cabus *fr.* — cabus IIc
choucas *fr.* — choe IIc
chouche *champ.* — XXIII (XVIII) 1
choucroute *nfr.* — XXV (XIX) 8
choue *fr.* — chauve-souris IIc
chouette *fr.* — choe IIc
choupo *pg.* — pioppo
chouquet *afr.* — ciocco
chousa *pg.* — llosa IIb
chouvir *apg.* — chiudere
chova, choya *sp.* — choe IIc
[choyer] *fr.* — IIc
choza *sp.* — IIb
chozno *sp.* — IIb
chubarba *sp.* — jusbarba
chubasco *sp.* — pioggia
chucha *sp.* — IIb
chuchar *pg.* — chucha IIb
chucheter, chuchoter *fr.* — zitto
[chucre] *fr.* (mndt.) — [choyer IIc]
[chuer] *afr.* — ib.
chuf *pr.* — ciuffo IIa
chufa *sp.* — ciúfolo
chufla *pr.* — ib.
chufle *afr.* — ib.
[chufler] *afr.* — [choyer IIc]
chulma *pg.* — ciurma
chulo *sp. pg.* — IIb
chumazo *pg.* — IIb
chupa *sp.* — giubba; jusbarba
chupar *sp. pg.* — sopa
churma *pg.* — ciurma
chus *asp. apg.* — IIb

chusma *sp. pg. agen.* — ciurma;
  chus IIb
chut *fr.* — zitto
[chute] *fr.* — recru IIc
chuva *pg.* — pioggia
chuzo *sp. pg.* — IIb
cj *it. pr. fr.* — qui; si IIc
cià *it.* — tò
ciabatta *it.* — I; sabot IIc
ciabattiere *it.* — ciabatta
ciácciara *sard.* — cháchara IIb
ciacco *it.* — IIa
ciaffa *sic.* — ceffo IIa
ciaflù *piem.* — ib.
ciamà *com.* — chiappare IIa
ciambellotto *it.* — cambellotto
ciampa *it.* — ceffo IIa; tape IIc
ciampare *it.* — tape IIc
ciancia *it.*
cianciare *it.* — ciancia
[cianfata] *neap.* — tape
ciapà *com.* — chiappare IIa
ciar *sp. pg.* — IIb
ciarlare *it.* — I; paltone IIa
ciarlata *it.* — charade IIc
ciarlatano *it.* — *ciarlare
ciarlone *it.* — paltone IIa
ciarpa *it.* — sciarpa
ciarrare *it.* — sciarra IIa
ciasche *com.* — chaque IIc
ciascheduno *it.* — *ciascuno
[ciascheuno] *ait.* — ib.
ciascu *sard.* — chasco IIb
ciascuno *it.* — *I; chaque IIc;
  XXIV (XVIII) 4
ciausire *ait.* — choisir IIc
cibera *sp.* — cebada IIb
ciboire *fr.* — ciborio
cibori *pr.* — ib.
ciborio *it. pg.*
cica *it.* — *I
cicatear *sp.* — cica
[ciccia] *it.* — salsa
cicciar *chw.* — tetta
[cicciolo] *it.* — salsa
cicercha *sp.* — ceco
cicerchia *it.* — ib.
Ciciglia *it.* — cercare; cicigna IIa;
  XXIII (XVIII) 1
cicigna *it.* — IIa
cicisbeo *it.* — IIa
ciclaton *sp.* — I; palio
cida *sard.* — settimana
cidra *sp. pg.* — cedro
~ *pr.* — chitarra
cidrão *pg.* — cedro
cidre *fr.* — sidro
cidro *sp.* — cedro
~ *it.* — sidro
cidronela *sp.* — cedro
ciel de la bouco (lou) *npr.* — palais IIc

cielo de la boca (el) *sp.* — palais IIc
~ della bocca (il) *it.* — ib.
[ciera] *it.* — cara
cierésa *ven.* — ciriegia
cierge (m.) *fr.* — IIc
cierna *sp.* — IIb
cierzo *sp.* — cers IIc
ciñar *farm.* — ceffo IIa
cifer *champ.* — tifer IIc
cifera *it.* — cifra
cifogn, cifognè *piem.* — chiffe IIc
cifra *it.* *sp.* *fg.* — I; zero
cifrę *wal.* — cifra
cigala *it.* *pr.* *cat.*
cigale *fr.* — cigala
cigare *ven.* — cigolare IIa
cigarra *sp.* — cigala
cigheariu *wal.* — sidro
cigna *it.* — cinghia; parco; stringa
cignale, cignare *it.* — cinghiare
cigolare *it.* — *IIa; chillar IIb
cigolo *it.* — cica
cigüeña *sp.* — IIb
cigurelha *pg.* — satureja
[cilande] *afr.* — cingler IIc
cilec *afr.* — iluec IIc
cilha *pg.* — cinghia
Cilia, santa *sp.* — XXIII (XVIII) 3
ciliegia, ciliegio *it.* — ciriegia
cilla *sp.* — celda IIb
[cillant, —e] *afr.* — cingler IIc
cilleiro *pg.* — celda IIb
ciller *fr.* — froncir
[~] *fr.* — cingler IIc
cillero *sp.* — celda IIb
cima *it.* *fr.* *pg.* *sp.*; *asp.* — *I; [es-
mar]
cimare *it.* — brullo IIa; [esmar]
cimbel *sp.* — zimbello
cimbellare *ait.* — ib.
cimborio *sp.* *pg.* — ciborio; centinare
cimbra *sp.* — centinare
cimbrar *sp.* — IIb
cimbreño *sp.* — cimbrar IIb
cimbria *sp.* — centinare
cime *fr.* — cima
cimentare *it.* — cimento IIa
cimenterio *sp.* — cimeterio
cimento *it.* -- IIa
cimera *sp.* — cima
cimeterio *it.*
cimeterre (m.) *fr.* — scimitarra
cimetière (m.) *fr.* — cimeterio
cimice *it.* — chinche IIb
cimier *fr.* — cima
cimiero *it.* — ib.
cimitarra *sp.* — scimitarra
cimpoe *wal.* — sampogna
cin *chw.* — cenno
cinabre *fr.* — cinábro

cinabrio *sp.* *pg.* — cinábro
cinábro *it.*
cincel *sp.*
cincelle *afr.* — zenzára
[cinces] *afr.* — rincer IIc
cincha *sp.* — cinghia
cindria *cat.* — centinare
cine *wal.* — quin IIc
cinghia *it.*
cinghiale *it.* — cinghiare
cinghiare *it.*
~ *it.* — cinghia
cinghio *it.* — nido
[cinglant] *afr.* — cingler IIc
cingler *fr.* — *IIc
~ *fr.* — singlar
cingottare *it.* — cingolare IIa
cinta *it.* *sp.* *pr.* — cinghia
cinto *it.* *sp.* — ib.
cintre (m.) *fr.* — centinare
cintrer *fr.* — ib.; pétrir IIc
cinza *pg.* — ceniza IIb
cinzeiro, cinzento *pg.* — ib.
cio *pg.* — zelo
ciò *it.*
~ *farm.* — locco
cioca *com.* *piem.* — cloche IIc
ciocca *it.* — ciocco
ciocciare *it.*
ciocco *it.* — I; cioncare IIa; [bus-
sare IIa]
cioccolata *it.*
ciocerlán *wal.* — allodola
ciofo *it.* — IIa
cioncare *it.* — *IIa
cioncia *chw.* — ciancia
[ciopa] *mod.* — chiappare IIa
cioppa *it.* — giubba
cioso *pg.* — zelo
ciot, ciotin *com.* — ciocciare
ciótola *it.* — ib.
ciottare *it.* — azote IIb
ciotto *it.* — IIa
cióttolo *it.* — ciotto IIa
ciovetta *it.* — choe IIc
ciovíce *wal.* — ib.
cip *com.* — greppo IIa
ciptad *pr.* — villa
ciranda *pg.* — zaranda IIb
cirása *sic.* — ciriegia
ciráșę *wal.* — ib.
circuri *sard.* — quaglia
cireáșę *wal.* — ciriegia
cirer, cirera, cirerer *cat.* — ib.
cirésu *wal.* — ib.
ciri *pr.* — cierge IIc
ciriegia *it.* — I; brugna
ciriegio *it.* — ciriegia; cornia
cirio *sp.* — cierge IIc
cirne *apg.* — cécero; ciurma
ciro *it.* — IIa

ciruela *sp.* — IIb
cirzir *pg.* — zurcir IIb
cisale *it.* — cesoje IIa
cisamus *afr.* — cisemus IIc
cisca *sp. (Murcia)* — sescha IIc
cisclar *pr.* — sisclar IIc
ciscranna *it.* — *scranna IIa
ciseau, ciseaux (pl.) *fr.* — cincel
cisel *afr.* — ib.
ciseler *fr.* — ib.
cisemus *afr.* — IIc
cisma *it. sp.* — I; esmar; cédola
cisme *afr.* — cisma
cisne *sp. pg. afr.* —cécero; ciurma; visto
cisoir *afr.* — cincel
cispo *it.* — IIa
cit *afr.* — città
citano *sp.* — zutauo IIb
cité *fr.* — città
citóla *pr.* — chitarra
citole *afr.* — ib.
citriuolo *it.* — cedro
citron, citronnelle, citronnier *fr.*—ib.
citrouille *fr.* — ib.
città *it.*
citta, citto, cittola, cittolo *it.* — zito IIa; XX (XV)
citu *wal.* — zitto
ciu *afr.* — avocolo
cíu *pr.* — città
ciucè *piem.* — chucha IIb
ciudad *sp.* — città
ciuffare *it.* — ciuffo IIa
ciuffo *it.* — IIa
ciufolare *it.* — tape IIc
ciúfolo *it.* — I; siffler IIc
ciulla *it.* — cimento IIa
ciume *pg.* — costuma
ciuncar *chw.* — cioncare IIa
ciung *wal.* — ib.
[ciurlo] *it.* — urlare
ciurma *it.* — I; orma
ciurmare *it.* — ciurma
ciusma *gen.* — ib.
ciutat *pr.* — città
civada *pr. cat.* — cebada IIb
civaja *it.* — IIa
civanza *it.* — chef IIc
cive *fr.* — IIc
civéa, civéo *it.* — civière IIc
civetta *it.* — choe IIc
civette *fr.* — zibetto
~ *fr.* — cive IIc
civiera *ven.* — civière IIc
civière *fr.* — *IIc
civire *it.* — chef IIc
cizias (pl.) *pr.* — assises IIc
cizza *it.* — tetta; XX (XV)
clabaud *fr.* — glapir IIc.; maraud IIc

clabauder, clabaudeur *fr.* — maraud IIc
claca *cat.* — claque IIc
claie *fr.* — IIc
claimer *afr.* — chiamare
clair *fr.* — grêle IIc
clairon *fr.* — chiarina; grêle IIc
clakett *wall.* — clique IIc
clamar *pr.* — chiamare
clamm (f.) *wall.* — clamp IIc
clamp (m.) *fr.* — IIc
clanche *norm.* — clinche IIc
clap *pr.* — IIc
clapier *afr.* — clap IIc
~ *fr.* — clapir IIc
clapiera *pr.* — clap IIc
clapière *fr.* — lapin IIc
clapir (se) *fr.* — IIc; lapin IIc
[clapp] *friaul.* — greppo IIa
claquard *norm.* — claque IIc
claque *fr.* — IIc; *clique IIc
claquer *fr.* — claque IIc
clar de uou *pr.* — glaire IIc
clara *sp. pr.* — ib.
clarin *sp.* — chiarina
clarinete *sp.* — ib.
clarinette *fr.* — ib.
clarinetto *it.* — ib.
clarion *pr. afr.* — ib.
clarone *it.* — ib.
clas *pr.* — chiasso
clatell *cat.* — nuca
clatir *nfr.* — ghiattire
clau *pr.* — chiodo IIa; bravo
claure *pr.* — chiudere
clavecimbano *sp.* — clavicembalo
clavecin *fr.* — ib.
clavicembalo *it.*
clavicordio, clavier *fr.* — clavicembalo
clavija *sp.* — cavicchia
clavo *sp.* — chiodo IIa
cleda *pr.* — claie IIc
clenque *afr.* — clinche IIc
clenxa *cat.* — crencha IIb
clerc *fr.* — oca
clerçon *fr.* — arcione; oca; torso
clerquois *afr.* — narguer IIc
clice *afr.* -- clisse IIc
cliche *champ. wall.* — clinche IIc
cligner *fr.* — IIc; treper IIc
clin *fr.* — cligner IIc
~ *pr.* — fino.; avol IIc; XXVI (XX)
clincaille *fr.* — clinquant IIc
clinche *fr. wall.* — IIc; esclenque IIc
clinclan *npr.* — clinquant IIc
clinclant *lothr.* — ib.
cliner *afr. pic.* — cligner IIc; piombare

clinger *afr.* — piombare
clingier *afr.* — cligner IIc
[clinico] *sp.* — enclenque IIb
clinner *afr. pic.* — cligner IIc
clinquant *fr.* — IIc
clique *fr.; pic.* — *IIc
cliqner *pic.* — clique IIc
cliquet *pic.* — clinche IIc
~ *nfr.* — clique IIc
cliqueter, cliquette *fr.* — ib.
clisse *fr.* — IIc
[clistrer] *fr.* — recru IIc
cliver *fr.* — IIc
clo *afr.* — chiodo IIa
cloca, clocar *pr.* — cloche IIc
cloce, clocęi *wal.* — chiocciare
clocha *pr.* — cloche IIc
cloche *fr.; afr.* — IIc; campana
clocheman *fr.* — belier IIc
clocher *afr.* — cloche IIc
~ *fr.* — clop IIc; cloche IIc
cloie *afr.* — claie IIc
clop *pr. afr.* — *IIc
~ *cat.* — pioppo
clopchar *pr.* — clop IIc
cloper, [clopier], clopin, clopinel *afr.* — *ib.
clopiner *afr.* — *ib.
clopot *wal.* — cloche IIc
cloquear *sp.* — chiocciare
cloquer *pic.* — clop IIc
clore *fr.* — chiudere
clou *fr.* — chiodo IIa
clouchá *npr.* — chiocciare
clouer *fr.* — bravo
clueca, clueco *sp.* — chiocciare
clui *npr.* — glui IIc
cluir (comp.) *sp.* — chiudere
[clustrer] *afr.* — recru IIc
[clut, cluter, cluterel, clutet] *afr.* — ib.
cnivet *afr.* — canif IIc
co *pr.* — come
coa *asp. pr.* — coda
coalhar, coalho *pg.* — quagliare
coalla *asp.* — quaglia
coapsę *wal.* — coscia
coar *pr.* — covare
coarnę *wal.* — cornia
coart *pr.* — codardo
coase *wal.* — cucire
coba *sp.* — covare
cobalt *fr.* — cobalto
cobalto *it. sp. pg.*
cobardar *asp.* — codardo
cobarde *sp. pg.* — ib.
cobardo *asp.* — ib.
cobbola *ait.* — coppia
cobdicia *asp.* — cúpido
cobdo *asp.* — cúbito
cobe *pr.* — cúpido

cobeitar *pr.* — *cúpido
cobezeza *pr.* — ib.
cobija *sp.* — IIb
cobijar *sp.* — cobija IIb
cobir, cobiticia *pr.* — cúpido
cobla *pr.* — coppia
cobolt *fr.* — cobalto
cobrar *sp. pg. pr.* — *I; enho IIb; sortire²; [combrer IIc]
cobs *pr.* — coppa
coca *pr.* — cocca; miccia
~ *sp.* — cocca²
~ *cat.* — cuccagna
cocagne *fr.* — ib.
coçar *pg.* — IIb
cocarde *fr.* — coq IIc
cocart *afr.* — ib.
cocca *it.*
cocca² *it.* — *I; pescuezo IIb; [cozzare]; cocchio
~ *chw.* — cuccagna
coccare *it.* — cocca; pescuezo IIb
cocch *rom.* — cucco
cocchiglia *it.* — cocca²
cocchio *it.*
coccia *it.* — cocca²; testa
[~] *tosc.* — agio
cocciniglia *it.*
coccio *it.* — cocca²
[~] *tosc.* — agio
cocear *sp.* — coz IIb
[cocederta, cocedreta] *asp.* — cóltrice
cocha *fr.* — miccia
cochambre *sp.* — coche IIc
cochar *asp. pr. pg.; sp.* — coitar
cochastro *sp.* — coche IIc
coche *fr.* — IIc
~ *fr. sp.* — cocchio
~ *fr.* — cocca; coche IIc
~ (f.) *nfr.* — cocca²
cochenille *fr.* — cocciniglia
cochevis (m.) *fr.* — *IIc; cotovía IIb
cochier *pic.* — cozzare
cochiglia *it.* — I; mucchio IIa
cochinilla *sp.* — cocciniglia
cochino *sp.* — coche IIc
cochon *fr.* — ib.
[~ de lait] *fr.* — marcassin IIc
cocie *wal.* — cocchio
cocina *sp.* — cucina
cocinę *wal.* — coche IIc
cociore *it.* — cuire IIc; lueur IIc
cocnę *wal.* — cucina
coco *occ.* — cuccagna
cocogne *wall.* — ib.
cocon *fr.* — cocca²
cocóś *wal.* — coq IIc
cocriacot *pic.* — coquelicot IIc

cocs *afr.* — coquin IIc
cocu *fr.* — *cucco
coda *it.* — I; cutretta IIa
codardo *it.*
codaste *asp.* — coda
code *pr.* — cúbito
códea *pg.* — cotenna
codena *sp.; pr.* — ib.
codenua *it.* — ib.
coderc *pr.* — IIc
códeso *sp.* — IIb
codga *parm.* — cotenna
codicia *sp.* — cúpido
codigo *sp.* — alcorque IIb
codilla *asp.* — coda
codillo *sp.* — cúbito
~ *sp.* — escodar IIb
codione *it.* — coda
coditremola *it.* — cutretta IIa
codo *sp.* — cúbito; escodar IIb
codoing *pr.* — cotogna
códol *pr. cat.* — IIc; caillou IIc
codol *crem. parm.* — IIc
códou *npr.* — códol IIc
codrione *it.* — coda
coeffe *fr.* — cuffia
coéga *ven.* — cotenna
coelho *pg.* — coniglio
cófano *it.*
cofe *sp.* — cófano
cofę *wal.* — coppa
coffa *it.* — cófano
coffin, coffre *fr.* — ib.
coffre fort *nfr.* — forziere IIa
cofia *sp.* — cuffia
cofin *pr. sp.* — cófano
cofre *sp. pr.* — ib.
cogecha *asp.* — cosecha IIb
coger *sp.* — cogliere
coglia *it.* — minchia IIa
cogliere *it.* — *I
coglione *it.* — I; minchia IIa
cognata *it.* — cognato
cognato *it.*
cognée *fr.* — coin IIc
cogno *it.* — IIa
cogolária *it.* — IIa
cogollo *sp.* — IIb
cogolmar *sp.* — colmo
cǫgoma *it.* — IIa
cogombro *sp.* — colmo
cogot *pr.* — cocca²
cogote *sp.* — ib.; nuca
cogotz *pr.* — cucco
coguastró *pr.* — cuire IIc
cogujada *sp.* — IIb
cogujon *sp.* — cogujada IIb
cogúl *pr.* — cucco
cogullada *cat.* — cogujada IIb
cogullo *sp.* — colmo
cohue *fr.* — IIc

coi *afr.* — cheto
coide *pr.* — cúbito
coif (m.) *wal.* — cuffia
coíta *pg.* — ib.
coiffe *fr.* — ib.
coil *pr. afr.* — coglione
çoiler *afr.* — coiller IIc
coiller *afr.* — IIc
coillon *pr. fr.* — coglione
coin *fr.* — IIc; guingois IIc
coindar *pr.* — conto
coinde *pr. afr.* — ib.
coing *fr.* — cotogna; calandre IIc
cointe *pr. afr.* — conto; [conciare IIa]
cointer *afr.* — conto; conciare IIa
[cointise] *afr.* — conciare IIa
cointoier *afr.* — conto
coir *wall.* — coron IIc
coirassa *pr.* — corazza
coirmão *pg.* — hermano IIb
coiser *fr.* — cheto
coispiau *afr.* — copeau IIc
coissier *pic.* — cozzare
coit *afr.* — cheto
coita *asp. pr.* — coitar
coitar *asp. pg. pr.* — I; [voto IIa]
coitare *ait.*
coite *fr.* — cóltrice
coiter *afr.* — coitar
coito *apg.* — ib.
coitoso *sp.* — ib.
coiu *wal.* — coglione
[coivre] *afr.* — couire IIc
cojon *sp. it.* (mndt.) — coglione
[cokaigne] *afr.* — cuccagna
coklivi *wall.* — cochevis IIc
col *sp.* — cavolo
~ *fr.* — colporter IIc
cola *sp. pg.* — coda
~ *sp.* — colla
colà *it.*
colada *sp.* — bucato
coladitz *pr.* — couler IIc
colare *it.* — ib.
colbe *pr.* — colpo
colcare *it.*
colcedra *asp.* — *cóltrice
colcha *sp. pg.* — ib.
colchete *pr.* — croc IIc
colderc *afr.* — coderc IIc
coldre *pg.* — goldre IIb
coleà *wal.* — colà
coleice *afr.* — couler IIc
cóler *com.* — coudre IIc
colga *pr.* — colcare
colgar *sp. pg.; cat.; pr.* — ib.
colhár *apg.* — cucchiajo
colheita *pg.* — cosecha IIb
colher *pg.* — cogliere
colhér *pg.* — cucchiajo

colla *it.*
~ *it.* — collare IIa
collare *it.* — IIa; usbergo
collazo *sp.* — IIb
colle *fr.* — colla
collon *sp.* — coglione
collottola *it.* — IIa; nuca
colmare *it.* — colmo
colmea, colmeal *pg.* — colmena IIb
colmena *sp.* — IIb
colmenar *sp.* — colmena IIb
colmilho *pg.* — colmillo IIb
colmillo *sp.* — IIb
colmo *it. sp.; pg.* — I; combrer IIc
colódra *sp.* — IIb
colodrillo *sp.* — colódra IIb
colp *pr.* — colpo
colpar, colpe *asp.* — ib.
colpire *it.* — ib.
colpo *it.* — I; guimple IIc
colporter *fr.* — IIc
coltra *it.* — cóltrice
~ *com.* — coutre IIc
coltre (f.) *it.* — cóltrice
cóltrice *it.* — *I
coltro *it.* — coutre IIc
colui *it.* — così; quello
com *asp. apg. pr. afr.* — *come
coma *pr.* — ib.
~ *it.* — chioma IIa
comadreja *sp.* — IIb; donnola IIa
comb (adj.) *pr.* — combo
comba *sp.; pr.* — ib.; catacomba
~ *chw.* — gamba
combaciare *it.* — combagio IIa
combagiare *it.* — ib.
combagio *it.* — IIa
Comba-longa *it.* — combo
combar *sp.* — ib.
combattere *it.* — trovare
combe *afr.* — combo
combel *pr.* — ib.
combiato *it.* — grembo IIa
comble *fr.* — colmo
combleza *sp.* — bercer² IIc
combo (adj.) *sp.* — *I
comboi *sp.* — combo
combrer *afr.* — *IIc; [cobrar]
combro *pg.* — colmo
combruisser *afr.* — bruiser IIc
[combuglio] *it.* — broglio
come *it. apg.* — *I
começar *pg.* — cominciare
comen *fr.* — come
comenti *sard.* — ib.
comenzar *sp. pr.* — cominciare
comer *sp. pg. occ.* (vrlt.) — IIb; mangiare
comido *sp.* — béodo IIb
cominciare *it.* — *I
comjat *pr.* — congé IIc

commandante *it.* — almirante
comme *nfr.* — *come
commencer *fr.* — cominciare
comment *fr.* — *come
Como *it.* — combo
como *ait. sp. pg.* — come
comód *lomb.* — ib.
cómol *pr.* — colmo
cómoro *pg.* — ib.
compagnare, compagnia *it.* — compagno
compagno *it.*
compaing *pr. afr.* — compagno
companatge *pr. cat.* — ib.
compaño *sp.* — ib.
compas *sp. pr. fr.; pr. afr.; sp.* — compasso
compassar *pr.* — ib.
compassare *it.* — ib.
compasser *fr.* — ib.
compasso *it. pg.*
compenzar *asp.* — cominciare
comperare *it.* — parare
comperer *afr.* — ib.
compezar *asp.* — cominciare
compigliare *it.* — pigliare
complot *fr.* — IIc
comploter *fr.* — complot IIc
composta *it.* — compote IIc
compote *fr.* — IIc
comprar *sp. pr.* — parare
comprare *it.* — ib.
compte *pr. fr.* — contare
compter *fr.* — ib.
cómputo *it.* — ib.
coms *pr.* — conte
comtar *pr.* — contare
comte *pr.* — ib.
~ *nfr.* — conte
[comté] *fr.* — duca
comter *afr.* — bondir IIc
comu *sic.* — come
con *sp. it.* — avec IIc; cohue IIc; concierge IIc; paragone
conba *piem.* — combo
conca *it.; sard.* — cocca²; testa
concert *fr.* — concertare
concertar *sp.* — ib.
concertare *it.*
concerter *fr.* — concertare
concerto *it.* — ib.
concha *sp.* — cocca²; cochiglia
[conche] *afr.* — conciare IIa
conchierge *afr.* — concierge IIc
conciare *it.* — *IIa; conto
concierge *fr.* — *IIc
concierto *sp.* — concertare
concio *it.* — *conciare IIa
concire *afr.* — navilio; [mire IIc]
concistorio *it.* — cinghiare
conciu *wal.* — conciare IIa

concovar *asp.* — corcovar IIb
conde *sp. pg.* — conte; andare
condemner *afr.* — dañar IIb
condensa *asp.* — condesa IIb
condenso *it.* — ib.
conderc, condergar *pr.* — coderc IIc
condesa *asp.* — IIb
condesar *asp.* — condesa IIb
condestable *sp.* — contestabile
condor *sp. fr.* — condore
condore *it.*
condrech *pr.* — coderc IIc
conejo *sp.* — coniglio
[confait] *afr.* — [quejando IIb]
confalon *sp. piem.* — gonfalone
confaloniero *ven.* — ib.
confano *pr.* — ib.
confanon *afr.* — ib.
[confès] *afr.* — engrès IIc
confortare *it.* — *I
conforter *fr.* — confortare
congé *fr.* — IIc
congédier *fr.* — congé IIc
congedo *it.* — ib.
congegnare *it.* — IIa
conget, congier *afr.* — congé IIc
congoxa *nsp. pg. cat.* — angoscia
congre *fr.* — grongo IIa
conhecer *pg.* — IIb
conhortar *sp.* — confortare
coniglio *it.*
conio *it.* — coin IIc
conla *rom.* — culla IIa
connestabile *it.* — contestabile
connétable *fr.* — ib.
connil *pr. afr.* — coniglio
conniller, connin, connine *fr.* — ib.
connola *neap.* — culla IIa
conocchia *it.*
conoicher, conoisser *pr.* — retroenge
    IIc
conortar *pr.* — *confortare
conquidere *it.* — chiedere IIa; intri-
    dere IIa
conrear *sp.; pr.* — redo
conréer *afr.* — ib.
conrei *pr.* — ib.
conroi *afr.* — ib.
consail, consaux *afr.* — taxer IIc
[consigo] *sp.* — anafar IIb
consoude (f.) *fr.* — IIc
consuelda *sp.* — consoude IIc
contadino, contado *it.* — conte
contar *sp.* — contare
contare *it.*
conte *pr. fr.* — contare
~ *it.*
conter *fr.* — contare
contescer *asp.* — contir IIb
contestabile *it.*
contigia *it.* — *conciare IIa; valigia

contir *asp.* — *IIb
conto *it.*
~ *it.* — contare; [conciare IIa]
contra *com.* — contre IIc
~ *it.* — giusta
contrabbando *it.* — bando
contrada *it. pr.* — contrata
contraigner *pr.* — haterel IIc
contraindre *fr.* — étreindre IIc;
    haterel IIc
[contralier] *afr.* — salma
contrari *pr.* — léri IIc
contrata *ait.* — *I
contre *fr.* — ritto
contrebande *fr.* — bando
contrecarre, contrecarrer *fr.* — cara
contrée *fr.* — contrata; ritto
contro *it.* — giusta
contrôle *fr.* — rotolo
controvare *it. neap.* — trovare
convegna *it.* — convegno
convegno *it.*
conveni *cat.* — convegno
convenio *sp.* — ib.
[converser] *fr.* — hanter IIc
convi *afr.* — convitare
convidar *sp. pg. pr.* — ib.
convier *fr.* — ib.
convigne (m.), convin, convine *afr.* —
    convegno
convit *pr.* — convitare
convitare *it.*
convite *sp. pg.* — convitare
convito *it.* — ib.
convogliare *it.* — voyer[2] IIc
convoi *fr.* — ib.; combo
convoiter *fr.* — *cúpido; regretter IIc
convoitise *fr.* — cúpido; regretter IIc
convojare *it.* — voyer[2] IIc
convoyer *fr.* — ib.
copa *pr. sp. pg.* — coppa
cope *afr.* — ib.
copeau *fr.* — IIc
coperchio *it.* — cobija IIb
copete *sp. pg.* — coppa
copo *pg.* — ib.
coporal *hen.* — caporale
coppa *it.* — I; cuffia; gonna; poppa;
    testa; alcubilla IIb
copparosa *it.*
coppia *it.* — I; trovare; [chiappare IIa]
coppo *it.* — coppa
coq *fr.* — IIc; cuccagna; dinde IIc
côquai *burg.* — mare IIc
coque *afr.* — cocca[2]
~ *fr.* — ib.
coquelicoq *fr.* — coquelicot IIc
coquelicot *fr.* — IIc
coqueliner *fr.* — coq IIc
coquemar *fr.* — cógoma IIa
coquenoir *hen.* — mare IIc

coquericot *fr.* — coquelicot IIc
coqueriquer *fr.* — coq IIc
coquet *fr.* — ib.
~ *afr.* — cocca²
coquille *fr.* — cochiglia
coquin *fr.* — IIc; gueux IIc
coquiner *afr.* — coquin IIc
cor *afr.* — ora³
~ *afr.* — coron IIc
coração *pg.* — corazon IIb
[coracora] *pg.* — caracca
corage *sp.* — coraggio
coraggio *it.*
coratge *pr.* — anima
coraza *sp.* — corazza
corazon *sp.* — *IIb
corazza *it.*
[corbaccio] *it.* — corbacho
corbacho *sp.* — *I
corbare *it.* — glacier IIc
corbata *sp.* — cravatta
corbeille *fr.* — IIc
corbeta *sp.*
[corc] *cat.* — carcomer IIb
[corca] *arag.* — ib.
corcare *it.* — colcare
corcha *sp.* — arnia; corcho IIb
corche *sp.* — alcorque IIb; corcho IIb
corchete *sp.* — croc IIc
corcho *sp.* — IIb; ruche IIc
corcós *pg.* — corcovar IIb
corcóva *sp. pg.* — ib.
corcovado *sp.* — ib.
corcovar *sp. pg.* — IIb; cárcava IIb
corcusir *sp.* — corcovar IIb
cordado *sp.* — cuerdo IIb
cordeiro *pg.* — cordero IIb
corder *cat.* — ib.
cordero *sp.* — IIb; feda IIc
cordo *pg.* — cuerdo IIb
cordoan *pr.* — cordovano
cordoanier *afr.* — ib.
Cordoba *sp.* — ib.
cordoban, cordobes *sp.* — ib.
cordoglio *it.*
cordojo *sp.* — cordoglio
cordolh *pr.* — ib.
cordoli *chw.* — ib.
cordonnier, cordouan *fr.* — cordovano
cordovaniere *it.* — ib.
cordovano *it.*
coreggia *it.*
coreiar *pr.* — carole IIc
corgere *it.* — IIa
corgozzo *it.* — gozzo IIa
coricare *it.* — colcare
córilo *it.* — coudre IIc
corine *afr.* — corruccio
coriscar *pg.* — *IIb
corisco *pg.* — coriscar IIb

corlieu *pr. afr.* — IIc
corma *sp.* — IIb
cormano *sp.* — hermano IIb
corme (m.) *fr. pg.* — IIc
cormier *fr.* — corme IIc
[cormorage] *fr.* — cormoran IIc
cormoran *fr.* — *IIc; loup-garou IIc
corn *wal.* — cornia
corna *pr.* — cornamusa
cornaline *fr.* — corniola
cornamusa *it. sp. pg. pr.*
cornard *fr.* — *IIc
corne *afr.* — cornamusa; dagorne IIc
cornejo *sp.* — cornia
cornelina *pr. pg.* — corniola
cornemuse *fr.* — cornamusa
corner *fr.* — flagorner IIc
cornerina *sp.* — corniola
cornia *it.*
corníce *it.*
corniche *fr.* — corníce
cornio *it.* — cornia
corniola *it.*
corniolo *it.* — cornia
cornisa *sp.* — corníce
corniso, cornisolo *pg.* — cornia
cornizo *sp.* — ib.
cornizola *sp.* — ib.
cornouille, cornouiller *fr.* — ib.
cornut *pr.* — cornard IIc
coroça *pg.* — XVI (XIII)
[corocora] *pg.* — caracca
corola *pr.* — carole IIc
corolar *pr.* — ib.
coron (m.) *afr. pic. wall.* — IIc
coronica *sp.* — XVI (XIII)
coroniss *wall.* — cornice
corpetto *it.* — corset IIc
corp-mari *pr.* — cormoran IIc
corporal *hen.* — caporale
corral *sp. pg. cat.* — corro IIb
corre *pr.* — corlieu IIc
correa *sp. pg.* — coreggia
corredare, corredo *it.* — redo
correggere *it.* — corgere IIa
correja *pr.* — coreggia
correo *sp.* — redo
correr (toros) *sp.* — corro IIb
correu *cat.* — redo
corribo *it.* — IIa
corrivo *it.* — corribo IIa
corro *sp. pg.* — IIb
corroi *nfr.* — redo
[corropt] *afr.* — corruccio
corrossar *pr.* — ib.
[corrot] *afr.* — ib.
[corrotto] *it.* — ib.
corrotz *pr.* — *ib.
corroyer *nfr.* — redo
corrucciare *it.* — corruccio; cruna IIa

corruccio *it.* — *I
cors *fr.* — corset IIc
corsa *sp.* — corsare
corsage *fr.* — corset IIc
corsaire *fr.* — corsare
corsale *it.* — ib.
corsare *it.*
corsari *pr.* — corsare
corsario *sp.* — ib.
corset *fr.* — IIc
corsetto *it.* — corset IIc
corsiere, corso *it.* — coso IIb
cort *pr.* — corte
corte *it. sp. pg.* — I; andare
corteccia *it.* — I; scorza
cortége *fr.* — corte
corteggiare, corteggio *it.* — ib.
cortejar *sp.* — ib.
cortes, cortesano *sp.* — ib.
cortese *it.* — ib.
corteza *sp.* — corteccia
cortezar *sp.* — corte
cortiça *pg.* — corteccia
cortiço *pg.* — arnia
cortigiano *it.* — corte
cortina *it. sp. pr.* — *I
cortine *wal.* — cortina
cortir *pg.* — curtir IIb
[corto] *pg.* — stordire
Corvato *sp.* — cravatta
corvée *fr.* — IIc; rover IIc
corveta *sp.* — corvetta
~ *pg.* — corbeta
corvetta *it.*
corvette *fr.* — corbeta
corza *sp. pg.* — corzo IIb
corzo *sp. pg.* — *IIb; [esconso IIb]
cosa *it. sp. pg. pr.*
[cosaque] *fr.* — casacca
cosario *sp.* — corsare
coscar *sp.* — coçar IIb
coscia *it.*
cosco *pg.* — cuesco IIb
coscoja *sp.* — coscojo IIb
coscojo *sp.* — IIb
coscoll, coscolla *cat.* — coscojo IIb
coscorrão *pg.* — cuesco IIb
coscorron *sp.* — ib.
cosecha *sp.* — IIb
cosenza *pr.* — *cuire IIc
coser *sp. pg. pr.; sp.* — cucire
~ (sbst.) *asp.* — coso IIb
così *it.* — I; cotale; cotanto
cosido *asp.* — choisir IIc
cosin *pr.* — cugino
coso *sp.* — IIb
cospel *afr.* — copeau IIc
cospir *pg.* — cuspir IIb; [escupir]
cosquillas *sp.* — coçar IIb
coss *chw.* — gusano IIb
cosse *fr.* — IIc

cosse *afr.* — cucuzza
cosser (sbst.) *pr.* — cóltrice
~ *fr.* — cozzare
cossi *pr.* — come
cosso *it.* — IIa
cosson *fr.* — IIc
~ *afr.* — cozzone
costa *it. pg. pr.; pr.*
costà *it.* — IIa
costado *sp.* — costa
costare *it.* — coûter IIc
costato *it.* — costa
coste *afr.* — coûter IIc
costenge *afr. wall.* — ib.; lusinga
costerella *it.* — costa
costì, costinci *it.* — costà IIa
cóstola *it.* — costa
costolina *it.* — ib.
costra *sp.* — IIb
costribar, costribo *asp.* — estribo
costui *it.* — così; questo
costum *pr. cat.* — costuma
costuma *it. pr.* — I; [quilma IIb]
costumbre *sp.* — costuma
costume *it. pg. fr.* — ib.
costura *it.* — cucire
cot *wal.* — cúbito
~ *pr.* — cotta
~ *chw.* — coq IIc
~ *pr.* — queux IIc
cota *pr.* — cóltrice
~ *sp. pg. pr.* — cotta
~ *sp. pg.; pr.* — quota
cotale *it.* — I; così
cotanto *it.* — I; così
cotar *sp. pg.* — quota; [voto IIa]
cote *afr.* — cotta
~ *fr.* — quota
~ *it.* — queux IIc
~ (a, de) *pg.* — IIb
côte, côté, coteau *fr.* — costa
cotejar *sp. pg.* — quota
côtelette *fr.* — costa
cotenna *it.*
coter, coterie *fr.* — quota
cotesto *it.* — IIa; esto
cotestui *it.* — così; cotesto IIa
cotica *it.* — cotenna
cotillon *fr.* — cotta
cotio *pg.* — cote IIb
[cotir] *fr.* — cucco
coto *sp.* — IIb
~ *ait.* — coitare
~ *pg.* — cúbito
cotogna *it.*
coton *fr.* — cotone
cotone *it.*
cotovello *pg.* — cúbito
cotovía *pg.* — *IIb; allodola; cochevis IIc
cotre *nfr.* — cóltrice

cotrelus *fr.* (mndt.) — cotovía IIb
cotta *it.*
cotte, cotteron *fr.* — cotta
cottula *it.* — nuca
cotufa *sp.* — truffe
couard *fr.* — codardo
couarder *afr.* — ib.
coublet *fr.* — coppia
coubrer *afr.* — *cobrar
couchant *fr.* — ponente
couche, coucher *fr.* — colcare
coucou *fr.* — cucco
coude *fr.* — cúbito; bondir IIc; [malato]
coudre *fr.* — cucire
~ (sbst.) *jur.* — cucuzza
~ (m.) *fr.* — IIc
couenne *fr.* — cotenna
conette *fr.* — cóltrice
coufiá, coufle *npr.* — gonfiare
cougouido *npr.* — cucuzza
couillaut *afr.* — culvert IIc
couire *afr.* — *IIc
[coule] *afr.* — moire IIc (Nachträge)
couleïs *afr.* — glacier IIc
couler *fr.* — IIc; glacier IIc
coulis *fr.* — couler IIc; glacier IIc
coulisse *fr.* — couler IIc
coup *fr.* — colpo; beaucoup IIc
[coupaud, coupauder] *afr.* — cucco
coupe, coupeau *fr.* — coppa; copeau IIc
[coupe] *afr.* — cucco
couper *fr.* — colpo; copeau IIc
couperose *fr.* — copparosa
coupet *pic.* — coppa
couple *fr.* — coppia
couplet *pic.* — coppa
coupole *fr.* — ib.
couque *pic.* — cuccagna
cour *fr.* — corte; andare
courage *fr.* — anima; coraggio
courant *fr.* — jusant IIc
couratier *pic.* — cura
courbe *fr.* — gourme² IIc
courbette *fr.* — corvetta
courge *fr.* — cucuzza
courgée *norm.* — scuriada
courlieu, courlis *nfr.* — corlieu IIc
courowée *hen.* — corvée IIc
courroc *occ.* — ib.
courroie *fr.* — coreggia
courroucer, courroux *fr.* — *corruccio
[courtaud] *fr.* — maraud IIc
[courte-pointe] *fr.* — cóltrice
courtier *fr.* — cura
courtine *fr.* — cortina
courtisau *fr.* — coite
courtiser *fr.* — ib.
courtois *fr.* — ib.

[courtut] *umbr.* — cortina
cous *afr.* — *cucco
cousa *pg.* — cosa
cousimento *apg.* — choisir IIc
cousin *fr.* — *IIc
~ *fr.* — cugino
cousir *apg.* — choisir IIc
cousser *pr.* — cóltrice
coussi *npr.* — come
coussin *fr.* — cóltrice
coustenghe *afr.* — coûter IIc
[coustre] *afr.* — cuire IIc
coût *fr.* — coûter IIc
coute *afr.* — *cóltrice
[~] *afr.* — malato
couteau *fr.* — cincel
coutelou *fr.* (mndt.) — cotovía IIb
coûter *fr.* — IIc
coutet *npr.* — nuca
couto *pg.* — coto IIb
coutre *fr.* — IIc
[~] *afr.* — cucire
coutriaux *fr.* (mndt.) — cotovía IIb
coutume *fr.* — costuma
couture *afr.* — cucire
~ *fr.* — ib.
coutz *pr.* — cucco
couve *pg.* — cavolo; urlare
couver *fr.* — covare
couvercle *fr.* — cobija IIb
[couvoitié] *afr.* — cúpido
[couvrer] *afr.* — cobrar
cov *lomb.* — covone IIa
cova *it. pg.* — covare
cóvado *pg.* — cúbito
covare *it.*
covelle *it.* — *cavelle IIa
covina *pr.* — convegno
coviot *pic.* — cochevis IIc
covo *it.* — covare
~ (adj.) *pg.* — ib.
[covoitier] *afr.* — cúpido
covone *it.* — *IIa
cowé *wall.* — maufé IIc
cox (adj.) *cat.* — coscia
coxa *pg.* — ib.
coxin *sp.* — cóltrice
coxo (adj.) *sp.* — coscia
coyed, coyer *pic.* — cahier IIc
coyon *fr.* — coglione
coz (f.) *sp.* — IIb
[cozedra] *asp.* — cóltrice
cozer *pr.* — cuire IIc
cozzare *it.* — *I
cozzo *it.* — *cozzare
cozzone *it.*
craanter *afr.* — creanter IIc; XXIV (XVIII) 4
crabe (m.) *fr.* — IIc
crac *fr.* — IIc
cracher *nfr.* — racher IIc

5*

crai *sic.* — mane
~ *pr.* — racher IIc
craie *fr.* — IIc; tata
craindre *fr.* — *IIc
cramâ *wall.* — crémaillon IIc
cramail *burg.* — ib.
cramaille *champ.* — ib.
cramoisi *fr.* — carmesino
[crampa] *sp.* — rebentar IIb
crampe *fr.* — grampa
crampir (se) *burg.* — ib.
crampon *fr.* — ib.
cran (m.) *fr. piem.* — IIc; carnero IIb
cranc *pr. cat.* — granchio; écrevisse IIc; XVI (XIII)
cranche *wall.* — granchio
cranequin *afr.* — IIc; crone IIc
cranequinier *afr.* — cranequin IIc
cranpi *afr.* — grampa
cranter *afr.* — creanter IIc
crap *com. chw.* — greppo IIa
~ *wal.* — carpa
crapaud *fr.* — *IIc
crapaut *pr.* — crapaud IIc
crape *afr. pic. champ.* — grappa
~ *pic.* — crapaud IIc
~ *hen.* — crevette IIc
[craper] *afr.* — crapaud IIc
crapeux *pic.* — ib.
craquelin, craquer *fr.* — crac IIc
cras *sp.* (vrlt.) — mane
crasio, craso *sp.* — grasso; [malvagio]
crasse *fr.* — grasso; crapaud IIc
crasso *it. pg.* — grasso
crau (f.) *pr. norm.* — IIc; brio
crauc *pr.* — crau IIc
cravache *fr.* — corbacho
cravanter *afr.* — crebantar; XXIV (XVIII) 4
cravate *fr.* — cravatta; [casacca]
cravatta *it.*
crayon *fr.* — craie IIc; moyeu² IIc
creant *afr.* — creanter IIc
creanter *afr.* — IIc
creato *it.* — criado IIb
crebantar *pr.* — I; [rebentar IIb]
crebar *pr.* — crepare
crebe *afr.* — greppia
crèche *nfr.* — ib.
creissoun *npr.* — boccabungia; crescione
crema *it. sp. pr.*
[~] *sp.* — craindre IIc
cremado *asp.* — quemar IIb
crémaillère *fr.* — crémaillon IIc
crémaillon *fr.* — IIc
crembre *afr.* — craindre IIc
crême *fr.* — crema
crémisi, cremisino *it.* — carmesino

crems *pr.* — craindre IIc
crena *pg.* — IIb
~ *lomb.* — cran IIc; carnero IIb; coche IIc; *crencha IIb
crencha *sp. pg.* — *IIb
créneau *fr.* — cran IIc
crènekin *wall.* — crone IIc
crenel *afr.* — carnero IIb
créner *hen.* — cran IIc
crenua *chw.* — ib.
crenu *afr.* — greña
crepare *it.*
crepcha *pr.* — greppia
crêpe *fr.* — IIc
crepia *pr.* — greppia
crepon *afr.* — groppo
crepore *it.* — IIa
creppia *it.* (mndt.) — greppia
créqueillon *pic.* — criquet IIc
crescere *it.* — increscere IIa
crescione *it.* — I; nasturzo
crespa (uva) *it.* — grosella
cress *wall.* — guado²; moscio
cresson *fr.* — crescione
crestre *afr.* — ib.
cretto *lomb.* — grietar IIb
creuser *fr.* — creux IIc
[creuset] *fr.* — crisuelo IIb
creux *fr.* — *IIc
crever *fr.* — crepare
crevette *fr.* — *IIc
cri *fr.* — gridare
criâ *mail.* — ib.
criado *sp. pg.*; *asp. apg.* — IIb; fé IIc
criailler *fr.* — braire IIc
criar *sp. pg.* — criado IIb
criare *ven.* — gridare
cribar *sp.* — XXIII (XVIII) 2
crible, cribre *fr.* — écoufle IIc; XXIII (XVIII) 2
cricot *npr.* — criquet IIc
Cricq *fr.* — gridare
crida *asp.* — ib.
~ *pr.* — die IIc; XXVII (XXI)
cridar *asp. parm.* — gridare
cridazun *afr.* (Pass.) — ib.
crier *fr.* — ib.; braire IIc; regretter IIc
[~] *afr.* — piètre IIc
crieri (pl.) *wal.* — cervello
crigne *afr.* — cligner IIc
crin *wal.* — giglio
~ *fr.* — greña
crina *piem.* — coche IIc
crinchon *pic.* — criquet IIc
crine *fr.* — cligner IIc
[criocca] *it.* — gnocco IIa
criptę *wal.* — grotta
crique (f.) *fr.* — IIc
criquer *fr.* — criquet IIc

criquet *norm.* — IIc
criquet² *fr.* — IIc
cris (m.) *pg.* — IIb
crisca *chw.* — crusca IIa
crisol *sp.* — crisuelo IIb
cristiano *sp.* — XVI (XIII)
crisuela *asp.* — crisuelo IIb
crisuelo *asp.* — *IIb
crisuommolo *neap.* — albercocco
croate *hen.* — cravatta
croatta *it.* — ib.
croba, crobare *sard.* — trovare
croc *chw. fr. pr.* — IIc; *croccia;
  hoc IIc; scrocco; [haver IIc]
~ *afr.* — truogo IIa
crocchiare *it.* — IIa
[crocchio] *it.* — gnocco IIa
croccia *it.* — *I
crocciare *it.* — chiocciare
crocco *neap.* — scrocco
croche *fr.* — hoc IIc; [croccia]
crochet *fr.* — croc IIc; [croccia]
[crochier] *afr.* — rocca
crochu *fr.* — croc IIc; [croccia]
[crocu] *afr.* — croccia
crodler *afr.* — crollare
croeuss *com.* — creux IIc
crogiare *it.* — IIa
crogiolare *it.* — crogiare IIa ·
crohî *wall.* — crosciare
croi *pr.* — *crojo IIa
croissir *pr. afr.* — crosciare
croistre *afr.* — ib.
crojo *it.* (vrlt.) — *IIa; fujo IIa;
  [malvagio]
croler *afr.* — crollare
crollar *pr.* — ib.
crollare *it.*
crone (m.) *fr.* — IIc
cropa *pr.* — groppo
cros *pr.* — creux IIc
crosciare *it.*
crosela *com.* — grosella
crosler *afr.* — crollare
crossa *pr.* — croccia
crosse *fr.* — ib.
[crosser] *fr.* — rocca
crota *pr.* — grotta
~ *pr.* — crotte IIc
crote *afr.* — grotta
~ *vic.* — rospo IIa
crotlar *pr.* — crollare
crotorar *sp.* — crocchiare IIa
crotte *fr.* — IIc
crouler *fr.* — crollare
croupe, croupion *fr.* — groppo
croupir *afr. nfr.* — ib.
cróxer *cat.* — crosciare
croyatte *hen.* — cravatta
croza *asp.* — croccia
cruccia *it.* — ib.

crucciare *it.* — corruccio
cruche *fr.* — IIc
cruchon *fr.* — cruche IIc
crudo *it.* — fujo IIa
[crue̥] *afr.* — creux IIc
cruga *gasc.* — cruche IIc
crugó *pr.* — ib.
cruna *it.* — IIa
cruog *chw.* — cruche IIc
crupia *fr.* — greppia
crusca *it.* — IIa
cruscá *npr.* — crusca IIa
crutz *pr.* — XVI (XIII)
cruxir *sp.* — crosciare
cruy̥e *afr.* — cruche IIc
cuajar *sp.* — quagliare
cuba *sp. pg.* — coppa
~ *sp.* — alcubilla IIb
cubeba *sp. pg. pr.* — cubebe
cubebe (m.) *it.*
cubèbe *fr.* — cubebe
cubel *pr.* — coppa
cubilete *sp.* — ib.
cubilla, cubillo *sp.* — alcubilla IIb
cubitare *it.* — *cúpido
cúbito *it.*
cubro *sp.* — asir IIb
cucaña *sp.* — cuccagna
cucar *sp.* — cucco
cuccagna *it.*; *neap.* — *I
cucchiája *it.* — cucchiajo
cucchiajo *it.*
cuccia *sic.* — cuccio
cuccio *it.* — *I
cúcciolo *it.* — cuccio
cucco *it.* — *I
~ *it.* — cuccagna; cuccio
cuccu *sard.* — caffo IIa
cuchár *asp.* — cucchiajo
cuchara *sp.* — ib.
cucia *asp.* — acucia IIb
cucina *it.*
cucinare *it.* — cucina
cucire *it.* — *I; briser IIc; [sdra-
  jarsi IIa]
cucitura *it.* — cucire
cuclillo *sp.* — cucco
cuco *pg. ven.* — ib.
cucúlo *it.* — ib.
cucut *cat.* — ib.
cucuzza *it.* — I; pazzo IIa
cude *afr.* — coitare
cuebano *sp.* — cófano
cueillir *fr.* — cogliere
cueissa *pr.* — coscia ·
cuenca *sp.* — cocca³
cuenta, cuento *sp.* — contare
cuer *asp.* — corazon IIb
cuerdo *sp.* — IIb; fino; prieto IIb;
  avol IIc; mego IIb
cuero *sp.* — corazon IIb

cuesco *sp.* — IIb
cuesta *sp.* — costa
cueva *sp.* — covare
cuevre *afr.* — *couire IIc
[~ *afr.*] — cuivre IIc
cueza, cuezo *sp.* — cocca²; pescuezo IIb
cuffia *it.*
cugina *it.* — cugino
cugino *it.*
cuida *asp. pr.* — coitare
cuidado *sp. pg.* — ib.
cuidar *sp. pg. pr.* — ib.
cuidier *afr.* — ib.; [voto IIa]
cuido *pg.* — coitare
cuiller, cuillère *fr.* — cucchiajo
cuirasse *fr.* — corazza
cuire *fr.* — *IIc
[cuisant] *fr.* — cuire IIc
[cuisençon] *afr.* — ib.
cuisine *fr.* — cucina
cuisse *fr.* — coscia
cuisson *fr.* — cuire IIc
cuissot *fr.* — coscia
cuistre *fr.* — *cuire IIc
cuit *pr.* — coitare
cuite *afr.* — cheto
cuivert *afr.* — culvert IIc
cuivre *fr.* — *IIc
~ *afr.* — *couire IIc
cuixot *val.* — coscia
cul *fr.* — bascule IIc; culbute IIc
culantro *sp.* — IIb
culbute *fr.* — *IIc
culbuter *fr.* — *culbute IIc
culcà *wal.* — colcare
culeáge *wal.* — cogliere
culhier *pr.* — cucchiajo
culhir *pr.* — cogliere
culla *it.* — IIa; pasquino
culm *chw.* — colmo
culme *wal.* — ib.
culmen *chw.* — ib.
culvert *afr. pr.* — IIc
cum *asp. apg. pr. afr. wal.* — come
~ *wald.* — appo
cúmbet *chw.* — cúbito
cumbre *sp.* — colmo
cume *pg.* — ib.
[cument] *afr.* — come
cummegus *sard.* — nimo IIa
cumnat *wal.* — cognato
cumpéné *wal.* — campana
cumperà *wal.* — parare
cuñado *sp.* — cognato
cundir *sp. cat.* — IIb

cunfaluni *sic.* — gonfalone
cunbat *pr.* — cognato
cunola *aneap.* — culla IIa
cuntir *asp.* — contir IIb
cuocere *it.* — lueur IIc
cuoco *it.* — queux¹ IIc
cuoto *neap.* — cheto
cupe *wal.* — coppa
cupidezza, cupidigia *it.* — cúpido
cúpido *it.* — *I
cupo *it.* — IIa; covare
cúpola *it.* — coppa
cupúdu *sard.* — cupo IIa
cúpula *sp.* — coppa
cuquillo *sp.* — cucco
cur *chw.* — ora²; quora IIc
cura (m.) *sp. pg.*
~ *chw.* — ora²; quora IIc
curat *wal.* — sgurare
curato, curattiere *it.* — cura
[curazon] *asp.* — corazon IIb
curé *fr.* — cura
cureà *wal.* — coreggia
curlieu *afr.* — corlieu IIc
curo *npr.* — quora IIc
curte *wal.* — corte
[cúrtina] *it.* — cortina
curtir *sp.* — IIb; derretir IIb
cusà *sic.* — quizá IIb
cusare *it.* — cosa
cusc *pr. cat.* — cusche IIc
cusche *afr.* — IIc
cuschement *afr.* — cusche IIc
cuscino *it.* — cóltrice
cuscire *it.* — cucire
cusdrin *chw.* — cugino
cusençon *afr.* — *cuire IIc
[cusin] *mfr.* — cousin IIc
cusir *sp. pr.* — cucire
cuspir *pg.* — IIb; [escupir]
cusrin *chw.* — cugino
cussó *pr. acat.* — cozzone
cutare *wal.* — cotale
cuticagna *it.* — cotenna
cutío (dia de) *sp.* — cote IIb
cutir *sp.* — *IIb
cutretta *it.* — *IIa; [ratto IIa]
cutrettola *it.* — cutretta IIa
[cutularj] *sic.* — scotolare IIa
cuve *fr.* — coppa
cuveit *afr.* — culvert IIc
cuvir *chw.* — cúpido
[cuvrier] *afr.* — quivrer IIc
cynobre *pr.* — cinabro
cyre *afr.* — signore
czo *pr.* — zediglia
czop *wald.* — zoppo

d

d' *hen.* — indi
da *it.* — a; des; sezzo IIa
daba *asard.* — a
[da capo] *it.* — chef IIc
dace (f.) *afr.* — dázio
dácio *sp.* — ib.
dad *chw.* — a
~ *rom.* — tata
dada *rom.* — ib.
[~] *fr.* — dandin IIc
[dadais] *fr.* — ib.
dádiva *sp. pg.* — IIb
dado *it. sp. pg.*
dafè *rom.* — affare
daga *it. sp. pg.* — I; dalle
dagorne *fr.* — IIc
dague *fr.* — daga; dagorne IIc
daguet *fr.* — daga
~ *fr.* — guatare
daigner *fr.* — dominio
dail, dailler *afr.* — dalle
dailli *dauph.* — ib.
daim *fr.* — IIc
dain *afr.* — daim IIc
daine *fr.* — ib.
daino *it.* — ib.
daintaz *pr.* — daintié IIc
daintée *afr.* — ib.
daintié (m.) *afr.* — *IIc
daintier *afr.* — daintié IIc
dais *fr. afr.* (mndt.) — IIc
dala *sp. pg.* — I; adalid IIb
dalfin *pr.* — dauphin IIc
dalh, dalhar *pr.* — dalle
dalle (m.) *sp.*
~ *fr.* — dala
dama *sp. pr.* — donno
damage *afr. wall.* — dommage IIc
damas *fr.* — damasco
damaschino *it.* — ib.
damasco *it. sp.*
damasto *it.* — damasco
dame *fr.* — IIc; [soldo]
~ *fr.* — donno; fierce IIc
dame-dieu *afr. pr.* — dio; donno;
　dame IIc
damesche *afr.* — donno; [soldo]
damigella, damigello *it.* — donno
damisela *pr. sp.* — ib.
damma *it.* — daim IIc
damne, dieu me *fr.* — dame IIc
damoiseau, damoisele, damoisiel *afr.*
　— donno
dampnatge *pr.* — dommage IIc
dan *afr.* — donno
~ *fiem.* — daim IIc

dan *pr.* — inganno
danar *pg.* — dañar IIb
dañar *sp.* — IIb
danaro *it.* — denaro; XXIV (XVIII) 4
dandin *fr.* — *IIc
dandiner *fr.* — *dandin IIc
danger *fr.; norm.* — *IIc
dangier *pr. afr.* — danger IIc
danuo *it.* — inganno
dano *pg.* — donno
daño *sp.* — ib.
dans *nfr.* — ens IIc
dansar *sp. pg. pr.* — danzare
danser *fr.* — ib.
dant, danter *afr.* — donno
danza *it.* — danzare
danzare *it.*
danzel *afr.* — donno; garzone
dap *bearn.* — appo
dar (en) *afr.* — indarno IIa
daraga *sp.* — targa
dard *fr.* — dardo; ardiglione
darde (f.) *wal.* — dardo
dardillon *npr.* — ardiglione
dardo *it. sp.*
dare (in) *wal.* -- indarno IIa
darga *sp. pg. acat.* — targa
darna *npr.* — arna IIc
darne *fr.* — IIc
darno (f.) *npr.* — darne IIc
darré *pr.* — redo
darse *fr.* — arsenale
dársena *it.* — ib.
darsine *fr.* — ib.
dart *pr.* — dardo
~ (en) *afr.* — indarno IIa
dartre *fr.* — IIc
dárver *crem.* — ouvrir IIc
das *pr.* — vas IIc
daspò *berg. pad.* — poi
dat *pr.* — dado
dátil *sp. pr.* — dáttero
dátile *pg.* — ib.
datte *fr.* — ib.
dáttero *it.* — I; álbaro IIa
danber *wall.* (*Namur*) — addobbare
dauphin *fr.* — IIc; XXIV (XVIII) 4
daus *pr.* — vas IIc
davancir, davans *pr.* — anzi
davanti *it.* — *ib.
davas *pr.* — vas IIc
davert *crem.* — ouvrir IIc
dayne *asp.* — daim IIc
dázio *it.*
ddedda *sard.* — tetta
dé *fr.* — dado

deau *nfr.* (mndt.) — ditello IIa
debanar *pr.* — dipanare
débarrasser *fr.* — barra
débaucher *fr.* — *bauche IIc
debicar *pg.* — becco
débit *fr.* — *IIc
débiter *fr.* — *débit IIc
[déblaver] *afr. fr.* (mndt.) — biado
[déblayer] *nfr.* — ib.
déboiter *fr.* — boite IIc
[débonnaire] *nfr.* — aere
debout *fr.* — bottare
[débrailler] *nfr.* — braca
débris (m.) *fr.* — briser IIc
débriser *afr.* — ib.
debruisier *afr.* — bruiser IIc
début *fr.* — bozza
dec *pr.* — IIc
deca *pr.* — dec IIc
decá *npr.* — ib.
décaus *pic.* — calzo
decentar *sp.* — encentar IIb
dech *pr.* — dec IIc
decha *pr.* — ib.
dechado *sp.* — IIb
dechar *pr.* — dechado IIb
~ *pr.* — dec IIc
dechat *pr.* — dechado IIb
déchirer *fr.* — eschirer IIc
déchouer *fr.* — échouer IIc
déciller *fr.* — IIc
decir *asp.* — *descer IIb
deco *npr.* — dec IIc
décombres *fr.* — colmo
dedans *nfr.* — ens IIc; entrailles IIc
dedins *pr.* — ens IIc
deel *afr.* — ditello IIa
déerne *fr.* — IIc
défalquer *fr.* — falcare
défaut *nfr.* — faltare
defauta *pr.* — ib.
defaute *afr.* — ib.
[defelipré] *afr.* — friper IIc
defensa *sp.* — condesa IIb
defesa *asp.* — dehesa IIb; condesa IIb
défier *fr.* — disfidare
défilé, défiler *fr.* — fila
defois *afr.* — dehesa IIb
deforain *afr.* — fuora
défrayer *fr.* — frais IIc
dégager *fr.* — gaggio
degastar *pg.* — guastare
dégâter *fr.* — ib.
dégel, dégeler *nfr.* — regalare
[dégingander] *fr.* — gibier IIc; gánghero IIa
degrá *pr.* — degré IIc
degráo *pg.* — ib.
degrat *pr.* — ib.
degré *fr.* — IIc

déguerpir *nfr.* — guerpir IIc
déguiser *fr.* — guisa
degun *pr. asp.* — *IIc
deh *it.* — IIa
dehait *afr.* — hait IIc
dehaitier *afr.* — ib.
dehesa *sp.* — IIb
[dehuré] *afr.* — hure IIc
déhurter *afr.* — urtare
deichaux *lothr.* — calzo
deifriná (se) *dauph.* — frignare IIa
deintet *afr.* — *daintié IIc
deis *pr.* — des
~ *pr.* — dais IIc
deitar *pg.* — gettare
deixar *pg.* — dexar IIb
déjà *nfr.* — già
déjeter *fr.* — gettare
déjeuner *fr.* — giunare; desinare
dejun (adj.) *cat. pr.* — giunare
dejuná *wal.* — ib.
dejunar *pr. cat.* — ib.
dekirer *pic.* — eschirer IIc
délabrer *fr.* — lambeau IIc
délai *fr.* — *IIc
delante *sp.* — anzi
délayer *fr.* — *dileguare
délayer *fr.* (vrlt.) — *délai IIc
delecher *afr.* — pacciare
deleido *asp.* — dileguare
deleznar *asp.* — liscio
delgado *sp.* — délié IIc
delguat *pr.* — ib.
délié *fr.* — IIc
délivrer *fr.* — liverare
delizioso *it.* — lezia IIa
dema *pr.* — mane
demain *fr.* — ib.
demaine *afr.* — dominio
demandar, demandudo *asp.* — andare
demanes *pr.* — esso; demanois IIc
démanger *fr.* — mangiare
demanois *afr.* — IIc
démarrer *fr.* — amarrar
demas, demasiado *sp.* — mai
demenie *afr.* — dominio
dementar *sp.* — mentar
dementare *it.* — ib.
demente *agen.* — mentre
dementer *afr.* — mentar
dementieres, dementiers *afr.* — mentre
dementre *afr. pr.* — ib.
dementres *afr.* — ib.
[demi] *fr.* — mezzo
demientras *asp.* — mentre
demoiselle *fr.* — berta
~ *nfr.* — donno.
demoni *pr.* — demonio
[demoninhado] *pg.* — nido

demonio *it. sp. pg.*
den *afr.* — indi
denan *pr.* — anzi
denante *sp.* — ib.
denaro *it.*
dende *sp. apg.* — indi
denghi *sard.* — dengue IIb
dengue (m.) *sp. pg. cat.* — IIb
dengues (hacer) *sp.* — dengue IIb
denier *pr. fr.* — denaro
Denis *fr.* — monjoie IIc
denodarse *sp. pg.* — denuedo IIb
denodo *pg.* — ib.
denostar *sp.* — denuesto IIb
denrée *fr.* — denaro
dens *afr.* — ens IIc
dent *asp.* — indi
dentat *pr.* — daintié IIc
dentelh *pr.* — dentello
dentelle *fr.* — ib.
dentelli (pl.) *it.* — ib.
dentello *it.*
dentellon *sp.* — dentello
dentzui *wal.* — danzare
denuedo *sp.* — IIb
denuesto *sp.* — IIb
deo *afr.* (Eide) — dio
~ *ait.* — deh IIa
déos *npg.* — dio
deostar *apg.* — denuesto IIb
departir *sp.* — diviso
depausar *pr.* — pausare
dépêche, dépêcher *fr.* — pacciare
dépens (m. pl.) *fr.* — IIc
dépense *fr.* — dépens IIc
dépêtrer *fr.* — pastoja
dépit *fr.* — IIc
déplamy *berr.* — blême IIc
déplier, déployer *fr.* — piegare
depois *pg. pr.* — poi
deponer *sp.* — pausare
déposer *fr.* — ib.
dépouille *fr.* — spoglio
[déponillé] *fr.* — pouillé IIc
dépouiller *fr.* — spoglio
depreindre *afr.* — preindre IIc
depuis *fr.* — poi
deramer *afr.* — derramar IIb
dérdté *fr.* — *rate IIc
derbá *npr.* — urtare
[derechef] *fr.* — chef IIc
derecho *sp.* — ritto
deregnar *pr.* — derrengar
dereiran, dereire *pr.* — retro
deremà *wal.* — derramar IIb
derezar *asp.* — rizzare; frizzare
dernè *piem.* — derrengar
dernier *fr.* — retro
dérober *nfr.* — roba
derocar *p·.* — rocca
dérocher, déroquer *fr.* — ib.

déroute *nfr.* — rotta
derramar *sp. pg.; fr.* — IIb; sprecare IIa
derrata *it.* — denaro; gazzetta
derrear *pg.* — derrengar
derrengar *sp.* — I; ranco
derreter *pg.* — derretir IIb
derretimiento *sp.* — ib.
derretir *sp.* — IIb; curtir IIb
derribar *sp. pg.* — IIb; desver IIc; arriba IIb
derrier *pr.* — retro
derrière *fr.* — ib.
derrocar *sp. pr.* — rocca; derribar IIb
derrochar *sp.* — rocca
derroi *afr.* — redo
derrota *pg.* — rotta
derrubar *pg.* — dirupare
derrubio, derrumbar *sp.* — ib.
dertre *fr.* (mndt.) — dartre IIc
deruben *pr.* — dirupare
dérůner *norm.* — rombo
dervé, derver, derverie *afr.* — desver IIc
dervì *com. mail.* — ouvrir IIc
des *asp. apg. pr.* — I; esso
dès *fr.* — des
desabrigar, desabrigo *sp.* — abrigo
desabrizar *pr.* — briser IIc
desschier *afr.* — sacar
desañar *sp. pg.* — disfidare
desaluciar *sp.* (vrlt.) — fiúcia IIb
desamparar *sp.* — mamparar IIb
desanz *afr.* — des
désarroi *nfr.* — redo
désastre *fr.* — astro
desastre *pr. acat.* — ib.
desastro *sp.* — ib.
desayunar *sp.* — giunare
desbaratar *sp. pr.* — baratto
desbareter *afr.* — ib.
[desbraieler] *afr.* — braea
desbrizar *pr.* — briser IIc
descabezar *sp.* — cavezza
descalzo *sp.* — calzo
descansar *sp. pr.* — cass
descantillon *sp.* — échantillon IIc
descaptar *pr.* — capitare IIa
descartar *sp. pg.* — scartare
descaus *pr.* — calzo
[descazernar] *pr.* — caserma
descender *sp.* — scendere IIa
descer *pg.* — *IIb
descharpir *afr.* — charpie IIc
deschi, desci *afr.* — si IIc
desco *it.* — dais IIc
desde *nsp. npg.* — des; indi
desdejunar *pr.* — giunare
desden *sp.* — sieu IIb
dese *pr.* — se IIc
desear *sp.* — disio

desegoar *pr.* — diseguare
desejar, desejo *pg.* — disio
deseñar *asp.* — disegnare
desent *asp.* — des
deseo *sp.* — disio
desestriver *afr.* — estribo
[desevrer] *afr.* — sevrer IIc
desfalcar *sp. pg.* — falcare
desfiar *apg.* — disfidare
desfiuzar *sp.* (vrlt.) — fiúcia IIb
desfizar *pr.* — disfidare
desfollar *asp.* — desollar IIb
desglayar, desglaziar *pr.* — ghiado
[desguazar] *sp.* — guadagnare
desguisar *pr.* — guisa
deshojar *sp.* — stordire
deshuciar *sp.* (vrlt.) — fiúcia IIb
de si *afr.* — si IIc
desí *asp.* — qui; des
designar *sp. pr.* — disegnare
designare *it.* — ib.
désiguer *fr.* — ib.
designio *sp.* — ib.
desinare *it.* — *I; visto; [mangiare]
desi que *afr.* — si IIc
desitj, desitjar *cat.* — disio
[desjuner] *afr.* — desinare
deslegar *pr.* — dileguare
desler *pr.* — dileggiare IIa
desleido *asp.* — dileguare
desleir *sp.* — ib.
desleyar *pr.* — *dileggiare IIa
[desleyer] *afr.* — dileguare
deslizar *sp.* — liscio
desmamparar *asp.* — mamparar IIb
desman *sp. pg. pr.* — ademan IIb
desmayar, desmayo *sp. pg.* — smagare
desnot *pr.* — denuesto IIb
desocher *afr.* — osche IIc
desollar *sp.* — IIb
désormais *fr.* — des
despachar, despacho *sp. pg.* — pacciare
despaner *afr.* — pan IIc
desparpajar *sp.* — parpaglione
despecho *sp.* — dépit IIc
despedir *sp. pg.* — *IIb
despedirse *sp. pg.* — despedir IIb
despejar *sp.* — specchio
[despert] *afr.* — espertar IIb
despertar *sp. pg.* — ib.
desperto *pg.* — ib.
despieg *pr.* — dépit IIc
despierto *sp.* — espertar IIb
despiojar *sp.* — pidocchio; pulce
despir *pg.* — despedir IIb
despit (adj.) *afr.* — dépit IIc
despò *com.* — poi
despojar, despojo *nsp.* — spoglio
despolhar, despuelh, despuelha *pr.* — ib.

despues *nsp.* — des; poi
despuois *pr.* — ib.
desque *afr.* — si IIc
desramar *pr.* — derramar IIb
desrasmer *afr.* — ib.
desrei, desreiar *pr.* — redo
desrenar *pr.* — derrengar
[desrochier] *afr.* — dirupare
desroi, desroier *afr.* — redo
desroñar *sp.* (*Murcia*) — rogner IIc
desrubant, desrube, desrubison, desruble *afr.* — dirupare
dessaisir *fr.* — sagire
dessazir *pr.* — ib.; [asir IIb]
[dessé] *pr.* — sé IIc
dessedà *lomb.* — destare IIa
dessein *fr.* — disegnare
dessert, desservir *fr.* — serviette IIc
dessi *afr.* — si IIc
dessiller *fr.* — déciller IIc
dessin, dessiner *fr.* — disegnare; XXV (XIX) 7
desso *it.* — IIa
dessous *fr.* — sotto
dessus *fr.* — suso
destare *it.* — IIa; tosto
destrabar *sp.* — travar
destrapar *pr.* — tref IIc
destraver *afr.* — travar; [tref IIc]
destreit, destressa *pr.* — détresse IIc; tricare
destric *pr.* — tricare
districia *asp.* — détresse IIc
destrier *afr. pr.* — destriero
destriero *it.*
destrigar *pr.* — tricare
dostrozar *sp.* — torso
desú *asp.* — suso
desvarar *sp.* — varare
desvé *afr.* — desver IIc
desver *afr.* — *IIc; rêve IIc
desverie *afr.* — desver IIc
desvetzà *wal.* — vizio
desvezar *sp.* — ib.
desvoyer *afr.* — desver IIc
desvuidier *afr.* — vide IIc
desy *apg.* — qui
détacher *fr.* — tacco; teler IIc
détail *fr.* — taglia
dételer *fr.* — teler IIc
détrancher *fr.* — trinciare
[détraqué] *fr.* — straccare IIa
détraquer *fr.* — trac IIc; [straccare IIa]
detras *sp. pg. pr.* — tras
detreissa *pr.* — détresse IIc
detrencar *pr.* — trinciare
détresse *fr.* — IIc; étroit IIc
détrier *afr.* — tricare; tricoter IIc
détroit *fr.* — étroit IIc

detta *it.* — dicha IIb
dette *fr.* — IIc; gavetta
deu *fr.* — plevir IIc
deuda *sp.* — dette IIc
deugé *afr.* — gauge IIc
deugié *afr.* — délié IIc
deuil *fr.* — cordoglio
deumet *norm.* — duvet IIc
deurvi *lothr.* — ouvrir IIc
déus *apg. sard.* — dio
deus *fr.* — vas IIc
deute *pr.* — aib IIc
devanar *sp.* — dipanare
devancer *fr.* — anzi
devant *asp. fr.* — ib.
devas *pr.* — vas IIc
dever *afr.* — desver IIc
devers *fr.* — jusque IIc
devesa *cat.* — dehesa IIb
dévider *fr.* — vide IIc
devire *pr.* — diviso
devis *pr. fr.* — ib.
devisa, devisar *pr.* — ib.
devise, [deviser] *fr.* — ib.
dévoner *fr.* — vœu IIc
dexar *sp.* — *IIb
dey *fr.* (mndt.) — deh IIa
di *afr.* — da IIc
dì *it.* — giorno
dia *sp. pg. pr. ncat.* — ib.
~ *pr.* — *die IIc
diable *fr.* — diantre IIc; [pière IIc]
diacere *it.* (mndt.) — diaspro
diafano *it.* — diamante
diaman *pr.* — ib.
diamant *fr.* — ib.
diamante *it. sp.*
diana *it. pr.* — IIa
diane *fr.* — diana IIa
diano *ait.* — ib.
dianser *chw.* — diantre IIc
diante *pg.* — anzi
diantre *fr.* — IIc
dianzi *it.* — anzi
diapré *fr.* — diaspro
diáspe *pr. afr.* — ib.
diaspero *sp.* — ib.
diaspro *it.*
dibottare *it.* — bottare; [busca]
dic *pr.* — diga
[dicace] *wall.* — pouillé IIc
dicha *sp.* — IIb
dida *cat. sard.* — tetta
didel *rom.* — ditello IIa
[didner] *afr.* — desinare
die *afr.* — *IIc
diemenche *afr.* — domenica; [oriflamme IIc]
dieta *it. sp.*
dieta² *it. sp.*
diète *fr.* — dieta

diète *fr.* — dieta²
dietro *it.* — retro
diéu *pr.* — dio
dieu *fr.* — ib.; iu; parbleu IIc
diffalcare *it.* — falcare
diffalta *it.* — faltare
diga *it.*
di già *it.* — già
digiunare, digiuno *it.* — giunare
digner *afr.* — *desinare
digrignare *it.* — grinar
diguastare *it.* — guastare
[diguazzare] *it.* — guado
digue *fr.* — diga
dijous *cat. pr.* — giovedì
[dilagare] *it.* — dileguare
dilajare, dilata *it.* — délai IIc
dilayer *fr.* — *ib.
dileggiare *it.* — *IIa
dilégine *it.* — *IIa
dileguare *it.* — *I
dileticare *it.* — solleticare IIa; [dileggiare IIa]
dilluns *cat.* — lunedì
dilus *pr.* — ib.
dimanche *fr.* — domenica; [oriflamme IIc]
dimani *it.* — mane
dimars *pr. cat.* — martedì
dime *fr.* — desinare
dimecres *cat.* — mercoledì
dimenge *pr.* — domenica
dimenticare *it.* — mentar
dimercres *pr.* — mercoledì
dimergue *pr.* — domenica
diminio *ait.* — dominio
diminuer *fr.* — menovare
dimoño *sp.* — demonio
dioanzi *it.* — anzi
dinar *pr. acat.* — desinare
dinde *fr.* — IIc
dindon *fr.* — dinde IIc
dindouleto *npr.* — róndine
diner *fr.* — desinare
dinerada, dinero *sp.* — denaro
dinheiro *pg.* — ib.
diniego *it.* — dengue IIb
dinoccolare *it.* — nuca
dins *pr.* — ens IIc
dintat *pr.* — daintié IIc
dintel *sp.* — linde IIb
dio *it.*
diós *pr.* — dio; parbleu IIc; sohez IIb
dioses (pl.) *sp.* — dio
dipanare *it.*
dipoi *it.* — poi
diporre *it.* — pausare
dique (m.) *sp.* — diga
dirancare *it.* — ranco
direito *pg.* — ritto

direnato *it.* — derrengar
[diricire] *lucches.* — cucire
diritto *it.* — ritto
dirizzare *it.* — rizzare; frizzare; cozzare
dirnar *pr.* — desinare
diroccare, dirocciare *it.* — rocca; [dirupare]
dirupare *it.* — *I
dirupo *it.* — dirupare
[dirusi ire] *aflor.* — cucire
disastro *it.* — astro
disbrigare *it.* — briga
discalzo *it.* — calzo
discigliare *it.* — déciller IIc
disciogliere, disciorre *it.* — sciogliere IIa
discolo *it. sp. pg.* — I; macho IIb
disegnare *it.*
disegno *it.* — disegnare
diseñar, diseño *sp.* — ib.
disette *fr.* — *IIc; [disio]
disfarzar *pg.* — farsa
disfidare *it.*
disfrazar *sp.* — farsa
disfressar *cat.* — ib.
[disgete] *afr.* — disette IIc
disgner *afr.* — desinare; visto
disiare *it.* — disio; obblio
[disiete] *afr.* — disette IIc
disinare *it.* — *desinare
disio *it.* — *I; obblio; saudade IIb; [disette IIc]
disipar *sp. pr.* — scipare IIa; desver IIc
[disjuner] *afr.* — mangiare
disnar *pr.* — desinare
[disner] *afr.* — ib.; mangiare
Disouche *fr.* — ouche IIc
dispacciare, dispaccio *it.* — pacciare
disparar *sp.* — parare
dispausar *pr.* — pausare
dispetto *it.* — dépit IIc
dispierté *wall.* — espeitar IIb
disposer *fr.* — pausare
disramare *it.* — derramar IIb
dissapte *pr.* — samedi IIc
distratto *it.* — stratto IIa
distrettezza *it.* — détresse IIc
distrigare *it.* — tricare
distruggere *it.* — struggere IIa
dis valet *fr.* — da IIc
disvezzare *it.* — vizio
dita *pg.* — dicha IIb
ditale *it.* — ditello IIa
ditello *it.* — *IIa
ditió *afr.* — dechado IIb
diuso *asp.* — giuso
divá *afr.* — da IIc
divan *sp.* — dogana
divendres *pr. cat.* — venerdì

divisa *it. sp.* — diviso
divisar *sp.* — ib.
divisare *it.* — ib.
diviso *it.* — *I
[dizer] *asp.* — descer IIb
doage *wal.* — doga
Doagio *ait.* — raso
doamne *wal.* — donno
doana *pr.* — dogana
doari *pr.* — douer IIc
doccia *it.* — dala; docciare; mica; doga
docciare *it.*
dodeliner *afr.* — dondolare IIa
dodiner *fr.* — ib.; [dandin IIc]
dodo *fr.* (Kinderspr.) — dondolare IIa; XXIII (XVIII) 3
dodu *fr.* — dondon IIc
doestar, doesto *pg.* — denuesto IIb
doga *it. pr. cat.; pr.*
dogal *sp.* — doga
dogana *it.*
doge *ven.* — duca
doglia *it.* — cordoglio
dohtz *pr.* — duire IIc
doignon *afr.* — dongeon IIc
doille *afr.* — douille IIc
dois *afr.* — docciare
~ *afr.* — dais IIc
dolequin *afr.* — IIc
[dolfi] *ait.* — caleffare IIa
dom *pg.* — donno
doma *cat. apg.* — *settimana
[domada] *ait.* — ib.
domage *asp.* — dommage IIc
domaine (m.) *fr.* — dominio
domandare *it.* — mentre
domani *it.* — mane; poi; mentre
~ *pr.* — dominio
domanial *fr.* — ib.
domanio *sp.* — ib.
dombo *sp.* — duomo IIa
dombre *pr.* — donno
dombre-dieu *pr. afr.* — dio; donno
domde *pr.* — duendo IIb
dôme *afr.* — duomo IIa
domeneddio *it.* — dio
domenhs que *pr.* — mentre
domenica *it.*
domente *amail.* — mentre
domentre *ait. pr.* — ib.
domingo *sp. pg.* — domenica
domíni (adj.) *pr.* — dominio
dominical *sp. pr.* — ib.
dominicale *it.* — ib.
dominio *it. sp. pg.*
dominion *amail.* — dongeon IIc
dommage *fr.* — IIc
domu *wal.* — donno
domna, domnei, domneiar *pr.* — ib.

domnişor *wal.* — donno
domo *sard. (log.)* — duomo IIa
dompnhon *fr.* — dongeon IIc
dompter *nfr.* — duendo IIb
domtar *pr.* — ib.
domu *sard.* — casa
don *sp. fr.* — donno
- *pr.* — donaire IIb
- *fr.* — onde
dona *fg.* — donno
doña *sp.* — ib.
donaire *sp. pg.* — IIb; aere; aib IIc
donario *asp.* — donaire IIb
donc *fr. afr.* — dunque
donca *ven.* — ib.
doncas *asp.* — ib.
doncel, doncella *sp.* — donno
donch *com.* — dunque
dondà *mail.* — dondolare IIa
dondaine *afr.* — dondon IIc
dondar *pr.* — duendo IIb
donde *it. sp. fg.* — onde
dondé *afr.* — dondon IIc
dondo *pg.* (mndt.) — duendo IIb
dondolare *it.* — IIa; [dandin IIc]
dondon (f.) *fr.* — IIc; bedon IIc
dondzié *lim.* — danger IIc
dongeon *fr.* — IIc
donjo *pr.* — dongeon IIc
donna *it.* — donno; donnola IIa
donneare *it.* — donno
donno *it.*
donnoi *fr.* — donno
donnola *it.* — IIa
dono (a) *ait.* — indarno IIa
donoier *afr.* — donno
donoso *sp. pg.* — donaire IIb
donqua *ait.* — dunque
donques *afr.* — ib.
dons *pr.* — donno
donsel, donsella *pr.* — ib.
dont *fr.* — onde
donter *afr.* — duendo IIb
dópo *it.* — poi
dopò *it.* (Forli) — ib.
doppiere *it.* — IIa
dor *afr.* — *dour IIc
dorare *it.* — destare IIa
dorc *pr.* — dorca IIc
dorca *pr.* — IIc; dorna IIc
dorelot *afr.* — IIc
doreloter *nfr.* — dorelot IIc
dorénavant *fr.* — IIc
dorenleu, dorenlot *afr.* — dorelot IIc
dorer *fr.* — ib.
dorloter *nfr.* — ib.
dorlotin *afr.* — ib.
dormidor *parm.* — tempia
dormir *fr.* — dondolare IIa

doru *fr.* — dour IIc
dorna *pr.* — IIc
dornajo, dornilla *sp.* — dorna IIc
doroue *it.* — dour IIc
dorp *pr.* — orbo
dors (vb.) *fr.* — ars IIc
dorser *afr.* — rosser IIc
dorssar *pr.* — ib.
dort (vb.) *fr.* — ars IIc
dortoir *fr.* — charme IIc; ferme IIc
dosel *sp.* — dais IIc
dossi (pl.) *it.* — IIa
dossiere *it.* — dais IIc
dosso *it.* — toso; pazzo IIa; bis-dosso IIa
dostar *pr.* — ôter IIc
doster *afr.* — ib.
dôter *berr.* — ib.
dotta *it.* — otta IIa
dotz *pr.* — docciare
d'où *fr.* — ove
Douai *fr.* — vrai IIc
douaire (m.), douairière *fr.* — douer IIc
douane *fr.* — dogana
douber (se) *afr.* (selt.) — addobbare
douche *fr.* — docciare
doûdiew *wall.* — sandío IIb
doudo *pg.* — IIb
douée *afr.* — douer IIc
douelle *norm.* — doga
douer *fr.* — IIc
dougo *npr.* — doga
douhe *afr.* — ib.
doui *norm.* — docciare
douille *afr.* — IIc
douille² (f.) *fr.* — IIc
douillet *fr.* — douille IIc
doule *lothr.* — doga
dour *afr.* — *IIc
dourdá *npr.* — urtare
dourder *norm.* — ib.
dourno *npr.* — dorna IIc
dous *pr.* — vas IIc
dousil *fr.* — douille² IIc
doustá *lim.* — ôter IIc
douter *fr.* — bondir IIc
douve *fr.*; *norm.* — doga
douvelle *norm.* — ib.
doux dieu *fr.* — sandío IIb
dova *mail.* — doga
dove *afr. norm.* — ib.
~ *it.* — ove
dovela *sp.* — doga
dovére *it.* — sapero; [rovello IIa] (Nachträge)
doyen *fr.* — IIc
dozen, dozer *pr.* — duire IIc
draban *fr.* — traban IIc
drac *pr.* — barone
dragea *sp. pr.* — treggéa

dragée *fr.* — treggéa; gamo IIb
drageon *fr.* — IIc
dragoman *sp.* — dragomanno
dragomanno *it.*
dragón *pr.* — barone
dragonn *wall.* — targone
dragne *fr.* — IIc
drague² *fr.* — IIc
drâhe *wall.* — drasche IIc
dramma *it.* — rima
drap *pr. fr. cat.* — drappo
drapeau *fr.* — ib.
drapero *sp.* — ib.
drappello *it.* — ib.
drappo *it.* — *I; *gualdrappa; [tref IIc]
drasche *afr.* — *IIc
[drèche] *nfr.* — drasche IIc
dreit *pr.* — ritto
drept *wal.* — ib.
drescar *pr.* — trescare
dress *mail.* — trâle IIc
dressar *pr.* — rizzare
dresser *fr.* — ib.
drieto *it.* — retro
drille (m.) *fr.* — IIc
drille² (f.) *fr.* — IIc
drinker, drinkerie *afr. norm.* — trincare
dritto *it.* — ritto
drizzare *it.* — rizzare
droga *it. sp. pg. pr.* — *I
drogman *fr.* — dragomanno
drogoman *pr.* — ib.
drogue *fr.* — droga
droguit (adj.) *pr.* — *ib.
droichi *dauph.* -- ritto
droit *fr.* — ib.; orendroit IIc
drôle *fr.* -- IIc
drom *wal.* — dromon IIc
dromo *pr.* — ib.
dromon *afr.* — IIc
[droppello] *it.* — drappo
drovi *wall.* — ouvrir IIc
dru *fr.; npr. piem.* — drudo
druda (adj.) *pr.* — ib.
drudo *it. apg.; it.*
drue *afr.* — drudo
drueza *gen.* — ib.
drufeü *afr.* — durfeü IIc
drugun, druiun *afr.* — drudo
druo *gen.* -- ib.
drut *pr. afr.* — ib.
duan *sp.* — dogana
duc *pr. fr.* — duca
duca *it.* — *I; nuca
ducado *sp. pg.; sp.* — duca
dncat *pr.; fr.* — ib.

ducato *it.; it.* — duca
ducaton *sp. fr.* — ib.
ducatone *it.* — ib.
ducç *wal.* — ib.
ducéa *it.* — ib.
ducha *sp.* — docciare
duché (alt f.) *fr.* — *duca; rcame
[ducheé] *afr.* — duca
ducheaume *afr.* — reame
duchesse *fr.* — franco
[ducheté] *afr.* — duca
ducho, ducir *sp.* — duire IIc
ductil *pr.* — douille IIc
[dudar] *sp.* — liévito
duel *fr.* — duello
duela *sp.* — doga
duello *it.*
duelo *sp.* — duello
dueña *sp.* — donno
duende *sp. pg.* — duendo IIb
~ (de casa) *sp.* — ib.
duendo *sp.* — IIb; andare
[duenna, mi] *asp.* — monna
duesc'a *pr.* — jusque IIc
duh *wal.* — spirito
duiro *fr. afr.* — *IIc
duison *afr.* — duiro IIc
duit *afr.* — docciare
~ *pr. afr.* — *duire IIc
dum *afr.* — duvet IIc
dumet *norm.* — ib.
dumnezeu *wal.* — dio
duna *it. sp.* — I; dongeon IIc
dunc *pr. afr.* — dunque
dunche *ait.* — ib.
dune *fr.* — duna
dunque *it.* — *I; [degun IIc]
duns *afr.* — duvet IIc
dynsu *wal.* — desso IIa
duomo *it.* — IIa
dupe (f.) *fr.* — *IIc
dûpç *wal.* — poi
duper *fr.* — dupe IIc
duque *pg. sp.* — duca
duracine *it.* — durazno IIb
dur (le) *Rheims norm.* — mou IIc
durar *sp. pr.* — durare
durare *it.*
durazno *sp.* — IIb
durbir *npr.* — ouvrir IIc
durer *fr. afr.* — durare
dureta *sp.* — IIb
durfeü *afr.* — IIc
durvì *piem.* — ouvrir IIc
dusque *afr.* — jusque IIc
dustar *chw.* — ôter IIc
[duvelle] *it.* — cavelle IIa
duvet *fr.* — IIc

e

ea *sp.*
eace *wal.* — ecco
eage *afr.* — âge IIc
eape *wal.* — cavallo
earne *wal.* — inverno
easce *wal.* — esca
eau (f.) *fr.* — IIc
eaue *afr.* — eau IIc
ébabir *fr.* — baire
ébaubi *fr.* — IIc
ébaubir *fr.* (unûbl.) — ébaubi IIc
ébaucher *fr.* — *bauche IIc
ebba *sard.* — cavallo
ebbio *it.*
ebbriáco *it.*
èbe (f.) *fr.* — IIc
éberluette, éberluter *berr.* — bellu-
    gue IIc
éberquer *pic.* — brèche IIc
éblouir *fr.* — IIc; épanouir IIc
ébrauler *fr.* — brando
ébrécher *fr.* — brèche IIc
ebriac *pr.* — ebbriáco
ebriat *berr.* — ib.
ébrouer *fr.* — *bravo
ec *pr.* — ecco
eça *pg.* — herse IIc
écache *hen.* — échasse IIc
écacher *fr.* — quatto; schiacciare IIa
écaille, écailler *fr.* — scaglia
écale *fr.* — ib.
écaler *pic.* — ib.
écantillon *hen.* — échantillon IIc
écarats *pic.* — échalas IIc
écard, écarder *hen.* — cardo
écarlate *fr.*; *afr.* — scarlatto
écarteler *fr.* — squarciare IIa
écarter *fr.* — scartare
écarver *fr.* — IIc; [escarba IIb]
ecco *it.*
échafaud *nfr.* — catafalco
échalas *fr.* — IIc; échalier IIc
échalier *fr.* — IIc
échalotte *fr.* — *scalogno
échandole *fr.* — IIc; moyeu¹ IIc
échanson *fr.* — escanciar
échantillon *fr.* — *IIc
échapper *fr.* — scappare
echar *sp.* — gettare
écharde *fr.* — cardo
écharder *norm.* — ib.
échargaite *afr.* — échauguette IIc
écharpe *fr.* — sciarpa
échars *fr.* — scarso
échasse *fr.* — IIc
échauder, échauffer *fr.* — chauffer IIc

échauguette *fr.* — IIc
eche *afr.* — esca
échec *fr.*; *afr.* — scacco
~ et mat *fr.* — matto
échemer *fr.* (vrlt.) — sciame
écheveau *fr.* — IIc
échevin *fr.* — scabino
échine *fr.* — schiena
échiqueté, échiquier *fr.* — scacco
échome (m.) *fr.* — scalmo
échoppe (f.) *fr.* — IIc; [escoplo IIb]
échouer *fr.* — IIc
éclair *fr.* — IIc; lampo
éclairer *fr.* — éclair IIc
éclat, éclater *fr.* — schiantare
éclisse *fr.* — clisse IIc
écliste *afr.* — esclistre IIc
éclitre *hen.* — ib.
éclopé *nfr.* — clop IIc
éclore *fr.* — chiudere
écluse *fr.* — esclusa
écoacher *pic.* — quatto
écope (f.) *fr.* — IIc
[écoperche] *fr.* — stamberga IIa
écorce, écorcer *fr.* — scorza
écorcher *fr.* — corteccia
écore *fr.* — IIc
écorner *fr.* — écornifler IIc
écornifler *fr.* — IIc
écosse (f.) *fr. pic.* — cosse IIc
écosser *fr.* — ib.
écot *fr.* — scotto
écouer *fr.* — coda
écoufle (m.) *fr.* — IIc
écour *pic.* — scorciare
écourgée *fr.* — scuriada
[écoute] *nfr.* — scotta
écouter *fr.* — ascoltare
écouvillon *fr.* — écoufle IIc
écraigne *burg. pic.* — escregne IIc
écran *fr.* — IIc
écraser *fr.* — IIc
écrevisse *fr.* — IIc
écrou (m.) *fr.* — IIc
écrouelle (nur pl.) *fr.* — IIc; gavela
écu *fr.* — IIc
écueil *fr.* — scoglio
écuelle *fr.* — IIc
écume *fr.* — schiuma
écurer *fr.* — sgurare
écureuil *fr.* — scojattolo
écurie *fr.* — IIc
écusson *fr.* — écu IIc; arcione
écuyer *fr.* — écu IIc
edage *afr.* — âge IIc
édera *it.*

edra *pr.* — édera
edrar *pr. (Leod.)* — erre IIc
edro *amail.* — ib.
effacer *fr.* — faccia
effarer (s') *fr.* — IIc
effaroucher *fr.* — farouche IIc
effeuiller *fr.* — stordire
effondrer *fr.* — fondo
efforcer, effort *fr.* — forza
effraie *fr.* — fresaie IIc
effrayer *fr.* — *frayeur IIc
effroi *fr.* — ib. ; redo
effronté *fr.* — affrontare
efon *lim.* — vassallo
[égard] *fr.* — guardare
égarer *fr.* — garer IIc
églantier *fr.* — aiglent IIc
églantine *fr.* — aluine IIc
egli *it.*
eglino (pl.) *it.* — egli ; ecco
ego *npr.* — baras IIc
egoa *pg.* — cavallo
égout *fr.* — IIc
égoutter *fr.* — égout IIc
égraffigner *fr.* — greffe IIc
égratigner *fr.* — grattare
égron *berr.* — aghirone
égruger *fr.* — gruger IIc
egua *pr.* — cavallo
eguale *it.* — avale IIa
eguar *asp.* — soseguar IIb
ehancer *hen.* — affanno
éhanché *fr.* — anca
ehpieule *lothr.* — spola
eh via *it.* — avoi IIc
eia *pr. pg.* — ea
eicalambrá *dauph.* — calambre IIb
eigo *apg.* — ergo IIb
eira *pg.* — aja IIa
eis *pr.* — esso ; casso²
~ (aqui) *pr.* — esso
~ *pg. afr.* — ecco
eisaurar *pr.* — sauro
eissam *pr.* — sciame
eissamen *pr.* — esso
eissart, eissartar *pr.* — essart IIc
eissausar *pr.* — alzare
eissernir, eissernit *pr.* — scernere
IIa
eissir *pr. afr.* — escire
eissug, eisugar *pr.* — suco
eitauque *lothr.* — stallo
eito *pg.* — *IIb
eiva *pg.* — IIb
eivar·se *pg.* — eiva IIb
eke *afr.* — ecco
el *afr.* — al
~ *wal. pr.* — egli
~ *sp. apg.* — il
él *sp.* — egli
ela *sp.* — ecco

élaguer *fr.* — IIc
élaide *burg.* — éclair IIc
elambic *pr.* — lambicco
élan *fr.* — IIc ; lancia ; verve IIc ; forza
élancer *fr.* — lancia ; stordire
elce *it.*
elche *sp. pg.* — IIb
elcina *it.* — elce
ele *sp.* — ecco
électuaire *fr.* — lattovaro
electuario *sp.* — ib.
elephant *pr. fr.* — olifant IIc
éleude *burg.* — éclair IIc
élève, élever *fr.* — allevare ; XXVI
(XX)
elh *pr.* — egli
élighe *sard.* — elce
elin *afr.* — adelenc IIc
élinder *norm.* — eslider IIc
élingue *fr.* — slinga
élinguer *pic.* — ib.
élire *fr.* — scegliere IIa
elissire *it.*
elixir *sp.* — elissire
élixir *fr.* — ib.
ella *it.* — enola ; spillo
elle *pg.* — egli
elleno (pl.) *it.* — ib.
éllera *it.* — édera
elm *pr.* — elmo
elmo *it. asp. pg. ; apg.*
elo *sp.* — ecco
eloendro *sp. pg.* — oleandro
elsa *it.* — *IIa
elso *it.* — elsa IIa
emader *apg.* — añadir IIb
émail *fr.* — smalto
emb *npr.* — appo
embabacar *pg.* — bava
embabiecar *cat.* — ib.
embair *sp.* — baire
embarazada *sp.* — pejo IIb
embarazar, embarazo *sp.* — barra
embarc *pr.* — embargar IIb
embargar *sp. pg. pr.* — IIb
embargo *sp. pg.* — embargar IIb
embarnir *afr.* — barone
embarras, embarrasser *fr.* — barra
embastar *sp. cat.* — basto
embastoner *afr.* — enarme IIc
embaucar *sp.* — bava
embaucher *fr.* — *bauche IIc
embaxada *sp.* — ambasciata
emberguer *afr.* — abrigo
embestir *sp.* — investire
embigo *pg.* — ombelico
emblar *pr.* — embler IIc
emblauzir *pr.* — biavo
~ *pr.* — éblouir IIc
emblaver *fr.* — *biado ; gravir IIc ;
[rêve IIc]

[emblée, d'] *fr.* — embler IIc
embler *afr.* — *IIc; combo
embolicar *cat.* — volcar IIb
embora *npg.* — ora
emborcar *pg.* — volcar IIb
emboscar *sp. pr.* — bosco
embosmé *afr.* — abomé IIc
emboter *afr.* — ente IIc
embraser *fr.* — bragia
embriágo *asp.* — ebbriáco
[embrivemenz] *afr.* — brio
embrollar *sp.* — parare
embron *pic.* — embronc IIc
embronc *pr. afr.* — *IIc; [broncio
IIa]; [bronco]
embroncar *pr.* — embronc IIc
embroncher *afr.* — *ib.; broncio IIa
[embrouchier] *afr.* — bronco; broncio IIa
embronsit *pr.* — broncio IIa
embruguer *pic.* — embronc IIc
embrunché *berr.* — ib.
embrunqué *hen.* — ib.
embudo *sp.* — imbuto
embuissier, embuscher *afr.* — bosco;
busca
embusquer *fr.* — bosco
embuste, embustero *sp.* — busto
embut *pr.* — imbuto
embutir *sp. pg. cat.* — IIb
émerger *berr.* — smagare
emendament *pr.* — amender IIc
émeraude *fr.* — smeraldo
émeri *fr.* — smeriglio
émerillon *fr.* — smerlo
émeute *fr.* — meute IIc
emigrania *it.* — magrána
emina *pr.* — mine IIc
emine *afr.* — ib.
emmentres *apg.* — mentre
emmitoufler *fr.* — pantófola
emmo *sard.* — sì
émoi *fr.* — smagare
émouchet *fr.* — moschetto
émousser *fr.* — mousse IIc
~ *fr.* — mozzo
émouvoir *fr.* — meute IIc
empach *pr.* — pacciare
empachar *sp. pg. pr.* — ib.
empacho *sp. pg.* — ib.
empafer *norm. pic.* — papa
empaig *pr.* — pacciare
empaitar *pr.; cat.* — ib.
[empaler] *fr.* — pertugiare
empan *nfr.* — spanna
emparar *sp. pg. pr.* — parare
emparer (s') *fr.* — ib.
[empasturer] *afr.* — mangiare; pastoja
empaturer *norm.* — pastoja
empausar *pr.* — pausare

empeau *afr.* — empeltar IIc
empecer *asp. pg.* — IIb
empêcher *fr.* — pacciare
empecimento *asp. pg.* — empecer
IIb
empedecer *asp.* — ib.
empedegar *pr.* — pacciare
empegar *sp. pg. pr.* — pegar
empegier *afr.* — pacciare
empeguntar *sp.* — pegar
empeine *sp.* — IIb
~ *sp.* — péttine
empelegar *cat.* — pélago
empelt *cat.* — empeltar IIc
empeltar *cat. pr.* — IIc; peltro
empenher *pr.* — spignere IIa
empenner *afr.* — enarme IIc
empéro *sp.* — però
empero *pr.* — ib.
empeser *fr.* — pegar
[empestrer] *afr.* — pastoja; mangiare
empetiggine *it.* — empeine IIb
empêtrer *fr.* — pastoja
empeut *pr.* — empeltar IIc
empezar *sp. pg.* — cominciare
empiastro *it.* — piastra
émpiere *it.* — henchir IIb
empiezo *asp. pg.* — empecer IIb
empiffrer (s') *fr.* — piva
empinar *sp.* — *pier IIc
empinarse *sp. pg.* — pino² IIb
[empire] *fr.* — merir IIc; mire IIc
emplasto *sp.* — piastra
emplâtre *fr.* — ib.; [embler IIc]
emplear *sp.* — piegare
empleitar *pr.* — emplette IIc
empleite *norm.* — ib.
emplette *fr.* — IIc
emploi *fr.* — piegare
emploite, emploiter *afr.* — emplette
IIc
employer *fr.* — piegare; emplette
IIc
[empoigner] *fr.* — embler IIc
empois, empoisser *fr.* — pegar
[empraigner] *afr.* — pregno
[empraindre] *afr.* — ib.
empregar *pg.* — piegare
empreindre *nfr.* — preindre IIc;
craindre IIc; aveindre IIc
empreint, empreinte *fr.* — imprenta
empreñar *sp.* — pregno
emprenhar *pg.* — *ib.
emprenta *sp. pr.* — imprenta
emprentar *sp.* — ib.
[emprienter] *afr.* — ib.
emprir *apg.* — henchir IIb
emprunt, emprunter *fr.* — improntare
en *ait. pr. nfr.* — indi

En *pr. cat.* — donno
enan, enans *pr.* — anzi
~ *pr.* — tricare
enantar *pr.* — anzi
enante *asp.* — ib.
enantir *pr.* — ib.
enap *pr.* — anappo
enarbolar *sp.* — alberare
enardir *pr.* — ardire
enarme *afr.* — IIc
enarmer, enaster *afr.* — enarme IIc
enbercar *pr.* — brèche IIc
enbronch *val.* — embronc IIc
enbrostar *it.* (mndt.) — bordo
enbrunc, enbrunchier *afr.* — embronc IIc
encaixar *pg.* — cassa
encalço *apg.* — incalciare
encalzar *asp.* — ib.; alcance IIb
encalzo *asp.* — incalciare
encamar *asp.* — gamba
encamisada *sp.* — camicia
encan *fr.* — incanto
encant *pr.* — ib.
encante *asp.* — ib.
encanter *fr.* — ib.
[encaquer] *fr.* — caquer IIc
encara *asp. pr.* — ora'
encarniçar *pg.* — acharner IIc
encartar *pr.* — scartare
encastar *cat.* — cassa
encastôar *pg.* — ib.
encastonar, encastrar *pr.* — ib.
encastrer *afr.* — *ib.
encaus, encausar *pr.* — incalciare
encedo *asp.* — cetto
enceinte *fr.* — incinta
~ (sbst.) *fr.* — ib.
enceitar *pg.* — incettare IIa; encentar IIb
encembeler *afr.* — zimbello
[encenagar] *sp.* — halagar IIb
encencha *pr.* — incinta
encentar *pg.* — *IIb; *entamer IIc; incettare IIa
encetar *pg.* — eucentar IIb
encha *asp.* — henchir IIb
enchantement, enchanter *afr.* — incanto
enchar *apg.* — achar IIb
encharauder *fr.* — charade IIc
encharrauder *afr.* — charme IIc
enchâsser *fr.* — cassa
enchauce, enchaucer *afr.* — incalciare
encher *pg.* — henchir IIb
enchova *pg.* — acciuga
encía *sp.* — gengiva
[encima] *sp.* — cima
encina *sp.* — elce; añagaza IIb
[encis] *afr.* — ancidere IIa

enclenc *cat.* — enclenque IIb
enclenque *sp.* — *IIb
encluget *pr.* — incúde
enclume *fr.* — *ib.
enclusa *cat.* — ib.
[~] *sp.* — enclenque IIb
encobir *pr.* — cúpido
encocar *pr.* — cocca
encocher *fr.* — ib.
encombrar *pr.* — colmo
encombre *pr. fr.* — ib.
encombrer *fr.* — ib.; combrer IIc
enconado, enconar *sp.* — encono IIb
enconía *asp.* — ib.
encono *sp.* — IIb; merencorio IIb
encontrada, encontrar *pr.* — contrata
encore *fr.* — *ora²; [ora]
encovir *afr.* — cúpido
encre *fr.* — inchiostro
encreistre *afr.* — increscere IIa
encrotter *burg. genf.* — grotta
encrouer *afr. norm.* — croc IIc; [haver IIc]
encui *afr.* — anche
[encurtar] *pg.* — stordire
end *hen.* — indi
endadens *chw.* — entrailles IIc
endaler *hen.* — indi
ende *ait. asp. apg.* — ib.; allende IIb; aquende IIb
endeble *sp.* — enclenque IIb
endéc *pr.* — dec IIc
endecha *sp. pg.* — ib.
endechat *pr.* — ib.
endemain (l') *afr.* — mane
endementres *afr.* — mentre
endemig *acat.* — mane
enderezar *nsp. pg.* — rizzare
endêver *nfr.* — desver IIc
endi *pr.* — índaco
éndica *it.* — IIa'
éndico *asp.* — índaco
endilgar *sp.* — IIb
endilhar *pr.* — hennir
endit (l') *afr.* — landit IIc
enditier *afr.* — dec IIc
endive *fr.* — endivia
endivia *it. sp. pg. pr.* — I; andare
endort, il *fr.* — lendore IIc
endreit *pr.* — ritto
endrioulcto *npr.* — róndine
endro *pg.* — eneldo IIb
endroit *afr.*; *nfr.* — ritto
endruir *afr.* — drudo
endurer *fr.* — adurer IIc
endzá (s') *lim.* — enger IIc
enebro *sp.* — ginepro
enel *afr.* — snello
eneldo *sp.* — IIb
[enero] *sp.* — gettare

[enertar] *sp.* — yerto IIb
enescar *sp.* — *esca
[enesser] *afr.* — ib.
enfantosmer *afr.* — fantôme IIc
enfeitar *pg.* — afeitar IIb
enferger *afr.* — targer IIc; piombare
enferrer *nfr.* — targer IIc; piombare
enfesta, enfestar *apg.* — festo IIb
enfiar *pg.* — fila
enfiare *it.* — hinchar IIb
enfle *genf.* — gonfiare
enfogar *asp.* — fuoco
enfoncer *fr.* — fondo
enfounil *lim.* — fonil IIb
enfreindre *nfr.* — fraindre IIc
enfrener *afr.* — enarme IIc
enfressi *afr.* — si IIc
[enfrognié] *afr.* — enfrum IIc
enfrum *afr.* — *IIc; gordo
enfrun *pr. afr.* — enfrum IIc
enfrunar (s') *pr.* — ib.
engager *fr.* — gaggio
engaggiare *it.* — ib.
engan *pr.* — inganno
enganar *pr.* — ib.
eugañar *sp.* — ib.; añagaza IIb
enganer *afr.* — inganno
engano *pg.* — ib.
engaño *sp.* — ib.
engar *pg.* — enger IIc
engarde *afr.* — angarde IIc
engarrafar *sp.* — graffio; XVI (XIII)
engaser *norm.* — gazon IIc
engastar, engastonar *sp.* — cassa
engatjar *pr.* — gaggio
engavacbá *occ.* — gave IIc
engaver *pic.* — ib.
engeance *fr.* — *enger IIc
engeinh, engenhar *pr.* — ingegno
engeño *asp.* — ib.
engenouir *fr.* (vrlt.) — évanouir IIc
enger *fr.; afr.* — *IIc
engignier *afr.* — ingegno
engin *pr. fr.* — ib.; artilha
enginhaire, enginhos *pr.* — ingegno
engle *sp.* — inguine
englotir *pr.* — ghiotto
engloutir *fr.* — ib.
engludar *pr.* — glu IIc
englui *pic.* — ib.
englut *pr.* — ib.
engo *pg.* — ebbio
engodar *pg.* — goda IIc
engoissa *pr.* — angoscia
engonzo *pg.* — gouzo
engouer (s') *fr.* — gave IIc
engourdir *fr.* — gordo
engrais *afr.* — engrès IIc
[engramir] *afr.* — gramo

engrande *afr.* — engrant IIc
engrans *pr.* (selt.) — ib.
engrant *afr.* — *IIc
engreir *sp.* — IIb
engres *pr.* — engrès IIo
engrès *afr.* — *IIc
engresse (f.) *afr.* — engrès IIc
engresser (s'), engresté *afr.* — *ib.
engrimanço *pg.* — grima IIb
engrois *afr.* — *engrès IIc
engrot *afr.* — ib.; heingre IIc
engroté *afr.* — heingre IIc
engrudar, engrudo *sp.* — glu IIc
engual *pr.* — fianco
enguerar *pg.* — huero IIb
enbaner *afr.* — affanno
enhardir *fr.* — ardire
enhel *afr.* — snello
enheldir *afr.* — elsa IIa
enhelement *afr.* — snello
enherber *afr.* — pozione
enherdir *afr.* — yerto IIb
[enbermir] *afr.* — ermo
enbestar *sp.* — festo IIb
[enheudir] *afr.* — elsa IIa
[enbicier] *afr.* — izza IIa
enhider *mfr.* — hide IIc
enhiesto *sp.* — festo IIb
enbo *pg.* — IIb
enhotado *asp.* — hoto IIb
enbuerar *sp.* — huero IIb
enic *pr.* — IIc
enilhar *pr.* — hennir
enjaular *sp.* — gabbia
enjôler *fr.* — ib.
enjorguinar *sp.* — jorgina IIb
[enjullo] *sp.* — casipola
enlaier *afr.* — *enlear IIb
enlear *pg.* — *IIb
[enleier] *afr.* — enlear IIb
enloier *afr.* — ib.
enloquecer *sp.* — locco
enmentar *asp.* — mentar
enmi *afr.* — mezzo
enmieg *pr.* — ib.
ennadir *asp.* — añadir IIb; añagaza IIb
enne *afr. lothr.* — IIc
~ *ait.* — indi
ennódio *asp.* — IIb
ennui *fr.* — noja
enoi *pr.* — ib.
enojo *sp.* — ib.
enola *it.* — I; spillo
enoyo *asp.* — noja
enquant *pr.* — incanto
enquantar *pr.* — ib.
enquar *pr.* — IIc; cominciare
enque *fr.* — inchiostro
enquenuit *afr.* — *anche
enquera *pr.* — ora[1]

6*

enquérauder *norm.* — charme IIc
enqui *afr.* — qui
[enquitume] *afr.* — cheto
[enrederie] *afr.* — radoter IIc
[enreski] *afr.* — rèche IIc
[Enrico] *it.* — bettola IIa
enridar *asp.* — rider IIc
enrimer *fr. berr.* — rima
enristre (m.) *sp.* — resta²
enrizar *sp.* — riccio²
enrocar *pg.* — rocchetto
enroiser *fr.* — rouir IIc
enrouer *fr.* — IIc
ens *afr.* — IIc
ensacar *apr.* — sacar
ensaig *cat.* — saggio²
ensalmar *sp.* — IIb
ensalzar *sp.* — alzare
ensament *pr.* — esso
ensanchar *sp. pg.* — ancho IIb
ensayar, ensayo *sp.* — saggio²
enseada *pg.* — ensenada IIb
enseigne *fr.* — insegna
enseigner *fr.* — insegnare
ensemble *asp. fr.* — insembre
ensembra *asp. apg.* — ib.
ensement *afr.* — esso
ensemp *awald.* — insembre
ensems *pr.* — ib.
enseña *asp.* — insegna
ensenada *sp.* — IIb
ensenar *sp.* — ensenada IIb
enseñar *sp.* — insegnare
[ensené] *afr.* — assener IIc
ensenha *pr.* — insegna
ensercar *pr.* — cercare
enserir *afr.* — sera
ensin *pic.* — così
ensinar *pg.* — insegnare
[enson] *afr.* — cima
ensopegar *cat.* — zoppo
ensounier *afr.* — sogna
ensouple *fr.* — subbio; [friper
IIc]
ensuifer, ensuiver *fr.* — fio
ent *afr.* — indi
enta *parm. piem.* — ente IIc
entaiar *pr.* — tai IIc
entalemaschier *afr.* — máschera
entamenar *pr.* — entamer IIc
entamer *fr.* — *IIc; cominciare;
encentar IIb
entan *afr.* — antaño
então *pg.* — enton IIb
ente *fr.* — IIc
enteado *pg.* — alnado IIb
[entechier] *afr.* — enticher IIc
enteco *sp.* — IIb
enteir *pr.* — intero
entejar *pg.* — IIb
entejo *pg.* — entejar IIb

entel *norm.* — cotale
enter *fr.* — ente IIc
entearse *nsp.* — entregar IIb
entercier *afr.* — IIc
entergarse *asp.* — entregar IIb
[enterier] *afr.* — tarier IIc
enterin *pr. afr.* — intero
enteriner *afr.* — ib.
entero *sp.* — ib.; entregar IIb
entervar *pr.* — rover IIc
enterver *afr.* — ib.; desver IIc;
corvée IIc
entibar *sp.* — entibo IIb
entibo *sp.* — *IIb
enticher *fr.* — *IIc
[enticier] *afr.* — enticher IIc
entier *fr.* — intero
entin *mod.* — ente IIc
enton *asp.* — IIb
entonces *sp.* — enton IIb
entonnoir *fr.* — imbuto
entorcha *asp.* — torciare
entorchar *sp.* — ib.
entorn *pr.* — torno
entortijar *sp.* — torto
entortiller *fr.* — ib.
entour (à l') *fr.* — torno
entragno *it.* — entrailles IIc
entraigne *afr.* — ib.
entrailles *fr.* — IIc
entrambi *it.* — intrambo
entrambos *sp.* — ib.
entrambs *pr.* — ib.
entrañas *sp.* — entrailles IIc
entrar, entrido *sp.* — andare
entraulá (s') *occ.* — trôler IIc
entraver, entraves *fr.* — travar
entrechat *fr.* — IIc
entredalier (s') *afr.* — dalle
entrega *pg.; asp. nsp.* — entregar
IIb
entregar *sp. pg. cat.* — IIb
entrego *asp.; sp.* — entregar IIb
entregue *pg.; apg.* — ib.
entreingne *afr.* — entrailles IIc
entremente *afr.* — mentre
entremes *sp.* — *IIb
entre-mets *fr.* — *entremes IIb
entrencar *pr.* — trinciare
entreoscher *afr.* — osche IIc
entresait *afr.* — IIc
entreset *afr.* — entresait IIc
entresque, entressi, entressique *afr.*
— si IIc
entretalhar *pr.* — taglia
entretallar *sp.* — ib.
entrevar *pr.* — rover IIc
~ *pr.* — trevar IIc
entricar *sp. pr.* — tricare
entro *asp. pr.* — tro IIc
entroido *asp.* — IIb

entrompezar, entropezar *asp.* — tropezar IIb
entroydo *apg.* — entroido IIb
entrudo *npg.* — ib.
entupir *pg.* — toppo
entroyer *afr.* — voyer² IIc
enuei *pr.* — noja
enuier *afr.* — ib.
énula *sp. pg.* — enola
envahir *fr.* — IIc
envanir *pr. afr.* — évanouir IIc
envaser *fr.* — gazon IIc
envazir *pr.* — envahir IIc
envelopar *pr.* — viluppo
envelopper *fr.* — ib.
envenir *afr.* (Pass.) — trovare
envesar *asp.* — avieso IIb
envezar *pr.* — vizio
envi *afr.* — envis IIc
~ (à l') *nfr.* — *ib.
~ *fr.* (vrlt.) — ib.
[enviaille, envial] *afr.* — ib.
[enviar] *pr.* — ib.
[enviciar] *sp.* — vizio
[envidar] *sp. pr.* — envis IIc
envie *fr.* — ib.
[~] *afr.* — ib.
[envier] *afr.* — ib.
enviro *pr.* — virar
environ *asp. fr.* — ib.
envis *afr. pr.* — *IIc; ambídos IIb
[envit] *pr.* — envis IIc
[envite] *sp.* — ib.
envoi *fr.* — voyer² IIc
envoisier *afr.* — vizio
[envolar] *pr.* — embler IIc
envolopar *pr.* — viluppo
envolpar *aval.* — ib.
envoûter *fr.* — *IIc
envoyer *fr.* — voyer² IIc
enxada *pg.* — accia
enxalma *sf.* — salma
enxalmar *pg.* — ensalmar IIb
enxambre *sp.* — sciame
enxame *pg.* — ib.
enxarcia *pg.* — sarte
enxarope *pg.* — siroppo
enxeco *asp. apg.* — IIb
enxedrez *pg.* — axedrez IIb
enxenso *asp.* — axenjo IIb
enxergão *pg.* — sargia
enxergar *pg.* — cercare
enxerir *sp. pg.* — IIb
enxertar *pg.* — enxerir IIb
enxofre *pg.* — solfo
enxoval *pg.* — axuar IIb
enxuagar *sp.* — IIb
enxugar *sp. apg.* — suco; ordeñar
  IIb
enxullo *sp.* — subbio
enxundia *sp.* — IIb

enxuto *sp.* — suco
[enyertar] *sp.* — yerto IIb
enzinha *pg.* — elce
eo *afr.* — io
epa *it.* — lla
épais *fr.* — spesso; dais IIc
épancher *fr.* — IIc
épanir *npic.* — espanir IIc
épanouir *fr.* — IIc
épanter *hen.* — spaventare
épargner *fr.* — *sparagnare; hargne
  IIc; [lorgner IIc]; [bornio]
éparpiller *fr.* — farfalla; parpaglione
éparvin *fr.* — spavenio
épaule *fr.* — spalla
épauter *pic.* — espautar IIc
épave *fr.* — IIc
épeautre (m.) *fr.* — spelta
épée *fr.* — spada
ép-iche *fr.* — IIc
épeler *fr.* — *IIc
épénir *npic.* — espanir IIc
épèque *pic.* — épeiche IIc
éperlan *fr.* — IIc
eperlan, eperlano *sp.* — éperlan IIc
éperon, éperonner *nfr.* — sperone
épervier *fr.* — sparaviere; avoltore;
  alérion IIc; spavenio
épi *fr.* — porc-épic IIc
épice *fr.* — spezie
épier *fr.* — spiare
épieu *fr.* — *IIc; essieu IIc; [espier
  IIc]; [espiet IIc]
épieule *pic.* — spillo
épinard *fr.* — spinace
épinceler, épincer *fr.* — pizza
épinette *fr.* — spinetta
épingle (f.) *fr.* — *spillo
epirota *it.* — piloto
épithème *fr.* — bizma IIb
építima (f.) *sp.* — ib.
epíttima *it.* — ib.
épiule *pic.* — spillo
éplingue *champ.* — ib.
éplucher *fr.* — piluccare
épois *afr.* — spesso
~ *fr.* — spito; [épieu IIc]
épouiller *fr.* — pidocchio
épouse, épouser *fr.* — sposo
épouvanter *fr.* — spaventare
époux *fr.* — sposo
épreiudre *nfr.* — preindre IIc
[éprendre, s'] *nfr.* — enticher IIc
épronter *wall.* — improntare
éproon *hen.* — esprohon IIc
eps, epsamen *pr.* — esso
épucer *fr.* — pulce
épuiser *fr.* — pozzo
èque *lothr.* — algo
équergnot *champ.* — hanneton IIc
équerre (f.) *fr.* — quadro

equi *afr.* — qui
équiper *nfr.* — *schifo
er *pr. chw. apg. gal.* — ora²
era *it. sp.*
~ *pr. chw.* — ora²
~ *sp.* — erial IIb
érable (m.) *fr.* — ácero
eradicar *pr.* — arracher IIc
eradicare *it.* — ib.
érafler *fr.* — raffare
eras *pr.* — ora²
erbeja *com.* — ervo
[erbière] *afr.* — hervero IIb
erbion *mail.* — ervo
érbo *piem.* — álbaro IIa
érbol *mail.* — ib.
ercer *sp.* — erguir IIb; uncir IIb
ère *fr.* — era
éreiner *afr.* — derrengar
éreinter *nfr.* — ib.
[eremitano] *it.* — artigiano
ergere *it.* — volgere; erto IIa
ergo *apg.* — IIb
ergot *fr.* — *argot² IIc
ergoteo *sp.* — ergoter IIc
ergoter *fr.* — IIc; larigot IIc
ergu *apg.* — ergo IIb
erguelh *pr.* — orgoglio
erguer *pg.* — erguir IIb
erguir *sp.* — IIb
ergull *asp.* — orgoglio
eri *asp. wal.* — ieri
erial *sp.* — IIb
eriçar *pg.* — riccio²
ericio *pg.* — riccio
eriçon *afr.* — ib.
erigò *burg.* — ergoter IIc
erio *sp.* — erial IIb
erissar, erisson *pr.* — riccio
erizar, erizo *sp.* — ib.
erme *afr.* — armellino
~ *pr. afr.* — ermo
ermellino *it.* — armellino
Ermenie *afr.* — ib.
ermin *pr.* — ib.
ermine *afr.* — ib.
ermini *pr.* — ib.
ermo *it.* — *I
ermu *wal.* — ermo
erpe *lothr.* — herse IIc
erpi *npr.* — ib.
erpice *it.* — ib.
erranment, errant *afr.* — erre IIc; auvent IIc
errar *pr.* — erre IIc
erraument *afr.* — auvent IIc
erre (f.) *afr.* — IIc; gier IIc
errement *afr.* — inchiostro
errer *afr.* — erre IIc
ers *pr. fr.* — ervo
erta *it.* — erto IIa

erti *chw.* — erto IIa
erto *it.* — IIa
erugę *wal.* — arroyo IIb
erva *pg.* — pozione
ervo *it.*
ervódo *pg.* — albédro IIb
ès *afr. pic.* — ape
es *afr.* — ecco
esalà *mail.* — scialare IIa
esbahir *pr.* — baire
esbalauzir *pr.* — éblouir IIc; épanouir IIc
esbanoier *afr.* — banda
esbaudir *pr. afr.* — baldo
esbaudré *afr.* — baudré IIc
[esbauttire] *aròm.* — bigot IIc
esbiai *npr.* — biasciu
esbirro *sp.* — birro IIa
esboçar *pg.* — bozza
[esbocher] *afr.* — bauche IIc
esbozo *asp.* — bozza
esbraoner *afr.* — brandone
esbraser *afr.* — bragia
esbrigá *npr.* — briser IIc; [briga]
esbulhar *pg.* — bolla
esbullar *cat.* — ib.
esca *it. pr.* — *I; amadouer IIc
[escaada] *apg.* — escada IIb
escabeau *fr.* — escamel
escac *pr.* — scacco
escada *pg.* — *IIb
escadafaut *afr.* — catafalco
escadre, escadron *fr.* — quadro
escaecer *apg.* — esquecer IIb
escafida *cat.* — eschevi IIc
escafir, escafit *pr.* — ib.
escai *sard.* — esca
~ *pr.* (vrlt.) — IIc
escaimel *pr.* — escamel
escala *pg.* — *sacco; escada IIb
~ *pr.* — schiera
escalá *occ.* — trepar IIb
[escalada] *asp.* — escada IIb
escalamo *sp.* — scalmo
escalavrar *pg.* — uaverare
escaldar *sp. cat.* — chauffer IIc
escaldrido *asp.* — scalterire IIa
escalecer, escalentar *asp.* — calentar IIb
escalfar *pr. cat.* — chauffer IIc
escalin *sp. pr. fr.* — scellino
escalio *sp.* — IIb
escalmo *sp.* — scalmo
escalo *occ.* — trepar IIb
[escaloigne] *afr. fr.* (mndt.) — scalogno
escalona *sp.* — ib.
escalope *afr.* — chaloupe IIc
[escalpelo] *sp.* — escarapelarse IIb
escalque *fr.* — scalco IIa
escamado, escamar *pg.* — escamoter IIc

escambell *cat.* — escamel
escamel *sp. pg.*
escamondar *sp.* — IIb
escamotar *sp.* — escamoter IIc
escamoter *fr.* — IIc
escampar *sp.; pr. cat.* — scappare
escamper *afr.* — ib.
escanção, escançar *pg.* — escanciar
escancarar *pg.* — gánghero IIa
escanciano *sp.* — escanciar
escanciar *sp.* — *I
escandalh *pr.* — scandaglio
escandalhar *pr.* — ib.
escandaliá *npr.* — ib.
escandallar, escandallo *sp.* — ib.
escandelbar *pr.* — ib.
escandia *sp. pg. cat.* — scandella
escandir *pr.* — escantir IIc
escantillon *sp.* — échantillon IIc
escantir *pr.* — IIc
escapar *sp. pg. pr.* — scappare
escaper *afr.* — ib.
escapin *afr.* — scarpa
escapre *val.* — escoplo IIb
escar *pr.* — esca
éscara *it.*
escára *sp. pg.* — éscara
escarabajo *sp.* — scarafaggio
escaramuza *sp. pr.* — scaramuccia
escarapelarse *sp. pg.* — *IIb
escaras *afr.* — échalas IIc
escaravai, escaravat *pr.* — scarafaggio
escaravelho *pg.* — ib.
escarba *sp.* — *IIb; écarver IIc
escarbar *sp.* — *IIb; scaraffare IIa
escarbot *fr.* — scarafaggio
escarcela *sp.* — sciarpa
escarcelle *fr.* — ib.
escarcha *sp. pg.* — IIb
escarchar *sp. pg.* — escarcha IIb
[escard] *afr.* — scartare
escardar *sp.* — cardo
[escargol] *afr.* — escargot IIc
escargot *fr.* — *IIc
escarida, escarir *pr.* — schiera
escarlat *pr.* — scarlatto
escarlate *sp.* — ib.
escarmenar *sp.* — escarmentar IIb
escarmentar *sp. pg.* — *IIb
escarmie *afr.* — scaramuccia
escarmiento *sp. pg.* — escarmentar
IIb
escarmouche *fr.* — scaramuccia
escarnho *pg.* — scherno
escarnio *sp.* — ib.
escarnir *sp. pg. pr.* — ib.
escarpa *pr.* — carpa
~ *sp.* — scarpa
escarpar *sp.* — *ib.
escarpe *fr.* — *ib.

escarpelo *sp.* — escoplo IIb; pardo
IIb; [escarapelarse IIb]
escarper *fr.* — *scarpa
escarpin *sp. afr.* [*nfr.*] — ib.
escarre *fr.* — éscara
escars *pr.* — scarso
[escarter] *afr.* — scartare
escarvar *pg.* — escarbar IIb
escarzar *sp.* — *IIb
escas *pr.* — scarso
escaso *sp.* — ib.
escátima *sp. pg.* — IIb
escatimar *sp. pg.* — escátima IIb
escaudar *pr.* — chauffer IIc
escaume *npr.* — scalmo
escausir *pr.* — choisir IIc
escavi *afr.* — eschevi IIc
escerpe *afr.* — sciarpa
eschace *afr.* — échasse IIc
eschala *acat.* — schiera
eschallier *afr.* — échalier IIc
eschalpre *afr.* — *escoplo IIb
eschamel *afr.* — escamel
eschancer *afr.* — *escanciar
eschandre *afr.* — esclandre IIc
[eschangier] *afr.* — escanciar
eschantelet *afr.* — échantillon IIc
eschargaitier *afr.* — échauguette IIc
escharir *afr.* — schiera
escharnir *afr.* — scherno
escharpe *afr.* — sciarpa
escharpir *pr. afr.* — ib.; charpie IIc
eschavoir *fr.* (vrlt.) — écheveau IIc
[eschec] *afr.* — sacco
[escheler] *afr.* — ib.
escherie *afr.* — schiera
eschern, eschernir *afr.* — scherno
escherpe *afr.* — sciarpa
eschevete *fr.* (vrlt.) — écheveau IIc
eschevi *afr.* — IIc
eschiele *afr.* — schiera
~ *afr.* — squilla
eschiere *afr.* — schiera
[eschignier] *afr.* — rèche IIc
eschio *it.* — ischio IIa
eschipre *afr.* — schifo
eschirer *afr.* — IIc
eschirgaite *afr.* — échauguette IIc
eschiter *afr.* — *IIc (auch Nachträge)
eschiu, eschiver *afr.* — schivare
[eschople] *afr.* — escoplo IIb
escintele *afr.* — étincelle IIc
escire *it.* — *I
esclafá *npr.* — schiaffo IIa
esclamasse *afr.* — schiamazzare IIa
esclandre (m.) *fr.* — IIc
esclarecido *sp.* — scalterire IIa
esclas *pr.* — schiavo
esclata *pr.* — schiatta
esclatar *pr.* — schiantare
esclate *afr.* — schiatta

esclau *pr. acat.* — esclo IIc; crau IIc
~ *pr.* — schiavo
esclaure *pr.* — chiudere
esclave *fr.* — schiavo
esclavin *sp.* — scabino
esclavina *sp.* — schiavo
esclavine *afr.* — ib.
esclavo *sp.* — ib.
esclé *lim.* — schietto IIa
[esclenc] *afr.* — enclenque IIb
esclenche, esclenge *afr.* — esclenque IIc
esclenque *afr.* — IIc
esclet *pr.* — schietto IIa
esclice *afr.* — clisse IIc
esclier *afr.* — IIc; schiantare
esclistre (f.) *afr.* — IIc; éclair IIc
esclo *afr.* — IIc
esclos *afr.* — schiavo
esclure *pr.* — chiudere
esclusa *sp.*
esco *it.* — andare
escoda *sp. pg.* — escodar IIb
escodar *sp. pg.* — IIb
escodre *pr.* — scuotere
[escoeil] *afr.* — cogliere
escofia *sp.* — cuffia
escofle *asp. afr.* — écoufle IIc
escoger *sp.* — *cogliere
escoifa *apg.* — cuffia
escol *apg.* — cogliere
escolh *pr.* — ib.
escolho *pg.* — scoglio
escolimoso *sp.* — IIb
escollo *sp.* — scoglio
escolta, escoltar *sp.* — corgere IIa
[escommovoir] *afr.* — abomé IIc
escona *acat.* — azcona IIb
[esconce] *sp.* — esconso IIb
escondire *pr. afr.* — IIc
esconfire *pr.* — sconfiggere IIa
esconso *pg.* — *IIb
esconzado *sp.* — esconso IIb
[escopa] *sp.* — escarapelarse IIb
[escopeler] *afr.* — escoplo IIb
escopeta *sp.* — schioppo IIa
escopette *fr.* — ib.
escopir *pr. afr.* — escupir
escoplo *sp.* — *IIb; [escarapelarse IIb]
escopro *pg.* — *escoplo IIb
escorbuto *sp. pg.* — scorbuto
escorcer *afr.* — scorciare
escorchar *sp. pg.* — corteccia
escorgar *pr.* — ib.
escorner *afr.* — scornare IIa
escorre *afr.* — scuotere
escors *afr.* — scorciare
escorsa, escorsar *pr.* — scorza
escorte, escorter *fr.* — corgere IIa

escorzar, escorzo *sp.* — scorciare
escorzon *sp.* — escuerzo IIb
escorzonera *sp.* — scorzonera
escosa *pr.* — scuotere
escossa *pr.* — ib.
escot *pr.* — scotto
escota *sp. pg.* — scotta
escotar *sp.* — escote IIb
escote *sp.* — IIb
~ *sp. pg.* — scotto
~ *afr.* — *scotta
escotz *pr.* — scotto
escouade *fr.* — quadro
escourre *afr.* — scuotere
escoursser *afr.* — scorciare
escourtegá *npr.* — corteccia
escousse *fr.* — scuot- re
escoutar *pr.* — ascoltare
escoutilliá *lim.* — cosse IIc
escovillon *sp.* — écouvillon IIc
escozor *sp.* — cuire IIc
escrabissa *npr.* — écrevisse IIc
escracar *pr.* — racher IIc
escrafá *occ.* — escraper IIc
escrafe *afr.* — ib.
escramo *asp.* — IIb
escraper *afr.* — IIc
escravo *pg.* — schiavo
escreffe *afr.* — escaper IIc
escregne *afr.* — IIc
escrevici *npr.* — écrevisse IIc
escrevisse *afr.* — ib.
escriegne, escrienne *afr.* — escregne IIc
escrier *afr.* — gridare
escriler *afr.* — IIc
escrima *pr.* — schermo
escrime, escrimer *fr.* — ib.
escrimir *pr. afr.* — ib.
escriu *pr.* — plevir IIc
escroc, escroquer *fr.* — scrocco
escucha *sp.* — ascoltare
escuchar *np.* — ib.
escudela *pr.* — écuelle IIc
escudier *pr.* — écu IIc
escudriñar *sp.* — IIb
escudrinhá *npr.* — escudriñar IIb
[escueillir] *afr.* — cogliere
escuelh *pr.* — scoglio
escuers *afr.* — scorciare
escuerzo *sp.* — IIb; rospo IIa; scorzonera
escuma *sp. pg. pr.* — schiuma
escupir *sp. pg. pr. afr.* — *I
escura *pr.* — écurie IIc
escurar *sp. cat.* — sgurare
escuria *pr.* — écurie IIc
escurol *pr.* — scojattolo
escurrir *pr.* — engreir IIb
escutar *pg.* — ascoltare
esdrúxulo *sp.* — sdrucciolo IIa

ese *sp.* — esso
esement *afr.* — ib.
esfaimar *pg.* — pairar IIb
esfalfar *pg.* — fofo IIb
esfarfalha *npr.* — farfalla; *parpaglione
esfassar *pr.* — faccia
esferar *pr.* — effarer IIc
esfolar *pg.* — desollar IIb
esfoldre *afr.* — foudre IIc
esfondrar *pr.* — fondo
esfort *afr.* — forza
esfortz *pr.* — ib.
esforzar *sp.* — ib.
[esfredar] *pr.* — frayeur IIc
[esfreer] *afr.* — ib.
esfregar *pg.* — fregare
esfrei, esfreidar, esfreyar *pr.* —
   frayeur IIc
esfroi *afr.* — ib.
esfrontat *pr.* — affrontare
esfuerzo *sp.* — forza
esgarar *pr.* — garer IIc
esgarat *pr.* — ib.
esgarder *afr.* — *guardare
esgaré *afr.* — garer IIc
esgarrapar *cat.* — escarbar IIb
esglay *pr. cat.* — ghiado
esglayar *pr. cat.* — ib.
esgotar *pr.* — égout IIc
esgraffa *npr.* — greffe IIc
esgraffer *afr.* — ib.
esgrima *sp. pg.* — schermo
esgrimar *cat.* — ib.
esgrimir *sp. pg.* — ib.; escarmentar
   IIb; [brincar IIb]
esgrumar *pr. cat.* — esgrumer IIc
esgrumer *afr.* — IIc
esgruner, esgrunier *afr.* — esgrumer
   IIc
esguardar *asp.* — guardare
esguazar, esguazo *sp.* — guado
esguince *sp.* — sguancio IIa
esì *wal.* — cscire
ésito *it.* — IIa
eskipre *afr.* — schifo
eslais *afr.* — lasciare
eslaissar (s') *pr.* — ib.
eslaisser (s') *afr.* — ib.
eslansar *pr.* — lancia
esleir *sp.* — scegliere IIa
eslider *afr.* — IIc
eslinga *pg.* — slinga; ascua IIb
eslingua *sp.* — slinga
eslire *pr.* — scegliere IIa
eslochier, eslocier (s') *afr.* — locher
   IIc
esma *cat.* — esmar
esmai *pr.* — smagare
esmaiar *apg. pr.* — ib.
esmaier *afr.* — ib.; [aboyer IIc]

esmaïr *asp.* — smagare
esmalte *sp. pg.* — smalto
[esmanevi] *afr.* — manevir IIc
[esmanchié, — kié] *afr.* — manco
esmar *pr.* — *I; aime IIc
esmarrir *pr. afr.* — marrir
esme *pr. afr.* — esmar; aime IIc
esmer *afr.* — esmar
esmeracde *asp.* — smeraldo
esmeralda *sp. pg.* — ib; salma
esmerar *sp. pr.* — smerare
esmerauda *pr.* — smeraldo
esmerejon *sp.* — smerlo
esmerer *afr.* — *smerare
esmeril *sp. pg.* — smerlo; smeriglio
esmerilhão *pg.* — smerlo
esmerilho, esmirle *pr.* — ib.
esmoi *pr. afr.* — smagare; [aboyer
   IIc]
[esmoignoner] *afr.* — muñon
esmola *pg.* — limósina
esmorzar *cat.* — almuerzo IIb
[esmongonner] *afr.* — muñon
esmoyer *afr.* — smagare
esneche *afr.* — esneque IIc
esneque *afr.* — IIc
esora *asp.* — esso; ora²
espá (f.) *acat.* — spada
espaciar, espaciarse *sp.* — spazzare
espada *sp. pg. pr.; asp.* — spada
espadoa *pg.* — spalla
espaladinar *asp.* — paladino IIb
espalancar *sp.* — spalancare IIa;
   esparrancar IIb
espalda *sp. pg.* — spalla; baldo
espalde *afr.* — spalla
espaldera *sp.* — ib.
espalhar *pg.* — paglia
[~] *pr.* — parpaglione
espalier *fr.* — spalla
espalla *asp.* — ib.
espalmar *pr.* — spasimo
espan *afr.* — spanna
espanausir *poit.* — épanouir IIc
espandir, espandre *afr.* — ib.
espanir *apic.* — IIc
~ *afr.* — épanouir IIc; spanna
~ *afr.* — pan IIc
espanoïr *afr.* — ib.
espantar *sp. pg.* — spaventare
esparavan *sp.* — spavenio
esparavel *sp.* — sparaviere
esparcir *sp.* — IIb
espargir *asp. pg.* — esparcir IIb
esparpalbar *pr.* — parpaglione
esparpeiller *afr.* — ib.
esparrancar *sp.* — IIb
esparser *pr.* — esparcir IIb; sumsir
   IIc
espart *afr.* — éclair IIc
esparto *sp.* — spago IIa

esparvain *afr.* — spavenio
esparvel *asp.* — sparaviere
esparver *cat. val.* — ib.; spavenio; astore
esparverar *cat.* — astore
esparverenc *cat.* — spavenio
esparvier *pr.* — sparaviere
esparzir *pg.* — esparcir IIb
espas *pr.* — *spada
espasmar *sp.* — spasimo
espasme *pr.* — ib.
espasmo *sp.* — ib.
espassar *pr.* — scappare; spazzare
espatla *pr.* — spalla
espauenter *afr.* — spaventare
espaut *pr.* — espautar IIc
espautar *pr.* — IIc; [bigot IIc]
espavcntar *pr.* — spaventare
espaventer *afr.* — ib.
espawter *wall.* — espautar IIc
espaza *pr.* — tutare
espé *val.* — speme IIa
espeautre *afr.* — peltro
espece *afr.* — spezie
espeche *afr.* — épeiche IIc
especia *sp.* — spezie
espedo *sp.* — spito
espée (m.) *afr.* — spada
espejar, espejo *sp.* — specchio
espelar *pr.* — épeler IIc
espeler *afr.* — ib.
espelh *pr.* — specchio; snello
espelhar *pr.* — épeler IIc
espelho *pg.* — specchio
[espelir] *afr.* — épeler IIc
espelta *sp.* — spelta
[espène] *fr.* (mndt.) — spillo
espeneïr *afr.* — pan IIc
espenher *pr.* — spignere IIa
espenir *afr.* — pan IIc
espeque (m.) *sp. pg.* — IIb
esper *val.* — speme IIa
esperenc *occ.* — esplinque IIb
esperir (s') *pr. afr.* — IIc
esperit *pr. cat.* — spirito
espero, esperonar *pr.* — sperone
espertar *asp. pg. pr.* — *IIb
espes *pr.* — spesso; snello
espeso *sp.* — spesso
espeto *sp. pg.* — spito
[espeut] *pr.* — épieu IIc
espeuta *pr.* — spelta
espia *sp. pr.* — spiare
espiar *sp. pr.* — ib.
espiaut *pr.* — espiet IIc
espic *pr.* — porc-épic IIc
espichar *sp. pg.* — spiche IIb
espiche *sp.* — IIb
espicho *pg.* — espiche IIb
espie (f.) *afr.* — spiare

espié *afr.* — espiet IIc; spada; [épieu IIc]
espiedo *sp.* — spito
espiègle *fr.* — specchio
espieil *afr.* — *épieu IIc
[espeil] *afr.* — ib.
espier *afr.* — *IIc; spito; [épieu IIc]
espiet *afr.* — *IIc; *épieu IIc
[espieu] *pr. afr.* — épieu IIc; espier IIc
espieut *pr.* — espiet IIc; [épieu IIc]
espin *sp.* — porc-épic IIc
espinaca *sp.* — spinace
espinafre *pg.* — ib.
espinar *pr.* — ib.
espineta *sp.* — spinetta
espiogarda *sp.* — springare
espinglo *npr.* — spillo
espion *sp. fr.* — spiare
Espir (S.) *afr.* — spirito
espirito *pg.* — ib.
espiritu *sp.* — ib.
espita *sp.* — spítamo
espitlori *pr.* — *pilori IIc
[espittlera] *cat.* — ib.
esplasmar *pr.* — spasimo
esplecha *pr.* — exploit IIc
espleiar *pr.* — piegare
espleit, espleitar *pr.* — exploit IIc
esplinque *sp.* — IIb
[esploitier] *afr.* — exploit IIc
esplugar *val.* — pulce
espoenter *afr.* — spaventare
espoindre *afr.* — poindre IIc
espois *afr.* — spesso; dais IIc
[espoit] *afr.* — épieu IIc
espojo *asp.* — spoglio
espolear *sp.* — sperone
espolet *afr.* — spola
espolin *sp.* — ib.
espolo *lim.* — ib.
espolon *nsp.* — sperone
esponda *pr.* — sponda IIa
esponton *sp.* — spuntone
espora, esporão, esporear *pg.* — sperone
esporon *asp. afr.* — ib.
espos *pr.* — sposo
esposa *sp. pr.* — ib.
esposar *asp. pr.* — ib.
esposo *sp.* — ib.
espoventer *afr.* — spaventare
espreitar *pg.* — exploit IIc
esprelle *fr.* — IIc
esprequer *afr.* — IIc
espringale, espringnerie *afr.* — springare
espringuer *afr.; pic.* — ib.; [brincar IIb]
esprit *fr.* — spirito

esprito *sp.* (vrlt.) — spirito
esproher *afr.* — IIc
esprohon *afr.* — IIc
espuela *sp.* — sperone
espuera *asp.* — ib.
espulgar *sp. pg. pr.* — pulce; piluccare
espurriar *sp.* — esproher IIc
espurrir *sp.* — IIb; sobar IIb; sumsir IIc; [puirier IIc]
espussar *cat.* — pulce
esquachier *afr.* — quatto
esquadra, esquadron *sp.* — quadro
esquecer *pg.* — IIb
esquecerse *pg.* — esquecer IIb
esqueira *pr.* — schiera
esquela *sp.* — cédola; coda
esqueleto *sp.* — scheletro
esquelha, esquella *pr.* — squilla
esquellotada *cat.* — charivari IIc
esquena *sp. pr.* — schiena; esquina IIb
esquentar *pg.* — calentar IIb
esquer, ~a *pr. cat.* — izquierdo IIb
esquerdar *cat.* — cardo
esquerdo *pg.* — izquierdo IIb
esquern, esquernir *pr.* — scherno; snello
esquero *sp.* — esca
esquerro *sp.* — izquierdo IIb
esquichá *npr.* — quatto
esquicher *genf.* — ib.
esqnicio *sp.* — schizzo
esquif *fr.* — schifo
esquifar *sp.* — ib.
esquife *sp. pg.* — ib.
esquila *sp.* — squilla
esquille *fr.* — IIc
esquilmar, esquilmo *sp.* — quilma
esquilo *sp. pg.* — scojattolo
esquina *sp. pg.* — IIb
~ *pr.* — schiena
esquinela *sp.* — ib.
esquinsar *pr. cat.* — esquinzar IIb
esquintar *pr.* — ib.
esquinzar *sp.* — *IIb
esquipar *sp.* — schifo
esquiper *afr.* — *ib.
esquirar *pr.* — eschirer IIc
esquirol *arag.* — scojattolo
esquissar *pr.* — esquinzar IIb
esquisse (f.) *fr.* — schizzo
esquiu *pr.* — schivare
esquivar *sp. pg.* — ib.
esquiver *fr.* — ib.; [fio]; [blafard IIc]
esquivo *sp.* — schivare
esraigar *pr.* — arracher IIc
essai *pr. fr.* — saggio[1]
essaiar *pr.* — ib.
[essaier] *afr.* — stancare

essaim *fr.* — sciame
[essanchier] *afr.* — stancare
essart *afr.* — IIc
essarter *afr.* — essart IIc
essayer *fr.* — saggio[3]
esse *pg.* — esso
essement *afr.* — ib.
ésser *pr. chw.* — éssere
éssere *it.* — ib.
essi *sard.* — éssere
~ *asp.* — esso; nada IIb
essieu *fr.* — IIc; *épieu IIc
essiment *afr.* — esso
essiri *sard.* — éssere
esso *it.* — *I; sotto; nada IIb; [ampleis IIc]
essoigne, essoigner, essoine *afr.* — sogna
essombre *afr.* — sombra IIb
essor *fr.* — sauro
[essorber] *afr.* — orbo
essorer *fr.* — sauro
essui *fr.* — suco
essuy *berr.* — ib.
essuyer *fr.* — ib.
est *fr.* — IIc
~ *pr.* — esto
~ *fr.* — poi
estable *fr.* — stallo
estaca *sp. pr.* — stacca
estação *pg.* — stagione
estacha *sp.* — IIb
estache *afr.* — stacca
estacion *sp.* — stagione
estafeta *sp.* — staffa IIa
estafette, estaffilade *fr.* — ib.
estal *pr. afr.* — stallo
estala *sp.* — ib.
estalar *pg.* — schiantare
estalbi *pr.* — IIc
estalbiar *pr.* — est-lbi IIc
estallar *sp.* — schiantare
estalo *asp.* — stallo
estalvar *pr.* — IIc
estalvi, estalviar *cat.* — estalbi IIc
estameña *sp.* — stamigno
estamenha *pr. pg.* — ib.
estampar *sp. pg. fr.* — stampare; estampie IIc
[estamperche] *afr.* — stamberga IIa
estampida *sp.pr.*; *pr.* — estampie IIc
estampido *pg.* — ib.
estampie *afr.* — IIc
estampir *pr.* — estampie IIc
~ *cat.* — ib.
estanc *pr.*; *pr. afr.* — *stancare
estancar *sp. pg. pr.*; *pg.* — *ib.
[estanchier] *afr.* — ib.
estancia *sp.* — stanza
estanco *sp.* — stancare
estandart *pr.* — stendardo

estandarte *sp.* — stendardo
estanh *pr.* — stagno ; ghignare
estaño *sp.* — stagno
estanque *sp. pg.; pg.* — stancare
estansa *pr.* — stauza
estanyar *val.* — stancare
estaouviá *occ.* — estalbi IIc
estaple *afr.* — étape IIc
estaque *afr.* — stacca
estar *pr.* — estovoir IIc
estarna *sp. pg.* — starna
estatga, estatge *pr.* — staggio
estaudeau *fr.* — hétaudeau IIc
[estavoir] *afr.* — estovoir IIc
estay *sp.* — étai IIc
este *sp. pg.* — esto
~ *sp.* — est IIc
esteil *afr.* — IIc
esteio *pg.* — étai IIc
esteira *pg.* — stoja
esteler *afr.* — teler IIc
estemado *asp.* — escátima IIb
estendart *pr.* — stendardo
esteneille *afr.* — tanaglia
estequer *afr.* — étiquette IIc
ester *afr.* — estovoir IIc
estera *sp.* — stoja; [lleco IIb]
estern, ~ a *pr.* — *IIc
esternar *pr.* — estern IIc
esters *pr. afr.* — IIc
estesvos *afr.* — ecco
esteu *afr.* — stovigli IIa
estever *pr.* — estovoir IIc
estiar *asp.; pg.* — IIb
estibal *asp.* — stivale
estibo *asp.* — entibo IIb
esticher *afr.* — étiquette IIc
estiere *afr.* — esturman IIc
estiers *pr. afr.* — esters IIc
estiquer *afr.* — étiquette IIc
estiquete *hen.* — ib.
estirazar *sp.* — tirare
estirman *afr.* — esturman IIc
estiva *sp. pg.* — stivare
estival *pr. afr.* — stivale
estivar *sp. pg.* — stivare
esto *ait.*
estobla *pr.* — stoppia
estoc *pr. fr.; afr.* — stocco; [stuzzicare IIa]
estófa *sp. pg.* — stoffa
estofar *sp. pg.; sp.* — ib.
~ *sp.* — stufa
[estofegar] *pr.* — tufo
[estofegier] *afr.* — ib.
estofo *pg.* — stoffa
estoiar *pr.* — astuccio
estoire *afr.* — flotta; stuolo; estorer IIc
estojar, estojo *pg.* — astuccio
estol *asp.; pr. acat.* — stuolo; flotta

estona *cat.* — trastullo IIa
estone *pr.* — IIc
estoner *afr.* — étonner IIc
estonner *fr.* — estruendo IIb
estonzas, estonze *asp.* — enton IIb
estopa *sp.* — stoppa
estopar *asp.* — ib.
estoque *sp. pr.* — stocco
estor *afr.* — stormo
estordir *asp.* — stordire
estorée *afr.* — estorer IIc
estorement *afr.* — ib.
estorer *afr.* — IIc; stuolo
estormir *afr. pr.* — stormo
estorn *pr.* — ib.
estornar *pr.* — étonner IIc
estot *pr.* — estout IIc
estotoier *afr.* — ib.
estoupro *pg.* — escoplo IIb
estonrrir *occ.* — torrar IIb
estout *pr. afr.* — IIc
estovar *sp.* — stufa
estovoir *afr.* — *IIc
estrá *pr.* — strada
Estrabort *afr.* — catafalco; boulevard IIc
estrabot *afr.* — estribo; strambo
estrac *fr.* — IIc
estracar *pr.* — straccare IIa
estrada *sp. pg. pr.* — strada
estrade *fr.* — ib.
estradier *pr.* — ib.; estraguar IIc
estrado *sp.* — strada
estraer *afr.* — ib.
estragão *pg.* — *targone
estragar *sp. pg.* — estrago IIb
estrago *sp. pg.* — IIb
estragon *fr.* — targone
estraguar *pr.* — *IIc; straccare IIa
[estraié, estraïe] *afr.* — estraguar IIc
estraier *afr.* — strada; estraguar IIc
estraier(s) *afr.* — estraguar IIc
estraiere *afr.* — strada; estraguar IIc
estralar *pg.* — schiantare
estrambosidad *sp.* — strambo
estrambote *sp. asp.* — ib.
estrambotico *sp. pg.* — ib.
estramp *pr.* — ib.
estrangier, estranh *pr.* — stranio
estraño *sp.* — ib.
estrapada *sp.* — strappare IIa
estrapade *fr.* — ib.; [pazzo IIa]
estrapasser *fr.* — *pazzo IIa
estrapazar *sp.* — *ib.
estraper *afr.* — IIc; strappare IIa
estrassar *pr.* — stracciare
estraza, estrazar *sp.* — ib.
estrazo *sp.* — ib.

estreb, estrebar *cat.* — *estribo
estrechecer *sp.* — étroit IIc
estrecier *afr.* — ib.
estrée *afr.* — strada
estréer *afr.* — IIc
estregar *sp.* — *fregare
estreit *pr.* — étroit IIc
estrenque *sp.* — stringa; estrinque IIb
estrep *pr.* — estribo
estrepar *pr.* — estraper IIc
estr+per *afr.* — ib.
estreu *afr.* — estribo
estreup *pr.* — ib.
estria *pg.* — strega
estribar *sp. pg. pr.; pg.; sp.* — *estribo
estribeira *pg.* — ib.
estribera, estribillo *sp.* — ib.
estribo *sp. pg.; sp.* — *I; strambo; [entibo IIb]
estribord *sp.* — stribord IIc
estribot *pr. afr.* — estribo; strambo
estribote *asp.* — estribo
estricar *sp.* — tricare
estricote *sp.* — tricoter IIc
estrie *afr.* — *strega
[+strié] *afr.* — épieu IIc
estrief *afr.* — estribo
[estrier] *afr.* — épieu IIc
estrieu *pr.* — estribo; [épieu IIc]
estrif *afr.* — estribo
estriga *pg.* — IIb
estrigar *pr.* — tricare
estrijol *cat.* — stregghia
estrillar *asp.* — ib.
estrimbote *asp.* — strambo
estrinca *pg.* — stringa; estrinque IIb
estrincar *pg.* — estrinque IIb
estringa *sp.* — stringa
estrinque *sp. pg.* — IIb; stringa; [brin ar IIb]
estriop *pr.* — estribo
estrique *afr.* (Douai) — tricoter IIc
estris *pr.* — estribo
estrit *afr.* — ib.
estriub *pr.* — ib.
estriver *afr.* — ib.
estro *it. sp.*
estrondo *pg.* — estruendo IIb
estront *afr.* — stronzare IIa
estrupe *fr.* — stróppolo
estropear *sp. pg.* — stroppiare
estropier *fr.* — ib.
estros *pr. afr.* — IIc
+strovo *sp.* — stróppolo
estrubar, estrubicira *pr.* — estribo
estruendo *sp.* — IIb
estruep *pr.* — estribo
estrujar *sp.* — torchio

estrumant *afr.* — esturman IIc
[estrumelé] *afr.* — trumeau IIc
estrun *pr.* — IIc
estrunat *pr.* — estrun IIc
estrus *pr.* — struzzo
estuba *pr.* — stufa
estuche *sp.* — astuccio
estuco *sp.* — stucco
estudier *afr.* — astuccio
estufa *sp. pg.* — stufa
estufar *sp.* — ib.
estug *pr.* — astuccio
estui *asp. pr.* — *ib.
estuiar *pr.* — ib.
[estuid+] *afr.* — ib.
estuier *afr.* — ib.
[estuire] *afr.* — ib.
[~] *afr.* — ib.
estuque *sp.* — stucco
esturar *sp.* — torrar IIb
esturion *sp.* — storione
esturlenc *pr.* — IIc
esturman *afr.* — IIc
estuzar *pr.* — tutare
ésure *wal.* — tasso
esvair *pg.* — évanouir IIc
esvanuir *pr.* — ib.
esve *afr.* — rêve IIc
eswarder *afr.* — guardare
eta *com.* — ette IIa
étable (f.) *nfr.* — stallo
établir *fr.* — IIc
étage *fr.* — staggio
étai *fr.* — *IIc
étaie *fr.* — étai IIc
étain *fr.* — stagno; tricoter IIc; XXV (XIX) 7
étal, étaler *nfr.* — stallo
étalon *fr.* — guaragno; stallo
étamer *fr.* — stagno
étamine *fr.* — stamigno; bluter IIc ·
étamper *fr.* — stampare
étampir *fr.* (mndt.) — estampie IIc
étance *fr.* — stanza
étancher *fr.* — stancare
étançon *fr.* — stanza
étang *fr.* — stancare; XXV (XIX) 7
étanger *berr.* — estalbi IIc
étangues (pl.) *fr.* — stanga
étape *fr.* — IIc
étau *nfr.* — stallo; stocco
étayer *fr.* — étai IIc
etego *apg.* — enteco IIb
éteindre *fr.* — IIc
étele *sp.* — ecco
étendard *fr.* — stendardo
éteule *fr.* — stoppia
etiamdeu *asard.* — eziandío IIa
etica *it.* — scatola IIa
etico *it.* — enteco IIb
Étienne *fr.* — antienne IIc

étincelle *fr.* — IIc
étiquette *fr.* — IIc; stecco IIa
étoffe, étoffer *fr.* — stoffa
étonner *fr.* — IIc; stordire
étoquer *pic.* — stocco
étouble *fr.* — *stoppia
étouffer *fr.* — *tufo
étouger *berr.* — estalbi IIc
étouppe, étoupper *fr.* — stoppa; stoffa
étouppin *fr.* — stoppa
étourdi, étourdir *fr.* — stordire
étourgeon *fr.* — storione
étrain *pic.* — IIc
étrange, étranger *fr.* — stranio
étrape *nfr.* — estraper IIc
être *fr.* — éssere
étrécir *fr.* — étroit IIc
étrée *pic.* — strada
étreindre *fr.* — IIc
étrier *fr.* — *estribo
étrille, étriller *fr.* — stregghia
étriquet *fr.* — tricoter IIc
étrivière *fr.* — estribo ·
étroit *fr.* — IIc
étron *nfr.* — stronzare IIa; bouse IIc
étrope *fr.* — stróppolo
ett, etta *rom.* — ette IIa
ette *it. sard.* — IIa; nada IIb; uiente
etti *flor.* — ette IIa
étui *fr.* — astuccio
étuve *fr.* — stufa
étuver *fr.* — *ib.
eu *pg. gal. pr. wal.* — io

eür, eüreux *afr.* — augurio
euze *pr.* — elce
eva *piem.* — avale IIa
evad, evades *asp.* — evay IIb
Evain *afr.* — putto; mamma
évanouir (s') *fr.* — *IIc; épanouir IIc
evar *pg.* — evay IIb
évaser *fr.* — IIc
evay *asp.* — IIb
eve *afr.* — eau IIc; antif IIc
éventail *fr.* — ventaglio
évêque *fr.* — prince IIc
évier *fr.* — eau IIc
eviss *wall.* — envis IIc
evol *pr.* — ebbio
evori *pr.* — avorio
exaucer *fr.* — alzare
exclure *fr.* — chiudere
exécutoire *fr.* — grimoire IIc
exhalar *sp.* — scialare IIa
exhausser *fr.* — alzare
exir *asp.* — escire
expausar *pr.* — pausare
expender *sp.* — spendere IIa
exploit *fr.* — *IIc; emplette IIc
exploiter *fr.* — exploit IIc
exposer *fr.* — pausare
extrangero *sp.* — stranio
eya *pr.* — ea
eyxeco *apg.* — enxeco IIb
ez *afr.* — ecco
eziandío *it.* — IIa
ezzà *com.* — izza IIa

f

fa, sol *it.* — solfa
fabala *hen.* — falbalà
fabla *sp.* — favola
fable *fr.* — ib.
fablel *pr. afr.* — ib.
fabler *afr.* — ib.
fabliau *fr.* — ib.
fâbor *wall.* — faubourg IIc
fabuco *sp.* — faggio
faca, facanea *asp. pg.* — haca
faccenda *it.*
facchino *it.* — *I
facchinu *sic.* — facchino
facci *sic.* — fazzuolo IIa
faccia *it.* — I; fazzuolo IIa; façon IIc
face *fr. pg.* — faccia; façon IIc
~ *it.* — fagotto·
facha *pg.* — accia
~ *sp.* — faccia

facha *pg.* — fiáccola
fache (vb.) *pic.* — baccalare
fâcher, fâcheux *fr.* — fastidio
fachurier *pr.* — fattizio
facia *piem.* — fazzuolo IIa
faciende *afr.* — faccenda ·
facimola *it.* — IIa
facimolo *it.* — facimola IIa
facistol, facistor *asp.* — faldistorio
façon *fr.* — IIc
fada *sp. pg. pr.* — fata
~ *pr.* — fat IIc
fadar *pr.* — fata
fade (m. f.) *fr.* — fat IIc
fado *it.* — ib.
faer *afr.* — fata
fafarinna *chw.* — farfalla
fag *wal.* — faggio; fagotto
~ *pr.* — crau IIc
faganello *it.* — fanello IIa

fage (f.) afr. — faggio
faggio it. — *I (Nachträge); faína; ciriegia; abezzo IIa; quercia IIa
faggiuola it. — faggio
fagbefarina sard. — farfalla; parpaglione
fagina cat. — faína
faglia ait. — fallire
fagno it. — IIa
fagot pr. fr. — fagotto
fagetto it. — I; marangone IIa
fagu sic. — faggio
fagüeño arag. — IIb
faguino, fahíno npr. — faína
faia pr. pg. — faggio
[faible] fr. — fievole
faide afr. — IIc
faidir pr. — faide IIc
faidiu afr. — ib.
faig pr. — pacciare
faignant fr. (volksm.) — faint IIc
faille afr. — fallire
~ afr. — fiáccola; [falò]
~ jur. — feda IIc
faillir pr. fr. — fallire
faína it.
faine fr. — *faggio (Nachträge)
faïne afr. lothr. — *ib.
faine fr. — vanne IIc
faiot afr. — IIc
faire afr. — IIc
faisca, faiscar pg. — falavesca
faisceau fr. — fascio
[faisner, faisnier] afr. — desinare
faissa pr. — haza IIb
taisso pr. — façon IIc
[faiste] afr. — festo IIb
faïste afr. — *ib.
fait afr. — faire IIc
faita pr. — pacciare
faite (m.) nfr. — *festo IIb
faitilba pr. — fattizio
faitura, faiturar pr. — ib.
faiturier dauph. — ib.
faix fr. — fascio; falourde IIc
falagar asp. val. — *halagar IIb
falaise fr. — IIc; XXIV (XVIII) 4
falar sp. (vrlt.) — hallar IIb
falavesca it. — *I
falb pr. — falbo
falbalà it. sp. pg. fr.
falbo it. — I; garbo
falcão pg. — falcone
falcare it.
falco it. — falcoue
~ it. — catafalco
falcó pr. — falcone
falcon afr. — ib.
~ sp. — smerlo
falcone it. — I; moschetto
falconete sp. — falcone; smerlo

falconetto it. — falcone; terzuolo
falcx pr. — falcone
falda it. sp.; it. sp. pg.; chw — *I; rocca; tasca; falbalà; faldriquera IIb
faldistorio it. sp pg.
faldre afr. — fallire
faldriquera sp. — IIb
falecer npg. — fallire
falba pr. — ib.
~ pr. — fiáccola
falifa apg. — felpa
falir apg. — fallire
[falisca] sp. pg. — falavesca
falise afr. — falaise IIc
faliva crem. parm. ver. — falavesca
falla it. asp. — fallire
~ pg. — favola
fallar sp. chw. — fallire
~ pg. — favola
~ asp. — hallar IIb
fallare it. — fallire; halagar IIb
fallecer nsp. — fallire
fallir asp. — ib.
fallire it.
[fallisce] friaul. — falavesca
fallo it. — fallire
falloir fr. — ib.
falò it. — *I
falot fr. — *falò
falotico it. — ib.
faloorde (f.) fr. — *IIc; [lordo]
falso sp. — catafalco
falta it. sp. pg. — faltare
faltar sp. pg. — ib.
faltare it.
falto (adj.) sp. pg. — faltare
faltrero, faltriquera sp. — faldriquera IIb
talua pg. — feluca
faluca sp. — ib.
falue afr. — fanfaluca; [moire IIc] (Nachträge)
famaigl chw. — famiglio
fambrosa com. — framboise IIc
fame asp. — hambre IIb
famiglio it.
familio apg. — famiglio
famillo asp. — ib.
famini sard. — hambre IIb
fanal sp. fr. — falò
fanale it. — ib.
fanar asp.; pg. — fañar IIb
~ pr. chw. — faner IIc
fañar arp. — IIb
fanc pr. afr. — fango
fancella flor. chw. — fante IIa
fanciulla it. — ib; cimento IIa
fanciullo it. — fante IIa; maciulla IIa
[faneco] pg. — bègue IIc

fanello *it.* — IIa
faner *fr.* — IIc
fanett *mail.* — fanello IIa
fanfa *asp.* — *I
fanfaluca *it.* — I; XXIII (XVIII) 1; [fanía]
fánfano *it.* — *fanfa
fanfare, fanfaron *fr.* — ib.
fanfarron *sp.* — ib.
fanfelue *afr.* — fanfaluca
fanflue *norm.* — ib.
fanfola *com.* — ib.
fanfonj (pl.) *sic.* — ib.
fanfreluche *fr.* — ib.; [verrina]; [sobriquet IIc]
fanfulla *mail.* — fanfaluca
fanga *lomb.* — fango
fange, fangeux *fr.* — ib.
fango *it. sp.*
fangoso *it.* — fango
fangotto *it.* — fagotto; fianco; marangone IIa
fangue *norm.* — fango
fanha *pr.* — ib.
fanin *piem.* — fanello IIa
fanion *nfr.* — fanon IIc
fanir *afr.* — faner IIc
fanò *ven.* — falò
fanon *afr. nfr.* — IIc
fanoul *afr.* — faner IIc
fantarma *cat.* — fantôme IIc
fantasima *it.* — ib.
fantasti *occ.* — ib.
fantauma *pr.* — ib.; [taxer IIc]
fante *it.* — IIa; testeso IIa
fanteria, fantoccio *it.* — fante IIa
fantôme *fr.* — IIc; [taxer IIc]
faon *fr.; afr.* — IIc
faoner *fr.; afr.* — faon IIc
faquin *sp. fr. norm. pic. berr.* — facchino
far *pr.* — faire IIc; chauffer IIc
fara *lomb.; burg.* — IIa
farabalà *piem.* — falbalà
farandolo *npr.* — farándula IIb
farándula *sp. pg. cat.* — IIb
farapo *pg.* — arpa
faraute *sp. pg.* — araldo; bagordo
farcas *chw.* — fracassare
farce *fr.* — farsa
fard *fr.* — IIc
farda *sp.; pg.* — fardo
fardage *sp.* — ib.
fardagem *pg.* — ib.
fardaggio *it.* — ib.
fardas *sp. pg.* — hard IIc
fardeau *fr.* — fardo; hard IIc
fardel *pr. pg.* — fardo
farder *fr.* — fard IIc
fardido *asp.* — ardire
fardillo *sp.* — fardo

fardo *sp. pg.* — *I
fare, a, da *it.* — affare
farfaglione *it.* — farfalla
farfalà *sp.* — falbalà
farfalhas (pl.) *pg.* — farfalla
farfalla *it.* — I; *parpaglione
farfantaire *occ.* — fanfa
farfante *sp.* — ib.
farfátola *com.* — farfalla
farfogliare *neap.*
farfojà *lomb.* — farfogliare
farfouiller *fr.* — fouger IIc
farfoulier *hen.* — farfogliare
farfulla *sp.* — bobo IIb; XXVII (XX)
farfullar *sp.* — farfogliare
targa *pr.* — forgia
fargua *it.* — farnia IIa; hargne IIc
farinella *pg.* — flanella
farnetico *sp.* — garbillo IIb
farnia *it.* — IIa
faro *pg.* — *IIb
farò *piem.* — falò
faron *asp.* — haron IIb
Farou *fr.* — grigou IIc
farouche *fr.* — IIc; effarer IIc; XXIV (XVIII) 4
farpa *sp. pg.* — arpa
farpão, farpar *pg.* — ib.
farragem *pg.* — ferrana
farre *asp.* — arriero IIb
farroupo *pg.; apg.* — IIb
farsa *it. sp. pg.*
farsetto *it.* — farsa
fartar *pg.* — harto IIb
[fàrtat] *wal.* — fraire IIb
farte *apg.* — harto IIb
farto *asp. pg.* — ib.
fascás *asp.* — hascás IIb
fascher *fr.* — fastidio
fascia *it.* — fazzuolo IIa
fascina *it.* — fascio
fascio *it.* — *I
fascona *sp.* — azcona IIb
[fasdel] *ferrar.* — fascio
fassa *pr.* — faccia; haza IIb
~ *piem.* — fazzuolo IIa
[fassadel] *ferrar.* — fascio
fasse (vb.) *fr.* — baccalare
fassolet *piem.* — fazzuolo IIa
fasta *asp. apg.* — hasta IIb
fastello *it.* — *fascio
fasti *pr. afr.* — fastidio
fastic *pr.* — ib.; allodio
fasticar *pr.* — *fastidio
fastidiare *it.* — ib.
fastidio *it.* — *I
fastidioso *it.* — fastidio
fastig *pr. cat.* — *ib.
fastigar *pr.* — *ib.
fastigos *cat. pr.* — *ib.

fastío *sp. pg.* — fastidio
[fastras, fastrasie, fastroulle] *afr.* —
   fatras IIc
fat *pr. fr.* — IIc
fata *it.*
~ *asp. apg.* — té IIb
fatare *it.* — fata
fate *wal.* — feda IIc
fatj, fatjà *cat.* — faggio
fato *pg.* — hato IIb
fatras *fr.* — *IIc
fattibello *it.* — belletto IIa
fattizio *it.*
fattucchiero *it.* — fattizio
fattura, fatturare *it.* — ib.
fatz *pr.* — faccia
fatze *wal.* — ib.
fau *fr. hen. chw. sic.* — faggio;
   crau IIc; esclo IIc
faubourg *fr.* — IIc
faucon, fauconneau *fr.* — falcone
faucs *afr.* — ib.
fauda *pr.* — falda
faude *afr.* — IIc
~, fauder *afr.* — falda
faudestueil *afr.* — faldistorio
faudre *afr.* — fallire
faula, faular *pr.* — favola
faur *pr. wal.* — forgia
fausse-clef *fr.* — faubourg IIc
faute *fr.* — faltare
fauteuil *nfr.* — faldistorio; tréteau
   IIc
fautre *fr.* — feltro
fautrer *afr.* — ib.
fauve *fr.* — falbo
faux *fr.* — hoz IIb
~-bois *fr.* — faubourg IIc
~-frais *fr.* — ib.
favelar *pr.* — favola
favella, favellare *it.* — ib.
favilla *it.* — ascua IIb
favo *it.* — chioma IIa
favola *it.*
favolare *it.* — favola
favonio *it. cast.* — fagüeño IIb
faweine *wall.* — faina
faxina, faxo *sp.* — fascio
faye *dauph.* — fata
fayne *afr.* — faina
faz *sp.* — fazzuolo IIa
faza *asp.* — haza IIb
fazaleja *nsp.* — fazzuolo IIa
fazenda *pr. pg.* — faccenda
[faz-herir] *asp.* — zaherir IIb
fazione *it.* — façon IIc
fazoleto *asp.* — fazzuolo IIa
fazzoletto *it.* — ib.
fazzoue *it.* — sezzo IIa
fazzulettu *sic.* — fazzuolo IIa
fazzuolo *it.* — IIa

fe *asp.* — alafé IIb; he IIb
~ *lim.* — faner IIc
~ *pg.* — bofé IIb
~ *sp.* — criado IIb
fé *afr.* — IIc; die IIc
fè, mia *it.* — gnaffè IIa
fea *piem. awald.* — feda IIc; faon
   IIc
febilla *gal.* — hebilla IIb
feble *sp. pr.* — fievole
febre *pg.* — ib.
fechar *sp.; pg.* — IIb
fecho *pg.* — fechar IIb
feda *pr. com.* — IIc; faon IIc
fédera *it.* — IIa
[fedico] *röm.* — fégato
fedu *sard.* — feda IIc
fée *fr.* — fata
[~] *afr.* — vece
féer *afr.* — fata
fégato *it.* — *I
[feghet] *bologn.* — fégato
[fegier] *afr.* — figer IIc
fegu *sic.* — fio
feia *dauph.* — feda IIc
feie *wall.* — via
[~] *afr.* — vece
fein *afr. pic.* — foin IIc
feindant *fr.* (mndt.) — faint IIc
feindre (se, de) *afr.* — ib.; fagno
   IIa
feint *fr.* — fagno IIa
feira *pr. pg.* — fiera
feiticeiro, feitiço *pg.* — fattizio
feixe *pg.* — fascio
fel *pr. afr.* — fello
felba *sic.* — felpa
felce *it.*
fèle *pic.* — gatto; [fello]
fêler *fr.* — IIc
feligres *sp.* — *IIb
[fellement] *afr.* — fello
fello *it.* — *I
fellon *asp.* — fello
fellone *it.* — ib.; filou IIc
fellonia *it. asp.* — fello
felnia *pr.* — ib.
felon *asp. afr.* — ib.; culvert IIc
félon *fr.* — fello
felona *asp.* — ib.
felonia *nsp.* — ib.
félonie *fr.* — ib.
félouque *fr.* — feluca
felpa *it. sp. pg.* — *I; [friper IIc]
[felpe] *afr.* — felpa; friper IIc
feltrare *it.* — feltro
feltro *it.* — I; spelta
feluca *it.*
felzare *it.* — ferzare IIa
fembra *sp.* — uomo
feme *pr.* — IIc; vanne IIc

femelle *fr.* — feme IIc
femencia *asp.* — ecco; [anafar IIb]
[fementir] *sp.* — zaherir IIb
femier *afr.* — fumier IIc
femna *pr.* — feme IIc
fempta *cat.* — fiente IIc
femto *npr.* — ib.
fená *lim.* — faner IIc
fenadur *chw.* — juillet IIc
fenar *chw.* — faner IIc
fenda *sp.* — rendija IIb
fendasclat *occ.* — ascla
fener *afr. pic.* — faner IIc
fenher (se, de) *pr.* — faint IIc
fenolh *pr.* — finocchio
fenouil *fr.* — ib.
fens *bearn.* (vrlt.) — fino IIa
fenta *pr.* — fiente IIc
fente *fr.* — tenda
feo *sp. pg.* — IIb
feon, feouer *afr.* — faon IIc
feouze *occ.* — felce
fer *fr.* — fermillon IIc
fere *wal.* — fuora
feresteg *cat.* — feresta
ferfále *wal.* — farfalla
feria *sp.* — fiera
ferir *cat.* — zaherir IIb
ferire *it.* — fiedere IIa
ferlin *asp. afr.* — ferlino
ferling *afr.* — ib.
ferlino *it.*
ferma *it.* — ferme IIc
fermail *fr.* — fermillon IIc
fermare *it.* — ferme IIc
ferme (f.) *fr.* — IIc
fermer *fr.* — fumier IIc
fermillon *afr.* — IIc
fermoso *asp. pg.* — hermoso IIb
Fernando, Fernandez *sp.* — XV
  (XII)
ferotge *pr. cat.* — farouche IIc
férou *wall.* — verrou IIc
[ferpe] *afr.* — felpa; friper IIc
ferräa *pg.* — ferrana
ferran *pr.* — ferrant IIc
ferrana *it.*
ferrant *afr.* — IIc; auferrant IIc
ferrat (cami) *pr.* — strada
~ *afr.* — verrat IIc
ferré (chemin), ferrée *afr.* — strada
ferrenc *pr.* — ferrant IIc
ferretto, ferrigno *it.* — ib.
ferròlh *pr.* — verrou IIc
ferrolho *pg.* — ib.
ferropea *sp. pg.* — IIb; argolla IIb
Ferry *fr.* — ricco
fersa *pr.* — fierce IIc
ferté *fr.* — ferme IIc; ars IIc; charme
  IIc
ferza *it.* — ferzare IIa

ferzare *it.* — IIa; [serqua IIa]
fes *npr.* — vece
fesse (f.) *fr.* — IIc
fesser *fr.* — fesse IIc
[fest, feste] *afr.* — festo IIb
festo *apg.* — *IIb
[festre] *afr.* — festo IIb
fet, fetá *wal.* — feda IIc
fetge *pr.* — *fégato
fetta *it.*
fettuccia *it.* — fetta
fetz *pr.* — vece
fetza *chw.* — fetta
feu *afr.* — faggio
~ *apg. acat. pr.* [*afr.*] — fio
~ *fr.* — fuoco; avouer IIc; allodio;
  furolles IIc
feü *afr.* — durfeü IIc
[feudo] *it.* — fio
feugère *afr.* — felce
feuille *fr.* — loggia
feulpier *fr.* — felpa
feulpin (poil) *burg.* — ib.
feulteu *burg.* — folle
feum *pr.* — fio
feunia *pr.* — fello
[feupe] *afr.* — felpa; friper IIc
[feupier, feupir] *afr.* — friper IIc
feur *afr.* — *foro
feurre *fr.* — fodero
feutre *pr. fr.* — feltro; [calafatare]
fevre *afr.* — forgia
fi *pr. afr.* — IIc
fia *it.* — *via
fiaba *it.* — favola; fiasco
fiaccare *it.* — fiacco
fiacco *it.*
fiáccola *it.* — I; fiócina IIa; rifiutare
  IIa
fiàche *lothr.* — fiacco
Fiacre *fr.* — fiacre IIc
fiacre *fr.* — IIc
fiadone *it.*
fiagare, fiagu *sard.* — fragrare
fíala *it.* — phiole IIc
fiale *it.* — fiavo IIa
fiama *piem.*
fiamengh *piem.* — braiman IIc
fiancer *fr.* — IIc
fianco *it.*
fiansar *pr.* — fiancer IIc
fiap *berg. mail. piem. ven.* — *fiappo
  IIa
fiapa *rom.* — ib.
fiare *it.* — fiavo IIa
fiasca *it.* — fiasco
fiasch *com.* — fiacco
fiasco *it.* — I; biffera IIa
fiata *it.* — *via
[fiatore] *it.* — fragrare
fiavo *it.* — IIa; chioma IIa

[fibbia] *it.* — affubler IIc
fibra *it.* — hebra IIb
ficar *asp. pg. pr.* — ficcare
ficcare *it.* — I; fitto
ficcarsi *it.* — ficcare
ficát *wal.* — fégato
ficelle *fr.* — IIc
fiche *fr.* — fitto
ficher *fr.* — ficcare; fitto
fidalgo *asp. pg.* — hidalgo IIb
fidanzare *it.* — fiancer IIc
[fidech] *bergam.* — fégato
fidegh *lomb.* — *ib.
[fidich] *piem.* — ib.
fido *it. npg.* — fi IIc
fie *afr.* — *via
[-] *afr.* — fégato
fiecht *chw.* — fitta IIa
fiede *afr.* — via
fiedere *it.* (poet.) — IIa; chiedere IIa
fiée *afr.* — *via
fief, fieffer *fr.* — *fio; [épieu IIc]
fiel *fr.* — fello
fiele *it.* — ib.
fieltro *sp.* — feltro
fiement *afr.* — fi IIc
fien *afr.* — foin IIc
fiendo *npr.* — fiente IIc
fieno *it.* — foin IIc
fiente *fr.* — IIc
fiera *it.*
fierce *afr.* — IIc
fierche, fierge *afr.* — fierce IIc
fiergna, fierna *chw.* — faína
fiettere *it.* — fléchir IIc
fieu, fiever *afr.* — *fio
fievole *it.* — *I
fifa *chw.* — piva
fifre *fr.* — ib.
figà *ven.* — fégato
fígado *pg.* — ib.
figáu *sard.* — ib.
figer *fr.* — *IIc
figgere *it.* — sconfiggere IIa
fignolo *it.* — IIa
fil *fr.* — fila
fila *it. sp. pg. pr.*
[filanda] *it.* — zaranda IIb
file, filer *fr.* — fila
[fileur] *fr.* — filou IIc
filhar *pg.* (vrlt.) — IIb
filiastre (m. f.) *afr.* — beau IIc
filibote *sp.* — flibot IIc; XVII (XIII);
   [balagar IIb]; [friper IIc]
filient *chw.* — araignée IIc
[filinguello] *it.* — folata IIa
filipendula *it. sp. pg.*
filipendule *fr.* — filipendula
fillot *fr.* — hillot IIc
filo *it. sp.* — fila
filomena *it.* — XXIII (XVIII) 2

filou *fr.* — *IIc; *grigou IIc
filouter, filouterie, filoutier *fr.* —
   filou IIc
fils *fr.* — fondo; hillot IIc
~ de bas (bast) *afr.* — bastardo
filtrar *sp.* — feltro
filtrer *fr.* — ib.
filun *chw.* — araignée IIc
filunguello *it.* — *fringuer IIc
filza *it.* — IIa
fin *pr. afr.* — finanza
~ *fr. fr.* — fino
finance, finances *fr.* — finanza
finansa *pr.* — ib.
finanza *it.*
finanzas *sp.* (vrlt.) — finanza
finanze *it.* — ib.
finar *pr.* — ib.
fincar *asp. pg.* — ficcare
fincarse *sp.* — ib.
finco *ven.* — IIa
findar *pg.* — IIb
findo *pg.* — findar IIb; [quejando
   IIb]
fine *it.* — fino
~ *ait.* — fino IIa
[finé] *afr.* — fino
finer *fr.* — finanza
fingere *it.* — beñir IIb
finiestra *sp.* (vrlt.) — IIb
finito *it.* — scalterire IIa
fino *it. sp. pg.* — *I; manso; scalterire IIa; [mince IIc]
~ *it.* — IIa; *sino IIa
finocchio *it.*
fins *cat. npr.* — fino IIa
finza, finzas *sard.* — ib.
fio *it.* — *I
fiocco *it.* — burla
fioccolo *it.* — busto
fiochezza *it.* — fioco IIa
fiócina *it.* — IIa; [frusto IIa]
fioco *it.* — IIa
fiola *piem.* — phiole IIc
fionda *it.* — I; [rombo IIa]
fiop *it.* (oberit. mndt.) — viluppo
fiore *it.* — fiorino
fioretto *it.*
fiorino *it.*
fiotta *it.* — I; flotta
fiottare, fiotto *it.* — fiotta
Fiovo *it.* — fianco
[firascola] *com.* — falavesca
[firie] *afr.* — fégato
firma, firmar *sp.* — ferme IIc
fis *afr.* — fi IIc
~ *pr.* — fino IIa
~ *com.* — zeste IIc
fisca *asp.* — hisca IIb
fischiare *it.* — IIa; sisclar IIc; testa;
   astio IIa; schioppo IIa

fisga *sp. pg.* — IIb
fisgar *sp. pg.* — fisga IIb
fisquer *champ.* — lasciare
fistella *it.* — IIa
fistiare *it.* — astio IIa
fita *asp. pg.* — fetta
fito *pg.* — fitto
fitta *it.* — IIa
fitto *it.*
[fiu] *afr.* — fio
[fiuba] *it. (mndt.)* — affubler IIc
fiúcia *asp.* — IIb
fius *apg.* — fi IIc
fiutare *it.* — flauto; rifiutare IIa
fivela *pr.* — hebilla IIb
fixer *fr.* — lasciare
flabe *afr.* — favola
flac *pr. afr.* — fiacco
flaco *sp.* — ib.
flacon *nfr.* — fiasco
flael *afr.* — fléau IIc
flageoler *fr.* — flagorner IIc
flageolet *nfr.* — flauto
flagorner *afr.* — IIc
flahuste, flahute, flabuter *afr.* — flauto
flaine *afr.* — flanella
flair *afr. pic.* — fragrare
flaira *cat.* — ib.
flairar *pr. cat. sard.* — ib.; aere
flairer *fr.; afr.* — fragrare; XXIII (XVIII) 2
flaistre, flaistrir *afr.* — flétrir IIc
flajol *afr.* — flauto
flamant *fr.* — ferrant IIc
flambe *fr. afr. pic.* — IIc
flambeau, flamber *fr.* — flambe IIc
flamberge *fr.* — IIc
flamble *afr.* — flambe IIc
flamenc *acat.* — ferrant IIc; braiman IIa
flamme (f.) *fr.* — fiama
flammèche *fr.* — falavesca
flammerole *fr.* — furolles IIc
flan *fr.* — fiadone; écran IIc
~ *afr.* — frignare IIa
flanboesa *piem.* — framboise IIc
flanc *pr. fr.* — fianco; flamberge IIc
flanco *sp.* — fianco
flanella *it.*
flanelle *fr.* — flanella
flâner *fr. burg. lothr. norm.* — IIc
flans *afr.* — frignare IIa
flaon *sp. afr.* — fiadone
flapp *crem.* — fiappo IIa
flaque *fr.* — IIc
~ *pr. afr.* — fiacco
flasche *afr.* — fiasco
flasco *sp.* — ib.
flasque *nfr.* — [IIc]; fiacco
flat *afr.* — flatter IIc

flataire, flatar *pr.* — flatter IIc
[flater] *afr.* — ib.
flatir *afr.* — *ib.
flatrir *berr.* — flétrir IIc
flatter *fr.* — *IIc; flagorner IIc; [balagar IIb]
flatueux *fr.* — flauto
flau *hen. apic.* — flou IIc
flaujol *pr.* — flauto
flauste *afr.* — bréhaigne IIc
flauta *sp. pr.* — flauto
flautar *pr.* — ib.
flautare *ait.* — ib.
flaüte *afr. pic.* — ib.
flaute *wal.* — ib.
flaüter *afr.* — ib.
flauto *it.*
flautol *pr.* — flauto
flauzon *pr.* — fiadone
flavelle *afr.* — IIc; [flatter IIc]
flazon *pr.* — fiadone
fléau *fr.* — IIc
flec *afr.* — flèche de lard IIc
fleca *pr.* — ib.
flecha *nsp. pg. pr.* — freccia
[fleche] *afr.* — fléchir IIc
flèche *fr.* — freccia; flèche IIc
~ de lard (f.) *fr.* — *IIc; freccia; [baterel IIc]
[fléchier, flechir] *afr.* — fléchir IIc
fléchir *fr.* — *IIc; *quatto; pacciare
flechir *pr.* — fléchir IIc
flecia *piem. sard.* — freccia
flecme *pr.* — fiama
fleco *sp.* — IIb; [lleco IIb]
flois, fleissar *pr.* — fléchir IIc
fleivels *chw.* — fierole
flekir *pic.* — *fléchir IIc
flemc (m.) *sp.* — fiama
flemma *it.* — rima
flèpe *pic.* — fiappo IIa
[fleschir, fleskir] *afr.* — fléchir IIc
flestre *afr.* — flétrir IIc
flete *fr.* — IIc
~ *sp.* — fret
flétrir *fr.* — IIc
flette *fr.* — flete IIc
flettere *it.* — fléchir IIc
[fleur] *afr.* — fragrare
fleurer *fr.* — *ib.
fleuret *fr.* — fioretto
flibot *fr.* — IIc
flibote *sp.* — flibot IIc; XVII (XIII)
fliche *wall.* — freccia
flieys *pr.* — fléchir IIc
flin *fr.* — IIc
flina *piem.* — frignare IIa
flique *afr.* — freccia
~ *afr.* — flèche de lard IIc
floc *pr.* — froc IIc
~ *afr.* — folc IIc

[floc] *fr.* — lleco IIb
floi *afr.* — flou IIc
floibe, floible *afr.* — fievole
floive (adj.) *afr.* — flou IIc
flor *sp.* — foresta
floresta *sp. pg. cat.* — ib.
florete *sp.* — fioretto
Florez *sp.* — XV (XII)
florido *sp.* — garrido IIb
florin *fr. sp.* — fiorino
floronc *pr.* — fiasco
flos *afr.* — truogo IIa
floscio *it.*
flot *fr.* — fiotta
flota *sp.* — flotta
~ *sp.* — fiotta
flotar *sp.* — frettare
flote *afr.* — fiotta
~ *afr.* — flotta
flotta *it.*
flotte *fr.* — flotta
flou *fr.* — IIc
~ *afr.* — folc IIc
[flouer] *fr.* — filou IIc
floundo *occ.* — fionda
floxo *sp.* — floscio
flueco *sp.* — fleco IIb
fluet *fr.* — flou IIc
fluis *pr.* — floscio
flusso *it.* — ib.
flûte, flûter *fr.* — flauto
fluturà *wal.* — frullare IIa
fluvido *it.* — rúvido IIa
fo *afr.* — faggio; faina; [beffa]
  (Nachträge)
fô *gen. lomb.* — faggio
foame *wal.* — hambre IIb
foc *wal.* — fuoco
~ *pr.* — allodio
focaccia *it.*
focajuolo *it.* — furolles IIc
foçar *pg.* — hoz² IIb
foce *it.* — ib.
focile *it.* — fuoco
focinho *pg.* — hoz² IIb
foderare *it.* — fodero
fodero *it.*
foett *mail.* — fouet IIc
fola *lomb.*; *com.* — fofo IIb
fotio *ven.* — ib.
fofo *sp. pg.* — IIb
foga *it.* — IIa
fogare *it.* — foga IIa
foggia *it.* — *IIa; hoya IIb
foggiare *it.* — foggia IIa
fogna *it.* — IIa
fognà *lomb.* — faina
fognare *it.* — fogna IIa
fogo *pg.* — fuoco
~ *npr.* — foga IIa
fogote *sp.* — fagotto

foguier *pr.* — foyer IIc
foi *fr.* — redo
foia *ven.* — foggia IIa
~ *chw.* — foja IIa
foiau *pic.* — faggio
foible *fr.* — *fievole; able IIc; XXIII
  (XVIII) 2
foie (m.) *fr.* — *fégato
foiée *afr.* — via
[foies] *afr.* — vece
foillie *afr.* — loggia
foin *fr.* — *IIc
~ *lomb. piem.* — faina
foina *ven.* — ib.
foindre *burg.* — faint IIc
foira *pr.* — foire IIc
foire *fr.* — IIc
~ *fr.* — fiera
fois *fr.* — vece; trasegar IIb; [via]
foiso *pr.* — foison IIc
foison *fr.* — IIc
foja *it.* — IIa; [foggia IIa]
fojo *pg.* — foggia IIa; hoya IIb
fol *pr. asp.* — folle; gonna; [follare]
fola *it.* — favola; tôle IIc
~ *pr.* — folle
~ *it.* — folata IIa; follare
folar *pr.* — follare
folata *it.* — *IIa; follare
folc *pr. afr.* — IIc
folco *com.* — folc IIc
foldre *pr.* — foudre IIc
fôlego *pg.* — holgar IIb
folgar *pg. cat.* — ib.
fólgore *it.* — foudre IIc
folh *pr.* — folle
[folie] *afr.* — follare
folier *afr.* — folle; [follare]
[folišce] *bellun.* — falavesca
foll *cat.* — folle
folla *it. sp.* — follare; folto IIa;
  folata IIa
[~ da mar] *pg.* — ola
follare *it.* — *I
folle *it. fr.* — *I; XXVI (XX)
follet *pr. fr. cat.* — folle
~ (feu) *fr.* — ib.
folletto *it.* — ib.
follicolo *it.* — hollejo IIb
follon *sp. asp.* — folle
follone *it.* — follare
folpo *ver.* — XXIII (XVIII) 2
folrar *pr.* — fodero
folto *it.* — IIa; fante IIa
folzer *pr.* — foudre IIc
fom *com.* — hambre IIb
fome *pg.* — ib.
fona *pg.* — IIb
fonar *cat.* — andare
foncer, fond *fr.* — fondo; plafond
  IIc

fonda *sp. asp.* — IIb; fóndaco; venta
   IIb
~ *it.* — fionda
fóndaco *it.*
fondar *pr.* — fondo
fonde *afr.* — fionda
~ *afr.* — fonda IIb
fondefle (f.) *afr.* — IIc; pantófola
fonder *fr.* — fondo
fondique *afr.* — fóndaco
fondo *it. cat.*; *sp.*
fondre *fr.* — morfondre IIc
fonds *fr.* — fondo
fonil *sp.* — IIb
fonoll *cat.* — finocchio
fons *pr.* — fondo
fonsado *asp.* — IIb
fonsar *pr.* — fondo
fonta *asp.* — onire
fontaine *fr.* — fontana
fontana *it. sp. pr.*
fonte *pg.* — tempia
~ *it.* — busto; bioccolo IIa
~ *fr.* — tenda
fontenelle *fr.* — tempia
[foppa] *oberit.* — fiappo IIa
for *pr.* — foro
fora *pg.* — fuora
forain *fr.* — ib.
foraneo, forano *sp.* — ib.
foras *pr.* — ib.
forastico *it.* — foresta
forban *afr.*; *nfr.* — bando; faubourg
   IIc
forbanir *afr.* — bando
forbannuto *it.* — ib.
forbeter *afr.* — beter IIc
forbir *pr.* — forbire
forbire *it.*
forborg *afr.* — faubourg IIc
forbourg *pic.* — ib.
forcadura *pr.* — forcatura
forcar *pg.* — frugare
forcatura *it.*
force *afr.* — IIc
~ *fr.* — forza; forziere IIa
forceis *pr.* — fuora
~ *afr. pr.* — ampleis IIc; [esso]
forcella *it.* — forcatura
forcené *nfr.* — senno
forcener *afr.* — ib.
forces (pl.) *nfr.* — force IIc
forcia *asp.* — forza
forcier *afr.* — forziere IIa
forcone *it.* — fourgon IIc
forelores *afr.* — frelore IIc
forense *sp.* — foro; [sera]
forese *it.* — foro
foresgue *pr.* — foresta
forest *pr.*; *wald.* — ib.
foresta *it. pr.*

forestiere *it.* — **foresta**
forêt (f.) *fr.* — ib.
forfaire *pr. fr.* — forfare
forfait *afr.*; *nfr.* — ib.
[forfait, à] *fr.* — foro
forfare *ait.*
forfatto *it.* — forfare
forge *fr.* — forgia; *foggia IIa
forger *fr.* — foggia IIa
forgia *piem.* — I; foggia IIa
forgiai *sard.* — foggia IIa
forgiare *it.* — forgia
forja *sp. pg.* — ib.
forma *sic.* — manteca IIb
formage *sp. pic.* — formaggio
formaggio *it.* — *I; [foggia IIa]
[formajo] *ven.* — foggia IIa
formatge *pr.* — formaggio
formé *afr.* — eschevi IIc
formicare *it.* — glacier IIc
formier *afr.* — fourmiller IIc
formir *pr.* — fornire
fornir *sp. pg. pr.* — ib.
fornire *it.* — I; speme IIa
foro *it. pg.* — *I
forogai *sard.* — frugare
forrage, forrar *sp.* — fodero
forro *sp. pg.* — ib.
~ *pg.* — horro IIb
fors *pr. fr.* (vrlt.) — fuora
forsa *pr.* — forza
~ *pr.* — force IIc
forsbourg *afr.* — faubourg IIc
forse *it.* — IIa
forsela *pr.* — forcatura
forsen *afr.* — senno
[forsené] *afr.* — assener IIc
forsennato *it.* — senno
forsi *it.* — forse IIa
forssi *piem.* — ib.
fort *mail.* — via²
Fortuñez *sp.* — XV (XII)
forza *it.* — I; forziere IIa
forzare *it.* — forza
forziere *it.* — IIa
fosado, fosar *apg.* — fonsado IIb
fossat *pr.* — ib.
foto *apg.* — hoto IIb
fou *fr.* — folle; XXVI (XX)
~ *afr.* — fouet IIc
fouage *fr.* — avouer IIc
fouanná *lothr.* — faner IIc
fouasse *fr.* — focaccia
fouc *afr.* — folc IIc
fouce *pg.* — hoz IIb
foudre *pr.* — IIc
foudre² (m.) *fr.* — IIc
fouet *fr.*; *hen.* — IIc; [beffa] (Nach-
   träge]
fouetter *fr.* — fouet IIc
foufe *champ. hen.* — fofo IIb

fouger *fr.* — IIc
fougère *fr.* — felce
tougni *wall.* — faina
fougue, fougueux *fr.* -- foga IIa
touiller *fr.* — fouger IIc; faina
touine *nfr.* — faina
fouiner *genf.* — ib.
foukeur *wall.* — fúcar IIb
foule *fr.* — follare; folata IIa
fouler *fr.* — *follare
toulon *fr.* — ib.; maron IIc
tounfoni *npr.* — XXIII (XVIII) 1
tounier *hen.* — faina
fouus, founso *npr.* — fondo
fouon *lothr.* — faner IIc
[foupir] *nfr.* — friper IIc
tourbe *fr.* — forbire; filou IIc
tonrbir *fr.* — forbire
fourcele, fourchéure *afr.* — forcatura
fourfouliá *occ.* — fouger IIc
fourgon *fr.* — IIc
fourmiller *fr.* — IIc
fourmo *npr.* — formaggio
fournir *fr.* — fornire
fourrage, fourreau *fr.* — fodero
tourrer, fourrier, fourrure *fr.* — ib.
fouteau *fr.* — faggio
fouto *pg.* — hoto IIb
foxa *sp.* — IIb
toyan *wall.* — fouger IIc
foyer *fr.* — IIc
foz *pg.* — hoz² IIb
fozilhar *pr.* — fouger IIc
fra *it.* — tra IIa; fracassare
frù *it.* — fraire IIb
fracas *fr.* — fracassare
fracasar, fracaso *sp.* — ib.
fracassare *it.* — *I
fracasser *fr.* — fracassare
fracasso *it.* — ib.
frácido *it.* — IIa
fraco *pg.* — fiacco
fradel *pr.* — fraiditz IIc
fradicio *it.* — frácido IIa
fradous *afr.* — fraiditz IIc
fradre *asp.* — hermano IIb
fraga *sp.*; *pg.* — IIb
~ *sp.* — forgia
fragata *neap. sp. pg. cat.* — fregata
fragello *it.* — fléau IIc; fiotta
fráget *wal.* — frácido IIa
fragola *it.* — fraise IIc
fragoso *pg.* — fraga IIb
fragrare *sard.* — *I
fragu *sard.* — fragrare
fragua *sp.* — santiguar IIb
fragura *sp. pg.* — fraga IIb
frai *fr.* — fregare
fraîche *fr.* — fresco
fraidel *pr.* — fraiditz IIc

fraiditz *pr.* — IIc
fraila *sp.* — fraire IIb
fraile *nsp.* — ib.; hermano IIb;
 moineau IIc
~ *it.* — frêle IIc
~ *afr.* — frelon IIc
fraindre *afr.* — IIc
frainte *fr.* — friente IIc
fraire *asp. pr.* — *IIb
frairí *pr.* — frairin IIc
frairin *afr.* — IIc
frais (pl.) *fr.* — *IIc; [fregio]
~ (adj.) *fr.* — fresco
fraisa *pr.* — fraise IIc
fraise *fr.* — IIc; framboise IIc
~ *fr.* — fregio; orfroi IIc
fraiser *fr.* — fregio
fraisier *pr.* — fraise IIc
fraisne *afr.* — frêne IIc
fraisse *pr.* — pimpinella
fraissengue *afr.* — fresange IIc
fraissette *fr.* — fregio
fraissineto *npr.* — pimpinella
fralda *pg.* — falda
frambalà *crem. parm.* — falbalà
framboise *fr.* — IIc
framboiso *npr.* — framboise IIc
frambuesa *sp.* — ib.
fran *npr.* — franco
frana *it.* — IIa
franare *it.* — frana IIa
franc *pr.* — franco
français *fr.* — ib.
frances *sp.* — ib.
francese *it.* — ib.
franchezza *it.* — ib.
[franchir] *fr.* — ib.
franchise *fr.* — ib.
franco *it. sp. pg.* — *I; bacino;
 borgo
franela *sp.* — flanella
frange *fr.* — frangia; [friper IIc]
frangia *it.* — *I
frangoi *piem.* — fringuer IIc
frángol *crem. parm.* — ib.
franguel *piem.* — ib.
franja *sp.* — frangia
franqueza *sp.* — franco
franzir *sp.* — froncir
frapaille *afr.* — *frapper IIc
frapar *pr.* — ib.
[frapier] *afr.* — ib.
frapin *fr.* — ib.
frapouille *fr. (Rheims)* — ib.
frappa, frappare *it.* — arpa
frapper *fr.* — *IIc
frarin *afr.* — frairin IIc
frasca *it. sp.* — *IIa; fraise IIc
frascar *pr.* — fracassare
frasche (pl.) *it.* — frasca IIa
frasco *sp. pg.* — fiasco

frasques (faire des) *fr.* — frasca IIa
frassugno *it.* — fresange IIc
frastagliare *it.* — taglia
[frate] *wal.* — fraire IIb
fratta *it.* — IIa
frauc *pr.* — fioco IIa
frautar *pg.* — flauto
fray *sp.* — fraire IIb
fraye *afr.* — fregare
frayer *fr.* — ib.; [fringuer IIc]
frayeur *fr.* — *IIc; cahier IIc
fraysse *npr.* — fresange IIc
frazada *sp.* — fregio
freccia *it.*
frecha *asp. pg.* — freccia
Frédéric *fr.* — ricco
fredon *fr.* — IIc
fredonner *fr.* — fredon IIc
frega *it. chw.* — fregare
fregar *sp. pg. pr.* — ib.; [fringuer IIc]
fregare *it.* — *I
fregata *it.*
frégate *fr.* — fregata
fregiare *it.* — fregio
fregio *it.* — *I; orfroi IIc
fregione *it.* — fregio
fregola *it.* — fregare
frei *pg.* — fraire IIb
freile *nsp.* — ib.
freior *pr.* — frayeur IIc
freire *asp. pg.* — fraire IIb
[freis] *afr.* — fregio
freixo *pg.* — frêne IIc
frejol *sp.* — frisol IIb
frelater (le vin) *fr.* — IIc
frêle *fr.* — IIc; frelon IIc
frele *afr.* — frelon IIc
frelon *fr.* — IIc
frelore *afr. genf.* — IIc
[freluche] *afr.* — moire IIc (Nachträge)
freluquet *fr.* — fanfaluca
fremilo *pr.* — fermillon IIc
fremilon *afr.* — ib.
fremito *it.* — friente IIc
fremna *apr.* — frangia
fremoso *asp. pg.* — hermoso IIb
frêne (f.) *fr.* — IIc
frenella *it.* — flanella
frente *sp. pg.* — IIb; fleco IIb; [lleco IIb]; lordo; stoja; cerdo IIb
~ *sp.* — rimpetto IIa
[frepe] *afr.* — friper IIc
frequente *it.* — sovente
frerastre *afr.* — beau IIc
frère *fr.* — besicle IIc
fresa *sp.* — frigotare IIc
fresaie *fr.* — *IIc (Nachträge); [orfraie IIc].

fresanche *afr.* — fresange IIc
fresange *afr.* — IIc
fresc *pr.* — fresco
frescante *it.* — pedante
fresco *it. sp. pg.* — I; frasca IIa
frescum *pr.* — costuma
frese *afr.* — fregio
frèse *fr.* (mndt.) — besicle IIc
fresenche, fresengé *afr.* — avalange IIc
fresne *afr.* — frêne IIc
freso *sp.* - fregio
fressa *pr.* — frizzare
frest *pr.* — freste IIc; [festo IIb]
[fresta] *pr.* — festo IIb
freste (m.) *afr.* — IIc; [festo IIb]
frestelar *pr.* — frestele IIc
frestele *afr.* — IIc
fresteler *afr.* — frestele IIc
fret *fr.* — I; frais IIc
fretar *pr.* — frettare
frete *pg.* — fret
fretes *sp.* — frette IIc
frétiller *fr.* — IIc
fretin *fr.* — IIc
freto *npr.* — frettare
fretta *it.* — ib.
frettare *it.*
frette *fr.* — IIc; blottir IIc
fretter *burg.* — frettare
frettes (pl.) *fr.* — frette IIc
fréul *pr.* — *avol IIc
freuler *norm.* — frettare
freux *fr.* — IIc
frev *wall.* — fraise IIc
frévol *pr.* — *avol IIc
freza *sp.* — frizzare
frezada *sp.* — fregio
frezar *sp.* — frizzare
freze *afr.* — fraise IIc
frezilhar *pr.* — frétiller IIc
friand *fr.* — frique IIc
fric *pr.* — ib.
fricandeau *nfr.* — ib.; ragoûter IIc
fricandela *dauph.* — frique IIc
fricasser *fr.* — ib.
fricaud *npr.* — ib.
friche (f.) *fr.* — IIc
fricot *norm. pic. npr.* — frique IIc
friente *afr.* — IIc; fiente IIc; [imprenta]
frieul *afr.* — frique IIc
friggere *it.* — frire IIc
frigna *com.; crem.; lomb.* — *frignare IIa
frignare *lomb.* — *IIa; [enfrum IIc]
frigoter *fr.* — fringuer IIc
frileux *fr.* — IIc
frim *pr.* — refran

frimas *fr.* — IIc; freux IIc ; froc IIc; friper IIc

frimbie *wal.* — frangia

[frime] *fr.* — frignare IIa

frimer *pic.* — frimas IIc

frinche *hen.* — frangia

frinco *it.* — finco IIa

fringá *occ.* — fringuer IIc

[fringalle] *fr.* — verrina

fringoter *fr.* — fringuer IIc

fringottare *it.* — ib.

[fringuello] *it.* — folata IIa

fringuer *fr.* — *IIc

frinza *sic.* — frangia

frioler *norm.; hen.* — frique IIc

[fripe] *fr.* — felpa; friper IIc

friper *fr.* — *IIc; forbire; [felpa]; freux IIc; froc IIc

friperie *fr.* — friper IIc

[fripier] *fr.* — ib.

fripon *fr.* — *ib.; forbire ; filou IIc

frique *afr.* — IIc

frire *fr.* — IIc

~ *pr. afr.* — frisson IIc

frisar *sp.* — fregio

frisato *it.* — ib.

frische *afr.* — friche IIc

frise, friser *fr.* — *fregio

frisinga *sic.* — fresange IIc

friso *sp.* — fregio

frisol *sp.* — IIb

frison *fr.* — fregio

frisone *it.* — IIa

friss *wall.* — fresco

frisson *fr.* — IIc

frisuelo *sp.* — frisol IIb

frizá *npr.* — frizzare

frizza *it.* (mndt.) — freccia

frizzare *it.* — I; froisser IIc

fro *parm.* — fraise IIc

froberge, frobierge *afr.* — flamberge IIc

froc *fr.* — IIc; [lleco IIb]

[frogner] *afr.* — frignare IIa

[froier] *afr.* — fringuer IIc

froilon *afr.* — frelon IIc

froior *afr.* — frayeur IIc

froisser *fr.* — *IIc

frolença *apg.* — fiorino

tröler *fr.* — frettare

frollo *it.* — IIa; frullare IIa; [brullo IIa]

fromage *fr.* — formaggio; pote

fromatge *pr.* — formaggio

tromba *it.* — rombo IIa

frombo *it.* — ib.; fioco IIa

frombola, frombolare *it.* — *rombo IIa

fromir *pr.* — fornire

fronce *afr.* — *froncir

froncer *nfr.* — ib.

froncher *afr.* — IIc; [froncir]; [roncar IIb]

froncir *asp. pr. afr.* — *I

fronda *pr.* — fionda; [frusto IIa]

fronde *fr.* — fionda; [verina]; [frusto IIa]

fronire *it.* — fornire

fronit *pr.* — frunir IIc

fronker *pic.* — froncher IIc

[front] *fr.* — froncir

fronte *pg.* — frente IIb

frosna *mail.* — fiócina IIa

frosone *it.* — frisone IIa

frota *pg.* — fiotta

~ *pg.* — flotta

frotar *sp.* — frettare

frotola *com.* — fiotta

frotta *it.* — ib.

frotter *fr.* — frettare; complot IIc

frotto, frottola *it.* — fiotta

[frou] *fr.* — lleco IIb

frouxo *pg.* — floscio

froyer *afr.* — fregare

fruente *asp.* — frente IIb

frugare *it.* — I; fouger IIc; trovare

frullare *it.* — IIa

frullo *it.* — ette IIa

frumer *afr.* — fumier IIc

frumos *wal.* — hermoso IIb

fruncir *nsp.* — froncir

frunir *pr.* — IIc

frunire *sard.* — fornire

frunit *pr.* — frunir IIc

frunsir *cat.* — froncir

frunza, frunziri *sard.* — ib.

frúscina *sard.* — fiócina IIa; [frusto IIa]

frusco *it.* — *IIa

fruscolo *it.* — frusco IIa

frusone *it.* — frisone IIa

[frusser] *afr.* — froisser IIc

frusta *pr. it.* — *frusto IIa

frustagno *it.* — fustagno

frustar *pr.* — frusto IIa

frustare *it.* — *ib.

frusto *it.* — *IIa

fruytevigar *pg.* — santiguar IIb

fuão *pg.* — fulano IIb

[fubbia] *piac.* — stoppia; affubler IIc

fúcar *sp.* — IIb

fucia *asp.* — fiúcia IIb

fucile *it.* — fuoco; fucina IIa

fucina *it.* — *IIa

fudghè *rom.* — fouger IIc

fuec *pr.* — fuoco

foeddu *sard.* — favola

fuego *sp.* — fuoco; fagotto

fuera *sp.* — fuora

fueras *asp.* — ib.

fuero *sp.* — foro

fuerre *pr. afr.* — fodero

fuerza sp. — forza
fuet cat. — fouet IIc
fufa ven. — fofo IIb
fuga sp. crem. rom. — foga IIa
fuggiasco it. — frasca IIa
fuggire it. — ripire IIa; frasca IIa
fugo it. — mezzo IIa
fuïe afr. — regretter IIc
fuïna sp. ven. — .faína
fuínha pg. — ib.
fuira chw. — foire IIc
fuiron afr. — furon
fuísca asp. — falavesca
fuite fr. — regretter IIc
fujo it. — IIa; bujo; vizzo IIa; rozzo IIa
fula pg. — follare
fulan asp. — fulano IIb
fulano sp. pg. — IIb
fulanu sard. — fulano IIb
fulger wal. — foudre IIc
fuliggine it. — hollin IIb
[fuliśce] bellun. — falavesca
fulo pg. — IIb
fulvido it. — IIa
fumelle afr. pic. champ. — fumier IIc
fumeterre fr. — fummosterno IIa
fumier fr. — IIc; jumeau IIc
fummosterno it. — IIa
funcho pg. — finocchio; trifoglio; calha IIb
fúndago pr. — fóndaco
fundibulo sp. — fondefle IIc
fundo asp. pg.; pg. — fondo
funil pg. — fonil IIb
funtẹnẹ wal. — fontana
fuoco it. — I; [fucina IIa]
fuora it.
fuori it. — fuọra

[fur] nfr. — foro
furacão pg. — uracano
furão pg. — furon
[Furaque] afr. — urraca IIb
furbir pr. — forbire
furbo it. — ib.; XXVI (XX)
furé occ. — furon
furegare ven. — frugare
furestico sic. — foresta
furet fr. — furon; faína
fureter fr. — ib.
furetto it. — furon
furfaru, furfure sard. — crusca IIa
furgá npr. — frugare
furgier afr. — ib.
furittai sard. — furon
furmir pr. — fornire
furo arag.; it. — *IIb; XXVI (XX)
~ it. — fujo IIa
furolles (f. pl.) fr. — IIc
furon asp.
furone it. — furon
furraca asp. — urraca IIb
fusaggine it. — IIa; borraggine
fuscello it. — IIa
fusil fr. — fuoco
fusione it. — foison IIc
fust pr. — fusta
fusta it. sp. pg. — I; fona IIb
fustagno it.
fustan sp. — fustagno
fustani pr. — ib.
fuste fr.; sp. — fusta
fustigar pr. pg. — hostigar IIb
fustignè piem. — frugare
fusto it. — busto
fût fr. — fusta
futaine fr. — fustagno
fuvella pr. — affubler IIc
fyllar asp. — filhar IIb

g

ga pr. — guado
gaagnage, gaagner afr. — guadagnare
gaaigner afr. — ib.; mais IIc
gaaignerie afr. — guadagnare
gaaing afr. — gagnon IIc
[gaalise] afr. — gasalha
gaanharia apg. — guadagnare
gab pr. afr. — gabbo
~ com. — gafa
gaban sp. afr. — gabbáno
gabar asp. pr. — gabbo; lobe IIc
~ pg. — lobe IIc
gabare fr. — gabarra
gabarra sp. cat.

gábata sp. — gavetta
gabbáno it. — *I
gabbare it. — gabbo
gabbia it. — I; gave IIc; carrobbio IIa
gabbiano it. — gavia
gabbiuola it. — gabbia
gabbo it. — *I
gabela pr. sp. — gabella
[gabeleur] fr. — filou IIc
gabella it. pg. — *I; gavela
gabellare it. — gabella
gabelle fr. — ib.
[gabelou] fr. — filou IIc; grigou IIc

gabeurr *crem.* — gaburo IIa
gabinete *sp.* — capanna
gabinetto *it.* — ib.; gabbáno
gable *fr.; norm.* — IIc
[gabois] *afr.* — gabbo
gaburo *trient.* — IIa
gacciapu *sard.* — gazápo IIb
gacha *pr.* — gazza
gàche *fr.* — gàcher IIc
gàcher *fr.* — IIc; [guado]
gachière *afr.* — jachère IIc; giusarma
gàchis *fr.* — gàcher IIc
gacho *sp.* — quatto
gadá *lothr.* — garzone
gada *chw.* — vece
gadda *sic.* — gallare IIa
gade *lothr.* — garzone
~ *norm.* — gavetta
gadelha *pg.* — vedija IIb
gadi *pr.* — gaggio
gado *pg.* — ganado IIb
gaf *pr.* — gafa
~ *wall.* — gave IIc
gafa *sp. pg.*
gafar *sp.* — gafa
gaffa *sard.* — ib.
gaffe, gaffer *fr.* — ib.
gafo *sp.* — ib.
gage *sp. pg. pr. fr.* — gaggio
gager *afr. nfr.* — ib.
gaggia *it.* — gabbia
gaggio *it.*
[gagiandra] *ven.* — chaland IIc
gagliardo *it.*
gaglio *it.* — quagliare
gaglioffa *chw.* — gaglioffo
gaglioffo *it.* — *I
gagliuolo *it.* — IIa
gagner *nfr.* —guadagnare; bargagno;
guaime
gagnolare *it.* — IIa; gagnon IIc
gagnon *fr.* (vrlt.) — IIc
gago *asp. pg.* — ganguear IIb
gahá *gasc.* — gafa
gai *pr. fr.* — gajo; pappagallo;
liart IIc
~ (sbst.) *pr. afr. pic.* — gajo
~ *com.* — gajo IIb
gaide *afr. piem.* — guado²
gaie *lothr.* — gate IIc
gaiette *champ.* — ib.
gaif *afr.* — IIc
gaigner *afr.* — mais IIc
gaignon *afr.* — galoppare
gaigre *pr.* — guari
gaillard *fr.* — gagliardo; frique IIc
gaille *wall.* — gagliuolo IIa
gaimenter *afr.* — *IIc
gain *fr.* — guadagnare: saíme
gaïn *afr.* — guaime; traíno

gaïne *afr.* — guaina
gaine *fr.* — ib.
gaio *pg.* — gajo
gaiola *pg.* — gabbia
gaioufe *wall.* — gaglioffo
gaire *pr. cat.; nwald.* — guari
gaise *jur.* — gate IIc
gaita *sp. pg. cat.; pr.* — IIb
~ (estar de) *trient. sp.* — IIb
gaitreux *afr.* — guêtre IIc
gaivão *pg.* — gavia
gaive (chose) *afr.* — gaif IIc
gaivota *pg.* — gavia
gaja *sard.* — ghiera IIa
gajandra *ven.* — tartaruga
gajda *piem. parm.* — ghiera IIa
gajo *it.* — *I; gagliardo; liart IIc
~ *sp.* — IIb
gajoffa *lomb.* — gaglioffo
gajol *afr.* — gale IIc
gajum *com.* — gagliuolo IIa
gal *afr.* — IIc
~ *afr.* — gaut IIc; smalto
~ *pr. afr. wal.* — coų IIc; gajo;
galoscia
gala *it. sp. pg.* — *I; [regalare];
gagliardo
[galá] *npr.* — regalare
galabrun *pr. afr.* — isanbrun IIc
galan *sp.* — gala
galanga *it. sp. pg.*
galange *afr.* — galanga
galania, galano *sp.* — gala
galant *fr.* — ib.
galaute *it. sp.* — ib.
galanteggiare, galanteria *it.* — ib.
galanura *sp.* — ib.
galápago *sp.* — IIb; [crapaud IIc]
galappio *it.* — chiappare IIa
galardão *pg.* — guiderdone
galardon *sp.* — ib.
galaubey *pr.* — galaubia IIc
galaubia *pr.* — IIc
galaupar *pr.* — galoppare
galbe (m.) *fr.* — IIc; [garbo]
galbè *com. mail.* — gálbero
galbéder *parm.* — ib.
gálbero *it.*
gálbin *wal.* — giallo
galdre *sp.* — IIb
gale *fr.* — *IIc
~ *fr.* — *gala; [regalare]
gale *pg.* (f.) *pr.* — galéa
galéa *it. asp. pr.* — *I
galeão *pg.* — galéa
galéasse *fr.* — ib.
galeaza *sp. pg.* — ib.
galeazza *it.* — ib.
galebrun *pr. afr.* — isanbrun IIc
galée *afr.* — galéa
galeffare *it.* — caleffare IIa

galeon *sp.* — galéa
galeone *it.* — ib.
galeota *sp. pg.* — ib.
galeotta *it.* — ib.
galer *pic.* — gal IIc
~ *afr.* — *gala
~ (se) *fr.* — gale IIc
galera *it. sp. pg. pr.* — *galéa
galère *fr.* — ib.
[galerie] *afr.* — gala
galerna *pr.* — galerno
galerne *fr.* — ib.
galerno *sp. pg.*
galet *npr.* — nuca
~ *nfr.* — gal IIc
galeta *pr.* — ib.
galetta *it.* — ib.
galette *fr.* — ib.
galeux *fr.* — gale IIc
galeya *pr.* — galéa
galeyne *afr.* — glaner IIc
galga *sp. pg.* — galgo IIb
galgo *sp. pg.* — IIb; segugio
gálgulo *sp.* — gálbero
galh *pr.* — coq IIc
galhart *pr.* — gagliardo
galho *pg.* — gajo IIb
galiar *pr.* — gualiar IIc
galie *afr.* — galéa
galier *hen.* — gal IIc
galima *asp.* — IIb
galimatias *fr.* — IIc
galina *pr.* — coq IIc
galine *berr.* — gal IIc
galion *fr.* — galéa
galiot *afr.* — ib.
galir *pic.* — jaillir IIc
gall dindi *cat.* — dinde IIc
galla *it.* — gale IIc; gallare IIa
gallardo *sp. pg.* — gagliardo
gallare *it.* — *IIa
galleria *it.* — galéa
gallessa *tosc.* — guscia
galleta *sp.* — gal IIc
gallina *it.* — coq IIc
gallo (tener) *sp.* — gallare IIa; gajo
galló *val.* — gajo IIb
gallo *it.* — coq IIc; pappagallo
gallofa, gallofo *sp.* — *gaglioffo
gallone *it.* — gala
gallória *it.* — gallare IIa
galocha *sp.* — galoscia
galoche *fr.* — *ib.
galofa *wall.* — gaglioffo
galois *afr.* — gala
galon *sp. fr.* — ib.
~ *afr.* — jale IIc
galopar *sp. pg.* — galoppare
galoper, galopin *fr.* — ib.
galopo *sp.* — ib.
galoppare *it.*

galoppo *it.* — galoppare
galoscia *it.* — *I
galot *hen.* — jale IIc
galoufe *hen.* — gaglioffo
galpéder *crem.* — gálbero
galt *afr.* — smalto
galta *cat.* — *gota; malato
[galtas] *cat.* — gota
galtera *sp.* — ib.
galucè *piem.* — berlusco IIa
galuppo *it.* — galoppare
Galvain *afr.* — ib.
galyófol *cat.* — gaglioffo
gama *sp. pg.* — gamo IIb; camozza
[gamacha] *sp.* — camaglio
gamache *afr.* — *gamba
gamarra *sp. pg.* — IIb
gamba *it. sp. cat.* — *I; cammino; gambais; canho IIb; jante IIc; [cama² IIb]
gambais *pr. afr.*
gambaisso *pr.* — gambais
gámbaro *sp.* — gámbero
gambaut *pr.* — gamba
gambax *asp.* — gambais
gámbero *it.*
gambeson *afr.* — gambais
gambia *pg.* — gamba
gambo *it.* — ib.; verza
gambois *afr.* — gambais
game *afr.* — cammeo
gamella *sp. pg.; sp.*
gamelle *fr.* — gamella; gale IIc
gamo *sp. pg.* — IIb
~ *gasc.* — gargatta
gamus *pr.* — camuso
gamussa *cat.* — camozza
gamuza *sp.* — ib.
gana *it. sp. pg. cat.* — I; guadagnare
ganache *fr.* — ganascia; XXIV (XVIII) 4
ganado *sp.* — IIb
ganancia *pg.* — guadagnare
ganapé *apg.* — canopè
ganar *apg.* — guadagnare; ganado IIb
ganascia *it.* — I; XXIV (XVIII) 4
ganassa *sp.* — ganascia
gança, gançar *pg.* — guadagnare
ganchir *pr. afr.* — IIc; ganche IIc
gancho *sp. pg.* — gancio
gancio *it.* — *I
gandiller *afr.* — gandir IIc
gandir *afr.* — IIc
ganditz *pr.* — gandir IIc
ganga *sard.* — gavigna IIa
gangamu *sic.* — IIa
gangas (leare a) *sard.* — gavigna IIa
gánghero *it.* — *IIa; stancare
gangola *it.* — ganguear IIb

gangoso *sp.* — ganguear IIb
gangrena *sp.* — cangrena
gangrène *fr.* — ib.
ganguear *sp.* — IIb
ganguil *pr.* — *gánghero IIa
gangula *sard.* — gavigna IIa
ganhar *pg.* — guadagnare
~ *pr.* — inganno
ganippa *dauph.* — guenipe IIc
ganivel *com. mail.* — gavilan IIb
ganivet *fr.* — canif IIc
gannacha *pr.* — guarnire
gañon *sp.* — IIb
gañote *sp.* — gañon IIb
ganrén *pr.* — guari; rien IIc
gans *afr.* — mancia IIa
ganse *fr.* — gancio
ganso *sp. cat.* — ganta; gonzo IIa
gant *fr.* — guanto
ganta *pr.*
gante *afr.* — ganta
ganto *npr.* — ib.
gants *fr.* — mancia IIa
ganzua *sp.* — *IIb
gaole *afr.* — gabbia
gaoudo *occ.* — gota
[gap] *afr.* — gabbo
gaquière *pic.* — jachère IIc; galoppare
gara *it.* — IIa
garabáto *sp.* — *IIb
garabia *pg.* — garbino
garag *pr.* — barbecho
[garamaches] *südfr.* — gamba
garance *fr.* — IIc
garandir *afr.* — guarento
garanquejo *pg.* — granchio
garant *fr.* — guarento; XXIV (XVIII) 4
garante *sp.* — guarento
garantir *sp. fr.* — ib.
garantizar *sp.* — ib.
garar *pr.* — garer IIc
garare *it.* — gara IIa
garaváto *pg.* — garabáto IIb
garb *com.* — garbo IIa
garba *pr. cat. arag.* — gerbe IIc
garbanzo *sp.* — IIb
garbar *sp.* — garbo
~ *arag.* — gerbe IIc
garbare, garbato *it.* — garbo
garbe *afr.* — gerbe IIc
garbetto *it.* — garbo IIa
garbier *pr.* — garbo
garbillar *sp.* — garbillo IIb
garbillo *sp.* — IIb
garbin *npr.* — garbino
~ *sp.* — garbillo IIb
garbino *it. sp.*
garbo *it. sp. pg.* — *I; gerbe IIc; galbe IIc

garbo *trient. ven.* — IIa; gufo IIa
garbouil *afr.* — garbuglio; grabuge IIc
[garbugliare] *it.* — broglio
garbuglio *it.* — *I; grabuge IIc
garbullo *sp.* — garbuglio
garção *pg.* — garzone
garce *fr.* — ib.
garceta *sp.* — ib.
garçom *pg.* — ib.
garçon *fr.* — ib.; galoppare; vassallo
gard *wal.* — giardino
garde (f. m.), garder *fr.* — guardare; angarde IIc
gardi *pr.* — giardino
gardien *fr.* — guardare
gardin *fr.* (mndt.) — giardino
gardingo *sp. pg.* — guardare
garduña *sp.* — IIb
gardunha *apg.* — gardnña IIb
gare *afr. piem.* — gara IIa
garenne *fr.* — IIc
garentir *pr.* — guarento
garer *afr.* — IIc; gara IIa; garenne IIc
gareta *ven.* — guarire
garetta *crem.* — ib.
garfa, garfio *sp.* — graffio
garfo *pg.* — greffe[2] IIc
gargagliare *it.* — gargatta
gargaisses *burg.* — grègues IIc
gargamela *pr.* — gargatta
gargamelle *fr.* (Rab.) *lothr.* — ib.
garganello *it.* — cerceta
garganta *sp. pg. cat.* — gargatta
gargar *pr.* — ib.
gargara *sp.* — ib.
gargata *chw.* — ib.
gargataine *genf.* — ib.
gargate *afr. pic.* — ib.
gargatta *it.* — *I; gergo
gargh *piem.* — gargo IIa
gargo *it.* — IIa
gárgola *sp.* — gargatta
gargoner *afr.* — gergo
gargote *fr.* — IIc
gargoter *afr. pic.* — gargote IIc
gargotte *fr.* — ib.
gargouille *fr.* — gargatta
gargozza *it.* — ib.
garguelotte *jur.* — ib.
garingal *asp. afr.* — galanga
garir *pr. afr.* — guarire
garita *sp. piem.* — ib.
garite, gariter *afr.* — ib.
garlanda *pr. cat.* — ghirlanda
garlande *pr.* — ib.
garlar *sp.* — IIb
garlopa *sp. pg.* [*cat.*] — varlope IIc
garlopo *lim.* — ib.

garlot *afr.* — *giavelotto
garnacha *sp.* — guarnire
garnacbe *fr.* — ib.
garnir *pr. fr.*; *afr.* — ib.
garófano *it.*
garofíl *wal.* — garófano
garóla *com.* — garric IIc
garone *it.* — gherone
garosello *it.* — carriera
[garoso] *it.* — ib.
garou *afr.*; *pic.* — loup-garou IIc;
  XXIV (XVIII) 4
garoul *afr.* — loup-garou IIc
garquière *pic.* — jachère IIc
garra *sp. pg. pr.* — *I; garabáto
  IIb; garric IIc
garrafa *sp. aval.* — caraffa
garral *asp.* — graal IIc
garrama *sp. pg.* — IIb
garret *afr.* — garra
garretto *it.* — ib.
garrí *cat.* — gorre² IIc
garric *pr.* — IIc
garrido *sp. pg.* — IIb
garrig *cat.* — garric IIc
garriga *cat. pr.* — ib.
garrir *afr.* — jars IIc
garroba *sp.* — carruba
garrobo, garrofa *sp.* — ib.
garroni *sard.* — garra
garrot *fr.* — ib.
garrote *sp. pg.* — ib.
garrou *npr.* — ib.
gars *afr.*; *jur.* — garzone
~ *pic.* — jars IIc
garse *jur.* — garzone
gartz *pr.* — ib.
garulla *sp.* — IIb
garupa *pg.* — groppo
garwall *afr.* — loup-garou IIc
garz(o) *lomb.* — IIa
garza *it. sp.* — *garzone
~ *sp. pg.* — garzo IIb
garzar *it.* (mndt.) — garzo IIa
garzo *sp.* — IIb; pazzo IIa; [zaherir
  IIb].
garzo⁴ *sp.* — IIb
garzoeu *mail.* — garzo IIa; garzone
garzólo *ven.* — garzo IIa
garzon *sp.*; *mail.* — garzone
~ *lomb.* — garzo IIa
garzone *it.* — *I; grumo; toso; garzo
  IIa
garzuolo *it.* — garzone
~ *it.* — garzo IIa
gas — *I
gasa *sp.* — gaze IIc
gasajar *sp.* — gasalha
gasalha *pr.* — *I
gasalhado, gasalhar *pg.* — gasalha
gasar *pr.* — jaser IIc

gasarma *pr.* — giusarma
gaschière *afr.* — jachère IIc
gase *norm.* — gazon IIc
gaser *afr.* — jaser IIc
gason *arag. crem.* — gazon IIc
gaspiller *fr.* — IIc
gast *com.* — gasto IIa
gastal *pr.* — gâteau IIc
gastaldo *ven.* — castaldo IIa
gastar *usp. npg.* — guastare
Gastaud *fr.* — castaldo IIa
gastaudeiar, gastaut *wald.* — ib.
gastel *afr.* — gâteau IIc
gastigare *it.* — châtier IIc; gamba
gastin *afr.* — guastare
gastine *afr.* — garenne IIc
gastir *afr.* — guastare
gasto *it.* — IIa
~ *pg.* — guastare
gasvillado *apg.* — gasalha
gat *cat. pr.* — gatto; gamba
gata *sp.* — gatto
gatailli *burg. jur.* — chatouiller IIc
gate *hen. wall.* — IIc
~ *pic.* — gavetta
gûte *berr.* — guastare
gâteau *fr.* — IIc
gâter *fr.* — guastare
gatiè *piem.* — chatouiller IIc
gatilhar *npr.* — ib.
gatjar *pr.* — gaggio
gato *sp.* — gatto
~ de algalia *sp.* — zibetto
gatta *it.* — gatto
~ *lomb.* — *chenille IIc
gattero *it.* — IIa
gattice (m.) *it.* — gattero IIa
gattié *lothr.* — *chatouiller IIc
gattigghiari *sic.* — ib.
gatto *it.*
gáttola *lomb.* — chenille IIc
[gattugghiari] *sic.* — chatouiller IIc
gau *pr. champ.* — gajo; coq IIc
~ *pr.* — gaut IIc
gauche *fr.* — IIc; manco; stancare;
  [enclenque IIb]
gaucher *afr.* — gualcare IIa
~ (frère) *fr.* — gauche IIc
gaucho *sp.* — ib.
gauchoir *afr.* — gualcare IIa
gaude *fr.* — gualda
gaudina *pr.* — gaut IIc
gaudine *afr.* — ib.
gaudineta *piem.* — goda IIc
gaudir (se) *pic.* — godere
gaudrille *burg.* — goda IIc
gaufre (f.) *fr.* — IIc
gaug *pr.* — godere
gauge *afr.* — IIc
gauger *awall.* — jauger IIc
gaugue, gauguer *pic.* — gauge IIc

gaule *fr.* — IIc; saule IIc; [jauger IIc]

Gaules *fr.* — galoscia

gault *chw. norm. pic.* — gaut IIc; pappagallo

gaulta *chw.* — gota

gaupe *fr. burg.* — IIc

ganpitre *burg.* — gaupe IIc

gauque *hen.* — jauger IIc

gausá *npr.* — gozo IIb

gausser (se, de) *fr.* — IIc

gaut *pr. afr.* — IIc

gauta *pr.* — gota; malato

gauzir *pr.* — godere

gavá (se) *npr.* — gave IIc

gavanh *pr.* — gavilan IIb

gavasa *sp.* — bagascia; garzo IIb; [zaberir IIb]

garasgia *mail.* — gave IIc

gavazza *com.* — ib.

gavazzare *it.* — gausser IIc

gave *pic.* — IIc; [gavigna IIa]

gavel *npr.* — gavela

gavél *com.* — gafa

gavela *pg.* — I; gavilan IIb

gavella *val.* — gavela

gavelot *afr.* — giavelotto

gaver (se) *pic.* — gave IIc

gaverlot *afr.* — *giavelotto

gaveta *sp.* — gavetta

gavetta *it.*

gavi (m.) *npr.* — gabbia

gavia *sp.*

~ *sp. pg.* — gabbia

gavião *pg.* — gavilan IIb

gaviau *pic.* — gavela

gavigna *it.* — *IIa

gavilan *sp.* — IIb; sparaviere

gavilla *sp.* — gavela

gavina *neap. sp. pr.* — gavia

~ *it.* — gavigna IIa

gavinel *mail. com.* — gavilan IIb

gavion *fr.; sp.* — gave IIc

gaviota *sp.* — gavia

gaviteou *npr.* — balisa

[gavrelot] *afr.* — giavelotto

gaya, gayar *sp.* — gajo

gayato *cat.* — cayado IIb

gayment *wald.* — gaimenter IIc

gaymentar *pr.* — ib.

gayo *asp.; sp.* — *gajo

gayola *sp.* — gabbia

gazaille *afr.* — gasalha

[gazal] *pr.* — ib.

gazanh, gazanbar *pr.* — guadagnare

gazapo *sp.* — corso IIb; gamo IIb

gazápo *sp.* — IIb

gaze *fr.* — IIc

gazela *sp.* — gazzella

gazelle *fr.* — ib.

gazeta *sp.* — gazzetta

gazette *fr.* — gazzetta

gazi *pr.* — gaggio

gazilier *afr.* — jaser IIc

gazmoño *sp.* — IIb

gazon *fr.* — IIc

gazouiller *fr.* — jaser IIc

gazua *pg.* — ganzua IIb

gazuza *sp.* — IIb

gazza *it.* — I; *gazzetta; jaser IIc

gazzella *it.*

gázzera *it.* — gazza

gazzetta *it.* — *I

gazzo *it.* — garzo IIb; pazzo IIa

geai *nfr.* — gajo; pincione; pappagallo

géant *fr.* — IIc

gèble *berr.* — ebbio

gebrar, gebre *cat.* — givre[2] IIc

gecchire *it.* — I; taccagno; tecchire IIa

gecchiss *mail.* — gecchire

gedilì *wal.* — chatouiller IIc

gegna *jur.* — génisse IIc

gehene *afr.* — gêne IIc

gehir *afr.* — gecchire; tecchire IIa

[gehui] *afr.* — gier IIc

gèie *wall.* — gagliuolo IIa

geindre *fr. afr.* — IIc; aveindre IIc; craindre IIc

geine *wal.* — coq IIc

geinh *pr.* — ingegno

geira *pg.* — IIb

geitar *apg.* — gettare

geito *pg.* — IIb

gelda *pr.* — geldra; partigiana

gelde *pr.* — geldra

geldou *pr.* — ib.

geldra *it.*

gelée *fr.* — brouée IIc

geler *fr.* — galerno

geline *afr.* — coq IIc

gelo *it.* — zelo

gelos *pr.* — ib.

gelosia, geloso *it.* — ib.

gelso *it.* — IIa

gelsomino *it.* — gesmino

gemel *pr.* — jumeau IIc

[gemella] *sp.* — mella IIb

gemelo *sp.* — gavilan IIb

gemêo *pg.* — IIb

genceis, gences *afr.* — ampleis IIc; [esso]

gencive *fr.* — gengiva; XXIII (XVII) 2

gendive *berr.* — gengiva

gendre *fr.* — yerno IIb; beau IIc

gène (f.) *fr.* — IIc

gèner *fr.* — gène IIc

general *sp.* — almirante

generale *it.* — caporale

genet *fr.* — ginete IIb

genette _fr._ — gineta
genèvre _fr._ — génisse IIc
gengibre _sp._ — zenzóvero
gengióvo _it._ — ib.; zelo
gengiva _it._ _pg._ _pr._
genh _pr._ — congegnare IIa
genía _it._ — IIa
génie _fr._ — ingegno
genièvre _fr._ — ginepro
genio _it._ _sp._ — ingegno; congegnare IIa
génisse _fr._ — IIc; ginepro; giubetto
geniva _cat._ — gengiva
[gennajo] _it._ — gettare
genoil _afr._ — ginocchio; caillou IIc
genou _fr._ — ginocchio; filou IIc; caillou IIc
[genovier] _pr._ — gettare
genro _pg._ — yerno IIb
gens _pr._ _afr._ — *IIc
gensemil _npr._ — gesmino
gent _pr._ _afr._ _berr._ — gente
genta (adj.) _pr._ — ib.
gente _ait._ _asp._ _afr._ _berr._
~ _afr._ — ganta
~ _sp._ — XVI (XIII)
gento _asp._ — gente; [quejando IIb]
gents _cat._ — gens IIc
genunche _wal._ — ginocchio
geole _fr._ — gercer IIc
geôle, geôlier _nfr._ — gabbia; gavela
gêpe _berr._ — guêpe IIc
gequir _pr._ — gecchire
gerbe _fr._ — IIc
gerber _fr._ — gerbe IIc
gerce _fr._ — gercer IIc
gercer _fr._ — *IIc; [sarrafar IIb]
gerente _berr._ — giro
gerfalco _it._ — girfalco
gerfaut _fr._ — ib.
gergo _it._
gergon _pic._ — gergo
gergone _it._ — ib.
gergons _pr._ — ib.
gerifalte _sp._ — girfalco
gerigonza _nsp._ — gergo
gerla _it._ — I; baúle
gerlo _npr._ — gerla
~ _it._ — giler IIc
germá _cat._ — hermano IIb
germandrée _fr._ — calamandréa
Germánia _sp._ — germanía IIb
germanía _sp._ — IIb
germano _sp._ — germanía IIb
gerr _com._ — guari
ges _pr._ _npr._ — gens IIc
gèse (f.) _fr._ — IIc; giusarma
gésier _fr._ — IIc
gésine _fr._ — gésir IIc
gésir _fr._ — IIc; lasciare
gesmíno _it._

gesso _it._ — algez IIb; agueffare IIa
gesta _it._ _pr._ _asp._
geste _afr._ — gesta
get, getar _pr._ — gettare
geto _it._ — ib.
gettare _it._ — *I
getto _it._ — gettare
geule _afr._ — gueux IIc; geldra
geurle _afr._ — gerla
geuse _afr._ — gueux IIc
gévalo _ven._ — ebbio
gèvre _burg._ — givre² IIc
gheda _crem._ _mail._ — ghiera IIa
gheppio _it._ — *IIa; ghezzo IIa
gherb _com._ — garbo IIa
ghermire _it._ — gremire IIa
gherone _it._ — I; frangia; ghiera IIa
ghesquière _pic._ — jachère IIc
gheta _piem._ — guêtre IIc
ghetta _sard._ — ib.
ghezzo _it._ — IIa
ghià _com._ _parm._ — ghiado
ghiado _it._ — *I; XXIII (XVIII) 2
~ (morto a) _it._
ghiaja _it._ — IIa
ghiara _it._ — glaire IIc
ghiattire _it._
ghiazzerino _it._
ghicari _sic._ — llegar IIb
ghidás _berg._ — gudazzo IIa
ghiera _it._ — *IIa; berlina IIa; [virar]
ghignare _it._ — *I
ghimberiu _wal._ — zenzóvero
ghindare _it._ — I; ghignare; ghirlanda
ghindurç _wal._ — gavigna IIa
ghiotto _it._
ghiottone _it._ — ghiotto
ghiova _it._ — *IIa
ghiozzo _it._ — ghiotto; gonzo IIa
ghirlanda _it._
ghirlo _oberit._ — ghirlanda
ghiro _it._
ghisa _mail._ — gueuse IIc
ghisello _it._ (mndt.) — gasalha
ghiza _trient._ — gueuse IIc
gi _chw._ — jadis IIc
già _it._
giachito _ait._ — gecchire
giaco _it._
giald _lomb._ — giallo
gialda _ait._ — geldra; partigiana
gialdoniere _it._ — geldra
giallo _it._
gialura _ait._ — giallo
gianitscha _chw._ — génisse IIc
giannetta, giannetto _it._ — gincte IIb
Gianni _it._ — zanni IIa
giara _it._
~ _ven._ — glaire IIc
giardina _pr._ — giardino

giardino *it.*
giarro *it.* — giara
giavelina *it.* — giavelotto
giavelotto *it.* — *I
gibão *pg.* — giubba
gibba *com. crem.* — ib.
gibecière *nfr.* — gibier IIc
gibelet *afr.* — ib.; [virar]
giber *afr.* — regimber IIc
gibet *fr.* — giubetto; gibier IIc
gibier *afr.; fr.* — *IIc
Gibilterra *it.* — XXV (XIX) 8
giboyer *nfr.* — gibier IIc
gibrar, gibre *pr.* — givre² IIc
gicchito *ait.* — gecchire
gie *afr.* — gier IIc
giens *afr.* — gens IIc
gier *afr.* — *IIc; [anche]; [ora]
gieres, giers *afr.* — *gier IIc
gieser *afr.* — gèse IIc
giffer *fr.* — agigueffare IIa
gig *chw.* — jadis IIc
giga *it. asp. pr.; nsp.* — *I; viola;
   [trumeau IIc]
giger, gigier *pic.* — gésier IIc
gigle *afr.* — giga
giglio *it.* — I; gioglio
gigot *fr.* — *giga
gigote *sp.* — ib.
[gigotter] *fr.* — ib.
gigue *afr.; nfr.* — *ib.
gile *afr.* — gueux IIc
giler *norm.* — IIc
gilgia *chw.* — giglio
gilhá *npr.* — giler IIc
[Gilles] *fr.* — mire IIc
gimère, gimèrou *occ.* — jumart IIc
gina *it.* — agina; gire IIa
ginea *asp.* — genía IIa
ginepro *it.*
ginestra *it.* — hiniesta IIb
gineta *sp. pg.* — *I:
~ *sp. pg.* — ginete IIb; partigiana
ginete *sp. pg.* — IIb; partigiana
gingebre *pr.* — zenzóvero
gingembre *fr.* — ib.
çingie *wal.* — gengiva
ginhos *pr.* — ingegno
ginna-gianna *lomb.* — ninno
ginnetto *it.* — ginete IIb
ginocchiello *it.* — cenogil IIb
ginocchio *it.*
ginojo *asp.* — ginocchio
gint *acat.* — gente
ginta (adj.) *acat.* — ib.
[giobare] *sard.* — chiappare IIa
giocolaro *it.*
giocolatore *it.* — giocolaro
giotuch *com.* — inganno
gioglio *it.*
gioire *it.* — godere

gioja *it.* — godere; giler IIc
giojello *it.* — godere
giolho *pg.* — ginocchio
gioniscia *com.* — génisse IIc
giorno *it.*
giostra, giostrare *it.* — giusta
Giovanni *it.* — zanni IIa
giovedì *it.*
gipó *cat.* — giubba
gippa *chw. mail.* — ib.
gir *pr.* — giro
~ *it.* (mndt.) — gire IIa
girafa *sp.* — giraffa
girafe *fr.* — ib.
giraffa *it.*
girande *fr.; berr.* — giro; ghirlanda
girándola *it.* — giro
girandole *fr.* — ib.
girándula *sp.* — ib.; farándula IIb
girão *pg.* — gherone
girare *it.* — giro
gire *afr.* — gésir IIc
[Gire] *afr.* — mire IIc
girer, gires *afr.* — giro
girfalc *pr.* — girfalco
girfalco *it.*
girgonz *asp.* — gergo
gire *it.* — *IIa
giro *it. sp.*
~ *sp.* — IIb
girofle *sp. pr. fr.* — garófano; [gi-
   bier IIc]
girofre *sp.* — garófano
giron *sp. fr.* — gherone
girotta *it.* — giro
girouette *fr.* — ib.; [pirouette IIc]
gis *npr.* — gens IIc
gisarme *afr.* — giusarma
gitar *pr.* — gettare
gite (m.) *fr.* — gésir IIc
gittare *it.* — gettare
giù *it.* — ginso; testeso IIa
giubba *it.* — I; giubetto
giubbetta *it.* — giubetto
giubbone *it.* — giubba
giubetto *it.*
giubilare *it.*
giúggiola *it.* — *I; zelo
giugn *piem.* — luglio IIa
giugnere *it.* — joindre IIc; llegar
   IIb
giugnetto *sic.* — juillet IIc
giugno *sic.* — ib.; luglio IIa
giuilare *sard.* — giubilare
giulebbe *it.*
giulivo *it.* — I; [vástago IIb]
giullaro *it.* — giocolaro
giumella *it.* — IIa
giunare *it.*
giuncheto *it.* — giunchiglia
giunchiglia *it.*

giuoco *it.* — inganno
giuppa *it.* — giubba
giusarma *it.*
Giuseppe *it.* — colpo
giuso *it.* — I; testeso IIa; muso ; tosa; cruna IIa
giusquiamo *it.*
giusta *it.*
giustare, giusto *it.* — giusta
givre *afr.; fr.* — IIc; vira; giusarma
givre² *pr. fr.* ; *occ.* — IIc
glaba *it.* — IIa
glace *fr.* — verglas IIc
glacer *fr.* — glacier IIc
glacier *afr.* — IIc; glisser IIc
glacis *nfr.* — glacier IIc
glaçoier *afr.* — ib.
gladi *Leod.* — glaive IIc
glai *afr.* — ghiattire
~ *pr. fr.* (vrlt.) — glaive IIc
glaïeul *fr.* — ib.
glaire *fr.* — IIc
glaise *fr.* — *IIc
glaive (m.) *fr.; afr.* — IIc; [giave-lotto]
~ *afr.* — ghiado
gland *fr.* — gavigna IIa
glane *fr.* — glaner IIc
glaner *fr.* — IIc
glapir *fr.* — IIc
glara, glarea *pr.* — glaire IIc
glas *afr.; nfr.* — chiasso
~ *wal.* — ib.
glasto *it. sp. pg.* — guado²
glat *pr.* — ghiattire
glatir *acat. ncat.* — bramare
~ *pr. afr.* — ghiattire ; chiasso ; jangler IIc
glave *it. afr.* — glaive IIc
glavi *pr.* — ib.
glay *pr. cat.* — ghiado
glazi *pr.* — glaive IIc
glenar *pr.* — glaner IIc
gléner *champ. pic.* — ib.
glera *asp.* — ghiaja IIa
gleton *afr.* — IIc
glette *fr.* — IIc
gletteron *afr.* — gleton IIc
gleza *pr.* — glaise IIc
glicher *pic.* — glisser IIc
gline *afr.* — blottir IIc
glinser *afr.* — glisser IIc
glire *pr.* — ghiro
glisciare *it.* (mndt.) — glisser IIc
glisser *fr.* — IIc
[gloise] *afr.* — glaise IIc
glorie *afr.* — mire IIc
glorieta *sp.; mail.* — gloriette IIc
gloriette *fr.; afr.* — IIc
glot *pr. afr.; pr.* — ghiotto

gloton *pr. sp.* — ghiotto
glousser *fr.* — chiocciare
glouteron *nfr.* — gleton IIc
glouton *fr.* — ghiotto
glu (f.) *fr.* — IIc
glueg *pr.* — glui IIc
glui (m.) *fr.* — *IIc
glut *pr.* — glu IIc
gnacchera *it.* — nácchera
gnaffè *it.* — IIa
gniff *chw.* — niffa
guioc *chw.* — gnocco IIa
gnocco *it.* — *IIa
gnucca *lomb.* — nuca
[gnudo] *it.* — gnocco IIa
go *wall.* — cuccio
gob *chw.* — gobbo
gobbe *fr.* — IIc
gobbo *it.*
gobelet *pr. fr.* — coppa
gobelin *fr.* — IIc
gober *fr.* — gobbe IIc
[goberge] *fr.* — stamberga IIa
gobet *norm.* — gobbe IIc
gobin *fr.* — gobbo
gobine *norm.* — gobbe IIc
gobio *sp.* — goujon IIc
goblin *fr.* — gobelin IIc
goccia *it.* — *IIa
gocciare *it.* — goccia IIa
gocciola *it.* — gotta
goda *npr.* — IIc
godailler *nfr.* — goda IIc
godale *afr.* — ib.
godan *hen.* — ib.
godemine, godendac *afr.* — ib.
godeño *sp.* (Gaunerspr.) — ib.
goder *afr.* — ib.; [godet IIc]
godere *it.*
goderia *sp.* (Gaunerspr.) — goda IIc
godet *fr.* — *IIc
godineta *burg.* — goda IIc
godinete *hen.* — ib.
godizo *sp.* (Gaunerspr.) — ib.
godo *npr.; sp.* (Gaunerspr.) — ib.
Godo *sp.* — ib.
godon *afr.* — ib.
[godoviglia] *ait.* — gozzo IIa
goëland *fr.* — IIc
gofe *npr.* — gonfiare
goffe *fr.* — goffo
goffet *genf.* — gonfiare
goffo *it.* — I; gonfiare
goto *sp.* — goffo
goton *pr.* — gonzo
gogaille *nfr.* — gogue IIc
gogna *it.* — *IIa
gogo (à) *fr.* — gogue IIc
gogue *afr.; fr.* — IIc
goguelu, goguenard *fr.* — gogue IIc

goguer (se) *afr.* — gogue IIc
goguettes (pl.) *nfr.* — ib.
goguin *afr.* — ib.
goi *afr. npr.* — IIc; biondo; bigot
IIc; [choyer IIc]
goinfrade *fr.* — goda IIc
goinfre *fr.* — ib.; safre IIc
goinfrer *fr.* — goda IIc
goître (m.) *fr.* — IIc
goitron *pr. afr.* — goitre IIc
goiva *pg.* — gubia
goivo *pg.* — IIb
~ *apg.* — IIb; godere
gola *it. sp.* — gollizo IIb; argolla
IIb; gora IIa; regoldar IIb
golafre *sp.* — goliart IIc
goldre *sp.* — *IIb
golfe *fr.* — golfo
golfin *sp.* — gamo IIb
golfo *it. sp. pg. pr.*
goliardo *apg.* — goliart IIc
goliare *ait.* — ib.
goliart *pr. afr.* — *IIc; gualiar IIc
gollete *sp.* — argolla IIb
gollizo *sp.* — IIb
golondrina, golondro *sp.* — róndine
golp *chw.* — golpe
golpe *it. flor. asp.* — *I; [virar]
~ *nsp. pg.* — colpo; beaucoup IIc
golpil *afr.* — volpilh IIc
golta *mod.* — gota
golzà *mail.* — gozo IIb
gomba *com.* — combo
gómbito *it.* — cúbito
gómena *it.* — gómona
gomia (f.) *sp.* — IIb
~ *pg.* — gumia IIb
gomiero *ven.* — bómbero IIa
gómito *it.* — cúbito
gómona *it.*
gona *pr. asp.* — gonna
gonce *sp.* — gonzo
gond *fr.* — ib.
gonda *it.* — *IIa
góndola *it. sp.* — *gonda IIa
gondole *fr.* — ib.
gone *afr.* — gonna
gonelle *afr.* — ib.
gonfalão *apg.* — gonfalone
gonfalon *nfr.* — ib.; [matelot IIc]
gonfalone *it.*
gonfanon *pr. afr.* — gonfalone
gonfia *it.* — XXVII (XXI)
gonfiare *it.*
gonfio *it.* — gonfiare; [tronfio IIa]
gonfle *genf.* — gonfiare; XXVI (XX)
gónfle *burg.* — gonfiare
gonflé, gonfler *fr.* — ib.
gongro *it.* — grongo IIa
gonna *it.* — I; guenille IIc
gonzo *it.* — IIa

gonzo *pg.*
gora (off. o) *it.* — IIa
~ (geschl. o) *mod.* — IIa
gorbia *it.* — *gubia
gorc *pr. afr.* — gorgo
gordin *lothr.* — gretto
gordo *sp. pg.*
goret *afr.* — gorre IIc
~ *nfr.* — gorre² IIc
gorga *it. sp. pr.* — gorgo; estrago
IIb
gorge *fr.* — gorgo
gorgia *it.* — ib.
gorgo *it.*
gorgogliare *it.* — gargatta; gorgo
gorgojo *sp.* — IIb
gorgolh *pr.* — gorgo
gorgomillera *sp.* — gargatta
gorgomilos (pl.) *pg.* — ib.
gorgozza *it.* — ib.; gozzo IIa
gormar *sp. pg.* — gourme IIc
gorna *ven.* — gora IIa
goro *pg.* — huero IIb
gorra *it. sp. pg.; it.; pg.* — *I
gorre *afr.* — IIc
~ *afr.* — *gorra
gorre² *afr.* — IIc
gorreau *afr.* — gorre² IIc
[gorres] *afr.* — gorra
gorrin *sp. npr.* — gorre² IIc
gorro *sp.* — gorra
gorron *afr.* — gorre² IIc
gort *pr. afr.* — gorgo; X (IX)
~ *pr.* — gordo
gorupo *sp.* — groppo
gos *pr.; cat.* — cuccio
~ peter *cat.* — perro IIb
gosar *cat.* — gozo IIb
gosier *fr.* — gueux IIc
gosma, gosmar *pg.* — gourme IIc
goson *wall.* — cozzone
goss *lomb.* — gozzo IIa
~ *rom.* — guscio
gossa *pr.* — cuccio
~ *rom.* — guscio
gostar *apg.* — gozo IIb
Got *pr.* — cagot IIc
gota *it.* — *I; calma
~ *sp. pg.* — gotta
goteiar *pr.* — goccia IIa
goteira *pr.* — égout IIc
gotejar *pg.* — goccia IIa
gotj *cat.* — gozo IIb
gotjar *aval.* — ib.
goto *pg.* — IIb
gotta *it.*
gotto *it.* — godet IIc
Gotz *pr.* — algoz IIb
gotz *pr.* — cuccio
[gouache] *fr.* — guado
gouailler *berr.* — goda IIc

gouaper *norm.* — guappo
gouapou *gasc.* — ib.
[goucés] *afr.* — cuccio
gouchier *dauph.* — gualcare IIa
gouderois *afr.* — goda IIc
goudron *fr.* — catrame
gouèpe *champ.* — guêpe IIc
goufá *npr.* — gonfiare
gouffre (m.) *fr.* — golfo
gouge *fr.* — *IIc
~ (f.) *fr.* — gubia
gougeo *npr.* — gouge IIc
gougourde *fr.* — cucuzza
gouine *nfr.* — goda IIc
goujat *fr.* — gouge IIc
goujon *fr.* — IIc
gouliafre *fr.* — goliart IIc; goda
IIc; safre IIc
goumène *fr.* — gómona
goupil, goupille *afr.* — golpe
goupiller *afr.* — ib.; volpilh IIc
goupillon *nfr.* — *golpe
gour *nfr.* — gorgo
gourd *fr.* — gordo
gourde *fr.* — cucuzza; XXIII
(XVIII) 3
gourdir *fr.* — gordo
gouri *burg. lothr.* — gorre² IIc
gourmacher *norm.* — gourmer IIc
gourmand *fr.* — ib.
gourmander *fr.* — gourme² IIc
gourme (f.) *fr.* — IIc; mormo
gourme² *fr.* — IIc
gourmer *hen.* — *IIc
~ *fr.* — gourme² IIc
gourmet *fr.* — *gourmer IIc
~ *afr.* — grumo
gourmette *fr.* — gourme² IIc
[~] *fr.* — *grumo
gourmie (eau) *berr.* — gourme IIc
gourpil, gourpille *afr.* — golpe
gourrer *afr.* — gorre IIc
gourrin *fr.* (mndt.) — ib.
[gous] *afr. fr.* (Auch) — cuccio
gousse (f.) *fr.* — guscio
gouta *trient.* — gota
goutte *fr.* — gotta
gouttière *fr.* — égout IIc
gouverneur *fr.* — locman IIc
gouvir *apg.* — godere
gouzz *crem.* — goccia IIa
goy *wald.* — godere
gozar *sp. pg.*; *aval.* — gozo IIb
gozarse (de) *sp.* — gausser IIc
gozne *sp.* — gonzo
gozo *sp. pg.* — *IIb
gozque *sp.* — cuccio; perro IIb
gozz *crem.* — goccia IIa
gozzaja *it.* — gueux IIc
gozzo *it.* — *IIa; [gozo IIb]; gueux
IIc

gozzo *ven.* — gonzo IIa
gozzoviglia *it.* — *gozzo IIa
grãa *pg.* — grana
graaillier *afr.* — grata
graal *afr.* — IIc
graanter *afr.* — creanter IIc
grabar *sp.* — graver IIc
grabeüge *afr.* — grabuge IIc
grabouil *afr.* — *garbuglio
[grabouiller] *afr.* — ib.
grabuche *hen.* — grabuge IIc
grabuge (m.) *fr.* — IIc; [garbuglio]
gracchia *it.* — gracco
gracco *it.* — *I; grole IIc
gracculo *it.* — gracco
gracidare *it.*
gracimolo *it.* — raspare
grada *sp.* — grata
grade (f.) *pg.* — ib.
gradella *it.* — ib.
gradire *it.* — grado
~ *it.* — gravir IIc
grado *it. sp. pg.*
graelier *afr.* — grata
graellino *amail.* — graal IIc
grafe *afr.* — greffe IIc
graffiare *it.* — graffio
graffiasanti *it.* — pappalardo
graffin, graffiner *burg.* — graffio
graffio *it.*
grafi, grafinar *pr.* — greffe IIc
grafio *pr.* — graffio
grafiou *npr.* — greffe² IIc
gragea *sp. pg.* — treggéa; gamo IIb
grahus grahusa *pr.* — grabuge IIc
graigne *afr.* — gramo
graignon *afr.* — grignon IIc
graïl *afr.* — grata
graile *pr.* — grêle IIc
graille *afr.* — gracco; grole IIc
~ *fr.* — grata; glisser IIc
graïlle *afr.* — grata
graim *afr.* — gramo
graine *afr.* — grana
grais *fr.* — graal IIc
graisle *afr.* — grêle IIc
graissa *pr.* — crapaud IIc
~ *pr.* — grès IIc
graissant *pr.* — crapaud IIc
graisse *fr.* — grascia IIa; crapaud
IIc
graja *sp.* — gracco
grajo *it.* — blaireau IIc
~ *sp.* — gracco
gral *pg.* — graal IIc
graler *berr.* — grata
gralba *pg. pr.* — gracco
gralho *pg.* — ib.
gram *pr. afr.* — gramo
grama *sp. rom.*
gramadeira *pg.* — grama

gramádi, gramaira *pr.* — grammaire IIc

gramaire *(m.) pr. afr.* — *ib.; grimoire IIc

gramáiria *pr.* — grammaire IIc

gramalla *sp.* — *camaglio

gramallcra *sp.* — crémaillon IIc

gramar *sp. pg.* — grama

gramare *it.* — gramo

~ *afr.* — grimoire IIc

[grama¹ge] *pr.* — grammaire IIc

gramazi *pr.* — dominio

gramê *rom.* — grama

gramenter (se) *afr.* — gaimenter IIc

gramilla *sp.* — grama

grammaire *fr.* — *IIc; grimoire IIc; *mire IIc; pouillé IIc; [verrina]; [astuccio]

grammairien *fr.* — grammaire IIc

gramo *it.* — *I; grim IIc

gramoier *afr.* — *gramo

grámola, gramolare *it.* — grama

grampa *it.* — I; [grappa]

grana *it. sp. pr.* — I; brasile; [grappa]

grancha *asp.* — rajar IIb

granche *afr.* — granja; [grascia IIa]

granchio *it.*

grancio *it.* — granchio

granciporro *it.* — IIa

grancire *it.* — granchio

grandcoup *afr.* — beaucoup IIc

[grande, ~ es] *afr.* — engrant IIc

grandigia, grandizia *it.* — valigia

[granfia] *it.* — grappa

grauga *pr.* — granja

grange *fr.* — ib.

grangea *pg.* — treggéa

grangear *sp.* — granja

granido *sp.* — granito

granit *fr.* — ib.

granito *it.*

granja *sp. pg. pr.* — I; corzo IIb; rajar IIb

granolha *pr.* — grenouille IIc

granquejo *pg.* — granchio

granrén *pr.* — guari; rien IIc

[grant] *afr.* — engrant IIc

granter *afr.* — creanter IIc

granujo *sp.* — somorgujo IIb

[granz] *afr.* — engrant IIc

granza *sp.* — garance IIc

grapa *sp. pr.* — grappa

[grapaud] *fr.* (mndt.) — crapaud IIc

grapaut *pr.* — ib.

grapeia *ven.* — grappa

grapon *sp.* — ib.

grappa *it.* — *I

grappare *it.* — grappa

grappe *fr.* — ib.

grapper *norm.* — ib.

grappin *fr.* — grappa

grappo *it.* — ib.

grappolo *it.* — ib.; rappa IIa

graps *pr.* — grappa

gras *pr. fr. chw. wal.* — grasso

grasal *afr.* — graal IIc

grascia *it.* — *IIa; ambasciata

grascino *it.* — grascia IIa

graso *sp.* — grasso

graspo *it.* — rasparc

grassale *fr.* — graal IIc

[grasse] *afr.* — grascia IIa

grasso *it.*

grasta *it. (sic.)* — IIa

grat *pr.* — grado

grata *it.* — *I

gratar *sp. pr.* — grattare

[graticella] *it.* — grata

gratin *fr.* — grattare

grattabugia *it.* — grabuge IIc

grattare *it.*

gratter *fr.* — grattare

grattugia *it.* — grabuge IIc

grattugiare, grattugio *it.* — grattare

gratuser *afr.* — ib.

gratusi *dauph.* — ib.

gratuzar *pr.* — ib.

grau *südfr.* — graal IIc

[~] *afr. fr.* (mndt.) — gravir IIc

graule *occ.* — frelon IIc

grava *pr. cat.; chw.; ven.* — grève IIc

gravelle *fr.* — ib.

graver *fr.* — IIc

[~] *mfr.* — gravir IIc

gravicembalo *it.* — clavicembalo

graviche *hen.* — écrevisse IIc

gravier *fr.* — grève IIc

gravir *fr.* — *IIc; trepar IIb

gravois *fr.* — grève IIc

gravouiller *berr.* — grouiller IIc

graxo *pg.* — grasso

grazal *pr. südfr.* — graal IIc; XI (IX)

grazau *südfr.* — graal IIc

grazil, grazilbar *pr.* — grès IIc

grazir *pr.* — grado

graznar *sp. pg.* — gracidare

graznido *sp.* — alarido IIb

gré *fr.* — grado; degré IIc

greal *afr. asp.* — graal IIc

greanter *afr.* — creanter IIc

grebano *ven.* — *greppo IIa

greche *afr.* — greppia

greda *sp.* — craie IIc

gredin *fr.* — gretto

gredine *wal.* — giardino

greffe *(m.) fr.* — IIc; graver IIc

greffe¹ *(f.) fr.* — IIc

greffer *fr.* — greffe¹ IIc

[grège, soie] *fr.* — greggio IIa

[greggia] *it.* — greggio IIa
greggio *it.* — *IIa
grègues (pl.) *fr.* — *IIc
greignaille *afr.* — grignon IIc
[greindre] *afr.* — greve
greïslier *afr.* — grata
grel *afr.* — grillo IIb
grêle *fr.* — IIc; frelon IIc
~ *fr.* — grès IIc
grêler *fr.* — ib.
grella *mail.* — *grata
grelle *afr.* — grêle IIc; grelot IIc
grelo *pg.* — grillo IIb
grelon *fr. berr.* — frelon IIc
grelot *fr.* — IIc
grelotter *fr.* — grelot IIc
grembiata *it.* — grembo IIa
grembo *it.* — IIa
gremire *it.* — IIa
gremoier *afr.* — gramo
gren (m.) *pr.* — greña
greña *sp.*
grenar *pr.* — glaner IIc
grenha *pg.* — greña
grenon *pr. afr.* — ib.
greñon *asp.* — ib.
grenouille *fr.* — IIc
grenouillette *fr.* — grenouille IIc
grenu *afr.* — greña
greou *occ.* — mare IIc
greoule *npr.* — ghiro
greppia *it.*
greppo *it.* — *IIa
gres *npr.* — grès IIc
grès (m.) *fr.* — IIc; graal IIc; greto
  IIa
gresal *acat.* — graal IIc
grésil, grésiller *fr.* — grès IIc; graal
  IIc
grésillon *afr.* — IIc; grillo
gresle *afr.* — grès IIc
gressa *pr.* — ib.
greta, gretar *pg.* — grietar IIb
greto *it.* — *IIa
grétola *it.* — IIa
gretto *it.* — I; [guitto IIa]
greu *pr. wal.* — greve
greugi *Namur* — gruger IIc
greüse *afr.* — grabuge IIc
greuse *jur.* — ib.
greva *chw.* — grève IIc
greve *it.* — *I; XXIV (XIX) 5
grève (f.) *fr.* — *IIc
grevess *wall.* — écrevisse IIc
grévol *cat.* — acebo IIb
greza *pr.* — grès IIc
[grèze, soie] *fr.* — greggio IIa
grezo *npr.* — grès IIc
grezzo *it.* — *greggio IIa
grial *sûdfr. asp.* — graal IIc
[gribouiller] *fr.* — garbuglio

gricciare *it.* — IIa; griucer IIc
griccio, gricciolo *it.* — gricciare IIa
grida *it. asp.* — gridare
gridalto *it.* — ib.
gridar *asp.* — ib.
gridare *it.*
grido *it. asp.* — gridare
grief *afr.*; *nfr.* — greve
grieta *sp.* — grietar IIb
grietar *sp.* — IIb
grieté *afr.* — greve
grif *afr. com. piem.* — IIc
grifagno *it.* — grif IIc
grifaigne *afr.* — ib.
grifar *pr.* — ib.
griffaigne *afr.* — ib.
griffe (f.), griffer *nfr.* — ib.
griffo *it.* — ib.
griffon *fr.* — ib.
grifla *chw.* — ib.
grifo *it.* — ib.; grufolare IIa
grifó *sp. pr.* — grif IIc
grifone *it.* — ib.
grigio *it.* — griso
grigna *chw.* — grinar
grignù *com. berg.* — ib.
grigne *norm.* — grignon IIc
grigner *champ. pic.* — grinar
grignette *pic.* — grignon IIc
grignon *fr.* — IIc; bargagno; grata;
  cuesco IIb
~ *pr. afr.* — greña
grignoter *fr.* — grignon IIc
grignoun *npr.* — ib.
grigou *fr.* — *IIc
grija *asp.* — guijo IIb
gril *fr.* — grata
grilho *pr. pg.* — grillo
grill *cat.* — grillo IIb
grilla *chw.* — grillo IIa
grillar *sp.* — grillo IIb
grillare *it.* — grillo IIa
grille *fr.* — grata; glisser IIc: fermillon IIc
griller *fr.* — grata
grillet *fr.* — grillo
grillo *sp.*
~ *it.* — IIa
~ *sp.* — IIb
grim *pr.* — *IIc
grima *sp. cat.*; *pg.* — IIb
~ *pr.* — grim IIc
grimace (f.) *fr.* — grima IIb
grimar *pr.* — grim IIc
[grimaud] *fr.* — grimoire IIc
grimazo *sp.* — grima IIb
[grime] *afr.* — grim IIc
[grimelin] *fr.* — grimoire IIc
grimer *norm.* — gremire IIa; grimoire IIc
grimo *it. com. chw.* — IIa

grimoire (m.) *fr.* — *IIc
grimpa *pg.* — guimple IIc
grimper *fr.* — IIc
grimpola *sp.* — guimple IIc
grinalda *pg.* — ghirlanda
grinar *pr.*
grincer *fr.* — IIc; gricciare IIa
grincher *pic.* — grincer IIc
[gringalet] *fr.* — verrina
[gringia] *sard.* — crencha IIb
griñon *asp.* — greña
grinta *lomb. trient. ven.* — IIa
grinza, grinzo *it.* — grimo IIa
grip *chw. com.* — greppo IIa
~ *fr.* — grive IIc
gripau *cat.* — *crapaud IIc
griper *norm. wall.* — grimper IIc
gripo *sp.* — gripper IIc
grippà *lomb.* — ib.
gripper *fr.* — IIc; grif IIc
grippo *it.* — gripper IIc
gris *sp. pg. fr.* — griso
~ (sbst.) *sp. pr. afr.* — ib.
grisard *pic.* — blaireau IIc
grisch *chw.* — griso; pardo IIb
grischun *chw.* — pardo IIb
griseo *asp.* — griso
griseta *sp.* — ib.
grisette *fr.* — ib.
grisetto *it.* — ib.
griso *it.*
gritar *sp. pg.* — gridare
grito *sp.* — ib.
grius *pr.* — grive IIc
griva *cat.* — ib.
grive *fr.* — *IIc
~ de vendange *fr.* — mauvis IIc
[griveler] *fr.* — grive IIc
[groe] *afr.* — grève IIc
groeppia *gen.* — greppia
grog *cat.* — amarillo IIb
grogner *fr.* — grugnire
grogni *wall.* — ib.
groin *fr.* — ib.
grola *it.* — grole IIc
grole (f.) *fr.* — *IIc
[gromet] *afr.* — grumo
gromma *it.* — IIa
grommeler *fr.* — IIc
gron *afr. pic.* — gherone
groncer *afr.* — grugnire
gronda *it.* — *I
gronder *nfr.* — grugnire
grondir *pr. afr.* — ib.
grondre *afr.* — ib.
grongo *it.* — IIa
gronh, gronhir, gronir *pr.* — grugnire
gropal *lim.* — crapaud IIc
gropia *rom.* — greppia
groppa *it.* — groppo
groppo *it.* — I; [garbuglio]

groppone *it.* — groppo
gros *pr. fr. wal.* — grosso
groseille, groseillier *fr.* — grosella
groselheira *pg.* — ib.
grosella *sp. cat.*
grosso *it. pg.*
grot *berr.* — grosso
grotta *it.*
grotte *fr.* — grotta
grottesco *it.* — ib.
grotto *it.* — agrotto IIa
grouiller *fr.* — IIc
[groumet] *afr.* — grumo
groumi *wall.* — grommeler IIc
groupe *fr.* — groppo
grout *berr.* — grosso
gru *champ.* — groau IIc
gruau *fr. hen.* — IIc
gruccia *it.* — croccia
grucí *npr.* — gruau IIc
grude *pg.* — glu IIc
grue *fr.* — crone IIc
gruel *afr.* — gruau IIc
grueso *sp.* — grosso
gruetzi *wal.* — gruzzo IIa
grufflar *chw.* — ronfiare
grufolare *it.* — IIa
gruger *fr.* — IIc
grugnare *it.* — grugnire
grugoire *it.* — I; grufolare; stagno
grugno *it.* — grugnire
gruin *apg.* — ib.
gruis *fr.* — crusca IIa
grulla *sp.* — IIb
grume *afr. burg.* — grumo
grumeler (se) *fr.* — ib.
grumete *sp.* — ib.; XVI (XIII)
grumo *it. sp. pg.* — *I; [gourmer IIc]
grúmolo *it.* — grumo
grunda *chw.* — gronda
gruñir *sp.* — grugnire
grupa *sp.* — groppo; XVI (XIII)
grupia *piem. ven.* — greppia
grupo *sp.* — groppo
gruppo *it.* — ib.
grus *piem.* — crusca IIa
[grusa] *wälschtir.* — greto IIa
grusiele *hen.* — grosella
gruta *sp. pg.* — grotta
grutz *pr.* — gruau IIc
gruyer *fr.* — IIc
gruzale *wall.* — grosella
gruzi *wall.* — gruger IIc
[gruzza, grúzzena] *gredner.* — greto IIa
gruzzo *it.* — IIa
grúzzolo *it.* — gruzzo IIa
guá *pr.* — guado
guaançar *apg.* — guadagnare
guacha-pear, guácharo *sp.* — guado

guadagnare *it.* — *I; gana; trovare
guadagno *it.* — guadagnare
[guadamaci] *asp.* — gamba
guadaña *sp.* — *guadagnare
guadañar *asp.* — ib.
guadanha *pg.* — ib.
guadare *it.* — guado
guadarella *it.* — gualda
guadinna *mail.* — guaina
guado *it.* — *I
~ *asp.* — gualda
guado² *it.*
[guaffile] *tosc.* — aggueffare IIa
guafla *asp.* — gaufre IIc
guai *it. sp. pg.* — I; gaimenter IIc
guaime *it.* — I; saíme; traíno; [vá-
stago IIb]
guaina *it.*
guaita *crem. pr.* — guatare
guaitar *pr.* — ib.
guajo *it.; amail.* — guai
gual *ncat.* — guado
guala *val.* — quaglia
gualardon *sp.* — guiderdone
Gualaubet *pr.* — galaubia IIc
gualcare *it.* — IIa
gualchiera *it.* — gualcare IIa
gualcire *it.* — IIa
gualda *sp.*
gualdana *it.* — IIa; algara IIb
gualde *pg.* — gualda
gualdo (adj.) *sp.* — ib.
gualdrapa *sp. pg.* — gualdrappa
gualdrappa *it.* — *I
gualerchio, gualercio *it.* — *lercio
IIa
gualiar *pr.* — IIc; guercio
gualiart *pr.* — gualiar IIc
gualoppare *it.* — galoppare
gualt *afr.* — gaut IIc
guan *pr.* — guanto
guana *ait.* — *IIa
guanch *com.* — ganchir IIc
guancia *it.* — IIa; astuccio; gufo
IIa
guandir *pr. afr.* — gandir IIc; andare
guanhar *apg.* — guadagnare
guañir *sp.* — IIb
guante *sp. pg.* — guanto
guantes *sp.* — mancia IIa
guanto *it.* — I; mancia IIa
guanyar *cat. val.* — guadagnare
guapeza *sp.* — guappo
guapo *mail.; sp. pg.* — ib.
guappo *neap.*
guará *val.* — guaragno
guaragno *it.* — I; rozza
guaragnon *pr.* — guaragno
[guaralha] *pr.* — gasalha
guaran *asp.* — guaragno

guaran *pr.* — guarento
guarañon *sp.* — guaragno
guarda (f.) *pr.* — guardare
guardar *sp. pg. pr.* — ib.
guardare *it.* — *I
guardia (f.) *it. sp.* — guardare
guardian *sp. pr.* — ib.
guardiano, guardingo *it.* — ib.
guardo *it.* — scaltrire IIa
guardó *acat.* — guiderdone
guarecer *nsp. npg.* — guarire
guarentire *it.* — guarento
guarento *ait.* — I; XXIV (XVIII) 4
guaret *val.* — barbecho
guari *it.* — *I
guarida (f.) *pr.* — guarire
guarir *asp. apg.* — ib.
guarire *it.*
guarismo *sp.* — IIb; alguarismo IIb
guarita *pg.* — guarire
guarlanda *asp.* — ghirlanda
guarnà *lomb.* — guarnire
guarnacca *it.* — casacca; guarnire
guarnaccia *it.* — guarnire
guarnecer *nsp.* — ib.
guarnello *it.* — ib.
guarnir *asp.* — ib.
guarnire *it.*
guarso *pr.* — garzone
guasar *pr.* — guado
guascotto *it.* — biscotto
guastar *asp. apg. pr.* — guastare
guastare *it.* — I; guaime
guaste *afr.* — guastare
guasteddu *sic.* — gâteau IIc
guastime *it.* — guaime
guastine *afr.* — guastare
guasto *it.*
guatare *it.* — I; gaita IIb
guaterone *ven.* — guêtre IIc
guatlla *cat.* — quaglia
guáttera *it.* — guêtre IIc
guau *acat.* — guado
guavella *pr.* — gavela
guaya *sp. pg.* — guai
[guazalhar] *pr.* — gasalha
guazardinc *pr.* — guiderdone
guazardon *pr.* — ib.
guazil *pg.* — alguacil IIb
guazina *ven.* — guaina
guazza *it.* — guado
[guazzabuglio] *it.* — garbuglio
guazzare, guazzo *it.* — *guado
gubia *sp.* — *I
~ *it.* — gouge IIc
gubio *npr.* — gubia
gudazz, gudazza *com. crem.* — gudazzo IIa
gudazzo *it.* (mndt.) — *IIa
gudoignar *chw.* — guadagnare
gué *fr.* — guado

guède (f.) *fr.* — guado²
guédé *fr.* — guéder IIc
guedeja *sp.* — IIb; vedija IIb
guedelha *pg.* — vedija IIb
guéder *fr.* — IIc
guéer *fr.* — guado
guette *champ.* — gave IIc
gueffer (se) *champ.* — ib.
gueia *berg.* — IIa
gueimentá *dauph.* — gaimenter IIc
guenchir *afr.* — ghignare; ganchir IIc
guenille *fr.* — IIc
guenipe *fr.* — IIc
guenon *fr.* — IIc
guêpe *fr.* — IIc
guer *pr.* — guercio
guercho *asp.* — ib.
guercio *it.* — I; bircio IIa; gualiar IIc; [lercio IIa]
guerdin *pic.* — gretto
guerdon *afr.* — guiderdone
guère, guères *fr.* — *guari
guéret *fr.* — barbecho
gueri *ait.* — guari
guerida *pr.* — guarire
guérir *nfr.* — ib.
guerire *it.* — ib.
guérite *nfr.* — ib.
guerle *pr.* — guercio
guerlio *dauph.* — ib.
guermenter *afr.* — *gaimenter IIc
guernire *it.* — guarnire
guernon *pr. afr.* — greña
guernu *afr.* — ib.
güero *asp.* — huero IIb
gueron *afr.* — gherone
guerpine *afr.* — garenne IIc
guerpir *pr. afr.* — IIc
guerra *it. sp. pg. pr.*
guerre *fr.* — guerra
guerrear *sp.* — ballare
guerredon *afr.* — guiderdone
guerreiar *pr.* — trinciare
guerrera *it.* — guerra
guerrero *sp.* — ib.
guerrier *pr. fr.* — ib.
guersch *chw.* — guercio
guer-soi *afr.* — *guari
güerto *sp.* — huero IIb
guesde *afr.* — guado²
guespillar *pr.* — gaspiller IIc
[guespillon] *afr.* — golpe
guet *nfr.* — guatare
guête *champ.* — guêtre IIc
gueto *occ.* — ib.
guêtre (f.) *fr.* — IIc
guett *wall.* — guêtre IIc
guette *afr.* — guatare
guetter *fr.* — ib.
guetton *hen.* — guêtre IIc

gueuche, gueucher *berr.* — juc IIc
gueude *afr.* — geldra
gueule *fr.* — ib.; bégueule IIc; gueux IIc
gueuse *fr.* — *IIc
~ *fr.*; *afr.* — gueux IIc
gueuser *fr.* — ib.
gueux *fr.* — *IIc
guever *afr.* — gaif IIc
gufo *it.* — IIa; bagordo; fianco; guancia IIa
gui *fr.* — IIc
guia *sp.* — guidare
~ *pr.* — guisa
guiar *sp. pg. pr.* — guidare
guiardon *pr.* — guiderdone
guichard *afr.* — guiscart IIc
guiche *afr.* — IIc
guichet *fr.* — IIc
guida *it. pr.* — guidare
guidar *pr.* — ib.
guidare *it.* — *I
guidardone *it.* — guiderdone
guide *nfr.* — guidare
guider *fr.* — ib.
guiderdonare *it.* — guiderdone
guiderdone *it.* — I; malvagio; XXV (XIX) 8
guidon *fr.* — *guidare
Guienne *fr.* — regretter IIc
guierdon *pr.* — guiderdone
guige *afr.* — guiche IIc; enarme IIc
guiggia *it.* — guiche IIc
guigne *fr.* — vísciola
guigner *fr.* — ghignare
guigno *it.* — ib.
guija *sp.* — guijo IIb
guijarro *sp.* — ib.
guijo *sp.* — IIb
guil *pr.* — guile IIc
guila *pr.* — ib.
[guilané] *fr.* (mdt.) — aguinaldo IIb
guilar *pr.* — guile IIc
guile *afr.* — IIc
guilée *fr.* — IIc; brouée IIc
guileña *sp.* — IIb
guiler *afr.* — guile IIc
guilha *pg.* — guilla IIb
~ *pg.* — guile IIc
guiliá *lim.* — ib.
guilla *sp.* — IIb
guille *afr.* — guile IIc
guilledin *fr.* — IIc
guimauve *fr.* — malvavischio
guimpe (f.) *afr.* — guimple IIc
guimple (f.) *afr.* — IIc
guimpler *afr.* — guimple IIc
guinar *pg.* — ghignare
guiñar *sp.* — ib.
guiuchar *sp.* — guincho IIb
guinche *afr.* — guiche IIc

guincher *norm.* — ghignare
guinchir *chw.* — ganchir IIc
guincho *sp.* — IIb
guinda *sp.* — vísciola
guindar *sp. pg.* — ghindare
guindas *fr.* — ib.
guindaste *sp. pg.* — ib.
guindola *sp.* — ib.
guindolo *it.* — ib.
guinder, guindre *fr.* — ib.
guiner *pr.* — golpe
guineu *cat.* — ib.
guingoin *pic.* — guingois IIc
guingois *fr.* — IIc
guinh *pr.* — ghignare
guinhar *pr.* — ib.
guinier *pic.* — ib.
guiño *sp.* — ib.
guiper *afr.* — IIc
guipure *afr.* — guiper IIc
guiren *pr.* — guarento
guirigay *sp.* — gergo
guirlande *fr.* — ghirlanda
guirnalda *sp. pg.* — ib.; [aguinaldo IIb]
guis *afr.* — guidare
guisa *it. sp. pg. pr.*
guisar *sp. apg.* — guisa
guisarme *afr.* — giusarma
guiscart *afr.* — IIc
guischet *afr.* — guichet IIc
guiscos *pr.* — guiscart IIc
guise *fr.* — guisa
guisier *fr.* — gésier IIc
guisne *afr.* — vísciola
guisquet *pr.* — guichet IIc
guit *pr.* — guidare
~ *cat.* — guito IIb; [guitto IIa]
guita *sp. pg.* — IIb
guitare *fr.* — chitarra

guitarra *pr. sp. pg.* — chitarra
guito *arag.* — *IIb; [guitto IIa]
[guiton] *sp. afr.* — guitto IIa
guitran *fr.* — catrame
guitto *it.* — *IIa; [guito IIb]
guivre *afr.* — givre IIc; giusarma
guizar *pr.* — guidare
guizgar *sp.* — guincho IIb
guizzare *it.* — IIa
guizzo *it.* — vizzo IIa; [guitto IIa]
gujure (verlesen ans guivre) *afr.* — givre IIc
gulhara, gulpeja *asp.* — golpe
gume (m.) *pg.* — IIb
gúmena *sp. pg.* — gómona
gumia *sp.* — IIb
gúmina *it.* — gómona
gynfà *wal.* — gonfiare
gynsác, gynsce *wal.* — ganta
guoffola *neap.* — guancia IIa; gufo IIa
[guolo] *it.* (mndt.) — gudazzo IIa
guolp *chw.* — golpe
guret *cat.* — barbecho
gurpir *afr. pr.* — guerpir IIc
gurrumina *sp.* — IIb
gurumete *pg.* — XVI (XIII)
gurupa *pg.* — XVI (XIII)
gusanear *sp.* — fourmiller IIc
gusano *sp. pg.* — IIb; fourmiller IIc
guscio *it.*
guss *mail.* — guscio
gussa *mail. ven.* — ib.
gyt *wal.* — nuca
gute *wal.* — gotta
gutedra *apg.* — guêtre IIc
gutrinos *sp.* — goitre IIc
gutuie *wal.* — cotogna
guzza, guzzu *sic.* — cuccio
gvalchè *rom.* — gualcare IIa

h

haber *sp.* — uviar IIb
haberia *sp.* — avaria
habla, hablar *sp.* — favola
hable *afr.* — havre IIc
habler *fr.* — favola
hac *wal.* — fagotto
haca *sp.*
hacanea *nsp.* — haca
hace *hen.* — fiáccola
hacha *sp.* — accia
~ *sp.* — fiáccola; espiche IIb
hache *fr.* — accia
~ *hen.* — fiáccola
hacher *fr.* — accia; haschière IIc
hácia *sp.* — faccia

hácia *sp.* — rimpetto IIa; hasta IIb
hacienda *sp.* — faccenda; ganado IIb
hacina *sp.* — fascio
hacino *sp.* (vrlt.) — IIb
hacté *apg.* — té IIb
hada, hadar *sp.* — fata
hadir *afr.* — haïr IIc; guidare
haenge *afr.* — lusinga
hagard *fr.* — IIc
haguette *pic.* — haca
haie *fr.* — IIc
haillon *fr.* — IIc
haine *nfr.* — haïr IIc
haïne *afr.* — ib.; garenne IIc

haingre *norm.* — heingre IIc
haior *afr.* — haïr IIc
hair *norm.* — haire IIc
haïr *fr.* — IIc; guidare; havir IIc
háirdi *champ.* — herde IIc
haire *fr.* — IIc
hairon *afr.* — aghirone
haise *afr.* — IIc
haiset, haisier *norm.* — haise IIc
hait *afr.* — IIc
haitier *afr.* — hait IIc
halagar *sp. val.* — *IIb; [flatter IIc]
halágo *sp.* — halagar IIb
halaigre *afr.* — allegro
halar *sp.*
ha las *afr.* — lasso
halberc *afr.* — usbergo
halbran *fr.*; *fr.* (mndt.) — IIc
halbrené, balbrent *fr.* — halbran IIc
halcon *sp.* — falcone
halda *sp.* — falda
hale *wall.* — houille IIc
hâle (f.) *fr.* — IIc
halebrand *fr.* (mndt.) — halbran IIc
haleche *sp.* — laccia
haleine, halener *fr.* — alenare
haler *fr.* — halar
hâler *fr.* — hâle IIc
haligote *afr.* — IIc; haricot IIc
haligoter *afr.* — haligote IIc
hallar *sp.* — IIb; trovare; achar IIb; ajar IIb
halle *fr.*; *afr.* — IIc
~ *afr.* — hâle IIc
hallebarde *fr.* — alabarda
hallier *fr.* — IIc
hallo *pic.* — hallier IIc
halo *asp.* — halagar IIb
halot *fr.* — IIc
haloza *sp.* — galoscia
halt *afr.* — IIc
~ *afr.* — haut IIc
halte (f.) *nfr.* — halt IIc
halterel *afr.* — usbergo
halumbard *chw.* — alabarda
ham *afr. pic.* — hameau IIc
hamac *fr.* — amáca
hamaca *sp.* — ib.
hambre *sp.* — IIb; incúde
hameau *fr.* — IIc
hameçon *fr.* — ancino; bolzone
hampa *sp.* — vampo IIa
hampe *fr.* — IIc
hanafat *fr.* (vrlt.) — IIc
hanap *afr.* — anappo
hanc *Leod.* — anche
hanche *fr.* — *anca
hanebane *fr.* — IIc
hanepier *afr.* — anappo
haner *afr.* — affanno
hanett *wall.* — nuca

hangar *fr.* — augar IIc
hanneton *fr.* — IIc
hansacs *afr.* — IIc
hansart *fr.* — hansacs IIc
hanse *fr.* — IIc
hanste *afr.* — *hante IIc
hant *afr.* — hanter IIc
hante *afr.* — *IIc; andas IIb
hanter *afr.* — *IIc
hantise *fr.* — hanter IIc
haper *afr.* — scappare
haple *pic.* — aspo
happe *fr.* — IIc
happer *fr.* — happe IIc
haque *afr.* — haca
haquenée *fr.* — ib.
haquet *afr.*; *nfr.* — ib.
bar *afr.* — harer IIc
haragan *sp.* — aragan IIb
haraldo *sp.* — araldo
haraler *afr.* — harer IIc
harangue, haranguer *fr.* — aringo •
harapo *sp.* — arpa
haras *fr.* — IIc
harasse *afr.* — IIc
harasser *fr.* — harer IIc
haraute *asp.* — araldo
harbar *asp.* — hâle IIc
harce *fr.* — herse IIc
harceler *nfr.* — *ib.
harcelle *fr.* — hard IIc; herse IIc
hard (f.) *fr.* — IIc; harer IIc
hârd *wall.* — cardo
harda *pg.* — arda IIb
harde *fr.* — hard IIc
hardel *afr.* — ib.
hardele *hen.* — baridelle IIc
harder *wall.* — cardo
hardes *fr.* — hard IIc
hardi *fr.* — ardire; hardier IIc
~ *guienn.* — ardite IIb; liart IIc
~ *pic.* — hardier IIc
hardier *afr.* — IIc
hardiment *pic.* — ardire
harégne *lothr.* — hargne IIc
hareie *afr.* — harer IIc
hareng *fr.* — *aringa
harer *afr. norm.* — IIc
hargagneux *norm.* — hargne IIc
hargne *afr.* — IIc
hargner *afr.*; *pic.* — hargne IIc
hargneux *nfr.* — ib.
harguigner *norm.* — ib.
haricot *fr.* — IIc
haricotier *pic.* — haricot IIc
haridelle *fr.* — IIc
harier *afr.* — harer IIc
harigneux *norm.* — hargne IIc
harigoter *afr.* — haligote IIc
harija *sp.* — IIb
harin *norm.* — haridelle IIc

harkibuse *wall.* — arcobugio
harle *afr.* — hâle IIc
harlequin *fr.* (vrlt.) — arlecchino
harler *afr.* — hâle IIc
harlevrier *afr.* — haro IIc
harligote *afr.* — haligote IIc
harlot *afr.; pic.* — arlotto
harloup *afr.* — haro IIc
harnacher *nfr.* — arnese
harnais *fr.* — ib.
harnas *afr.* — ib.
harnois *fr.* — ib.
haro *fr.* (*norm.*) — IIc
haroder *afr.* — haro IIc
harol *fr.* — ib.
haron *sp.* — IIb
harott *wall.* — haridelle IIc
harou *afr.* — haro IIc
harouche *afr.* — farouche IIc; haras IIc
harousse *norm.* — rozza
• harpailler (se) *fr.* — arpa
harpe *fr.* — ib.; herpé-IIc
harpeau *fr.* — arpa
harper *afr.; nfr.* — ib.
harpigner (se) *fr.* — ib.; cligner IIc
harpin, harpon *fr.* — arpa; cligner IIc
. harquebuse *fr.* — arcobugio
hart (f.) *fr.* — hard IIc; harer IIc
hartar *sp.* — harto IIb
harto *sp.* — IIb; hasto
hasard, hasarder *fr.* — azzardo
hasart *afr.* — ib.
hascás *asp.* — *IIb
haschie *afr.* — haschière IIc
haschière *afr.* — IIc
hase *fr.* — IIc
hasiau *fr.* (mndt.) — haise IIc
haskie *pic.* — haschière IIc
hasple *afr.* — aspo
hasta *sp.* — IIb
~-casi *sp.* — *hascás IIb
hastar *sp.* — hasta IIb'
haste *afr.* — hante IIc
~ *afr.* — *flèche de lard IIc; [haterel IIc]
~ *afr.* — hâte IIc
hasterel *afr.* — haterel IIc
hastial *sp.* — IIb
hastiar *asp.* — fastidio
[hastier] *afr.* — flèche IIc
hastío *sp.* — fastidio; porfía IIb
hastioso *asp.* — fastidio
hâte *fr.* — IIc
hatel *norm.* — haterel IIc
hâter *fr.* — hâte IIc
[hâtereau] *afr.* — haterel IIc
hatéreau *pic.* — ib.
haterel *afr.* — *IIc; nuca; usbergo
hâtif *fr.* — hâte IIc

hato *sp.* — IIb
hatrai *wall.* — haterel IIc
hauban *fr.* — ruban IIc
haubans (m. pl.) *fr.* — IIc
hauberc *afr.* — usbergo
haubert *nfr.* — ib.
[hauer] *afr.* — haver IIc
hault *afr.* — haut IIc
hausart *afr.* — haras IIc
hausser *fr.* — alzare; cheto; scorciare; [cutretta IIa]
haut *fr.* — *IIc; alzare: cammeo; [hanter IIc]; XXIV (XIX) 6
hautbois *fr.* — IIc
haut-de-chausses *fr.* — basso
haut-ferrant *afr.* — ferrant IIc
hauwer *hen.* — houe IIc
hàve *fr.* — *IIc
[haveau] *fr.* — haver IIc
havene *afr.* — havre IIc
haver *afr.* — *IIc; [hâve IIc]
haveron *fr.* — IIc
havet *afr.* — *haver IIc
haveter *wall.* — ib.
havir *fr.* — IIc
[~] *afr.* — hâve IIc
havle *afr.* — havre IIc
[havot] *afr.* — haver IIc
havre (m.) *fr.* — IIc; abra IIb
havresac *fr.* — IIc
havron *fr.* — haveron IIc
haya *sp.* — faggio
hayer *afr.* — haie IIc
haz *sp.* — faccia
~ *sp.* — fascio
~ *asp. apg.* — IIb
baza *sp.* — IIb
hazarder, hazart, hazeter *afr.* — azzardo
he *sp.* — IIb; ecco; fiasco; vampo
hé *fr.* — IIc; lasso
~ *afr.* — haïr IIc
healmet *afr.* — elmo
heaume *fr.* — ib.
hebdómada *sp.* — settimana
héberger *fr.* — albergo
hebilla *sp.* — IIb
heblęì *wal.* — favola
hebra *sp.* — IIb
hechicero, hechizo *sp.* — fattizio
heda *bearn.* — feda IIc
hediondo *sp.* — IIb
hedo *asp.* — feo IIb
hedrar *sp.* — IIb
[hef] *afr.* — haver IIc
heingre *afr.* — IIc; [haut IIc]
hélas *nfr.* — lasso; hé IIc
helberc *afr.* — albergo
helecho *sp.* — felce; ontáno IIa
héler un navire *fr.* — IIc
hellequin *npr. afr.* — IIc; arlecchino

helo *sp.* — he IIb
helt *afr.* — elsa IIa
hématite *fr.* — amatita IIa
hemencia *sp.* — ecco
hemina *sp.* — mine IIc
hémon *hen.* — mon IIc
henap *afr.* — anappo
henchir *sp.* — IIb; ancho IIb
hendé *afr.* — hendure IIc
hendrija *nsp.* — rendija IIb
hendure *afr.* — IIc
hène *wall.* — schiena
henebane *fr.* — hanebane IIc
heñir *sp.* — IIb
hennir *fr.*
héquer *pic.* — *accia
her *pr.* — ieri
hera *pg.* — édera
herác *wal.* — échalas IIc
heraldo *sp.* — araldo
héraut *fr.* — ib.; bagordo
herberc *afr.* — *albergo
herberge, herbergier *afr.* — ib.
[herbier] *nfr.* — hervero IIb
herce, herceler *afr.* — herse IIc
herde *afr. pic.* — IIc
herdier *afr.* — herde IIc
[here] *afr.* — hère IIc
hère *fr.* — *IIc
hergne, herguer *afr.* — hargne IIc
heri *norm.* — hase IIc
hering *wal.* — aringa
herir *sp.* — fiedere IIa
hérisser, hérisson *fr.* —riccio; [hanter IIc]
herlot *afr.* — arlotto
hermana *sp.* — hermano IIb
hermania *sp.* (vrlt.) — germanía IIb
hermano *sp.* — IIb; germanía IIb
hermas *npr.* — ermo
herme *pr. afr.* — ib.
hermine *nfr.* — armellino
hermoso *sp.* — IIb
héron *nfr.* — aghirone; élan IIc
herpe *sp. pg. cat.* — IIb
herpé *fr.* — IIc
herper *norm.* — herpé IIc
[herr, faire du] *afr.* — hère IIc
herren (f.) *sp.* — ferrana
herrin *sp.* — IIb
herrojo *sp.* — verrou IIc
herropea *sp.* — ferropea IIb
herrumbre *sp.* — herrin IIb
herse (f.) *fr.* — *IIc; baise IIc
herser *fr.* — herse IIc
herupé *afr. norm.* — IIc
hervero *sp.* — *IIb
[hès] (pl.) *afr.* — haver IIc
hese *afr.* — haise IIc
hesser *afr.* — *izza IIa
hest *afr.* — est IIc

hestaudeau *afr.* — hétaudeau IIc
hétaudeau *afr.* — IIc
hêtre (m.) *fr.* — IIc
heudure *afr.* — hendure IIc
heulo *Metz* — hanneton IIc
heumer *pic.* — humer IIc
heur *nfr.* — augurio; [haut IIc]
heure *fr.* — ora; ora*; augurio
heüré *afr.* — augurio
heureux *fr.* — ib.
heurt, heurter *fr.* — urtare
heus *afr.* — aus IIc
heuse, heuser *afr.* — uosa
heux *afr.* — elsa IIa
hi *asp. apg. pr.* — ivi
hibou *fr.* — *IIc
[hicier] *afr.* — izza IIa
hidalgo *sp.* — IIb
hide (f.) *afr.* — *IIc
hideur *afr.* — hide IIc
hideux *fr. afr.* — ib.
hie *afr.; nfr.* — *IIc
hièble *fr.* — ebbio; [haut IIc]
hiedra *sp.* — édera
hiel *sp.* — fello
hienda *asp.* — fiente IIc
hier *fr.* — ieri
[~] *afr.* — hie IIc
hierde *awall.* — herde IIc
hierre *afr. pic.* — édera
hígado *sp.* — fégato
hijo *sp.* — hidalgo IIc
hijodalgo, hijosdalgo *sp.* — ib.
hikêtt *wall.* — hoquet IIc
hilot *fr. bearn.* — IIc
hilo *sp.* — hilvan IIb
hils *bearn.* — billot IIc
hilvan *sp.* — IIb
hincar *nsp.* — ficcare
hincha *sp.* — hinchar IIb
hinchar *sp.* — IIb
~ *sp.* — hennir
hiniesta *sp.* — IIb
biniestra *sp.* (vrlt.) — ventana IIb
hink *wall.* — heingre IIc
hinojo *sp.* — finocchio; ginocchio
hinquer *pic.* — ficcare
hipo *sp.* — IIb
hiré *wall.* — eschirer IIc
hirondelle *fr.* — róndine
hirto *pg.* — yerto IIb
hisca *sp.* — *IIb
hisde (f.), hisdeur, hisdeux, hisdous
    afr. — hide IIc
hisser *fr.* — issare
hita *sp.* — fitto
hiter *wall.* — eschiter IIc
hito *sp.* — IIb
~ *sp.* — fitto
hiver *fr.* — inverno
hleing *wall.* — esclenque IIc

hô *wall.* — scosso IIa
hobenes *afr.* — haubans IIc
hober *afr.* — IIc
hobereau *afr.* — hobin IIc
hobin *afr.* — IIc
hoc *afr. pic.* — *IIc; [haver IIc]
[~] *fr.* — hocher IIc
hoche *afr.* — IIc; [osche IIc]
~ (f.) *nfr.* — *hoc IIc
hoche-queue *fr.* — *cutretta IIa
hocher *fr.* — *IIc; [hoc IIc]
hocico *sp.* — hoz² IIb
hogaño *asp.* — uguanno; antaño
hogar *sp.* — foyer IIc
hogaza *sp.* — focaccia
hoge (f.) *afr.* — hogue IIc
hogner *fr. pic.* — IIc
hogue (m. f.) *norm.* — IIc
hoie *wall.* — houille IIc
hoille *awall.* — ib.
hoje *pg.* — oggi
Holanda. holanda *sp.* — bérnia
holer *afr. wall.* — ola
holerie *afr.* — houle² IIc
holgar *sp.* — IIb
holgin, holgina *sp.* — jorgina IIb
holier *afr.* — houle² IIc
hollar *sp.* — follare
hollejo *sp.* — IIb
holliu *sp.* — IIb
hom, home *pr. afr.* — uomo
homard *fr.* — IIc ; azzardo; blafard IIc
hombre *sp.* — uomo
homem *pg.* — ib.
homenage *sp.* — ib.
homenatge *pr.* — ib.
hommage *fr.* — ib.; XI (IX)
homme *nfr.* — uomo
honda *nsp.* — fonda IIb
hondo *sp.* — fondo; [lleco IIb]
honnête *fr.* — XXI (XVII)
honnir *afr.* — onire
honte *fr.* — ib.
hontem *pg.* — IIb
hontoier *afr.* — onire
hôpital *fr.* — oste²
hopo *sp.* — houppe IIc
hoquer *afr. pic.* — hoc IIc
hoquet *fr.* — IIc
~ *afr. pic.* — hoc IIc
hoqueton *nfr.* — cotone
hora *sp. pg. pr.* — ora; ora²
horacar, horadar *sp.* — buraco IIb
horca *sp.* — garabáto IIb
horcadura, horcajadura *sp.* — forcatura
horcate *sp.* — garabáto IIb
horde *fr.* — IIc; bagordo
~ *fr.* — orda
hordeïs *afr.* — bagordo

horder *afr.* — bagordo; horde IIc
hore *norm.* — IIc
horgne *norm.* — horion IIc
hôrié *lothr.* — ib.
horion *fr.; afr. norm.* — IIc
horique (f.) *norm.* — horiou IIc
hormazo *sp.* — IIb
hormis *fr.* — fuora
hornabeque *sp.* — IIb
horro *sp.* — IIb
hors *fr.* — fuora; haras IIc; faubourg IIc
horsain *pic.* — foresta
horsborc *afr.* — faubourg IIc
horsi *wall.* — scorciare
hose, hoser *afr.* — uosa
hospital *sp. pr.* — oste²
hossi *wall.* — hocher IIc
hostaje *sp.* — ostaggio
hostal *sp. pr.* — oste²
hoste *pg.* — oste
~ *pr.* — oste²
hostel *afr.* — ib.
hostigar *sp.* — IIb
hôte *fr.* — oste²
hôtel *fr.* — ib.
~ dieu *fr.* — XXI (XVII)
hoto *asp.* — *IIb
hotte *fr.* — IIc
[houache, houaiche] *afr.* — ouaiche IIc
boubelon *afr.* — houblon IIc
houblon *fr.* — IIc
houce *afr.* — houspiller IIc
houcepignier *afr.* — *ib.
[houcre] *fr.* — urca IIb
houe *fr.* — IIc; [haver IIc]
houer *fr.* — houe IIc; [haver IIc]
houesco *npr.* — osche IIc
houille *fr.* — *IIc; houle² IIc
houle *afr.* — IIc; charivari IIc; houle² IIc
~ (f.) *fr.* — ola
houle² *afr.* — IIc
houlet *bearn.* — folle
[houlette] *fr.* — hanter IIc
houlevari *champ.* — charivari IIc
houlier *afr.* — houle² IIc
houpée *fr.* — IIc
houpi *afr.* — hibou IIc
[houpil] *afr.* — golpe
houppe *fr.* — *IIc
[houppelande] *fr.* — palandrano
hourd *hen.* — bagordo
hourder *nfr.* — horde IIc
hourier, hourière *fr.* — hore IIc
hourlon *pic.* — hanneton IIc
[hourque] *fr.* — urca IIb
hourvari *fr.* — charivari IIc
housco *npr.* — osche IIc
houseau *fr.* — uosa

houspiller *fr.* — *IIc
housse *fr.* — IIc
[houssepailleur] *afr.* — houspiller IIc
housser *fr.* — houx IIc; [houspiller IIc]
houssine *fr.* — houx IIc; brusco
houssoir *fr.* — houx IIc
houter *norm.* — hucher IIc
houx *fr.* — IIc; brusco; [houspiller IIc]
hoy *sp.* — oggi
hoya *sp.* — IIb; foggia IIa
hoyau *fr.* — houe IIc
hoy dia *sp.* — oggi
hoyo *sp.* — foggia IIa; hoya IIb
hoz *sp.* — IIb
hoz² *sp.* — IIb
hozar *asp.* — hoz IIb
~ *sp.* — hoz² IIb
hruog *chw.* — cruche IIc
hu *afr.* — IIc
huant *afr. norm.* — choe IIc; hu IIc
huard *afr.* — hu IIc
huata *sp.* — ovata
hubiar *asp.* — uviar IIb
hubillon *awall.* — houblon IIc
hucha *sp. apg.* — huche IIc
huche *fr.* — IIc
hucher *afr.* — IIc
~ *norm.* — juc IIc
huchet *afr.* — hucher IIc
hucia *asp.* — fiúcia IIb
huebra *sp.* — IIb
hueca *sp.* — hoc IIc
hueco *sp.* — IIb; alcornoque IIb; hoc IIc
huei, hueimais *pr.* — oggi
huella, huello *sp.* — follare
huer *afr.* — hu IIc; cohue IIc
huerco (adj.) *sp.* — orco
huergo *asp.* — ib.
huero *sp.* — IIb
huerto *sp.* — huero IIb
huesa *asp.* — uosa
huesped *sp.* — oste²
hueste (f.) *sp.* — oste
huette *afr.* — hu IIc; bagordo

huevos *asp.* — uopo
huge *afr.* — huche IIc
hui *afr.* — oggi
[huihot] *afr.* — cornard IIc
huis *afr.* — uscio; [haut IIc]
huissier *fr.* — uscio
[huit] *fr.* — haut IIc
huitre *fr.* — IIc; [haut IIc]
huivar *pg.* — urlare
huler *afr.* — ib.
hulla *sp.* — houille IIc
hulotte *fr.* — urlare: [hanter IIc]
~ (de lapin) *fr.* — IIc
humer *fr.* — IIc
humilde *sp. pg.* — IIb
huna *sp.* — hune IIc
hune *fr.* — IIc
huorco *neap.* — orco
huppe *fr.* — upupa; [hanter IIc]
huque *fr.* (mndt.) — hoche IIc
huquer *pic.* — hucher IIc
hura *asp.*; *nsp.* — hure IIc
huracan *sp.* — uracano
huraco *sp.* — IIb
huraño *sp.* — *furo IIb
hure *fr.*; *afr.* — *IIc; [verrina]
huré *norm.* — hure IIc
hurée *hen.* — ib.
hurepé *afr. norm.* — herupé IIc
[burez] *afr.* — hure IIc
hurgar *sp.* — frugare
hurgon *sp.* — fourgon IIc
hurlat *lothr.* — hanneton IIc
hurler *fr.* — urlare; [hanter IIc]
huton, huronear *sp.* — furon
[hurque] *afr.* — urca IIb
Hurraca *asp.* — urraca IIb
hurter *afr.* — bagordo; urtare; [haut IIc]
husma, husmar *sp.* — orma
huta *sp.* — hutte IIc
hutier *hen.* — hucher IIc
hutte *fr.* — IIc
[huve] *afr.* — hure IIc
huvet *afr.* — IIc
[huvette] *afr.* — hure IIc
huyar *asp.* — uviar IIb

i

i *ait.* — ivi
i' *it.* — deh IIa
iaue, iaugue, iave *afr.* — eau IIc
ibiche *afr.* — biche IIc
ibriac *pr.* — nido
ibriai *pr.* — savai IIc
ibriaic *pr.* — nido
icel *afr.* — quello

icest *afr.* — questo
ichi *pic.* — quello
ici *fr.* — si IIc; quello; qui
icilec *afr.* — iluec IIc
iço *afr.* — ciò
icoane *wal.* — ancona IIa
icsi *bresc.* — così
iddio *it.* — dio

ientar *chw.* — yantar IIb
ieo *afr.* — io; gier IIc
ieri *it.*
ieu *pr. gal.* — io
ieve *afr.* — eau IIc
if (m.) *fr.* — iva
igar *pg.* — sosegar IIb
igne *it.* — fuoco
ignel *afr.* — snello; [desinare]
ignieu *chw.* — nido
iguar *sp.* — sosegar IIb
ijada *sp.* — ijar IIb
ijar (m.) *sp.* — IIb
il *it. pr. fr.* — l; egli
ilha *pr.* — ijar IIb
ilhal, ilharga *pg.* — ib.
iliers *afr.* — ib.
ilo *pic.* — iluec IIc
iloques *afr.* — ib.
iluec *afr.* — IIc
iman *sp. pg.* — diamante
imbasciata *it.* — ambasciata
imbastire *it.* — basto
Imberal *it.* — donno
imberciare *it.* — bercer IIc
imbiadare *it.* — biado
imbiancare *it.* — alba
imbidriare *sard.* — vernice
imbolare *flor.* — embler IIc
imbolponare *ven.* — viluppo
imboscare *it.* — bosco; busca
imboto *it.* — combo
imbottatojo *it.* — imbuto
Imbratta *it.* — bratta IIa
imbrattare *it.* — ib.
imbriaco *it.* — ebbriáco
imbriat *berr.* — ib.
imbrigare *it.* — briga
[imbroglio] *it.* — broglio
imbronciare *it.* — *broncio IIa
imbusto *it.* — busto
imbuto *it.* — *I
ime *occ.* — esmar
immantinente *it.* — I; sovente
immoi *sard.* — mo IIa
imo *sard.* — sì
impacciare, impaccio *it.* — pacciare
imparare *it.* — parare
impastojare *it.* — pastoja
[impausire] *it.* — bigot IIc
[impavidire] *it.* — ib.
impeciare, impegolare *it.* — pegar
imperante *it.* — almirante
impiccare, impicciare *it.* — pegar
impiegare, impiego *it.* — piegare
impigare *sard.* — pegar
impíria *ven.* — pévera IIa
impla *sp.* — guimple IIc; andare
imposer *fr.* — pausare
[imprégner] *fr.* — pregno
imprenta *it.* — *I; preindre IIc

imprentare, impronta *it.* — imprenta
improntare *it.* — *I
~ *it.* — imprenta
improperar *sp.* — improverare
impropérer *fr.* (vrlt.) — ib.
improverare *it.*
inaffiare *it.* — achar IIb
inalt *wal.* — naut IIc
inaltzà *wal.* — alzare
inaspare *it.* — aspo
inberbecà *wal.* — bercer IIc
incalciare· *it.* — I; alcance IIb
incalzare *it.* — incalciare
incamiciata *it.* — camicia
incantare *it.* — incanto
incanto *it.*
incappare *it.* — scappare
inçar *pg.* — enger IIc
incastrare *it.* — *cassa
incẹ *wal.* — anche
incepe *wal.* — cominciare
incetta *it.* — incettare IIa
incettare *it.* — IIa
incha, inchar *pg.* — hinchar IIb
inchiostro *it.*
inciampare *it.* — tape IIc
[incigliare] *it.* — siller IIc
incinta *it.*
incoato *it.* — enquar IIc
incontrare *sard.* — trovare
incostro *amail.* — inchiostro
increscere *it.* — IIa
incúde *it.* — *I
incude *pg.* (poët.)
incúdine *it.* — incude
[incumbenza] *it.* — cominciare
incumbenzà *sard.* — *ib.
[incumbenzare] *it.* — *ib.
inda *pg.* — IIb
índaco *it.*
in-dare *wal.* — indarno IIa
indarno *it.* — IIa
inde (adj.) *afr.* — índaco
~ *asp.* — inda IIb
~ *wal.* — indi
Inde, coq d' *fr.* — dinde IIc
indi *it.*
~ *pr.* — índaco
indigo *fr.* — ib.
indiot *cat.* — dinde IIc
indoja *com.* — douille² IIc
indrit *piem.* — ritto
inele *norm.* — snello
inenter *mail.* — mentre
inerpicare *it.* — arpa
infante *sp.* — fante IIa
infilzare *it.* — filza IIa
infingardo *it.* — faint IIc
infino *it.* — fino IIa
infocare *it.* — fuoco
infrignato, infrigno *it.* — frignare IIa

[iufrunire] *lucches.* — enfrum IIc
inga *sic.* — inchiostro
ingannare *it.* — inganno
inganno *it.* — *I
iugegnarsi, ingegnere *it.* — ingegno
ingegno *it.*
ingẹnà *wal.* — inganno
ingénier (s'), ingénieur *nfr.* — ingegno
ingermà *mail.* — charme IIc
inghiottire *it.* — ghiotto
ingombrare, ingombro *it.* — colmo
ingordarsi, ingordo *it.* — gordo
ingremance *afr.* — negromante
inguine *it.*
ingular *chw.* — embler IIc
ingumbàse *gen.* — combo
inhilar *pr.* — hennir
inimẹ *wal.* — anima
[inizár] *it.* (mndt.) — entamer IIc
inizzare *it.* — izza IIa
innante, innanzi *it.* — anzi
innaverare *it.* — naverare
innecà *wal.* — negare
innẹdì *wal.* — añadir IIb
innestare *it.* — *innesto IIa
innesto *it.* — *IIa
innotà *wal.* — notare
inodiare *ait.* — noja
inodio *amail.* — ib.
inprumút, inprumutà *wal.* — improntare
ins *pr.* — ens IIc
insanito *it.* — sandío IIb
insavonare *sic.* — sábana
inscì *lomb.* — così
insegna *it.*
insegnare *it.*
insembra *it.* — insembre
insembre *it.*
insemnà *wal.* — insegnare
insẹrà *wal.* — sera
insetare *it.* — innesto IIa
insì *it.* (mndt.) — così
insieme *it.* — insembre
insignia *pg. nsp.* — insegna
insino *it.* — sino IIa
insoru *sard.* — egli
insosso *pg.* — soso IIb
inspieth *afr. (Leod.)* — *spada
insu *wal.* — esso
int *afr. (Eide)* — indi
intégro *it.* — intero
inteiriçar, inteiriço *pg.* — ib.
inteiro *pg.* — ib.; entregar IIb
inter-mezzo *it.* — entremes IIb
intero *it.*
intirizzare *it.* — intero
intonso *sp.* — toso
intoppare *it.* — toppo; [tropezar IIb]
intorno *it.* — torno

intralias *pr.* — entrailles IIc
intrambo *it.*
intrange *afr.* — entrailles IIc
intrebà *wal.* — rover IIc
intrecciato *it.* — entrechat IIc
intreg *lomb. wal.* — intero
intricare *it.* — tricare
intridere *it.* — IIa
intrigare *it.* — tricare
intriguer *fr.* — ib.; tricoter IIc
intrincar *sp.* — tricare
intrócque *ait.* — mentre; uguanno
intuzzare *it.* — *IIa; *tozzo IIa
invanire *it.* — évanouir IIc
invenire *sp.* (arch.) — trovare
inverno *it.*
invers *mail.* — ritto
investir *fr.* — investire
investire *it.*
invẹtzà *wal.* — vizio
invezzare *it.* — ib.
invierno *sp.* — inverno
invilupare *it.* — viluppo
invironare *it.* — virar
[invite] *fr.* — envis IIc
invito *it.* — ambídos IIb; [envis IIc]; [liévito]
[inviziá] *piac.* — vizio
involare *it.* — *embler IIc
inzà *mail.* — cominciare; [entamer IIc]
io *it.*
iqui *afr. pic. burg.* — qui
ira *pr.* — gramo
irainede *afr. (Psalt.)* — araignée IIc
ireçon *afr.* — riccio
irmão *pg.* — hermano IIb
irnel *pr.* — snello
iróm *chw.* — rame
ironda *pr.* — róndine
irondella *pr.* — ib.
isanbrun *pr. afr.* — IIc
isard *occ.* — *IIc
isart *cat.* — isard IIc
[isca] *pg.* — hisca IIb
iscar *pg.* — esca
ischeu *chw.* — aisil IIc
ischio *it.* — IIa
iscroccare *sard.* — scrocco
isebrun *afr.* — isanbrun IIc
iserna *pr.* — IIc
islavu *sard. log.* — schiavo
isnel *pr. afr.* — snello
isolvere *sard.* — sciogliere IIa
ispieth *afr. (Leod.)* — spada
issa *ait.* — anche; esso
issare *it.*
issi *afr.* — così
issir *pr. afr.* — *escire
isso *ait.* — esso
[issu, issue] *fr.* — escire

ist *afr. wal.* — esto
istesso *it.* — stesso IIa
isto *it.* — yerto IIb
istunda *asard.* — trastullo IIa
itant *afr.* — cotanto
itel *afr.* — cotale
iva *sp. pg.*
ive *afr.* — solive IIc; [cavallo]
[ivel] *afr.* — cavallo

ivern *pr.* — inverno
ivi *it.*
ivoire (m.) *fr.* — avorio
ivraie *fr.* — ebbriáco
izaga *sp.* — IIb
izar *sp. pg.* — issare
izerablo *npr. (Grenoble)* — ácero
izquierdo *sp.* — IIb
izza *it.* — *IIa

j

ja *pr. npg. afr.* — già
jabalí *sp.* — IIb; cinghiare
jabalina *sp.* — jabalí IIb
~ *sp.* — giavelotto
jabeba *sp.* — ribeba
jabega *sp.* — ib.
jabot *fr.* — IIc; [gavigna IIa]
jaboter *fr.* — jabot IIc
jacerina *sp.* — ghiazzerino
jachal *fr.* — chacal IIc
jachère *fr.* — IIc; galoppare
jachière *afr.* — giusarma
jaco *sp.* — giaco
jade *norm.* — gavetta
jadeau *afr.* — ib.
jadis *fr.* — IIc
[jaelise] *afr.* — gasalha
jaez *sp. pg.* — IIb
jago *pg.* — caco IIb
jai *pr.*; (sbst.) *pr.* — gajo
jaille *afr.* — jale IIc
jaillir *fr.* — IIc
jaiole *afr.* — gabbia
jaire *genf.* — garra
~ (vb.) *npr.* — gésir IIc
jal *pr.* — coq IIc
jalaie *afr.* — jauger IIc
jalde *sp. pg.* — giallo; álamo IIb
jale *fr.* — IIc
jalée *afr.* — jabot IIc
jalibre *occ.* — givre² IIc
jallé *lothr.* — coq IIc
jalne *pg.* — giallo
jalon *fr. afr.* — *jauger IIc
~ *afr.* — jale IIc
jaloux *fr.* — zelo; jabot IIc; XXIV
(XVIII) 4; [velours IIc]
jamba *sp.* — gamba
jamhe *fr.* — ib.; jante IIc; gavela
jamble *afr.* — gámbero
jambon *nfr.* — gamba
jambre *npr.* — gámbero
jame *afr.* — gamba
jamon *sp.* — ib.
janella *pg.* — ventana IIb
janeta *apg.* — gineta

jangla, janglador *pr.* — jangler IIc
janglar *pr.*; *npr.* — ib.
janglaria *pr.* — ib.
jangle *afr.* — ib.
jangler *afr.* — IIc
janglos, jangluelh *pr.* — jangler IIc
jangolar *pr.* — ib.
jantar *pg.* — yantar IIb
jante (f.) *fr.* — IIc
jaque (f.) *fr. asp.* — giaco; ghiazzerino
Jaque *afr.* — giaco
jaquir *asp.*; *acat.* — gecchire
jar *fr.* — jars IIc
jarcer *fr.* (mndt.) — gercer IIc
jardi *pr.* — giardino
jardim *pg.* — ib.
jardin *sp. fr.* — ib.
jardo *pg.* — giallo
jargauder *fr.* (mndt.) — jars IIc
jargon *fr.* — gergo
jargonner *afr.* — ib.
jarjonner *fr.* — ib.
jarle *afr.* — gerla
jarni-goi *afr.* — goi IIc
jaro *lim.* — garra
jarra *sp. pg. pr.* — giara
jarre *fr.* — ib.
jarret *nfr.* — *garra
jarrete *sp. pg.* — ib.
jarris *afr.* — garric IIc
jarro *sp. pg.* — giara
jars *fr.* — IIc; gergo; [garzone]
jarz *afr.* — giardino
jas *npr.* — gésir IIc
[jasa] *sp.* — gercer IIc
ja sempre *pr.* — *se IIc
jaser *fr. pic.* — IIc
jasina *pr.* — gésir IIc
jasmin *sp. fr.* — gesmino; azzardo
jassé *pr.* — *se IIc
jatte *fr.* — gavetta
jatz *pr.* — gésir IIc
jau *pr. berr. lothr. norm.* — coq IIc
jauge *fr.* — jauger IIc
jauger *fr.* — *IIc

jaula *sp.* — gabbia
[Jaume] *pr.* — astore
jaune *fr.* — giallo; glaire IIc
[jauni] *fr.* — oriflamme IIc
jaurris *afr.* — garric IIc
Jausion *südfr.* — godere
jaussemin *npr.* — gesmino
jauzion *pr.* — godere
jauzionda *pr.* — ib.
jauzir *pr.* — ib.; bronzir IIc; épanouir IIc
javalí *pg.* — jabalí IIb
javeline *fr.* — giavelotto
javelle *fr.* — gavela
javelot *fr.* — *giavelotto
jayan *pr.* — géant IIc
jazarino *sp.* — ghiazzerino
jazer *pr.* — gésir IIc
jazeran *pr.*; *burg.* — ghiazzerino
jazerant *afr.* — ib.
jazerão *pg.* — ib.
jazerenc *afr.* — ib.
jazerina *pg.* — ib.
jaziran *npr.* — ib.
je *nfr.* — io
jeja *sic.* — la
jejuar *pg.* — giunare
jeo *afr.* — io; gier IIc
jeonar *pr.* — giunare
Jerusalant *afr.* — ferrant IIc
jerzi *pr.* — giardino
jesque *afr.* — jusque IIc
jet, jeter *fr.* — gettare
jeu *fr.* — jouer IIc; avouer IIc
jeudi *fr.* — giovedì
jeûner *fr.* — giunare
jinía *sic.* — genía IIa
jitar *sp.* — gettare
jo *afr.* — io
joc *wall.* — juc IIc
joeira *pg.* — gioglio
joel *afr.* — godere
joelho *pg.* — ginocchio; [ritorta]
joglar *pr. sp.* — giocolaro; jangler IIc
jogleor *afr.* — giocolaro
joi *pr.* — godere; monjoie IIc
~ *wal.* — giovedì
joia *pg. pr.* — godere; monjoie IIc
joie *fr.* — godere
joiel *pr.* — ib.
joindre *fr.* — IIc
joio *pg.* — gioglio
joli *pr. afr. nfr.* — giulivo; arnese
jolier, joliver *afr.* — giulivo
jollet *norm. berr.* — coq IIc
jon cerasiaro *neap.* — juillet IIc
jongler *pic.* — giocolaro
jongleur *nfr.* — ib.; fianco; jangler IIc; [spillo]
jonquille *fr.* — giunchiglia

jop *occ.* — pioppo
joquer *wall.* — juc IIc
jorgina *sp.* — *IIb
jorguina *sp.* — jorgina IIb
jorn *pr. acat.* — giorno
jorro *pg.* — chorro IIb
jos *pr.* — giuso
josquiamo *sp.* — giusquiamo
josta *pr.* — giusta
jostar *pr.* — ib.
joste, joster *afr.* — ib.
jotz *pr.* — giuso
joubarbe *fr.* — jusbarba
joue *fr.* — gota
jouer *fr.* — IIc; avouer IIc
~ (qn.) *fr.* — inganno
jouir *fr.* — godere; épanouir IIc; brouir IIc
jour *fr.* — giorno; [gier IIc]
jous *pr.* — giovedì
joute *pr.* — giusta
jouter *fr.*; *berr.* — ib.
[jovial] *fr.* — sorn
joya *sp.* — godere
joyau *nfr.* — ib.
joyel *sp.* — ib.
joyo *sp.* — gioglio
jubão *pg.* — giubba
jubilar *sp.* — giubilare
jubo *pr.* — giubba
jubon *sp.* — ib.
~ *sp.* — giubbetto
juc *fr.* (vrlt.) — *IIc
jucher *fr.* — juc IIc
judeu *pr.* — fio
judéu *pg.* — sandío IIb
judío *sp.* — ib.
juelh *pr.* — gioglio
jueves *sp.* — giovedì
juéz *sp.* — sohez IIb
juge *fr. asp.* — IIc; XXVII (XX)
juger *fr.* — juge IIc; guiche IIc; targer IIc
juglar *sp.* — giocolaro
juif *fr.* — fio
juillet *fr.* — IIc; luglio IIa
juinet *afr.* — juillet IIc
jujuba *sp.* — giúggiola
jujube *fr.* — ib.
julep *pr. fr.* — giulebbe
julepe *sp.* — ib.
julgar *asp.* — mielga IIb
juli *sp.* — giulivo
juliol *pr. cat.* — juillet IIc
julivert *cat.* — petrosellino
julo messoro *neap.* — juillet IIc
jumart *fr.* — IIc
jumeau *fr.* — IIc; giumella IIa
Jumiége(s) *fr.* — jumeau IIc; [mire IIc]
juncir *asp.* — uncir IIb

9*

junega *pr.* — génisse IIc
junh *pr. cat.* — juillet IIc
junquillo *sp.* — giunchiglia
jupa *pr.* — giubba
jupe *fr.* — ib.; jusbarba
jupon *fr.* — giubba
juquer *pic.* — juc IIc
jus *asp. pr. afr.* — giuso; jusant
IIc; jusque IIc
jusant (m.) *fr.* — IIc
jus *fr.* — verjus IIc
jusarma *pr.* — giusarma
jusarme *afr.* — ib.

jusbarba *sp.*
juscas *pr.* — jusque IIc
jusier *afr.* — gésier IIc
juso *apg.* — giuso
jusqu'à *fr.* — inda IIb
jusque *fr.* — IIc; tro
jusquiame (f.) *fr.* — giusquiamo
justa *pr.* — giusta
justar *sp. pg. pr.* — ib.
juste, juster *afr.* — ib.
jutge *pr. cat.* — juge IIc
juvicio *asp.* — codardo
[juzgar] *sp.* — sosegar IIb

k

kaalit *afr.* — cataletto
[kache] *afr.* — chaque IIc
kaland *afr.* — chaland IIc
[keles] *afr.* — cavelle IIa

keute *afr.* — cóltrice
kiede *afr.* — cadaúno
[kieles] *afr.* — cavelle IIa

l

l *wal.* — il
la *it. sp. apg. pr. fr. wal.* — ib.
~ *pr.* — là
lá *npg.* — ib.
là *it. fr.*
labarda *it.* — alabarda
labareda *pg.* — IIb
labeau *afr.* — lambeau IIc
labech *pr.* — libeccio
labrego *pg.* — labriego IIb
labriego *sp.* — IIb
laca *sp. pr.* — lacca
lacayo *sp. pg.* — *I
lacca *it.*
~ *it.* — IIa
laccai *npr. lim.* — lacayo
lacchè *it.* — ib.
lacchetta *it.* — racchetta
laccia *it.*
lacciare *it.* — laccio
laccio *it.*
lacer *fr.* — laccio
lacéria *asp.* — lázaro
lacerta *it.*
lacha *andal.* — laccia
lâche *fr.* — lasciare; tâche IIc;
fiacco; miccia
lâcher *fr.* — lasciare
lácio *sp.* — IIb; biasimo
lacra *sp.* — IIb
lacrar *sp.* — lacra IIb
lacs *fr.* — laccio

lactoari *pr.* — lattovaro
lada *apg.* — laie² IIc
ladico *it.* — fio
ladin *chw.* — latino
ladino *it.; sp. pg.* — ib.
ladon *sp.* — xara IIb
ladrar *sp.* — *baladrar IIb
ladre *pr. fr.* — lázaro; sidro
ladrido *sp.* — alarido IIb
ladrilho *pg.* — ladrillo IIb
ladrillo *sp.* — IIb
ladro, ladrone *it.* — fello
ladroneccio *it.* — larcin IIc
ladronicio *sp.* — ib.
lagà *lomb.* — *lasciare
lagar *sp. pg.* — IIb
lagarta *pg.* — lacerta; chenille IIc
lagarto *sp. pg.* — lacerta; carrasca
IIb
[laggare] *tosc.* — lasciare
lagna *it.* — lagnarsi
lagnarsi *it.*
lagot *pr.* — IIc; *halagar IIb
lagotear *sp.* — lagot IIc; [halagar
IIb]
lague *afr.* — IIc
lahe *wall.* — laisse IIc
lai *afr.; pr.; it.* (nur pl.) — *IIc
~ *pr.* — là; ens IIc
laîche *fr.* — lisca
laid *fr. chw.* — laido
laidange *afr.* — mischiare

laidar *afg.* — laido
laidare *it.* — ib.
laidenge *afr.* — ib.; losinga; mischiare; mésange IIc
laidengier. laider *afr.* — laido
laidir *fr. afr.* — ib.
laidire *it.* — ib.
laido *it. asp. afg.*
laie *fr.* — IIc
laie² *fr.* — IIc; andare
laiens *afr.* — ens IIc
laier *hen. norm.; afr.* — [délai IIc]; *lasciare
laigner *afr.* — lagnarsi
Lainez *sp.* — lácia IIb
laïns *pr.* — ens IIc
laira (de terra) *afg.* — leira IIb
láire *pr.* — barone; léri IIc
lairme *afr.* — larme IIc
lairón *pr.* — barone
laironici *pr.* — larcin IIc
lais *pr. afr.* — lai IIc
laiscar *afg.* — lasciare
laischnar *chw.* — liscio
laissa *pr.* — liccia
laissar *pr.* — lasciare
laissarde *afr.* — lacerta
laisse *fr.* — IIc
laisser *fr.* — lasciare
lait *pr.; afr.* — laido
laiton *fr.* — ottone
laivo *pg.* — IIb
laizar *asp. pr.* — laido
laja *sp.* — lasca IIb
lake *hen.* — lasciare
lalda *flor.* — scalterire IIa
lam *pr.; piem.* — IIc
~ *pr.* — lampo; tin IIc
lama *it. sp. pg.*
lama² *it. pr.*
[laman] *afr.* — locman IIc
lamaneur *fr.* — *ib.
lambeau *fr.* — IIc
lambel *sp.* — lambeau IIc
lambicco *it.*
lambique *pg.* — lambicco
lambre *afr.* — IIc
lambrequin *fr.* — lambeau IIc
lambriche *berr.* — ib.
lambrija *sp.* — IIb
lambris (m.) *nfr.* — lambre IIc
lambruche *fr.* — lambrusca
lambrusca *it. sp.* — I; abrostíno IIa
lame *fr.; afr.* — lama²
lamekène *wall.* — lambeau IIc
lamenter *fr.* — gaimenter IIc
lamer *sp.* — leccare; lamicare IIa
lamicare *it.* — *IIa
lamma *dauph.* — lama
lamp *pr.* — lampo
[lampâ] *it.* — lercio IIa

lampada *it.* — menzogna
lampara *sp.* — ib.
lampel *com.* — lambeau IIc
lampione *it.* — IIa
lampo *it. sp. pg.*
~ *pg.* — IIb
lampone *it.* — lampione IIa
lamprea *sp. pg.* — lampreda
lampreda *it.*
lamproie *fr.* — lampreda
laña *asp.* — lama²
lañarse *asp.* — lagnarsi
lance *fr. wal.; sp.* — lancia; brochet IIc
lancer *fr.* — verve IIc
lanceron *fr.* — brochet IIc
lancha *sp.* — *lasca IIb; [losa]
lancia *it.* — I; forza
lanciare, lancio *it.* — lancia
lanço *pg.* — ib.
lançol *pg.* — lenza
lauda *it. asp. pr.*
landá (se) *npr.* — landra
lande *sp. pg.* — IIb
~ *fr.; afr.* — landa
landier *fr.* — IIc
landit *fr.* — IIc
landra *it. dauph.* — *I
landrá, landraire *npr.* — landra
landre (f.) *sp. pg.* — lande IIb
landreux *afr.* — lendore IIc
landrian *com.* — ib.
landrin *npr.* — landra
langage *fr.* — argot IIc
lange *afr.; fr.* — IIc; linge IIc
lanha, lanhar (se) *pr.* — lagnarsi
lanier *pr. fr.* — laniere
laniere *it.* — *I
[lanière] *fr.* — laniere
lanquan *pr.* — IIc
lans *pr.* — lancia
lansa *pr.* — ib.; gherone
lansquenet *fr.* — lanzichenecco
lanstringue *afr.* — trincare
lanza *sp.* — lancia
lanzichenecco *it.*
lanzo *it.* — lanzichenecco
lapa *pg.* — IIb
lapa² *sp.* — IIb
làpeau *fr.* — lapo
laper *fr.* — lappare
lapereau *fr.* — lapin IIc
lapi *chw.* — lapo
lapigne *berr.* — ib.
lapillo *it.* — avel IIc
lapin *fr.* — IIc; coniglio; lopin IIc
lapina *com.* — lapo
lapo *sp.*
lappare *it. (oberit.)*
laquais *fr.* — lacayo

laque *fr.* — lacca
laquet *afr.* — lacayo
lar *sp. pg. occ.*
laranja *pg.* — arancio
larcin *fr.* — IIc
lard *fr.* — pappalardo
largo *it.* — larigot IIc
lárice *it.* — alerce IIb
larigot *fr.* — *IIc
larisch *chw.* — alerce IIb
larme *fr.* — IIc
larmę *wal.* — allarme
larris *afr. pic.* — IIc
larron *afr.* — barone; garzone
las *fr.* — lasso
lasc *pr.* — lasciare; fracassare; tâche IIc
lasca *it.* — *IIa
~ *sp.; pg.* — *IIb; [losa]
lascar *sp. pr.* — lasciare
lasch, laschar *pr.* — ib.
[lasche, laschier] *afr.* — fléchir IIc
lasciare *it.* — *I; carnevale IIa; salassare IIa
lascio *it.* — laisse IIc
lasco *it.* — lasciare
lasedad *asp.* — lasso
laskier *pic.* — lasciare
[lasne, lasnete, lasniere] *afr.* — laniere
laso *sp.* — lasso
lasquenete *sp.* — lanzichenecco
lasquer *afr.* — lasciare
lassare *it.* — ib.
~ *it.* — lasso
lasso *it. pg.*
lastar *sp. pg.* — IIb
laste *afr.* — lasso
~ (m.) *fr.* — lasto
lasté *afr.* — lasso
lástima *sp. pg.* — biasimo
lastimar *sp. pg.* — ib.
lasto *it.* — *I
~ *sp. pg.* — lastar IIb
lastra *it. pg.* — lasto
lastrar *pg.* — ib.
lastre (m.) *sp.* — ib.
lastricare, lástrico *it.* — piastra
lastro *pg.* — lasto
lata *sp. pg.* — latta
lati *pr.* — latino
latim *pg.* — ib.
latin *sp.* — ib.
latinier *pr. afr.* — ib.
latino *it.*
latir *sp. pg.* — ghiattire
laton *sp.* — ottone
latta *it.* — I; ottone
latte *fr.* — latta
lattovaro *it.* — I; XXIV (XVIII) 4
lattuaro *it.* — lattovaro

latz *pr. wal.* — laccio
~ *wal.* — latta
~ *pr.* — les IIc
laúd *sp.* — liúto
lauda *sp.* — *losa
~ *it.* — scalterire IIa
laudeme *pr.* — lusinga
laudemio *it. sp.* — ib.
[laudesi] *flor.* — artigiano
launa *sp.* — IIb
laupart *pr.* — choisir IIc
laupia *chw.* — loggia
lausa *pr.* — losa
laût *pr.* — liúto
láutę *wal.* — ib.
lauzar *pr.* — lusinga
lauze *afr.* — losa
lauzenga, lauzengador *pr.* — lusinga
lauzengar, lauzengier, lauzeuja *pr.* — ib.
lauzerdo *npr.* — luzerne IIc
lauzimi *pr.* — lusinga
lauzisme *pr.* — ib.
lava *it.; neap.* — IIa
lavagna *it.* — IIa
lavanca *pr.* — avalange IIc
[~] *npg.* — pianca
lavanche *fr.* — avalange IIc
lavanco *sp. pg.* — IIb
lavanda *it.* — I; ghirlanda
lavande *fr.* — lavanda
lavándula *sp.* — ib.; farándula IIb
lavange *pr.* — avalange IIc
lavareda *pg.* — labareda IIb
lave *fr.* — lava IIa
laveggio *it.* — IIa; XXIV (XVIII) 4
lavello *mod.* — avello IIa
lavéndola *it.* — lavanda
lavina *chw.* — avalange IIc
lavuri *sic.* — biado
laxa *sp.* — lasca IIb; [losa]
laxar *sp.* — lasciare
lay *pr.* — lai IIc
laya *sp. pg.* — IIb
laye (S. Germain en), layer *fr.* — laie² IIc
layette *fr.* — IIc
layssa *pr.* — liccia
lazaire *pic.* — lázaro
lazareto *it.* — ib.
lázaro *sp.* — *I
Lazer *afr. (Passion)* — lázaro
lazo *sp. pg.* — laccio
[lazre] *afr.* — lázaro
lazzarone *it.* — ib.
lázzer *mail.* — ib.
lazzeretto *it.* — ib.
lazzo *it.* — IIa; lordo; loro IIb
le *fr. wal.* — il
lea *ven.* — lia
léans *nfr.* — ens IIc

lear *pr.* — liart IIc
leardo (cavallo) *it.* — ib.
lebech *afr.* — libeccio
lebeche *afr. sp.* — ib.
leberou, leberoun *npr.* — loup-garou IIc
lebiu *sard.* — lieve
lebrel *sp.* — levriere
lebrillo *sp.* — IIb
lec *fr.* — lacayo
~ *fr.* — leccare
lecai *pr.* — lacayo; leccare
lecaitz *fr.* — leccare
lecar *pr.* — miccia
leccare *it.* — I; lacayo
leccatore *it.* — leccare
lecceto, leccio *it.* — elce
lecco *afg.* — lacayo
~ *it.* (mndt.) — XXVI (XX)
leccone *it.* — leccare
lech *lomb. piem.* — ib.
lechar *pr.* — ib.; micha
leche *sp.* — lechon IIb
lèche *fr.* — lisca
lecheor *afr.* — leccare
lécher *fr.* — ib.
lechino *sp.* — IIb
lechon *sp.* — IIb
lechuzo *sp.* — lechon IIb
lectoari *pr.* — lattovaro
lectuaire *afr.* — ib.
lectuario *asp.* — ib.
ledda *pr.* — leude IIc
ledena *pr.* — laido
ledo *occ.* — leude IIc
leff *com.* — lippe IIc
lega *it. pr.*
lega² *it.*
légamo *sp.* — IIb
légano *asp.* — légamo IIb
legar *asp.* — llegar IIb
lége *fr.* — IIc
léger *fr.* — lieve; liége IIc
leggenda *it.* — vicenda IIa
leggiadro *it.* — IIa
leggiero *it.* — lieve
leggio *it.* — IIa
leggío *it.* — lutrin IIc
legir (sort) *pr.* — sorcier IIc
legno *it.* — fusta
legoa *pg.* — lega
legorizia *it.* — regolizia
legua *sp. pr.* — lega
lei *it. pr. wal. afr. burg.* — egli
leida *pr.* — leude IIc
leier *hen.* — lasciare
leira *pg.* — *IIb
leissà *pr.* — lice IIc
leisse *afr.* — ib.
leit *pr.* — veit IIc
leitiera *pr.* — lettiera

leixar *asp. pg.* — lasciare
lella *it.* — enola
lellera *neap.* — édera
lellua *gen.* — ib.
lelo *sp.* — IIb
lembrá *occ.* — membrare
lembrar *pg.* — ib.
leme *sp. pg.* — IIb
lemele *afr.* — lama²
lena *it.* — alenare
lende *pr.* — léndine
lendea *pg.* — ib.
lendema *pr.* — mane
lendemain *fr.* — ib.
lendemig *acat.* — ib.
léndine *it.* — *I
lendore (m. f.) *fr.* — IIc
lendorer *norm.* — lendore IIc
lendormi *pic.* — ib.
lengos *asp.* — lexos IIb
lengue *npr.* — inguine
lensol *pr.* — lenza
lentaggine *it.* — borraggine
lente *fr.* — léndine
lenza *it.*
lenzuelo *sp.* — lenza
lenzuolo *it.* — ib.
leonime (rime) *afr.* — leonino
leonino *it. sp.*
lepar *pr.* — lappare
lepe *afr.* — lippe IIc
lercio *it.* — *IIa
lerdo *sp. pg.* — lordo; loro IIb; izquierdo IIb
leri *npr.* — léri IIc
léri *pr.* — IIc
leria (adj.) *npr.* — léri IIc
lerme *afr. norm.* — larme IIc
lerno *lim.* — lésina
lero *it.* — ervo
lerzu *sard.* — lercio IIa
les *afr.* — IIc
lesà *wal.* — lasciare
lesar *pg.* — lisiar IIb
lesare de carne *wal.* — carnevale IIa
lesca *piem.* — lisca
lesco *npr.* — ib.
lesda *pr.* — leude IIc
lesiar *cat.* — lisiar IIb
léśie *wal.* — lisciva
lésina *it.*
lésine *fr.* — lésina
lesma *pg.* — lumaccia
lesna *sp.* — lésina
lessare *it.* — IIa
lesse *fr.* — laisse IIc
lessive *fr.* — lisciva
lest (m.) *fr.* — lasto
leste *pr.* — lesto
~ *asp.* — est IIc
lestes *pg.* — presto

lesto *it. pg.*; *it.* — I; presto
letame *it. asp.* — IIb
letré *afr.* — durfeü IIc
letril *sp.* — atril IIb
letrin *afr.* — ib.
letru *afr.* — durfeü IIc
letterin *gen.* — lutrin IIc
lettiera *it.*
letto *it.* — cataletto
leu *pr.* — lieve
~ *apr. npr.* — leve IIb
leud *rom.* — liévito
leuda *pr. arag.* — leude IIc
leudar *sp.* — liévito
leude *afr.* — *IIc
leudo *sp.* — liévito
leuge *occ.* — liége IIc
leugier, leujar *pr.* — lieve
leula *apr.* — luette IIc
[leün] *afr.* — reame
leur *fr.* — egli
[leure] *berr.* — lontra
leurre (m.) *nfr.* — logoro
leurrer *fr.* — ib.
leüt *afr.* — liúto
leúto *it.* — ib.
leu-wasté *afr.* — loup-garou IIc
lev *chw.* — leve IIb
levù *piem. mail.* — liévito
leva *it.* — viola
leva-coua *npr.* — bascule IIc
levada *pr.* — leve IIb
levain *fr.* — IIc; légamo IIb; lia
levam *pr.* — levain IIc
levant *fr.* — levante
levantar *sp. pg.* — IIb
levante *it. sp. pg.*
levar *sp.* — malvar IIb
levare *it.* — viola
levat *pr.* — liévito
levato *neap.* — ib.
leve (nur pl.) *pg.* — IIb
~ *sp. pg.* — lieve
levedar, lóvedo *pg.* — liévito
levesse *afr.* — levistico
levistico *it. pg.*
levitare *it.* — liévito
levont *chw.* — *ib.
lèvre *fr.* — lambeau IIc; balafre IIc
lévrier *fr.* — levriere
levriere *it.*
[levrosonia] *it.* — menzogna
lexar *asp.* — lasciare; [dexar IIb]
lexas *sp.* — lexos IIb
lexia *sp.* — lisciva
lexos *sp.* — IIb; serpe IIc
ley *sp.* — lega²
lézard *fr.* — lacerta
lézarde *burg.* — ib.
lezda *asp.* — *leude IIc
lezia *it.* — *IIa

lezio *it.* — lezia IIa
lezioso *ait.* — ib.
lezzare *it.* — lezzo IIa
lezzo *it.* — IIa
lhacio *asp.* — lácio IIb
lhia *pr.* — lia
lhimatz *pr.* — lumaccia
li *afr.* — il
lì *it.*
lia *sp. pg.*
liaison *fr.* — IIc
liamier *pr.* — limier IIc
liar *pg.* — enlear IIb
~ *pr.* — liart IIc
liard *nfr.* — ib.
liarde (f.) *afr.* — ib.
liart *afr.* — *IIc
liazo *pr.* — liaison IIc
libeccio *it.*
libello *it.*
liberare *it.* — liverare
libistico *it.* — levistico
librar, librea *sp.* — liverare
libro *sp.* — XVI (XIII)
licai, licaiaria *pr.* — leccare
licaitz, licazaria *pr.* — ib.
liccia *it.*
liccu *sic.* — leccare
lice *fr.* — IIc
~ *fr.* — liccia
licèi *wal.* — leccare
lichar *pr.* — ib.
liche *pic.* — lice IIc
lichiar *chw.* — leccare
lichino *sp.* — lechino IIb
lici *it.* — qui
licorne *fr.* — licorno
licorno *it.*
licou *fr.* — IIc
lider *norm.* — eslider IIc
lie *fr.* — lia
~ (faire chère) *fr.* — IIc
lié *afr. burg.* — egli
~ *afr.* — liart IIc; lie IIc
lfe *afr.* — lie IIc
liebdo *asp.* — liévito
liée *afr.* — lie IIc
lieg *pr.* — veit IIc
liége (m.) *fr.* — IIc
liemier *afr.* — limier IIc
lien *fr.* — ib.; [p'étre IIc]
liendre *sp.* — léndine
lienzo *sp.* — lenza
lierre *fr.* — édera
~ *afr.* — barone
liet *pr.* — veit IIc
lieto *it.* — lie IIc
lieu *fr.* — avouer IIc; allodio
~ *pr.* — corlieu IIc
lieue *fr.*; *afr.* — lega; banlieue IIc
lieve *it.*

liévito *it.* — *I; levain IIc; leude
IIc
liftia *com.* — lippe IIc
ligar *pg.* — enlear IIb
lige *fr.* — IIc.
ligée, ligement *afr.* — lige IIc
ligesse *afr.* — ib.
ligiare *it.* — liscio
ligio *it.* — lige IIc
lignage *afr.* — linea
ligne *fr.* — razza
lignée *fr.* — linea
ligo *npr.* — lia
liguer *wall.* — élaguer IIc
lilá *pg.* — lilac
lilac *it. sp.*
lilas *fr.* — lilac
lili *pr.* — giglio
lilio *asp.* — ib.
lillu *sard.* — ib.
lima *it. sp. pg.* — limone
~ *it.* — chagrin IIc; limande
IIc
limace *fr.* — lumaccia
limaçon *fr.* — ib.
limaga *chw.* — ib.
limande *fr.* — IIc
limão *pg.* — limone
limaza *sp.* — lnmaccia
limbicco *it.* — lambicco
limega *ven.* — lumaccia
[limgher] *emil.* — lamicare IIa
[limicare] *tosc.* — ib.
limier *fr.* — IIc; alérion IIc
limit *pr.* — linde IIb
[limmecaola] *tosc.* — lamicare IIa
limoeiro *pg.* — limone
limon *pr. fr. sp.* — ib.
~ *sp. fr.; wall.* — leme IIb
limone *it.* — l; cedro
limonnier *fr.* — limone
limósina *it.*
limosna *nsp.* — limósina
limpiar *sp.* — forbire; ros; retoño
IIb
limpido, limpio *it.* — lindo
lin *afr.* — linea
linage *sp.* — aere
lince *it. sp.* — lonza
linceul *fr.* — lenza
linda *npg.* — linde IIb
lindar *sp. pg.* — ib.; andare
~ (sbst.) *pr.* — linde IIb
linde (m. f.) *sp. apg.* — IIb
~ *npr.* — lindo
linder *afr.* — slinga
líndine *wal.* — léndine
lindo *it. sp. pg.; piem.*
linea *it. sp.*
linge *pr. fr.; afr.* — IIc
lingot *fr.* — IIc

linguadro, linguardo *it.* — leggiadro
IIa
lingure *wal.* — cucchiajo
linh (m.) *pr.* — linea
linhada *apg.* — ib.
linia *aval.* — ib.
liño *sp.* — ib.
linot *fr.* — IIc
linotte *fr.* — linot IIc
linsá *npr.* — glisser IIc
lintel *sp.* — linde IIb
linzer *burg.* — glisser IIc
liofante *it.* — olifant IIc
[lion] *fr.* — piètre IIc
lionfante *it.* — olifant IIc
liper *hen.* — lippe IIc
lippe (f.) *fr.* — IIc
~ (faire la) *hen.* — moue IIc
lipsar *pr.* — liscio
liquar *pr.* — leccare
lir *fr.* — giglio
lira *it.* — IIa; [virare]
liráo *pg.* — ghiro
lire *fr.* — esperir IIc
liri *pr. mail. piem.* — giglio
lirio *sp. pg.* — ib.
liron *fr. sp.* — ghiro; lande IIb
lirondo *sp.* — IIb
lis *fr.* — giglio
~ *pr.* — liscio
lisca *it. mail.; it.*
lischnar *chw.* — liscio
lisciare *it.* — ib.
liscio *it.*
lisciva *it.*
lisco *npr.* — lisca
lisiar *sp.* — IIb
lisiera *sp.* — lista
lisière *fr.* — liccia; lista
lision *asp.* — lisiar IIb
liso *sp. pg.* — liscio
lisongero, lisonja, lisonjar *sp.* — lusinga
lissa *pr.* — liccia
lissar *pr.* — liscio
lisse, lisser *fr.* — ib.
lissiu (m.) *pr.* — lisciva
list (m.) *chw.* — lesto
lista *it. sp. pg. pr.*
listar *sp. pr.* — lista
listare *it.* — ib.
liste *fr.* — ib.
lister *afr.* — ib.
listo *sp.* — lesto
listra *it. pg.* — lista
listrar *pr. pg.* — ib.
listre *pr.* — ib.
lit *fr.* — veit IIc; bied IIc
litera *sp.* — lettiera
litge *pr.* — lige IIc
litière *fr.* — lettiera; bied IIc

litta *mail.* — belletta IIa
litta-latta *lomb.* — ninno
liúdo *it.* — liúto
liuranda *pr.* — prebenda
liurar *pr.* — liverare; prebenda
liúto *it.*
livèche *fr.* — levistico
livel *pr. pg.* — libello
liverare *it.*
livianos (pl.) *sp.* — leve IIb
livrar *pg.* — liverare
livrare *it.* — ib.
livre *fr.* — lira IIa
livrea *it.* — liverare
livrée *fr.* — ib.
livrer *fr.* — ib.
liza *sp.* — liccia
lizne *asp.* — liscio
lizza *it.* — liccia
llacio *asp.* — lácio IIb
Llainez *asp.* — ib.
llama *sp.* — ib.
llamar *sp.* — chiamare
llámpeg *cat.* — lampo
llanten *sp.* — IIb
llar *cat.* — lar
llares *sp.* — ib.
llautó *cat.* — ottone
llavors *cat.* — orlo
lleco *sp.* — *IIb
llegar *sp.* — IIb; piegare
llémena *cat.* — *léndine
llepar *cat.* — lappare; leccare
llesca, llescar *cat.* — lisca
lleudar *sp.* — liévito
llevat *cat.* — ib.
llimac *cat.* — lumaccia
lliscar *cat.* — liscio
llombrígol *cat.* — ombelico
llosa *sp.* — IIb
llueco *sp.* — chiocciare
llus *cat.* — merluzzo
lluvia *sp.* — pioggia
lo *it. sp. apg. pr. afr.* — il
loar *sp.* — alabar IIb
loba *sp. pg.* — IIb
lobanillo *sp.* — loupe IIc
lobbe *afr.* — lobe IIc
lobe *afr.* — IIc
lober *afr.* — lobe IIc
lobet *norm.* — lopin IIc
lobia *lomb. piem.* — loggia
lobis-homem *pg.* — loup-garou IIc
lobo *sp.* — raposa IIb
lóbrego *sp. pg.* — *IIb; [loro IIb]
loc *afr.* — IIc
~ (de) *wal.* — loco
~ *pr.* — allodio
local *sp.* — lugar IIb
locco *it.* (mndt. *neap. sic.*) — I;
 [mouco IIb]

loche (f.) *fr.* — IIc
locher *fr.* (vrlt.) — IIc
locilo *asp.* — lucillo IIb
locman *fr.* — *IIc
loco *ait.*
~ *sp.* — locco
locou *npr.* — ib.
locura *sp.* — ib.
lodana *sic.* — allodola
lodde *sard.* — golpe
lodier *fr.*; *afr.* — *IIc; logoro;
 poltro
lodiere (adj.) *afr.* — lodier IIc
lodola *it.* — allodola
lodria *it.* (mndt. *oberit.*) — lontra
lods *fr.* — lusinga
loée *afr.* — lega
loendro *pg.* — oleandro
lof *fr.* — IIc
logar *sp. pg.* (vrlt.) — lugar IIb
loge *fr.; afr.* — loggia; tref IIc;
 [drappo]
loger *fr.* — loggia
loggia *it.*
logis *fr.* — loggia
loglio *it.* — gioglio
logne *afr. wall.* — longe IIc
logo *pg.* — loco
logorare *it.* — logoro
logoro *it.*
lograr *sp. pg. pr.* — logro IIb
logre *pr.* — ib.
logro *sp. pg.* — IIb
loguier *pr.* — louer[2] IIc
loi *fr.* — lega[1]
loiemer, loiemier, loien *afr.* — limier IIc
loin *fr.* — aubain IIc
lointain *fr.* — lontano; aubain IIc
loir *fr.* — ghiro; lapin IIc
loirar, loire *pr.* — logoro
loiria *pr.* — lontra
[lois] *afr.* — lorgner IIc
loisir *fr.* — IIc
loitre *afr.* — logoro
loja *it.* — *IIa
~ *pg.* — loggia
~ *sp.* — loche IIc
lolla *it.* — loppa IIa
lom *pr.* — lomo IIb
loma *sp.* — ib.
Lombard, lombard *fr.* — IIc
lombart (adj.) *afr.* — lombard IIc
lombata *it.* — ovata
[lomble, lombre, lombril] *afr.* —
 ombelico
lombo *it.* — lomo IIb; ovata
lombriga *pg.* — lambrija IIb
lombrio *it.* — ib.
lombriz *sp.* — ib.
lomia *it.* — limone

lomo *sp.* — IIb
lon *rom.* — lunedì
lona *fr. npr.* — IIb
~ *sp.* — XVII (XIV)
long *fr.* — selon IIc
longaniza *sp.* — IIb; lugánega IIa
longe *fr.* — IIc; lonza IIa
longe² (f.) *fr.* — IIc
longeis *afr. pr.* — ampleis IIc ; [esso]
lonhda *pr.* — lontano
lonja *sp.* — loggia
~ *sp.* — longe IIc
lontano *it.*
lontra *it. pg.* — *I; schiantare
lonza *it.* — *I; vizio
~ *it.* — IIa
lonzo *it.* — IIa
lop (m.) *lomb.* — loppa IIa
lope *afr.* — loupe IIc
lopin *fr.* — *IIc
[lopiner] *afr.* — lopin IIc
loppa *it.* — IIa; buccio IIa
[loppin] *afr.* — lopin IIc
loque *fr.* — IIc
loquear *sp.* — locco
loquet *nfr.* — loc IIc
lor *pr. wal.* — egli
lordo *it.; ait.* — *I
[lores] *fr.* — ora
[lorgne] *afr.* — lorgner IIc
lorgner *fr.* — *IIc; hargne IIc;
    *sparagnare
lorgnette *fr.* — lorgner IIc
loriner *norm.* — ib.
lorion *afr.* — loriot IIc
loriot *fr.* — *IIc
loro *sp.* — *IIb; [lóbrego IIb]
~ *it.* — egli
lors *fr.* — ora²; orlo
los *afr.* — lotto
~ *afr. nfr.* — lusinga
losa *sp. piem.* — *I
losenge, losengeor *afr.* — lusinga
losenger *fr.* — ib.
losengero *asp.* — ib.
loser *norm.* — ib.
losità *lomb. bresc.* — lòzano IIb
losna *sp. pg.* — aluine IIc
loso *agen.* — lusinga
loss *pic. wall.* — lozano IIb
lot *pr.* — lordo
~ *fr.* — lotto
lota (adj.) *pr.* — lordo
lotar *pg.* — lotto
lote *pg.; sp.* — ib.
loterie *nfr.* — ib.
lotir *afr.; nfr.* — ib.
lotja *pr.* — loggia; [drappo]
loton *com. mail. piem. ven.* —
    ottone
lotto *it.*

louange *nfr.* — lusinga; mésange
    IIc; mischiare
louanger, louangeur *nfr.* — lusinga
louara *berr.* — loup-garou IIc
loucch *crem.* — locco
louche *fr.* — bisojo IIb
louco *pg.* — locco; [mouco IIb]
loudier *afr.* — lodier IIc
louer *fr.* — IIc; allouer IIc
louer² *fr.* — IIc; allouer IIc;
    avouer IIc
[louki] = louqui
loup-beroux *afr.* — loup-garou IIc
loupe *fr.* — IIc
loup-garou *fr.* — IIc; cormoran IIc;
    grigou IIc; grimoire IIc
louquî *wall.* — luquer IIc; [berlusco
    IIa]
[lour] *afr.* — lorgner IIc
loura *pg.* — IIb
lourd *fr.* — lordo; falourde IIc
lourder *norm.* — lordo
loure *afr. nfr.* — loup-garou IIc
~ *berr.* — lontra
louro *pg.* — loro IIb
lousa *pg.* — losa; mariposa IIb
~ *pg.* — loura IIb
louseguoler, lousignol *afr.* — rosi-
    gnuolo
loutre *fr.* — lontra; schiantare
louvoyer *fr.* — lof IIc
louzão *pg.* — lozano IIb
lova *it.* — loppa IIa
lox *amait.* — lusinga
loyer *fr.* — louer² IIc
loza *sp.* — IIb
lozano *sp.* — IIb
lôzità *lomb. bresc.* — lozano IIb
lozz *rom.* — loza IIb
lozza *com. chw.* — ib.
lua *asp. pg.* — IIb; guanto
lubac *dauph.* — bacío IIa
[lubie] *fr.* — ubbia IIa
lubin *norm.* — loup-garou IIc
lucarne *fr.* — IIc
lucchetto *it.* — loc IIc
lucerta, lucertola *it.* — lacerta
luchéra, lucherare *it.* — luquer IIc
lucherino *it.* — IIa
luchina *mod.* — IIa
lucillo *sp.* — IIb
lucore *ait.* — lueur IIc
lucru *wai.* — cosa
lud *wal.* — ganta
Ludre *fr.* — lázaro
ludria *it.* (mndt. oberit.) — lontra
luec *pr. afr.* — loco
luecx *pr.* — ib.
luego *sp.* — ib.; dunque; lugar
    IIb
luello *arag.* — gioglio

lueñe *asp.* — lexos IIb
lues *afr.* — loco
luette *fr.* — IIc
lueur *fr.* — IIc
luffo *it.* — viluppo
luga *val.* — lua IIb
lugana *pr.* — lueur IIc
lugánega *mail. trient. ven.* — IIa
luganighiu *piem.* — lugánega IIa
lugar *sp. pg.* — IIb
lugariu *ven.* — lucherino IIa
lugart *pr.* — lueur IIc
lughera *lomb.* — *luquer IIc
luglio *it.* — IIa
~ *sard.* — juillet IIc
lügn *piem.* — luglio IIa
lugor *pr.* — lueur IIc; fagotto
lugúbre *it.* — lóbrego IIb
lui *it. pr. fr. wal.* — egli
luì *it.* — IIa
luiria *pr.* — lontra
luiton *afr.* — lutin IIc
lulla *it.* — IIa; culla IIa; pialla IIa; spillo
lumáca *it.* — lumaccia
[lumacaglia] *tosc.* — lamicare IIa
lumaccia *it.*
lumbardu *sic.* — lombard IIc
lumbre *sp.* — vislumbre IIb
lumer *champ.* — éclair IIc
lumiuni *sic.* — limone
lundi *fr.* -- lunedì
lunedì *it.*
lunes *sp.* — lunedì; XV (XII)
lunetta *it.* — lunette IIc
lunette *fr.* — IIc
lunghesso *it.* — esso

luni *ven.* — lunedì
lúni *wal.* — ib.
luns *pr.* — ib.
lupia *sp.* — loupe IIc
lupino *sp.* — raposa IIb
lupo mannaro *it.* — loup-garou IIc
luppa *chw.* — loupe IIc
luquer *norm.* — *IIc; [badalucco IIa]
lurcignol *fr.* — rosignuolo
luria *pr.* — lontra
lurido *it.* — lordo
[lus, luce] *afr.* — merluzzo
[lus, luche] *pic.* — ib.
lusciard *chw.* — lacerta
luseau *afr.* — lucillo IIb
[luset] *fr.* — merluzzo
lusignuolo *it.* — rosignuolo
lusinga *it.* — I; losa
lusingare, lusinghiere *it.* — lusinga
lusque *champ.* — lasciare
lustre *fr.* — muso
luth *nfr.* — liúto
lutin *fr.* — IIc
lutiner *fr.* — lutin IIc
lutria *sp.* — lontra
lutrin *fr.* — IIc
luva *pg.* — lua IIb
luvas *pg.* — mancia IIa
luvegu *gen.* — bacío IIa
luxe *fr.* — lasciare
luzerna *occ.* — lucarne IIc
luzerne *fr.* — IIc
luzet *berr.* -- luzerne IIc
luzette *champ.* — ib.
luzote *fr. (Langres)* — ib.
lynx (m.) *fr.* — lonza

m

ma *it.* — mai
~ *pr.* — mane
maca *pg.* — amáca
~ *sp.; hen.* — macco
macabre (danse) *fr.* — IIc
macar *sp. pr. cat.* -- macco
macár *cę wal.* — macári IIa
macara *ait.* — ib.
macare *it.* (mndt.) — macco
macári *it.* — IIa; eziandío IIa
macarone (nur pl.) *ven.* — maccherone IIa
macca *it.* — macco
maccare *it.* — ib.; maccherone IIa
maccaria *neap.* — macco; maccherone IIa
maccherone *it.* — *IIa; macári IIa
macchia *it.* — I; matiz IIb; motta

macchinada, macchisonzu *sard.* — maccu IIa
macco *it.* — I; maccherone IIa; maciulla IIa; smacco IIa
maccocciu *sard.* — maccu IIa
maccu *sard.* — IIa
mace *afr.* — mazza
[maceclerie] *afr.* — massacre IIc
mach *com.* — macco
machacar *sp.* — macho IIb
machacre *pic.* — massacre IIc
machado *sp.* — macho IIb
machar *sp.* — ib.
~ *pr.* — macco
mâcher *fr.* — masticare
macherai *burg.* — máschera
machete *sp.* — macho IIb
macheüre *afr.* — macco

macho *sp. pg.* — IIb; bréhaigne IIc;
  marron IIb
~ *sp.* — maçon IIc
machorra *sp.* — bréhaigne IIc
machucar *sp.* — macho IIb
machuque *pic.* — mazza
macburer *nfr.* — máschera
maciella *asp.* — macchia
macigno *it.* — mácina IIa
mácina *it.* — IIa
macinà *wal.* — mácina IIa
macinare, mácine *it.* — ib.
macío *pg.* — IIb
maciulla *it.* — IIa
maclott (f.) *wall.* — macco
maco *cat.* — majo IIb
maçon *fr.* — IIc
madaisa *pr.* — matassa
madaise *afr.* — ib.
madeira *pg.* — madera IIb
madelin *afr.* — madré IIc
madera *sp.* — IIb
maderin *afr.* — madré IIc
madero *sp.* — madera IIb
madexa *sp.* — matassa
mádia *it.* — IIa
madiò *it.* — dio
madios *sp.* — ib.
madonna *mail. ven.* — beau IIc;
  *monna; guenon IIc
madraço *pg.* — materasso
[madrasta] *sp.* — benna
madre *afr.* — madré IIc
madré *fr.* — IIc; lázaro
madriale *ait.* — madrigale
madrigal *fr. sp.* — ib.
madrigale *it.*
madrina *it. sp.* — marraine IIc
madrugar *sp. pg.* — IIb
madur *pr.* — mûr IIc
madurgar *asp.* — madrugar IIb
maese *asp.* — maestro
maestral *sp.* — ib.
maestrale *it.* — ib.
maestre *sp.; pr.* — ib.
maestro *it. sp.*
maffiou *berr.* — mièvre IIc
mága *com.* — magagna
magacen *sp.* — magazzino
magagn *com.* — magagna
magagna *it.* — *I; XXIV (XVIII) 4
magagnare *it.* — *magagna
[magalott] *ferr.* — magone IIa
maganhar *pr.* — magagna
magara *it.* — macári IIa
magari *it. chw.* — ib.
magasin *fr.* — magazzino
magazzino *it.* — I; tazza
mager *asp.* — macári IIa
maggengh *mail.* — maggese IIa
maggese *it.* — IIa; barbecho

maggio *it.* — maggese IIa
maggiorana *it.* — majorana
[maghett] *parm.* — magone IIa
magia negra *sp.* — negromante
mágida *it.* — mádia IIa
magione *it.* — I; pigione IIa
magiostra *mail.* — mayota IIb
maglia *it.* — macchia
magliare *it.* — maglio
maglio *it.*
magnan *fr.* (mndt.) — maña IIb
magnano *it.* — ib.
magnier *fr.* (mndt.) — ib.
mágoa, mágoar *pg.* — macchia
magon *piem. ven.* — magone IIa
magone *mod.* — *IIa
[magot] *nfr.* — magone IIa
magrána *it.*
maguar *asp.* — macári IIa
maguer *asp. apg.* — ib.
maguera *asp.* — ib.
magun *gen.* — magone IIa
magún *chw.* — ib.
mahomerie *afr.* — momer IIc
mahon *norm.* — pavot IIc
mai *it.* — I; dio
~ *fr.* — majo
~ *wall.* — mádia IIa
maia *pr.* — majo
maicaibré *lothr.* — macabre IIc
maid *jur.* — mádia IIa
maidieu *fr.* — dio
[maidnée] *afr.* — desinare
maie *pic.* — mádia IIa; verne IIc
maig *chw.* — majo
[maignée] *afr.* — desinare
maigre *afr.* — mêgue IIc
mail *pr. fr.* — maglio
maillard *pic.* — malart IIc
maille *fr.* — macchia; fermillon IIc
~ *fr.* — medaglia
mailler *fr.* — maglio
main *afr.* — IIc
~ *afr.* — mane
~ *fr.* — chien IIc; mainbour IIc;
  menottes IIc
~ de gloire *fr.* — XXV (XIX) 8
mainada *pr.* — magione
mainbour *afr.* — IIc; malvagio;
  mondualdo IIa
mainbournie, mainbournir *afr.* —
  mainbour IIc; XXV (XIX) 8
maindre *afr.* — manant IIc
mainel *pg.* — pairar IIb
mainer *afr.* — dominio
maint *pr. fr.* — IIc; degun IIc
maintenant *fr.; afr.* — immantinente
maintenir *fr.* — mantenere; mainbour IIc
maiorana *pg.* — majorana
maiorino *asp.* — merino IIb

mairam *pr.* — merraiu IIc
maire *fr.*; *afr.* — IIc
~ *norm.* — madré IIc
mairi *wall.* — mádia IIa
mairina *pr.* — marraine IIc
mais *afr.* — IIc
~ *asp. pg. pr. fr.* — mai
maise (adj.) *afr.* — mais IIc
maiselier *afr.* — bouc IIc
maisement, maisetet, maisiaus *afr.*
— mais IIc
maison *fr.* — magione
maïstre *afr.* — maestro
maitin *oberit. pr. afr.* — mane
maitre *fr.* — maestro
maiu *wal.* — maglio
maiz *sp.* — IIb
majada *sp.* — IIb
majar *sp.* — maglio
majo *it.*
~ *sp.* — IIb
majólica *it.* — IIa
Majolica *it.* — majólica IIa
majorana *it.*
Majorca *sp.* — majólica IIa
Majorica *it.* — ib.
majoufo *occ.* — mayota IIb
makaie *wall.* — mègue IIc
make (a) *wall.* — macco
mal *it. pr. fr.* — ora; malvagio;
maltôte IIc
~ *sp.* — encono IIb; malvar IIb;
malsiu IIb
mala *sp. pg. pr.*
~ *pr. sp.* — ora
malabde *afr.* — *malato
malade, maladie *fr.* — ib.
maladire *it.* — ora
malaise *fr.* — agio
malalt, malaltia *cat.* — malato
[malan, maland] *afr.* — landra
malandra *com.* — ib.
[malandre] *afr.* — ib.
malandrin *sp. npr.* [*fr.*] — ib.
malandrino *it.* — ib.
malapte, malaptia *pr.* — malato
malart *fr.*; *afr. norm. pic.* — IIc
malastre, malastruc *pr.* — astro
malastrugo *asp.* — ib.
malatia *asp. pr.* — malato
malato *it. asp.* — *I
malatolta *it.* — maltôte IIc
malattia *it.* — *malato
malaür *pr.* — augurio
malaut *pr.* — malato; aus IIc;
azaut IIc
malautia *pr.* — malato
malautru *fr.* (Rabel.) — astro
[malavech, malavei, malaveiar] *pr.*
— malato
malavez *sp.* — avés IIb

malcaido *asp.* — méchant IIc
mâle *fr.* — malart IIc
malenconia *sp.* — encono IIb
malenconico *sp.* — XXV (XIX) 8
malestruit *afr.* — astro
maleür *afr.* — augurio
malevar *apg.* — mallevare
malfadado *sp.* — durfeü IIc
malfadat *pr.* — ib.
malfatto *it.* — maufé IIc
malfetría *asp.* — behetría IIb
malfeü, malfeüde *afr.* — durfeü IIc
malgrado *it.* — grado
malgrat *pr.* — ib.
malgré *fr.* — ib.; macári IIa
malha *pg. pr.* — macchia: camaglio
malhada *pg.* — majada IIb
malhar *pg. pr.* — maglio
malheur *fr.* — augurio
malho *pg.* — maglio
malía *it.* — IIa
maliardo *it.* — malía IIa
malina *asp.* — bonaccia
malingher *mail. piem.* — heingre IIc
malingre *nfr.* — ib.
maliscalco *it.* — mariscalco
[malito] *it.* — maraud IIc
malla *sp.* — macchia
mallatosta *apg.* — maltôte IIc
malle *fr.* — mala; mallo IIa
mallevare *it.* — I; mantenere; manaier IIc
mallo *it.* — *IIa
~ *sp.* — maglio
mallograr, mallogro *pg.* — logro IIb
mall public *afr.* — IIc
malo *sp.* — logro IIb
malograr *sp.* — logro IIb; malvar IIb
malogro *sp.* — logro IIb
malostru *afr.* — astro
malotru *nfr.* — ib.
malsim *pg.* — malsin IIb
malsin *sp.* — IIb
malsinar *sp.* — malsin IIb
malt (m.) *fr.* — IIc
malta *it. trient.* — IIa; motta
maltolto *it.* — maltôte IIc
maltosta *apg.* — ib.
maltôte (f.) *fr.* — IIc
[maluco] *it.* — maraud IIc
malvadesa *sp.* — malvar IIb
malvado *nsp.* — *ib.; [malvagio]
malvagio *it.* — *I; XXV (XIX) 8
malvagità *it.* — malvagio
malvais *pr.* — ib.
malvar *asp.* — *IIb
malvastat *pr.* — malvagio
malvat *pr.* — malvar IIb; [malvagio]
malvavischio *it.*
malvavisco *sp.* — malvavischio
[malvé] *afr.* — malvagio

malvestad *asp.* — malvagio
malvestat *pr.* — ib.
malvezar *sp.* — vizio
malvicino *it.* — malsin IIb
malviz (m.) *sp.* — mauvis IIc
malvoisin *afr.* — malsin IIb
mama *sp. pg.* — mamma
maman *fr.* — ib.
mamar *sp. pg.* — ib.
mambourg *afr.* — mainbour IIc
mame *wal.* — mamma
mamela *lim.* — XXIII (XVIII) 1
mamma *it.; gen.*
mammamia (m.) *neap.* — mamma
mammone *it.* — IIa
mamparar *asp. apg.* — IIb
~ *asp.* — manaier IIc
mampesada *asp.* — mare IIc
man (f.) *asp.* — mane
~ *pr.* — ademan IIb
~ *com.* — maña IIb
mana *pg.* — hermano IIb
maña *sp.* — *IIb
manada *sp.; sp. pr.* — magione
manaide, manaie *afr.* — manaier IIc
manaier *afr.* — IIc
mañana *sp.* — mane
manant *afr.; nfr.* — IIc; *mas
manantie *afr.* — IIc
manar *cat.* — andare
manara *lomb.* — mannaja IIa
manata *it.* — magione
manaya (sbst., selt.) *pr.* — manaier IIc
manbor *pr.* — mainbour IIc
manc *pr. afr.* — *manco
manca *it. sp.* — ib.; gauche IIc
mancar *sp. pr.* — manco
mancare *it.* — ib.
manceba *sp.* — mancebo IIb; famiglio
mancebo *sp.* — IIb
mancha *sp. pg.* — macchia
~ *cat.* — mántaco IIa
manche (m.) *fr.* — mánico
manchot *fr.* — manco
mancia *it.* — IIa
manciata *it.* — mancia IIa
mancilla *sp.* — macchia; [pestillo IIb]
mancip *pr. afr.* — mancebo IIb
mancipa *pr.* — ib.
manco *it. sp. pg.* — *I
mancolp *pr.* — beaucoup IIc
mande *pic.* — manne IIc
mandil *sp. pg. pr.* — IIb
mándola *it.* — mándorla
mandóla *it.* — pandúra
mandole, mandore *fr.* — ib.
mándorla *it.*
mandria (f.) *sp.* — IIb; madrigale
mandrial *sp.* — madrigale
mandriale *ait.* — ib.
mandriño *pg.* — mandria IIb

mandrigal *sp.* — madrigale
mandrin *hen. lim.* — landra
mandro *occ.* — golpe; landra
mandrouno *occ.* — landra
[mandugar] *pr.* — mangiare
mándule *wal.* — mándorla
mane *it.*
manear *sp.* — menear IIb; ballare
[manec] *pr.* — bègue IIc
mánega *lomb. ven.* — mánico
manége (m.) *fr.* — IIc
maneggiare *it.* — manége IIc; menear IIb
maneggio *it.* — manége IIc
maneira *pr. pg.* — maniero
manen *pr.* — mas
manén *pr.* — manant IIc
manente *gen.* — ib.
maner *pr.* — mas
manera *sp.* — maniero
~ *chw.* — mannaja IIa
manero *sp.* — maniero
manes *pr.* — demanois IIc
manescalc *pr.* — mariscalco
manette *it.* — menottes IIc
manevis *afr.* — manevir IIc
manga *sp. pg.* — mánico
mangagna *crem. mail. piem.* — magagna
manganel *pr.* — mángano
manganello *it.* — ib.
manganilla *sp.* — *ib.; manigance IIc
mángano *it.* — *I
mangas *sp.* — mancia IIa
manger *fr.* — mangiare
mangerona *pg.* — majorana
mangiare *it.* — *I; camangiare IIa; papa
mangla *asp.* — *IIb
mango *sp. pg.* — mánico
mangoal *pg.* — mangual IIb
mangoneau *afr.* — mángano
mangra *pg.* — mangla IIb
mangual *sp.* — IIb; menovare
manha *pg.* — maña IIb
manhãa (á) *pg.* — mane
manía *it.* — smánia IIa
maniatar *sp.* — escamondar IIb; [zaherir IIb]
maniato *it.* — *IIa
manica *it.* — mánico
manicare *it.* — mangiare
mánico *it.*
manicorda *pr.* — monocordo
manicordio *sp. pg.* — ib.
manicordion *fr.* — ib.
manier *pr.* — maniero; manége IIc; menear IIb
maniera *it.* — maniero
manière *fr.* — ib.

maniero *it.*
manigance *fr.* — IIc; [mangano]
maniglia *it.* — *I
manigoldo *it. sp.* — IIa
manigot *piem.* — manigoldo IIa
maniket *wall.* — mannequin IIc
manilla *sp.* — maniglia
manille *fr.* — ib.
maniobra, maniobrar *sp.* — manovra
manipolo *it.* — manojo IIb
maniposa *sard.* — *mariposa IIb
maniquí *sp.* — mannequin IIc
manir *sp.* — IIb
maniscalco *it.* — mariscalco
manjar *pr. apg.* — *mangiare ·
[manjuar] *pr.* — ib.
manjuce *afr.* — ib.
manjuer *afr.* — *ib.
manjuiar *pr.* — ib.
manjusser *norm.* — ib.
manlevar *sp. pr.* — mallevare
manna *it.* — *maña IIb; [menno IIa]
mannaja *it.* — IIa; maniero
manne *fr.* — IIc
mannequin *fr.* — IIc; manne IIc; facchino; lambeau IIc; bouquin IIc
mano *pg.* — hermano IIb
~ *it.* — mondualdo IIa
manobra *pr.* — manovra
manœuvre *fr.* — ib.
manoir *fr.* — mas; estovoir IIc; manant IIc
manois *afr.* — demanois IIc
manojo *sp.* — IIb
manolho *pg.* — manojo IIb
manopla *sp. pg.* — manópola
manópola *it.* — I; pantófola
manoufle (f.) *npr.* — pantófola
manovaldo *it.* — mondualdo IIa; mainbour IIc; XXV (XIX) 8
manovra *it.*
manovrer *afr.* — manovra
manquer *fr.* — manco
Mansard *fr.* — mansarde IIc
mansarde *fr.* — IIc
mansedumbre *sp.* — costuma
mansedume *pg.* — ib.
manser *sp.* — IIb
mansiaire *afr.* — mas
mansidão *pg.* — costuma
mans *pr.* — manso
manso *it. sp. pg.* — *I; cuerdo IIb; fino; gente; tolo IIb
mansueto *sp.* — tolo IIb
mansueza *pr.* — costuma
mant *pr.* — maint IIc
manta *pr. sp.* — manto
mantacare *it.* — mántaco IIa
mantaco *it.* — bofe IIb

mántaco *it.* — IIa
mante, manteau *fr.* — manto
manteca *sp. sic. neap.*; *it.* — IIb
mantega *cat.* — manteca IIb
manteiga *pg.* — ib.
mantel *sp.* — manto
manteles *sp.* — mappe IIc
mantello *it.* — manto
mantenen *pr.* — immantinente
mantener *sp. pr.* — mantenere
mantenere *it.* — I; immantinente ; manaier IIc
manter *pg.* — mantenere
mántice *it.* — mántaco IIa
mantile *it.* — manto
mantilla *sp.* — ib.
manto *it. sp. pg.*
~ *it.* — maint IIc
mant-un *npr.* — ib.
manucare *it.* — mangiare
manuer *afr.* — ib.
manyá *cat.* — maña IIb
[man-y-posa] *sp.* — mariposa IIb
manza *com. trient.* — manso
manzana *sp.* — IIb; treccia
manzo *it.* — manso; anzi; senza
mapa *piem.* — nappe IIc
mapp *wall.* — ib.
mappa *lomb.* — ib.
mappina *neap.* — ib.
maque *afr.* — macco; maciulla IIa
maquer *afr.* — macco
maquereau *fr.* — IIc
maquereau² *fr.* — IIc
maquet *hen.*; *afr.* — macco
~ *champ.* — maquereau IIc
mar *afr.* — ora
~ *rom.* — ramarro IIa
~ *sp.* — mariposa IIb
marabotin *pr.* — maravedí IIb
maracde *pr.* — smeraldo
marage, marais *nfr.* — *mare
maraischiere *afr.* — ib.
[marame] *it.* — marrir
maraña, marañar *sp.* — *ib.
marance *afr.* — maraud IIc
marangone *it.* — IIa; XXIV (XVIII) 4
maraou, maraoude *lim.* — maraud IIc
marasca *it.* — IIa
marascalco *trient.* — mariscalco
marastre *afr.* — beau IIc
maraud *fr.* — *IIc
maraude *fr.* — maraud IIc
~ *pr.* — smeraldo
marauder *fr.* — maraud IIc
maraûder *wall.* — ib.
maraudeur *fr.* — ib.
maravedí *sp. pg.* — IIb
maravidil *asp.* — maravedí IIb
maraviglia *it.* — I; XXIV (XVIII) 4

maravilba *pg.* — maraviglia
maravilla *sp.* — ib.
marazzo *it.* — mare
marbre *fr.* — lambre IIc
marc *fr.* — IIc; marcher IIc
~ *pr. fr.* — marca
marca *it. sp. pg. pr.* — *I
marcar *sp. pg. pr.* — marca
marcare *it.* — ib.
marcasita *sp.* — marcassita
marcassin *fr.* — *IIc; [mare]
marcassita *it.*
marcassite *fr.* — marcassita
marcear *sp.* — marza IIa
marcha *sp. pg.* — marcher IIc
marchais *afr.* — *mare
marchand *fr. afr.* — marché IIc;
XXIV (XVIII) 4
marchar *sp. pg.* — marcher IIc
marche *fr.* — marca
~ *fr.* — marcher IIc
marché *fr.* — IIc
marcheand *afr.* — marché IIc
marchedant *afr.* (Pass.) — ib.
marcher *fr.* — *IIc; marc IIc
marchese *it.* — marca
marchiare *it.* — *ib.; marcher IIc
~ *ven.* — marcher IIc
[marchier] *afr.* — ib.
marchir *afr.* — marca; [marcher IIc]
marchitar *sp.* — marchito IIb
marchito *sp.* — IIb
marcia, marciare *it.* — marcher IIc
marcida (adj.) *pr.* — marchito IIb
marcio *it.* — ib.
marcit *pr.* — ib.
marclar *chw.* — macho IIb
marco *it. sp. pg.* — marca
~ *ait.* — macho. IIb
marcone *it.* — ib.
marcorella *it.* — mercorella IIa
Marcos *sp.* — dio
marcotte *fr.* — margotta; XXIV (XVIII) 4
Marcou *fr.* — grigon IIc; [micio]
marcx *pr.* — mare
mardi *fr.* — martedì
mare (f.) *fr.* — *I
~ *duac.* — *IIc
marécage *nfr.* — mare
maréchal *fr.* — mariscalco
maremma *it.* — IIa; rima
maremmáno *it.* — maremma IIa
marenne *afr.* — ib.
maresc, marescage, marescot *afr.* — mare
marese *it.* — ib.
maresquel *afr.* — ib.

marfil *sp. fr.* — *IIb
marfim *pg.* — marfil IIb; olifant IIc
marga *it. sp.* — marne IIc
, margas, margasse *norm.* — *marcassin IIc
margasser (se) *norm.* — ib.
margiani *sard.* — golpe
margolato *it.* — margotta
margon *lomb.* — marangone IIa
margotta *it.* — I; XXIV (XVIII) 4
margotte *champ. hen.* — margotta
margue *pr.* — mánico
marguillier *fr.* — IIc
margulh *pr.* — marangone IIa
margulhão *pg.* — ib.
mari *piem.* — marrir
marica *sp.* — urraca IIb
mariuier *fr.* — maron IIc
, Marion *fr.* — marionnette IIc
marionnette *fr.* — IIc
mariposa *sp. pg. cat.* — *IIb; parpaglione
marir *pr. afr.* — marrir
mariscal *sp. pg.* — mariscalco
mariscalco *it.* — I; scalco IIa
marisma *sp.* — mare
marison *afr.* — maraud IIc
marjolaine *fr.* — majorana
markand *afr.* — marché IIc
marke *wall.* — mare IIc
. marle *afr. pic.* — marne IIc; [bruciare]
marler *afr.* — marne IIc
[marlou] *fr.* — micio
marloup *berr.* — loup-garou IIc
marmaglia *it.* — merme; XXIV (XVIII) 4
marmaria, marmél *com.* — merme
marmeleen *crem.* — ib.
marmellada *it.* (mndt.) — membrillo IIb
marmelo *pg.* — ib.
marmita *it.* (lomb.) *sp. cat.*
marmite *fr.*; *afr.* — marmita
marmiteux *fr.* — ib.
marmiton *sp. fr.* — ib.
marmitone *it* — ib
[marmoire] *afr.* — moire IIc (Nachträge)
marmol *sp.* — arrebol IIb
marmota *sp. pg.* — marmotta
marmotà *com.* — marmotter IIc
marmotta *it.*
marmotte *fr.* — marmotta; marmotter IIc
marmotter *fr.* — IIc; marmita
marmotto *it.* — marmotta
mar-mouton *occ.* — marron IIb
marna *mail.* — mádia IIa
, marne *fr.* — IIc

marner *fr.* — marne IIc
maro *sp.* — amarillo IIb
[marò] *com.* — maraud IIc
[maroca] *piem.* — marrir
[marodi] *corsic.* — maraud IIc
[marois] *afr.* — mare
maron *fr.* — IIc
~ *sp.* — marron IIb
maronier *afr.* — maron IIc
marota *asp.* — golpe
marotte *fr.* — marionnette IIc
[marou] *fr.* — micio
[marquais] *fr. pic.* — mare; marcassin IIc
marque *fr.* — marca; marcher IIc
marquer *fr.* — ib.
marques *sp. pr.* — marca
marquesita *sp.* — marcassita
marquis *fr.* — marca
marra *occ.; sp. pg.* — marron IIb
marrá *cat.* — ib.
marraine *fr.* — IIc; [parrain IIc]
marrana *sp.* — marrano IIb
marrano *it. sp.* — IIb
marrar *sp.* — marrir; marrano IIb
~ *pg.* — marron IIb
marras *sp. cat.* — IIb
marreglier *afr.* — marguillier IIc
marrido *sp.* — marrir
marrir *afr. pr.* — *I; maraud IIc
marrire *it.* — amarrar
marrit *pr.* — marrir
marritta *it.* — ritto
Marrocco *it.* — marrocchino
marrochino *it.*
marron *sp.* — IIb
~ *fr.* — maron IIc
~ *fr.* — marrone IIa
marrone *it.* — IIa; barone
marroquí *sp.* — marrochino
marroquin *fr.* — ib.
Marruecos *sp.* — marron IIb
mars *pr.* — martedì
marsouin *belg.; champ.* — IIc; [marcassin IIc]
mart *pr.* — martora
marta *sp. pg.* — ib.
marte *fr.* — ib.
marteau *fr.* — martello
martedì *it.* — I; lunedì; mercoledì
martello *it. pg.* — I; bertovello
martes *sp.* — martedì; lunedì; mercoledì
márti *ven.* — martedì
martì *it.* — ib.
martillo *sp.* — martello
martin pescador *sp.* — martin pescatore
martin pescatore *it.*
martinet *fr.* — martin pescatore
~ pêcheur *fr.* — ib.

martinete *sp.* — martin pescatore
martinetto *it.* — ib.
martir *pr.* — martirio
martirare *it.* — ib.
martire *pr.* — ib.
martiriar *sp. pr.* — ib.
martirio *it. sp.*
martirizar *sp.* — martirio
martirizzare, martiro *it.* — ib.
martora *it.*
martre (f.) *fr.* — martora
marŧror *pr.* — martirio
marturiar *pr.* — ib.
martuzzu *sard.* — nasturzio
martyre, martyriser *fr.* — martirio
mártzi *wal.* — martedì
marves, marvier, marvir *pr.* — manevir IIc
marvizzo *neap.* — mauvis IIc
marza *it.* — *IIa
marzapane *it.; neap.*
marzapanu *sic.* — marzapane
mas *pr. afr. trient.; cat.* — *I
~ *nsp. pg. pr.; sp. pg.* — mai
masa *sp.* — mas
masaingue *pic.* — mésange IIc
masc *npr.* — máschera
masca *piem.* — ib.
~ *gen. neap.* — masticare
mascar *sp. pg.* — ib.
máscara *sp. pg.* — máschera
mascára *cat.* — ib.
mascarar *pr.* — ib.
mascárra, mascarrar *pg.* — ib.
maschar *pr.* — masticare
máschera *it.*
masclo *asp.* — macho IIb
[masco] *sp.* — tosco IIb
mascot *npr.* — máschera
mascra *piem.* — ib.
mascrada *piem.* — camerata
mascu *sard.* — marron IIb
mascurer *afr.* — máschera
mase *afr.* — mas
[masecrier] *afr.* — massacre IIc
[masle] *afr.* — bruciare
maslo *asp.* — macho IIb
masnada *it.* — magione
masque (m.) *fr.* — máschera
massa *pr.* — mazza; massacre IIc
~ *mail.* — mas
massacra *piem.* — massacre IIc
massacre *fr.* — *IIc
massacrer *fr.* — *massacre IIc
massar *pr.* — mazza
massaro *it.* — mas
masse *fr.* — mazza
massepain *fr.* — marzapane
mássima *it.*
massip *pr. afr.* — mancebo IIb
masso *it.* — IIa

masso *fr.* — maçon IIc
massola *pr.* — mazza
massua, massuca *apg.* — ib.
massue *fr.* — ib.
mast *fr.* — masto
mastegar *fr.* — masticare
mastelot *afr.* — matelot IIc
mastiar *chw.* — masticare
masticar *sp. fg.* — ib.
masticare *it.*
mastigar *sp. pg.* — masticare
mastil *sp.* — masto
mastim *pg.* — magione
mastin *sp. pr.*; *afr.* — ib.
mastino *it.* — ib.
masto *pg.*
[mastouche] *fr. belg.* — nasturzio; mièvre IIc
mastra *npr.* — mádia IIa
mastranto *sp.* — IIb
mastranzo *sp.* — mastranto IIb
mastro *it.* — maestro
~ *fg.* — masto
mastrozzu *sic.* — nasturzio
mastruço *pg.* — ib.
mastuerzo *sp.* — ib.
mat *pr. fr.*; *afr.* — matto; matto IIa; [follare]
~ *com.* — malto IIa
mât *fr.* — masto; matelot IIc; bourreau IIc
mata *sp. pg.* — IIb; matiz IIb
matafaluga *cat. sard.* — batafalua IIb
matalahua, matalahuga, matalahuva *sp.* (vrlt.) — ib.
matalás *cat.* — materasso
matar *sp. pg. pr.* — IIb; casamatta
~ *pr.* — matto
matassa *it.* — I; seta
mate *sp. pg.* — matto
~ (enfant de la) *fr.* — matois IIc
matelas *fr.* — materasso; matelot IIc
matelot *fr.* — *IIc; [cocca²]; [piloto]; [locman IIc]
mater *fr.* — matto
materas *fr.* — materasso
materasso *it.*
[matère] *afr.* — mire IIc
mâtereau *fr.* — bourreau IIc
matet *piem.* — matto² IIa
mathelot *afr.* — matelot IIc
[mathenot] *afr.* — ib.
[matière] *fr.* — mire IIc
matin *pr. fr.* — mane
matin *fr.* — magione; gagnon IIc
[matire] *afr.* — mire IIc
matita *it.* — amatita IIa
matiz (ın.) *sp.* — IIb
matizar *sp.* — matiz IIb

mato *pg.* — mata IIb
mató *cat.* — mattone
matois *fr.* — IIc
maton *fr.* (mndt.); *afr.* — mattone
matou *fr.* — *micio
matra *neap.* — mádia IIa
matraca *sp. fg.* — IIb
matracca *it.* — matraca IIb
matras *afr.* — IIc
matrasseiar *pr.* — matras IIc
matrasser *afr.* — ib.
matrat, matratz *fr.* — ib.
matre *pr.* — materasso
matt *mail.* — casamatta
matta *it.* — matto² IIa
~ *it.* — natte IIc; [nata IIb]
mattare *it.* — matto
matte *pic.* — mattone; [nata IIb]
[~] *fr.* — nata IIb
mattino *it.* — mane
matto *it.*
~ *it.* — IIa; casamatta
matt(o)¹ *it.* — IIa
mattone *it.* — *I; *nata IIb
mattu *sic.* — casamatta
mauca *pr.* — IIc
maufé *afr.* — *IIc
maúglia *sard.* — matto² IIa
maugré *fr.* — macári IIa
maulta *chw.* — malta IIa
maûr *afr.* — mûr IIc
maussade *fr.* — sade IIc
mauvais *fr.* — malvagio; mais IIc
mauvaistié *afr.* — malvagio
mauviar(d) *hen.* — mauvis IIc
mauviette *fr.* — ib.
mauvis *fr.* — IIc
mauvisque *fr.* — malvavischio
mauwe *pic.* — mouette IIc
mavais *afr.* — mais IIc
máxima *sp.* — mássima
maxime *fr.* — ib.
majestre *pr.* — maestro
mayo *sp.* — majo
mayorana *sp.* — majorana
mayota *sp.* — IIb
mayson *asp. pr.* — magione
maystre *pr.* — maestro
maza *sp. pg.* — mazza
mazà *com.* — ib.
mazãa *fg.* — manzana IIb
mazana *asp.* — ib.
mazapan *sp.* — marzapane
mazar *chw. sp.* — mazza
[mazaruol] *it.* (mndt.) — mare IIc
mazcabo *apg.* — menoscabo
mazeamda *chw.* — mercoledì
mazelin *chw.* — madré IIc
[mazeta] *it.* — mazette IIc
mazette *fr.* — *IIc
mazmorra *sp. fg.* — IIb

mazo *sp.* — mazza
mazonar *sp.* (vrit.) — maçon IIc
mazre *afr.* — madré IIc
mazza *it.* — I; maçon IIc; [mazette IIc]
mazzáchera *it.* — massacre IIc
mazzare *it.* — mazza
mazza-sette *it.* — ib.
mazzo *it.* — ib.; maciulla IIa
mazzone *sard.* — golpe
mazzuola *it.* — mazza
me *it.* — ·speme IIa
mé *fr.* — mis
meaja *asp.* — medaglia
mealha *apg. pr.* — ib.
mear *sp.* — IIb; torrar IIb; pisciare
mearge *wal.* — andare
meatad *ait.* — mezzo
mec *pr.* — mego IIb
meca *pr.* — miccia
[mecar] *sp.* — cenno
mecer *sp.* — IIb; barruntar IIb
mecha *sp. pg. pr.* — miccia
méchant *fr.* — IIc
mèche *fr.* — miccia
méchef *fr.* — menoscabo·
męciucę *wal.* — mazza
meda *sp. pg.; sard.; lomb.* — meta
~ *bresc.* — tante IIc
medaglia *it.; ait.*
medaglione *it.* — medaglia
médaille *fr.* — ib.
medalla *sp.* — ib.
médano *sp.* — meta
medão (de arcia) *pg.* — ib.
medda *crem.* — tante·IIc
medecien *afr.* — mire IIc
médecin *nfr.* — ib.; mege
medeis *pr.* — medes
medem *chw. piem. ven.* — ib.
medemo *ven. piem.* — ib.
medeps *pr.* (Pass.) — ib.
medes *apg.* — I; desso IIa
medesimo *it.* — medes
medesme *pr.* — ib.
media *sp.* — IIb
mediano *sp.* — mezzo
medicaria *it.* — mire IIc
medicien *afr.* — mege
medio *sp.* — mezzo
medo *pr.* — mies IIc
medrar *sp. pg.* — IIb
medze *lim.* — mege
méfaire *fr.* — forfare
[meg] *pr.* — fastidio
mégano *sp.* — meta
mege *asp. afr.* — I; pejo IIb; mire IIc
mégie *fr.* — mégir IIc
mégir *fr.* — IIc
mégis, mégissier *fr.* — mégir IIc

mego *sp.* — *IIb
mègre *pic.* — mègue IIc
mêgue (f.) *fr.* — *IIc
méguichier *pic.* — mégir IIc
mégure *wal.* — macchia
méhaigne, méhaigner, méhaing *afr.* — magagna
mehaing *wall.* — ib.
mei *afr.* — che
[~] *afr.* — mire IIc
meia *pr.* — mezzo
~ *pg.* — media IIb
[meide, meie] *afr.* — mire IIc
meigo *pg.* — *mego IIb
meil *chw.* — melo IIa
meils *pr.* — ampleis IIc
meimendro *pg.* — milmandro IIb
meiminho *pg.* — mimar IIb
męimucę *wal.* — mammone IIa
meinn *wall.* — mina
meio *pg.* — mezzo
meirinho *pg.* — merino IIb
meïsme *afr.* — medes
meismo *asp.* — ib.
meisom *apg.* — magione
meisso *pr.* — moisson IIc
meitad *pr.* — mezzo
melancolico *sp.* — merencorio IIb
mélange *fr.* — mischiare
melarancia *it.* — arancio
melco *npr.* — milza
mele *npr.* — mélèze IIc
mèle *fr.* (Rheims) — néspola
mèlèie *wall.* — melo IIa
mêler *fr.* — mischiare; pêle-mêle IIc
mélèzo (m.) *fr.* — IIc
melfo *npr.* — milza
melher *pr.* — ampleis IIc
meliaca *it.* — IIa
melic *cat.* — ombelico
mella *sp.* — *IIb
~ *pr.* — mándorla
mellenc *afr.* — merlan IIc
mellizo *sp.* — IIb
melma *it.* — IIa
melo *it.* — IIa; XXV (XIX) 7
melocoton *sp.* — pérsica
melsa *pr.* — milza
melso *npr.* — ib.
membrado *it.* — membrare
membrar *asp. pr.* — ib.
membrare *it.*
membrat *pr.* — membrare
membré, member *afr.* — ib.
membrillo *sp.* — IIb
même *nfr.* — medes
memembrá *npr.* — membrare
men *pr.* — mente
~ *com.* — manigoldo IIa

mena *it. fr.* — menare
~ *fr.* — mina
menace *fr.* — minaccia
ménage *fr.* — IIc
ménager *fr.* — ménage IIc
menaïde *afr.* — manaier IIc
menar *asp. pr. cat.* — menare; mina;
  menear IIb
menare *it.* — I; mina; menear IIb
menassa *fr.* — minaccia
[mencio] *it.* — mince IIc
mendive *afr.* — solive IIc
mene *it.* — speme IIa
menear *sp. fg.* — IIb
menegold *com.* — manigoldo IIa
menencoreo *fg.* — merencorio IIb
mener *fr.* — menare; dominio
menester *sp. afg.* — mestiero
menestier *fr.* — ib.
menestral *sp. pr. afr.* — ib.
menestrel *afr. pg.* — ib.
menestrier *afr.* — ib.
ménétrier *fr.* — ib.
menge, mengía *asp.* — mege
méngol *bresc.* — menno IIa
mengua, menguar *sp.* — menovare
meniera *pr.* — mina
menig *npr.* — mina²
ménil *fr.* — IIc
menina *gasc.; sp.; pg.* — mina²;
  ninno
menino *sp.; pg.* — mina²
menit *bearn.* — ib.
menjar *pr.* — mangiare
menjier *afr.* — ib.
menno *it.* — *IIa
menos *sp. pg.* — mis; amén de IIb
menoscabar *sp. fg.* — menoscabo
menoscabo *sp. pg.*
menospreciar *sp.* — mis
menottes *fr.* — IIc
menovare *it.* — I; mangual IIb
mens *fr.* — mis
mensonga *pr.* — menzogna
mensonge *fr.* — ib.; XXIV (XIX) 5
mensonja *pr.* — menzogna
mensprezar *pr.* — mis
mens que *pr.* — mentre
ment *fr.* — mente
mentar *sp. pg.*
mentastro *it.* — mastranto IIb
mentaure *pr.* — mentar
mente *it. sp. pg.*
menter *afr.* — mentar
mentevoir *afr.* — ib.
mentida *sard. cat.* — menzogna
mentira *sp. pg.* — ib.
mentirie *pic.* — ib.
mentizo *pr.* — ib.
mentoivre *afr.* — mentar
mentovare *it.* — ib.

mentre *it. pr. afr.*
mentres *apg.* — mentre
menu *fr.* — minuto
~ *gen.* — manigoldo IIa
menudo *sp.* — minuto; minugia IIa
menuet *fr.* — minuto
menuiser *afr.* — ib.; chapuiser IIc;
  *mince IIc
menuisier *fr.* — minuto
menut, menuzar *pr.* — ib.
menzogna *it.* — *I
meola *pr.* — moelle IIc
mépriser *fr.* — mis
[merancolie] *afr.* — maraud IIc
meraviglia *it.* — maraviglia
meravilha *pr.* — ib.
merc *afr.* — marca
~ *pic.* — marc IIc
mercadar *pr.* — marché IIc
mercante *it.* — ib.
mercare *it.* — marcher IIc
mercatante *it.* — marché IIc
mercatare *it.* — marcher IIc
mercè *it.*
mercê *pg. pr.* — mercè
merced *sp.* — ib.; usted IIb
merceiar *pr.* — mercè
merchier *afr.* — marca
merci *fr.* — mercè
mercier *afr.* — ib.
mercoledì *it.*
mercordì, mércore *it.* — mercoledì
mercorella *it.* — IIa
mercoret *fr.* — mercorella IIa
mercredi *fr.* — mercoledì
mercres *pr.* — ib.
mercurial *sp.* — mercorella IIa
[mere] *afr.* — mire IIc
mère *fr.* — mais IIc
meregold *mail.* — manigoldo IIa
merencorio *pg.* — IIb
[meresse] *afr.* — mire IIc
mergánsar *sp.* — IIb
mergeritár *wal.* — perla
mergue *npr.* — mêgue IIc
mergula *sic.* — merlo
merguleri *asard.* — ib.
mericle *occ.* — besicle IIc
merino *sp.* — IIb
merir *pr. afr.* — *IIc
merker *afr.* — marca
merla *it.* — merlo; smerlo
merlan *fr.* — IIc
merlão *pg.* — merlo
merlar *pr.* — ib.
merlare *it.* — ib.
merle *afr.* — marne IIc
merlen *hen.* — merlan IIc
merlenc *afr.* — ib.
merlin *hen.* — ib.
~ *fr.* — IIc

merlo *it.*
merlon *sp. fr.* — merlo
merluche *fr.* — *merluzzo
merlus *pr.* — *ib.
merluza *sp.* — *ib.
merluzzo *it.* — *I
merma *sp.* — merme
mermar *sp. pr.* — ib.
mermaria *pr.* — ib.
merme *afr.*
merouille, meroule *pic.* — morille
   IIc
merrain *fr.* — IIc
mert *rom.* — martedì
merturisì *wal.* — martirio
merveille *fr.* — maraviglia
mes *afr.* — mas
~ *pr.* — mis
~ *afr.* — mets IIc
mós *fr.* — mis
mésange (f.) *fr.* — IIc
mesar *sp.* — IIb
mescabar, mescap *pr.* — menoscabo
mescáre *wal.* — máschera
mescaver *afr.* — menoscabo
mescere *it.* — mecer IIb
mescheance, mescheant, mescheoir
   afr. — méchant IIc
meschever *afr.* — menoscabo
meschin *afr.; afr. pr.* — meschino
meschina *it.* — ib.
meschine *afr.* — ib.
meschino *it.*
mesclanha *pr.* — mischiare
mesclar *sp. pg. pr.* — ib.; macho
   IIb
mescolare *it.* — mischiare
mesel *afr.* — IIc; bouc IIc
meserrer *afr.* — erre IIc
meseyme *wald.* — medes
mesge *wal.* — mêgue IIc
mesgnóe *afr.* — magione
meshaing (m.) *afr.* — magagna
mesi de treulas *sard.* — juillet IIc
mesirette *norm.* — musaraña
meskène *wall.* — meschino
mesle-mesle *afr.* — pêle-mêle IIc
mesle-peslo *afr.* — ib.
meswo *pg.* — medes
mesnada *sp.* — magione
meson *nsp.* — ib.; [corazon IIb]
mesonega *pr.* — menzogna
mespero *asp.* — néspola
mesprezar *pr.* — mis
mesqui *pr.* — meschino
mesquin *fr.* — ib.
mess *wall.* — néspola
messa *it.*
messar *asp.* — mesar IIb
messe *fr.* — messa; mets IIc
messee *mail.* — beau IIc

messire *afr.* — signore
messo *it.* — mets IIc
mest *pr.* — IIc
mestecà *wal.* — masticare
mešter *wal.* — maestro
mestier *pr.* — mestiero
mestiere *it.* — ib.
mestiero *it.*
mestis *pr.* — mestizo
mestizo *sp.*
mestral *cat.* — maestro
mestre *pg.* — ib.
mesyllo *asp.* — mesel IIc
met (m.) *norm.* — mádia IIa
meta (geschl. e) *it.*
~ (off. e) *it. sp.*
metà *it.* — mezzo
métail *fr.* — medaglia
métairie *fr.* — mezzo
métal *fr.* — medaglia
metalh *pr.* — ib.
metalla *sp.* — ib.
metase *wal.* — matassa
métayer *fr.* — mezzo
mete *afr.* — meta
méte *pic.* — ib.
méteil *fr.* — IIc
meteis *pr.* — medes; desso IIa
metesme *pr.* — abisso
metge *pr.* — mege; [grammaire IIc]
meticcio *it.* — mestizo
métier *fr.* — mestiero
métis *fr.* — mestizo
metralla *sp.* — mitraille IIc
mets *fr.* — IIc
mette *afr.* — meta
mettere *it.*
mettre *fr.* — teler IIc; mets IIc
[meuble] *fr.* — meute IIc
meugler *fr.* — mugghiare
meule *fr.* — IIc; grole IIc
meunier *fr.* — mulino
meür *afr.* — mûr IIc
meurdre *afr.* — meurtre IIc
meurtre *fr.* — IIc
meurtrir *fr.* — meurtre IIc
meute *afr.; nfr.* — *IIc
meuws *afr.* — meute IIc
mexer *pg.* — mecer IIb
meye *apg.* — mege
meytadier *npr.* — mezzo
mez *wal.* — ib.
mezclar *sp. pg. pr.* — mischiare
mezédima *it.* (mndt.) — mercoledì
mezeis *pr.* — medes
mezquino *sp.* — meschino
mezre *afr.* — mais IIc
mezzano *it.* — mezzo
mezzo *it.* — *I
~ (geschl. e) *it.* — *IIa
mi *afr.* — mien IIc

mia fè *it.* — gnaffè IIa
mic *wal.* — cica
mica *it. pr.*
miccia *it.*
micciar *chw.* — musser IIc
miche *fr.* — mica
[mi-chemin] *fr.* — mezzo
micho *sp.* — micio
micia *it.* — ib.
micio *it.* — *I
micmac *fr.* — *IIc
midolla *it.* — moelle IIc
[mie] *afr.* — mire IIc; fégato
~ *fr.* — mica
~ (ma mie) *fr.* — IIc
miedo, a, con *asp.* — ambídos IIb
mieg *pr.* — mezzo
[miege] *afr.* — mire IIc
mielga *sp.* — IIb
mien *nfr.* — *IIc
[mienna] *asp.* — monna
mientras *sp.* — mentre
mientre *asp.* — ib.
~ *asp.* — mente
[mie-nuit] *afr.* — mezzo; mire IIc; oriflamme IIc
[mier] *afr.* — smerare
miércoles *sp.* — mercoledì; XV (XII)
miércuri *wal.* — mercoledì
miere *afr.* — *mire IIc
mies *afr.* — IIc
mieu *pr.* — fio
mieur (f.) *chw.* — mur
[mieure] *afr.* — mièvre IIc
mièvre *fr.* — *IIc
miez *afr.* — mies IIc
miga *it. pr.* — mica
migdále *wal.* — mándorla
miglia *it.* — miglio
miglio *it.* — I; lega
mignard *fr.* — mignon IIc
mignatta *it.* — miniare
mignon *fr.* — IIc; mina²
~ *wall.* — maña IIb
mignone *it.* — mignon IIc
mignoter *fr.* — ib.
migraine *fr.* — magrána
migraña *sp.* — ib.
mijar *pg.* — mear IIb; pisciare
milagre *pg.* — milagro IIb
milagro *sp.* — IIb
milan *pr. fr.* — milano
milano *sp.* — I; astore
~ *sp.* — IIb
[mile(s)] *afr.* — mire IIc
milgrana *asp.* — IIb
milhano *pg.* — milano
milieu *fr.* — IIc; [mezzo]
milla *sp. pr.* — miglio
mille (m.) *fr.* — ib.
millegroux *afr.* — loup-garou IIc

milmandro *sp.* — IIb; [zaranda IIb]
milsoldor *pr.* — milsoudor IIc
milsoudier *norm.* — ib.
milsoudor *afr.* — IIc
miluogo *it.* — milieu IIc
milza *it. dauph.*
mimar *sp. pg.* — IIb
mimbre *sp.* — IIb; milano IIb
mimma *it.* — mimar IIb
mimo, mimoso *sp. pg.* — ib.
mina *it. sp. pg. pr.*
~ *pr.* — mine IIc; marc IIc
mina² *alim.* — I; mignon IIc; ninno
minaccia *it.*
minar *sp. pg. pr.* — mina
minare *it.* — ib.
mince *fr.* — *IIc
mincer *berg. norm.* — mince IIc
minchia *it.* — IIa
minchione *it.* — minchia IIa
[mincier] *afr.* — mince IIc
mindraille *norm.* — mitraille IIc
mindre *norm.* — ib.
mindzá *lim.* — mangiare
mine *fr.* — IIc; janger IIc
~ *fr.* — mina
minen *rom.* — mina²
miner *fr. wall.* — mina
minera *sp.* — ib.
mineral *sp. pr.* — ib.
minéral *fr.* — ib.
minerale *it.* — ib.
mincrę *wal.* — ib.
minestra *it.* — IIa
minestrare *it.* — minestra IIa
minet *norm.* — mina²
minette *norm.; fr.; hen.* — ib.
mingherlino *it.* — heingre IIc
mingle *pic.* — mègue IIc
mingoa, mingoar *pg.* — menovare
mingrana *asp.* — milgrana IIb
mingrelin *afr. norm.* — heingre IIc
[minho] *pg.* — nido
miniar *sp.* — miniare
miniare *it.*
miniato *it.* — maniato IIa
miniatura *it.* — miniare
minière *fr.* — mina
minina, minino *pg.* — mina²
minna *sic.* — ib.
minnanna *sard.* — ib.
minon *fr.* — ib.
minovas *cat.* — vivole
mintro *mail.* — mentre
minuar *pr.* — menovare
minûer *afr.* — ruer IIc
minugia *it.* — IIa
minugio *it.* — minugia IIa
[minuit] *fr.* — mezzo; oriflamme IIc
minute (f.) *fr.* — minuto
minuto *it.; it. sp.*

minuzzare it. — minuto
minvar cat. — menovare
minyó cat. —→ mina²
mirabel sp. — mirabella
mirabella it — *I
mirabelle fr. — mirabella
mirabolano it. sp. — ib.
mirador pr.; sp. — miroir IIc
miradore, miraglio it. — ib.
miralh pr. — ib.
mire afr. norm. — *IIc; [astuccio]; [navilio]; [verrina]; [grammaire IIc]; [hure IIc]
mire (= miere) afr. — *merir IIc
mireor afr. — miroir IIc
mirer afr. — mire IIc
[miresse] afr. — mire IIc
[mirge] afr. — sucido
[mirgesse] afr. — mire IIc
[mirgie] afr. — ib.
mirie afr. — *ib.; [fégato]; [sucido]
[mirje] afr. — sucido
miroir fr. — IIc
[mirobolan, ~nte] fr. (volksth.) — mirabella
mirtillo it. — mortella IIa
mis it.
misa sp. — messa
mischia it. — mischiare
mischiare it.
mise fr. — bigio
miserette wall. — musaraña
miserie afr. — mire IIc
misertà it. — mais IIc
misiroign chw. — musaraña
mismo nsp. — medes: esso
mispregiare it. — mis
misse burg. — milza
missier ven. — beau IIc
missoudor afr. — milsoudor IIc
mister npg. — mestiero
mistio it. — abrostíno IIa
mistral fr. — maestro
mita sp. — I; mitraille IIc
mitad sp. — mezzo
mitaine afr. — ib.; bedon IIc
mitan (m.¹, mitanier afr. — *mezzo
mite afr. — micio
~ fr. — mita
~ afr. — mitraille IIc
mitj cat. — gozo IIb
miton fr. — bedon IIc
mitou fr. — *micio
[Mitouche] fr. — mièvre IIc
mitraille fr. — IIc
miudo pg. — minuto
miz, miza sp. — micio
mižloc wal. — milieu IIc
mizo sp. — micio
mizz crem. — mezzo IIa
mo it. — IIa

mò it. — mon IIc
moca cat. — mauca IIc
~ asp. — moquer IIc
[mocajardo] it. — moire IIc
mocceca, moccicone it. — moccio IIa; [bègue IIc]
moccio it. — IIa
moccolaja, moccolo it. — moccio IIa
moch lomb. — manco
~ piem. — moccio IIa
mochar pr. — moquer IIc
~ sp. — mozzo
mochin sp. — *ib.
mocho sp. — *ib.; muchacho IIb
moco it. — IIa
~ sp. — moccio IIa
módano it.
mode fr. — moderno
modèle fr. — módano
modello it. — ib.
modelo sp. — ib.
moderne fr. — moderno
moderno it. sp.
módine it. — módano; [dilégine IIa]
modorra sp. pg.; apg. — IIb
modorrar sp. pg. — modorra IIb
modorro, modurría sp. pg. — ib.
moelle fr. — IIc; [ritorta]
[moerre] it. — moire IIc (Nachträge)
mofa sp. pg. cat. — IIb
mofar sp. pg. cat. — mofa IIb
moff com. rom. — muffo
mofino pg. — ib.
moflet pr. — muffare
mofletes sp. — ib.
moflu hen. — ib.
mofnes wall. — ib.
mofo pg. — muffo
moggio it.
mogio it. — múrrio IIb
mogliu sard. — módano
mogo apg. — IIb
mogote, mogotes sp. — mogo IIb
mohère fr. (früher) — moire IIc
mohha lothr. — moineau IIc
mobino, moho sp. — muffo
mohon wall. — moineau IIc
moi sard. — mo IIa
~ fr. — che
moie afr. pic. — meta; meule IIc
moieul (d'oef) afr. — moyeu² IIc
moignon fr. — muñon
moime wal. — mammone IIa
moine fr. — moineau IIc
moineau fr. — IIc
[moing] afr. — muñon
moinho pg. — muliuo
moio npr. — moue IIc
moiol pr. — moyeu² IIc
moiom apg. — mojon IIb
moire (f.) fr. — *IIc (auch Nachträge)

mois *pr. afr.* — moscio
moisc *lomb.* — ib.
moisir *fr.* — IIc
moisnel *afr.* — moineau IIc
moison *afr.* — IIc
moisonel *afr.* — moineau IIc
moisseron *norm.* — ib. .
moisson *norm.* — ib.
~ *fr.* — IIc
moiste *afr.* — moite IIc
moite *fr.* — *IIc
moitié *fr.* — mezzo
moizeta *pr.* — moineau IIc
moja *it.*
mojà *ven.* — mo IIa
mojar, moje *sp.* — molla
mojon *sp.* — IIb; mucchio IIa
mol *afr.* — mou IIc; molleton IIc
mola *pg.* — molla
molde *sp. pg.* — módano
môle (m.) *fr.* — molo
molé *afr.* — eschevi IIc
[molestar] *pr.* — amonestar
[molester] *fr.* — ib.
molg *lomb.* — mungere
molh *pr.* — moyeu IIc
molhar *pg. pr.* — molla
molho *pg.* — manojo IIb
môlho *pg.* — molla
[molienda] *sp.* — zaranda IIb
molinar *pr.* — mulino
molinero, molino *sp.* — ib.
molla *it.; sp.*
mollare *it.* — molla
molle *it.* — ib.; moite IIc
~ *pr.* — módano
molledo *sp.* — molla
molleira *pg.* — mollera IIb
molleja *sp.* — molla
mollera *sp.* — IIb; molla
mollet *fr.* — molla; molleton IIc; mou IIc
molleta *sp.* — molla
molleton *fr.* — IIc
molletta, móllica *it.* — molla
molma *sard.* — melma IIa
molo *it.*
moló *pr.* — meule IIc
mologna *neap.* — tasso
molondro *sp.* — landra
molser *pr.* — mungere
molta *chw.; lomb.* — malta IIa
molto *it.* — mucho IIb
moltó *pr. cat.* — montone
~ (entegure) *acat.* — ib.
moltone *ven.* — ib.
moltotta *it.* — otta IIa
molue *fr.* (mndt.) — morue IIc
momer *afr.* — IIc
momerie *nfr.* — momer IIc
momia *sp.* — nummia

momie *fr.* — mummia
momio *sp.* — ib.
momon *norm.* — momer IIc
mon *pr. afr.* — IIc
mona *sp. pg.* — monna
monaco *it.* — moineau IIc
[monaxtà] *gruyer.* — amonestar
moncare, monco, moncone *it.* — manco; XXV (XIX) 7
mond *pr.* — mon IIc
mondar *sp.* — escamondar IIb
monde (adj.) *afr.* — mon IIc
[mondongo] *sp.* — andouille IIc
mondualdo *it.* — IIa
mone *neap.* — mo IIa
monestar *pr.* — *amonestar; XXV (XIX) 7
mongana *it.* — IIa
Mongibello *it.* — loup-garou IIc
monir *pg.* — muñir IIb
monitoire *fr.* — grimoire IIc
monjoia *pr.* — monjoie IIc
monjoie (f.) *afr.* — IIc
monna *it.* — *I; guenon IIc
monneste *afr.* — amonestar
monnine *fr.* — monna
monocordo *it.*
monse *piem.* — mungere
monseigneur *fr.* — signore
Monserrat *fr.* — serra
monsieur *fr.* — signore
montanella *chw.* — marmotta
montar *sp.* — buscare
monteiro *pg.* — montero IIb
montero *sp.* — IIb
montés *sp.* — jabalí IIb
[Montheu] *fr.* — aigu IIc (Nachträge)
monton *pic.* — montone
montone *it.*
montre *fr.* — oriuolo
moquer *afr.; pic.* — *IIc
mor *pr.* — morro IIb
mora *it.*
[moraccia] *mant.* — morro IIb
moradux *cat.* — majorana
[moragia] *ven.* — morro IIb
[morailles, moraillon] *fr.* — ib.
moraine *fr. (Schweiz)* — mora
[moralha] *pr.* — morro IIb
[morallas] *cat.* — ib.
morango *sp.* — IIb
mórbido *it. sp.* — IIa
morbieu *afr.* — morbleu IIc
morbiglione *it.* — IIa
morbleu *fr.* — IIc
morca *mail. cat.* — morchia
morceau *fr.* — IIc .
morcego *pg.* — murciego IIb
morchel *pic.* — morceau IIc
morchia *it.* — I; ciurma .

morcia *it.* — morchia; ciurma
morcon *sp.* — IIb
mordache *fr.* — IIc; farouche IIc
mordacilla *sp.* — mordache IIc
mórdar *com.* — meurtre IIc
morder *chw.* — ib.
mordre *afr.* — ib.
mordrir *afr.* — ib.
moreau, morel *afr.* — morello
morella *it. pr.* — ib.
morelle *fr.* — ib.
morello *it.*
morena, sierra *sp.* — XXV (XIX) 8
morenas *cat.* — almorranas IIb
moreno *sp. pg.* — morello
morfia *it.* — morfire IIa
morfier *afr.* — ib.
morfire *it.* — IIa
morfondre *fr.* — IIc
morga *sp.* — morchia
morgeline *fr.* — coq IIc
morgue *fr.* — *IIc; [sorn]
morguer *fr.* — morgue IIc
morille *fr.* — IIc
morion *afr.* — morione
morione *it.*
mormo *pg.* — I; morfondre IIc
morn *pr.* — morne IIc
morne *fr.* — IIc; XXVI (XX)
morner *fr.* — morne IIc
morno *pg.* — ib.
moro *sp.* — morondo IIb
moron, Moron *sp.* — IIb; mora; morro IIb
morondo *sp.* — IIb
morra *sp.* — morione; chamorro IIb
[morralet] *cat.* — morro IIb
morre *pr.* — ib.
morrião *pg.* — morione
morrion *sp.* — ib.
morritort *cat.* — nasturzio
morro *sp.; pg.* — *IIb; nasturzio
morros, morrudo *sp.* — morue IIc
morseel *afr.* — muso
morsello *it.* — morceau IIc
mortaillable *nfr.* — mortaille IIc
mortaille *afr.* — IIc
mortajo *it.*
mort dieu *afr.* — morbleu IIc
mortella *it.* — IIa
mortero *sp.* — mortajo
mort-goi *afr.* — goi IIc
mortier *pr. fr.* — mortajo
[morto] *it.* — maña IIb
moruda (adj.) *pr.* — morue IIc
morue *fr.* — IIc
morueco *sp.* — matron IIb
morut *pr.* — morue IIc
morve (f.) *fr.* — mormo; morfondre IIc
mórvido *it.* — mórbido IIa

morviglione *it.* — morbiglione IIa
morvu *sic.* — mormo
mos *pr.* — mozzo
mosaico *sp. pg.* — musaico
mosaïque *fr.* — ib.
moscardo *it.* — moschetto
moschetto *it.* — I; falcone; terzuolo
moscio *it.* — I; moite IIc
moscione *it.* — IIa
mosquet, mosqueta, mosquete *sp.* — moschetto
mosquit de trompa *cat.* — zenzára
mossa (adj.) *pr.* — mozza
~ *it.* — meute IIc
~ *pr.* — mousse IIc
mossà *mail.* — ib.
mostaccio *it.*
mostacho *sp.* — mostaccio
mostarda *it. pg. pr.*
mostaza *sp.* — mostarda
mostrenca *sp.* — mostrenco IIb
mostrenco *sp.* — IIb; [podenco IIb]
mot *com.* — montone
~ *pr. fr.* — motto
~ *pr.* — cóltrice
mota *sp. pg.; sp.; apr.; it.* — motta
mote *afr.* — ib.
~ *sp. pg.* — motto
moté *lothr.* — moutier IIc
moteile *lothr.* — bele IIc
[motilar] *sp.* — muchacho IIb
motin *sp.* — meute IIc
motir *pr. afr.* — motto
moton *asp. pr.* — montone
motta *it.* — I; malta IIa
motte *fr.* — motta
motteggiare *it.* — moquer IIc
motto *it.*
mou *fr.* — IIc
~ *pr.* — plevir IIc
mouaire *fr.* (früher) — moire IIc
mouc *npr.* — moccio IIa
mouche *fr.* — moschetto
moucher *fr.* — IIc; moquer IIc
moucherolle *fr.* — cazza
moucheter *fr.* — moschetto
monchoir *fr.* — moucher IIc
mouchon *hen.* — moineau IIc
mouco *pg.* — *IIb
moudre *pic.* — mungere
moue *fr.* — IIc; mouette IIc
mouette *fr.* — IIc
monfeter *pic.* — mufle IIc
moufette *fr.* — muffo
mouffá *lothr.* — ib.
moufle *fr.; npr.* — muffare
moufler *fr. wall.* — ib.
~ *norm.* — mufle IIc
mouflu *pic.* — muffare
mouiller *fr.* — molla
moujouer *norm.* — mangiare

moule *fr.* — módano
~ (f.) *fr.* — nicchio
moulin *fr.* — mulino
mouno *npr.* — monna
mouquet *npr.* — moccio IIa
mourre *afr.* — morro IIb
mouschete *afr.* — moschetto
mousquet *fr.* — ib.
~ *npr.* — moineau IIc
mousse *fr.* — *IIc
~ *fr.* [*afr.*] — *mozo IIb
~ *fr.* — mozzo
mousseline *fr.* — mussolo
mousser, mousseron *fr.*—mousse IIc
mousson *fr.* (*Lille*) — moineau IIc
moustache *fr.*—mostaccio; blêche IIc
mousti *lim.* — moscio
moustic *lim.* — moscione IIa
moustier *afr.* — moutier IIc
mout *npr.* — montone
mouta *pg.* — motta
moutarde *fr.* — mostarda
moutier *fr.* — IIc
mouto (cabro) *npr.* — montone
mouton *fr.* — ib.
~ (à la sonnette) *fr.* — belier IIc
móvida *sard.* — meute IIc
movoir *afr.* — estovoir IIc
mox *cat.* — moscio
moxeta, moxó *cat.* — moineau IIc
moyen *fr.* — mezzo
moyeu *fr.* — IIc; mozzo IIa
moyeu² *fr.* — IIc
moyeuf *fr.* (vrlt.) — moyen² IIc
moyo *sp.* — moggio
mozaic *pr.* — musaico
mozériu *wal.* — mostajo
mozir *pr.* — moisir IIc
mozo *sp. pg.* — *IIb; cerrion IIb;
  [gozo IIb]; [mozzo]
mozzare *it.* — mozzo
mozzetta *it.* — almussa
mozzo *it.* — *I; almussa; gonna;
  muchacho IIb; *mozo IIb
~ *it.* — IIa; moyeu IIc
mucchio *it.* — *IIa
mucer *fr.* — musser IIc
muceta *sp.* — almussa
much *bearn.* — mucho IIb
muchacho *sp.* — *IIb
mucher *pic.* — musser IIc
mucho *sp.* — IIb
muci, mucia *it.* — micio
mucón *rom.* — manco
mudar *pr.* — muer IIc
mudurru *sic.* — modorra IIb
mue *fr.*; *afr.* — muer IIc
[mué] *sp.* — moire IIc (Nachträge)
muebda *asp.* — meute IIc
[mueble] *afr.* — ib.
mueca *sp.* — moquer IIc

muei *fr.* — moggio
muelle (m.) *sp.* — molla
~ *sp.* — molo
muer *fr. afr.* — IIc
[~] *sp.* — moire IIc (Nachträge)
muermo *sp.* — mormo
muesca *sp.* — IIb
muet *fr.* — baud IIc
[mueta] *afr.* — meute IIc
muffa *it.* — muffo
muffare *it.*
~ *it.* — muffo
muffir *npr.* — ib.
muffo *it.*; *ven.* — I; moscio; [lóbrego IIb]
mufle (m.) *fr.* — IIc; muffare
mugavéro *it.* — I; partigiana
muge *fr.* — múggine
mugem *pg.* — ib.
mugghiare *it.* — I; raire IIc
múggine *it.*
mugherino, mughetto *it.* — mugue IIc
múgil *sp.* — múggine
mugler *fr.* — mugghiare
mugnà *com.* — muñon
mugnac *rom.* — ib.
mugnajo *it.* — mulino
mugnere *it.* — mungere
mugnuni *sic.* — muñon
mugol *pr.* — moyeu² IIc
mugre (f.) *sp.* — IIb
mugró *cat.* — mugron IIb
mugron *it.* — IIb; puya IIb; greffe² IIc
mugue *npr.* — IIc
muguet *fr.* — mugue IIc
muguette (noix) *fr.* (vrlt.) — ib.
muid *fr.* — moggio; aluine IIc
muine *wal.* — mane
muiol *pr.* — moyeu IIc
~ *pr.* — moyeu² IIc
muir *sp.* (arag.) — mungere
muire *fr.* — moja
múire *afr.* — raire IIc; braire IIc
muito *pg.* — mucho IIb
mújol *sp.* — múggine
mula *it.*
muladar *sp.* — IIb
mulato *sp. pg.* — IIb; [bastardo]
mulâtre *fr.* — mulato IIb; [bastardo]
mule *fr.* — mula; bure IIc
~ *fr.* (mndt.) — meule IIc
muler *hen.* — ib.
mulet *fr.* — múggine
muleta *sp. pg. sic. com.* — IIb; bordone; [mazette IIc]
mulge *wal.* — mungere
mulger *afr. chw.* — ib.
muliaca *it.* — meliaca IIa
mulilla *sp.* — mula
mulinaro, mulinello *it.* — mulino
mulino *it.* — *I
mullar *cat.* — molla

mulliri *sard.* — mungere
mullone *sard.* — mojon IIb
mulon *fr.* — meule IIc
mulot *fr.* — IIc
mumiar *mod.* — IIa
mumie *fr.* — mummia
mummia *it.*
mɥnà *wal.* — menare
mɥncà *wal.* — mangiare
muncar *chw.* — manco
muñeca, muñeco *sp.* — muñon
mɥnɥncà *wal.* —mangiare
mɥngɥlɥu *wal.* — mángano
mungere *it.*
mungir *pg.* — mungere
mungo *it.* — mongana IIa
muñir *sp.* — IIb
~ *cat.* — mungere
muñon *sp.* — *I; tuero IIb
munto *it.* — mungere
mɥntuì *wal.* — mantenere
munyó *cat.* — muñon
muost *chw.* — moscio
mur (m.) *asp. apg.*
mûr *fr.* — IIc
muradal *pg.* — muladar IIb
murcho *pg.* — IIb; marchito IIb
murciegalo *usp.* — murciego IIb
murciego *asp.* — IIb
mure *afr.* — hure IIc
murecillo *sp.* — mur
murena *pr.* — ib.
murga *npr.* — ib.
murganho *pg.* — ib.
murion *asp.* — morione
murmont *chw.*—marmotta; [arna IIc]
[murmuler] *afr.* — bredouiller IIc
murria *sp.* — moja
múrria *sp.* — múrrio IIb
múrrio *sp.* — IIb
mursa *pg.* — almussa
mursel *pr.* — muso
murtre *afr.* — meurtre IIc
murueco *sp.* (vrlt.) — marron IIb
Murviedro *sp.* — vecchio
mus *pr.* — muso
musa *pr.* — ib.
~ *pr.* — cornamusa
musaico *it.*
musar *asp. pr.* — muso
musaragne *fr.* — musaraña
musaraña *sp.*

musaranha *npr. pg.* — musaraña
musard *nfr.* — muso
musare *it.* — ib.
musart *pr.* — ib.
musc *pr. fr.* — musco
muscarí *sp.* — mugue IIc
muschio *it.* — musco
muschiu *wal.* — mousse IIc
muscia *it.* — micio
[muscio] *it.* — lóbrego IIb
muscle *occ.* — nicchio
musclo *cat.* — ib.
musco *it. sp.* — I
~ *sp.* — IIb; arisco IIb
~ *it. sp.* — mousse IIc
muscolo *it.* — macho IIb
mus-de-ragn *com.* — musaraña
muse *afr.* — cornamusa
~ *afr.* — muso
museau *fr.* — ib.
musec *pr.* — musaico
muselina *sp.* — mussolo
muser *fr.* — muso
museraigne *fr.* — musaraña
muserolle *fr.* — cazza
musgaño *sp.* — mur
musguet *afr.* — mugue IIc
musike *afr.* — musaico
musio *it.* — micio
muslo *asp.* — macho IIb
muso *it. asp.* — I; *camuso
muss *wall.* — moscio
musser *fr.* — IIc; scaramuccia
mussleu *rom.* — moscione IIa
mussolino *it.* — mussolo
mussolo *it.*
musson *ven.* — moscione IIa
mustátze *wal.* — mostaccio
mústig *cat.* — moscio
mustio *sp.* — ib.
mutin, mutiner *fr.* — meute IIc
mutire *sard.* — motto
mɥtóc *wal.* — micio
mutolo *it.* — sollo IIa
mutt *chw.* — montone
mɥtzɥ *wal.* — gatto; micio
mɥtzu *wal.* — micio
muy *sp. pg.* — mucho IIb
muzec *pr.* — musaico
muzzo *it.* — IIa
myrobalan *fr.* — *mirabella
[myrobolan] *fr.* — ib.

n

Na *pr. cat.* — donno
nabisso *it.* — abisso
nabot *fr.* — IIc

nacaire *afr.* — nácchera
nácar, nácara *sp.* — ib.
náccaro *it.* — ib.

nácchera *it.*
nacelle *fr.* — IIc
nache *afr.* — nática; vengiare; guiche IIc; huche IIc
[nachier] *pr.* — nocchiere
nacre *fr.* — nácchera
nada *sp. pg.; gasc.* — *IIb; nata IIb
nadal *asp. fr.* — noël IIc
nadar *sp. pr.* — notare; nata IIb
nadi *asp.* — *nada IIb
nadie *sp.* — ib.
nadiva (foudat) *pr.* — naïf IIc
nado *occ. asp.* — nada IIb
nafra *pr.; sard.* — naverare
nafrar *pr. cat.; sard.* — ib.
nafre *norm.* — ib.
nagar *chw.* — negare
ñagaza *sp.* — sñagaza IIb
nage *afr.* — nática; vengiare; guiche IIc; huche IIc
nager *fr. afr.* — IIc
nagga *pr.* — nática
nagin *chw.* — niuno
nagott *lomb.* — chez IIc
naguela *asp.* — IIb; majada IIb
naguère *fr.* — guari
naíbi (pl. m.) *it.* — naipe IIb
naie *afr.* — IIc
naïf *fr.; hen.* — IIc
naina *lim.* — ninno
naipe (m.) *sp. pg.* — IIb
naissance, de *fr.* — gente
naivi *wall.* — nager IIc
nâle *wall.* — nastro IIa
nalga *sp.* — nática
nalt *wal.* — naut IIc
namela *pr.* — XXIII (XVIII) 2
namps *afr.* — nans IIc
nana *lomb. sp.* — ninno
naner *wall.* — ib.
nani, nanin *afr.* — ne IIc
nanna (andare·a) *flor.* — ninno
nans (pl.) *afr.* — *IIc
nansa *cat.* — aza IIb
nantir *fr.* — *nans IIc
naochero *asp.* — nocchiere
napin *norm.* — nabot IIc
nappa *it.* (mndt.) — nappe IIc
nappe *fr.* — IIc
nappo *it.* — anappo
naquer *hen.* — narguer IIc
naquet *fr.* — lacayo
nar *com.* — narguer IIc
naranja *sp.* — arancio
naranz *mail.* — ib
naranza *ven.* — ib.
narguer *fr.* — *IIc
narquois *fr.*; (sbst.) *fr.* — narguer IIc
narria *sp.* — IIb
nascente *pg.* — levante

nascoso *it.* — scarso
nasitort *fr.* — nasturzio
nasp *rom.* — aspo
naspa *rom. sard.* — ib.
naspo *it.* — ib.
nasso *it.* — IIa
nástola *com.* — nastro IIa
nastoun *npr.* — nasturzio
nastro *it.* — IIa
nastruzzo *ven.* — nasturzio
nastur *wal.* — nastro IIa
nasturzio *it.* — *I
nat *gasc.* — nada IIb
nata *sp. pg. cat.* — *IIb
nate *afr.* — natte IIc
nática *it.* — I; oca
natif *fr.* — naif IIc
natio *it.* — ib.
nativo *it. sp.* — ib.
natta *lomb.* — mattone; *nata IIb
~ *neap.* — nata IIb
natte *fr.* — IIc
nauchel *asp.* — nocchiere
nauchier, naucler *fr.* — ib.
nauclero *sp.* — *ib.
naulo *it.* — nolo
nausa *pr.* — noise IIc
naut *pr.* — IIc
nauteza *pr.* — naut IIc
nava *sp. pg.* — IIb
navaja *sp.* — IIb
navalba *pg.* — navaja IIb
navei *pr.* — navío IIb
navell *mail.* — avello IIa
naverare *it.* — *I
navet *fr.* — IIc; nabot IIc
navicare *it.* — nager IIc
[navie] *afr.* — navilio
navigare *it.* — nager IIc
navigi *pr.* — navío IIb
naviglio *it.* — navilio
navile *it. afr.* — *ib.
navili *pr.* — ib.
navilie *afr.* — ib.
navilio *it.* — *I
navío *sp. pg.; sp.* (Zigeunerspr.) — IIb
navire *nfr.* — *navilio; hure IIc; [verrina]; [mire IIc]
navirie *afr.* — navilio; stuolo
navone *it.* — navet IIc
navrer *fr.* — naverare
naypes *asp.* — naipe IIb
ne *fr.* — IIc; oui IIc
~ *it. pr.* — indi
~ *fr.* — neis IIc
néanmoins *fr.* — niente
néant *fr.* — ib.
neboda *pr. cat.* — nièce IIc
nec *pr.* — IIc
necari *pr.* — nácchera

necio *sp.* — nice IIc
nedeo *pg.* — netto
née (riens) *afr.* — nada IIb
neel *afr.* — niello
nefa *pr.* — niffa
nèfle, néflier *nfr.* — néspola
negù *gen. mail.* — negare
negaça *pg.* — añagaza IIb
negar *pr.* — negare
negare *ven.*
negromancien *fr.* — negromante
negromante *it.*
negromanzía *it.* — negromante; polizía
negueis *pr.* — neis IIc
neguilla *sp.* — niello
negun *pr. com.* — niuno; [deguu IIc]
neien *pr.* — niente
neif *afr.* — neige IIc
neige *fr.* — *IIc; trieu IIc
[neiger] *fr.* — neige IIc
neis *pr. afr.* — IIc
neïs *afr.* — neis IIc
neisun *pr.* — nessuno
neleg *pr.* — neleit IIc
neleit *pr.* — IIc
nema *sp.* — IIb
nembrar *asp. apg. pr.* — membrare
nemés *pr.* — nemps IIc
nemon *sp.* — IIb
nemps *pr.* — IIc
nemus *sard.* — nimo IIa
nen *cat.* — ninno
nena *cat. ven.* — ib.
nenen *hen.* — ib.
nengun *pr.* — niuno
nenguno *asp.* — ib.
nenhum *pg.* — ib.; nenhures IIb
nenhures *pg.* — IIb; algures IIb
nenil *afr.* — ne IIc; oui IIc
nenni *fr.* — ne IIc
~ — da *fr.* — da IIc
neo *it.* — IIa
nèple *afr. pic.* — néspola
nepoate *wal.* — nièce IIc
nepta *pr.* — ib.
nera, scorza *it.* — scorzonera
neranze *wal.* — arancio
nervi *pr.* — nervio IIb
nervio *sp.* — IIb
nervios *pr.* — nervio IIb
nervioso *sp.* — ib.
nesci *pr.* — nice IIc
nesga *sp. pg.* — IIb
nespera *sp. pg.* — néspola
nespereira *pg.* — ib.
nespla, nespler *cat.* — ib.
néspola *it.* — I; nicchio
nespolo *it.* — néspola
nessuno *it.*
nestare, nesto *it.* — innesto IIa

nesun *afr.* — nessuno
net *pr. fr.* — netto; putto²
neta *pg. cat.* — nièce IIc
neto *sp.* — netto
netsa *pr.* — nièce IIc
netse *lim.* — miccia
netto *it.* — I; lindo; putto²
neu *pr.* — neige IIc
neula *pr. sard. sic. cat.* — nevula
neule *afr.* — stoppia
neun *pr. apg.* — niuno
neuno *ait.* — ib.
neus *pr.* (selt.) — neis IIc; aus IIc
nevasca *sp.* — burrasca
nevula *sic.*
nez *fr.* — punais IIc
nezza *it.* (wenig übl.) — nièce IIc
[nezzar] *it.* (mndt.) — entamer IIc
'nfultu *sic.* — folto IIa
niaic *pr.* — nido
niais, niaise *fr.* — ib.
nibbio *it.* — IIa
nibla *dauph.* — nibbio IIa
nicchia *it.* — nicchio; cocchio
nicchio *it.*
niccia *it.* — miccia
niccolino *it.* — nichetto IIa
nice *fr.* — IIc
niche (f.) *fr.* — nicchio; cocchio
~ (faire une ... à) *fr.* — nique IIc
nicher *fr.* — IIc
nichetto *it.* — IIa
nicho *sp. pg.* — nicchio; cocchio
nici un *wal.* — niuno
Nicolao Pepin *sp.* — naipe IIb
nid *fr.* — nido
nidiace, nidio *it.* — ib.
nido *it. sp.* — *I; nec IIc
nièce *fr.* — IIc
niego *sp.* — nido; nec IIc
niel *sp. pr.* — niello
nielar *sp. pr.* — ib.
niellare *it.* — ib.
nielle *fr.* — ib.
niello *it.*
nien *pr.* — niente; gens IIc
nient *afr.* — ib.
niente *it.* — I; chente IIa
~ dimeno *it.* — niente
[niers] *afr.* — estribo
nieta *sp.* — nièce IIc
nieu *pr.* — nido
[nieus] *afr.* — estribo
nieule *hen.* — nevula
nieve *sp.* — burrasca; [virar]
nièvre *norm.* — *mièvre IIc
nit *trient.* — nido
niffa *flor.*
niffo, niffolo *flor.* — niffa
niflá *lim.* — ib.
nifler *pic.* — ib.

niflete *hen.* — niffa
niflo *lim.* — ib.
nigaud *fr.* — nec IIc; maraud IIc
nigella *it.* — niello
niger *afr.* — nicher IIc; jauger IIc
nigier *afr.* — nicher IIc
nigremance *afr.* — negromante; polizía
nigromancía *sp.* — ib.
nigromanciá *pr.* — negromante
nigromant *wald.* — ib.
nigromante *it. sp. pg.* — ib.
nigun *com.* — niuno
nilza *mail.* — milza
nime, nimenea *wal.* — nimo IIa
nimic *wal.* — mica
nimo *it.* (mndt.) — IIa
nin *asp.* — anche; così
~ *lomb.* — ninno
nina *pr. cat.* — ib.
niná *npr.* — ib.
niña *sp.* — ib.
ninferno *it.* — abisso
ningú *cat.* — niuno
ninguem *pg.* — IIb
ninguno *sp.* — niuno
ninhêgo, ninho *pg.* — *nido
ninna *it.* — ninno
ninna-nanna *pg.* — ib.
ninnare *it.* — ib.
ninno *it.* (mndt.)
niño *sp.* — ninno
nipa (de seda) *pr.* — nippe IIc
nippe (f.) *fr.* — IIc
nipper *fr.* — nippe IIc
nique (f.) (faire la) *fr.* — IIc
niquet *jur. hen.* — nique IIc
nirvi, nirvios *cat.* — nervio IIb
nis (sbst.) *pr.* — nicher IIc
~ *afr.* — neis IIc
nisá *npr.* — ib.
nispero *sp.* — néspola
nissuno *ait.* — nessuno
nisun *afr.* — ib.
nitido *it.* — lindo
[Nitouche] *fr.* — mièvre IIc
nitrire, nitrito *it.* — hennir
niu *pr.* — nido
niun *apg.* — niuno
niuno *it.*
niveau *fr.* — libello
nivel *sp. pg. pr.* — ib.
nivelar *sp.* — ib.
niveler *fr.* — ib.
nivouleto *npr.* — luette IIc
nizaic *pr.* — nido
nizz *mail.* — mezzo IIa
nizzo *gen. neap.* — ib.
nnoglia *neap.* — andouille IIc

no *it.* — si IIc
~ *pr.* — ne IIc
[nobire] *afr.* — mire IIc
nocca *it.* — IIa; nuca
nocchiere *it.* — *I
nocchio *it.* — IIa; [gnocco IIa]
noce *it.* — nuca
[noces] *fr.* — nóvio IIb
nocher *fr.* — *nocchiere
nodioso *ait.* — noja
noël *fr.* — IIc
noeler *afr.* — niello
noer *afr.* — notare
nœud *fr.* — avouer IIc
nogalh *pr.* — noyau IIc
noient *afr.* — niente
noirim *pr.* — nourrain IIc
noise *fr.* — IIc
noiva *pg.* — nóvio IIb
noivo *pg.* — ib.
noja *it.* — I; uggia IIa
nojare *it.* — noja
nojo *ait. pg.* — ib.
nokèie *wall.* — nocca IIa
noleggiare, noleggio *it.* — nolo
nolis, nolisser *fr.* — ib.
nolit *asp.* — ib.
nolo *it.*
nomare *it.* — charme IIc
nomble (f.) *fr.* — IIc; XXIII (XVIII) 2
nombre *sp.* — IIb
~ *fr.* — nórero IIa
nombril *fr.* — *ombelico
nomne *asp.* — nombre IIb
non *sp.* — caffo IIa
~ *afr.* — ne IIc
nona *it. sp.*
~ *pr.* — nonno
nonada (f.) *sp. pg.* — nada IIb
nonchalance, nonchalant *nfr.* — calere
none *fr.; afr.* — nona
noner *afr.* — desinare
non il *pr.* — ne IIc
nonna *it.* — nonno
nonnain *afr.* — ib.; mamma
nonne *fr.* — nonno
nonnette *fr.* — moineau IIc
nonno *it.*
nonnon *lothr.* — nonno
ñoño *sp.* — ib.; XXIII (XVIII) 1
nora *pg. pr.* — nuora
norabuena, noramala *sp.* — ora
nord *fr.* — IIc
nore *afr.* — nuora; beau IIc
norę *wal.* — nuora
normand *fr.* — norois IIc
norois *afr.* — IIc
norte *it. sp.* — nord IIc
nosa *cat.* — noise IIc
nosca *pr.* — nosche IIc

nosche *afr.* — IIc
noscla *pr.* — nosche IIc
[nossas] *pr.* — nóvio IIb
notare *it.*
nottare *it.* — nuitantre IIc
nottetempore *it.* — ib.
nouer *fr.* — avouer IIc
nouilles (pl.) *fr.* — IIc
nounnoun *npr.* — nonno
nouque *norm.* — caffo IIa
nourrain *fr.* — IIc
nourriçon *fr.* — polisson IIc
novela *sp.* — ralo IIb
nóvero *it.* — IIa
novi *pr. cat.* — nóvio IIb
novia *sp.* — ib.
novias (pl.) *pr.* — ib.
nóvio *sp.* — *IIb
noyau *fr.* — IIc
noyer *fr.* — negare; taie II:
nozador *pr.* — nuca
[nozze] *it.* — nóvio IIb
nualbar, nualheza, nualhor *pr.* — nualb IIc
nuallos *afr.* — ib.
nualz (n.) *afr.* — ib.
nuance *fr.* — nuer IIc
nuc *wal.* — fagotto

nuca *it. sp. pg. pr.* — *I
nucc *com.* — capriccio
nucia *com.* — ib.
nuci (di lu coddu) *sic.* — nuca
nucleo *sp.* — nocchio IIa
[nudar] *chw.* — notare
[~] *sp.* — liévito
nue *fr.* — nuer IIc
nueillos *afr.* — nualh IIc
nuer *fr.* — IIc
nuera *sp.* — nuora
nufiè *piem.* — niffa
nuit *fr.* — lutin IIc
nuitamment *fr.* — nuitantre IIc
nuitancre *afr.* — ib.
nuitantre *afr.* — IIc
nuiton *belg.* — lutin IIc
nulla *mail.* — zero
~ *it.* — nada IIb
nun *afr.* — niuno
~ *afr.* — ne IIc
nune (part) *champ.* — niuno
nuora *it.*
nuque *fr.* — *nuca
nusche *afr.* — nosche IIc
nuton *wall.* — lutin IIc
nutria *sp.* — lontra
nuvada *sp.* — brouée IIc

O

o *it. sp. pr.*
~ *pr. afr.* — IIc
~ *afr.* — appo; oui IIc; avec IIc
~ *pg.* — il
~ *ait. asp. pr.* — ove
~ oa *wal.* — il
oae *wal.* — ouaille IIc
oare *wal.* — alba
oaspet *wal.* — oste²
oas.s (f.) *wal.* — oste
ob *afr. (Leod.)* — appo
obaga *cat.* — bacío IIa
[obebelli] *it.* — cavelle IIa
obblía, obbliare *it.* — obblío
obblío *it.*
obier *fr.* — IIc
~ (vb.) *afr.* — hober IIc
oblida, oblidar *pr.* — obblío
[oblidar] *sp.* — liévito
oblit *pr.* — obblío
obra *sp.* — huebra IIb
obrir *pr.* — ouvrir IIc
obs *pr.* — uopo; ôter IIc
obsèques *fr.* — IIc; obsequias
obsequias *asp. pr.* — I; obsèques IIc
observar, obstant, obstinar *pr.* — ôter IIc

obus (m.) *fr.* — IIc
obuz *sp.* — obus IIc
obviar *sp.* — uviar IIb
oc *pr.* — oui IIc; avec IIc
oca *it. sp. pg.* — I; nática; mur; cascar IIb
ocaison *pr.* — cagione IIa
ocare *wal.* — cara
occare *it.* — hueco IIb
oche *afr.* — osche IIc
ocher *afr.; pic.* — ib.
ochoison *afr.* — cagione IIa
oclage *burg.* — oscle IIc
ocle *burg.* — ib.
oco *ver.* — oca
ôco *pg.* — hueco IIb; alcornoque IIb
ociembre *afr.* — XXIV (XIX) 5
octroi, octroyer *fr.* — otriare
od *afr.* — appo
~ *it.* — o
odzustá *lim.* — ordeñar IIb
œil *fr.* — œillet IIc
œillet *fr.* — IIc
oelba *pr.* — ouaille IIc
oes *afr.* — uopo
oeur *lomb.* — orlo
oeuvre *burg.* — huebra IIb

oevre *afr.* — uopo
off (a) *mail.* — uffo
oficial *sp.* — almirante
ogan *fr.* — uguanno; lanquan IIc
ogano *afg.* — uguanno
oggi *it.*
oggidì, oggimai *it.* — oggi
ogn *trient.* — ontáno IIa
ogna *it.* (*trlt.*) — ogni IIa
ogni *it.* — IIa
ognuno *it.* — ogni IIa
ogre *fr.* — orco
ogro *nsp.* — ib.
oh diex *afr.* — pardiez IIb
oibò *it.* — IIa
oie *fr.* — oca; jars IIc
~ (adv.) *afr.* — oui IIc
oignon *fr.* — IIc
oil *afr.* — *oui IIc
oilifans *duac.* — olifant IIc
oille *fr.* — olla IIb
oindre *fr.* — IIc
oiseau *fr.* — uccello
~ S. Martin *fr.* — martin pescatore
~ de la mort *fr.* — fresaie IIc
oiseler *afr.* — uccello
oisif *fr.* — IIc
oisillon *fr.* — grésillon IIc
oisis *berr.* — osier IIc
oison *fr.* — oca; arcione
ojo *sp.* — abrojo IIb; antojo IIb
ola *sp. cat.* — *I; orondado IIb
~ *fr.* — olla IIb
olá *sp.* — alafé IIb
oléandre *fr.* — oleandro
oleandro *sp. it.*
olezzare *it.* — lezzo IIa
olhar *pg.* — froncir
olifan *pr.* — olifant IIc
olifant *afr.* — IIc
olla *sp.* — IIb; houle IIc
~ podrida *sp.* — olla IIb
olma *chw.* — anima
olmafì *apg.* — olifant IIc
olme *fr.* — orme IIc
olnizza *mail.* — ontáno IIa
oloch *com. piem.* — locco
olor *sp. fr.* — olore
olore *it.*
olour *afr.* — olore
olvidar, olvido *sp.* — obblío
olzina *pr.* — elce
om *afr. wal.* — uomo
omaggio *it.* — ib.
omai *it.* — oggi
ombelic *pr.* — ombelico
ombelico *it.* — *I
ombligo *sp.* — ombelico
ombra *it.* — abrigo; sombra IIb
ombraggio *it.* — sombra IIb
ombre *fr.* — ib.

[omecire] *afr.* — mire IIc
omia, omi-unca *ait.* — ogni IIa
ompchia *chw.* — lampione IIa
on *fr.* — uomo
~ *fr.* — onde
onáro *ven.* — ontáno IIa
onc *fr.* — anche
~ mais *fr.* — ib.
once *fr. afr.* — lonza
oncle *fr. fr.* — IIc
ond *asp.* — onde
onda *chw.* — tante IIc
onde *it. pg.*
ondée *fr.* — guilée IIc
ongan *pr.* — ugoanno
onique *sp.* — nichetto IIa
oniquel *cat.* — ib.
onire *it.*
onisc *mail.* — ontáno IIa
onni *ait.* — ogni IIa
ont *fr.* — onde
onta *it. acat. fr.* (selt.) — onire
ontáno *it.* — IIa
ontare *it.* — onire
ontem *pg.* — hontem IIb
onza *sp. pg.* — lonza
ooch *crem.* — oca
ooubun *lim.* — aubier IIc
ooutzar *lim.* — oca
ooyte *pg.* — hontem IIb
op *wal.* — uopo
[opalanda] *pg.* — palandrano
[opiniâtre] *fr.* — cara
oppio *it.* — IIa; obier IIc
oprire *ait.* — ouvrir IIc
oquernela *sp.* — IIb
or *chw.* — fuora
~ *fr. afr. nfr.* — ora²; envis IIc;
  orendroit IIc
~ *fr. afr.* — orlo
~ *fr.* — dorelot IIc
ora *it. pr.* — I; orlo; [monna]; otta
  IIa
~ *it.* — aura; lezzo IIa
~ *chw.* — fuora
ora² *it. pr.* — *I; anche
órafo *it.* — IIa
orage *nfr.* — aura
~ *afr.; sp.* — ib.
orange *fr.* — arancio; XXV (XIX) 8
oras *asp. apg. pr.* — ora²
orb *pr. afr. acat. wal.; mail.* — *orbo
orbacca *it.* — IIa
orbayo *ast. gal.* — orvalho IIb
orbo *it.* — *I
[orca] *it.* — urca IIb
orche *pic.* — orza
orco *it.*
ord *afr. pic.* — ordo
orda *it.*
ordalie (f.) *fr.* — IIc

ordeiar *pr.* — ordo
ordel *afr.* — ordalie IIc
ordenar *sp. pg. pr. ncat.* — ordon-
　ner IIc; ordeñar IIb
ordeñar *sp.* — IIb; mungere
ordener *afr.* — ordonner IIc
ordenhar *pg.* — ordeñar IIb
ordi *pr.* — orzo
~ *lim.* — ardite IIb
ordière *afr. pic.* — *ornière IIc
ordne *afr.* — orne IIc
ordo *it.* — I; lordo
ordoier *afr.* — ordo
ordonar *acat.* — ordonner IIc
ordonner *fr.* — IIc
ordre (donner l') *fr.* — ordonner IIc
ordura *it. pr.* — ordo
ordure *fr.* — ib.
ore *afr.* — aura
~ *afr.* — *ora²; envis IIc; [anche]
oré *afr.* — aura
orear *sp.* — ib.
orecchia *it.*
orecchio *it.* — orecchia
oreggio *it.* — aura
oreille *fr.* — orecchia
oreillon *fr.* — horion IIc
oreja *sp.* — orecchia; pestorejo IIb
orelha *pg. pr.* — orecchia
orendrei *pr.* — orendroit IIc
orendroit *afr.* — IIc
oreneta *cat.* — róndine
oréo *sp.* — aura
ores *afr.* — ora²
oretj, oretjar *cat.* — aura
orezza *it.* — ib.; brezza
orezzo *it.* — aura; lezzo IIa
orfèvre *fr.* — forgia
orfraie (f.) *fr.* — *IIc
orfrais, orfrisiel *afr.* — orfroi IIc
orfroi *fr.* — *IIc
orfrois *fr.* — orfroi IIc
orfroiseler *afr.* — ib.
orga (f.) *cat.* — órgano
orgán (m.) *wal.* — ib.
órgano *it. sp.* — *I
orgão *pg.* — órgano
orge *fr.* — orzo
orgoglio *it.* — *I; ervo
orgolh *pr.* — orgoglio
orgue (m.) *fr.* — órgano
orgueil *fr.* — orgoglio
orgues *pr. fr.* — órgano
orguilleus *afr.* — orgoglio
orgull *ncat.* — ib.
orgullo *sp.* — ib.
oricalco *it.* — I; bronzo
orie flambe *afr.* — oriflamme IIc
[orie-flamme] *afr.* — ib.
oriflambe *afr.* — ib.
oriflamme *fr.* — *IIc; labareda IIb

oriflant, oriflour *afr.* — oriflamme
　IIc
orilla *sp.* — *orlo
orillon *afr.* — horion IIc
orin *sp.* — ruggine; serrin IIb
orineta *cat.* — róndine
oriol *sp.* — loriot IIc
oriolo *it.* — pistóla
oriouz *afr.* — loriot IIc
oripeau *fr.* — orpello
orinolo *it.*
orla, orlar *sp.* — *orlo
orlare *it.* — ib.
orle *afr.* — *ib.
orlo *it.* — *I; spillo
orma *it.* — I; ciurma; [ornière IIc]
ormare *it.* — orma
orme (m.) *fr.* — IIc
[ormiere] *afr.* — ornière IIc
orne (a) *afr.* — IIc; [ornière IIc]
ornière *fr.* — *IIc
orofres *asp.* — orfroi IIc
orondado *sp.* — IIb
oroneta *val.* — róndine
oropel *sp.* — orpello
oropendola *sp.* — gálbero
orpello *it.*
orphelin *fr.* — andare
orphenin *afr.* — ib.
[orprais] *afr.* — orfraie IIc
[orquesta] *sp.* — benna
Orraca *asp.* — urraca IIb
orreza, orrezar *pr.* — ordo
orsa *pr.* — orza
ort *pr.* — ordo
orteil *nfr.* — artiglio; oseille IIc
oru *sard.* — orlo
oruga *sp. pg.* — ruca
orvalho *pg.* — IIb
[orvet] *afr.* — orbo
orza *it.; sp. pg.; sp.* — I; poggia IIa
orzar *sp.* — orza
orzare *it.* — ib.
~ *oberit.* — rosser IIc
orzo *it.* — I; garzo IIa
orzuelo *sp.* — orzo
os *cat.* — oso IIb
[~] *afr.* — testa
osa *apg.* — uosa
osar *sp.* — gozo IIb
osbergo *it.* — usbergo
osca *cat.* — osche IIc
oscar *pr. cat.* — ib.
osche *it.* — *IIc; [hoc IIc]
oscher *afr.* — osche IIc
oscle *pr. afr.* — IIc
oseille *fr.* — IIc
[oser] *fr.* — hanter IIc
osier *fr.* — IIc
osmar *asp. apg.* — esmar
osmer *afr.* — orma

oso *sp.* — IIb; [tosco IIb]
ospedale, ospitale *it.* — oste²
ospo *mail.* — caffo IIa
[osprès] *afr.* — orfraie IIc
ossifrago *it.* — orfraie IIc
ost *pr. afr.* (f., selt. m.) *pic.* — oste
[ostage] *afr.* — ostaggio
ostaggio *it.* — *I
ostale *it.* — oste²
ostar *fr.* — ôter IIc
ostaš *wal.* — oste
ostatge *pr.* — ostaggio
oste (m. f.) *it.* (poet.)
oste² *it.*
osteggiare *it.* — oste
osteiar *pr.* — ib.
ostello *it.* — oste²
oster *afr.* — ôter IIc
óstico *it.* — IIa
ostil *afr.* — outil IIc
ostor *afr.* — astore
ostra *sp.* — huître IIc
óstrica *it.* — ib.
ostugo *sp.* — IIb
ôtage *fr.* — ostaggio
otar *asp.* — IIb
otear *asp. nsp.* — otar IIb
ôter *fr.* — *IIc; auvent IIc
otero *sp.* — IIb; otar IIb
otieu *pic.* — outil IIc
otil *hen.* — ib.
otorgar, otorgo *sp.* — otriare
otriare *it.*
otroier *afr.* — otriare
otrosí *sp.* — altresì
otro tal *sp.* — altrettale
~ tanto *sp.* — altrettanto
otta *it.* — *IIa
ottarda *it.*
ottone *it.*
otzel *wal.* — acciajo
otzet *wal.* — aisil IIc
ou *pg. fr.* — o
~ *apg.* — ove
où *fr.* — ib.
ouage *fr.* — ouaiche IIc
ouaiche (m.) *fr.* — *IIc
ouaille *fr.* — IIc
ouais *nfr.* — guai
ouan *afr.* — uguanno
ouate *fr.* — ovata
oubli *fr.* — obblio

oublie *fr.* — IIc; biado; plie IIc
oublier *fr.* — obblío; [hanter IIc]
ouche *afr.* — IIc
ouco *pg.* — hueco IIb
oue *afr.* — ouaille IIc
ouest *fr.* — IIc
[ouetine] *lothr.* — guitto IIa
oui *fr.* — *IIc
ouï (pt. pf.) *fr.* — oui IIc
oui-da *fr.* — da IIc
ouïr *fr.* — épanouir IIc; bronir IIc
ouragan *fr.* — uracano
ourbire *wall.* — *ornière IIc
[ourela] *pg.* — orlo
ouriçar *pg.* — riccio; riccio²
~ *pg.* — riccio²
ouriço *pg.* — riccio
ourler *fr.* — orlo
[ourlet] *fr.* — ib.
ourne *afr.* — orne IIc
ourse *fr.* — orza
ourvari *fr.* — charivari IIc
ousche *afr.* — ouche IIc
outarde *fr.* — ottarda
outeiro *pg.* — otero IIb
outil *fr.* — IIc
outiller *fr.* — outil IIc
outorgar *pg.* — otriare
outrance *fr.* — transito
outrecuidance *fr.* — coitare
outrosim *pg.* — altresì
outro *pg.* — altrettale
~ tanto *pg.* — altrettanto
ouvrier *fr.* — bouc IIc
ouvrir *fr.* — IIc
ovata *it.*
ove *it.*
~ (m.) *fr.* — IIc
oveja *sp.* — ouaille IIc
ovelha *pg.* — ib.
ovest *sp.* — ouest IIc
ovich *com.* — bacío IIa
ovillo *sp.* — ove IIc
ovra *com.* — huebra IIb
ovrir *sp.* — ouvrir IIc
ovvero *it.* — o
ovviare *it.* — uviar IIb
oxalá *sp. pg.* — IIb
oz *pr.* — o
~ *chw.* — oggi
oza *pr.* — uosa

P

pa *piem.* — pas IIc
pabalho *fr.* — padiglione
pabellon *sp.* — ib.

pabi *mail.* — pabilo
pabil *pr.* — ib.
pabilo *sp.* — *I

11*

Pablo *sp.* — alabar IIb
pacciare *it.*
pacco *it.*
paço *pg.* — álabe IIb
pada *pg.* — IIb
padeiro *pg.* — pada IIb
padella *it.* — poêle IIc
padenti *sard.* — foresta
padiglione *it.* — I; chiodo IIa
padilla *sp.* — poêle IIc
padrino *sp.* — parrain IIc
padule *it.* — IIa
padúre *wal.* — padule IIa
paele *afr.* — poêle IIc
paes *pr.* — paese
paesano *it.* — ib.
paese *it.* — *I; paggio
paesle *afr.* — poêle IIc; pêle-mêle
  IIc
paffuto *it.* — papa
paflon *sp.* — plafond IIc
paga *it. sp. pg. pr.* — pagare
~ *it.* — soldo
pagado *sp.* — cuerdo IIb
pagan *pr.* — pagano
pagano *it. sp.*
pagão *pg.* — pagano
pagar *sp. pg. pr.* — pagare
pagare *it.*
page *fr. sp.* — paggio
~ (f.) *fr.* — léndine
pages *asp. pr.* — paese
pagés *pr.* — villa; paggio
paggio *it.*
pagi *npr.* — paggio
paglia *it.* — I; [parpaglione]
pago *sp.* — cuerdo IIb
pagone *it.* — súghero IIa
[pagura] *ait.* — bigot IIc
paie *fr.* — pagare
~ *wal.* — paglia
paiele *afr.* — poêle IIc
paile *afr.* — palio
paill *wall.* — charivari IIc
paillard, paille *fr.* — paglia; [hous-
  spiller IIc]
paillola *pr.* — paglia
pailtege *wall.* — charivari IIc
pain *fr.* — chien IIb
pair ou non *fr.* — caffo IIa
pairà *com.* — pairar IIb
pairar *pg. sp.* — IIb
~ *pr.* — IIc; parier IIc
pairè *piem.* — pairar IIb
paire *pr.* — redina
pairí *pr.* — parrain IIc
pairol *pr. fr.* — *perol IIb
pairólai *burg.* — *parola
païs *sp. pg.* — paese
paisano *sp. pg.* — ib.
païsans, païsant *afr.* — romanzo

paisseau *fr.* — IIc
paja *sp.* — paglia
[pajuolo] *it.* — perol IIb
[pal] *afr.* — pertugiare
pala *sard.* — spalla
~ *it. sp. pr.* — pelle IIc
palabra *sp.* — parola
palache *afr.* — palascio IIa
paladino *sp. apg.; it.* — IIb
palafrei *pr.* — palafreno
palafren *sp.* — ib.
palafreno *it.*
palagio *it.* — sagire
[palai] *burg.* — parola
palais *fr. afr.* — IIc; punais IIc;
  ruffa; [malvagio]
palanc *trient.* — pianca
palanca *it. sp. pg.* — *ib.; spalancare IIa
palancato *it.* — spalancare IIa
[palancola] *it.* — folata IIa
palandra *it.*
palandrano *it.* — *I
palangue *pic.* — pianca
palascio *it.* — IIa
[palatine] *fr.* — casacca
palavra *pg.* — parola
palazzo *it.* — punais IIc
palchistuolo *it.* — faldistorio
palco *it. sp. pg.* — balco; faldistorio;
  catafalco
palear *sp.* — menear IIb
palefrenier, palefroi *fr.* — palafreno
paleron *fr.* — IIc
palès *afr.* — palais IIc
paleta *sp.* — paleto IIb
paleter *afr.* — pelear IIb
paleto *sp.* — IIb
paletoque *sp.* — palletot IIc
paletta *it.* — pelle IIc
palha *pr. pg.* — paglia
pali *pr. afr.* — palio; poêle² IIc
palicciata *it.* — liccia
palio *it. sp.*
palitone *it.* — paltone IIa
paliza *sp.* — halisa
palizada *sp.* — liccia
palizzata *it.* — ib.
palla *it.* — balla; baliare
pallare *it.* — ballare
palle *fr.* — palletot IIc
paller *afr.* — perla
palletel, palletoc *afr.* — palletot IIc
palletot *fr.* — *IIc
pallone *it.* — balla
palmear *sp.* — paumier IIc
palmero *sp.* — palmiere
palmiere *it.*
palondrie, palondrin *fr.* — palandra
páloš *wal.* — palascio IIa
[palourd] *genf.* — lordo

palpare *it.* — popar IIb
palpéber *chw.* — palpebra
palpébra *it. pr.* — *ib.
pálpebra *sp. pg.* — *ib.
palpébro *it.* — ib.
palpéder *chw.* — ib.
[palpedra] *crem. ferr. rom.* — ib.
palpéla *fr.* — ib.
pálpet (f.) *pr.* — *ib.
palpiera *ven.* — ib.
palpre *afr.* — ib.
palrar *pg.* — parola
palta, paltan *lomb.* — pantáno
paltom *pr.* — paltone IIa
paltone *it.* — IIa
paltoniere *it.* — paltone IIa
paltoquai *burg.* — palletot IIc
paltoquet *fr.* — ib.
palurdo *sp.* — *lordo
palut *pr.* — padule IIa
palvese *it.* — pavese
pàmer *fr.* — spasimo; tricoter IIc
pamparrugo *occ.* — piluccare
pampinela *piem.* — pimpinella
pampinella *cat.* — ib.; pimpollo IIb
pampol *pr.* — pampre IIc
pampre *fr.* — IIc
pan *pr. afr.* — *IIc; panne IIc
pana *sp.* — panne IIc
panache (m.) *fr.* — IIc; XXIV (XVIII) 4
panada *sp.* — pada IIb
panadero *sp.* — ib.
panar *pr.* — *pan IIc
panca *it.* — banco
[pancaa] *apg.* — pianca
pancera *sp.* — pancia
panchire *afr.* — ib.
pancho *sp.* — ib.; torciare; corcho IIb
pancia *it.* — I; croccia
panciera *it.* — pancia
pandóra *it.* — pandúra
pandore *fr.* — ib.
pandúra *it.*
pandurria *asp.* — pandúra
paner *afr.* — *pan IIc
panero *asp.* — paniere
[panie] *afr.* — pan IIc
panier *pr. fr.* — paniere
paniere *it.*
[panir] *afr.* — pan IIc
panne *fr.* — IIc
panuo *it.* — pan IIc
pannocchia *it.*
paño *sp.* — pan IIc
panoja *sp.* — pannocchia
pansa *pr.* — pancia
panse *fr.* — ib.; croccia
panselaa *crem.* — pantois IIc
panser *fr.* — peso

pantaigeá *npr.* — pantois IIc
pantais, pantaisar *pr.* — *ib.
pantaix, pantaixar *val.* — ib.
pantalon *fr.* — pantalone IIa
pantalone *it.* — IIa
pantan *chw.* — pantáno
pantáno *it. sp. pg.*
pantasare *ait.* — pantois IIc
pantegan *ven.* — *ratto
panteiar *pr.* — pantois IIc
panteiser *afr.* — ib.
panteler *fr.* — ib.
pantesar *ver.* — ib.
pantex, pantexar *cat.* — ib.
pantezare *ven.* — ib.
pantofle *piem.* — pantófola
pantofle *wal.* — ib.
pantófola *it.*
pantoiment *fr.* — pantois IIc
pantois *fr.* — *IIc
pantorrilla *sp.* — *IIb
pantoufle (f.) *fr.* — pantófola
pantuflo *sp.* — ib.
pantúfola *it.* — ib.
panturilha *pg.* — pantorrilla IIb
panza *sp.* — pancia; croccia; torciare
paour *afr.* — peur IIc
papa *it. sp. pg.; fr.; sp. pg. ven. ver.* — I; mamma; babil IIc; pápero IIa
papá *it. sp.* (mndt.) — papa
papada *cat.* — nuca
papagai *fr.* — pappagallo
papagal *wal.* — ib.
papagall *cat.* — ib.
papagayo *sp. pg.* — *ib.; [gajo]
papaglioni *sard.* — padiglione
papai *sard.* — papa
papalló *cat.* — parpaglione
papare *pic.* — ninno
pape *fr.* — papa
pápe *it.* — IIa
papę *wal.* — papa
papegai, papegaut *afr.* — pappagallo
[papejo, papeo] *asenes.* — pabilo
papel *sp.* — papier IIc
papelard *fr.* — pappalardo
pápera *sp. pg.* — papa
[paperasse] *fr.* — salma
pápero *it.* — IIa
[papetier] *fr.* — salma
papette *afr.* — papa
papi *norm.* — pavot IIc
papier *fr.* — IIc
[papijo] *asenes.* — pabilo
papin *afr.* — papa
papiri *pr.* — papier IIc
papo *sp. pg.* — papa
papola *sp.* (vrlt.) — amapóla IIb
papon *rom.* — máschera

papon, papota, papoto *ven. ver.* — papa

papoula *pg.* — abába IIb

pappa *it.* — papa

pappagallo *it.* — *I; parrocchetto

pappalardo *it.* — I; bizzocco IIa

pappare, pappo *it.* — papa

papudo *sp.* — ib.

papula *sp. it.* — ib.

pàque *fr.* — pasqua

paquet *fr.* — pacco

paquete *sp.* — ib.

par *fr. apg.* — IIc

~ (adv.) *afr.* — IIc

[~] *sp.* — pardiez IIb

par² *fr.* — IIc

para *usp. npg.* — por; *paragone

parabatola *sard.* — parpaglione

parabatula *sard.* — farfalla

paradela *sp.* — *parelle IIc

[paradella] *cat.* — ib.

paradiso *it.* — parvis IIc

parafe (m.) *fr.* — IIc

parage *fr.* — paraggio

paraggio *it.*

paragon *sp.* — paragone

paragone *it.* — *I

paraguanto *it.* — mancia IIa

parangon *sp. fr.* (vrlt.) — paragone

parapet *fr.* — parare

parapetto *it.* — ib.

parapluie (m.) *fr.* — ib.

parar *sp. pr.* — ib.; ataviar IIb

~ *pg.* — pairar IIb

parare *it.* — I; tutare; mamparar IIb

parasol *fr.* — parare

parasole *it.* — ib.

parastre *afr.* — beau IIc

paratge *arag. pr.* — paraggio

paraula *ait. asp. pr.* — parola; gota

paraular *pr.* — *parola

paravento *it.* — parare

paraviso *neap.* — parvis IIc

paravoa *apg.* — parola

parbieu *afr.* — parbleu IIc

parbleu *fr.* — IIc

parc *pr. fr.* — parco

parcamin *afr.* — parchemin IIc

parchemin *fr.* — IIc

parco *it.*

pardal *sp. pg.* — pardo IIb

par dieu *nfr.* — pardiez IIb

~ diex *afr.* — ib.

pardiez *sp.* — *IIb

par diobre *sp.* — parbleu IIc

~ dios *asp.* — pardiez IIb

pardiosero *sp.* — bigot IIc

pardo *sp. pg.* — IIb; biondo

páreas (f.) *pg.* — párias IIc

parecchi (pl.) *it.* — parecchio

parecchio *it.*

pareil *fr.* — parecchio

parejo *sp.* — ib.

parelle *fr.* — *IIc

parer *fr.* — parare

paresse *fr.* — pigrezza ; XXIV (XVIII) 4

parestrusse (la) *afr.* — estros IIc

[parete] *it.* — cheto

pargado, pargagi *npr.* — parco

pargoletto *it.* — párgolo IIa

párgolo *it.* — IIa

pargou *npr.* — parco

parguamina *pr.* — parchemin IIc

pargue *pr.* — parco

pariar *pr.* — pairar IIc

párias *sp.* — IIb

[pariel] *graubündt.* — perol IIb

parier *afr.; nfr.* — IIc; pairar IIc

Parillo *sp.* — salsapariglia

parins *afr.* (Douai) — parrain IIc

parlar *sp. pr.* — parola

parlare *it.* — ib.

parler *fr.* — ib.; perla; [mangiare]; [pastoja]

parmi *fr.* — mezzo

Parmigiano *it.* — corte

paroc *pr.* — parróchia

parócę *wal.* — piluccare

paróh *wal.* — parróchia

[paroi] *fr.* — cheto

paroisse *fr.* — parróchia

parola *it.* — *I; [mangiare]; [pastoja]

parole *fr.* — parola

paroler *afr.* (pic.) — *ib.; [pastoja]

párpado *sp.* — palpebra

parpaglione *it.* — *I; farfalla

parpaj, parpaja *lomb.* — parpaglione

parpalho *pr.* — ib.

parpár *sp.* — pápero IIa

parpeila *piem.* — palpebra

[parpella] *piac.* — ib.

[parpetola] *neap.* — ib.

parque *sp. pg.* — parco

parquer *fr.* — ib.

parquet *fr.* — ib.

parra *sp. pg. cat.* — IIb

parrain *fr.* — *IIc; marraine IIc

parrar *sp. pg. cat.* — parra IIb

parrocchetto *it.* — I; pappagallo

parróchia *it.*

párroco *it.* — parróchia

parroquía *sp. pr.* — ib.

parruca *it.* — piluccare

parséiv *lomb.* — greppia

part *pr.* — IIc

~ *afr.* — par² IIc

partesana *aval.* — partigiana

parthisane *mfr.* — ib.

partigiana *it.* — I; geldra
partigiano *it.* — artigiano
partir *sp. pr. fr.* — partire
~ (se) *afr.* — ib.
partire *it.*
partisan *fr.* — partigiana
partou *dauph.* — barda
parven *pr.* — IIc
parvensa *pr.* — parven IIc
parvente *ait.* — ib.
parvenza *it.* — ib.
parvis *fr.* — *IIc; gravir IIc
parvoletto, parvolo *it.* — párgolo IIa
pas *fr. pr. cat.* — IIc
pasa *sp.* — IIb
pasamano *sp.* — passamano
pasar *sp.* — passare
pasca *pr. sard.* — pasqua
pascha *pr.* — ib.
pascor *pr. afr.* — ib.
pascore *ait.* — ib.
pascua *sp. pr.* — ib.
pasear *sp.* — passare
pasere *wal.* — páxaro IIb
pasmà *com.* — spasimo
pasmar *sp.* — ib.
pasmo *sp. pg.* — ib.; tozzo IIa; [brincar IIb]
pasqua *it.*
pasquillo *it.* — pasquino
pasquin *fr.* — ib.
pasquinata *it.* — ib.
pasquino *it.; sp.*
passa *pg.* — pasa IIb
passamano *it.*
passar *pr. pg.* — passare
passare *it.* — I; spassarsi IIa
passaro *pg.* — páxaro IIb
passeggiare *it.* — passare
passement *fr.* — passamano
passer *fr.* — passare; passamano
Passy-lès-Paris *nfr.* — les IIc
pasta *it. sp. pg. pr.*
pastel *sp. fr.* — pasta
pastello *it.* — ib.
pastille *fr.* — ib.
pasto, dar in *it.* — pastocchia
pastocchia *it.* — IIa
pastoja *it.* — *I; [mangiare]
pastraña *asp.* — patraña IIb
pasturale *it.* — pastoja
pasture *afr.* — *ib.
pata *sp. cat. com.; sp.; npr.* — patta; patraña IIb
--bœuf *fr.* (*Rheims*) — patta
patan *sp.* — ib.
patapan *fr.* — patois IIc
pata-pouf *burg.* — patta
patarra *cat.* — patraña IIb
patata *sp. pg.* — IIb

pataud *fr.* — pantófola; patta; pelmazo IIb
[patauger] *fr.* — patta; patois IIc
pàte *fr.* — pasta
patear *sp.* — *patta
pateca *pg.* — IIb
pati *fr.* — patois IIc
~ *apr.* — pátio IIb
páti *npr. cat.* — ib.
patin *fr.* — patta
pátio *sp. pg.* — IIb
patipata *hen.* — patois IIc
pato *sp.* — patta
patofle *piem.* — pantófola
[patoier] *afr.* — patta
patoiller *champ.* — pattuglia
patois *fr.* — *IIc; narguer IIc
patoquer *hen.* — pattuglia
patouf *hen. norm.* — pantófola
patoufle *genf.* — ib.
patouger *hen.* — pattuglia
patouille *afr.* — ib.
[patouiller] *fr.* — patois IIc
patraña *sp.* — IIb
patranha *pg.* — patraña IIb
patriotta *it.* — galéa
patriquer *hen.* — pattuglia
patrois *ofr.* — patois IIc
patrouille *fr.* — pattuglia
patrouiller *fr.* — ib.
patrouquer *hen.* — ib.
patruça *pg.* — plie IIc
patrulla, patrullar *sp.* — pattuglia
patta *crem.* — *I
patte *fr.* — patta; pelmazo IIb; pantófola; pattuglia; [patois IIc]
pattino *it.* — patta
pattuglia *it.*
patullar *sp.* — pattuglia
pâturon *fr.* — pastoja
pau *pr.* — biavo
pauc *pr.* — peu IIc; bugía
paúl *sp. pg.* — padule IIa
paular *sp.* (vrlt.) — ib.
paule-maule *burg.* — pêle-mêle IIc
paúli *sard.* — padule IIa
paumer *fr.* — paumier IIc
paumier *afr.* — IIc
~ *afr.* — palmiere
paumoier *afr.* — paumier IIc
paupiele *pic.* — palpebra
paupière *nfr.* — ib.
paupile *norm.* — ib.
paura *it.* — peur IIc
pausar *sp. pg. pr.* — pausare
pausare *it.*
pauser *fr.* — pausare
pauta *piem. pr.* — pantáno; boue IIc
~ *pr.* — piota IIa; poe IIc
pautonier *pr. afr.* — paltone IIa

pavaigl *chw.* — pabilo
pa-vaire *piem.* — guari
paveillon *afr.* — padiglione
paver *fr.* — IIc; [bègue IIc]
~ (sbst.) *pr.* — pavot IIc; XXIII (XVIII) 3
paves *sp.* — pavese
pavese *it.*
paveze (f.) *wal.* — pavese
Pavia *it.* — ib.
pavillon *fr.* — padiglione
pavilu *sard.* — pabilo
pavío *pg.* — ib.
[pavo] *afr.* — ponceau IIc
pavois *fr.* — pavese
pavoncella *it.* — vanno
pavot *fr.* — *IIc; abába IIb; [ponceau IIc]
páxaro *sp.* — IIb
~ de San Martin *sp.* — martin pescatore
payan *pr.* — pagano
payar *pr.* — pagare
payen *fr.* — pagano
payer *fr.* — pagare; eschiter IIc
payla *sp.* — poêle IIc
pays *fr.* — *paese
[~, payse] *fr.* — ib.
paysan *fr.* — ib.; romanzo
pazziare *it.* — pazzo IIa
pazzo *it.* — *IIa
peadece *wal.* — piége IIc
péage *fr.* — pedaggio
peage *sp.* — ib.
peant *occ.* — mare IIc
pearsec, pearsece *wal.* — pérsica
peason *afr.* — IIc
peatre *wal.* — perro IIb
peautre *afr.* — peltro
peazo *pr.* — peason IIc
pec *pr. afr.* — IIc; bescio IIa
~ *pr.* — pecca
peca *sp. pr.* — ib.
peça *pg.* — pezza
pecc *lomb.* — pis IIc
pecca *it.*
pécchero *it.* — bicchiere
pecchia *it.* — ape
pecego, pecegueiro *pg.* — pérsica
pecha, pechar *sp.* — pecho IIb
pêche (f.), pêcher *fr.* — pérsica; [rivescio]
pechier *pr. afr.* — bicchiere
pechina *sp.* — IIb
pecho *sp.* — IIb; poitrine IIc
pecilgar *sp.* — pellizcar IIb
pecingine *wal.* — empeine IIb
peco *pg.* — pecca
~ *pg.* — pec IIc
[pecol, pecou] *afr.* — picciuolo IIa
peçonha *pg.* — pozione

pécora (f.) *it.* — IIa; ouaille IIc
pecoréa *sp.* — picorer IIc
pecque *fr.* — pec IIc
pecunie *afr.* — mire IIc
pedaggio *it.*
pédant *fr.* — pedante
pedante *it. sp. pg.*; *piem.*
pedás *pr.* — pedazo IIb
pedazo *sp. pg.* — IIb; pezza
pedestal *sp.* — piedestallo
pedinte *pg.* — pezzente IIa
[pedir] *sp.* — despedir IIb
pedone *it.*
[pedoto] *it.* — piloto
pedriöl *bresc.* — pévera IIa
peen *occ.* — mare IIc
[peestre] *afr.* — piètre IIc
pega (adj.) *pr.* — pec IIc
~ *sp.* — alcorque IIb
pegante *asp.* — rez IIc
pegar *sp. pg. pr.* — I; rez IIc
pego *pg.* — pélago
pégor (m.) *crem.* — pécora IIa
pegun *wal.* — pagano
pehar *wal.* — bicchiere
peigue *fr.* — péttine
peindre *fr.* — IIc; aveindre IIc
peine *sp.* — péttine
peis *pr.* — poisson IIc
peita, peitar *pg.* — pecho IIb
Peitau *pr.* — caillou IIc
peito *pg.* — pecho IIb; [eito IIb]
peitrina *pr.* — poitrine IIc
peiturina *dauph.* — ib.
peitz *pr.* — pis IIc
pejada *pg.* — pejo IIb
pejar *pg.* — ib.
pejo *pg.* — IIb; piége IIc
Pelaez *sp.* — XV (XII)
pelago *pg.* — pélago
pélago *it.*
[pelain] *afr.* — pelare
[pelambre] *sp.* — ib.
[pelame] *it.* — ib.
pelanc *wal.* — pianca
[pelanda] *bresc. crem.* — palandrano
pelang (m.) *wal.* — pianca
pelar *sp. pg. pr.* — pelare; escarapelarse IIb
pelare *it.* — *I
pelea *sp.* — pelear IIb
peleagre *pr.* — pélago
pelear *sp.* — IIb; menear IIb
peleg *pr.* — pélago
pelegrin *pr.* — pellegrino
peleiar *pr.* — pelear IIb
pelejar *pg.* — ib.
pêle-mêle *fr.* — IIc
peler *fr.* — *pelare
pelerin *pr.* — pellegrino
pèlerin *fr.* — ib.

peleta *fr.* — empeltar IIc
pelfa *cat. sard.* — felpa
pelfre *afr.* — IIc; [friper IIc]
pelfrer *afr.* — pelfre IIc
pelicer *afr.* — pellizcar IIb
peliçon *fr.* — ib.
peligro *sp.* — aliento IIb
pelisse *fr.* — pelliccia; [pelare]
pelitre *sp. pg. pr.* — pilatro
pella *sf. fg.* — IIb
~ *fg.* — poêle IIc
[pellar] *pr.* — pelare
pelle *fr.* — IIc; pêle-mêle IIc
~ *afr.* — perla
pellegrino *it.* — *I; XXIII (XVIII) 2
pelleja *sp.* — IIb; [zorra IIb]
pelletier *fr.* — empeltar IIc
pelliccia *it.*
pellissa *fg.* — pelliccia
pellizcar *sp.* — IIb
pellucco *gen.* — piluccare
pelmazo (sbst., adj.) *sp.* — *IIb
pelo *fg.* — seta; terciopelo IIb
pelota *sf. pg. pr.* — pillotta
pelote *fr.* — ib.; complot IIc
pelotilla *sp.* — pillotta
peloton *fr. sp.* — ib.
pelourinho *fg.* — pilori IIc
pelouse *fr.* — peluche IIc; [piota IIa]
pelpa *it.* — felpa
peltre *sp. fg.* — peltro
peltro *it.*
peluca *sp.* — piluccare
pelucar *pr.* — ib.
peluccio *it.* — peluche IIc
peluch *lomb.* — piluccare
peluche (f.) *fr.* — IIc
pelusa *sp.* — peluche IIc
pelussa *cat.* — ib.
peluza *asp.* — ib.
peluzzo *it.* — ib.
pena *fr.* — penna
~ *asp. pr.* — panne IIc
peña *sp.* — penna
~ *asf.* — panne IIc
penacho *sp.* — panache IIc
penca *sp. pg. cat.* — IIb
penche, penchenilh *pr.* — péttine
pencher *fr.* — IIc; arracher IIc; épancher IIc
pendant *afr.* — pendíce IIa
pende-loque *fr.* — loque IIc
pendíce *it.* — IIa
péndola *sp.* — pennone; sandío IIb
pendou *sp.* — pennone
pendone *it.* — ib.
[pendrar] *asp.* — naus IIc
pendreloque *hen.* — loque IIc
pene *afr.* — panne IIc
pengar *pr.* — pencher IIc; arracher IIc

penha *fg.* — penna
pénil *fr.* — péttine
penjar *fr.* — pencher IIc
penna *it.*
~ *fr.* — panne IIc
pennacchio *it.* — panache IIc
pennon *fr.* — pennone
pennoncello *it.* — ib.
pennone *it.*
peno *fr.* — pennone
peñola *asp.* — ib.
penre *fr.* — [puirier IIc]; XXIII (XVIII) 2
pens *pr.* — peso
pensar *sp. fg. fr.* — ib.
pensare *it.* — ib.; XXV (XIX) 7
penser *fr.* — peso
pente (f.) *fr.* — IIc; tonte IIc; péntola IIa
~ *fg.* — péttine
pentece *wal.* — pancia
péntola *it.* — IIa; pente IIc
pénzolo *it.* — péntola IIa
peolh *pr.* — pidocchio
peon *sp. pr.* — pedone
peónia *it.* — pivoine IIc
peonía *sp.* — ib.
peonier *afr.* — pedone
[peote] *oberit.* — piota IIa
pepe *it.* — rampo IIa
pepida *fr.* — pipita
pépie *fr.* — ib.
pepin *fr.; wall.* — IIc; roitelet IIc
pépinière *fr.* — pepin IIc
pepino *sp.* — ib.
pepita *sf.* — pipita; pepin IIc
pepon *afr.* — pepin IIc
peque (adj.) *afr.* — péc IIc
pequeno *fg.* — piccolo
pequeño *sp.* — ib.
per *it. asp. apg. fr. afr.* (Eide) — par IIc
pera *cat.* — por
per a *fr.* — ib.
percant *afr.* — perche IIc; [carcan IIc]
percer *afr. nfr.* — *pertugiare; morceau IIc; [mince IIc]
percha *sp. fg.* — perche IIc
perchant *afr.* — ib.; [pertugiare]
perche (f.) *fr.* — IIc; [carcan IIc]
[perchier] *afr. fic.* — pertugiare
percoinder *afr.* — conto
perda *sp.* — empecer IIb
perdíce *it.*
perdigal *afr.* — perdíce
perdigão *fg.* — rece
perdigon *sp. fr.* — ib.; fagotto; rapaz IIb
perdis *afr.* — perdíce
perdiz *sp. fg. fr.* — ib.; rece

perdreau, perdrix *fr.* — perdice
pereáche *wal.* — parecchio
pereásimi *wal.* — quarésima
peregrino *sp.* — pellegrino
perexil *sp.* — petrosellíno
Perez *sp.* — XV (XII)
pereza *sp. pr.* — pigrezza
perfettamente *it.* — mente
perfia *apg.* — porfía IIb
perfidia *it.* — ib.
perfil *sp. lomb.* — profilare
perfilar *sp.* — ib.
pérgamo *it.* — IIa
perguntar *pg.* — preguntar IIb
peri *sard.* — por
perico *sp.* — parrocchetto
perilla *sp.* — perla
periquito *sp.* — parrocchetto
perità *crem. mail. ven.* — peritarsi IIa
peritarsi *it.* — *IIa
perito *crem. mail. ven.* — peritarsi IIa
perla *it. sp. pg.* (selt.) *pr.* — *I
perle *fr.* — perla; [orlo]
~ en poire *fr.* — perla
perna *neap. sic.* — ib.
~ *pg.* — pierna IIb
perníce *it.* — perdíce; tralce IIa
pernil *sp.* — pierna IIb
pernio *sp.* — perno
~ *sp.* — pierna IIb
perni-quebrar *sp.* — escamondar IIb; [zaherir IIb]
perno *it. sp. pg.*
~ *sp.* — pierna IIb
pernocchia *it.* — perla
pero *pr.* — però
però *it.*
péro *sp. apg.* — però
perocchè *it.* — ib.
perol *sp.* — *IIb
perola *pg.* — perla
[peroli] *it.* — ib.
[pérorer] *fr.* — parola
perpausar *pr.* — pausare
perponh *pr.* — pourpoint IIc
perpunte *sp.* — ib.
perreria *sp.* — canaglia
perro *sp. pg* ; *piem.* — IIb
perroquet *fr.* — parrocchetto
perru *sard.* — perro IIb
perruca *it.* — piluccare
perruque *fr.* — ib.
pers *pr. afr.* — perso
persa *it.* — IIa
Persant *afr.* — ferrant IIc
persar *pr.* — pertugiare
pérsica *it.*
persico *it.* — pérsica
persigo *sp.* — ib.

persil *fr. npr.* — petrosellíno
perso *it.*
~ *it.* — scarso
perto *npg.* — prieto IIb
pertugiare *it.* — *I; pigiare IIa
pertugio *it.* — pertugiare
pertuis *fr.* — ib.; partigiana
pertuisane *fr.* — partigiana
pertuisier *afr.* — *pertugiare; partigiana
pertusar *pr.* — pertugiare
pes *pr.* — peso
pesà *wal.* — passare
pesadilla *sp.* — mare IIc
pesant *occ.* — ib.
pesar *sp. pg. pr.* — peso
pesare *it.* — ib.; XXV (XIX) 7
pesca *it.* — pérsica; toso; pazzo IIa; [tosco IIb]
[pesche] *afr.* — festo IIb
[peschio] *it.* — ascla
pescion *afr.* (Fragm. Val.) — poisson IIc
pescione *it.* — ib.
pesco *it.* — pérsica
pescoço *pg.* — pescuezo IIb
pescuezo *sp.* — IIb; nuca
pesebre *sp.* — greppia
peser *fr.* — peso
pesillo *sp.* — pestillo IIb
peso *it. sp. pg.*
pesponto *pg.* — pourpoint IIc
pespunte *sp.* — ib.
pessa *pr.* — pezza
pessar *pr.* — peso
pesseguier *pr.* — pérsica
pessigar *cat.* — pizza
pesta *it.* — pestare
pestana *pg.* — ib.
pestaña *sp.* — ib.
pestar *pr.* — ib.
pestare *it.* — I; calpestare IIa; [innesto IIa]
pestell *cat.* — pestillo IIb
pestello *it.* — pistóla
pestillo *sp.* — *IIb
[pestio] *senes.* — ascla
pesto *it.* — pestare
peston *ven.* — pistóla
pestone *it.* — ib.
pestorejo *sp.* — IIb; nuca; pescuezo IIb
[pestour] *afr.* — boulanger IIc
pestrir *pr.* — pétrir IIc
pesuña *sp.* — IIb
pet *fr.* — petardo
petaca *sp.* — IIb
petard *fr.* — petardo
petardo *it. sp.*
petas *occ.* — pedazo IIb
petate *sp.* — IIb

petazar *pr.* — pedazo IIb
pete *hen.* — pito
petecchie *it.*
pétéchies *fr.* — petecchie
peteen *crem.* — pito
petequias *sp.* — petecchie
peter, gos *cat.* — perro IIb
peterin *afr.* — pito
pétiller *fr.* — petardo
petion *wall.* — pito
petiscar *pg.* — ib.
petit *pr. cat. fr.* — ib.; piccolo
petitet *pr. cat. afr.* — pito
petitto *ait.* — ib.
peto *sp.* — IIb
~ *it.* — petardo
pétra *burg.* — perro IIb
petrina *sp. asp.* — poitrine IIc
petriola *it.* — pévera IIa
pétrir *fr.* — IIc
petrosellíno *it.*
petrosémolo *it.* — petrosellíno
petrunchiós *wall.* — perro IIb
pettignone, pettinare *it.* — péttine
péttine *it.* — I; empeine IIb
petto *it.* — peto IIb
~ (nel) *it.* — prieto IIb; rimpetto IIa
peu *fr.* — IIc; biavo
peuffe *norm.* — pelfre IIc
peuffre *norm.* — ib.
peulegh *crem.* — pulce
peuple *berr.* — pioppo
peuplier *fr.* — ib.
peur *fr.* — IIc; augurio
peür *afr.* — ib.
pévera *it.* — *IIa
pevide *pg.* — pipita
peza *pr.* — pezza
peziente *it.* — pezzente IIa
pezolh *pr.* — pidocchio
pezon *sp.* — picciuolo IIa
~, pezonier *pr.* — pedone
pezugar *pr.* — pizza
pezza *it.*
pezzente *it.* — IIa
pezzo, pezzolo *it.* — pezza
pezzuola *it.* — fazzuolo IIa
pezzuolo *it.* — pezza
phé *afr.* — fé IIc
Philistien *afr.* -- mege
Philistin *nfr.* — ib.
phiole *fr.* — IIc
pia *sp.* — piorno IIb
piaggia *it.*
piagnere *it.* — plaindre IIc
piailler *fr.* — piare; braire IIc
pialla *it.; sard.; ven.* — IIa
piallare *it. ven.* — pialla IIa
piana *sard.* — ib.
pianca *piem.* — *I; spalancare IIa

pianella *it.* — chanela IIb
piano, verso *it.* — leonino
piantaggine *it.* — llanten IIb
piar *sp.* — piare
piara *sp.* — IIb
piare *it.* — I; braire IIc
piastra *it.* — I; lasto; pistóla
piastrão *pg.* — piastra
piastrello, piastrone *it.* — ib.
piateggiare *it.* — piato
[piatesi] *cors.* — artigiano
piatire *it.* — piato
piato *it.* — *I
piatto (adj., sbst.) *it.* — *I; pietanza; piota IIa; sciatto IIa; [xato IIb]
piatz (m.) *wal.* — piazza
piazza *it.* — I; mazza
pibirista *sard.* — palpebra
piboul *lim.* — pioppo
pic *pr. fr.; fr.* — picco; piccolo; pito
~ *wal.* — piccolo
pica *sp. pg.* — picco
picar *sp. pg. pr.* — ib.; salpicar IIb
pícaro *sp.* — picco
picca, piccare, piccáro, picchiare *it.* — ib.; piccolo
picchio *it.* — picco; pieu IIc
piccíno *it.* — piccolo
picciocca, piccioccu *sard.* — ib.
picciolo *it.* — ib.; [picciuolo IIa]
piccione *it.*
piccioun *npr. (Nizza)* — piccolo
picciuolo *it.* — *IIa; pezza
picco *it.*
~ *it.* — piccolo
piccolo *it.* — I; pito; [picciuolo IIa]
pichá *npr.* — pisciare
pichel *sp. pg.* — bicchiere
picher *pic.* — pisciare
pichier *pr. afr.* — bicchiere
pichon *sp.* — piccione
picior *wal.* — *picciuolo IIa
pico *sp. pg.; sp.* — picco; piorno IIb
picól *piem.* — *picciuolo IIa
picoll *mail.* — *ib.
picólo *ven.* — ib.
picorer *fr.* — IIc
picot, picoter *fr.* — picco
pidarja *rom.* — pévera IIa
pidocchio *it.* — I; pulce
pidria *mail.* — *pévera IIa
pié *sp.* — apear IIb; argolla IIb
piè *it.* — speme IIa
pièce *fr.* — pezza
piédestal *fr.* — piedestallo
piedestallo *it.*
piedica *it.* — piége IIc
[piedotto] *tosc.* — piota IIa
piegare *it.* — I; llegar IIb

piége (m.) *fr.* — IIc; pejo IIb;
  sedio; [mire IIc]
piego *it.* — bieco IIa
piei (f.) *lim.* — pis IIc
pielago *sp.* — pélago
piene *it.* — speme IIa
piépou *fr.* (mndt.) — portulaca
pier *fr.* — *IIc
pierna *sp.* — IIb
pierre *fr.* — tiere IIc; veiaire IIc
pietà *it.* — pietanza
pietanza *it.*
piéton *fr.* — pedone; regretter IIc;
  pitaud IIc
[piètre] *fr.* — IIc
pietris *afr.* — perdíce
pieu *fr.* — IIc
[pieuvre] *afr.* — mièvre IIc
pieve *it.* — IIa
pieviale *it.* — *IIa
pieza *sp.* — pezza; cominciare;
  pizarra IIb
pifaro *sp.* — piva
piffero *it.* — ib.
piffre *fr.* — ib.
pigeon *fr.* — piccione
pigiare *it.* — IIa
pigione *it.* — IIa
pigliare *it.* — I; XXV (XIX) 7
pignatta *it.* — IIa
pigner *afr.* — houspiller IIc
pignere *it.* — peindre IIc
pignon *fr.* — penna
pignone *it.* — ib.
pigolare *it.* — piva
pigrezza *it.*
pihuela *sp.* — IIb
pijon *pr.* — piccione
pila *sp.* — pella IIb
pilatro *it.*
pile *fr.* — pella IIb
piler *fr.* — pigliare
pilha *pg.* — pella IIb
pilbar *pr. pg.* — pigliare
pilier *fr.* — pilori IIc
pillácchera *it.* — záccaro IIa
pillar *sp.* — pigliare
pillare *it.* — ib.
piller *fr.* — ib.; siller IIc
pillola *it.* — záccaro IIa
pillotta *it.*
[pilon] *fr.* — pilori IIc
pilori (m.) *fr.* — *IIc; berlina IIa
pilot *piem. pic. wall.* — piloto
pilota *it.* — *ib.
pilote, piloter, pilotis *fr.* — *ib.
piloto *it. sp. pg.* — *I
pilucca *sic. sard.* — piluccare
piluccare *it.*
pimaccio *it.* — chumazo IIb
pimen *pr.* — pimiento

pimeut *afr.; nfr.* — pimiento
pimenta *pr.* — ib.
pimienta *sp.* — ib.
pimiento *sp.*
pimpa *pr.* — piva; tromba
pimpinela *sp.* — pimpinella
pimpinella *it.* — I; pimpollo IIb
pimpolho *pg.* — pimpollo IIb
pimpollo *sp.* — IIb
pimprenelle *fr.* — pimpinella; [sobri-
  quet IIc]
pinaccia *it.*
pinacle *fr.* — penna
pinasse *fr.* — pinaccia
piñata *sp.* — pignatta IIa
pinaza *sp.* — pinaccia
pinca *it.* — pinque
pince, pincer *fr.* — pizza
pinchar *sp.* — ib.
pinchon *sp.* — pincione
pincio *it.* — bronzo
pincione *it.*
pinco *it. sp.* — pinque; minchia
  IIa
pinçon *fr.* — pincione
pincone *it.* — minchia IIa
pindra *pg.* — medrar IIb
pingu *sard.* — pringue IIb
pingue (m.) *sp.* — pinque
pinhora *pg.* — medrar IIb
pinjar *asp.* — penchar IIc
pino *pg.* — IIb
pino² *pg.* — IIb
pinque (f.) *fr.; (m.) pg.*
pinsá *cat.* — pincione
pinta *sp. pg.* — I; rubbio IIa
pintacilgo *sp.* — *IIb
pintar *sp.* — peindre IIc
[pintarojo] *sp.* — pintacilgo IIb
pintasirgo *pg.* — ib.
pinte *fr.* — pinta
pinte *wal.* — ib.
pinzas *sp.* — pizza
pinzette, pinzo *it.* — ib.
pinzon *pr.* — pincione
piò *lomb.* — arátro
pióda *mail.* — piota IIa
pioggia *it.* — I; sergente
piojo *sp.* — pidocchio; pihuela IIb
piola *sp.* — pihuela IIb
~ *ven.* — pialla IIa
píola *sard.* — ib.
piolare *ven.* — ib.
~ *it.* (mndt.) — piva
piolé *fr.* — barioler IIc
piolet *com.* — pialla IIa
piolho *pg.* — pidocchio
piombare *it.* — I; alberare
pion *fr.* — pedone; [piètre IIc]
pionnier *nfr.* — pedone
pioppa *it.* — pioppo

pioppo *it.* — I; fiasco; XXV (XIX) 7
piorno *sp. pg.* — IIb
piot *fr.* — pier IIc
piôt *com.* — piota IIa
piota *it.; piem.* — *IIa
pioter *norm.* — pier IIc
piova *it.* — pieviale IIa
piovano *it.* — pieve IIa; [rovello
  IIa] (Nachträge)
pipa *trient.* — pisciare; tromba
~ *sp. pg.; pg. it. sp. pr.* — piva
~ *dauph.* — ver; piva
pipe *afr.; fr.* — piva
pipeau *fr.* — ib.
pipi *mail.* — piccione
pipilar *pg.* — piva
pipion *afr.* — piccione
pipistrello *it.* — IIa; XXIII (XVIII)
  1; [viluppo]
pipita *it.* — I; pepin IIc
pippione *it.* — piccione
pique, piquer *fr.* — picco
pir *chw.* — pure IIa
pir *wall.* — tiere IIc; veiaire IIc
pirciari *sic.* — pertugiare
pirola *trient. ven. ver.* — perla
[piroli] *it.* — ib.
[piron] *fr.* — pirouette IIc
[pirone] *it.* — verrina
pirouette *fr.* — *IIc
pirouetter *fr.* — pirouette IIc
pis *afr. fr.* — IIc; poitrine IIc
pisà *wal.* — pestare
piša *wal.* — pisciare
pisar *sp.* — pestare
pisarra *cat.* — pizarra IIb
pišcà *wal.* — pizza
piscar *pg.* — ib.
pisciare *it.*
pisco *pg.* — pincione
piser *fr.* — pestare
pisicę *wal.* — gatto
pissa *sp. pg.* — pisciare
pissá *occ. parm.* — ib.
pissar *pr.* — ib.
pissée *berr.* — ib.
pisser *fr.* — ib.
pissl *wall.* — pizza
pisso-rato (f.) *lim.* — chauve-souris
  IIc
pista *sp.* — pestare
pistagna *it.* — ib.
pistar *sp.* — ib.
piste *fr.* — ib.
Pistoja *it.* — pistóla: pavese
pistojese *it.* — pistóla
pistóla *it. sp.* — I; daga
pistole *fr.* — pistóla
pistolese *it.* — ib.
pistolesi *it.* — pavese
pistolet *fr.* — pistóla

pistolete *sp.* (vrlt.) — pistóla
piston *ven.* — ib.
pistoyer *fr.* — ib.
pit *com.* — pito; pitocco IIa; pizza
pita *sp.* — pito IIb
pitada *fr.* — ib.
pitança *apg.* — pietanza
pitance *fr.* — ib.
pitanza *sp. pr.; lomb.* — ib.
pitar *pr.* — pito; pizza
~ *sp.* — pito IIb
pitaud *fr.* — IIc
pite *afr.* — pito; pietanza
pitetto *ait.* — pito
piti *wall.* — ib.
pitic *wal.* — ib.
piticu *sard.* — ib.
[pitié] *fr.* — cheto
pitin *mail.* — pito
pitit *npr.* — ib.
pito *sp.* — I; pizza
~ *sp.* — IIb
pitocco *it.* — IIa
piton *lomb.* — pitocco IIa
[piton] *fr.* — piva
pitorra *sp.* — pito
pitpęláce *wal.* — quaglia
pitsou, pitsouno *lim.* — piccolo
pittà *gen.* — pietanza
píttima *it.* — bizma IIb
pitzigà *wal.* — pizza
più *it.* — se IIc
piucel *pr.* — pulcella
piumaccio *it.* — chumazo IIb
piuolo *it.* — *piva
piva *it.* — *I; ver; pirouette IIc
piviale *it.* — pieviale IIa
pivide *pg.* — pipita
pivoine *fr.* — IIc
pivot *fr.* — *piva; pier IIc; pirouette
  IIc
pixa *sp. pg.* — pisciare
pixar *cat.* — ib.
pizar *pr. pg.* — pestare
pizarra *sp. pg.* — IIb
pisca, piscar *sp.* — pizza
pizz *mail.* — ib.
pizza *chw.; ven.* — I; becco
pizzare *ven.* — pizza
pizzicare, pizzico *it.* — ib.; [stuzzi-
  care IIa]
pizzu *sard.; sic.* — pizza
plaça *pg.* — piazza
placard *fr.* — plaque IIc
place, placer *fr.* — piazza
placito *apg.* — piato
plafond *fr.* — IIc
plag *pr.* — piato
plage *fr.* — piaggia
plaid *afr.* — piato
plaideiar *pr.* — ib.

plaider *nfr.* — piato
plaidier, plaidoier *afr.* — ib.
plaie *afr.* — piaggia
~ *fr.* — plie IIc
plaina *pg.* — pairar IIb
plaindre *fr.* — IIc
plais *pr.* — *IIc; sais IIc
plaisir *fr.* — loisir IIc
plaissa, plaissaditz, plaissat *pr.* —
  plais IIc
plaissier *afr.* — *ib.
plaistre *afr.* — piastra
plait *pr.* — piato
~ *afr.* — exploit IIc
[plamer] *fr.* — pelare
plan *pr.* — chien IIc
planca *pr.* — pianca
plancha *pr.; sp.* — ib.; [lasca IIb]
Planchais *fr.* — plevir IIc
planche *fr.* — ib.
plane *fr.* — plie IIc
planha *pr.* — chien IIc
planher *pr.* — plaindre IIc
plañir *sp.* — ib.
plantofa *cat.* — pantófola
plaque (f.) *fr.* — IIc
plaquer *fr.* — plaque IIc
plasmar *pr.* — spasimo
plassa *pr.* — piazza
plasta *sp.* — pasta
plat (adj.) *pr. fr.; fr.* — piatto; máschera; plafond IIc; plie IIc
plata *sp.* — ottone; piatto
plátara *cat.* — máschera
plate *afr.* — piatto
platija *sp.* — plie IIc
platina *sp. pg.* — piatto
platja *cat.* — piaggia
plato *sp.* — piatto
plâtre (m.) *nfr.* — piastra; [embler
  IIc]
platrouiller *champ.* — pattuglia
plauta *dauph.* — piota IIa
playa *sp. pr.* — piaggia
plaza *sp.* — piazza
plazo *sp. pg.* — piato
pleban *wal.* — pieve IIa
plecà *wal.* — piegare
pled *chw.* — piato
plédria *com.* — pévera IIa
plegar *sp. pr.* — piegare; llegar IIb
plegária *sp.* — IIb
pleif *chw.* — pieve IIa
pleige *fr.* — plevir IIc
pleita *sp.* — IIb
pleitear *sp.* — piato
plcito *sp. pg.* — ib.
pleópe *wal.* — palpebra
plesseïs, plessié, plessier *afr.* —
  plais IIc
Plessis *nfr.* — ib.

Plessis-lès-Tours *nfr.* — les IIc
pleti *wal.* — pagare
pleurer *fr.* — chante - pleure IIc
pleutre *champ.* — *poltro
plevi *pr.* — agio
plevina *pr.* — plevir IIc; agio
plevine *afr.* — plevir IIc
plevir *pr. afr.* — *IIc
plevizó *pr.* — plevir IIc
plezo *ven.* — ib.
plidar *chw.* — piato
plie *fr.* — IIc
plié *fr.* — délié IIc
plier *fr.* — piegare; scier IIc
plieu *pr.* — plevir IIc
plisser *fr.* — IIc
ploaïe *wal.* — pioggia
plof *wälschtyr.* — arátro
ploite *afr.* — exploit IIc
[plomaço] *pg.* — pelmazo IIb
plomb *fr.* — piombare
plombar *pr.* — ib.; XVI (XIII)
plomber *fr.* — piombare
plonc *wall.* — ib.
plongeon, plonger *fr.* — ib.
plonki *wall.* — ib.
plonkier *apic.* — ib.
plonquer *pic.* — ib.
plop *wal.* — pioppo
plopp *wall.* — ib.
ploscę *wal.* — fiasco
plôta *com.* — piota IIa
ploumb *occ.* — mare IIc
plovina *pr.* — bruine IIc
ployer *fr.* — piegare; fregare; scier
  IIc
pluch *piem.* — piluccare
pluchotter *champ. norm.* — ib.
plug *nordwal.* — arátro
pluie *fr.* — pioggia
pluquer *pic.* — piluccare
plusieurs *fr.* — IIc
plusor *pr.* — plusieurs IIc
plusori *ait.* — ib.
plutôt *fr.* — tosto
pluvier *fr.* — alérion IIc
po *sard.* — por
~ *afr.* — flou IIc
pobbia *lomb.* — pioppo
pobo *sp.* — ib.
[poccia] *it.* — agio
poche *fr.* — IIc
pochier *afr.* — pollegar
pócima *sp.* — IIb
pocion *sp.* — pozione
poco *it. sp.* — peu IIc
poda *sp.* — potare
podão *pg.* — ib.
podar *sp. pg. pr.* — ib.; [podenco IIb]
podenco *sp.* — *IIb
podengo *pg.* — podenco IIb

poder *afr.* — potare
~ *sp. pg. pr.*; *sp.* — potere; XV (XIII); assouvir IIc
podere *it.* — potere
podestà *it.* — IIa
podestat (m., f.) *pr.* — podestà IIa
[pódiza] *it.* — pólizza
podnée *afr.* — posnée IIc
podoir *afr.* — assouvir IIc
podon *sp.* — potare
podre *sp.*; (adj.) *pg.* — IIb
poe *afr.* — IIc; piota IIa
poejo *pg.* — poleggio
poêle (f.) *fr.* — IIc; charivari IIc; faina
poêle² (m.) *fr.* — IIc
poêle³ (m.) *fr.* — IIc; noël IIc
poesle *afr.* — poêle² IIc
poestat (m., f.) *pr.* — podestà IIa
poge (m.) *fr.* — poggia IIa
poggia *it.* — IIa
poggiare *it.* — poggio
poggio *it.*
poi *it.* — *I; des
~ (adj.) *afr.* — peu IIc; bugía; flou IIc
poids *nfr.* — peso
poignard *fr.* — pugnale
poinçon *fr.* — *punzar
poindre *fr. afr.*; (sbst.) *afr.* — IIc
[poine] *afr.* — foin IIc
point *pr. fr.* — punto
pointer *fr.* — pontare IIa
poire, perle en *fr.* — perla
pois *fr.* — poi
poisle *afr.* — poêle³ IIc
poison (m.) *fr.* — pozione
poissas *pr.* — poi
poisser *fr.* — pegar
poisson *fr.* — IIc
[Poitiers, Poitieus] *fr.* — estribo; espier IIc
Poitou *fr.* — caillou IIc
poitrine *fr.* — IIc; barriga IIb
poix *afr.* — peso
poizo *pr.* — pozione
poizonar *pr.* — *ib.
pol, pola (*Tessin*) — pulcella
polacre *burg. norm.* — pouacre IIc
polaque *pic.* — ib.
polé *pg.* — poulier IIc
poléa *sp.* — ib.
polédro *it.* — *I
poleggio *it.*
polenda *it.* — andare
poleo *sp.* — poleggio
polgar *pr.* — pollegar
police *fr.* — polizía
~ *fr.* — *pólizza
polichinelle *fr.* — pulcinello IIa
policía *sp. pg.* — polizía

polilha *pg.* — polilla IIb
polilla *sp.* — *IIb
polin *pr.* — poulain IIc
polir *fr.* — polisson IIc
pólissa *cat.* — pólizza
polissia *pr.* — *ib.
polisso *hen.* — polisson IIc
polisson *fr.* — IIc; filou IIc
póliza *sp.* — pólizza
polizía *it.*
polizon *sp.* — polisson IIc
pólizza *it.* — *I
poll *cat.* — pidocchio
pollare *it.* — IIa
polle *afr.* (Eulal.) — pulcella
pollegar *pg.*
polo *lim.* — bouleverser IIc
polo-versá *lim.* — ib.
pols *pr. cat.* — tempia
~ *pr.* — *poudre IIc
polsar *pr.* — pulsar
polso *it.* — ib.
[polsos] *pr.* — poudre IIc
polta *it.* — puches IIb; pantáno
polter *mail.* — poltro
poltiglia *it.* — pantáno
poltro *it.* — *I; lodier IIc; materasso; [trastullo IIa]; haterel IIc
poltron *sp. fr.* — poltro
poltrona *ven.* — ib.
poltrone *it.* — ib.
polzer *pr.* — ronce IIc
pomada *sp.* — pomata
pomata *it.*
pómez *sp.* — ponce IIc
pomice *it.* — ib.
pommade *fr.* — pomata
pomo *it.* — ib.
pompe *fr.* — bomba²
pomser *pr.* — ronce IIc
ponce (pierre p.) *fr.* — IIc; ronce IIc
ponceau *fr.* — *IIc
poncella *asp.* — pulcella
poncer *fr.* — ponce IIc
poncho *sp.* — IIb
poncis *fr.* — ponce IIc
[pondegh] *mod.* — ratto
pondre *pr. fr.* — IIc; pausare
póndrer *cat.* — pondre IIc
ponent *pr.* — ponente
ponente *it.* — I; levante
poner *sp.* — teler IIc
ponga *ven. neap.* — IIa; poche IIc
ponh *pr.* — punto
ponher *pr.* — poindre IIc
poniente *sp.* — ponente
pontà *mail.* — pontare IIa
pontare *it.* — IIa
[pontga] *mant.* — ratto
ponzoña *sp.* — pozione; treccia

ponzoñar *sp.* — pozione
pouir *afr.* — potere
[poon] *afr.* — ponceau IIc
[pooncel] *afr.* — ib.
popa *pr.*; *chw.* — poppa
popar *sp.* — IIb; bobo IIb
~ *pr.* — poppa
popo *piem* — upupa
popone *it.* — pepin IIc
poppa *it.*
~ *rom.* — upupa
poppare *it.* — poppa
poque *fr.* (mndt.) — poche IIc
por *sp. pg. afr.*; *sp.* ɼg.
~ *pr. afr.* — IIc
pora *asp. apg.* — por
por a *afr.* —ib.
porcabru *sard.* — cinghiare
porcelaine *fr.* — porcellana
porcelana *sp.* — ib.
porcellana *it.* — I; portulaca
porc-épic *fr.* — IIc
porc-espi *fr.* (früher) — porc-épic IIc
porc-espin *npr.* — ib.
porche (m.) *fr.* — IIc
porco spino, porco spinoso *it.* —porc-
    épic IIc
pordiosero *sp.* — belître IIc
pore *pr.* — por IIc
porem *npg.* — porende IIb
poren *asp. apg.* — ib.
porende *asp. apg.* — IIb
porfía *sp. pg. cat.* — IIb
porfiar *sp. pg. cat.* — porfía IIb
porfidia *asp.*; *apg.* — ib.
porge *pr.* — porche IIc
poridad *asp.* — IIb; [corazon IIb]
poro *afr.* (Eulal.) — però
poroc *afr.* — o IIc
porqueria *sp.* — XV (XII)
porra *sp. pg. cat.* — IIb; veit IIc
porrière *afr.* — poudre IIc
porro *sp. pg. cat.* — porra IIb
porter *fr.* — colporter IIc
portico *it.* — porche IIc
[porto] *it.* — voto IIa
portulaca *it. pr.*
poruec *afr.* — però; *avec IIc
pos *pr.* — poi
posa *sp.* — mariposa IIb
posada *sp.* — pausare
posar *sp.* — ib.; aposentar IIb
posare *it.* — pausare
poscia *it.* — poi; anzi; pria IIa
poser *fr.* — pausare
posnée *afr.* — *IIc
possa *pr.* — IIc
post *afr.* (Eulal.) — poi
posta *it. sp. pg.*
poste *fr.* — posta
postel *pr.* — poteau IIc

posterle *afr.* — poterne IIc; marne
    IIc; [orlo]
posterlla *pr.* — poterne IIc
posticcio *it.*
postiche *fr.* — posticcio
postierla *it.* — poterne IIc
postila *sp.* — postilla
postilla *it. pg. pr.*
~ *sp.* — IIb
postillar *pr.* — postilla
postizo *sp.* — posticcio
posto *it.* — ib.
postrar *sp.* — prostrare; XXIII
    (XVIII) 2; [puirier IIc]
pot *pr.*; *fr. pr.*; *npr.* — pote
~ *norm.* — poteau IIc
pota *cat.* — poe IIc
potage *sp. fr.* — pote
potaggio *it.* — ib.
potaige *afr.* — ib.
potare *it.* — *I
potaria *pr.* — pote
potasse *fr.* — IIc
pote *sp. pg.* — *I
poteau *fr.* — IIc
potega *neap.* — bottega
potence *fr.* — IIc
potequin *pic.* — pote
potere *it.* — I; sapere
poterne *fr.* — IIc; marne IIc; [orlo]
potestad *sp.* — podestà IIa
potiche *burg.* — poe IIc
pot-pourri *fr.* — olla IIb
potrão *pg.* — poltro
potro *sp. pg.* — polédro
potta *it.* — pote
potte *lothr. schweiȝ.* — ib.
potz *pr.* — pozzo
pou *fr.* — pidocchio
~ *afr.* — flou IIc
poù (de) *mail.* — poi
pouacre *fr.* — IIc
pouah *fr.* — pouacre IIc
ponce *fr.* — ronce IIc
poudo *occ.* — potare
poudre (f.) *fr.* — *IIc; soudre IIc;
    peltro
~ *pr.* — polédro
poudrel *pr.* — ib.
[pouencel] *afr.* — pouceau IIc
pouf *fr.* — buf
pouffe *norm.* — fofo IIb
pouffer *fr.* — buf
pouillé *fr.* — *IIc
poulâcre *npr.* — pouacre IIc
poulain *fr.* — IIc
pouldrière *fr.* (XVI. Jahrh.) —poudre
    IIc
poule *fr.* — coq IIc
poulie *fr.* — poulier IIc
poulier *fr.* — IIc

pouliot *fr.* — poleggio
poulot *afr. berr. norm.* — pulcella
pouloto *lim.* — ib.
[poulpe] *afr.* — mièvre IIc
pouls *fr.* — pulsar
poûn *afr.* — *potare
poupa *pg.* — upupa
poupar *pg.* — popar IIb; hueco IIb
poupe *afr.* — poppa
poupée *fr.* — ib.
[poupre] *pr.* — mièvre IIc
pouque *fr.* (mndt.) — poche IIc
pour *nfr.* — por
pourmener (se), pourmenoir *afr.* — menare
pourpier *fr.* — portulaca
pourpoint *fr.* — IIc
pourri *fr. wall.* — lordo
pourtant *fr.* — porende IIb
pousa-lousa *pg.* — *mariposa IIb
pousar *pg.* — pausare
poussa *pr.* — possa IIc
poussá *lim.* — bolso IIa
pousse *fr.* — ib.
~ *fr.* — possa IIc
pousser *fr.* — pulsar; possa IIc; torciare
poussière *fr.* — *poudre IIc
poussif *fr.* — bolso IIa
poussin *fr.* — IIc
poutou (m.) *lim.* — pote
poutre *nfr.; afr.* — polédro; *solive IIc
pouvoir *nfr.* — potere; assouvir IIc; gravir IIc
pouzi *pr.* — poussin IIc
poyar *pr. apg.* — poggio
poyo *sp. pg.* — ib.
poz *pg.* — poi
pozar *pr.* — pozzo
pozione *it.* — *I
pozo *sp.* — pozzo
pozon *asp.* — pozione
pozzo *it.*
pozzolana *it.* — IIa
Pozzcoli *it.* — pozzolana IIa
prace *aret.* — IIa
[prado] *sp.* — parelle IIc
praia *pg.* — piaggia
prains *afr.* — pregno
prana *sard.* — pialla IIa
prancha *pg.* — pianca
pratica *it.* — scatola IIa
pratois *afr.* — patois IIc
prau *pr.* — bravo
pravedad *sp.* — ib.
pravità *it.* — ib.
pravo *it. sp.* — ib.
prazo *pg.* — piato
pre *wal.* — par IIc
prebenda *it. sp. pr.*

prébende *fr.* — prebenda
prebere *cat.* — prete
preboste *sp. pg.* — prevosto
prèche (m.) *fr.* — prêcher IIc
prêcher *fr.* — IIc; guiche IIc
[précipice] *fr.* — ripentaglio IIa
precudir *apg.* — acudir IIb
predella *it.* — IIa; bertesca
predello *it.* — brida
pregar *pr.* — piegare
~ *pg.* — prêcher IIc
preggiu *sic.* — plevir IIc
pregno *it.* — *I
prego *pg.* — priego IIb
preguiça *pg.* — pigrezza
preguntar *sp.* — IIb
preindre *afr.* — IIc
preire *pr.* — prete
preiso *pr.* — prigione
preitejar, preito *pg.* — piato
prêle *fr.* — esprelle IIc
premer *pr.* — preindre IIc
prempsar *cat.* — prensar IIb
preñado *sp.* — pregno
prenant *afr.* — ib.
prenda *sp. pg.* — *nans IIc
[prendar] *asp.* — ib.
prender *sp. pg.* — ib.
prendre *pr.* — capére
prenh *pr.* — pregno
prenhar, prenhe *pg.* — ib.
prensar *sp.* — IIb
prenze *it.* — prince IIc
preon *pr.* — biasciu; *confortare; fondo; rifusare
preonsar *pr.* — fondo
preot *wal.* — prevosto
prepelitẓe *wal.* — quaglia
pres *pr.* — presso
près *fr.* — ib.
presaie *poit.* — fresaie IIc
presciutto *it.* — suco
preséf *lomb.* — greppia
presega *pr.* — pérsica
présent *fr.* — presente
presente *it. sp.*
presque *fr.* — presso
presso *it.*
pressochè *it.* — presso
prest *pr.* — presto
prestar *sp.* — prestare
prestare *it.*
preste *sp. apg.* — prete
prestes *pg.* — presto
presto *it. sp. pg.*
prestre *pr. afr.* — prete
presunto *pg.* — suco
prèt *fr.* — presto
pret *mail.* — prete
~ *wall.* — prieto IIb
prete *it.*

prêter *fr.* — prestare
pretina *sp.* — poitrine IIc; prieto IIb
preto *apg.* — prieto IIb
~ *pg.* — prieto² IIb
prêtre *fr.* — prete
pretto *it.* — IIa
pretz *pr.* — gens IIc
preu *afr.* — pro
preude femme *fr.* — prude IIc
preud'homme *fr.* — ib.
[preukes] *afr.* — avec IIc
preux *nfr.* — pro; avol IIc
prevalicare *it.* — varcare IIa
preveiral, preveirat, preveire *pr.* — prete
prevenda *it. pr.* — prebenda
prevet *mail.* — prete
prevosto *it.*
prévôt *fr.* — prevosto
[preyo] *pr.* — prigione
prezic *pr.* — prêcher IIc
prezzémolo *it.* — petrosellíno
pria *it.* — IIa; vie IIa; XXIV (XIX) 5
priego *asp. pg.* — IIb; pino IIb
[priel] *graubündt.* — perol IIb
prieto *sp.* — IIb; peritarsi IIa
prieto² *sp.* — IIb
prigione *it.* — *I
prim *pr.*; *lim.* — primo
~ *pr.* — primo IIb
prima *piem.* — ver; pria IIa; sezzo : IIa
primariu *wal.* — primo IIb
primavera *it. sp. pr.* — ver
priubois *jur.* — primo
prime-sautier *fr.* — *prinsautier IIc
primevare *wal.* — ver
primevere *afr.* — ib.
primiero *it.* — ciriegia
primo *sp. pg.*
~ *sp. pg.* — IIb
~ (f.) *occ.* — ver
~ hermano *sp.* — primo IIb
primver *pr.* — ver
prince *pr. fr.* — IIc
princeps *pr.* — prince IIc
princier *afr.* — ib.
prindese *ven.* — bríndisi IIa
pringar *sp.* — pringue IIb
pringue *sp.* — IIb
prinna *mail.* — *brina IIa
prinsaut (de) *afr.* — prinsautier IIc
prinsautier *afr.* — *IIc
prinsi *pr.* — prince IIc
printemps *fr.* — ver
prioste *sp. pg.* — prevosto
prisco *sp.* — pérsica
prision *sp.* — prigione
prison *fr.*; *afr.* — *ib.

priveghitoare *wal.* — rosignuolo
pro *it. sp. pg. pr. afr.*; (adv.) *pr.*
~ *afr.* (Eide) — por
proa *sp. pg. pr.* — prua
probaina *pr.* — propaggine
probanza *sp.* — XVI (XIII)
prochain *fr.* — aubain IIc
proche *fr.* — IIc; aubain IIc
proda *it.* — prua; [rado IIa]
prode *it.* — pro
prode femme *fr.* — prude IIc
produomo *it.* — ib.
proef *afr.* — pro
profeitar *pr.* — profitto
profeito *apg.* — ib.
profenda *it.* — prebenda
profieg *pr.* — profitto
profil *fr.* — profilare
profilare *it.*
profiler *fr.* — profilare
profilo *it.* — ib.
profit *fr. cat.* — profitto
profiter *fr.* — ib.; [hanter IIc]
profittare *it.* — profitto
profitto *it.*
prohidia *asp.* (volksm.) — porfía IIb
prohombre *sp.* — prude IIc
proie *afr.* — ganado IIb; redo; [foin IIc]
prol (f.) *asp. apg.* — pro
promenade, promener (se) *fr.* — menare
pron *pr.* — pro
prône (m.) *fr.* — IIc
prôner *fr.* — prône IIc
proosamen *pr.* — pro
propaggine *it.*
propi *pr. cat.* — proche IIc; propio
propio *it. sp.*
proposer *fr.* — pausare
propre *pr.* — propio
propri *pr.* — ib.
proprio *pg.* — ib.
propriu *wal.* — ib.
pros *pr.* — pro; avol IIc; savai IIc
prosamen *pr.* — pro
prosciugare, prosciutto *it.* — suco
prostrar *pr. pg.* — prostrare
prostrare *it.*
protocollo *it.*
prou *afr. cat.* — pro
prouc *fr.* — *prua
proüsement *afr.* — pro
prova *it.* — tema IIb
provain *afr.* — propaggine
provano *it.* — tema IIb
proveccio *it.* — profitto
provecho *sp.* — ib.
proveire *afr.* — prete
proveito *pg.* — profitto
provena *sp.* — propaggine

[provenda] it. — rovello IIa (Nachträge)
provende fr. — prebenda
provianda it. — viaude IIc
provigner fr. — propaggine; fermillon IIc
provin fr. — propaggine
provoire afr. — prete
prozom fr. — prude IIc
prua it. — *I
prude fr. — IIc
prúdere it.
prud'homme afr. — prude IIc
[pruec] afr. — avec IIc
prugna it. — brugna
prugno it. — abezzo IIa: ciriegia
pruguólo mail. — brugna
pruir pg. fr. cat. — prúdere
prure lim. — ib.
prus chw. — pro
prúzer pr. — prúdere
pua sp. pg. — mugron IIb; puya IIb
puant burg. — punais IIc
puble jur. — pioppo
Puccio d'Aniello it. — pulcinello IIa
puce (f.) fr. — pulce
puceau fr. — pulcella
pucella pr. apg. — ib.
pucelle fr. — ib.; ficelle IIc; grésillon IIc
puchero sp. — puches IIb
puches (m. pl.) sp. — IIb
[pudditru] sic. — polédro
púdio asp. — putto²
pueg pr. — poggio
puer afr. — por IIc
puerco sp. — sobez IIb; [lleco IIb]
~ espin sp. — porc-épic IIc
pues sp. — poi; dunque
pufáiu wal. — buf
pugnale it.
pui afr. — poggio
púida mail. — pipita
puier, puiot afr. — poggio
puire afr. — puirier IIc
puirier afr. — *IIc
puis fr. — *poi
puiser fr. — pozzo
[puisnier] afr. — pozione
puits fr. — pozzo
pula it. — *IIa
pular pg. — IIb
pulce (f.) it. — I; piluccare
pulcella it.
pulcinella it. — pulcinello IIa
pulcinello it. — IIa
pulédro it. — polédro
puleggio it. — poleggio
pulegi fr. — ib.
pulga sp. pg. — pulce; alcorque IIb
pulgar sp. — pollegar

pulire, pulizía it. — polizía
pulpito it. — pupitre IIc
pulsar sp. pg.
pultar rom. — poltro
punais fr. — IIc
punaise fr. — punais IIc
puñal sp. — pugnale
punas piem. — punais IIc
punasse pic. — ib.
punax amail. — ib.
punçar pg. — punzar
puncella asp. — pulcella
punchar sp. — punzar
punge wal. — ponga IIa
pungere it. — poindre IIc
punicenc fr. — ponceau IIc
pontare it. — pontare IIa
punto it.
puntone it. — spuntone
punzar sp. — *I
punzecchiare, punzellare it. — punzar
punzon sp. — ib.
punzone it. — *ib.
puoi pr. — poggio
pupa piem. — poppa
pupitre (m.) fr. — *IIc
puput fr. — upupa
pur wald. apr. — pure IIa
~ chw. — gaburo IIa
pure it. — IIa; mon IIc; schietto IIa
[pure, la] fr. — engrant IIc
[purgina] chw. — brina IIa
puridad nsp. — poridad IIb
puridade apg. — *ib.
purscel, purscella chw. — pulcella
purté afr. — poridad IIb
pus fr. sard. — poi
[pusá] lothr. — pondre IIc
pusigno it. — IIa; *desioare
Pusnais afr. — punais IIc
pussa cat. — pulce
pussée mail. — se IIc
pustella pr. — postilla IIb
put fr. afr. — putto²; punais IIc
puta sp. pg. — putto
putain fr. — ib.; nonno
putan pr. — putto
putaña asp. — ib.
pute afr. — ib.
puteà, puteare wal. — potere
putica sic. — bottega
putina ven. — ninno
putnais fr. — punais IIc
puto sp. pg. — putto
putput sp. fr. — upupa; coquelicot IIc
putta, puttana it. — putto; putto²
puttello it. — putto
putto it. — I; putto²
putto² it. — *I
putz wal. — pozzo

12*

púvida *mail.* — pipita
puxar *sp. pg.* — pulsar; torciare
puya *sp.* — IIb
puyar *asp.* — poggio
puzone de Santu Martinu *sard.* — martin pescatore

puzza, puzzare *it.* — puzzo IIa
puzzo *it.* — IIa
pyer *fr.* — pier IIc
pyrèthre *fr.* — pilatro

q

qua *it.* — I; ecco
quacra *chw.* — quaglia
quaderno *it.* — cahier IIc
quadran *pr.* — ib.
quadrante *it. sp.* — cadran IIc
quadrello *it.* — quadro
[quadrille] *fr.* — carriera
quadrillo *sp.* — quadro
quadro *it. sp. pg.* — I; carriera; coron IIc
quadrone *it.* — coron IIc
quaglia *it.*
quagliare *it.*
quai *fr.* — cayo
quait *pr.* — quatto
quaitir *afr.* — ib.
qualche *it.*
qualcheduno, [qualcheuno], qualcuno *it.* — qualche; [ciascuno]
qualque *asp.* — qualche
qualsque *pr.* — ib.
quamvis-deo *agen.* — eziandío IIa
quan *sp.* — IIb
~ *pr.* — lanquan IIc
quandius *pr.* — IIc; tandis IIc
quanvis-dè *agen.* — eziandío IIa
quão *pg.* — quan IIb
quar *pr. fr. asp. apg.* — car
~ *afr.* — coron IIc
quare *ait.* — car
quaregnon *afr.* — cahier IIc
quarésima *it.*
quaresma *sp.* — quarésima
quaron *afr.* — coron IIc
quarre *burg.* — quadro
quart *pr.* — primo IIb
quarta feira *pg.* — mercoledì
quartel *sp. pg.* — quartiere
quartenor *afr.* — milsoudor IIc
quartier *fr.* — quartiere
quartiere *it.*
quarto *sp.* — quartiere
quas *afr.* — casso
quat *bresc.* — quatto
quatir *afr. pic.* — ib.; sortire
quatre *fr.* — XXI (XVII)
quatto *it.* — *I; schiacciare IIa
quattrinata *it.* — gazzetta
quattrino *it.* — IIa

quauquarren *npr.* — rien IIc
quayer *afr.* — cahier IIc
que *sp. pg. pr. fr.* — che; ca; ora¹
quebrantar *sp. pg.* — crebantar; [rebentar IIb]
quebrar *sp. pg.* — crepare; quemar IIb
quecs *pr.* — chaque IIc
queda *pg.* — IIb
quedar *sp. pg.* — cheto; retoño IIb
quedo *sp. pg.* — cheto
quei *afr.* — che
queimar *pg.* — quemar IIb
queixada *pg.* — casso²
queixar *pg.* — quexar IIb
queixo *pg.* — cascio
~ *pg.* — casso²
[quejando] *pg.* — IIb
quejar *sp.* — quexar IIb
[quejendo] *pg.* — [quejando IIb]
quelha *pg.* — calha IIb
quello *it.* — I; ecco
quelque, quelqu'un *fr.* — qualche
quelui *rôm.* — così; quello
quem *pg.* — che; quien IIb
quemar *sp.* — IIb
quemquer *pg.* — quien IIb
quena *wald* — quin IIc
quenouille *fr.* — conocchia
queus *afr.* — conte
quepo *sp.* — cascio
querce (f.) *it.* — quercia IIa
quercia *it.* — IIa; chêne IIc; abezzo IIa; ciriegia
quercino *it.* — cerquinho IIb
quercino *it.* — chêne IIc
querena *pg.* — crena IIb
querer *sp.* — chiedere IIa; quien IIb; siquiera IIb
queriboiry *pic.* — charivari IIc
querole *afr.* — carole IIc
querquier *pic.* — cercare
quesne *fr.* (mndt.) — chêne IIc
queso *sp.* — cascio
questo *it. apg.* — I; ecco; esto
questui *rôm.* — così; questo
queue *fr.* — coda
queux (f.) *fr.* — IIc

queux² *afr.* — IIc; coquin IIc; freux
  IIc: gueux IIc
[querre] *afr.* — couire IIc
quex *cat.* — casso²
quexar *sp.* — *IIb; dexar IIb
quexígo *sp.* — IIb
qui *it.* — I; ecco; quello
~ *fr.* — che
quia *gen.* — cotenna
quiça *pg.* — quizá IIb
quichar *pr.* — quatto
quici *it.* — qui
quicio *sp. pg.* — IIb
quien *sp.* — IIb; che
quienquiera *sp.* — quien IIb
quien sabe *nsp.* — quizá IIb
quieute *afr.* — cóltrice
quignon *fr.* — coin IIc
[quijando] *pg.* — [quejando IIb]
quilate *sp. pg.* — carato
quilike, quilite *wall.* — clique IIc
quilla *sp.* — chiglia
quille *fr.* — ib.; clisse IIc
quilma *sp.* (mndt.) — *IIb
quima *sp.* (mndt.) — cinna
quimera *sp.* — chimera
quin *afr.* — coin IIc
quin, quina *apr. npr.* — IIc
quincaille *fr.* — clinquant IIc
quinci *it.* — IIa
quindi *it.* — quinci IIa; aquende IIb
quinh, quinha *apr. npr.* — quin IIc
quinhão *pg.* — coin IIc
quiñon *sp.* — ib.
quinson *npr. burg.* — pincione
quinta *sp. pg.* — IIb
~ feira *pg.* — giovedì

quintaine *afr.* — quintana; bagordo
quintal *sp. pg. pr. fr.* — quintale
quintale *it.*
quintana *it. pr.*
quinte *afr.* — quinta IIb
quirate *apg.* — carato
quircare *sard. log.* — cercare
qui sab *asp.* — quizí IIb
qui sabe *sp.* — ib.
quiscadaun *apg.* — cadaúno
quiscadauno *asp.* — ib.; ciascuno
quitar *sp. pg.* — cheto; tomar IIb
quitare *it.* — cheto
quiti *pr.* — ib.
[quitier] *afr.* — ib.
quito *sp.* — ib.; tomar IIb
quitte *fr.* — cheto
quitter *fr.* — *ib.
quitxar *occ.* — quatto
quivi *it.* — quinci IIa
[quivre] *afr.* — couire IIc
quivrer *afr.* — *IIc
quixada, quixera *sp.* — casso²
quixote *sp.* — coscia
quizá *sp.* — IIb
quizab *asp.* — quizá IIb
quizais *apg.* — ib.
quizas *sp.* — ib.
quoi *fr.* — che
quoquart *afr.* — coq IIc
quor *pr.* — ora²; quora IIc
quora *pr.* — IIc; ora²
quoras *pr.* — quora IIc
quota *it.*
quotare *it.* — quota
quoyer *pic.* — cabier IIc

r

raalingues *afr.* — ralingues IIc
raançon *afr.* — rançon IIc; mais
  IIc
rabâcher *fr.* — *IIc
raban *fr.* — haubans IIc; ruban IIc
rábano *sp.* — IIb; remolacha IIb
rabão *pg.* — rábano IIb
rabaquet *cat.* — ribeba; [rabâcher
  IIc]
rabárbaro *it.*
rabasta *pr.* — IIc
rabastejá *npr.* — rabasta IIc
rabàter *afr.* — ib.
[rabbrottolare] *it.* (volksth.) — brontolare IIa
rabear *sp. pg.* — rabo IIb
rabeca *pg.* — ribeba
rabel *sp. pg.* — ib.

rabel *piem.* — rabo IIb
rabesco *it.* — arabesco
rabey *pr.* — ribeba
râble (m.) *fr.* — IIc; [rilhar IIb]
rablè *piem.* — rabo IIb
rabo *sp. pg.* — IIb; raposa IIb
rabosa *cat.* — raposa IIb
raboso *sp. pg.* — rabo IIb
rabot *fr.* — raboter IIc
raboter *fr.* — IIc
raboteux *fr.* — raboter IIc
rabougrir *fr.* — IIc
rabrouer *fr.* — bravo
raca *pr.* — IIc
racà *com.* — racher IIc
racaille *fr.* — raca IIc
racar *pr.* — racher IIc
racca *pr.* — .raca IIc

raccattare *it.* — accattare
racchetta *it.* — I; XXIV (XVIII) 4
raccoutrer *fr.* — cucire
race *fr.* — razza
racha *asp. pg.* — rajar IIb
rachar *pg.* — ib.
rache (f.) *fr.* — IIc
racher *afr.* — IIc
racheter *fr.* — accattare
racimo *sp.* — raisin IIc
racimolo *it.* — raspare
racine *fr.* — IIc
racion *sp.* — razione
racler *nfr.* — rascar
racó *cat.* — rincon IIb
rada *it. sp.*
raddotto *it.* — ridotto
rade *fr.* — rada
~ *afr. pic.* — raudo IIb; [ratto IIa]
radeau *fr.* — IIc
radelb *pr.* — radeau IIc
[radica] *it.* — nuca
radice (f.) *it.* — raifort IIc
radío *asp.* — *IIb
radis (m.) *fr.* — raifort IIc
rado *it.* — *IIa
radoter *fr.* — *IIc
raelingues *afr.* — ralingues IIc
raembre *fr.* — craindre IIc
rafa *piem.* — raffare
rafano *it.* — rábano IIb
rafè *piem.* — raffare
rafez *asp.* — IIb
raffà *mail.* — raffare
raffar *chw.* — ib.
raffare *it.*
raffe *hen. lothr.*; *lothr.* — raffare
raffer *afr.* — ib.
raffio *it.* — ib.
raffle *afr.* — ib.
raffoua *lothr.* — ib.
rafle, rafler *fr.* — ib.
ragazza *it.* — ragazzo IIa
ragazzo *it.* — *IIa
rage *fr.* — rêve IIc
ragghiare *it.* — raire IIc
raggiare *it* — raggio
raggio *it.* — *I; rate IIc
ragia *it.* — IIa; rache IIc
ragoût *fr.* — ragoûter IIc
ragoûter *fr.* — IIc
raguer *fr.* — IIc
ragunare *it.* — logoro
rahez *asp.* — rafez IIb
rai *afr. pr.* — raggio
raie *fr.*; *afr.*; *fr.* — ib.; rate IIc
raier *afr.* — raggio
raifort *fr.* — IIc
raig *pr.* — raggio
raigon *sp.* — rapaz IIb
railler *fr.* — *rallar

raimbaut *afr.* — ribaldo
rain *afr.* — rame IIc
~ (de bois) *fr.* — IIc
[raïncier] *afr.* — rincer IIc
raine *fr.* (mndt.) — grenouille IIc; reinette IIc
raio (de mel) *pg.* — raggio
raiponce (f.) *fr.* — raperonzo
raire *fr.* — *IIc
raise *afr.* — IIc
~ *afr.* — rasse IIc
raisin *fr.* — IIc
raissar *pr.* — IIc
raissos *pr.* — raissar IIc
raja *sp.* — rajar IIb
rajar *sp.* — IIb
ralar *pg.* — rallar
rale *lim. hen.* — ralo IIb
râle *fr.* — râler IIc
ralé *pg.* — ralea IIb
ralea *sp.* — IIb
râler *fr.* — IIc
ralingues (pl.) *fr.* — IIc
rallar *sp. cat.* — *I
rallo *sp.* — rallar
ralo *sp. pg.* — IIb
~ *pg.* — rallar
rama *it. sp. pr.* — rame IIc
~ *sp.* — rame² IIc
ramà *com.* — derramar IIb
ramace *it.* — nido
ramadouer *fr.* — amadouer IIc
ramarro *it.* — IIa
rambaldo *it.* — ribaldo
rambla *sp. cat.* — IIb
rame *it.* — I; ramarro IIa
~ (f.) *fr.* — *IIc; XXIV (XIX) 6
~ *fr.* — risma
rame² *fr.* — IIc
rame *wal.* — rame² IIc
rameau *fr.* — rame IIc
ramenc *pr.* — ramingo
ramentevoir *afr.* — mentar
ramequin *fr.* — IIc
ramera *sp.* — ramingo
ramerino *it.*
ramero *sp.* — ramingo
ramette *fr.* — rame² IIc
ramf *lomb.* — rampa; ramfo IIa
ramicello *it.* — rinceau IIc
ramingo *it.* — I; nido
ramingue *fr.* — ramingo
ramir *pr.* — aramir IIc
rammaricarsi, rammarico *it.* — amaricare
rammentare *it.* — mentar
ramolaccio *it.* — IIa; remolacha IIb
ramon *fr.*; *sp.* — IIc
[ramonasse] *hen.* — remolacha IIb
ramoner *fr.* — ramon IIc

rampa *it. pr.; sp.* — I; [rebentar IIb]; [gravir IIc]
rampant *nfr.* — rampa
rampante, leon *sp.* — ib.
rampare *it.* — ib.
rampe *fr.* — ib.
ramper *nfr. afr.* — ib.; [gravir IIc]
rampo, rampogna. rampognare *it.* — rampa; [rallar]
rampoina *cat.* — rampa
rampoinar *pr.* — ib.
rampollare *it.* — pollare IIa
ramponare *ven.* — rampa
rampone *it.* — ib.
ramponer *afr.* — ib.
ramponne *hen.* — ib.
ramponzolo *it.* — raperonzo
ramposne, ramposner *afr.* — rampa
ran *pic.* — IIc
~ *occ.* — ranc IIc
~ *piem.* — rang IIc
ranart *sp.* (Nordost) — renard IIc
ranc *pr.* — IIc
~ *afr.* — ranco
rancare *it.* — ib.
ranche (f.) *fr.* — IIc
ranchè *piem.* — ranco
rancho *sp.* — rang IIc
rancignare *ven.* — rèche IIc
rancio *it.* — arancio
~ *it.* — puzzo IIa; [bravo]
ranco *it. cat.; ven.* — I; rincon IIb
rancoeur *afr.* — rancore
rancon *asp.* — rincon IIb; ranc IIc
rançon *fr.* — IIc; mais IIc; XXIV (XVIII) 4
rancor *asp. apg. pr.* — rancore
rancore *it.* — *I
rancune *fr.* — *rancore
rancura *it. apg.* [*sp. pr.*] — *ib.
[rancure, rancurer, rancuros] *afr.* — ib.
randa *sp.; npr. piem.; pr.*
~ (a) *it.* — randa
randá *npr. piem.* — ib.
randal *sp.* — ib.
randar *pr.* — ib.
randello *it.* — *IIa
randir *afr.* — randar
randola *pr.* — róndine
randon (a, de) *pr. afr.* — randa
randonar *pr.* — ib.
randoner *afr.* — ib.
rane *fr.* (mndt.) — grenouille IIc
ranf *lomb.* — rampa; ramfo IIa
rang *fr.* — IIc
ranger *pg.* — IIb
~ *fr.* — rang IIc
rangier *fr.* — rangifero
rangifero *it. sp.* — *I
rannicchiare *it.* — nicchio

ranocchia *it.* — grenouille IIc
ranvér *chw.* — renou IIc
Raou, Raoul *fr.* — loup-garou IIc
rap *com.* — raffare
~ *piem.* — rappa IIa
rapà *lomb. ven.* — rappare
rapaceria, rapagon *sp.* — rapaz IIb
rapan *aval.* — rampa
rapar *pr.* — ib.
~ *sp. pg. pr.; sp.* — rappare
rapare *lomb. ven.* — ib.
rapatù *bresc.* — escuerzo IIb
rapaz *sp. pg.* — IIb
rapaza *sp. pg.* — rapaz IIb
rapazo *asp.* — ib.
râpe *fr.* — raspare; rapière IIc
rapè *rom.* — rampa
râper *fr.* — raspare
raperonzo *it.*
raperonzolo *it.* — raperonzo
rapetasser *fr.* — pedazo IIb
rapière *fr.* — IIc
rapire *it.* — ravir IIc
rapónzal *rom.* — raperonzo
raponzulu *sic.* — ib.
raposa *sp. pg.* — IIb; golpe
raposo *sp. pg.* — raposa IIb
rapouá *lothr.* — rappare
rappa *it.* — IIa
~ *it.* — rappare
rappare *it.* — I; rampa
rappresaglia *it.* — ripresaglia
raquer *pic.* — racher IIc
raqueta *sp.* — racchetta
raquette *fr.* — ib.; XXIV (XVIII) 4
ras *fr.* — raso; [rez IIc]
~ *pr.* — rez IIc
ras e ras *pr.* — ib.
rasa *pr.* — rasse IIc
rasar *sp. pg.* — rasare
rasare *it. ven. lomb.*
rasca *pr.* — rascar
rascar *sp. pg. pr.; apg.* — *I; rache IIc
Rascese *ait.* — raso
rascha *chw.* — ragia IIa
rasche *afr.* — rascar; rache IIc
raschia, raschiare *it.* — *rascar
rascia *it.* — raso
rasclar *cat.* — rascar
rascler *afr.* — ib.
rasén *pr.* — rez IIc
rasente *it.* — ib.
raser *fr.* — rasare
rasgar, rasgo *sp. pg.* — rascar; arañar IIb
rasguñar *sp.* — ib.
[rasigare] *sard.* — rascar
rasilla *sp.* — raso
raso *it. sp.*
rasojo *it.* — cesoje IIa

raspa *sp. pr.* — raspare
raspar *sp.* — ib.
raspare *it.*
raspo *it.* — raspare
Rasse *afr.* — raso
rasse *afr.* — IIc
rassembrare *it.* — sembrare
rassettare *it.* — assettare
rastello *it.* — rastro
rastillo *sp.* — ib.
rasto *pg.* — ib.; [benna]
rastrello *it.* — rastro
rastrillo *sp.* — ib.
rastrò *it.*; *sp.*
rat *pr. fr.* — ratto
~ *com.* — randello IIa
rata-pennada *pr.* — chauve-souris
   IIc
rata-pignata *sard.* — ib.
ratar *pg. cat.* — ratto
ratayon *pic. champ.* — tata
rate (f.) *fr.* — *IIc
ratè *piem.* — ratto
ratear *sp.* — ib.
râteau *fr.* — rastro
ratero *sp.* — ratto
[ratier] *afr.* — rate IIc
ratin *afr.* — ratis IIc
[ratío, andar] *tosc.* — radio IIb
ration *pr. fr.* — razione
ratis *afr.* — IIc
ratj *cat.* — gozo IIb
rato *sp.* — IIb
~ *sp. pg.* — ratto
raton *fr.* — rate IIc
ratonar *sp.* — ratto
ratto *it.* — *I; [cutretta IIa]
~ *it.* — *IIa
rauba *pr.; chw.* — roba
raubar *pr.* — ib.; bugía; galoppare
raudal *sp. pg.* — raudo IIb
raudo *sp.* — *IIb
rauma *pr.* — rhume IIc; choisir IIc
raus *pr.* — IIc; galoppare
rausa *pr.* — IIc
rausar *apg.* — IIb
raüser *afr.* — rifusare
raust *pr.* — rostire; [ruste IIc]
raust, ~ a *pr.* — IIc
raustir *pr.* — rostire
rautar *pr.* — IIc
rauxar *apg.* — rausar IIb
rauza *pr.* — rausa IIc
rauzel *pr.* — raus IIc
ravacher *afr.* — rabâcher IIc
ravage *fr.* — ravir IIc
ravasser *burg.* — rêve IIc; [ravauder
   IIc]
ravauder *fr.* — *IIc
ravauderie *fr.* — ravauder IIc
ravaut *afr.* — *ib.

râve *lothr.* — rêve IIc
ravelin *fr.* — rivellino
râver *lothr.* — rêve IIc
ravidar *chw.* — reptar
ravin, ravine *fr.* — ravir IIc
ravir *fr.* — IIc
raya *sp. pg. pr.* — raggio
rayar *sp. pr.* — ib.
rayer *nfr.* — *ib.
rayo *sp. pg.* — ib.
rayon *nfr.* — ib.
~ (de miel) *nfr.* — ib.
raz *pg.* — arazzo IIa
raza *sp. pg. pr.* — razza; XVI
   (XIII)
razę *wal.* — raggio
razim *pr.* — raisin IIc
razina *pr.* — racine IIc
razione *it.*
razza *it.* — I; tiere IIc
~ *it.* — raggio
razzare *it.* — ib.
razzo *it.* — ib.
~ *it.* — arazzo IIa
rc *pr.* — rien IIc
[~] *pr.* — sé IIc
ré *afr.* — *IIc; redil IIb
real *sp. pg.* — IIb
real² (pl. reaes, réis) *sp. pg.* — IIb
realme *asp.* — reame
reame *it. asp.* — *I
reattino *it.* — roitelet IIc
rebatar *sp. pg.* — IIb
rebbio *it.* — IIa
rebec *fr.* — ribeba; [rabâcher IIc]
[rebeco] *sp.* — rivescio
rebelle *afr.* — ribeba
rebellin *sp.* — rivellino
rebentar *sp. pg.* — *IIb
[rebéquer, se] *fr.* — rivescio
rebitar *pg.* — river IIc
rebondre *pr. afr.* — IIc
rebosar *nsp.* — versare
rebost *pr.* — rebondre IIc .
rebotar *pr.* — raboter IIc
rebôtre *burg.* — rebondre IIc
rebours, rebourser *fr.* — *broza
reboz *afr.* — rebondre IIc
rebrousser *fr.* — broza
recà *com.* — racher IIc
recabdar *asp. apg.* — recaudar IIb
recabedar, recabedo, recabito *apg.*
   — ib.
recadar *pg.* — ib.
recado *sp. pg.* — ib.
recaigner *afr.* — regañar
recamar *sp. pg.* — ricamare
recamer *fr.* — ib.
recamo *sp. pg.* — ib.
recaner *afr.* — regañar
recapte *cat.* — recaudar IIb

recare *it.* — IIa
recatar, recato *sp. pg.* — catar
recaudar *sp.* — IIb
recaudo *sp.* — recaudar IIb
recear *pg.* — zelo
recensar *pr.* — *rincer IIc
recentar *sp.* (vrlt.) [*it.* mndt.] — ib.
receo *pg.* — zelo
recercelat *pr.* — cerceau IIc
recercelé *afr.* — ib.
récere *it.* — IIa
réchaner *berr.* — regañar
rechap *pr.* — chef IIc
rèche *pic.* — *IIc
rechi *wall.* — racher IIc
rechief *afr.* — *chef IIc
rechignar *pr.* — rèche IIc
rechigne (adj.) *fr.* — ib.
rechigner *afr.; fr.* — *ib.
rechin *afr.* — ib. ; rognone
rechinar *sp. pg.* — rèche IIc
[rechinchier] *afr. pic.* — rincer IIc
[rechincier] *afr.* — ib.
rechiner *afr.* — rèche IIc
[rechinser] *fr.* — rincer IIc
récif *fr.* — arrecife IIb
recife *pg.* — ib.
reciner *afr.* — desinare
récio *sp.* — IIb
[reclutar] *sp.* — recru IIc
[reclutare] *it.* — ib.
[recluter] *afr.* — ib.
recobrar *pr.* — cobrar
recobrarse *sp.* — ib.
recodir *asp.* — cudir IIb
recodo *sp.* — cúbito
recoi *afr.* — cheto
recolice *afr.* — regolizia
recourre *nfr.* — scuotere
recousse *fr.* — *ib.
recouvrer *afr.* — *cobrar
récova *pg.* — récua IIb
recreant *afr.* — ricredersi
recreer *asp.* — ib.
recreire (se) *pr. afr.* — ib.
recreu *afr.* — ib.
recrezen, recrezut *pr.* — ib.
recroitre *fr.* — *recru IIc
recru *fr.* — *IIc
recrue, recruter *fr.* — *recru IIc
récua *sp. cat.* — IIb
recuar *pg.* — rinculare
recudar *apg.* — rifusare
recudir *sp. pg.* — cudir IIb
recular *sp. pr.* — rinculare
reculer *fr.* — ib.
reculons (à) *fr.* — ib.
red *sp.* — rauda ; ré IIc ; redil IIb
redable *occ.* — ráble IIc
reddere *ait.* — rendere
rédea *pg.* — rédina

redecine *wal.* — racine IIc
[reder] *afr.* — radoter IIc
redil *sp. pg.* — IIb
redimir *sp.* — remir IIb
rédina *it.* — I ; parco
redingote *fr.* — IIc
re di siepe *it.* — roitelet IIc
redo *it.* — *I ; agrès IIc
redomoinho *pg.* — mulino
redondear *sp.* — rogner IIc
[redondo] *sp.* — redor IIb
redonhar *pr.* — rogner IIc
redor *sp.* — *IIb
redorta *pr.* — ritorta
redoter *afr.* — *radoter IIc
redoute (f.) *fr.* — ridotto
redrar *asp.* — redruña IIb
redre *pr.* — rendere
redro *sp.* — redruña IIb
redruña *sp.* — IIb ; gauche IIc
reducto *sp.* — ridotto
réduit *fr.* — ib.
rée (de miel) *afr.* — raggio
[~] *afr.* — ib.
[réer] *afr.* — ib.
refe *it.* — *IIa
refece *apg.* — rafez IIb
refem *pg.* — rehen IIb
refiudar *pr.* — rifiutare IIa
refléchir *fr.* — fléchir IIc
refoufá *npr.* — fofo IIb
refrain *fr.* — refran
refraindre *afr.* — ib.
refran *sp.*
refranh *pr.* — refran
refranher *pr.* — crepare ; refran
refrão *pg.* — refran
refregar *sp.* — fregare
refriega *sp.* — ib. ; riote IIc
refrim *pr.* — refran
refrinhar *pr.* — ib.
refrinher *pr.* — ib.
refrogner (se) *fr.* — *frignare IIa
refroigner *afr.* — ib.
refudà *mail.* — rifiutare IIa
refudar *pr.* — rifusare; rifiutare IIa
refuidar *pr.* — rifiutare IIa
refusar *pg. fr.* — rifusare ; biasciu
refuser *fr.* — rifusare ; XXIV (XIX) 6 ; [hanter IIc]
rega *pr.* — raggio
regaagner *afr.* — guadagnare
regain *nfr.* — guaime
régal *fr.* — regalare
regalar *sp. pg.; sp. asp.* — ib.; carrasca IIb
regalare *it.* — *I
regalarse *sp.* — regalare
régaler *fr.* — ib.
regalicia *pr.* — regolizia

regaliz *sp. pg.* — regolizia
regalo *it. sp. pg.* — regalare
reganar *pr.* — regañar
regañar *sp.* — *I
reganhar *pr. pg.* — regañar
regatar *pg.* — accattare
regazar *sp. pg.* — regazo IIb
regazo *sp. pg.* — IIb
[~] *it.* (mndt.) — ragazzo IIa
regazzo *ver.* — ib.
regelar *sp.* — regalare
regeler *afr.* — ib.
regiber *afr.* — regimber IIc
regiel *afr.* — regalare
[regieres] *afr.* — gier IIc
regimber *fr.* — IIc
régime *fr.* — reame
[region] *afr.* (m.) — ib.
regippai *burg.* — regimber IIc
regisme *pr.* — reame
registo *pg.* — registro
registre *pr. fr.* — ib.
registro *it. sp.*
reglia *com.* — randello IIa
réglisse *nfr.* — regolizia
regna *pr.* — rédina
[regnart] *afr.* — assener IIc
[Regnaut] *afr.* — ib.
regnon *afr.* — rognone
regocijo *sp.* — gozo IIb
regoldar *sp.* — IIb
regolizia *it.*
regret *fr.* — regretter. IIc
regretar *pr.* — ib.
regreter *afr.* — ib.
regretter *fr.* — *IIc
regulecia *pr.* — regolizia
rehen *sp.* — IIb
rehendija *asp.* — rendija IIb
rehusar *sp.* — rifusare
rehuser *afr.* — ib.
rehuzar *pr.* — ib.
rçia *wal.* — rogna
reille *afr.* — relha
reimbrar *apg.* — membrare
rein *fr.* — trognon IIc
[~] *afr.* — rame IIc
reina *pr.* — rédina
reïnchar *asp.* — hennir
reine *fr.* — fierce IIc
reinette *fr.* — IIc
reinser *afr.* — IIc
reire *pr.* — retro
reissidar *pr.* — destare IIa
reiz *afr.* — ré IIc
reja *sp.* — IIb; relha
~ *sard.* — raggio
rejo *sp.* — ardiglione; rebbio IIa
relais, relaisser *fr.* — *relayer IIc
relámpago *sp. pg.* -- lampo

relayer *fr.* -- *IIc
relé *pg.* — ralea IIb
relha *pr. pg.*
~ *pg.* — reja IIb
relief *fr.* — IIc
relieve *sp.* — relief IIc
relinchar *sp.* — hennir
reloeuri *mail.* — oriuolo
relogio *pg.* — ib.
relotge *pr.* — ib.
relox *sp.* — ib.; [redor IIb]
reluquer *fr.* — luquer IIc
relva *pg.* — IIb
relvar *pg.* — relva IIb
rem *apg.* — rien IIc
[~] *pr.* — rame IIc
rema *it.* — rhume IIc
rematar *sp. pg. pr.* — matar IIb
remate *sp. pg.* — ib.
[remblai, remblayer] *nfr.* — biado
rembroncher *burg.* — embronc IIc
réme (f.) *hen.* — rame IIc
remedar *sp. pg.* — IIb
remercier *nfr.* — mercè
remico *asp.* — rima
remir *pg.* — IIb
[remire] *afr.* — verrina; mire IIc
remo *npr.* — rame IIc
remoinhar *pg.* — mulino
remolacha *sp.* — *IIb
[remolas] *hen.* — remolacha IIb
remolcar *pg.* — rimurchiare
remole (f.) *fr.* — mulino
remolinar *sp.* — ib.
remolino *it. sp.* — ib.
remorquer *fr.* — rimurchiare
remota *pr.* — meute IIc
remoudre *fr.* — mulino
remoulin, remouliner *afr.* — ib.
remous (m.) *fr.* — ib.
rempar *afr.* — parare
remparer (se), rempart *fr.* — ib.
remudar *pr.* — muer IIc
remuer *fr.* — ib.
ren *piem.* — rang IIc
~ *pr.* — rien IIc
renard *fr.* — IIc; golpe; [assener IIc]
renardé *pic.* — renard IIc
renardie *afr.* — ib.
[Renaut] *afr.* — assener IIc
renc *pr.* — rang IIc
renchezà *wal.* — hennir
rencilla *sp* — reñir IIb
renco *sp.* — ranco; rincon IIb
rencon *asp.* — rincon IIb
rencor *npr.* -- rancore
renda *pg.* — randa; [quejando IIb]
~ *ait. asp.* — andare
render *pg.* -- rendere
rendere *it.*
rendija *sp.* — IIb

rendir *sp.* — reudere; adonare· IIa
rendita *it.* — rendere
rendon (de) *sp.* — randar
rendre *pr. afr.* — rendere
rène *fr.* — rédina; laisse IIc
renevei *burg.* — renou IIc
renfrogner (se) *fr.* — frignare IIa
rengar *pr.* — rang IIc
renge *afr.* — *IIc
rengla *cat.* — ringla IIb
renglon *sp.* — ib.
rengo *sp.* — ranco
rengréger *nfr.* — *greve
renhir *pg.* — reñir IIb
renho *pr.* — rognone
reuifler *fr.* — niffa
renillar *cat.* — hennir
reñir *sp.* — IIb
renne *fr.* — rangifero
renoille *afr. jur.* — grenouille IIc
renou *pr.* — IIc
renovero *sp.* — renou IIc
renovier *pr.* — ib.
renso *it.* — IIa
renta *sp. pr.* — rendere; [quejando IIb]
rentar *cat.* — rincer IIc
rente *fr.* — rendere
~ *pg. neap.* — rez IIc
rennevo *sp.* — renou IIc
renunchiu *wal.* — rognone
[renvier] *fr.* — envis IIc
renyir *cat.* — reñir IIb
reo *it.; sp.* — IIa; XXV (XIX) 7
reorte *afr.* — *ritorta
repairar *pg.* — pairar IIb
~ *pr.* — repairer IIc
repaire *pr. afr.; nfr.* — ib.
repairer *afr.* — IIc
reparar *sp.* — parare
~ *pg.* — pairar IIb
reparmer *burg.* — sparagnare
reparo *sp.* — parare
repausar *pr.* — pausare
repens *pr.* (Eluc.) — ripire IIa
repentaille *afr.* — ripentaglio IIa
repente *it.* — sovente; [ripentaglio IIa]; [rebentar IIb]
repentir *fr.* — ripentaglio IIa
ré-pepin *norm.* — roitelet IIc
[repercutir] *sp.* — cutir IIb
répit *fr.* — IIc
repolho *pg.* — repollo IIb
repollo *sp.* — IIb
reponche *sp.* — raperonzo
reposar *sp.* — pausare
reposer *fr.* — ib.
repousar *pg.* — ib.
représaille *fr.* — ripresaglia
represalia *sp.* — ib.
reproche *fr. sp.* — *reprocher IIc

reprocher *fr.* — *IIc; proche IIc; [broncio IIa]
reprochier *pr.* — reprocher IIc
repropchar, repropche *pr.* — ib.
reprovier *pr. afr.* — ib.
reptar *asp. pg. fr.*
repuns *afr.* — rebondre IIc
rèque *pic.* — *rèche IIc
requebrar, requiebro *sp.* — crepare
requiem *fr.* — requin IIc
requin *fr.* — IIc
requinquer *fr.* — clinquant IIc
res *sp.* — IIb
~ *cat.* — rien IIc
rès *afr.* — rez IIc
resar *cat.* — rezar IIb
resboi *wal.* — guerra
resbune *wal.* — bonaccia
rescatar, rescate *sp.* — accattare
reschign, reschignàs *com.* — rèche IIc
rescodre *pr.* — scuotere
rescorre *afr.* — ib.
rescossa *pr.* — ib.
[rescousse] *fr.* — ib.
rèse *afr.* — raise IIc
réseau *fr.* — IIc
resega, resegà *com. mail.* — risicare
resemblar *sp. pr.* — sembrare
resgatar, resgate *pg.* — accattare
resgne *afr.* — rédina
resma *sp. pg.* — risma
resoigner *afr.* — sogna
resollar *nsp.* — sollar IIb
resordre *afr.* — sourdre IIc
resort, resortir *afr.* — sortire²
resperir *afr.* — esperir IIc
respieit *pr.* — répit IIc
respiter *afr.* — ib.
[resplandecer] *sp.* — zaranda IIb
resquicio *sp. pg.* — quicio IIb
ressembler *fr.* — sembrare
ressif *fr.* — arrecife IIb
ressort *fr.* — sortire
~ *fr.* — sortire²
ressortir *fr.* — sortire
~ *fr.* — sortire²; cobrar
ressource (f.) *fr.* — sourdre IIc
rest *pr.* — resta
resta *it.*
~ *it.* — arista
resta² *it.*
restañar *sp.* — stancare
restar *sp.* — chauffer IIc
restare *it.* — ib.
reste *pg.* — resta
~ *pg.* — resta²
restia *pg.* — resta
restin *mail.* — restio
restío *it.*
restiu *pr.* — restío

restreindre *fr.* — étreindre IIc
resurtir *sp.* — sortire
resve, resver *afr.* — rêve IIc
retama *sp. pg.* — IIb
retar *nsp.* — reptar
retentir *fr.* — bondir IIc
reter *afr.* — reptar
reticella *it.* — réseau IIc
rétif *fr.* — restío
retina *sic.* — rédina
retoñar *sp.* — retoño IIb
retoño *sp.* — IIb
retorta *sp.* — ritorta
retorte *fr.* — ib.
retre *acat.* — rendere
rétrécir *fr.* — étroit IIc
retro *it.* (in comp.)
retroencba *pr.* — retroenge IIc
retroenge *afr.* — IIc
retroenza *pr.* — retroenge IIc
[retrois, retros, retrox] *afr.* — torso
retrouve *hen.* — trovare
retrowange *afr.* — retroenge IIc
retto *it.* — cutretta IIa
reu *wal.* — reo IIa
reuffle *burg.* — ruffa
reule *afr.* — meule IIc
reuper *apic.* — IIc
reus *chw.* — reo IIa
reüsar *pr.* — rifusare; biasciu
reüser *afr.* — rifusare
réussir *fr.* — escire
réussite *fr.* — guarire
reva *pr.* — rêve IIc
revanche, revancher *nfr.* — vengiare
rêvasser *fr.* — rêve IIc
rève *norm.* — raggio
rêve *fr.* — *IIc
revêche *fr.* — *rivescio
reveiller *fr.* — revel IIc
revel *pr.; afr.* — IIc; [rovello IIa]
(Nachträge)
reveler *afr.* — revel IIc
revelim *pg.* — rivellino
revelin *fr.* — ib.
revellar *pr.* — revel IIc
revenger *afr.* — vengiare
revenjar *pr.* — ib.
reventar *sp. pg.* — rebentar IIb
rever *chw.* — ripire IIa
rêver *fr.* — *rêve IIc: revel IIc;
[radoter IIc]; [ravauder IIc]
[reverchier] *afr.* — quatto
reverencia *sp.* — usted IIb
revers *fr.* — rivescio
reves *sp. pg.* — ib.
[revesche] *afr.* — ib.
revesso *pg.* — ib.
revois *afr.* — *ib.
[revoit] *afr.* — ib.
revolina, ~r *pr.* — *mulino

revolopir *pr.* — viluppo
révora *pg.* — robra IIb
reyalme *pr.* — reame
reyezuelo *sp.* — roitelet IIc
reyna *sp.* — fierce IIc
Reynaldos *sp.* — dio
rez *fr.* — *IIc
~ à rez *afr.* — rez IIc
~ e rez *pg.* — ib.
~ pg. — res IIb
[~-de-chaussée] *fr.* — rez IIc
rezaga *sp.* — zaga IIb
rezar *sp. pg.* — IIb
~ *sp.* — astore
rezegá, rezegue *npr.* — risicare
rezelar, rezelo *sp.* — zelo
rezno *sp.* — IIb
rezoynar *pr.* — rogner IIc
rezza *it.* — *IIa; brezza
rezzo *it.* — aura
Rheims *fr.* — renso IIa
rhubarbe (f.) *fr.* — rabárbaro
rhume (f.) *fr.* — IIc
ria *sp. pg. cat.* — IIb
ribadire *it.* — river IIc
ribaine *fr.* — bedon IIc
ribaldo *it. asp. pg.* — I; [ravauder IIc]
ribaltare *it.* — *IIa
riban *norm. lothr. berr.* — ruban IIc
ribar *pr.* — river IIc
ribaud *fr.* — ribaldo; maraud IIc
ribauda *pr.* — ribaldo
ribaude, ribaudequin *fr.* — ib.
ribaut *pr.* — ib.
ribazo *sp.* — derribar IIb
ribeba *it.*
ribeca *it.* — ribeba
ribeira *pg. pr.* — riviera
riber *afr.* — ribaldo
ribera *sp. asp.* — riviera; XVI (XIII)
riblá *npr.* — river IIc
ribler *afr.* — ribaldo
riblo (f.) *npr.* — river IIc
ribon *fr.* — bedon IIc
ribrezzo *it.* — brezza
ributtare *it.* — raboter IIc
ric *pr.* — ricco
ricamare *it.* — *I
ricamo *it.* — ricamare
ricaner *nfr.* — *regañar
ricapitare, ricapito *it.* — recaudar IIb
riçar *pg.* — riccio²
riccio *it.* — I; riccio²; stordire
riccio² *it.*
ricco *it.* — I; smacco IIa
richaud *fr.* — *maraud IIc
riche *fr.* — ricco
ricino *it.* — rezno IIb
rico *sp. pg.* — ricco

riço _pg._ — riccio[7]
ricotta _it._ — scotta IIa
ricovrare _it._ — cobrar; sortire[2]
ricredente _it._ — ricredersi
ricredersi _it._
ricreduto _it._ — ricredersi
ridda _it._ — riddare IIa
riddare _it._ — IIa; rider IIc
ride, rideau _fr._ — rider IIc
rider _fr._ — IIc
ridotto _it._
riel (m.) _sp._ — IIb
rien _fr._ — IIc
rienda _sp._ — rédina
riere _afr._ — retro
riesgo _sp._ — risicare
rieu _hen._ — ru IIc
[rieuler] _afr._ — barioler IIc
rifa _sp. pg. cat. sic. com._ — riffa
rifar _sp. pg. cat._ — ib.
rifeter _hen._ — ib.
riffa _it._
~ -raffa _chw._ — raffare
riffer _afr.; lothr._ — riffa
riffe-raffa _rom._ — raffare
riffilo _it._ — riffa
riffle _afr._ — ib.
riffler _afr. pic. norm._ — ib.
rifi-rafe _sp._ — raffare
rifiutare _it._ — IIa; rifusare; XXV (XIX) 7
riflador _piem._ — riffa
rifle _norm._ — ib.; raffare
rifler _wall._ — riffa
rifusare _it._ — *I; rifiutare IIa
riga _it._ — IIa; rang IIc; riolé IIc
rigato _it._ — riolé IIc
righignà _mail._ — regañar
rigido _it._ — roide IIc
rigo _it._ — riga IIa
rigoglio _it._ — orgoglio; ervo
rigógolo _it._ — gálbero
rigole _fr._ — IIc
rigoletto _it._ — gálbero
~ _it._ — riga IIa
rigoro _it._ — rigole IIc
rigot _pr._ — *IIc
~ _afr._ — rigole IIc; [rigot IIc]; [la-rigot IIc]
rigotar _pr._ — rigot IIc
rigottato _it._ — ib.
rilevo _it._ — relief IIc
rilhar _pg._ — *IIb
rim _pr._ — rima
rima _it. sp. pg. pr.; sp._ — *I
rimá _npr._ — rima
rimar _pr. sp. pg._ — ib.
rimare _it._ — ib.
[rimbeccare, rimbecco] _it._ — ri-vescio

rimbombare _it._ — bomba
[rimbrocciare] _ait._ — broncio IIa
[rimbrottare] _it._ — brontolare IIa
rime _fr._ — rima; grimoire IIc
[~] _afr._ — rame IIc
rimée _pic._ — frimas IIc
rimer _fr._ — rima
[rimer] _afr._ — rame IIc
rimitu _sic._ — romito IIa
rimo _asp._ — rima
rimolinare _it._ — mulino
[rimorchio] _it._ — borchia IIa
rimpetto _it._ — IIa; prieto IIb
[rimprocciare] _it._ — broncio IIa
rimproverare, rimproverio _it._ — im-proverare; [brontolare IIa]
rimurchiare _it._
rin (m.) _afr. com._ — *IIc
riña _sp._ — reñir IIb
rincagnarsi _it._ — rèche IIc
rinceau _fr._ — IIc
rincer _fr._ — *IIc; morceau IIc
rinchar _pg._ — hennir
rincla _chw._ — renge IIc
rincon _sp._ — IIb; ranc IIc
rincontra _it._ — rimpetto IIa
riucrescere _it._ — increscere IIa
rinculare _it._
ringavagnare _it._ — guadagnare
ringhiera _it._ — aringo
ringla _sp._ — IIb
ringlero _sp._ — ringla IIb
riñon _sp._ — rognone
rinser _pic._ — rincer IIc
rintuzzare _it._ — intuzzare IIa
rinvergare _it._ — frugare
rio _it._ — reo IIa; XXV (XIX) 7
~ _sp._ — ru IIc; andarío IIb
riolé _afr._ — IIc; barioler IIc
riorte _afr._ — ritorta
riota _pr.; cat._ — riote IIc
riote _afr._ — IIc
rioter _afr.; nfr._ — riote IIc
riotta, riottare _it._ — ib.
ripa _pg._ — ripio IIb
riparare, riparo _it._ — parare
ripatriare _it._ — repairer IIc
ripe _fr._ — riper IIc
ripentaglio _it._ — *IIa
riper _fr._ — IIc
ripia _sp._ — ripio IIb
[ripiano] _it._ — rivellino
ripiar _sp._ — ripio IIb
ripido _it._ — IIa
ripio _sp. pg. val._ — IIb
ripire _it._ — IIa; [ripentaglio IIa]
riposare _it._ — pausare
ripresaglia _it._
rire _fr._ — regañar
ris _pr._ — riso

risca, riscar *pg.* — risicare
riscase *wal.* — riso
risco *it.*; *sp.* — *risicare; [ripentaglio IIa]
riscossa, riscuotere *it.* — scuotere
risicare *it.* — *I; arisco IIb
risico *it.* — risicare; [ripentaglio IIa]
risma *it.*
riso *it.*
risolvere, ~lsi *it.* — sciogliere IIa
risorto *it.* — sortire²
risparmiare *it.* — sparagnare
rispitto *it.* — répit IIc
risque, risquer *fr.* — risicare; [ripentaglio IIa]
rissir *afr.* — escire
rissoler *fr.* — IIc
rista *piem.* — resta
riste *pg.* — resta²
ristra *sp.* — resta
ristre *sp. pg.* — resta²
ritorta *it.* — *I
ritroso *it.* — IIa; toso
~ *it.* — bertovello
ritrovare *it.* — trovare
ritto *it.*
riu *pr.* — ru IIc
[~] *afr.* — rin IIc
riuscire *it.* — escire
riuscita *it.* — guarire
riva *it.* — ria IIb
rivel *afr.* — revel IIc
[rivella] *it.* — rivellino
rivellino *it.* — *I
river *fr.* — IIc
~ (le lit) *berr.* — IIc
rivescio *it.* — *I; avieso IIb
riviera *it.*
rivière *afr.; nfr.* — riviera
rivo *it.* — ru IIc
[rivoltare] *it.* — ribaltare IIa
riz *fr.* — riso
rizar, rizo *sp.* — riccio²
rizzare *it.*
ro *sp.* — IIb
roable *afr.* — râble IIc; [rilhar IIb]
roaz *apg.* — roba
rob *wal.* — ib.
~ *it. sp. fr.* — robbo
roba *it. asp.*
robar *sp.* — roba
robaz *apg.* — ib.
robbia, robbio *it.* — roggio
robbu *it.*
robe *fr.* — roba
~ *pg.* — robbo
rober *afr.* — roba
robi *pr.* — rubino
robì *wal.* — roba
robin *sp.* — ruggine
robir *asp. wald.* — roba

roble *sp. pg.* — róvere
robo *sp.* — roba
róbora *pg.* — robra IIb
robóte *wal.* — roba
robra *sp.* — IIb
roc *cat.; fr.* — rocca
~ *pr. fr.* — rocco
roca *sp. pg. pr.* — rocca; barrueco IIb
~ *pg.* — rocca²
rocca *it.* — *I; rocchio IIa; [dirupare]; [rosser IIc]
rocca² *it.*
roccetto *it.* — rocchetto
rocchetta *it.* — rocca²
rocchetto *it.* — I; rocca
rocchio *it.* — IIa
roccia *it.* — *rocca
rocco *it.*
rocha *pg. pr.* — rocca
roche *fr*; *afr.* — *ib.; cocchio
rocher *fr.*; (vb.) *afr. norm.* — rocca
rochet *fr.* — rocchetto
róchie *wal.* — ib.
rochier *pr.* — rocca
[~] *afr.* — ib.
roci *pr.* — rozza
rociada *sp. pg.* — ros
rociar *sp.* — ib.; [arrojar IIb]
rocin, rocinante *sp.* — rozza
rocío *sp.* — ros; [bravo]
rócio *pg.* — ros
roco *it.* — fioco IIa
rodar *sp. pr. cat.; pg.* — rôder IIc
~ (mundo) *sp.* — ib.
rodela *sp.; pr.* — rotella
rôder *fr.* — IIc
rodilla *sp.* — rotella
Rodrigo *sp.* — barriga IIb; rodrigon IIb; XV (XII)
rodrigon *sp.* — IIb
Rodriguez *sp.* — XV (XII)
roe *wal.* — ros
roele *afr.* — rotella
roeler *afr.* — rotolo
[roer] *pg.* — rilhar IIb
rofée *afr.* — ruffa
roffia *it.* — ib.
rofia *rom.* — ib.
rog *pr.* — roggio
rogar *sp. pg. cat.* — rover IIc; doga
rogare *it.* — rover IIc
roggio *it.*
rogia *lomb.* — arroyo IIb
rogir *pr.* — roggio
rogna *it.* — I; [carogna]
rogne *fr.* — rogna
rogner *fr.* — IIc
rognie *pic.* — IIc
rognone *it.*
rognoso *it.* — rogna

rogo *it.* — IIa
rogue *fr.* — IIc
roi *afr.* — redo; [ré IIc]
[roiaume] *afr.* — reame
roi bédelet *fr. (Saintonge)* — roitelet IIc
roi-bertaud *berr.* — ib.
roide *fr.* — IIc
roie, roier *afr.* — raggio
roife *afr.* — ruffa
roignon *nfr.* — rognone; trognon IIc
roìlh, roìlha *pr.* — ruggine
roìller *afr.* — crollare
roim *pg.* — ruin IIb
[roisant] *afr.* — rincer IIc
[roiscier] *afr.* — rocca
roise *fr.* — rouir IIc
[roissier] *afr.* — rocca
[roiste] *afr.* — ruste IIc
[roit] *afr.* — ré IIc
roitelet *fr.* — IIc
roixar *apg.* — rausar IIb
roja (adj.) *pr.* — roggio
rojão, rojar *pg.* — rozar IIb
rol *sp.* — rotolo
rolar *pr.* — viola
Roldan *sp.* — rotolo
rolde *sp.* — ib.; baldo; [bouder IIc]
rôle *fr.* — rotolo
rolle *pr.* — ib.
rollo *sp.* — ib.
Rollo *afr.* — haro IIc
rom *cat.* — rombo IIb
roman *fr.* — romanzo
romance *sp.* — ib.
romancier *afr.* — ib.
romaní *pr. cat.* — ramerino
romans *pr. afr.* — romanzo
romansar *pr.* — ib.
romansch *chw.* — ib.
romant *afr.* — ib.
romantique *fr.* — ib.
[romanza] *sp.* — parelle IIc
romanzar *sp.* — romanzo
romanzo *it.*
ròmarin *fr.* — ramerino
romba *it.* — rombo IIa
rombo *it.*
~ *it.* — *IIa; fioco IIa; [rima]
~ *pg.* — IIb
rombola, rombolare *it.* — rombo IIa
romeo *it. asp.*
romero *sp.* — ramerino
~ *it.* (mndt.) *sp.* — romeo
romiar *pr.* — ronger IIc
romier *afr.* — romeo
romire *it.* — IIa
romíto *it.* — IIa
romo *sp.* — rombo IIb
roña *sp.* — rogna; arañar IIb
ronc *cat.* — ronco IIb

ronca *it.* — IIa
~ *sp.* — râler IIc
[roncà] *bresc. com. mail.* — roncar IIb
roncar *sp. pg. cat.* — *IIb; ronco IIb; froncher IIc; [froncir]
ronce (f.) *fr.* — *IIc
~ *afr.* — froncir
roncear *sp.* — IIb; [broncio IIa]
ronceiro *pg.* — roncear IIb
roncejar *cat.* — ib.
roncero *sp.* — ib.
[ronchier] *afr.* — froncir; roncar IIb
ronchin *pic.* — rozza
ronchione *it.* — rocchio IIa
ronci *pr.* — rozza
ronciglio *it.* — ronce IIc
roncin *afr.* — rozza
ronco *sp. apg.* — IIb; [bronco]
ronda *ven.* — girfalco
rondão (de) *pg.* — randar
róndine *it.*
rondinella *it.* — róndine
rondon (de) *sp.* — randa
ronfare *ven.* — ronfiare
ronfiare *tosc.* — *I
ronflar *pr.* — ronfiare
ronfler *fr.* — râler IIc
ronger *fr.; afr.* — IIc
ronha *pr. pg.* — rogna
ronho *pr.* — rognone
ronsar *pr.* — ronce IIc; rosser IIc
ronser *pr.* — ronce IIc
ronsge *afr.* — ronca IIa
ronsin *lothr. wall.* — rozza
ronzar *sp.* — ronzare IIa
ronzare *it.* — IIa; roncear IIb
ronzino *it.* — rozza
ronzone *it.* — ronzare IIa
rooigner *afr.* — rogner IIc
rooler *afr.* — rotolo
roorte *afr.* — *ritorta
roouso *lim.* — rausa IIc
ropa *sp.* — roba
roque *sp. pg.* — rocco
roquete *sp.* — rocchetto
roquette *fr.* — ruca
ror *chw.* — raus IIc
rore *sard.* — ros
rorro *sp.* — ro IIb
rorte *afr.* — ritorta
ros (m.) *pr.*
~ *pr.* — rosso
~ *berg.* — rozza
~ *norm.* — raus IIc
roš *wal.* — rosso
rosa *it. sp. pg. pr.*
~ *rom.* — rausa IIc
rŏsa *chw. mail. piem.* — rosa
rosada *pr.* — ros
rosca *sp. pg. cat.* — IIb
rosch *trient.* — rospo IIa

rose *fr.* — rosa
roseau *fr.* — raus IIc
rosée *fr.* — ros
roselet *norm.* — bele IIc
roseñol, roseñor *asp.* — rosignuolo
Roser *pr.* — chêne IIc
rosignôler *burg.* — rosignuolo
rosignuolo *it.*
rosin *afr. pic.* — raisin IIc
rośíu *wal.* — rosso
rosmaninho *pg.* — ramerino
rosolare *it.* — rissoler IIc
rospo *it.* — IIa
rossa *pr.* — rozza
rosse *fr.* — ib.; rosser IIc
rosser *fr.* — *IIc; [rocca]
rossi *pr.* — rozza
rossignol *pr. fr.* — rosignuolo
rossim *pg.* — rozza
rossiuhola *pr.* — rosignuolo
rosso *it.*
rost *wal.* — rostro IIb
~ *val.* — raust IIc
rosta *it.* — IIa
rostà *com.* — rosta IIa
rosteiu *wal.* — ib.
rostir *cat.* — rostire
rostire *it.*
rosto *pg.* — rostro IIb
rostro *sp.* — IIb
rosu *sard.* — ros
rot *fr. cat.* — IIc
rota *sp. pg. pr.* — rotta; grotta
~ *pr.*; *pg.* — rotta
~ *asp. pr.* — rote IIc
rotar *cat.* — regoldar IIb
rote *afr.* — IIc
~ *afr.* [wall.] — rotta
~ *norm.* — ritorta
rotella *it.*
rôti, rôtir *fr.* — rostire
rotlar *pr.* — crollare; rotolo
rotle *pr.* — rotolo
rotolare *it.* — ib.
rotolo *it.*
rotruange, rotruenge, rotruhenge *afr.*
 — retroenge IIc
rotta *it.* — *I; [estern IIc]
rotuenge *afr.* — retroenge IIc
roture, roturier *fr.* — rotta
rou *pg.* — ro IIb
rouba *apg.* — roba
roubar *pg.* — ib.
roubaz *apg.* — ib.
roubo *pg.* — ib.
rouche *fr.* — ruche IIc
[rouchier] *afr.* — roncar IIb
roucin *afr.* — rozza
rouco *pg.* — ronco IIb
rouçom *apg.* — rausar IIb
roue *fr.* — pirouette IIc; [ritorta]

rouer *fr.* (mudt.) — rôder IIc
[rouette] *nfr.* — ritorta; pirouette
 IIc
rouffle *jur.* — ruffa
rouflá, roufle *npr.* — râler IIc
rouge, rougir *fr.* — roggio
rouier *hen.* — rôder IIc
rouille *fr.* — ruggine
rouir *fr.* — IIc
[rouker] *afr.* — roncar IIb
[roukler] *hen.* — ib.
rouler *nfr.* — rotolo; rôder IIc
roumec *occ.* — ronce IIc; máschera
rouméco *occ.* — máschera
roumpudo *occ.* — friche IIc
roupa *pg.* — roba
rouque *occ.* (neu) — rocca [2]
roure *pr.* — róvere
rousar *apg.* — rausar IIb
rousselet *pic.* — râler IIc
roussin *nfr.* — rozza
route *afr.*; *fr.* — *rotta; strada;
 brive IIc
routier *fr.* — *rotta
routine *fr.* — ib.
[rouvelent, rouvent] *afr.* — rovello IIa
rouver *afr.* — doga
rouvre *fr.* — róvere
roux *fr.* — rosso; rissoler IIc
rouxinhol, rouxinol *pg.* — rosignuolo
rouxo *pg.* — roggio
rovajo *it.* — IIa
rovell *cat.* — ruggine
rovella *it.* — rovello IIa
rovello *it.* — *IIa (auch Nachträge)
rover *afr.* — IIc; corvée IIc
róvere *it.*
rovescio *it.* — rivescio; toso; [rovello
 IIa] (Nachträge)
Rovigo *it.* — biado; chiodo IIa
rovistare *it.* —IIa; trovare; [rovello
 IIa] (Nachträge)
rovistico *it.* — ruvistico IIa
roxo *sp.* — roggio
~ *sp. pg.* — rosso
roy *afr.* — redo
royal *afr.* — real IIb; real[2] IIb
royaume *nfr.* — reame
[royon] *afr.* — ib.
roz *com.* — rozza
rozar *sp. pg.* — IIb
roznar *sp.* — ronzare IIa
rozza *it.*
rozzo *it.* — IIa
ru *afr.* — *IIc
~ *pg.* — ro IIb
rua *sp. pg. pr.*; *pr.* — ruga
ruar *sp.* — arrojar IIb
~ *pr.* — desver IIc
rubalda, rubaldo *it.* — partigiana;
 ribaldo

ruban *fr.* — IIc
rubare *it.* — roba; ribaldo; flauto; bugía; tuffare IIa
rubbio *it.* — IIa
rubí *sp.* — rubino
rubido *it.* — rúvido IIa
rubiglia *it.* — ervo
rubin *sp.* — rubino
rubino *it.*
rubio *sp.* — roggio
rubis *fr.* — rubino
rubo *sp.* — rogo IIa
ruca *it. pg.*
ruche *fr.* — IIc
ruchetta *it.* — ruca
ruchi *dauph.* — ruche IIc
rúcio *sp.* — IIb
ruço *pg.* — rúcio IIb
rudere *it.* — ruzer IIc
rudo *sp.* — rozzo IIa
rue *fr.* — ruga
rueca *sp.* — rocca²
ruer *fr.* — *IIc; arrojar IIb
ruf *pr.* — ruffa
rufa *com. ven. piem.* — ib.
rufà-su *com.* — ib.
rufe *berr. lim.* — ib.
ruff *mail.* — ib.
ruffa *it.* — I; zuffa IIa; ruffiano
ruffa-raffa *it.* — raffare
ruffiano *it.*
ruffien *fr.* — ruffiano
rufian *pr. sp.* — ib.
rufle *berr.* — ruffa
rufo *sp.*; (sbst.) *sp.* — ib.
rug *wal.* — rogo IIa
rugà *wal.* — rover IIc
ruga *it.*; *pr.*; *ait.*
ruggine *it.*
rugiada *it.* — *ros
rugine *wal.* — ruggine
rugumare *it.* — ronger IIc
rui *afr.* — ru IIc; [rin IIc]
ruibarbo *sp. pg.* — rabárbaro
[ruicel] *afr.* — ru IIc
ruido *sp. pg.* — IIb
ruile *afr.* — tegola
ruim *pg.* — ruin IIb
ruin *sp.* — IIb
ruiponce *sp.* — raperonzo; rodrigon IIb
ruiponto *pg.* — raperonzo
ruis *afr.* — ru IIc
ruiseñor *sp.* — rosignuolo; redor IIb
ruisseau *fr.* — *ru IIc

ruiste *afr.* — *ruste IIc
ruit *afr.* — rut IIc
ruivo *pg.* — roggio
rule *afr.* — meule IIc
rullo *it.* — rotolo
rumb *fr.* — rombo
rumbo *sp. pg.* — ib.
rumegà *mail.* — ronger IIc
rumegà *wal.* — ib.
rumiar *sp. pg.* — ib.
rumo *pg.* — rombo
runcu *sard.* — bronco
rundunea, rundurea *wal.* — róndine
runement *afr.* — runer IIc
runer *afr.* — *IIc
runfuliari *sic.* — ronfiare
runger *afr.* — ronger IIc
runha *pr.* — arañar IIb
ruosc *chw.* — rospo IIa
ruota *it.* — girfalco
rupe *it.* — rocca
ruque *norm.* — ruche IIc
ruqueta *sp.* — ruca
rusc *chw.* — rospo IIa
rusca *pr. piem. lomb.* — ruche IIc; brusco
ruscà *com.* — ib.
ruscello *it.* — *ru IIc
ruscha *pr.* — ruche IIc
rusche *afr.* — ib.
[ruschia] *aret.* — frusco IIa
ruse *nfr.* — rifusare
ruse *wal.* — rosa
ruser *afr.* — rifusare
rusignuolo *it.* — rosignuolo
ruspare *it.* — IIa
ruspo *it.* — *IIa; rospo IIa
rùspu *gen.* — ruspo IIa
rusque *afr.* — ruche IIc
russare *it.* — IIa
rustat *pr.* — ruste IIc
[rustaud] *fr.* — ib.
ruste *pr. afr.* — *IIc
~ *afr.* — lesto; gonna
rustié *afr.* — ruste IIc
rustre *nfr.* — *ib.
rut *fr.* — IIc; ruido IIb
rutto *it.* — rot IIc
rúvido *it.* — *IIa
ruvistare *it.* — rovistare IIa
ruvistico *it.* — IIa
ruxada, ruxar *cat.* — ros
ruzer *pr.* — IIc
ruzzare *it.* — IIa
ruzzolare *it.* — rotolo

s

sa *sard.* — il
~ *pr.* — qua
saas *afr.* — staccio
sabala *ven.* — sciabla
sábana *sp.*
sabata *pr.* — ciabatta
sábato *it.* — samedi IIc
sabejo *sp.* — segugio
saber *sp. pg. pr.* — sapere; quizá
    IIb
sabeza *pr.* — sade IIc
sabi *pr.* — saggio
sábie *wal.* — sciabla
sabio *sp. pg.* — saggio
sable *sp.* — sciabla
~ *afr.* — zibellino
sabot *fr.* — IIc
sabotar *pr.* — sabot IIc
saboter *fr.* — ib.
sabre *fr.* — sciabla
sabueso *sp.* — segugio
sabujo *pg.* — ib.
sabúrę *wal.* — zavorra
sac *fr.* — *sacco
sacá *npr.* — sacar; [sacco]
sacaman *npr.* — sacco
sacar *sp. pg.* — *I
saccade *nfr.* — *sacar; [sacco]
[saccage] *fr.* — sacco
saccager *fr.* — *ib.
saccheggiare *it.* — ib.
sacco *it.* — *I; ciacco IIa; tasca
saccomanno *it.* — sacco
saccouter *norm.* — sargotar IIc
saccuder *chw.* — scuotere
sachar *sp. pg.* — sacho IIb
[sacher] *fr.* — sacco
sachet *fr.* — franco
sachier *afr.* — sacar
sacho *sp. pg.* — IIb; macho IIb
saco *sp. pg.* — sacco
sacomano *sp.* — ib.
sacre *sp. pg. fr.* — sagro
sacudir *sp.* — cudir IIb; [cutir IIb];
    scuotere
sade *afr.* — IIc
~ *fr.* — saggio
sadío *pg.* — IIb
sadól *pr.* — soúl IIc
sadreia *pr.* — satureja
saduls *chw.* — soùl IIc
særsa *gen.* — gelso IIa
saeta *pg.* — saja
safar *pg.* — zafo IIb
sáfara *pg.* — IIb
sáfaro (adj.) *pg.* — sáfara IIb
saffrette *fr.* — safre IIc

safio *pg.* — zafio IIb
safo *pg.* — zafo IIb; [anafar IIb]
sáfra *pg.* — sáfara IIb
safran *fr.* — zafferano
safranaria *cat.* — zanahoria IIb
safre *fr.* — IIc
sage *fr.* — saggio
sagena *it.* — seine IIc
sagerida *sp.* — satureja
sageta *pr.* — bègue IIc
sagetta *it.* — saja
saggiare *it.* — saggio'
saggio *it.* — I; sarpare
saggio² *it.*
sagin *pr.* — saíme
sagina *it.* — sagire
sagire *it.* — *I; [staggire IIa]
sagramen *pr.* — serment IIc
sagrin *rom. ven.* — chagrin IIc
sagrinà, sagrinâse *gen.* — ib.
sagro *it.* — I; falcone; girfalco;
    terzuolo
sahir *pg.* — IIb
sahumar *sp.* — IIb
sai *pr.* — qua; ens IIc
saiâo *apg.* — sayon IIb
saie *fr.* — saja
saiens *afr.* — ens IIc
[saier] *afr.* — stancare
saieta *pg.* — saja
saigner *fr.* — salassare IIa
saillir *fr.* — sahir IIb
[saïm] *afr.* — faggio (Nachträge)
saíme *it.*
sain *sp.* — saíme
saïn *pr.* — ib.
~ *afr.* — seta
sain-doux *fr.* — saíme
sainete *sp.* — ib.
saïns *pr.* — ens IIc
saint *afr.* — segno
sairement *afr.* — serment IIc
sais *pr.* — IIc
saisine *afr.* — sagire
saisir *fr.; afr.* — ib.; [stancare];
    [asir IIb]
saison *fr.* — IIc; *stagione; [stan-
    care]
saissa (adj.) *pr.* — sais IIc
saive *afr.* — saggio; glaive IIc
saja *it.*
[~] *sp.* — gercer IIc
sajar *sp. pg.* — sarrafar IIb; [ger-
    cer IIc]
sajo *it.* — saja
sala *it. sp. pg. pr.; pr.* — *I
~ *it.* — IIa

sala *it.* — sárria IIb

salade *fr.* — celata

sala-moja *it.* — moja

salassare *it.* — IIa

salávo *it.*

salce *sp. wal.* — saule IIc

salchicha *sp.* — salsa; XXIII (XVIII) 1

salcio *it.* — saule IIc

saldare *it.* — *soldo

saldo (adj.) *it.* — *ib.

sale *afr.* — sala; palais IIc

~ *it.* — sala IIa

salę *wal.* — sala

sale *fr.* — salávo

[salgo] *sp.* — asir IIb

salie *wal.* — sauge IIc

salir *fr.* — salávo

~ *apg.* — sahir IIb

[~] *sp.* — asir IIb

salitre *sp. pg.* — IIb

salitru *wal.* — salitre IIb

sallar *pr.* — saja

~ *sp. pg.* — sacho IIb

sallat *pr.* — saja

salle *fr.* — sala

salma *it. sp.* — *I; smeraldo; launa
  IIb

salmastro *it.*

salmoniegos *asp.* — trifoire IIc

salmoura *pg.* — moja

salmuera *sp.* — ib.

salnitro *it.* — salitre IIb

Salomon *fr.* — trifoire IIc

salope *fr.* — IIc

salpare *it.* — sarpare

salpedrez (m.) *sp.* (vrlt.) -- salpêtre
  IIc

salpètre (m.) *fr.* — IIc

salpicar *sp. pg. pr.* — *IIb

salsa *it. sp. pr.* — *I

salsapariglia *it.*

salsepareille *fr.* — salsapariglia

salsiccia *it.* — *salsa

salto *apg. it.* — soto IIb

salutatiu *pr.* — sadío IIb

salvage *sp.* — salvaggio

salvaggina *it.* — ib.

salvaggio *it.* — I; XXIV (XVIII) 4

salvagina *sp.* — salvaggio

salvagine *afr.* — ib.

salvan *mail.* — salvano IIa

salvatge *pr.* — salvaggio

salvatico *it.* — ib.; salvano IIa

salvia *it. sp. pr.* — sauge IIc

salvic *wal.* — ib.

|salvietta] *it.* — serviette IIc

salvo] *it.* — menno IIa

samaciu *pr.* — salmastro

samarra *pr.* — zamarro IIb

[sambene] *sard.* — combo

sambuc *afr.* — IIc

samcimen *pr.* — sumsir IIc

samedi *fr.* — IIc

samit *pr. afr.* — sciámito

samitarra *pg.* — scimitarra

sampogna *it.* — I; XXIV (XVIII) 4

Samson *fr.* — sansonnet IIc

samúr *wal.* — zibellino

saña *sp.* — *IIb

sanca *pr.* — zanca

~ *pr.* — zanco IIa

Sanchez *sp.* — XV (XII)

[sanchier] *afr.* — stancare

sancir *fr.* — sumsir IIc

sanco *pg.* — zanca

sancochar *sp.* — *IIb

sanctiguarse *sp.* — sandío IIb

sancxs *pr.* — zanco IIa

sandal *fr.* — sándalo

sandale *fr.* — sándalo²

sandalia *sp. pg.* — ib.

sándalo *it. sp. pg.*

sándalo² *it.*

sandeu *pg.* — sandío IIb

sandío *sp.* — IIb; bigot IIc

sanefa *pg.* — cenefa IIb

sanfonha *pg.* — sampogna

sang-goi *afr.* — goi IIc

sangle *fr.* — cinghia

sangler *fr.* — cingler IIc

sanglier *fr.* — cinghiare

sanglot *pr. fr.* — singhiozzo

sanglotar *pr.* — ib.

sangloter *fr.* — ib.

sanglut *chw.* — ib.

sangnar *pr.* — salassare IIa

sangrar *sp.* — ib.

sang royal *fr.* — graal IIc

sangue *it.* — salassare IIa

sanguileixado *apg.* — ib.

sanha *pg.* — saña IIb

sanna *it.* -- zanna IIa

sans *nfr.* — senza

sansa *it.* — cansare IIa

sansonnet *fr.* — IIc

santiguar *sp. pg.* — IIb; amortiguar
  IIb; apaciguar IIb; averiguar IIb;
  mego IIb; testigo IIb

santoreggia *it.* — satureja

sanza *ait.* — senza

saoul *afr.* — soùl IIc

sap *pr. afr.* — IIc

sape *fr.* — zappa

sapę *wal.* — ib.

sapere *it.*

sapin *nfr.* — sap IIc

sapine *fr.* — ib.

sapiu *sic.* — saggio

sapo *sp. pg.* — IIb

sapre *norm.* — safre IIc

saquear *sp.* — *sacco

saquer *pic.* — sacar; [sacco]

sarabanda *it. pg.*
sarabande *fr.* — sarabanda
saraiva *pg.* — IIb
saraivar *pg.* — saraiva IIb
[sarar] *pg.* — aro IIb
sarcelle *fr.* — cerceta; XXIV (XVIII) 4
sarchiare *it.* — sacho IIb
[sarco] *sp.* — sargia
sarcu, sarcueu *afr.* — cercueil IIc
Sardaigne *fr.* — dominio
sardella *it.* — sardina
sardina *it. sp.*
sardine *fr.* — sardina
sarga *sp.* — sargia
sargáno *it.* — ib.
sarge (f.) *fr.* — ib.
sargento *sp.* — sergente
sargia *it.* — *I
sargotar *pr.* — IIc
sargoter *burg.* — sargotar IIc
sarilho *pg.* — IIb
sarjar *sp.* — *sarrafar IIb; [gercer IIc]
[Sarmaise] *afr.* — malvagio
sarna *sp. pg. cat.* — IIb
sarpù *wal.* — sarpare
[sarpar] *cat.* — ib.
sarpare *it.* — *I
sarpe *fr.* (vrlt.) — serpe IIc; [sarpare]
sarper *fr.* — sarpare
sarquel *afr.* — cercueil IIc
sarracina *sp.* — IIb
sarrafar *pg.* — *II; [gercer IIc]
sarragar *sard.* -- sargotar IIc
sarraja *sp.* — IIb
sárria *sp. pr. cat.* — IIb
sarrie *afr.* — sárria IIb
sarriette *fr.* — satureja
sarro *sp. pg.* — sarna IIb
sarró *cat.* — zurron IIb
sart *afr.* — essart IIc
sarta *sp.* — IIb
sartã, sartagem *pg.* — sarten IIb
sartan *pr.* — ib.
sartania *sic.* — ib.
sarte *it.* — I; sarpare
sarten *sp.* — IIb
sartie (pl.) *it.* — sarte
sarties *afr.* — ib.
sartir *npr.* — sertir IIc
sarto *it.* — vampo IIa
sartore *it.* — sastre IIb; taglia
sas *nfr.* — staccio; [sommo]
sason *ven.* — stagione; saison IIc
sasonare *ven.* — stagione
sastre *sp.* — IIb; taglia; XXIII (XVIII) 2
satge *pr.* — saggio
satin *fr.* — seta
satollo *it.* — soûl IIc

saturagem *pg.* — satureja
satureja *it.*
saturna *mail.* — sorn
saturne *genf.* — ib.
[saturnien] *fr.* — ib.
saturnino *sp. flor.* — ib.
saturno *piem.* — ib.
saturnu *sard.* — ib.
satzir *pr.* — sagire
saúc *pr.* — sureau IIc
sauce *fr.; afr.* — salsa; morceau IIc
~ *sp.* — saule IIc
[saucel] *afr.* — ib.
saucisse *fr.* — salsa
sauco *sp.* — sureau IIc
saudade *pg.* — IIb; disio
saudar *wald.* — soldo
saúde *pg.* — sadío IIb
saudoso *pg.* — saudade IIb
sauge *fr.* — IIc
saule (m.) *fr.* — *IIc
sauma *pr.* — salma; launa IIb
saumache *afr.* — salmastro
[saumatier] *pr.* — salma
saumâtre *fr.* — salmastro
saumure *fr.* — moja
[saupiquet] *fr.* — salpicar IIb
saupoudrer *fr.* — ib.
saur *pr.* — sauro
saure, saurer *fr.* — ib.
sauret (hareng) *fr.* — ib.
sauro *it.*
[saus] *afr.* — saule IIc
saús *mail.* — segugio
saussaie *fr.* — saule IIc
sausse *burg. lothr.* — ib.
sautz *pr.* — ib.
sauvage *fr.* — salvaggio; XXIV (XVIII) 4
sauz *sp.* — saule IIc
sauze *pr.* — ib.
savai *pr.* — IIc
savate *fr.* — ciabatta; sabot IIc
savena *fr.* — sábana
savene *afr.* — ib.
savere *it.* — sapere
savi *pr.* — glaive IIc
savoir *fr.* — sapere; desver IIc
savús *mail.* — segugio
saya *sp. pr.* — saja
sayete *sp.* — ib.
sayette *fr.* — ib.
sayo *sp.* — ib.
sayon *asp.* — IIb
saz *sp.* — saule IIc
sazão *pg.* — stagione
sazina *pr.* — sagire
sazir *pr.* — ib.; [asir IIb]
sazon *sp. pr.* — *stagione; saison IIc

sazonar *sp. pr.* — stagione .
sazù *it.* (mndt.) — saison IIc
sbadigliare *it.* — *badare
sbagliare, sbaglio *it.* — bagliore IIa
sbaire *it.* — baire
sbaldire *ait.* — baldo
sbaluchè *piem.* — bellugue IIc
sbalzare, sbalzo *it.* — balzare
sbarattare *it.* — baratto
sbarra, sbarrare, sbarro *it.* — barra
sbasì *com. piem.* — basire IIa
sbavigliare *it.* — badare
sberga *it.* (vrlt.) — usbergo
sberleffe *it.* — balafre IIc
sbernia *it.* — bérnia
sbiadato *it.* — *biavo
[sbiadito] *it.* — biavo; blafard IIc
sbias *piem.* — biasciu
sbiasciai *sard.* — ib.
sbiavato *it.* — biavo
sbieco *it.* — bieco IIa
sbiescio *it.* — biasciu
sbiettare *it.* — bietta IIa
sbigottire *it.* — *bigot IIc
[sbiotar] *it* (mndt.) — brullo IIa
sbirciare *it.* — bircio IIa
sbirro *it.* — birro IIa
sbolzà *mail.* — bolso IIa
[sbozzare] *it.* — bauche IIc
sbranare *it.* — brandone
sbrattare *it.* — bratta IIa
[sbrega] *ven. ver.* — briser IIc
[sbregar] *it.* — ib.
[sbrenà] *ver.* — brida
sbricco *it.* — bricco²
sbrich *com.* — bricco
sbrinzlar *chw.* — sprazzare IIa
sbrizzare *it.* — ib.
sbrocco *it.* — brocco; sprazzare IIa
sbrojà *mail.* — brouir IIc
sbrollare, sbrollo *mod.* — brullo IIa
sbuidai *sard.* — voto IIa
sbúlimo *it.* — búlimo IIa
scabino *it.*
scacco *it.* — I; [sacco]
scaccomatto *it.* — matto
scach *com.* — scacco
scadin *chw.* — cadaúno
scaffa *chw. sic.* — *scaffale IIa
scaffale *it.* — *IIa
scaffir *chw.* — eschevi IIc
scaffo *gen.* — scaffale IIa
scaglia *it.*
scagliare *it.* — scaglia; brullo IIa
scalabrone *it.* — calabrone IIa
scalco *it.* — IIa
scaldar *chw.* — chauffer IIc
scaldare *it.* — ib.
scalembru *sic.* — sghembo IIa
scalfire *it.* — IIa
scalmo *it.* — I; ferzare IIa

scalogno *it.* — *I
scalterire *it.* — IIa; tozzo IIa
scaltrimento *it.* — scalterire IIa
scaltrire *it.* — ib.; pétrir IIc
scaltrito, scaltro *it.* — scalterire IIa
scalzo *it.* — calzo
scambiare *it.* — cambiare
scampare *it.* — scappare
scana *it.* — zanoa IIa
scancía *it.* — escanciar
scancío *it.* — sguancio IIa
scandagliare *it.* — scandaglio
scandaglio *it.*
scandella *it.* — *I
scandigliare *it.* — scandaglio
scandola *lomb.* (*bresc.*) — échandole IIc
scansare *it.* — cansare IIa
scansía *it.* — escanciar
scapezzare *it.* — cavezza
scapitare, scapito *it.* — capitare IIa
scappare *it.*
scappino *it.* — scarpa
scarabone *it.* — scarafaggio
scarafaggio *it.*
scaraffare *it.* — IIa
scaramuccia *it.*
scaras *piem.* — échalas IIc
scarda *neap.* — cardo
scardo *it.* — ib.
scarlatto *it.*
scarmo *it.* — scalmo; ferzare IIa;
[serqua IIa]
scarnamento *it.* — escarmentar IIb
scarpa *it.* — *I
scarpà *com.* — scerpare IIa
scarpar *chw.* — ib.
scarpellare *it.* — escarapelarse IIb;
[escoplo IIb]
scarpello *it.* — escoplo IIb; escarapelarse IIb; [scarpa]
scarsella *it.* — sciarpa
scarso *it.* — I; sciarpa
scartare *it.* — *I
scarzo *it.* — scarso
scatla *chw.* — scatola IIa
scatola *it.* — IIa
scattari *sic.* — schiantare
scautriment *wald.* — scalterire IIa
scavezzare *it.* — cavezza
scavu *sic.* — schiantare
scax *pr.* — scacco
scegliere *it.* — IIa
sceldà *wal.* — chauffer IIc
Scella *neap.* — XXIV (XIX) 5
scellino *it.*
scemare, scemarsi *it.* — scemo
scemo *it.*
scempio *it.* — IIa
scendere *it.* — IIa

scɛpà *wal.* — scappare
scernere *it.* — IIa
scernire *it.* — scernere IIa
scerpare *it.* — IIa
sceverare *it.* — sévrer IIc
schanghiar *chw.* — escanciar
schar *chw.* — lasciare
scheggia *it.* — IIa; esquille IIc
scheggio *it.* — scheggia IIa
scheletro *it.*
schella *chw. lomb.* — squilla
schelme *afr.* — chelme IIc
[schena] *it.* (mndt.) — schiena
schencire *it.* — sguancio IIa
scherano *it.* — schiera
scherma, schermare, schermire *it.*
 — schermo; scaramuccia
schermo *it.* — I; escarmentar IIb
schermugio *it.* — scaramuccia
schernire *it.* — scherno
scherno *it.*
scherzare *it.* — IIa
scherzo *it.* — scherzare IIa
schiaccia *it.* — schiacciare IIa
schiacciare *it.* — IIa
schiaffo *it.* — IIa
schiamazzare *it.* — IIa
schiamazzo *it.* — schiamazzare IIa
schiancío, schiancire *it.* — sguancio
 IIa
schiantare *it.* — *I; [cioncare IIa]
schiantizare *ven.* — schiantare
schianto *it.* — ib.
[schiappare] *it.* — ib.
schiarea *it.* — IIa
schiatta *it.*
schiattare *it.* — schiantare
schiavina *it.* — schiavo
schiavino *it.* — scabino
schiavo *it.*
schidione, schidone *it.* — spito
schiena *it.* — *I
schiera *it.*
schiett *chw.* — schietto IIa
schietto *it.* — IIa; [bietta IIa]
schifare, schifo *it.* — schivare; [ca-
 leffare IIa]; [blafard IIc]
schifo *it.* — *I
schig *chw.* — suco
schimbà *wal.* — cambiare
schimbecio, schimbescio *it.*—sghembo
 IIa
schina *piem. rom. sard. ven.* —
 schiena
schinca *mail.* — stinco IIa
schincio *it.* — sguancio IIa
schinco *mod. ven.* — stinco IIa
schiniera *it.* — schiena
schioppetto *it.* — schioppo IIa
schioppo *it.* — IIa; coppia
schippire *it.* — IIa

schirnir *pr.* — scherno
schirru *sard.* — scojattolo
schit *com.* — eschiter IIc
schito *ven.* — ib.
schitto *neap.* — schietto IIa
schiuma *it.*
schiv *chw.* — schivare
schivare *it.*
schivir *chw.* — schivare
schivo *it.* — ib.
schizzare *it.* — schizzo
schizzo *it.*
schliett *chw.* — schietto IIa
schlinga *chw.* — slinga
sci *wal.* — sapere
scià *lomb.* — qua
sciabecco *it.* — chaveco
[sciabica] *it.* — xabeca IIb
sciabla *it.*
sciabola *it.* — sciabla
sciacquare *it.* — enxuagar IIb
[sciadatto] *aret.* — sciatto IIa
sciagura, sciagurato *it.* — augurio
scialacquare *it.* — *IIa
scialacquarsi *it.* — scialacquare IIa
scialare *it.* — IIa; holgar IIb; scialacquare IIa
[scialeguare] *senen.* — scialacquare
 IIa
scialuppa *it.* — chaloupe IIc
sciame *it.*
sciámito *it.*
sciamo *it.* — sciame
sciancà *mail.* — *cioncare IIa
sciancato *it.* — anca
sciapido *it.* — scipido IIa
sciarpa *it.*
sciarra *it.* — IIa
sciarrare *it.* — sciarra IIa
sciatè *piem.* — schiantare
sciatt *com.* — piatto
~ *mail.* — sciatto IIa
sciatta *it.* — piatto
sciatto *it.* — *IIa; [xato IIb]
sciaúra, sciaurato *it.* — augurio
scie *fr.* — scier IIc
scier *fr.* — IIc
scilinga *it.* — sciringa
scilinguare *it.* — IIa
~ *it.* — scegliere IIa
scilocco *it.* — scirocco
sciloira *lomb. mail.* — arátro; siller
 IIc
scimbia *mail.* — grembo IIa
scimitarra *it.*
scimmia *it.* — grembo IIa
scincà *mail.* — *cioncare IIa
sciocco *it.* — IIa; sauro; chocho IIb;
 [baciocco]
sciogliere *it.* — IIa
scion *fr.* — scier IIc

scioperare *it.* — IIa
sciopero, scioperone *it.* — scioperare IIa
sciorinare *it.* — sauro
sciorre *it.* — sciogliere IIa
scipare *it.* — *IIa; desver IIc
scipido *it.* — IIa; fante IIa
sciringa *it.*
scirocco *it.*
sciroppo *it.* — siroppo
scisar *pg.* — *sisa IIb
scisma *pr.* — cisma
sciume *neap.* — achar IIb
sciupare *it.* — *scipare IIa
scivera *mail.* — civière IIc
scivolare *it.* — cigolare IIa
scoartze *wal.* — scorza
scoccare *it.* — cocca
scocia *com.* — scotta IIa
scodare *it.* — coda
scodella *it.* — écuelle IIc
scoglia *it.* — spoglio
scoglio *it* — *I (Nachträge)
~ *it.* — spoglio
scojattolo *it.*
scolta *it.* — ascoltare; sentinella
scoltare *it.* — ib.
[scombuglio] *it.* — garbuglio
scompigliare *it.* — pigliare
[sconchigarse] *it.* — eschiter IIc
[sconciare] *it.* — esconso IIb
sconfiggere *it.* — IIa
scoppiare *it.* — coppia
~ *it.* — schioppo IIa
scoppietto, scoppio *it.* — ib.
[scorazzare] *it.* — pazzo IIa
scorbut *fr.* — scorbuto
scorbuto *it.*
scorciare *it.*
scorcio *it.* — scorciare
scorcone *it.* — scrocco
scoreggia *it.* — coreggia
scoreggiata *it.* — scuriada
scorgere *it.* — corgere IIa; guidare
scornare *it.* — *IIa; écorner IIc
scorno *it.* — scornare IIa; écorniter IIc
scorsonère *fr.* — scorzonera
scorta *it.* — corgere IIa; XXVII (XXI)
scortare *it.* — corgere IIa
scorticare *it.* — corteccia
scorza *it.* — I; scorzonera; escuerzo IIb
scorzare *it.* — scorza
scorzone *it.* — scorzonera; escuerzo IIb
scorzonera *it.*
scosir *acat.* — choisir IIc
scoss *lomb.* — scosso IIa
scossa *it.* — scuotere

scotolare *it.* (*neap.*) — IIa
[scotolejare] *neap.* — scotolare IIa
scotta *it.* — *I
~ *it.* — IIa
scotto *it.*
scozzone *it.* — cozzone
scraccari *sic.* -- racher IIc
scracchiar *chw.* — ib.
scráffiri *sard.* — scalfire IIa
scranna *it.* — *IIa
screpolare, scrépolo *it.* — crepare
scriccio *it.* — IIa
scrícciolo *it.* — scriccio IIa
scrigno *it.* — rogna
scrima *it.* — schermo
scroc *chw.* — scrocco
scroccare *it.* — ib.
scrocco *it.*
scroch *mail.* — scrocco
scrov *chw.* — écrou IIc
scrúscer *chw.* — crosciare
scrutinare *it.* — escudriñar IIb
scruv *chw.* — écrou IIc
scudare *it.* — targer IIc
[scudiscio] *it.* — striscia IIa
scudo *it.* — écu IIc
scuffia *it.* — cuffia
sciupà, [scuipo] *wal.* — *escupir
scuma *it.* (mndt.) — schiuma
scundure *wal.* — échandole IIc
scuotere *it.* — *I
scure *it.* — IIa
scuriada *it.* — I; zurriaga IIb
[scutulari] *sic.* — scotolare IIa
scuturà *wal.* — ib.
sdrajarsi *it.* — *IIa
sdrucciolare *it.* — sdrúcciolo IIa; *sdrajarsi IIa
sdrúcciolo *it.* — *IIa
sdrucire, sdruscire *it.* — *cucire; XXIV (XIX) 5; [sdrajarsi IIa]
sé *pr.* — *IIc
~ *afr.* — si IIc
seácere *wal.* — cincel
seant *afr.* — eschevi IIc
seare *wal.* — sera
seau *nfr.* — secchia
sebeli *pr.* — zibellino
[sebellir] *sp.* — zabullir IIb
[séber] *oberit. tir.* — civière IIc
sebo *sp. pg.* — sevo
[sebollir] *sp.* — zabullir IIb
seca *sp.* — zecca IIa
secáre *wal.* — ségale
secchia *it.* — I; nicchio
secchio *it.* — secchia
sèche *fr.* — seppia
secodre *pr.* — scuotere; cudir IIb
seconde (f.) *fr.* — minuto
secorre *afr.* — *scuotere
secouer *nfr.* — *ib.

[secourir] *fr.* — sémillant IIc
secous (pt.) *afr.* — scuotere
secousse *fr.* — ib.
secudì *lomb.* — ib.
seçúre *wal.* — scure IIa
seda *sp. pr.* — seta
sédano *it.* — I; [escada IIb]
sedazz *mail.* — staccio
sedela, sedell *com.* — secchia
sedia *it.* — sedio
sedio *it.* — *I; sítio IIb
[seeillier] *afr.* — soif IIc
séel *afr.* — secchia
seer *asp.* — éssere
sega *it.* — scier IIc
ségale *it.*
segar *pr.* — scier IIc
seggia, seggio *it.* — sedio
segier *afr.* — ib.
segnare *it.* — salassare IIa
segne *afr.* — cingbia
segno *ait.* — I; insegnare; tocsin IIc
' sego *it.* — sevo
ségol *cat.* — ségale
ségola *it.* — ib.
ségolo *it.* — IIa
segon *pr.* — primo IIb
segona *cat.* — trastullo IIa
segre *pr.* — suivre IIc
seguel *pr.* — ségale
seguentre *pr.* — soventre IIc
segugio *it.*
seguir *pr.* — suivre IIc
segunda feira *pg.* — lunedì
segur *sp.* — scure IIa
~ *pr. afr.* — sûr IIc
seguran *pr.* — sicrano IIb
segurelha *pg.* — satureja
seguri *sard.* — scure IIa
seigle (m.) *fr.* — ségale
seigneur (acc.) *afr.*; *nfr.* — signore; maire IIc
seille *afr.* — secchia
[seïllier] *afr.* — soif IIc
[seillou] *afr.* — siller IIc
sein *afr.* — tocsin IIc
seine *fr.* — IIc
seïne *afr.* — seine IIc
seing *fr.* — disegnare
seinhs *pr.* — senno
seint *afr.* — segno; tocsin IIc
seira *pg.* — sárria IIb
seis *sp. pr.* — siesta IIb; sais IIc
sejorner *afr.* — selon IIc
[séjourner] *fr.* — sémillant IIc
séjour *fr.* — giorno
selar *com.* — sédano
selbátic *wal.* — salvaggio
seleno *ven.* — sédano
seler *piem.* — ib.
selga *pg.* — acelga IIb

selh *pr.* — secchia
selha *pg. pr.* — ib.
selhos *apg.* — sendos IIb
selon *fr.* — *IIc; XXIV (XIX) 6
selonc *fr.* (vrlt.) — *selon IIc
selvaggio, selvateco *it.* — salvaggio
sem *piem. pr.* — scemo
~ *pg.* — senza
~ *com.* — sema IIa
sema *com.* — IIa
[~] *ait.* — sé IIc
semaine *fr.* — settimana
semana *sp. pg.* — ib.
semaque (f.) *fr.* — IIc; salope IIc
semar *pr.* — scemo
sembeli *pr.* — zibellino
sembete *wal.* — samedi IIc
sembiante *it.* — sembrare
sembiare *it.* — ib.
semblan *pr.* — ib?
semblant *fr.* — ib.
semblante *sp.* — ib.
semblar *pr. sp.* — ib.
sembler *fr.* — ib.
sembrare *it.* — I; insembre
semdier *pr.* — senda
semè *piem.* — scemo
semejar *sp.* — sembrare
semelhar *pr.* — ib.
semer *afr.*; *berr.* — scemo
sémillant *fr.* — *IIc
[semille] *afr.* — sémillant IIc
semma *mail.* — sema IIa
semmana *it.* — settimana; rima
semn *wal.* — insegnare
semo *ait.* — scemo
sémola *it. sp.*
semondre *pr. fr.* — IIc; amonestar; selon IIc; [sémillant IIc]
semoner *afr.* — semondre IIc
semonneur *nfr.* — ib.
semonse *fr.* — ib.
semoule *fr.* — sémola
semplicello *it.* — sencillo IIb
sempre (de) *pr.* — se IIc
sen *sp.* — sena
~ *asp. apg. pr. afr. chw.*; *pr. afr.* — senno; [assener IIc]
~ *ait. pr.* — senza
sena *it. sp.*
seña *sp.* — insegna; disegnare; insegnare
senado *asp.* — senno
senat *pr.* — ib.
senau (m.) *fr.* — semaque IIc
sencillo *sp.* — *IIb
senda *sp. cat.* — I; andare
sendale *it.* — zendale
sendat *pr.* — ib.
sendero *sp.* — senda
sendieira *pr.* — ib.

sendío *asp.* — sandío IIb
sendos *sp.* — IIb; ebbio; andare
sendra *afr.* — signore
séné *fr.* — sena
sené *afr.* — senno
sénéchal *fr.* — siniscalco
seneco (man) *npr.* — gauche IIc
[senegré] *fr.* — sino IIa
sener *berr.* — scemo
señero *asp.* — sendos IIb
senes *apr.* — senza
senescal *sp. pr.* — siniscalco
senestrarsi (un piede) *it.* — stancare
senglar *pr.* — cinghiare
senh *fr.* ⟶ ghignare; insegnare
senha *pg. pr.* — insegna
senhdre *pr.* — signore
senher *pr.* — ib.
senhor *pg. pr.*; *apg.*; (adj.) *pr.* — ib.
senhos *pg.* — sendos IIb
senn *chw.* — segno
senne *pg.* — sena
senno *it.* — I; [assener IIc]
sennor *apg.* — signore
senopia *it.* — sinople IIc
señor *sp.* — signore
señoria *sp.* — usted IIb
senps *afr.* (Pass.) — insembre
sens *pr. afr.* — senno
~ *apr. afr.* — senza
sensa *pr.* — sisa IIb
sensale *it.* — I; [susína IIa]
senso *npr.* — senza
sentar *sp. pg. pr.* — sentare; aposentar IIb
sentare *it.* (mndt.) *trient. com.* — *I
sentat *pr.* — sentare
[sente] *fr.* — sentinella
senteio *pg.* — centeno IIb
sentier *fr.* — senda
sentiero *it.* — ib.
sentinella *it.* — *I
sentinelle *fr.* — sentinella
sentire *it.* — ib.
seny *acat.* — segno
~ *cat.* — senno
senza *it.* — I; anzi; vie IIa
senzà *com.* — senza
senzale *it.* — sensale
[seon] *afr.* — sommo
[sepelir] *sp.* — zabullir IIb
sepoule *nfr.* — spola
seppia *it.*
septeminne *wal.* — settimana
sequer *pg.* — siquiera IIb
ser (vb.) *sp. pg.* — éssere
~ *fr.* — sera
~ *it. sp.* — *signore
~ *pr.* — cerro IIb
sera *it. pr.* — *I
~ *sp.* — sárria IIb

sérail *fr.* — serrare
seran *fr.* — IIc
serancer *fr.* — seran IIc
serba *sp.* — IIb; [lleco IIb]
sercar *pr.* — cercare
sercela *pr.* — cercela
scrdo *sp.* — cerdo IIb
[sere] *it.* — signore
seré *pr.* — sera
serein *fr.* — ib.
serena *pr. neap.* — ib.
serenata *it.* — ib.
sereno *sp.* — *ib.
serga *pr.* — sargia
sergant *afr.* — sergente
serge *fr.* — sargia; barca
sergent *fr.* — sergente
sergente *it. asp.*
sergozzone *it.* — gozzo IIa
serier *pr.* — ciriegia
serilho *pg.* — sarilho IIb
serin *fr.* — IIc
[seriner] *fr.* — rabâcher IIc
seringue *fr.* — sciringa
serisia *pr.* — ciriegia
serjant *afr.* — sergente
sermar *pr.* — *esmar
sermç *wal.* — sirima IIa
serment *fr.* — IIc; [gaimenter IIc]
sermollino *it.* — IIa
[seront] *afr.* — selon IIc
serorge *afr.* — IIc; beau IIc
serp *pr. chw.* — serpe
serpa *sp.* — *serpe IIc
serpe *it. pg. afr.* — I; vignoble IIc
~ *fr.* — *IIc; [sarpare]
serpe *wal.* — serpe
serpillo *it.* — sermollino IIa
serpol *sp. pr.* — ib.
serpolet *fr.* — ib.
serpollo *it.* — ib.
serqua *it.* — *IIa
serra *ait. pg. pr.*
~ *it.* — serrare
serraglio *it.* — ib.
serralh *pr.* — ib.
serralha *pg.* — sarraja IIb
serrallo *sp.* — serrare
serrar *pr.* — ib.
~ *sp.* — ib.
serrare *it.*
serre (f.), serrer *fr.* — serrare; rez IIc
serrin (m.) *sp.* — IIb
sertir *fr.* — IIc
serventese *it.* — sirvente IIc
serventesio *sp.* — ib.
serventois *afr.* — ib.
[serviable, serviçable] *fr.* — serviette IIc
service *fr.* — ib.
servient *piem.* — sergente

serviette *fr.* — *IIc; cahute IIc
servilleta *sp.* — serviette IIc
servir (une table) *fr.* — ib.
[servissape] *hen.* — ib.
servit *pr.* — ib.
servito *it.* — ib.
serzir *pg.* — zurcir IIb
[sès] *afr.* — assai
ses *apr.* — senza
sescalco *it.* — siniscalco
sescha *pr.* — IIc
sescher *afr.* — X (IX)
seschon *afr.* — sescha IIc
sesgar *sp. pg.* — sesgo IIb
sesgo *sp. pg.* — *IIb
[sesmar] *pr.* — esmar
seso *sp.* — IIb
sesta *it.* — *I; sarpare
~ *pg.* — siesta IIb
sestare, seste *it.* — sesta
sestear *sp. pg.* — siesta IIb
sestier *pr.* — sestiere
sestiere *it.*
sesto *it. apg.* — sesta
set (m.) *norm.* — staccio
~ *pr.* — soif IIc
seta *it.*
setaccio *neap.* — staccio
sętę *wal.* — ib.
setïar *pr.* — IIc
setier *fr.* — sestiere
setim *pg.* — seta
setino *it.* — ib.
[setjar] *pr.* — sedio
setje *pr.* — ib.
setmana *pr.* — settimana
seto *sp.* — IIb
setola *it.* — seta
séton *fr.* — ib.
setone *it.* — ib.
sette *afr.* — bègue IIc
settimana *it.* — *I
sętúl *wal.* — soúl IIc
seu *pr. wal.* — sevo
seü *afr. pic.* — sureau IIc
seuil *fr.* — suolo
seule *afr.* — grole IIc; meule IIc
seür *afr.* — sûr IIc
~ *afr.* — sureau IIc
seure *afr.* — sur IIc
Seûse *afr.* — segugio
sève *fr.* — IIc
seve *pg.* — sève IIc
séveronde *fr.* — gronda
sevo *it.*
sevre *afr.* — suivre IIc
sevrer *fr.* — *IIc; tirer IIc
sexta feira *pg.* — venerdì
sextario *sp.* — sestiere
sezeler *afr.* — soif IIc
sezzajo *it.* — sezzo IIa

sezzo *it.* — IIa; súcido
sfarfallare *it.* — farfalla
sferza, sferzare *it.* — ferzare IIa
sfidare *it.* — disfidare
sfogliare *it.* — stordire
sfondolare *it.* — fondo
sforzare, sforzo *it.* — forza
sfraska *chw.* — frasca IIa
sfregare *it.* — fregare
sfrontato *it.* — affrontare
sgabello *it.* — escamel
sgalémbar *rom.* — sghembo IIa
sgangherare *it.* — *gánghero IIa;
[gibier IIc]
sgarrare *it.* — garer IIc ▪
sgausć *com.* — guscio
sghembo *it.* — IIa
sgherro *it.* — IIa
sghiattire *it.* — ghiattire
sghignare *it.* — ghignare
[sghignazzare] *it.* — pazzo IIa
sghinbo *piem.* — sghembo IIa
sgnep *com.* — sgneppa IIa
sgneppa *it.* — IIa
sgombrare *it.* — colmo
sgomentare *it.* — *IIa
[sgominare] *it.* — sgomentare IIa
sgorbél *com.* — gobelin IIc
sgorbia *it.* — gubia
[sgraffiare] *it.* — sarrafar IIb
sgretolare *it.* — grétola IIa
sgridare *it.* — gridare
sgrif *com.* — grif IIc
sgrizà *com.* — gricciare IIa
sguagnì *com.* — guañir IIb
sguancio *it.* — IIa
sguarar *pr.* — garra
sguardare *it.* — guardare
sguardo *it.* — scalterire IIa
sguerc *com.* — guercio
sguinciu *sic.* — sguancio IIa
sguinzà *mail.* — guizzare IIa
sguinzare *ven.* — ib.
sguinzo *neap.* — sguancio IIa
sguizzare *it.* — guizzare IIa
sguma *it.* (mndt.) — schiuma
sgurà *lomb.* — sgurare
sgurare *it.* — I; smerare
sgusciare *it.* — guscio
sgussa, sgusso *ven.* — ib.
si *afr.* — *IIc
~ *afr.* — mien IIc
~ *sp.* — siquiera IIb
sì *it.*
sí *sp.* — sì
si *pr. fr.* — ib.; sitot IIc
~ *chw.* suso
sì *ait.* — si IIc
sia *pr.* — zio
siblar *pr.* — siffler IIc
sibler *afr.* — ib.

[siboc] *cat.* — hibou IIc
[sibra] *pr.* — toivre IIc
sicart *cat.* — isard IIc
Siciglia *it.* — cercare
sicrano *pg.* — IIb; zutano IIb
sicriu *wal.* — rogna
sidell, sidella *mail.* — secchia
sido *it.* — IIa
sidra *sp.* — sidro
sidro *it.*
siége (m.) *fr.* — sedio
sien (f.) *sp.* — IIb; tempia
~ *nfr.* — mien IIc
sier *afr.* — scier IIc
sierpe *sp.* — serpe
sierra *sp.* — serra
siesta *sp.* — IIb
siesto *asp.* — sesta
sieu *hen. norm.* — sevo
sieur *fr.* — signore
siffler *fr.* — IIc; ciúfolo
siglaton *afr.* — ciclaton
sigle, sigler *afr.* — singlar
signe *fr.* — disegnare
signo *sp.* — iv.
signor *afr.* — signore
signore *it.* — *I
si là que *afr.* — si IIc
silbar *sp.* — siffler IIc
Silhouette, silhouette *fr.* — IIc
siller (vb. neutr.) *fr.* — *IIc
siller² (vb. tr.) *fr.* — IIc; arátro; [cingler IIc]
sillon *fr.* — siller IIc
~ *berr.* — *cingler IIc
silo *sp.* — IIb
siló *nfr.* — silo IIb
silter *bresc.* — palais IIc
sim *pg.* — sì
sima *sp.* — *IIb
simiente *sp.* — izquierdo IIb
simigliare *it.* — sembrare
simmle *afr.* — sémola
sin *sp.* — senza
~ *asp.* — sì; così
~ *chw.* — sino IIa
~ *it.* — si IIc
sines *asp.* — senza
sinéstar (m.) *rom.* — stancare
singélo *pg.* — IIb
singhiottire, singhiozzare *it.* — singhiozzo
singhiozzo *it.*
singla *pr.* — cinghia
singlar *sp.*
singlaton *afr.* — ciclaton; singlar
singler *pic.* — cingler IIc
singlot *pr.* — singhiozzo
singlót *cat.* — hipo IIb
singolare, battaglia *it.* — duello
singozzo *it.* — singhiozzo

singrar *pg.* — singlar
[sinigrec] *cat.* — sino IIa
siniscalco *it.* — I; scalco IIa
sino *it.* — *IIa
~ *pg.* — segno
sinoc *afr.* — o IIc
sinopla *pg.* — sinople IIc
sinople *fr.*; *pg.* — IIc
sinphonia *pr.* — sampogna
sínzia *sard.* — gengiva
sione *it.* — IIa
sior *it.* (mndt.) — signore
siphon *fr.* — sione IIa
si que *afr.* — si IIc
siquiera *sp.* — IIb
sira *pr.* — signore; die IIc
sire *afr. pr. it. sp.* — signore
sirga *sp. pg. cat.* — sirgar IIb
sirgar *sp. pg. cat.* — IIb
sirgo *sp.* — sargia
sírima *it.* — IIa
siringa *sp.* — sciringa
siringua *pr.* — ib.
siroc *pr. fr.* — scirocco
sirocco *it.* — ib.
siroco *sp.* — ib.
širof *wal.* — écrou IIc
sirop *fr.* — siroppo
siroppo *it.*
sirven *pr.* — sergente; sirvente IIc
sirvente (m.) *fr.* — IIc
sirventés, sirventesc, sirventesca *pr.* — sirvente IIc
sisa *sp. pg.* — *IIb
sisar *sp.* — sisa IIb
sisclar *pr.* — IIc
sisclato *pr.* — ciclaton
sisell *cat.* — cincel
siso *pg.* — seso IIb; sisa IIb
siti *cat.* — sítio IIb
sitiar *cat. sp. pg.* — ib.
sítio *sp. pg.* — IIb; sedio; setiar IIc
sitize *wal.* — staccio
sitot *pr.* — IIc
siular *pr.* — siffler IIc
sivals, sivaus *pr.* — veaus IIc
siveals *afr.* — ib.
sivels *afr.* — veaus IIc
sivre *afr.* — suivre IIc
si-vuel-qual *sp.* — volere
sizel *pg.* — cincel
sizra *asp.* — sidro
slanciare *it.* — lancia; stordire
slandra *it.* — landra
slandron *com.* — ib.
slandrona *ven.* — ib.
slascio *it.* — lasciare
slemba *bresc.* — ghembo IIa
slepa *ven. ver.* — schiaffo IIa
sleppa *mail.* — ib.

slinga *chw.*
slippà *com.* — schippire IIa
slisà *mail.* — esclier IIc
slitigà *com.* — slitta IIa
slitta *it.* — IIa
sloira *piem.* — arátro; siller IIc
smaccar *chw.* — macco
smaccare *it.* — ib.
~ *it.* — smacco IIa
smacco *it.* — IIa; smagare; taccagno
smagare *ait.*
smago *it.* — smagare
smaltire *it.* — smalto
smalto *it.*
smaltz *wal.* — smalto
smalzo *ven.* — IIa
smangè *piem.* — mangiare
smánia *it.* — IIa
smaniare *it.* — smánia IIa
smaniglia *it.* — maniglia
smarir *chw.* — marrir
smarrire *it.* — ib.
smeraldo *it.*
smerare *it.* — *l
smeriglio *it.* — I; [smerare]
smeriglione *it.* — smerlo
smerlo *it.*
smetessme *pr.* — medes
smilzo *it.* — milza
[smogar] *ait.* — muñon
smorfia *it.* — morfire IIa
smozzare *it.* — mozzo
smunto *it.* — mungere
smussare, smusso *it.* — mozzo
šneap (m.) *wal.* — sgneppa IIa
snello *it.*
snieulza *chw.* — milza
su *sp.* — socarrar IIb; zozobrar IIb
~ *pr.* — ciò
soan, soana, soanar *pr.* — *sosanar IIb
šóarece *wal.* — sorce
soatto *it.* — sovatto IIa
sobaco *sp. pg.* — barcar IIb
sobajar *sp.* — sobar IIb
sobar *sp.* — IIb; sumsir IIc
sobarcar *sp. pg.* — barcar IIb
sobbissare *it.* — abisso
sobejo *asp. pg.* — soverchio; cobija IIb
sobern *pr.* — suberna IIc
[sobollir] *sp.* — zabullir IIb
sobre *sp. pg. pr.* — sur IIc; zozobrar IIb
sobrepelitz *pr.* — pelliccia
sobrino *sp.* — cugino
sobriquet *fr.* — *IIc
sobtan *pr.* — soudain IIc
soc *pr.; fr.* — IIc
~ *wal.* — sureau IIc
soca *pr. cat.* — soc IIc

socar *cat.* — soc IIc
socarra *sp.* — socarrar IIb
socarrar *sp. cat.* — IIb
socegar, socego *pg.* — sosegar IIb
socle *fr.* — soc IIc
socolor *sp.* — sohez IIb
šod *wal.* — zote
soda *it. sp. pg.*
[sodement] *afr.* — soudain IIc
sodo (adj.) *it.* — soldo
soen *pr.* — sovente
soez *sp.* — sohez IIb; [sucido]
sofa (m.) *fr.* — sofà
sofà *it. pg.*
sofanar *pr.* — *sosanar IIb; [sino IIa]
soffiare *it.*
sóffice *it.* — IIa; buf; scalfire IIa
soffratta *ait.*
soffrettoso *ait.* — soffratta
soflama *sp.* — socarrar IIb
[sofondar] *asp.* — chapuzar IIb
sofracha, sofraita, sofraitos *pr.* — soffratta
sofrán *wal.* — zafferano
sofranher *pr.* — soffratta
soga *it.* (mndt.) *sp. pg.; sp.* — I; socarrar IIb
soggiorno *it.* — giorno
sogiare *ven.* — souil IIc
soglia, soglio *it.* — suolo
sogna *ait.* — *l
sogre, sogredame *afr.* — beau IIc
soguear *sp.* — soga
sohez *sp.* — *IIb; [sucido]
soi *afr.* — *soif IIc
soïdade, soïdoso *pg.* — saudade IIb
soie *fr.* — seta
soier *afr.* — scier IIc
soif *fr.; [afr.]* — *IIc
soignans *fr. (Duac.)* — sogna
soignentage *afr.* — ib.
soigner, soin *fr.* — ib.
soir *fr.* — sera
soit *afr.* — *soif IIc
soivre *afr.* — beau IIc; [couire IIc]
[soja, dar la] *it.* — [choyer IIc]
[sojare] *it.* — ib.
sojorn *pr.* — giorno
sojorner *afr.* — selon IIc
sojorno *asp.* — giorno
sol *pr. fr.* — soldo
~ *pr.* — suolo
~ *fr.* — solive IIc
sola *pr.* — suolo
solajo *it.* — ib.
solana *sp.* — ventana IIb
solapar *sp.* — lapo
solar *sp. pg.* — suolo
~ *pr.* — ib.
~ *sp.* — aere

solare *it.* — suolo
solas *sp.* — sollazzo
solata, solatio *it.* — bacio IIa
solatz *pr.* — sollazzo
solazar *pr.* — ib.
solcio *it.* — IIa; fianco
soldado, soldar *sp.* — soldo
soldare *it.* — ib.
soldat *fr.* — ib.
soldato *it.* — ib.
solde (f.) *fr.* — ib.
soldo *it.* — *I
sole *fr.* — suolo
soledade, soledoso *pg.* — saudade IIb
soleira *pg.* — suolo
solera *sp.* — ib.
sol fa *it.* — solfa
solfa *it. sp. pg. fr.*
solfear *sp.* — solfa
solfége *fr.* — ib.
solfeggiare *it.* — ib.
solfier *fr.* — ib.
solfo *it.*
solfre *pr.* — solfo
solh *pr.* — souil IIc
solha *pg.* — suolo
solho *pg.* — sollo IIb
solier *pr.; afr.* — suolo
solive *fr.* — *IIc; [cavallo]
soliviar *sp.* — soulager IIc
solivio *sp.* — solive IIc
solixent *cat.* — levante
sollamar *sp.* — socarrar IIb
sollar *asp.* — IIb; chillar IIb
sollastre *sp.* — souil IIc
sollazzare *it.* — sollazzo
sollazzo *it.*
solleticare *it.* — *IIa; [ditello IIa]
sollievo *it.* — solive IIc
sollione *it.* — IIa
sollo *it.* — IIa; [brullo IIa]
~ *sp.* — IIb
sollozar, sollozo *sp.* — singhiozzo
solombra *asp.* — sombra IIb
solombrar *pr. dauph.* — ib.
solombrero *asp.* — ib.
solonc *afr.* — selon IIc
solpre *pr.* — solfo; colpo
soltar *sp. pg.* — IIb; liverare
soluço *pg.* — hipo IIb
solz *pr.* — solcio IIa
som *pr. afr.* — sommo
~ *afr. lothr. berr.* — sommeil IIc
soma *it.* — salma; lauoa IIb
soma *sp.* — sommo
sombra *sp. pg. cat.* — *IIb; al rigo; sonda
sombrage *sp.* — sombra IIb
sombrar *sp.* — ib.
sombre *fr.* — ib.; sonda

[sombrer] *fr.* — sombra IIb
sombrero *sp.* — ib.
someilleux *afr.* — sommeil IIc
somelhos *pr.* — ib.
somella *it.* — *salma
somergir *pr.* — sumsir IIc
somigliare *it.* — sembrare
sommaco *it.*
somme *fr.* — *salma
sommeil *fr.* — IIc
sommelier *fr.* — *salma
sommer *fr.* — semondre IIc
sommet *fr.* — sommo
[sommetier] *afr.* — salma
[sommier] *fr.* — ib.
sommo *it.* — *I
somo *sp.* — sommo
somondre *afr. pr.* — selon IIc; semondre IIc
somonsa *pr.* — ib.; amonestar
somorgujar *sp.* — somorgujo IIb
somorgujo *sp.* — IIb
somos *pr.* — scarso
somosta *pr.* — amonestar
sompsir, somsimen, somsir *pr.* — sumsir IIc
somsis *pr.* — *ib.
son *fr.* — sommeil IIc
~ *fr.* — abisso
~ *afr.* — sommo
~ *nfr.* — *ib.
sonda *sp. pg.*
sondar *sp. pg.* — sonda
sonde, sonder *fr.* — ib.
sonelh *pr.* — sommeil IIc
sonh *pr.* — sogna
sonnacchioso *it.* — sommeil IIc
sonnette *fr.* — belier IIc
sonnu *sic.* — tempio
sono *ven.* — ib.
~ *it.* — speme IIa
sonsgia *mail.* — sugoa IIa
sonza *ven.* — ib.
soombra *apg.* — sombra IIb
sooner *afr.* — *sosanar IIb
sopa *sp. pg. pr.*
[sopalanda] *sp.* — palandrano
[sopapo] *sp.* — sobriquet IIc
sopar *sp.; pr.* — sopa
soperchio *it.* — piccolo
sopha *fr.* — sofà
soplar *nsp.* — soffiare; guimple IIc; colpo
sopper *afr.* — zoppo
soprar *pg.* — soffiare
sopru *wal.* — échoppe IIc
[soplamen] *pr.* — soudain IIc
sor *ait.* — sur IIc
~ *afr.* — sauro
[~] *sp.* — jorgina IIb
[sora] *wal.* — traire IIb

sorare *it.* — sauro
sorastre *afr.* — beau IIc
sorba *it.* — serba IIb
sorbet *fr.* — sorbetto
sorbete *sp.* — ib.
sorbetto *it.*
sorce *it. sp.*
[sorcellerie] *fr.* — salma
sorcerie *afr.* — sorcier IIc
sorcier *fr.* — IIc
sorcière *fr.* — sorcier IIc
sorcio *it.* — sorce
sordance *afr.* — sourdre IIc
sordeis *afr. pr.* — ampleis IIc
[sordo] *sp.* — zurdo IIb
sore *afr.* — sur IIc
sorgente (f.), sorgere *it.* — sourdre
  IIc
[sorgne] *fr.* — argot IIc; sorn
sorgo *it.* — fagotto
sorgozzone *it.* — gozzo IIa
[sorgue] *fr.* — argot IIc; sorn
soritz *pr.* — sorce
~ ·pennada *pr.* — chauve-souris IIc
sorjon *afr.* — sourdre IIc
sorn *pr.* — *I; [sornette IIc]
sorna *sp.* (rothw.); *sp.* — *sorn
sorne *afr.* — *ib.; [sornette IIc]
sorner *afr.* — sornette IIc
sornette *fr.* — *IIc; [sorn]
sornione *it.* — sorn
sornura *pr.* — ib.
soro *it.* — sauro
~ *pg.* — suero IIb
[soron] *afr.* — selon IIc
sorra *sp.* — zavorra
sors *pr. afr.* — scarso; sourdre IIc
sort *fr.* — sorcier IIc
sortela *asp.* — sortija IIb
sortero *sp.* — sorcier IIc
sortiere *it.* — ib.
sortija *sp.* — IIb
sortilha *pg.* — sortija IIb
sortilhier *pr.* — ib.
sortir *fr.; afr.; pr.* — *sortire
~ *fr.* — sortire²
sortire *it.* — *I
sortire² *it.* — I; cobrar
soru *sard.* — suero IIb
sorvete *pg.* — sorbetto
sorzer *pr.* — sourdre IIc
sosa *sp.* — soda
sosanar *asp.* — *IIb; [sino IIa]
sosano *apg.* — sosanar IIb
sosaño *asp.* — ib.
sosegar *sp.* — *IIb; [halagar IIb]
soso *sp.* — IIb
[sospeiçao] *pg.* — soupçon IIc
sospeissó *pr.* — *ib.
[sospezione] *it.* — ib.
sossic *pr.* — sumsir IIc

sosta *it. pr.* — sostare
sostar *pr. pg.* — ib.
sostare *it.* — *I
sot *fr. piem.* — zote; cornard IIc;
  sobriquet IIc
sotana *sp.* — sotta
sotbriquet *fr.* — sobriquet IIc
soto *sp.* — IIb
~ *apg.* — sotto
sotochio *ven.* — sottecco IIa
sottana, sottano *it.* — sotto; tana
  IIa
[sottatilleco] *neap.* — solleticare IIa
sottecchi *it.* — sottecco IIa
sottecco *it.* — IIa
sotterrana *it.* — tana IIa
sottesso *it.* — sotto
sotto *it.*
sott' occhio *it.* — sottecco IIa
sotturna *mail.* — sorn
soturno *pg. com.* — ib.
sotz *pr.* — sotto
sotzumbrar *pr.* — sombra IIb
sou *fr.* — soldo
souberme (m.) *fr.* — suberna IIc
[soubret] *afr.* — soubrette IIc
soubrette *fr.* — *IIc
souche *fr.* — soc IIc
souci *fr.* — *IIc
soucidá (se) *npr.* — souci IIc
soucier (se) *fr.* — *ib.
soudadier *pr.* — soldo
soudain *fr.* — *IIc
soudard *lothr. pic. dauph.* — soldo
soude *fr.* — soda
souder *fr.* — soldo
[soudoiant] *afr.* — ib.
soudoier *afr.* — *ib.
soudre *fr.* — IIc
[souduiant] *afr.* — soldo
souffler *fr.* — soffiare; buf
soufflet *fr.* — ib.
souffraite *afr.* — soffratta; *briga
souffreteux *fr.* — soffratta
soufre *fr.* — solfo
souhait, souhaiter *nfr.* — hait IIc
souil *fr.* — *IIc
souille, souiller, souillon *fr.* —
  *souil IIc
soûl *fr.* — IIc
soulacier *afr.* — sollazzo; soulager
  IIc
soulager *fr.* — IIc; solive IIc
soulas *afr.* — sollazzo
souleger *afr.* — soulager IIc
soulever *fr.* — solive IIc
soulier *fr.* — suolo
[souloit] *afr.* — souci IIc
souloumbrous *npr.* — sombra IIb
[soumetière] *afr.* — salma
soupçon (m.) *fr.* — *IIc; [rcame]

soupe *fr.* — sopa ; gonna
soupeçon *afr.* — soupçon IIc
soupente *fr.* — pente IIc
souper *fr.* — sopa
souple *fr.* — sóffice IIa
souquenille *fr.* — guenille IIc
sourastre *occ.* — beau IIc
source (f.) *fr.* — sourdre IIc
sonrdre *fr.* — IIc; [sortire]
souris *fr.* — sorce
sournois *fr.* — sorn
souronde *afr.* — gronda
sous *fr.* — sotto
~ *npr.* — súcido
[sous-barbe] *fr.* — sobriquet IIc
[sousir] *afr.* — sumsir IIc
sout *pr.* — soldo
soutane *fr.* — sotto
[soutement] *afr.* — soudain IIc
souto *pg.* — soto IIb
soutz *pr.* — solcio IIa
souvent *fr.* — sovente
souverain *fr.* — suzerain IIc
souvronte *hen.* — gronda
sovar *pg.* — sobar IIb
sovatto *it.* — IIa
soven *pr.* — sovente
sovente *it.*
soventre *afr.* — IIc
~ *afr.* — nuitantre IIc
soverchieria *it.* — soverchio
soverchio *it.*
sovresso *it.* — esso
soydade *apg.* — saudade IIb
sozzo *it.* — súcido; lazzo IIa; puzzo IIa
spaccare *it.* — IIa
spaccarsi *it.* — spaccare IIa
spacciare *it.* — pacciare
spaccio *it.* — ib.
spada *it.* — *I
spadon *apg.* — spalla
[spagliare] *tosc.* — parpaglione
spago *it.* — IIa
[~] *tosc.* — bigot IIc; lasciare
[spagot] *lomb.* — bigot IIc
spalancare *it.* — IIa; esparrancar IIb
spaldi *it.* — spaldo IIa
spaldo *it.* — IIa
spalla *it.* — I; sollo IIa
spalliera *it.* — spalla
spalto *ver. ven.* — spaldo IIa
spanda *com.* — spanna
spandere *it.* — épancher IIc; spanna
spaniar *chw.* — spanna
spanire *ven.* — épanouir IIc
spanna *it. chw.*
spannare *it.* — spanna
spantare *it.* — spaventare
spanu *sic.* — IIa
spar *chw.* — sparaviere

sparagnare *it.* — *I
sparangon *com.* — esplinque IIb
sparare *it.* — parare
sparaviere *it.*
spargnar *chw.* — sparagnare
sparmiare *it.* — ib.
sparpagliare *it.* — *parpaglione
sparviere *it.* — sparaviere
spasimare *it.* — spasimo
spasimo *it.* — I; tozzo IIa
spassare *it.* — passare
spassarsi *it.* — IIa
spasso *it.* — spassarsi IIa
spastojare *it.* — pastoja
spata *sic.* — spada
spate *wal.* — spalla
spate *wal.* — spada
spaurire *it.* — peritarsi IIa
spavenio *it.*
spaventare *it.*
spavento *it.* — spavenio; spaventare
spaziarsi *it.* — spazzare
spazzare *it.*
specchio *it.*
sped *rom.* — spito
spedale *it.* — oste²
speglio *it.* — specchio
spegnere *it.* — IIa
speija *chw.* — taie IIc
speimentà *wal.* — spaventare
spelda *it.* — spelta
speler *afr.* — épeler IIc
spelta *it.*
speme *it.* (poët.) — IIa
spenac *wal.* — spinace
spéndere *it.* — IIa
spendio *it.* — spéndere IIa
spene *it.* (poët.) — speme IIa
spergere *it.* — sprecare IIa
speronare *it.* — sperone
sperone *it.*
spesa *it.* — spéndere IIa
spesso *it.*
speziale *it.* — spezie
spezie *it.*
spia (m.) *it.* — spiare; boja¹
spiaggia *it.* — piaggia
spiar *chw.* — spiare
spiare *it.*
spiccare *it.* — pegar; spígolo IIa
spicchio *it.* — spígolo IIa
spicolo *neap.* — ib.
spiddo *gen.* — spito
spidocchiare *it.* — pidocchio
spidu *sard.* — spito
spiedo *it.* — ib.; espier IIc
spiedone *it.* — spito
spiegare *it.* — piegare
spienza *ven.* — milza
spig *chw.* — spígolo IIa
spignere *it.* — IIa

spigo *ver. ven.* — spígolo IIa
spígolo *it. ven.* — IIa; esquina IIb
spigul *rom.* — spígolo IIa
spillo *it.* — *I
spinace *it.* — *I
spinell *rom.* — spillo
spinetta *it.*
spingarda, spingare *it.* — springare
spingere *it.* — spignere IIa; springare
spingola *neap.* — spillo
[spingula] *lecc.* — ib.
spione *it.* — spiare
spir *chw.* — pure IIa
spirit *wal.* — spirito
spirito *it.*
spisa *chw.* — spéndere IIa
spitale *it.* (mndt.) — oste²
spítamo *it.*
spito *neap.* — I; espier IIc; [épieu IIc]
spízzeca *it.* — XXVII (XX); [bègue IIc]
splęnę *wal.* — milza
spluccà *mod.* — piluccare
spluccar *chw.* — ib.
spoglia *it.* — spoglio
spoglio *it.*
spoi *wall.* — épeiche IIc
spol *chw.* — spola
spola *it.*
spoltre *it.* — poltro
sponda *it.* — IIa
sponton *fr.; mail.* — spuntone
spontone *it.* — ib.
sporgere *it.* — espurrir IIb; sporto IIa
sportello *it.* — sporto IIa
sporto *it.* — IIa
sposa, sposare *it.* — sposo
sposo *it.*
spranga *it.* — IIa
sprazzare *it.* — IIa
sprecare *it.* — IIa
spreni *sard.* — milza
sprer *chw.* — sparaviere
sprew *wall.* — esprohon IIc
springare *it.* — I; [brincar IIb]
sprizzare *it.* — sprazzare IIa
sprocco *it.* — brocco; sprazzare IIa
spronare, sprone *it.* — sperone
spruzzare *it.* — sprazzare IIa
spulciare *it.* — pulce
spuntone *it.*
spuola *it.* — spola
spurare *it.* — smerare
spuventar *chw.* — spaventare
squadra, squadrare, squadrone *it.* — quadro
squarciare *it.* — IIa; esquinzar IIb
squartare *it.; neap.* — squarciare IIa; esquinzar IIb

squelette (m.) *fr.* — scheletro
squicciar *chw.* — quatto
squilla *it.*
squillare *it.* — squilla
squillo *it.* — spillo
squittire *it.* — IIa
sradicare *it.* — arracher IIc
stabilire *it.* — établir IIc
stacca *it.*
staccare *it.* — tacco; [sacco]
staccio *it.* — I; stio IIa
staffa *it. chw.* — IIa; estribo
staffetta, staffilare, staffilata, staffile *it.* — staffa IIa
staggina *it.* — staggire IIa
staggio *it.*
staggire *it.* — *IIa; [sagire]; [stancare]
stagionare *it.* — stagione
stagione *it.* — *I; saison IIc; [stancare]
stagn *piem.* — stancare
stagno *it.*
stajo *it.* — sestiere
stala *apg.* — stallo
stalbiar *wald.* — estalbi IIc
stalla *it.* — stallo
stallo *it. apg.* — I; piedestallo; stocco
stallone *it.* — stallo; guaragno
stambecco *it.* — IIa; zanco IIa
stamberga *it.* — °IIa
stambuoch *chw.* — stambecco IIa
stamigno *it.*
stampai *sard.* — stampare
stampare *it.* — I; estampie IIc
stampita *it.* — estampie IIc
stanca (mano) *it.* — stancare; gauche IIc
stancare *it.* — *I
stancato *it.* — stancare
stanco *it.* — stancare; zanco IIa; [enclenque IIb]
stanga *it. chw.*
stangue *fr.* — stanga
stanza *it.* — I; [stamberga IIa]
starna *it.*
statico *it.* — ostaggio
steamp *wal.* — stampare
steange *wal.* — stanga
stecca, stecchire *it.* — stecco IIa
stecco *it.* — IIa; étiquette IIc
steire *lothr.* — sestiere
stencele *afr.* — étincelle IIc
stendardo *it.*
stendere *it.* — stendardo
stenta, stentar *chw.* — stentare IIa
stentare *it.* — *IIa; tencer IIc
stento *it.* — stentare IIa
stêr *chw.* — sestiere
stesso *it.* — IIa

stia *it.* — IIa
stiaffo, stianto *it.* — schioppo IIa
sticchetto *neap.* — étiquette IIc
stidar *chw.* — tutare
stier *wald.* — esters IIc
stieresmen *afr.* — esturman IIc
stimare *it.* — IIa
stinco *it.* — IIa; schioppo IIa
stinguere *it.* — éteindre IIc
stio *it.* — IIa
stioppo *it.* — schioppo IIa
stique *hen.* — étiquette IIc
stiquer *champ.* — ib.
stivale *it.*
stivare *it.*
stizza *it.* — tizzo
stizzar *chw.* — ib.
stizzare, stizzire, stizzo *it.* — ib.
stocco *it.* — I; brandistocco IIa;
[stuzzicare IIa]
stoch *com.* — stocco
stoffa *it.* — *I
stoffo *it.* — stoffa
stoja *it.*
stol *wal.* — stuolo
stolto *it.* — estout IIc
stoppa *it.* — I; stoffa
stoppare *it.* — stoppa; *stoffa
stoppia *it.* — *I; tona
stoppino *it.* — stoppa
stordire *it.* — *I
stordito *it.* — stordire
storione *it.*
stormire *it.* — stormo
stormo *it.*
storpiare *it.* — stroppiare
storta (mano) *berg.* — stancare
stovér *chw.* — estovoir IIc
stovigli *it.* — *IIa
[stoviglia] *it.* — rovello IIa (Nachträge)
stoviglie *it.* — stovigli IIa
stozzare *it.* — stuzzicare IIa
straboto *ven.* — strambo
strabuco *ver.* — buco
straccare *it.* — *IIa
straccato *it.* — straccare IIa
stracciare *it.*
straccio *it.* — stracciare
stracco *it.* — traccare IIa
strada *it.* — *I; estraguar IIc; [estern
IIc]
strae *afr.* — strada
[straginare] *umbro-romagn.* — trassinare IIa
strale (m.) *it.* — IIa
[stralinco] *tosc.* — bilenco IIa
stramb *rom.* — strambo
stramba *it.* — ib.
strambà *mail.* — ib.
strambasciare *it.* — ambasciata

strambellare, strambità *it.* — strambo
stramblir *chw.* — ib.
strambo *it.* — I; estribo
strambotto *it.* — strambo
stramp *pr.* — ib.
stranb *piem.* — ib.
straniero *it.* — stranio
stranio *it.*
strano *it.* — stranio
strapasser *fr.* — pazzo IIa
strapazzare, strapazzo *it.* — *ib.
strappare *it.* — IIa; estraper IIc;
[pazzo IIa]
strappata *it.* — strappare IIa
Strasbourg *fr.* — catafalco
strascicare, stráscico *it.* — trassinare
IIa
strascinare, strascíno *it.* — ib.; [stri-
scia IIa]
strato *it.* — strada
stratschar *chw.* — stracciare
stratto *it.* — IIa
stravagare *it.* — estraguar IIc
straziare *it.* — IIa
strazio *it.* — straziare IIa
strebbiare *it.* — trebbia
strecchiare *it.* — stregghia
strecia *com.* — scotta IIa
strega *it.* — *I
stregare *it.* — strega
stregghia *it.*
streglia *it.* — stregghia
stregona, stregone *it.* — strega
strein *wal.* — stranio
stremb *wal.* — strambo
stretto *it.* — étroit IIc
stria *mail. trient.* — strega
stribbiare *it.* — trebbia
stribord *fr.* — IIc
strica *ven.* — estrinque IIb
striccà *com.* — stringa; estrinque
IIb; [trucco]
strichè *rom.* — stringa
strigóe, strigoiu *wal.* — strega
strillare *it.* — strillo IIa
strillo *it.* — IIa; valigia; frollo IIa;
[brullo IIa]
stringa *it.* — I; [trucco]; [brincar
IIb]
stringare *it.* — stringa
striscia *it.* — *IIa
strisciare *it.* — striscia IIa
stromento *it.* — fante IIa
stronzare *it.* — IIa; bouse IIc
stronzo, stronzolo *it.* — stronzare IIa
stropiccione *it.* — pappalardo
stroppiare *it.*
stroppio *it.* — stroppiare
stróppolo *it.* — *I
strosciare, stroscio *it.* — troscia
IIa

strozza *it.* — *IIa
strozzare *it.* — strozza IIa
strucare *ven.* — *trucco .
struffo *it.* — IIa
strufolo *it.* — struffo IIa
struggere *it.* — IIa; scendere IIa;
  veggia IIa; trage IIb
strupchiar *chw.* — stroppiare
strupiare *ven.* — ib.
struppià *mail.* — ib.
struvare *neap.* — trovare
struzzo *it.*
stuc *fr.* — stucco
stuccio *ver.* — astuccio
stucco *it.*
studiato *it.* — astuccio
stufa *it.* — *I
stufare *it.* — *stufa .
stŭngę *wal.* — stancare
stuolo *it.* — I; estorer IIc
stupę *wal.* — stoppa
sturm *chw.* — stormo
stuschar *chw.* — stuzzicare IIa
stussà *mod.* — ib.
stutare *it.* — *tutare
stuvér *chw.* — estovoir IIc
stuzzicare *it.* — *IIa; tozzo IIa
su *sard.* — il
~ *it.* — suso; testeso IIa
subbia *it.* — IIa
subbio *it.*
[subbuglio] *it.* — broglio; garbuglio
suberna *pr.* — IIc; galerno; estalbi
  IIc
subrichet *piem.* — sobriquet IIc
subt *wal.* — sotto
suc *pr. afr.* — cucuzza
~ *pr. fr.* — suco
sucar *pr.* — ib.
succhiare *it.* — IIa
succhio *it.* — succhiare IIa
succiare *it.* — suco; docciare
succio *pr.* — suco
succo *it.* — ib.
[súcena] *marchig.* — susína IIa
sucer *fr.* — suco
[súcina] *senen.* — susína IIa
súcido *it.* — *I; [sohez IIb]
súcio *sp.* — súcido
suco *it. sp.* — I; succhiare IIa
sucre *pr. fr.* — zúcchero
suction *fr.* — suco
sud *sp. fr.* — IIc
[sudicio] *it.* — súcido
sueia *pr.* — suie IIc
suela *sp.* — suolo
sueldo *sp.* — soldo
suelo *sp.* — solive IIc
sueño *sp.* — sien IIb
suenter *chw.* — soventre IIc
[suer] *afr.* — [choyer IIc]

suercu *sard.* — barcar IIb
suero *sp.* — IIb
suerte *sp.* — jorgina IIb; auce IIb
suffrén *pr.* — cornard IIc
suflar *asp. pr.* — soffiare
suflet *wal.* — spirito
suga *chw.* — soga
~ *pr.* — suie IIc
sugar *asp.* — suco
sugare *it.* — ib.
súghero *it.* — IIa
sugliardo *it.* — souil IIc
sugna *it.* — IIa; enxundia IIb; fresange IIc
sugo *it.* — suco
suia *pr.* — suie IIc
suie *fr.* — IIc
suif *fr.* — sevo; flou IIc
suignante *afr.* — sogna
suinter *fr.* — IIc
suire *afr.* — suivre IIc
Suisse *fr.* — suinter IIc
suivre *fr.* — IIc
[~] *afr.* — couire IIc
sujo *pg.* — *súcido
sul *pg.* — sud IIc
ṣuleandrę *wal.* — landra
sulh *pr.* — suolo
sulha, sulhar, sulhon *pr.* — souil IIc
sulone *sard.* — cinghiare
sumac *pr. fr.* — sommaco
sumagre *pg.* — ib.
sumir *asp. pg.* — sumsir IIc
sumpsir *pr.* — ib.
sumsir *pr.* — *IIc
suolo *it.*
~ *it.* — solive IIc
supausar *pr.* — pausare
super *fr.* — sopa
supercheria *sp.* — soverchio
supercherie *fr.* — ib.
superchieria *it.* — ib.
supposer *fr.* — pausare
Sur *fr.* — tire IIc
sur *fr.* — IIc
sur² *fr.* — IIc
sûr *fr.* — IIc
sural *wall.* — sur² IIc
surco *sp.* — pardo IIb
surcot *pr. fr.* — cotta
surdir *pg.* — sortire
ṣurę *wal.* — écurie IIc
sureau *fr.* — *IIc
[surge] *fr.* — súcido
surgeon *nfr.* — sourdre IIc; drageon IIc
surgia *pr.* — IIc
surgien *afr.* — surgia IIc
surgir *cat.* — zurcir IIb .
~ *sp.* — sourdre IIc
surgiva *sic.* — ib.

suriele *hen.* — sur² IIc
suro *cat. ven.* — súghero IIa
surpiquet *pic.* — sobriquet IIc
surplis *fr.* — pelliccia
surrão *pg.* — zurron IIb
surrar *pg.* — zurrar IIb
surruscu *sic.* — *coriscar IIb
[surta] *wal.* — fraire IIb
surtì *com.* — sortire²
surtir *sp. cat.* — sortire
~ *sp.* — sortire²
sus *piem.* — segugio
~ *pr. afr.* — suso; suzerain IIc
Susa *it.* — susína IIa
suscher *afr.* — soupçon IIc
susína *it.* — *IIa
suso *it. sp. apg.* — I; testeso IIa
susorniare, susornione *it.* — sorn

sussiego *it.* — sosegar IIb
sust *com.* — sostare
[susta] *it.* — ib.
susto *sp. pg.; ven.* — *ib.
sustu *sic.* — ib.
sutano *cat.* — zutano IIb
sutje (m.) *cat.* — suie IIc
suzerain *fr.* — IIc
suzzare *it.* — suco
svanir *chw.* — évanouir IIc
svanire *it.* — ib.
sveglia *it.* — IIa
svegliare *it.* — sveglia IIa
svegliere *it.* — svellere IIa
svellere *it.* — IIa
sverza *it.* — brocco; verza
[svolazzare] *it.* — pazzo IIa
symphonie *afr.* — sampogna

t

taba *sp.* — IIb
tabac *fr.* — tabacco
tabacco *it.*
tabaco *sp.* — tabacco
taballo *it.* — ataballo
tábano *sp.* — tafáno
tabard *fr.* — tabarro
tabardo *sp. pg.* — ib.
Tabarin, tabarin *fr.* — IIc
tabarro *it.*
tabia *lomb.* (*bresc.*) — tapia IIb
tabique *sp. pg.* — IIb
tablado *sp.* — bagordo
table *fr.* — taveler IIc
tabor *pr.* — tamburo; tabust IIc
tabornar *pr.* — tabust IIc
tabouret *fr.* — tamburo
taburla, tabussar *pr.* — tabust IIc
tabust *pr. afr.* — *IIc
tabustar *pr.* — tabust IIc
tabuster *afr.* — ib.
tabut *pr. afr.* — ib.
tabuter *afr.* — ib.
tac *chw. wall.* — tacco
taca *pr.* — ib.
tacà *lomb.* — ib.
tacaño *sp.* — taccagno
tacar *pr.* — tacco
tacare *ven.* — ib.
tacca *it.* — ib.
taccaguare *it.* — taccagno
taccagno *it.*
taccar *chw.* — tacco
taccia *it.* — ib.
tacco *it.* — I; taccagno
táccola *it.* — IIa; smacco IIa
~ *it.* — taccagno

taccolare, táccolo *it.* — táccola IIa
taccone *it.* — tacco
tacha *sp. pg.* — ib.
tache *fr.* — ib.
~ *fr.* (mndt.) — tasca
tâche (f.) *fr.* — IIc; tasca
tacher *fr.* — tacco
tâcher *fr.* — tâche IIc
tachin *com.* — taccagno
tacho *occ.* — tacco
tachon *sp. pg.* — ib.
taco *sp. pg.* — ib.
tacon *sp. pg.; hen.* — ib.
tacq *hen.* — ib.
tafáno *it.* — *I; bifolco IIa
tafetan *sp.* — taffetà
taffetà *it.*
taffetas *fr.* — taffetà
taffiada *mail.* — tape
taful *pg.* — tafur
tafur *pr. afr.*
tafurá *npr.* — tafur
tagarote *sp. pg.* — IIb; hobin IIc
taglia *it.* — I; taxer IIc; [sisa IIb]
tagliare *it.* — taglia
tagliatura, tagliere *it.* — ib.
taglio *it.* — ib.; taxer IIc
tagliuola *it.* — IIa
tagliuzzare *it.* — chapuiser IIc
tah *wall.* — tasca
tabur *sp.* — tafur
tai *afr.* — *IIc
taie *fr.* — IIc
~ *fr.* — tata
tail *afr.* — taxer IIc
taille *fr.* — taglia; mortaille IIc
tailler, tailleur, tailloir *fr.* — taglia

14*

taimad *cat.* — taimado IIb
taimado *sp.* — IIb
taimaría *cat.* — taimado IIb
taimonía *sp.* — ib.
tain *fr.* — stagno; tricoter IIc
taïna *pr.* — taïnar IIc
taïnar *pr.* — IIc
taipa *pg.* — tapia IIb
tais *pr.* — tasso
taisnière *afr.* — tanière IIc
taiso *pr.* — tasso
taisson *fr.* — ib.
taissonnière *fr.* — tanière IIc
taita *sp.* — papa; tata
taja *sp.* — taglia
~ *sic.* — tai IIc
tajadero, tajar, tajo *sp.* — taglia
tala *sp. pg. pr. cat.* — IIb
Talabriga *sp.* — tala IIb
talabust *pr.* — tabust IIc
taladro *sp.* — taraire
Talamina *sp.* — tala IIb
talan *pr.* — talento
talante *sp.* — ib.
talar *sp. pg. pr. cat.*; *sp.* (rothw.) —
    tala IIb
talc *fr.* — talco
talco *it. sp. pg.*
taleca *pr.* — talega IIb
talega *sp.* — IIb
taleiga *pg.* -- talega IIb
talen *pr.* — talento
talent *fr.* — ib.
talento *it. sp.*
talevas *afr.* — IIc
talh *pr.* — taglia
talba *pg. pr.* — ib.
talhador *pr.* — ib.
talhar *pr. pg.* — ib.
talisman *sp. fr.* — talismano
talismano *it.*
talla *sp.* — taglia
talliar *sp.* — tala IIb
talle *sp.* — taglia
~ (f.) *fr.* — tallo
taller *sp.* — taglia
tallo *it. sp.*
tallone *it.*
talmasche *afr.* — máschera
talo *pg.* — tallo
talon *sp. fr. pr.* — tallone
Talori *sp.* — tala IIb
talotta *it.* — otta IIa
talpa *it.* — soldo
talpino *it.* — tapir IIc
[talus, taluter] *fr.* — velours IIc
tamaint *afr.* — maint IIc
tamaño *sp.* — ib.
tamanto *it.* — ib.
tamarin *fr.* — tamarindo
tamarindo *it. sp.*

tambaca *pg.* — tombacco
tambo *pg.* — IIb
tambor *sp. pg.* — tamburo; tabust IIc
tambour *fr.* — tamburo
[tamburare] *it.* — tabust IIc
tambúrç *wal.* — tamburo
tamburino *it.* — ib.
tamburo *it.*
tambussare *it.* — *tabust IIc
tamiça *pg.* — tomiza IIb
tamigiare *it.* — . tamigio
tamigio *it.*
tamis *pr. fr.* — tamigio
tamiser *fr.* — ib.
tamiso *ven.* — ib.
tamiz *sp.* — ib.
tamo *apg.* — tambo IIb
tampa *pg.* — tape
tamperla *it.* (mndt.) — tempella IIa
tampir *pr.* — tape
tampon *fr.* — ib.
tan *sp.* — IIb
~ *fr.* — IIc
tana *it. npr. chw.* — IIa
tanaglia *it.* — I; XXIV (XVIII) 4
tanau *sard.* — tan IIc
tancar *pr. cat.* — *stancare
tancer *nfr.* — tencer IIc; [stentare
    IIa]
tanche *fr.* — IIc
[tanco] *npr.* — stancare
tandis *pr.* — IIc; jadis IIc
tandius *pr.* — tandis IIc; jadis IIc
tanè *it.* — tan IIc
taneit *afr.* — ib.
tanfer *champ.* — tanfo IIa
tanfo *it.* — IIa
tángan *com.* — tangoner IIc
tanghero *it.* — ib.
tangoner *afr.* — IIc
tangre *afr.* — tangoner IIc
tanière *fr.* — IIc; tana IIa
tanné, tanner *fr.* — tan IIc
tanque *pg.* — stancare
[tanster] *afr.* — hante IIc
tante *fr.* — *IIc; andare
tantôt *fr.* — tosto
tão *pg.* — tan IIb
taon *nfr.* — *tafáno
tapà *com.* — tape
tapar *sp. pg.* — ib.
tape *fr.* — *I
~ *fr.* — IIc; ceffo IIa; [tape]
~ *it.* — tapir IIc
taper *fr.* — tape
~ *fr.* — tape IIc
tapete *sp. pg.* — tappeto
tapí (a) *pr.* — tapir IIc
tapia *sp.* — IIb
tapin *afr.* — tapir IIc
tapinage (en) *afr.* — ib.

tapinare *it.* — tapir IIc
tapiner *afr.* — ib.
tapino *it.* — ib.
tapinois (en), tapir *nfr.* — ib.
tapis *fr.* — tappeto
tapit *pr.* — ib.
tapiu *sard.* — tapia IIb
tapiz *sp. pg.* — tappeto
tapon *sp. fr.* — tape
~ *fr.* — tapir IIc
tapcter *fr.* — tape IIc
tappare *flor.* — tape
tappeto *it.* — I; tabarro
tappu *sic.* — tape
taquin *fr.* — taccagno; taïnar IIc
taquiner *fr.* — ib.
tara *it. sp. pg. pr.*
tarabuster *fr.* — tabust IIc
taracena *pg.* — arsenale
taradore *it.* — taraire; XXIV (XVIII) 4
taradouiro *npr.* — taraire
taragona, taragontéa *sp.* — targone; XVI (XIII)
taraire (m.) *pr.*
tarantella *it.* — tarántola
Taranto *it.* — ib.
taráutola *it.*
tarantula *sp.* — tarántola
taratufolo *neap.* — truffa
taraud *fr.* — taraire
taravel *pr.* — ib.
taravella *dauph.* — ib.
taraza, tarazar *sp.* — ib.
tarazon *sp.* — torso
[tarcais] *afr.* — carcasso
tardx *cat.* — tarde IIb
tardar *pr.* — targer IIc
tardarassa *npr.* — tartarassa IIc
tarde (f.) *sp. pg. cat.* — IIb; sera
tarder *nfr.* — targer IIc; taïnar IIc
tardinar, tardivar *chw.* — targer IIc
tare *fr.* — tara
[tarell] *mail.* — randello IIa
tarentule *fr.* — tarántola
targa *it.*
targar (se) *pr.* — targa
targe *fr.* — ib.; targer IIc
targe *wal.* — targa
targer *afr. norm.* — IIc
targon *fr.* — targone
targone *it.* — *I
targuer (se) *fr.* — targa
taribari *npr.* — charivari IIc
tarida *it. sp. pr. cat.* — I; tartana
tarier *afr.* — *IIc
tarière (f.) *fr.* — taraire; XXIV (XVIII) 4
tarif (m.) *fr.* — tariffa
tarifa *sp. pg.* — ib.
tariffa *it.*
tarima *sp. pg.* — IIb

tarimba *pg.* — tarima IIb
tarin *fr.* — IIc; XXIV (XVIII) 4
tarir *pr. fr.* — IIc
tarja *sp. pg. pr.* — targa
tarlo *it.* — tarma
tarma *it.* — I; *arna IIc
tarna *sp. chw.* — tarma; *arna IIc
taronja *cat.* — arancio
tarpare *it.* — IIa
[tarquois] *afr.* — carcasso
tarser *afr.* — targer IIc
tartagiare *ven.* — tartagliare
tartagliar *chw.* — ib.
tartagliare *it.*
tartajear, tartalear *sp.* — tartagliare
tartalhar *pr.* — ib.
tarta-mudo *sp. pg.* — ib.
tartana *it. sp. pg.*
tartane *fr.* — tartana
tartaranha *pg.* — tartarassa IIc
tartarassa *pr.* — IIc
tartarear *pg.* — tartagliare
tartaruga *it. pg.* — *I; máschera; [chaland IIc]
tarte *fr.* — torta
tartifla *piem.* — truffe
tartifle *occ.* — ib.
tartoufle *fr. berr.* — ib.
tartuca *sic.* — tartaruga
tartufel *chw.* — truffe
tartuffol *mail.* — truffa; truffe
tartufo *it.* — truffe
tartufola *ven.* — ib.
tartufolo *it.* — truffa
tartuga *pr.* — tartaruga; máschera
tarzar *pr.* — targer IIc
tarzer *afr.* — ib.
tas *fr.* — IIc
~ *wal.* — tazza
tasajo *sp.* — *IIb; tasso
tasca *it. pr.* — I; rabo IIb; tascar IIb
~ *pr.; cat. ven.* — tâche IIc
tascar *sp. pg.* — IIb
tasce *wal.* — tasca
tascha *pr.* — tâche IIc
tasco *cat.* — tasajo IIb
tasque *fr.* (mndt.) — tasca
~ *hen.* — tâche IIc
tasqueta *pr.* — tasca
tassa *pr.* — tazza
~ *it.* — taxer IIc
tassalho *pg.* — tasajo IIb
tassare *it.* — taxer IIc
tasse *fr.* (mndt.) — tasca
~ *fr.* — tazza
tasseau *fr.* — tassello
tassello *it.*
tasser *fr.* — tas IIc
tassiel *afr.* — tassello
tasso *it.* — *I; trucco

tast *andal.* — tastare
tastù *mail.* — ib.
tastai *sard.* — ib.
tastar *asp. pr.; pr.* — ib.
tastare *it.* — I; [sesta]
tasto *it.* — tastare
tasugo *sp.* — tasso
tat *chw.* — tata
tata *com. neap. sic.; chw.; sp.*
ta, ta *sp. pg.* — IIb
tátaro *pg.* — tartagliare
tate, tate *sp. pg.* — ta ta IIb
tatę *wal.* — mamma; tata
tâter *fr.* — tastare
tato *sp.* — tartagliare
~ *sp.* — tata
táttera *it.* — IIa
tattonna *chw.* — nuca
tatz *pr.* — tas IIc
tauc *pr. afr.* — ataud
[taud, taude] *nfr.* — taudir IIc
taudion *pic.* — ib.
taudir *afr.* — *IIc; [toldo IIb]
taudis *nfr.* — taudir IIc
taulat *pr.* — bagordo
taule *fr. (nördl.)* — tôle IIc
taup *cat.* — topo IIa
taupe *fr.* — tapir IIc
taupin *champ.* — ib.
taupino *it.* — ib.
taur *pr.* — bréhaigne IIc
tausser *afr.* — *taxer IIc
taüt *pr. afr.* — ataud
taux (m.) *fr.* — *taxer IIc
tauxer *afr.* — *ib.
tavan *pr. afr.* — tafáno
tavele *afr.* — taveler IIc
taveler *fr.* — IIc
tavolaccio *it.* — talevas IIc
tavuto *neap.* — ataud
taxa, taxar *pr.* — taxer IIc
taxbique *pg.* — tabique IIb
taxe (f.) *fr.* — taxer IIc
taxer *fr.* — *IIc
tayon *afr. pic. wall.* — tata
taza *sp. pg.* — tazza
tazza *it.*
te *it.* — speme IIa
tè *it.*
té *pg.* — IIb
~ *sp.* — tè; hasta IIb
tea *sp. pg.* — IIb
tebe *pr.* — *tiède IIc
tebeza (adj.) *pr.* — ib.
tebi *cat.* — io.
tec *piem.* — tecchire IIa
tecca *it.* — tacco
tecchire *it.* — IIa
techir *pr.* — tacco
tęciune *wal.* — tizzo
tecla *sp. pg. cat. sard.* — IIb

[tedde] *afr.* — tiède IIc
tedesco *it.* — trincare; tasso
tegghia *it.* — tegola
teglę *wal.* — ib.
teglia *it.* — ib.
tegola *it.*
tegolo *it.* — tegola
tehir *afr.* — tecchire IIa
tęià *wal.* — taglia
teiga *pg.* — IIb
teigia *chw.* — taie IIc
teigne *fr.* — tigna
teigula *pg.* — teiga IIb
teija *chw.* — taie IIc
teiller *fr.* — IIc
teima *pg.* — tema IIb
teina *pr.* — tigna
teindre *fr.* — IIc
teinte *fr.* — fard IIc
Teisserenc *fr.* — tisserand IIc
teixugo *pg.* — tasso
teja, tejo *sp.* — tegola
tel *afr.* — pieu IIc
telha *pg.* — tegola
[telle] *afr.* — engrant IIc
tellecare *neap.* — ditello IIa; *solleticare IIa; XXIII (XVIII) 8
teltre *afr.* — tertre IIc
tema *sp. pg.* — IIb
temão *pg.* — leme IIb
tematico *sp.* — tema IIb
temblar *sp.* — tremolare
témbre *acat.* — craindre IIc
temér *pr.* — ib.
témer *ncat.* — ib.
témolo *it.* — IIa; [matelot IIc]
tempe *fr.* — tempia
tempella *it.* — IIa
tempellare, tempellone *it.* — tempella IIa
temperare *it.* — tremper IIc
tempia *it.* — I; sien IIb
templa *pr.* — tempia
templar *sp.* — quemar IIb
temple *afr.* — tempia; écoufle IIc;
plevir IIc
tęmplę *wal.* — tempia
temprar *pr.* — tremper IIc
tempre *fr.* — écoufle IIc
temprer *afr.* — tremper IIc
ten *pr.* — tin IIc
tenaille *fr.* — tanaglia
tenalha *pr.* — ib.
tenaza *sp.* — ib.
tence *afr.* — tencer IIc
tencer *afr.* — *IIc
tençon *afr.* — tencer IIc
tenda *it. pg. pr.*
tendálę *wal.* — dandin IIc
tendão *pg.* — tenda
tendine *it.* — ib.

tendon *sp. fr.* — tenda
tendre *fr.* — tierno IIb; signore; tarin IIc
tene *it.* — speme IIa
tener *hen.* — tan IIc
tenerc *pr.* — IIc
teñir *sp.* — teindre IIc
tensa, tensar *pr.* — tencer IIc
[tenser] *afr.* — ib.
tenson *pr.* — ib.
tente *fr.* — tenda; pente IIc
tentir *fr.* — bondir IIc
tenza, tenzone *it.* — tencer IIc
tepa *com. piem.* — tepe IIb
tepe *sp. pg.* — *IIb
teque *afr. pic.* — tacco
ter *afr.* — tertre IIc
tera *bresc.* — tiere IIc
teráder *chw.* — taraire
terça feira *pg.* — martedì
tercena *pg.* — arsenale
terchio *it.* — terco IIb
tercio *sp.* — terciopelo IIb
terciopelo *sp. pg.* — IIb
terco *sp.* — IIb
tére *pic.* — tarin IIc; signore
térelle *pic.* — taraire
térére *fr.* (mndt.) — ib.
terger *pic.* — targer IIc
térin *fr.* — tarin IIc
terla *rom.* — tarma
terliz *sp.* — traliccio; [trastullo IIa]
terne *fr.* — *IIc
ternir *fr.* — terne IIc
terno *pg.* — tierno IIb
terons (fut.) *pic.* — tarin IIc
terser *pr.* — sumsir IIc
tersol *pr.* — terzuolo
tertre (m.) *pr. fr.* — IIc
[tertulia] *sp.* — trastullo IIa
teruvela *sp.* — taraire
terzeruolo *it.* — terzuolo
terzuolo *it.* — I; falcone; écoufle IIc
tes *afr.* — *testa
~ *pg.* — tez IIb
tesa *it.* — toise IIc
teschio *it.* — testa
teser *afr.* — toise IIc
tesnière *afr.* — tanière IIc
teso *it. pg.* — tieso IIb
tesoira *piem.*
tesoro *it. sp.* — trésor IIc
tesoura *pg.* — tesoira
tesserandolo *it.* — tisserand IIc
tessere *it.* — éssere
tesson *fr.* — testa
test *afr.* — *ib.
testa *it. sp. pg. pr.* — *I; colódra IIb; pescuezo IIb
testè *it.* — testeso IIa
testeso *it.* — IIa

testigo *sp.* — IIb
testiguar *sp.* — testigo IIb
testo *it. pg.* — testa
testuggine *it.* — costuma
têt *fr.* — testa
teta *sp. pr.* — tetta
~ *piem.* — zito IIa
tetar *sp.* — tetta
tête *fr.* — testa
tetelleca *neap.* — ditello IIa
téton *fr.* — tetta
[tetro] *it.* — terne IIc
tetta *it.* — I; XX (XV)
tettare *it.* — tetta
tette *fr.* — ib.
teule *pr. afr.* — tegola
teumei *lothr.* — tombolare
teune *pr.* — flauto; viola
teune *wal.* — tafáno
tevrucs *afr.* — uosa
tex *pg.* — tez IIb
texon *sp.* — tasso
tez (f.) *sp. pg.* — IIb
tezoire *afr.* — tesoira
tezzar *chw.* — tetta
thé *fr.* — tè
thesaur *pr.* — trésor IIc
thon *fr.* — tonno
ti *afr.* — mien IIc
tia *sp. pg. pr.* — zio
tiba *chw.* — tromba
tibia *it. sp.* — tige IIc
tibio *sp.* — tiède IIc
[tic] *fr.* — ticchio IIa
~ *norm.* — caffo IIa
tição *pg.* — tizzo
ticchio *it.* — *IIa; capriccio
tiède *fr.* — *IIc; stordire
tiédir *fr.* — stordire
tieira *pr.* — tiere IIc
tieiro *npr.* — ib.
tiel *afr.* — pieu IIc
tien *nfr.* — mien IIc
tienda *sp.* — tenda
tièr *wall.* — tertre IIc
tiera *it.* — tiere IIc
tierce *fr.* — minuto
tiercelet *fr.* — terzuolo
tiere *afr.* — IIc; razza; tirare
tierno *sp.* — IIb
ties *afr.* — testa
tieso *sp.* — *IIb
[tiest] *afr.* — testa
tiesto *sp.; asp.* — ib.
tieu *afr.* — pieu IIc
[tieve] *afr.* — tiède IIc
tifer *afr.* — IIc
tiflè *piem.* — tifer IIc
tige (f.) *fr.* — IIc; toba IIb; verza
tigella *pg.* — tegola
tiglio *it.* — teiller IIc

tigna *it.*
tignere *it.* — teindre IIc
tijolo *pg.* — tegola
til *pg.* — attillare; tilde IIb
tilde *sp.* — IIb; attillare
tile *hen.* — teiller IIc
tileáge *wal.* — talega IIb
tilhá *pg.* — tillac IIc
tillá *sp.* — ib.
tillac *fr.* — IIc
tille *afr.* — teiller IIc
tim *lim.* — tin IIc
tímalo *sp.* — témolo IIa
timão *pg.* — leme IIb
timbal *sp.* — ataballo
timballo *it.* — ib.
timbre *afr.; nfr. sp.* — IIc
timoneiro *pg.* — leme IIb
timpe *sp.* — IIb
timun *chw.* — leme IIb
tin *pr. afr.* — IIc; tempio
tiña *sp.* — tigna
tinal *pr.* — tinel IIc
tinca *it.* — tanche IIc
tinde *wal.* — tenda
tinel *afr.* — IIc
tingere *it.* — volgere IIa
tinieblas *sp.* — treva IIb; [polédro]
tino *sp. pg.* — IIb
tinta *sp. pg. cat. sard.* — inchiostro
tio *sp. pg.* — zio
tique *fr.* — zecca
tir *wall.* — tiere IIc; razza
tira *it. sp. pr.* — tirare; tiere IIc
tiracer *afr.* — tirare
tiraille *fr.* — traille IIc
tirar *sp. pg. pr.* — tirare; tiere IIc
tirare *it.* — *I
tirassar *pr.* — tirare
tirasser *afr.* — ib.
tire *afr.; fr.* — *ib.; tiere IIc
~ *afr.* — IIc
[~-larigot, boire à] *fr.* — rigot IIc
~-lire *fr.* — pêle-mêle IIc
tirer *fr.* — tirare; trier IIc
tiretaine *fr.* — tiritaña IIb
tiribara *mail.* — charivari IIc
tiritana *pg.* — tiritaña IIb
tiritaña *sp.* — IIb
tirituffulu *sic.* — truffe
tiro *it.* — tirare
tirzanà *sic.* — arsenale
tisána *it. sp.*
tisane *fr.* — tisána
tisera *asp.* — tesoira
[tisicogna] *piem.* — menzogna
tison *fr.* — tizzo
tisserand *fr.* — IIc
tissier *fr. afr.* (mndt.) — tisserand IIc
[tistivillu] *sard.* — stovigli IIa

tistre *afr.* — éssere
title *wal.* — tilde IIb
titlla *cat.* — ib.
titolo *it.* — attillare
titule *occ.* — tilde IIb
tixera *sp.* — tesoira
tiznar, tizne, tizo *sp.* — tizzo
tizon *sp. pr.* — ib.
Tizon, Tizona *sp.* — brando
tizzo *it.* — *I; torso
tizzone *it.* — tizzo
toalha *pg. pr.* — tovaglia
toalla *sp.* — ib.
toane *wal.* — tona
toba *sp.* — IIb
~ *sp.* — tufo²
tobe *wal.* — tromba
tobillo *sp.* — *IIb
toca *sp.* — tocca
tocà *wal.* — toccare
tocar *sp. pg. pr.* — ib.
tocc *chw.* — tocca
tocca *it.*
toccare *it.*
tocco *it.* — tocca
tocha *pg.* — torciare
tocho *sp.* — *IIb; [tosco IIb]
tocino *sp.* — IIb
tocon *sp.* — tocca
tocosen *lim.* — tocsin IIc
tocsin *fr.* — IIc; segno
todavia *sp.* — via
todisco *neap.* — trincare
toeur *lomb.* — tuero IIb
toffà *lomb.* — tufo
toffar *chw.* — tufo
toffe *lothr.* — ib.
toie *afr. burg. hen.* — taie IIc
toile *fr.* — toilette IIc
toilette *fr.* — IIc
toise (f.) *fr.* — IIc
toiser *afr.* — toise IIc
toison *fr.* (berr. m.) — tosone; façon IIc; [arna IIc]
toivre *afr.* — *IIc
Toivre *afr.* — toivre IIc
tojo *sp. pg.* — toxo IIb
tola *com. piem.* — tôle IIc
tolda, toldar *pg.* — toldo IIb
toldo *sp. pg.* — *IIb; [taudir IIc]
tôle (f.) *fr.* — IIc
toleirão *pg.* — tolo IIb
tolherse (de membros) *pg.* — tullirse IIb
tolheyto *apg.* — tolo IIb
tolhido *pg.* — ib.
tolido *apg.* — ib.
tolir *afr.* — épanouir IIc
tolla *mail.* — tôle IIc
toller *asp.* — tullirse IIb
tollir *afr.* — maltôte IIc

tolo _fg._ — IIb
tolre _afr._ — épanouir IIc
tolte _afr._ — maltôte IIc
toma _piem._ — formaggio
tomaco _cat._ — tomate IIb
tomajo _it._ — IIa
tomar _sp. pg._; _cat._ — IIb
tomare _it._ — tombolare
tomate _sp. pg._ — IIb
tomátec _cat._ — tomate IIb
tomba _it. pr._ — I; lonza
tombac _fr._ — tombacco
tombacco _it._
tombar _fr. pg._ — tombolare
tombe _fr._ — tomba
tomber, tombereau _fr._ — tombolare
tombolare _it._
tomiza _sp._ — IIb
tomo _sp. pg._ — IIb
tomplina _apr._ — tónfano IIa
tona _pr._ — I; stoppia
~ _pg._ — IIb
tondino _it. sp._ — tondo IIa
tondo _it._ — IIa; fondo
tondre (m.) _afr. norm._ — IIc
tondres _pr._ — tondre IIc
tonedre _pr._ — trono
tonel _sp._ — tona
tónfano _it._ — IIa
tonídro _asp._ — trono
tonne, tonneau, tonnelle _fr._ — tona
tonner _fr._ — trono; étonner IIc
tonnerre (m.) _fr._ — trono
tonno _it._
tonte _fr._ — IIc; tenda
tonto _sp. pg._ — IIb
tooillier _afr._ — tovaglia
top _afr._ — toppo
topa _rom._ — topo IIa
~ _bresc._ — tepe IIb
topar, tope _sp._ — toppo
topí _pr._ — topin IIc
[topicà] _bergam._ — tropezar IIb
topin _fr._ (mndt.) — IIc
topo _it._; _sp._ — IIa; ontáno IIa;
  soldo; falavesca
topon _piem._ — toppo
toppo _it._ — I; ciocco; coppa; [stoffa];
  [cotovía IIb]
toquacen _pr._ — tocsin IIc
toque _fr._ — tocca; palletot IIc
toquer _fr._ — toccare; tocsin IIc
toratt _wall._ — ratto IIa
torba _it._
torbido, torbo _it._ — lindo; [bravo]
[torbote] _afr._ — turbot IIc
torca _sp._ — cuccagna; torciare;
  parco
torcar _pr._ — torciare
tórcere _it._ — tordre IIc
torcha _pr._ — torciare

torche, torcher _fr._ — torciare
torchio _it._
torcia _it._ — torciare
torciare _it._ — *I
torcicollo _it._ — pappalardo
torcida _fg._ — torciare
torcolo _it._ — torchio
tordo _sp._ — stordire
tordre _fr._ — IIc
torezon _sp._ — IIb
toria _cat._ — IIb
tóriga _pr._ — toura IIb; bréhaigne IIc
torlière _norm._ — toura IIb
torlo _it._; _piem._ — tuorlo IIa
tormo _sp._ — IIb
torn _pr._ — torno
~ _pr._ — tormo IIb
torna-gusto _it._ — ragoûter IIc
tornar _sp. pg. pr._ — turno
tornare _it._ — ib.
tornear _sp. pg._ — ib.
torneare _it._ — ib.; bornio
tornei, torneiar _pr._ — torno
tornéo _it. sp. fg._ — ib.
torniare, tornire _it._ — ib.
torno _it. sp. pg._ — I; tormo IIb;
  cranequin IIc
toro _pg._ — tuero IIb
torrar _sp. pg. cat._ — IIb
torrer _chw._ — torrar IIb
Torres vedras _pg._ — vecchio
tors _pr._ — torso
torseau _afr._ — torciare
torsello _it._ — ib.
torser _afr._ — ib.
~ _pr._ — tordre IIc
torso _it._ — *I; lonzo; toso; [tor-
  ciare]; [tosco IIb]
tort _pr. fr._ — torto
torta _it. sp._
tortesa _pr._ — tartaruga
torticcio _ait._ — torciare
tortis _afr._ — ib.
torto _it. pg._
tortue _fr._ — tartaruga
tortuga _sp. pr._ — ib.
torver _afr._ — trovare
torvisco _sp._ — IIb
torza _lomb._ — torciare
torzal _sp._ — ib.
torzione _it._ — torezon IIb
torzo _ven. ver._ — torciare
torzon _sp._ — torezon IIb
torzuelo _sp._ — terzuolo
tos _pr._ — toso
tosa _it._ — ib.
[~ _sp._] — tosco IIb
tosco _it._
~ _sp. pg._ — *IIb; [tocho IIb];
  [tozo IIb]
tose _afr._ — toso

tosel afr. it. (mndt.) — toso; [tosco IIb]

toselot, toset it. (mndt.) — toso

tósigo sp. — tosco

tosо it. (mndt.) — *I; garzone; [muchacho IIb]; [tosco IIb]

tosoira pr. — tesoira

toson it. (mndt.) — toso

tosone it. — I; punzar

tosonot it. (mndt.) — toso

tossec npr. — tosco

tosser pg. — ranger IIb

tost asp. pr. — tosto

tostaj sard. — ib.

tosto it. asp. apg.; neap. ven. — *I

tôt fr. — tosto

tot pr. — sitot IIc

totovía sp. — cotovía IIb

tottovilla it. (mndt.) — ib.

touaille fr. — tovaglia

touca pg. — tocca

toucher fr. — toccare; tocsin IIc

toue fr. — touer IIc

touer fr. — IIc

toufe npr. — tufo

touffe fr. — IIc

touffette pic. — touffe IIc

toumple npr. — tónfano IIa

toupet, toupie nfr. — toppo

toupin norm. — ib.

toupon afr. — ib.

touppe fr. — touffe IIc

tour (m.) fr. — torno

~ afr. — cranequin IIc

toura pg. — IIb

tourão pg. — IIb

tourbe fr. — torba

tourbler afr. — trouble IIc

tourner, tournoi, tournoyer fr. — torno

toursi, tourson wall. — torso

tourte fr. — torta

tousar pg. (vrlt.) — taxer IIc

[touser] afr. — tusar IIb

tousser fr. — paver IIc

tout fr. (adv.) — tosto

toute afr. — maltôte IIc

toutefois nfr. — via; [blafard IIc]

toutes-voies afr. — ib.

tout serant pic. — rez IIc

touve npr. — toba IIb

tovaglia it. — I; nappe IIc

toxíce wal. — tosco

toxiche afr. — ib.

toxo sp. — *IIb

toza, tozar arag. — tozo IIb

tozo arag. [asp.] — *IIb; [tosco IIb]

tozuelo sp. — IIb; nuca

tozzo it. — *IIa; *intuzzare IIa; *tocho IIb

tra it. — IIa

~ it. — tras

~ piem. — refe IIa

trabacca it. — tref IIc; baracca

trabajo sp. — travaglio

trabalh pr. — ib.

trabalho pg. — ib.

traban fr. — IIc

trabar sp. — travar

traboccare, trabocchetto, trabocco it. — buco

trabuc pr. com. — ib.

trabucar pr. sp. — ib.; trou IIc; travaglio

trabucare ven. — buco

[trabucca] it. — tref IIc

trabucco ait. — buco

trabuco sp. — ib.

trabuquet pr. — ib.

trac fr. — IIc; [straccare IIa]

traça pg. — tarvire

tracane occ. — trac IIc

tração pg. — torso

traçar pg. — taraire

tracas, tracasser fr. — trac IIc

traccheggiare it. — ib.

traccia it. — tracciare

tracciare it. — I; stracciare; trassinare; [goccia IIa]

trace, tracer fr. — tracciare

trach com. — trac IIc

trachor pr. — tradire

tracier afr. — tracciare

tracotanza it. — coitare

tradar pr. — estréer IIc

tradire it.

traditore it. — tradire

tradizione it. — ib.

trado pg. — taraire

traer sp. — trage IIb

tráfag cat. — tráffico

~ cat. — trasegar IIb

trafagar sp. — tráffico

~ cat. — trasegar IIb

tráfago sp. — tráffico

trafan pr. — trefe IIb

trafeg pr. — tráffico

tráfego, trafeguear pg. — ib.

trafei pr. — ib.

trafficare it. — ib.

tráffico it.

trafic fr. — tráffico

traficar, tráfico sp. — ib.

trafiquer fr. — ib.

traforare it. — trou IIc

tragar sp. pg. — IIb

tragare sard. — tragar

trage sp. — IIb; arrojar IIb

trager apg. — struggere IIa

[traggere] it. — trassinare IIa

tragin sp. — traíno

[traginare] *umbro-romagn.* — trassinare IIa
trahí *pr.* — traíno; agio
trahina *pr.* — agio
trahinar *pr.* — traíno
trahir *pr. fr. pg.* — tradire
trahison *fr.* — ib.
traição *pg.* — ib.
traicion *sp.* — ib.
traidor *sp. pg. pr.* — ib.
trailla *sp.* — IIb; traille IIc
traille *fr.* — IIc
train *fr.* — traíno
traïn *afr.* — ib.
trainare *it.* — ib.
traîne *fr.* — traille IIc
traîner *fr.* — traíno
traíno *it.*
tráire *pr.* — tradire
traire *fr.* — mungere
traissa *pr.* — trassinare IIa
traître *fr.* — tradire
trajo *pg.* — trage IIb
tralce *it.* — IIa
tralcio *it.* — tralce IIa
tràle *fr.* — IIc
tralh *pr.* — traille IIc
traliccio *it.* — I; tramaglio; treille
IIc; [trastullo IIa]
tramagio *ven.* — tramaglio
tramaglio *it.* — I; XXIV (XVIII) 4
tramaie *wall.* — tramaglio
tramail *fr.* — ib.; XXIV (XVIII) 4
tramantre *piem.* — mentre
trambasciare *it.* — ambasciata
trambustare *it.* — buco; busto
[trambusto] *it.* — tabust IIc
tramer *norm.* — trimer IIc
tramoggia *it.*
tramontana *it. pr. sp.* — IIa
tramontane *nfr.* — tramontana IIa
trampa *sp.* — trappa
trampol *pr.* — trampolo IIa
trampolo (nur pl.) *it.* — IIa
trana *com.* — tana IIa
trança *pg.* — treccia
trance (m.) *sp. pg.* — *transito
tranche (f.), trancher *fr.* — trinciare
tranchete *sp.* — ib.
trangugiare *it.* — gozzo IIa; [foggia
IIa]
transe *fr.* — *transito
transido *sp.* — ib.
transir *asp. afr.; nfr.* — *ib.
transire *sard.* — ib.
transito *it.* — *I
transitz *pr.* — transito
trap *fr.* — *tref IIc; [drappo]
trapajo *sp.* — drappo
trápano *it.* — trépano
trape *fr.* — IIc

traper *fr.* — trape IIc
traperia, trapero *sp.* — drappo
trapiche *sp. pg.* — IIb
trapla *chw.* — trappa
trapo *sp.* — drappo
trappa *pr.*
trappe *fr.* — trappa
trappola *it.* — ib.
trapu *fr.* — trape IIc
traque, traquear *sp.* — trac IIc
traquenard, traquer, traquet *fr.* —
ib.
traqueto *pg.* — trinchetto
traripare *it.* — derribar IIb
tras *it. sp. pg. pr.*
~ *pr.* — tracciare
trasait *pr.* — entresait IIc
trasattarsi *it.* — ib.
trasatto *ait.* — ib.
trasegar *sp.* — IIb; tráfico; trasgo
IIb
trasfegar *apg.* — tráffico; trasegar
IIb
trasfègo *pg.* — trasegar IIb
trásfego *apg.* — tráffico
trasgo *sp. pg.* — IIb; XXVII (XX)
trasiego *sp.* — trasegar IIb
trasle *afr.* — tràle IIc
trasoro *neap.* — trésor IIc
traspas *pr.* — travaglio
traspassar *pr.* — compasso
trassa *pr.* — tracciare
~ *pr.* — trassinare IIa
trassare *it.* — tracciare
trasser *afr.* — ib.
trassinare *it.* — *IIa
trassio *pr.* — tradire
trast *cat.* — tastare
traste *sp. pg.* — ib.
~ *afr.* — trasto IIb; tréteau IIc
trasto *sp. pg.* — IIb
[~] *it.* — benna
trastullare *it.* — trastullo IIa; smagare
trastullo *it.* — *IIa
trau *chw.* — refe IIa
~ *pr.* — tref IIc
~ *cat.* — trou IIc
trauc, traucar *pr.* — ib.
trauler *fr.* (älter) — trôler IIc
travagliare *it.* — travaglio
travaglio *it.* — I; ambasciata
travail *fr.* — travaglio
travaillier *afr.* — ib.
travar *pg. pr.* — I; travaglio; tref
IIc
trave *pg.* — travar
travers *fr.* — travieso IIb
través *sp. pg.* — ib.
travesso *pg.* — ib.
travieso *sp.* — IIb

travoella pg. — taraire
travolare it. — trôler IIc
traza sp. — tracciare
trazag pr. — entresait IIc
trazar sp. — tracciare
trazer upg. — struggere IIa
trazo sp. — tracciare
trebalh pr. — travaglio
treball acat. — ib.
trebbia it.
trebbiare it. — trebbia
treblar pr. — ib.
trébol sp. — trifoglio; acebo IIb
trebolar pr. — trebbia
trebucar pr. — travaglio
trébucher, trébuchet fr. — huco
trecca it. — baro; XXVII (XXI)
treccare it. — *I; baro; tricoises IIc
treccia it.
trecciare it. — treccia
trece afr. — ib.
trecher afr. — *treccare
treçó pg. — terzuolo
tref afr. — *IIc; [drappo]
trefá, trefanar, trefart pr. — trefe
   IIb
trefe sp. — IIb
trefego pg. — trefe IIb
trefeul afr. — trifoglio
trèfle fr. — ib.; tertre IIc
trefo pg. — trefe IIb
tréfonds fr. — IIc
trefueil pr. — trifoglio
tregenda it. — IIa
treggéa it. — *I
treggia it. — IIa
tregoa pg. — tregua
tregua it. sp. pr. — I; segugio; trevar IIc
treille fr. — IIc
treillis fr. — traliccio; tramaglio;
   treille IIc
trelba pr. — treille IIc
tremagg mail. — tramaglio
tremail norm. — ib.
tremare (uno) it. — craindre IIc
trembler fr. — tremolare
[tremeau] afr. — trumeau IIc
tremer asp. — craindre IIc
trémie fr. — tramoggia
tremir pr. afr. — craindre IIc
tremolare it.
tremonha pg. — tramoggia
trémousser fr. — IIc
trempa sard. — tempia
trempar pr. — tremper IIc
tremper fr. — *IIc; trape IIc
tremueia pr. — tramoggia
tremurà wal. — tremolare
trena pr. — treccia
trencar pr. cat. — trinciare

trenchar, trenchet pr. — trinciare
trenchier afr. — ib.
trenza sp. — treccia
treo sp. — tréu
tréou fr. — ib.
trépan fr. — trépano
trépano it. sp.
trepar sp. pg. cat.; pr.; cat. — IIb
~ pr. — treper IIc
trepeiar pr. — ib.
trepeil, trepeiller afr. — ib.
treper afr. — *IIc
trépigner nfr. — treper IIc
[treppello] ait. — drappo
très pr. — tras
tresait pr. — entresait IIc
tresca it. pr. — trescare
trescà mail. — ib.
trescar pr. — ib.
trescare it.
tresche, trescher afr. — trescare
tresfond afr. — tréfonds IIc
treslis pr. — traliccio
tresol pr. — terzuolo
trésor fr. — *IIc
tresor wald. — trésor IIc
tresoro asp. — ib.
trespas pr. — travaglio
[trespolo] it. — bosso
tresque afr. — jusque IIc; si IIc
tressa pr. — treccia
tressaillir fr. — trémousser IIc
tresse fr. — treccia
tressi afr. — si IIc
~ que afr. — ib.
tressier afr. — tracciare
trestel afr. — tréteau IIc
tréteau fr. — IIc
treu afr. — trovare
~ pg. — tréu
tréu sic.
~ norm. — truogo IIa
treuil afr. nfr. — torchio
treva (nur pl.) pg. — IIb
trevar pr. — IIc
trève fr. — tregua
treverse asp. — atreverse IIb
trévo pg. — trifoglio
tria pr. cat. — trier IIc
triaca it. — gridare
triar pr. cat. — trier IIc
triare ait. — ib.
tribbiare it. — trebbia
tribler fr. — ib.
triboiller afr. — ib.
tribolar pr. — ib.
tribolare, tribolo it. — ib.
tribuir sp. — atreverse IIb
tric pr. — treccare
tricare neap.
trichar pr. — treccare

tricher *fr.* — *treccare
tricoises (pl.) *fr.* — IIc
tricot *fr.* — tricoter IIc
tricoter*fr.; fr.* (mndt.) — IIc; estrinque IIb; trinchetto
trie *fr.* — trier IIc
triè *piem.* — ib.
triege *afr.* — *trieu IIc
trier *fr.; berr.* — IIc
trieu (m.) *pr.* — *IIc
trifoglio *it.*
trifoire (f.) *afr.* — IIc; passamano
trifoiu *wal.* — trifoglio
trifola *gen.* — truffe
trifor *afr.* — trifoire IIc
trigà *lomb.* — tricare
trigança *apg.* — trigar IIb
trigar *apg.; pr.* — IIb
~ *pr.* — IIb; tricare
trigaud *fr.* — tricare
trigle *fr.* — triglia
triglia *it.*
trigo *sp. pg.* — IIb
trigon *com.* — tricare
trigor *pr.* — ib.
trilhar *pr.* — trebbia
trilho *pg.* — ib.
trilier *hen.* — trier IIc
trilla *sp.* — triglia
trillare *it.*
triller *norm.* — trier IIc
trillo *sp.* — trebbia
· trimaj *piem.* — tramaglio
trimar *npr.* — trimer IIc
trímbitzę *wal.* — tromba
trimer *pic.; berr. wall.* — IIc; [tru-
meau IIc]
trimoja *sic.* — tramoggia
trina *it.* — treccia
trinar *sp. pg. cat.* — trillare
trinca *sp. pg. cat.* — IIb; *trinchetto
trincar *sp. pg.* — triuciare
trincare *it.* — I; soif IIc
trincari *sic.* — trinciare
trincas *sp.* — trinchetto
trincettu *sard.* — trinciare
trinchar *sp. pg.* — ib.
trinche *it.* — trinchetto
trinche lanze *neap.* — trincare
trinchete *sp.* — trinciare
trinchetto *it.* — *I
triochettu *sard.* — trinciare
trinciante *it.* — ib.
trinciare *it.*
trincio *it.* — trinciare
trincu *sard.* — ib.
trinquar *pr.* — ib.
trinquer *fr.* — trincare; pier IIc
~ *pic.* — trinciare
trinquet *fr.* — trinchetto

trinquete, trinquetilla*sp.* —trinchetto
trinquette *fr.* — ib.
trinxar, trinxel *cat.* — trinciare
triou *fr.* (duac.) — trieu IIc
tripa *sp. pg.* — trippa
tripaille *fr.* — entrailles IIc
tripe *fr.* — trippa
triper *afr.* — treper IIc
triphorie *afr.* — trifoire IIc
[tripilà] *com.* — treper IIc
[tripillà] *mail.* — ib.
[tripolar] *tir.* — ib.
trippa *it.*
trique *fr.* — tricoter IIc
triquer *fr.* (mndt.) — ib.
~ *fr.* — treccare
triquet *cat.* — trinchetto
trisar *pr.* — trissar IIc
triscar *sp. pg.* — trescare
trissar *pr.* — IIc
[tristre] *afr.* — ruste IIc
tritare *it.* — trier IIc; trissar IIc
trits *pr.* — chaque IIc
trive *afr.* — tregua
trivello *it.* — taraire
triza *lomb.; sp.* — trissar IIc
tro *pr. com.* — IIc
~ *pr.* — tron IIc
troar *npg.* — trono
trobar *pr. cat.; asp.* (leon.) — trovare
troc *fr.* — trocar
~ *afr. wal.* — truogo IIa
trocar *sp. pg.*
trocha *pr.* — trota
trocir *asp.* — IIb
troco *pg.* — trocar
troféo *it. sp. pg.* — I; golfo
troglio *it.* — IIa
trogne (f.) *fr.* — IIc
trogno (m.) *piem.* — trogne IIc
trognon *fr.* — IIc
~ (petit) *fr.* — garzone
trója *it.*
trojo, troju *sard.* — troja
trôler *fr.* — IIc
trolh *pr.* — torchio
trom *pg.* — trono
tromba *it. pr.; it.* — *I
~ *it.* — bomba²; [tabust IIc]
trombare *it.* — tromba
trombe *fr.* — ib.
trombetta *it.* — ib.
· trompa *sp. pg. pr.; sp.* — ib.; [fri-
per IIc]
trompar *pr.; sp.* — tromba
trompe *afr. nfr.* — ib.
tromper *fr. afr.* — *ib.
trompetter *nfr.* — ib.
trompicar *sp.* — tropezar IIb
trompo *sp.* — tromba
tron *fr. afr.* — IIc

tron *sp. pr.* — trono
trona *com.* — tana IIa
tronar *sp. apg. pr.* — trono; étonner IIc
tronare *ait.* — trono; tron IIc; [tabust IIc]
tronc *fr.* — trognon IIc
tronce *afr.* — torso
troncener *afr.* — ib.
[tronco] *it.* — menno IIa
tronçon *fr.* — torso
[tronfiare] *it.* — tronfio IIa
tronfio *it.* — *IIa
trono *ait.*
trons *afr.* — torso
tronso *pr.* — ib.
tronzar *sp.* - ib.
trop *pr. fr.* — tropa
tropa *sp. pg.* — *I; tropezar IIb
tropeço *pg.* — tropezar IIb
tropel *sp. pg. pr.* — tropa; tombolare; tropezar IIb
tropellar *sp.* — tombolare; tropezar IIb; tropa
tropeo *it.* — golfo
tropezar *sp. pg.* — *IIb; bocear IIb; tropa
trophée *fr.* — troféo
tropicar *pg.* — tropezar IIb
tropiezo *sp.* — ib.
[troppello] *ait.* — drappo
troppo *it.* — tropa; maint IIc
troqua *chw.* — jusque IIc
troquer *fr.* — trocar; trucco
tros *pr. afr.* — *torso
~ *norm.* — truogo IIa
trosa *lomb.* — tralce IIa
trosar *sp.* — torso
troscia *it.* — IIa
trosne *afr.* — tron IIc
trosqu'a *afr.* — jusque IIc
trossa *pr.* — torciare
trossar *asp. pr.* — ib.
trossel *pr.* — ib.
trot *fr. pr.* — trottare
trota *it.*
trotar *sp. pr.* — trottare
trote *sp. pg.* — ib.
trotier *pr. afr.* — ib.
trottare *it.*
trotter *fr.* — trottare; trésor IIc
trotto *it.* — trottare
trou *fr.* — IIc
~ (de chou) *fr.* — torso
trouant *lothr.* — truan
trouble (m.) *fr.* — IIc; tropa
troubler *fr.* — trovare; trouble IIc
trouer *fr.* — trou IIc; [pertugiare]
trouf *wall.* — torba
troupe, troupeau *fr.* — tropa
trouss *piem.* — torso

trousse *fr.* — torciare; groppo
trousseau *fr.* — torciare
trousser *nfr.* — *ib.
trouver *fr.*; *afr.* — trovare; hallar IIb
trouxa, trouxar *pg.* — torciare
trova *sp.* — trovare
trovar *sp.*; *apg.* — ib.
trovare *it.*; *ven.* — *I; achar IIb
trovejar *npg.* — trono
trovisco *pg.* — torvisco IIb
trox (de pomme) *afr.* — torso
troxa *sp.* — torciare
troxar *nsp.* — ib.
troya *asp.* — troja
troza *sp. lomb.* — torciare
trozo *sp. pg.* — torso
truan *pr.* — *I
truand *fr.* — truan; briga
truanda, truandar *pr.* — truan
truander *fr.* — ib.
truão *pg.* — ib.; briga
truc *pr. piem.*; *com.* — trucco
trucá *npr. com.* — ib.
trucco *it.* — *I
trucha *sp.* — trota
truchè *piem.* — trucco
trucheman, truchement *fr.* — dragomanno
[trucher] *fr.* — truan
truco *sp.*; (f.) *npr.* — trucco
trucos *sp.* — ib.
trueco *sp.* — trorar
trueia *pr.* — troja
truesc'a *pr.* — jusque IIc
trufa *sp. pg. pr.* — truffa
~ *npr.* — truffe
trufan *asp. pr.* — truan
trufar *sp. pg. pr.* — truffa
truffa *it.* — I; truan
truffaldino, truffare *it.* — truffa
truffe (f.) *fr.*
~ *fr.* — truffa
truffer *fr.* — ib.
trufi, trufie *wal.* — tronfio IIa
trufle *afr.* — truffa
trufol *com.* — truffe
trugno (m.) *piem.* — trogne IIc
truhan, truhanear *sp.* — truan
truie *fr.* — troja
truig *chw.* — trieu IIc
truiller *afr.* — IIc; grimoire IIc
truisar *pr.* — trusar IIc
truita *pg.* — trota
truite *fr.* — ib.
truja *cat.* — troja
trujal *sp.* — IIb
trujaman *sp.* — dragomanno
trukiar *chw.* — trucco
trumeau *fr.* — *IIc; [giga]
trumel, trumeliere *afr.* — trumeau IIc

[trumer] *fr.* (mndt.) — trumeau IIc
trumfa, trumfo *cat.* — truffe
trumfo *sp.* — ib.
truncu *sard.* — trognon IIc
truogo *it.* — IIa
truogolo *it.* — truogo IIa
truppa *it.* — tropa
trusà *lomb.* — trusar IIc
trusar *pr.* — IIc
trussà *lomb.* — trusar IIc
trussar *pr.* — ib.
truvar *chw.* — trovare
trymar *asp.* — trimer IIc
[tsa] *schwʒ.* — cadauno
[tschouë] *waadtl.* — [choyer IIc]
tschutt *chw.* — ciocciare
tuar *pr.* — tutare
tubera, tubero *it.* — truffe
tuca *npr.* — cucuzza
tudar *pr.* — tutare
tudel *sp. pr.*
tueissec *pr.* — tosco
tuel *com. piem.* — tudel
tuer *fr.* — tutare
tuerca *sp.* — torciare
tuero *sp.* — IIb
tuerto *sp.* — bornio
~ *sp.* — torto
tuetano *sp.* — tútano IIb
tue-vent *fr.* — tutare
tuf *fr.* — tufo²
tufão, tufar *pg.* — tufo
tufę *wal.* — touffe IIc
tufeda *occ.* — truffe
tufelle *genf.* — ib.
tuffar *chw.* — tufo
tuffare *it.* — IIa; ruffa
tuffo *it.* — tufo
tufo *it. sp.* — *I; truffe; [stufa]
tufo² *it. pg.*
tufoloto *ven.* — truffe
tufos (pl.) *sp.; pg.* — tufo
tuile (f.) *fr.* — tegola; ru IIc
tuilerie, tuilier *fr.* — tegola
tulipa *sp.* — tulipano
tulipan *sp. wal.* — ib.
tulipano *it.*
tulipe *fr.* — tulipano
tulirse *cat.* — tullirse IIb
tullir *sp.* — tolo IIb
tullirse *sp.* — IIb
tuma *sic.* — formaggio
tumba *sp. pg.* — tomba
tumbaga *sp.* — tombacco
tumbar *sp. pr.* — tombolare
tumber *afr.* — ib.
tumer *afr. champ.* — ib.

tumereau *burg.* — tombolare
tumo (f.) *npr.* — formaggio
tuonare *it.* — trono
tuono *it.* — ib.
tuorlo *it.* — IIa; muñon; moyeu²
IIc
tupin *fr.* (mndt.) — topin IIc
tupir *sp.* — toppo
tura *it.* — atturare
turar *sp.* — ib.
turare *it.* — ib.
turba *sp.* — torba
turbante *it.* — tulipano
turbot *fr.* — *IIc; sagro
[turcais] *afr.* — carcasso
turcasso *it.* — turquois.IIc; [carcasso]
turch *piem.* — turco IIb
turchese *it.*
turchina, turchino *it.* — turchese
turcimanno *it.* — dragomanno
Turco *sp.*, turco *asp.* — IIb
turcu *sic.* — turco IIb
turga *pr.* — toura IIb
turgea *npr.* — ib.
turgia *piem.* — ib.
Turlupin, turlupin *fr.* — IIc
turma *sp.* — truffe
turnà *wal.* — torno; versare
turnio *sp.* — bornio
turquesa *sp. pr.* — turchese
turquois *afr.* — IIc; [carcasso]
turquoise *fr.* — turchese
turrar *sp.* — torrar IIb
[turritanu] *sard.* — artigiano
turtar *pr.* — tabust IIc
turtę *wal.* — torta
tusar *sp.* — *IIb
tuson *sp.* — tosone
tustar *pr.* — tabust IIc
tútano *sp. pg.* — IIb
tutare *it.* — *I; [salma]
tuter *champ. hen.* — ciocciare; tetta
tuttavia *it.* — via
tutto *it.* — cruna IIa; tosto; [tutare]
tuttochè *it.* — sitot IIc
tuyau *fr.* — tudel
tuzar *pr.* — tutare
tymbre *afr.* — timbre IIc
Tyr *afr.* — tire IIc
tzap *wal.* — zeba
tzeavę *wal.* — tige IIc
tzęnzariu *wal.* — zenzára
tzimiriu *wal.* — cima
tzitzę *wal.* — tetta

u

u *ait.* — ove
ú *sp.* — o
ubac *npr.* — bacío IIa
ubbia *it.* — *IIa
ubbriaco *it.* — ebbriáco
ubiar *asp.* —˜ uviar IIb
ubino *it.* — hobin IIc
ubriart *wald.* — ebbriáco
ubrir *pr.* — ouvrir IIc
Uc *pr.* — barone
uca *pr.* — die IIc; XXVII (XXI)
ucar *pr.* — hucher IIc
uccellare *it.* — uccello
uccello *it.*
uchar *pr.* — hucher IIc
uchè *piem.* — ib.
udolar *pr.* — urlare
uèra *chw.* — guari
uerco *asp.* — orco
ues *afr.* — uopo; [estovoir IIc]
ufana, ufanaria, ufanesc *pr.* — uffo
ufano *sp. pg.* — ib.
[ufec] *pr.* — bègue IIc
uffo (a) *it.*
uffónt *chw.* — rame
ufo (á) *sp. pg.* — uffo
uga *com.* — luette IIc
uggia *it.* — IIa
úgola *it.* — luette IIc
Ugón *pr.* — barone
uguanno *it.* — *I; antaño; [avan-
   notto IIa]
[uguannotto] *it.* — avannotto IIa
uh *it.* — ubbia IIa
uiersch *chw.* — guercio
uignon *pr.* — oignon IIc
uis *pr.* — uscio
uler *afr.* — urlare
Ulespiègle *afr.* — specchio
ulivaggine *it.* — borraggine
ullage *afr.* — lague IIc
ulmà *wal.* — orma
umbigo *pg.* — ombelico
umblà *wal.* — ambiare
[umbral] *sp.* — atril IIb
umbrilh *pr.* — ombelico
umiliaca *it.* — meliaca IIa
uña *sp.* — IIb
uuchiu *wal.* — oncle IIc
uncir *sp.* — IIb
uncore *afr.* — ora²
unde *wal.* — onde
unghia *it.* — uña IIb
unguanno *it.* — uguanno
unha *pg.* — uña IIb
unicornio *sp.* — licorno
unque *it.* — anche; forse IIa
unquore *afr.* — ora²

untar *sp.* — pegar
uomo *it.*
uón *chw.* — uguanno
uopo *it.*
uosa *it.*
uovolo *it.* — ove IIc
up (a) *com.* — uffo
upa *sp. cat. val.* — IIb
~ *pr.* — upupa
upar *sp.* — upa IIb
upiglio *it.* — IIa
upupa *it.*
ur *afr. chw.* — orlo
urà *wal.* — augurio
uracano *it.* — *I
urca *sp. pg.* — *IIb
urce *sp. pg.* — *IIb
urdir *sp.* — ottarda
[ure] *afr.* — ambore IIc
ureache *wal.* — orecchia
ureche (f.) *wal.* — ib.
urez *wal.* — riso
urgulloso *asp.* — orgoglio
uria *it.* — augurio
uriot *pic.* — loriot IIc
urlà *wal.* — urlare
urlare *it.* — *I; chiappare IIa
[urler] *afr.* — bruciare
urlon *pic.* — hanneton IIc
urmà, urme *wal.* — orma
Urraca, urraca *sp. pg.* — *IIb
urso *pg.* — oso IIb
urtar *pr.* — urtare
urtare *it.*
urto *it.* — urtare
urulare *sard.* — urlare
us *pr. afr.* — uscio; escire
usadej (pl.) *mail.* — outil IIc
usare *it.* — ib.
usato *it.* — ib.
usatto *it.* — uosa
usbergo *it.*
uscà *wal.* — suco
usciere *it.* — uscio
uscio *it.* — I; escire; uggia IIa
uscire *it.* — escire; andare
usclar *pr.* — *bruciare
use *wal.* — uscio
usedèl *com.* — outil IIc
usencia, useñoria *sp.* — usted IIb
[user] *fr.* — hanter IIc
úsfaru *sic.* — zafferano
usgo *sp.* — asco IIb
usier *asp.* — bruxa IIb
usignolo *it.* — pistóla
usignuolo *it.* — rosignuolo; [ubbia
   IIa]
uslar *asp.* — *bruciare

[usler] *afr.* — bruciare
usma *lomb. ven. sp.* — orma; ciurma
usmare *lomb. ven.* — orma
usque *afr.* — jusque IIc
usquo *pr.* — ib.
ussa *chw.* — esso
ussir *pr. afr.* — escire
usted *sp.* — IIb
ustedes *sp.* — usted IIb
usteie *wall.* — outil IIc
ustil *afr.* — ib.
ustolare *it.* — bruciare

usturà *wal.* — bruciare
usucà *wal.* — suco
utillo *it.* — IIa
utlague *afr.* — lague IIc,
uviar *asp.* — IIb; uggia IIa
uxier *asp.* — uscio; bruxa IIb
uzier *asp.* — bruxa IIb
uzo *asp.* — uscio
uzzà *ver.* — izza IIa
uzzar *trient.* — ib.
uzzare *ven.* — ib.

V

va *afr.* — da IIc
vacarme (m.) *fr.* — IIc
[vaccio] *it.* — avacciare IIa
vache *fr.* — avachir IIc
vaciar *sp.* — vacío IIb
vacío *sp.* — IIb
vacs *pr.* — fat IIc
vadear *sp. pg.* — guado
vadeglia *chw.* — vedija IIb
vado *it. sp.* — guado
vadu *sard.* — ib.
vaf *cat.* — bafo IIb
vaga *npg.* — vague IIc
vágado *pg.* — váguido IIb
vagh *com.* — bacio IIa
vagliare *it.* — vaglio IIa
vaglio *it.* — IIa; travaglio
vago *it.* — IIa
vagua *apg.* — vague IIc
vague (f.) *fr.* — IIc; vogare; váguido IIb; XXIII (XVIII) 2
váguedo *pg.* — váguido IIb
vaguer *afr.; fr.* — vague IIc
váguido *sp.* — IIb; [vástago IIb]
vahai *wall.* — vascello
vai *npr.* — da IIc
vain *fr.* — veule IIc
vaina, vainica *sp.* — vainiglia
vainiglia *it.*
vainilla *sp.* — vainiglia
vair *pr.* — vajo IIa; léri IIc
vairador *pr.* — vajo IIa
vairon *com.* — véron IIc; barioler
IIc
vaissa *pr.* — avaissa IIc
vaisseau *fr.* — vascello
vaissel *pr.* — ib.
vaivem *pg.* — vaiven IIb
vaiven *sp.* — IIb
vajo *it.* — IIa
vajuole (f. pl.) *it.* — vajuolo
vajuolo *it.*
[valampa] *tosc.* — lercio IIa

valanga *it.* — avalange IIc
valcare *it.* — varcare IIa
Val-de-buron *sp.* — borro IIa
vale *it.* — carnevale IIa
valet *nfr.* — vassallo; da IIc
valetto *it.* — vassallo
valicare *it.* — varcare IIa
validoriax *afr.* — dorelot IIc
valigia *it.* — *I
valise *fr.* — valigia
vallo *mod.* — vaglio IIa; [rivellino]
valvassor *pr.* — vassallo
vambe *burg.* — bambo
vambée *burg.* — vampo IIa
vampa *it.* — ib.; [lercio IIa]
vampo *it.* — IIa
vampore *it.* — vampo IIa
vanello *it.* — vanno
vanett *mait.* — ib.
vanille *fr.* — vainiglia
vanire *it.* — évanouir IIc
vanne *fr.* — IIc
vanneau, vanneaux *fr.* — vanno
vanno (nur pl.) *it.*
vano *sp.* — hilvan IIb
vanpor *wald.* — vampo IIa
vantà *lomb.* — vaglio IIa
vantaggio *it.* — anzi
vantail *fr.* — ventaglio
vantar *pr.* — vantare; amonestar
vantare *it.*
vanter *fr.* — vantare
vanto *it.* — ib.
vantrigl *chw.* — pantorrilla IIb
vanvole *afr.* — *veule IIc
vao *pg.* — guado
vap *com.* — guappo
vapa *it.* — vampo IIa
[varanda] *pg.* — verone IIa
varangue (f.) *fr.* — IIc
varão *pg.* — barone
varar *sp. pg. pr.; pg. sp.* — varare
varare *it.*

varcare *it*. — IIa
varco *it*. — varcare IIa
varec *pr*. — varech IIc
varech *fr*. — *IIc
varenga *sp*. — varangue IIc
varenne *fr*. — garenne IIc
varer *afr*. — varare
varga *apg*. — vega IIb
vargar *chw*. — varcare IIa
varier *fr*. — barioler IIc
varivara *norm*. — charivari IIc
varlet *afr*. — vassallo
varlope (f.) *fr*. — *IIc
varniar *chw*. — guarnire
varon *sp*. — barone
varouage *norm*. — loup-garou IIc
varrão *pg*. — verrat IIc
varva-sapiu *sic*. — saggio
var\vassor *afr*. — XXIII (XVIII) 2
varvassore *it*. — vassallo
vas *pr*. — IIc
~ *pr*. — veaus IIc
vasa *pg*. — gazou IIc
vasallo *sp*. — vassallo
vasar *pg*. — vacío IIb
vasca *it*. — *IIa
~ *asp. pg*. — basca IIb
vascello *it*.
vascuence *sp*. — romanzo; bret IIc; gergo
vase (f.) *fr*. — gazon IIc
vasello *it*. — vascello
vasillo *sp*. — ib.
vasío *pg*. — vacío IIb
vaslet *afr*. — vassallo; garzone
vaso *it*. — pote
[vasque] *fr*. — vasca IIa
vassal *pr. fr*.; *afr*. — vassallo; baccalare
vassalage *afr*. — vassallo
vassallo *it. pg*.
vasseur *afr*. — vassallo
vástago *sp*. — *IIb
vasvassor *pr*. — vassallo
vaudeville *fr*. — IIc
Vau-de-vire *fr*. — vaudeville IIc
vautour *fr*. — avoltore
[vautre] *fr*. — vautrer IIc
vautrer (se) *fr*. — *IIc
vava *sic*. — bava
vavaredda *sic*. — ninno
vavasseur *fr*. — vassallo
vavassore *afr*. — ib.[2]
vaya *sp. pg*. — baja[2]
va y viene *sp*. — vaiven IIb
ve *asp*. — he IIb
~ *pr*. — ecco
veachiu *wal*. — vecchio
veado *pg*. — IIb
vearze *wal*. — verza
veaśted *wal*. — vincido IIa

veau *fr*. — IIc
veaus *afr*. — IIc; veruno IIa; vias IIc
veautrer *fr*. (älter) — vautrer IIc
vec *pr*. — ecco
vecchio *it*. — I; nicchio; crocchiare IIa
veccia *it*. — vesce IIa
vecco *it*. (mndt.) — ecco
vece *it*. — *I; vicenda IIa; [via]
véchoû (*Metz*) — voison IIc
veci *afr*. — avoi IIc
vecino *sp*. — malsin IIb
veclo *ait*. — vecchio
vecvos *pr*. — ecco
vedeglia *com*. — vedija IIb
[vedergiazz] *parmes*. — verglas IIc
vedetta *it*. — IIa; vetta IIa
vedette *fr*. — vedetta IIa
vedija *sp*. — IIb; guedeja IIb
vedova *it*. — vide IIc
[vedovo] *it*. — ib.
vedriar *sp*. — vernice
vedro (de) *asp*. — vecchio
vedúve *wal*. — vide IIc
[vedve] *afr*. — ib.
veel *afr*. — veau IIc
vega *sp. sard. cat*. — IIb
vegada *asp. apg. pr*. — vece; trasegar IIb
vegaire *pr*. (vrlt.) — veiaire IIc
veggente *it*. — pezzente IIa
veggia *it*. — IIa
veglia *it*. — *I; gozzo IIa; vedetta IIa
vegliare *it*. — veglia; sveglia IIa; vigliare IIa
veglio *it*. — vecchio
vegue *asp*. — bègue IIc
veguier *sp*. — viguier IIc
veho *lothr*. — voison IIc
veiaire (m.) *pr. afr*. — *IIc; aere
veiga *pg*. — vega IIb
veilaquerie *fr*. — vigliacco
veille *fr*. — veglia
[~] *afr*. — verrina
veirin *pr*. — vernice
veit *pr*. — *IIc
vejaire *asp*. — veiaire IIc
vela *sp*. — veglia; belleguin IIb
velada, velado *sp. pg*. — velar IIb
velar *sp. pg*. — IIb
veleidad *sp*. — velleità
veleno *it*. — beleño IIb; XXIII (XVIII) 2
vêler *fr*. — veau IIc
veleta *sp*. — veglia
veletta *it*. — ib.; vedetta IIa
velha *pr*. — veglia
velhaco *pg*. — vigliacco
velho *pg*. — vecchio
velido *apg*. — bellezour IIc

vélin *fr.* — veau IIc
velin *afr.* — andare
velleità *it.*
velléité *fr.* — velleità
vèllo *it.* — *fello
vello *it.* — he IIb
vellueau *afr.* — velours IIc
[vellntare] *it.* — ib.
velluto *it.* — ib.
[velonrde] *afr.* — falourde IIc
velours (m.) *fr.* — *IIc
velous *fr.* (älter) — velours IIc
velouter *nfr.* — *ib.
veloux *fr.* (alt) — ib.
[velre] *afr.* — fello
vels *afr.* — veaus IIc
~ un *afr.* — veruno IIa
veltre *pr.* — veltro
veltro *it.* — I; [vautrer IIc]
velu *fr.* — filou IIc
veludo *sp.* — velours IIc
venà *wal.* — cacciare
venado *sp.* — veado IIb
venaiso *pr.* — venaison IIc
venaison *fr.* — IIc
venar *asp. pr.* — cacciare
vénar *rom.* — venerdì
venc (vb.) *pr.* — fango
vencejo *sp.* — IIb
venda *sp.* — benda
vendange *fr.* — IIc; frangia
vendanha *pr.* — vendange IIc
vendaval *sp. pg.* — vent d'amont IIc
vendembia *mail.* — grembo IIa
vendemmia *it.* — ib.
vendita *it.* — venta IIb
vendredi *fr.* — venerdì
vener *afr.* — cacciare
venerdì *it.*
vénere *ven.* — venerdì
vengar *sp. pr.* — vengiare; [sosegar IIb]
venger *fr.* — vengiare; enger IIc; piombare .
vengiare *it.*
vengo (vb.) *it.* — fango
venimeux *fr.* — leonino; stagno
venin *fr.* — andare; stagno
venire, a *it.* — affare
venjar *pr.* — vengiare
venres *pr.* — venerdì
vent *fr.* — auvent IIc
~ d'amont *fr.* — IIc
~ d'aval *fr.* — vent d'amont IIc
venta *sp.* — IIb
ventagem *pg.* — anzi
ventaglia *it.* — ventaglio
ventaglio *it.*
ventail *fr.* — ventaglio
ventaja *sp.* — anzi

ventalh *pr.* — ventaglio
ventalle *sp.* — ib.
ventana *sp.* — IIb; ventaglio
ventar *pr.* — avventare IIa
ventávolo *it.* — IIa
vente *afr.* — venta IIb
venter *afr.* — avventare IIa
ventrell de la cama *cat.* — pantorrilla IIb
[ventrichi] *it.* — ib.
ventvole *afr.* — veule IIc
[venvole] *afr.* — ib.
vepáe *wal.* — vampo IIa
ver *pr. afr.*
~ *afr.* — verrat IIc
~ *it.* — suso
vera *sp.* — riviera
~ *com. chw. ven.* — virar
verai *afr. pr.* — savai IIc; vrai IIc
verano *sp.* — ver
verão *pg.* — ib.
vérard *norm.* — verrat IIc
verau *fr.* (mndt.) — ib.
verba *ait.* — parola
verbi *pr.* — ib.
verbo *it. sp.* — ib.
verdasca *sp.* — frasca IIa; barbasco IIb
verde *sp.* — verdugo IIb; portulaca
verdier *pr.* — verziere
~ *pr.* — gruyer IIc
~ *fr.* — alérion IIc
verdoaga *pg.* — portulaca
verdoega *pg.* — ib.
verdolaga *sp.* — ib.
verduco *it.* — verdugo IIb
verdugo *sp.* — IIb; boja²
Verdun, verdun *fr.* — verdugo IIb
vereda *sp. pg.* — IIb
~ *sp.* — vréder IIc
veretta *it.* — vira; [ghiera IIa]
verga *it.* — frugare
verge *fr.*; *afr.* — vierge IIc
[~] *afr.* — virar
vergel *sp.* — verziere; arrebol IIb
vergena *pr.* — vierge IIc
verger *fr.* — verziere
vergier *pr.* — ib.
verglas (m.) *fr.* — *IIc
vergne *fr.* (mndt.) — verne IIc
vergogna *it.* — I; *gogna IIa
vergogne *fr.* — vergogna
vergonha *pg. pr.* — ib.
vergott, vergotta *it.* (mndt.) — veruno IIa
vergüeña *asp.* — vergogna
vergüenza *sp.* — ib.; gogna IIa
véricle (f.) *fr.* — IIc; bésicle IIc
vericueto *sp.* — IIb
verige *wal.* — virar
vérin *hen.* — verrina

verjus *fr.* — IIc
[verla] *it.* — visciola
vermeil *fr.* — vermiglio
vermelh *pr.* — ib.
vermelho *pg.* — ib.
verména *it.* — IIa
vermiglio *it.*
vern *pr.* — verne IIc
verna *pr. piem.* — ib.
verne *fr.; afr.* — IIc; vassallo
vernho *npr.* — verne IIc
vernicare *it.* — vernice
vernice *it.*
verniciare *it.* — vernice
vernir, vernis *fr.* — ib.
vernissar *pr.* — ib.
vernisser *fr.* — ib.
vernitz *pr.* — ib.
verno *it.* — inverno
vernullo *ait.* — veruno IIa
vérole (petite) *fr.* — vajuòlo
véron *fr.* — IIc
verone *it.* — *IIa; [ghiera IIa]
verraco *sp.* — verrat IIc
verrat *pr. fr.* — IIc
verre *fr.* — verglas IIc
verretta *it.* — vira
verricello *it.* — verrina
verrina *it.* — *I
verroil *afr.* — caillou IIc
verrolh *pr.* — verrou IIc
verrot *fr.* (mndt.) — verrat IIc
verrou *fr.* — IIc; caillou IIc
~ *fr.* (mndt.) — verrat IIc
verrouil *fr.* — verrou IIc
verruma *pg.* — verrina
vers *pr.* — vas IIc
versà *wal.* — versare
versar *pr.* — ib.
versare *it.*
verser *fr.* — versare; trasegar IIb; torno
vert *fr.* — verjus IIc
verta *ven.* — ver
verte (épée) *fr.* — verdugo IIb
vertuel *lim.* — bertovello
vertu-goi, vertu-guieu *afr.* — goi IIc
veruno *it.* — IIa; veaus IIc
[verva] *lad.* — verve IIc
verve (f.) *fr.; afr.* — *IIc
verver *piem.* — *verve IIc
vervesor *aval.* — vassallo
verveu *fr.* (älter) — bertovello
verveux *fr.* — ib.
verza *pg. lomb.*
verzelà *ven.* — brasile
verziere *it.*
verzino *it.* — brasile
verzotto *it.* — verza
ves *pr.* — vas IIc

vesc *cat.* — gui IIc
vesce *fr.* — IIc
vesgo *pg.* — bizco IIb
veso *sp.* — voison IIc
veson *norm.* — ib.
vespistrello *it.* — pipistrello IIa
vess *chw.* — avés IIb
veta *sp.; pr.* — *IIb; fetta
vetilia, vetiliè *piem.* — vétille IIc
vétille *fr.* — IIc
vétiller *fr.* — vétille IIc
vétrice *it.* — IIa
vetta *it.* — IIa; cima; fetta
vettura *it.* — voiture IIc
vetz *pr.* — vece; vizio
~ *pr.* — vizio
veude *afr.* — flauto
veuf *fr.* — *vide IIc
veule *fr. afr.* — *IIc
veus *pr.* — ecco
veuva *pr.* — vide IIc; glaive IIc
veuve *fr.* — *vide IIc
veuza *pr.* — glaive IIc; viola
veyen *lothr.* — guaime
vez *sp. pg.* — vece
vezar *sp. pg. pr.* — vizio
vezat *pr.* — ib.
vezer *pr.* — ecco
veziat *pr.* — vizio
vezo *sp. pg.* — ib.
vezoa *pr.* — vide IIc
vezs *chw.* — vizio
vezzo, vezzoso *it.* — *ib.
vi *it.* — ivi
~ *piem.* — vis IIc
via *it.* — *I; fiasco; ubbia IIa; vece; vie IIa
~ *sp.* — bisaccia
via² *it. sp. chw. pr. acat.* — I; vie IIa
viacer *npr.* — vias IIc
viadi *wal.* — viaggio
viage *sp.* — ib.; bisaccia
viaggiare *it.* — viaggio
viaggio *it.* — I; [foggia IIa]
[viaire] *afr.* — veiaire IIc
[viajo] *ven.* — foggia IIa
vianda *pr.* — viande IIc
viande *fr.* — IIc
vias *afr.* — IIc; [avacciare IIa]
viatge *pr.* — viaggio
viatz *pr.* — vias IIc; [avacciare IIa]
[viaure] *afr.* — fello
viaus *afr.* — vias IIc
viautre, viautrer *afr.* — veltro
viaux, viax *afr.* — veaus IIc
víbora *sp.* — vira
vibre *npr.* — bévero
viburno *it.* — viorne IIc
vice *it.* — vicenda IIa
~ *fr.* — vizio

vicenda *it.* — IIa
vici *fr. cat.* — vizio
vicio *sp. pg.* — ib.
vicioso *sp. pg.* — ib.
viço *pg.* — ib.
viçosa (Villa), viçoso *pg.* — ib.
vid *chw.* — vide IIc
vid·me *fr.* — IIc
vidange *nfr.* — lusinga
vide *nfr.* — *IIc; *voto IIa
vider *fr.* — vide IIc
[~ les lieux] *fr.* — ib.
vidimer *fr.* — IIc
vidrecome *nfr.* — wilecome IIc
vie *it.* — IIa
~ *wal.* — rogna
vieg *pr.* — veit IIc
vieil *fr.* — vecchio; haillon IIc;
[épieu IIc]
vieillune *afr.* — rancore
viejo *sp.* — vecchio
[viel] *afr.* — épieu IIc
viele *afr.* — viola
vielh *pr.* - vecchio
vielle *afr.* — viola
[vieller] *fr.* — rabâcher IIc
viera *it.* — *virar; berlina IIb;
[ghiera IIa]
vierbo *asp.* — parola
viere (m.) *afr.* — veiaire IIc
vierf (pl.) *chw.* — parola
vierge *fr.* — IIc; ange IIc
~ *fr.* — fierce IIc
viernes *sp.* — venerdì
vies *afr.* — antif IIc
viesse (adj.) *afr.* — vecchio
viet *fr.* — veit IIc
[viens] *afr.* — épieu IIc
vieux *fr.* — vecchio; cammeo
viez *pg.* — biasciu
viéz *afr.* — vecchio
vifor *wal.* — buféra IIa
viga *sp. pg.* — IIb
vigaire *pr.* (vrlt.) — veiaire IIc
vigia *pg.* — *veglia
[vigie] *fr.* — ib.
vigliacco *it.* — I; rognone
vigliare *it.* ·- IIa
vigliuolo *it.* — vigliare IIa
vigna *it.* — rogna
vignette *fr.* - IIc
vignoble (m.) *fr.* — IIc
vignole (f.) *fr.* — vignoble IIc
vignuola *it.* — ib.
viguier *fr.* — IIc
vihuela *sp.* — viola; pihuela IIb
[viille] *afr.* — verrina
vil *fr.* — villa
vila *pr.* — ib.
vilá *pr.* — ib.
vilain *afr.* — ib.

vilandrier *pr.* — landra
vilano *sp.* — milano IIb
vilcom *afr.* — wilecome IIc
vilebrequin *fr.* — *IIc
vilenie *afr.* — maron IIc
vilespièque *hen.* — specchio
villa *it. sp.*
villancete *pg.* — villancico IIb
villancico *sp.* — IIb
villanesca *sp.* — villancico IIb
villano *it. sp.* — villa; villancico IIb
ville *fr.* -- villa
villuse *afr.* — velours IIc
vilonie *afr.* — maron IIc
vilordo *sp.* — lordo; [falourde IIc]
[vilume] *it.* — viluppo
viluppo *it.* — *I
vim *pr.* — osier IIc
vimaire (f.) *fr.* — IIc
vimbre *sp.* — mimbre IIb
vime *afr.* — osier IIc
vinaigre *fr.* — aisil IIc
vinchio *it.* — IIa; vinco IIa
vincido *it.* — IIa
vinco *it.* — IIa; [gracco]
~ *pg.* — IIb
vindas *fr.* — ghindare
vindecà *wal.* — vengiare
víneri *wal.* — venerdì
vingar *pg.* — vengiare
vinz *afr.* — XXI (XVI)
vioarę *wal.* — viola
viola *it. sp. pg. pr.* — I; pihuela IIb
viole *fr.* — viola
violino, violone *it.* — ib.
viorne (f.) *fr.* — IIc
vipistrello *it.* — pipistrello IIa
vir *wall.* — *veiaire IIc
vira *sp. pg. pr.*; *neap.* — I; [ghiera
IIa]
~ *rom.* — virar
virar *sp. pg. pr.* — *I
virare *it.* — chavirer IIc
vire *afr.* — vira
[~] *aret.* — gire IIa
virê *piem.* — virar
virer *afr.* — ib.; vis IIc
virge *afr.* — vierge IIc
virgine *afr.* — ib.; ange IIc
virivari *chw.* — charivari IIc
virler *hen.* — virar
viro *pr.* — ib.
virola *sp.* — ib.
virole *afr.* — ib.
virote *sp.* — vira
virruggiu *sic.* — verrina
virtos (pl. m.) *asp.* — IIb
viruela, viruelas *sp.* — vajuolo
virvaris *burg.* — charivari IIc
vis (f.) *fr.*; *afr. piem.* — IIc
~ *pr. afr.* — viso

visarme *fr.* — giusarma
visc *npr.* — gui IIc
vischio *it.* — ib.
vísciola *it.* — *I
visco *it. sp. pg.* — hisca IIb; gui IIc
viscor *mail.* — visto
viseus *afr.* — vizio
víšinę *wal.* — vísciola
vislumbre *sp. pg.* — IIb; barlume
   IIa; bellugue IIc
viso *ait.*
vispistrello *it.* — pipistrello IIa
vispo *it.* — visto
vist *pr.* — ib.
viste *afr.* — ib.
vist e pris *piem.* — ib.
~ non vist *piem.* — ib.
visto *it.*
[vit] *fr.* — veit IIc
vite *it.* — vis IIc
~ *nfr.* — visto
vitecoq *afr. norm.* — IIc
[viticchio, viticcio] *it.* — verrina
vitriare *it.* — vernice
vitriol *pr. fr.* — vitriuolo
vitriolo *sp.* — ib.
vitriuolo *it.*
[vitta] *sicil.* — veta IIb
vitz *pr.* — vis IIc
viuda *sp.* — vide IIc
viuga *rom.* — foga IIa
viula, viular *pr.* — viola
[viutrer] *afr.* — vautrer IIc
viuva *pg.* — vide IIc
vivac *sp.* — bivac IIc
vivacer *npr.* — vias IIc
vivanda *it.* — viande IIc
vivaque *sp.* — bivac IIc
vivatz, vivaziu *pr.* — vias IIc; [avac-
   ciare IIa]
vivisc *mail.* — visto
vivo *it.* — vie IIa
vívele (pl.) *it.*
viz *afr.* — vis IIc
viziat *pr.* — vizio
viziato *it.* -- ib.
vizio *it.* — *I; bugía
vizzo *it.* — IIa
vocolo *it.* — avocolo
voda (luna) *ven.* — voto IIa
vodar *pr.* — voeu IIc
vodo *ven.* — voto IIa
voeu (m.) *fr.* — IIc
voeuid *lomb.* — voto IIa
voga *it. pg.* — vogare
vogar *pr. pg.* — ib.
vogare *it.*
vogue, voguer *fr.* — vogare
voi *afr.* — avoi IIc
[voiant] *afr.* — vide IIc
voici *fr.* — avoi IIc

void *piem.* — voto IIa
voidar *pr.* — vide IIc
voig *pr.* — ib.
[voihot] *afr.* — cornard IIc
voil (1. sg.) *afr.* — oui IIc
voilà-t-il *fr.* — tante IIc
voir *afr. pic.* — voire IIc
voire *afr. pic.* — IIc
[voire, la] *afr.* — engrant IIc
voisdie *afr.* — vizio; bugía
voiseus, voisié *afr.* — vizio
voison *afr.* — IIc
voisse *lothr.* — guêpe IIc
[voit] *afr.* — voto IIa
voitare *ait.* — *ib.
[voito] *ait.* — ib.
voitrer *fr.* (älter) — *vautrer IIc
voiture *fr.* — IIc
volada *sp.* — folata IIa
volata *it.* — ib.
volcar *sp.* — IIb; tragar IIb; ficcare
vole *afr.* — veule IIc
volée *fr.* — folata IIa
volentiers *afr.* — envis IIc
voleper *afr.* — viluppo
voler *pr.* — volere
~ *nfr.* — *embler IIc
volere *it.* — I; sapere
volgere *it.* — IIa
volopar *asp. pr.* — viluppo
volp *pr.* — golpe
volpilh *pr.* — IIc
volpill *afr.* — renard IIc
volt *pr.* — bulto IIb; volto
volta *it.* — bulto IIb; voto IIa;
   [otta IIa]
voltare *it.* — volto; voto IIa
volte *fr.* — volto
voltear *sp.* — ib.
volto *it.* — I; *voto IIa; bulto IIb
voltolare *it.* — vautrer IIc
voltor *pr.* — avoltore
voltrer *afr.* — *vautrer IIc
volvere *it.* — volgere IIa
vora *pr. val.* — orlo
vorbę *wal.* — parola
vore *afr.* — orlo
~ *lomb.* — volere
vorma *pr.* — mormo
vosasté *sp.* (gemein) — usted IIb
vosencia, vosenyoria *cat.* — ib.
vossignoria *it.* — ib.
vosté *cat.* — ib.
vot *pr.* — voeu IIc
vota *asp.* — boda IIb
~ *neap.* — voto IIa
votare *it.*; *neap.* — *ib.
voto *it.* — *IIa; [vide IIc]
votru *wal.* — avoutre IIc
vouede *fr.* (mndt.) — guado²
vouer *fr.* — voeu IIc; moue IIc

vouère *lothr.* — guari
vouin *norm.* — guaime
vouloir *fr.* — volere
[vout] *afr.* — envoûter IIc
vouta *pr.* — volto
voûte *fr.* — ib.
[vouter, se] *afr.* — vautrer IIc
voutrer *fr.* (älter) — ib.
voyage *fr.* — viaggio
voyer *fr.* — IIc
[voyou] *fr.* — grigou IIc
vrai *fr.* — IIc
vrai (fut. v. aller?) *afr.* — andare
vreà, vreare *wal.* — volere
vréder *fr.* — IIc; vereda IIb
vre-un *wal.* — veruno IIa
vrille *fr.* — *verrina; [mire IIc]

vrisca *sic.* — bresca
vruh *wal.* — bruco
vud *wall.* — vide IIc
vuei, vuiar *pr.* — ib.
vuid *afr. cat.* — voto IIa; vide IIc
[vuide] *afr.* — voto IIa
vuidier *afr.* — *vide IIc
vuin *afr.* — guaime
[vuit] *afr.* — voto IIa
vulpeja *sp.* — raposa IIb
vult *fr.* — bulto IIb
vulto *sp. pg.* — ib.
vunat *wal.* — veado IIb
vuoffula *neap.* — guancia IIa
vuor *chw.* — gora IIa
vusca *sic.* — busca
vuydar *cat.* — vide IIc

W

wacarme *afr. (belg.)* — vacarme IIc
waggon *fr.* — IIc
wagnon *fr.* (vrlt. selten) — gagnon IIc
wague *fr.* (mndt.) — vague IIc
wai *afr.* — guai
waide *afr.* — guado²
waidi *wall.* — guéder IIc
waignon *fr.* (mndt.) — galoppare
waimenter *afr.* — gaimenter IIc
waimiau *hen.* — guaime
waine *hen.* — guaína
wair *wall.* — guari
waires *afr.* — ib.
waiss *wall.* — guado²
walaie *wall.* — guilée IIc
wambais, wambaison *afr.* — gambais; [vástago IIb]
wanz *afr.* — guanto
wapp *wall.* — guappo
waquière *fr.* (mndt.) — galoppare; giusarma
waranche *pic.* — garance IIc
warçon *fr.* (mndt.) — galoppare
warer *afr.* — garenne IIc
warlouque *hen.* — *berlusco IIa
warou *afr.* — loup·garou IIc

waschier *afr.* — gâcher IIc
waskarme *afr.* — vacarme IIc
waufe *pic.* — gaufre IIc
waule *hen.* — gaule IIc
waupe *afr.* — gaupe IIc
wauquier (frère) *hen.* — gauche IIc
wayen *wall.* — guaime
welcumier *afr.* — wilecome IIc
welke *afr.* — IIc
werbler *afr.* — IIc
werbloier *afr.* — werbler IIc
wère *pic.* — guari
werpil, werpille *fr.* (mndt.) — golpe
west (le) *afr.* — ouest IIc
wide *pic.* — vide IIc
[wignier] *afr.* — ghignare
wigre *afr.* — IIc
wiha *wall.* — voison IIc
[wihot] *afr.* — cornard IIc
wiket *afr.* — guichet IIc
wilecome *afr.* — IIc
wiler *afr.* — guile IIc
[willot] *afr.* — cornard IIc
wisarme *fr.* — giusarma
wivre *afr.* — givre IIc; giusarma
wourpille *fr.* (mndt.) — golpe

X

xabeca *sp.* — *IIb
xabega *sp.* — xabeca IIb
xabeque *sp.* — chaveco
xadrez *pg.* — axedrez IIb
xalma *sp.* — salma

xaloque *sp.* — scirocco
xamete *sp.* — sciámito
xamuscar *asp.* — chamuscar IIb
xaque *sp. pg.* — scacco
xaqueca *sp. pg.* — IIb

xaque y mate *sp.* — matto
xaquimate *pg.* — ib.
xara *sp. pg.* — IIb
xaral *sp. pg.* — xara IIb
xarcia, xarcias *sp.* — sarte
xarifo *sp.* — IIb
xaro *sp.* — xara IIb
xaroco *pg.* — scirocco
xarope *sp. pg.* — siroppo
[xarpar] *cat.* — sarpare
xata *sp.* — xato IIb
xato *sp.* [*cat.*] — *IIb
xaurado *asp.* — augurio
xauro *nsp.* — ib.
xefe *sp.* — chef IIc
xelandrin *acat.* — chaland IIc
xeme *sp.* — scemo
xerga *sp.* — gergo

xergão *pg.* — sargia
xergon *sp.* — ib.
xeringa *sp.* — sciringa
xerxet (m.) *cat.* — cerceta
xibia *sp.* — seppia
xic *cat.* — cica
xícara *sp.* — IIb
ximio *sp.* — sargia
xiroque *sp.* — scirocco
xisca *sp.* — sescha IIc
xisclar *cat.* — sisclar IIc
xisme *cat.* — chisme IIb
xixanta *acat.* — XXIII (XVIII) 1
[xoll, xolla, xollar] *cat.* — cholla IIb
xugo *sp.* — suco
[xulla] *cat.* — cholla IIb
xurma *cat.* — ciurma

y

y *asp. apg. pr. fr.* — ivi
ya *sp. apg.* — già
yantar *asp.* — IIb
yauque *champ.* — algo
yawe *afr.* — eau IIc
ybriai *pr.* — vrai IIc
yedgo *sp.* — ebbio
yegua *sp.* — cavallo
yelmo *nsp.* — elmo
yelo *sp.* — dileguare
yema *sp.* — moyeu² IIc
yerba *sp.* — pozione
yermo *sp.* — ermo
yerno *sp.* — IIb
yero *sp.* — ervo

yerre *afr. pic.* — édera
yerto *sp.* — *IIb
yervo *sp.* — ervo
yesca *sp.* — esca
yeso *sp.* — algez IIb
yeuse *fr.* — elce
yezgo *sp.* — ebbio
yndio (adj.) *asp.* — índaco
yo *sp.* — io
ypréau *fr.* — IIc
yunque *sp.* — incúde
yuso *asp.* — giuso
yve *afr.* — eau IIc
yvaç *acat.* — avacciare IIa
yvierno *asp.* — inverno

z

[zabbara] *sic.* — acibar IIb
zabullir *sp.* — *IIb
zaccagnà *lomb.* — taccagno
záccaro *it.* — IIa
zácchero *it.* — záccaro IIa
zácola *ven.* — ib.
zaf, zafà *com.* — ceffo IIa
zafar *sp.* — zafo IIb
zaffare, zaffata *it.* — *tape
zaffo *it.* — *tape; ceffo IIa; zeppa
   IIa
zaffrone *it.* — zafferano
zafio *sp.* — IIb
zafo *sp.* — IIb
[zafondar] *sp.* — chapuzar IIb

zaga *sp. apg.; asp.* — IIb
zagaglia *it.* — zagaia
zagaia *sp. pg.* — *I
zagaie *fr.* — zagaia
zagal *sp. pg.* — IIb
zahareño *sp.* — sáfara IIb
zaherir *sp.* — *IIb; [alboroto IIb]
zahorra *sp.* — zavorra
zaina *sp.* — zaino IIa
zaino *it.* — IIa
~ *sp. pg. it.* — IIb
zais *chw.* — tai IIc
zalagarda *sp.* — IIb
žale *wal.* — sauge IIc⁻
zalea *sp.* — IIb
zamarra *sp.* — zamarro IIb

zamarro sp. — IIb
zambecco it. — zanco IIa
zambo sp. — IIb; zurriaga IIb
zambuco it. — zanna IIa
[zambullir] sp. — zabullir IIb
zampa it. — tape IIc
zampar sp. — tape
zampare it. — tape IIc
zampillo it. — tape
zampogna it. — sampogna; colpo
zampoña sp. — sampogna
zampuzar sp. — chapuzar IIb
zana it. — IIa
zanahoria sp. — IIb
zanca it. sp.; ven. — I; zolla
　IIa
zanch lomb. — zanca
zanco it. — IIa
~ sp. — zanca
zancone sard. — ib.
zanefa sp. — cenefa IIb
zangano sp. — IIb
zangão pg. — zangano IIb
zanna it. — IIa
zanni it. — IIa
zanzára it. — zenzára
zanzivari piem. — charivari IIc
zapa sp. — zappa
zapata sp. — ciabatta
zapato sp. pg. — ib.
zappa it. chw. — *I
zappare it. — zappa
zapuzar sp. — chapuzar IIb
zaque sp. — IIb
zara it. — azzardo
zarabanda sp. — sarabanda
zaragüelles (m. pl.) sp. — IIb
zaranda sp. — *IIb
zarcillo sp. — IIb
zarcladur chw. — juillet IIc
zarco sp. pg. — IIb; garzo IIb
zarcu sic. — zarco IIb
zarja sp. — sarilho IIb
zaro it. (vrlt.) — azzardo
zarpa sp. — *sarpare
zarpar sp. pg. — ib.
zarra apg. — giara
zarria sp. — IIb
zarza, zarzaparilla sp. — salsapa-
　riglia
zarzeta sp. pg. — cerceta
zata, zatara sp. — zatta
zato sp. — IIb
zatta it.
záttera it. — zatta
zavér lomb. — zeba
zavorra it. — I; zanna IIa
zazza it. — IIa
zázzera it. — zazza IIa
zeba it. — *I
zebellina pg. — zibellino

zebra sp. pg. — zebro
zèbre fr. — zebro
zebro it.
zeca sp. — zecca IIa
zecc chw. — zecca
zecca it.
~ it. — IIa
zecchino it. — zecca IIa
zecla chw. — zecca
zediglia it.
zehár wal. — zúcchero
zelà com. — giler IIc
zèle fr. — zelo
zelo it. sp. pg. — I; zenzóvero
zeloso it. sp. — zelo
zendado it. — zendale
zendale it.
zenzalo sp. — zenzára
zenzára it.
zénzero it. — zenzóvero
zenzóvero it.
zeppa it. — IIa
zeppare, zeppo it. — zeppa IIa
zepsì wal. — ceffo IIa
zerbo pg. — zirbo IIa
zerlo com. — giler IIc
zerman, zermana ven. — hermano
　IIb
zero it. sp. pg.
zéro fr. — zero
zeste (m.) fr. — IIc
zeu wal. — dio
zevra, zevro pg. — toivre IIc
zezzo it. — sezzo IIa; zanna IIa;
　XXIII (XVIII) 1
zezzolo it. — tetta
zi neap. — barba IIa
zì wal. — alba
zia it. — zio
zibeline fr. — zibellino
zibellino it.
zibetto it.
zibibbo it. — IIa
zifà (via) com. — tifer IIc
zigrino it. — chagrin IIc
zimarra it. — zamarro IIb
zimbellare it. — zimbello
zimbello it. — *I
zimbro pg. — ginepro
zingano it. — zangano IIb
zinir pg. — zenzára
zinzilulare it. — zirlare; XXIII
　(XVIII) 3
zio it. — I; barba IIa
zipolo it. — IIa
zirbo it. pg. — IIa
zirigaña sp. — IIb
zirlare it. — I; ciarlare; urlare;
　XXIII (XVIII) 3
zita it. — zito IIa; poppa
zitella, zitello it. — zito IIa

zito *it.* — IIa
zitta (adj.) *it.* — zitto
~ *it.* — tetta; zito IIa
zitto *it.*
zioę albę *wal.* — alba
zobia *rom. ven.* — giovedì
zócalo *sp.* — soc IIc
zocco, zóccolo *it.* — ib.
zocle *fr.* — ib.
zoclo *sp.* — ib.
zocs *pr.* — ib.
zoira *pr.* — zorra IIb
zoja *com.* — giler IIc
Zoleimão *pg.* — tazza
zolfo *it.* — solfo; zanna IIa
zolla *it. chw.* — IIa; zappa; [cholla IIb]
zompo *sp.* — zoppo
zonzo *sp.* — soso IIb; cincel
zop *wald.* — zoppo
zopo *sp.* — ib.
zoppicare *it.* — ib.; clop IIc
zoppo *it.* — *I
zopps *chw.* — zoppo
zorile *wal.* — alba
zorita *sp.* — zura IIb
zorra *sp. pg.* — *IIb; golpe; raposa IIb
zorro *pg.* — zorra IIb
zorzal *sp. pg.* — IIb
żos (din) *wal.* — giuso
zote *sp. pg.* — *I; [zotico IIa]
zotico *it.* — *IIa; [zote]
zovetta *ven.* — choe IIc
zozobrar *sp.* — IIb
żubeà *wal.* — giubba
zuc *pr.* — cucuzza
żucare *wal.* — ballare

zucca *it.* — cucuzza
zúcchero *it.*
zueco *sp.* — soc IIc
zuff *lomb.* — ciuffo IIa
zuffa *it.* — IIa; touffe IIc; ruffa
zufolare *it.* — ciúfolo; tape IIc; zanna IIa
zúfolo *it.* — ciúfolo
zumasaya *sp. pg.* — zumaya IIb
żumaltz *wal.* — landra; smalto
zumaque *sp.* — sommaco
zumaya *sp. pg.* — IIb
zumba-cayo *sp.* — zumaya IIb
zumbar *sp.* — IIb
zumo *sp.* — IIb
Zuñiga *sp.* — stagione
zunir *pg.* — zenzára
zupia *sp.* — IIb
zuppa *it.* — sopa
zuquet *pr.* — cucuzza
zura *sp.* — IIb
zurana *sp.* — zura IIb
zurcir *sp.* — IIb
zurda *sp.* — gauche IIc
zurdo *sp.* — *IIb
zurita *sp.* — zura IIb
zurlare *it.* — chulo IIb
zurlo *it.* — IIa
zuro *sp.* — zura IIb
zurra *asp.* — zorra IIb
zurrar *sp.* — IIb
zurriaga *sp.* — IIb
zurriago *sp.* — scuriada
zurriar *sp.* — zurrir IIb
zurrir *sp.* — IIb
zurro *it.* — zurlo IIa
zurron *sp.* — IIb
zutano *sp.* — IIb

Zweiter,

NICHTROMANISCHER THEIL.

.

I. Lateinisch.

a

ab — a
~ ml. — appo
abactus, abactiare — avacciare IIa
abacus — ábbaco IIa; alguarismo
    IIb; rabâcher IIc
abaltare — ribaltare IIa
ab anno — avannotto IIa
ab ante — anzi; [pertugiare]; avac-
    ciare IIa; dorénavant IIc
abemere, auch ml. — aveindre IIc
abeteus — abezzo IIa
abettum ml — beter IIc
abiegnus, abies, abieteus — abezzo
    IIa
abigere — avacciare IIa
ab inde ad — inda IIb
abiro ml. — aviron IIc
abjectus — gecchire
abladus, abladium ml. — biado
ablaqueare — élaguer IIc
ablata; ablatum ml. — biado; [ubbia
    IIa]; blaireau IIc
abnormis — avocolo
abominare. [abominari], -atus —
    abomé IIc
aboculus — avocolo
abonnis ml. — bonete
abripare — brio
abrogare — bravo
abrotonum — aurone IIc
[absecare] — osche IIc
absentia — senza
absinthium — axenjo IIb
absolvere — asciolvere IIa; sciogliere
    IIa
absque — asca IIa
[abstare] — ôter IIc
abstentare, abstinere — stentare IIa
abstractus — stratto IIa
[absurdus] — zurdo IIb
absus ml. — asso
abtare ml. — atar IIb
abula ml. — able IIc
abundare — aondar IIc
abyssus, abyssismus, abyssissimus —
    abisso
[Acarius] — cara
accadere, accadiscere — acaecer
    IIb

accapitare ml. — accattare
accega, -eia ml. — *acceggia
acceptor — *astore
accia ml. — acceggia
accïdere — acaecer IIb
accïdere — assises IIc
accidia ml.
accipere — *astore
accipiter — *astore; cetrero IIb;
    accertello IIa
accipitrare — astore
accipitrarius — cetrero IIb
accüdere — cudir IIb
[accumulare] — mucchio IIa
accurrere — cudir IIb
acedia ml. — accidia
acedula ml. — oseille IIc
acega ml. (Erf. Gl.) — acceggia
acer — agresto; aisil IIc; besaigre
    IIc; oseille IIc
acer, -ris, acerabulum, acer arbor
    — ácero
acēre — agazzare
acerna — iserna IIc
acetum — aisil IIc
acetus — oseille IIc
acevetum ml. — acebo IIb
[acharistia] — carestia
achramire ml. — aramir IIc
acia — aza IIb
aciare, -arium ml. —acciajo; ghiaz-
    zerino
acicula — aguglia; aiglent IIc
acidula ml. — oseille IIc
acidulus — lazzo IIa
acidus — ib.; oseille IIc; loro IIa
acies — acciajo; acceggia; haz IIb
acinus — aisne IIc
acnua — acre IIc
aconitum — encono IIb
[acque] — anche
acrifolium — acebo IIb
ac si ml. — così
actualis — avale IIa
actum — auto IIb; *eito IIb
acucla ml., acucula — aguglia;
    aiglent IIc
acuculentus — aiglent IIc
acuere — fila

aculeus — aguglia
acúmen — gume IIb; gumia IIb
acutia ml. — acucia IIb
acutus, auch ml. — aigu IIc; acucia
  IIb; bicciacuto IIa
ad — a; affare; agio; allarme;
  anche; appena; cadaúno; ciascuno; dío; dunque; grado; ieri;
  ataviar IIb; avés IIb; manevir IIc
~, inde — inda IIb
~, per — por
~, pro — ib.
adaestimare — *esmar
[adalberga] ml. — albergo
adalingus ml. — adelenc IIc
adaltus — azaut IIc
adamas, -ntis, auch ml. — diamante
adaptare, adaptatus — azaut IIc;
  agio
adaquare — scialacquare IIa
adarca ml. — targa
adbaubari — *aboyer IIc
adbrachiare — barcar IIb
adcaptare — accattare; incettare
  IIa
adchramire ml. — aramir IIc
[adcio] — asir IIb
adcognitare ml. — conto
adcorrigere — corgere IIa
adcramire ml. — aramir IIc
[addare] — andare
[addensare] — adeser IIc
addere — añadir IIb
adeo — eziandío IIa
adflare ml. — achar IIb; árgine
adframire ml. — aramir IIc
adfulare ml. — achar IIb
adgerere — árgine
ad gyrum — aviron IIc
adhaerere — aerdre IIc; adeser
  IIc; [aatir IIc]
[adhaesare], adhaesus — adeser IIc
ad horam — *ora²; [monna]
adhramire ml. — aramir IIc
adhuc — *anche; così
ad hunc — dunque
ad illam horam — ora²
adimere — aveindre IIc
ad ipsum — esso
adirare — haïr IIc
aditare — andare
adjutare, -tus — *ajuto; [desinare];
  aye IIc; manaier IIc
adjuvare — dio
adjuxtare — ordeñar IIb
ad legem — lega² ·
ad mentem habere — mentar
admicare — ammiccare IIa
adminare — ammainare
admirabilis, -ldus, -lius, -tus ml. —
  almirante

admirari — rima; sandío IIb
admissarius — árgine; guaragno
[admodestare] — amonestar
admodum — mon IIc.
admonere, admónere, admonestus —
  *amonestar
admorsus — almuerzo IIb
[admortare, -iare] — intuzzare IIa
adnare ml. — andare
adobare ml. — addobbare
adpectorare ml. — prieto IIb; prieto²
  IIb; peritarsi IIa
adplene ml. — assai
adrestare — arresto
ad retro — retro
adrhamire ml. — aramir IIc
adripare ml. — andare; arrivare
[adrutubare] — alboroto IIb
ad satis — assai; avés IIb
adsecus — ainçois IIc
adsidère — assises IIc
ad signum — asinha IIb
ad simul — insembre
adspectare, adspectus — aspettare
  IIa
adstringere — étreindre IIc
adtenus — té IIb
ad tenus — tino IIb
adtexere — aggueffare IIa
ad tunc ml. — dunque
adulter — avoutre IIc; aveindre IIc
adulterium — glaive IIc; [mire IIc]
ad unum omnes — cadaúno
adveniens — avenant IIc
advenire — avventura; arrivare;
  avvegnachè IIa; avventare IIa;
  aveindre IIc
adventus — avventare IIa
advincire — aveindre IIc
advocare, auch ml. — avouer IIc
advocatus — ib.
advolatus; advolus advoli ml. —
  avol IIc; fiauto; trou IIc
aeger — heingre IIc
[Aegidius] — mire IIc
aegre — appena
aegrescere — increscere IIa
aegrotus — engrès IIc; heingre IIc
aeguptium ml. — ghezzo IIa
aegyptius — ib.
aemulatio — euvis IIc
aequalificare — jauger IIc
aequalis — ib.; [cavallo]; avale IIa
aequare — sosegar IIb; trasegar
  IIb
aeque — così
~ sic — anche; enteco IIb
~ talis — cotale
~ tantus — cotanto
aer — aere; aura
aera ml. — aere

aera (pl.) — era

~, aerae ml. — ib.

aeramen, -mentum — rame; ramarro IIa

aeramina — rame

aëria ml. — aere

aerius — ib.

aerugo — ruggine; serrin IIb

aesculus — ischio IIa; ebbio

aestimare — esmar; stimare IIa; aime IIc

aestivale — stivale

aestivare — estiar IIb

aestivum — stio IIa

[aestuare] — viluppo

aetas, aetaticum — âge IIc

Aëtius — segugio

affectare — afeitar IIb

affenare mì. — faner IIc

affibulare, se ml. — affubler IIc

affiduciare ml. — fiúcia IIb

affigere,, auch ml. — aramir IIc; ficcare

afflare ml. — achar IIb; ajar IIb; hallar IIb; trovare

[afflaticare] — halagar IIb

africus — ábrego IIb

agaricus — garzo² IIb

[agellus] — tobillo IIb

ager — aere; [aro IIb]; [tobillo IIb]

agere — agina; gire IIa; sobar IIb; sumsir IIc

Agetius ml. — segugio

agger — *árgine; arcilla IIb

aggraviare, aggreviare — greve

agi — gire IIa

agina, auch ml. — *I; gire IIa; [trassinare IIa]; asinha IIb

agino, -are ml. — *agina

agitarium ml. — bercer² IIc

agitatio — agina

agna — ninno

agramire ml. — aramir IIc

agrarius — blaireau IIc

agrestis — engrès IIc; [greggio IIa]

agrum (acc.) — aere

[aguia] ml. (corr. agina) — agina

ahanare ml. — affanno

ai — hé IIc

aia ml. (Cass. Gl.) — ea

aisantia ml. — haise IIc

ala — ascella

~ vulg. — enola

alacer,-crem — allegro

Alanus = Albanus — alano

[alapari] vulg. — alabar IIb

alauda — allodola; cotovía IIb

alaudes ml. — allodio; [fio]

alba — loba IIb

~, stella — alba

Albanus — alano

albanus ml. — aubain IIc

albarius — aubier IIc

albere, -escere — alba

[alberga] ml. — albergo

albios oculus ml. (Cass. Gl.) — avocolo

albulus — álbaro IIa; able IIc

alburnum — aubier IIc

alburnus — able IIc

albus — alba; alban; bianco; álbaro IIa; albazano IIb; aubier IIc; ferrant IIc

aldio, aldius ml. — aldéa IIb

alea — tasso

[alec] — aringa

alena ml. — alna

aleo — tasso

alesna ml. — lésina

alferus ml. — alfiere IIa

alibi, ~ natus — aubain IIc

alica — álaga IIb; [larigot IIc]

alicubi — algures IIb

alid al. volksth. — al; rien IIc

alienus — ageno IIb

aliorsum, auch ml. — ailleurs IIc

aliquem — alcuno; algo; quien IIb; rien IIc

aliqui homo, aliquis homo — alcuno

aliquid — algo

aliqui unus — alcuno

aliquod — algo: hidalgo IIb; ergo IIb

aliquot — haricot IIc

alis al. — al

aliubi — algures IIb; alubre IIb

aliud — al

~ sic — aussi IIc

~ tantum — autant IIc

aliunde — alhondre IIc

alius talis — autel IIc

[allatus est, allare] — andare

allaudare — alabar IIb

allevare — I; aleve IIb; *anafar IIb

allium — al

[allocare] — allouer IIc

[allodialis] ml. — allodio

alludere, alluere — aluir IIb

alluvies — *loja IIa

almafil ml. — marfil IIb; olifant IIc

alnetanus, alnetum — ontáno IIa

alnum ml. — verne IIc

alnus — ontáno IIa; álamo IIb

alodis, alŏdium ml. — allodio; [fio]

aloe — aluine IIc; galéa

aloxinum ml. — aluine IIc

alpharaces (pl.) ml. — alfaraz IIb

alphinus ml. — alfido

altare — ribaltare IIa

altarium — otar IIb; otero IIb

alter — altérer IIc

altercari — terco IIb

alterum sic — altresì

alterum sic talis — altrettale
~ sic tantum — altrettanto
alter talis — altrettale .
~ tantus — altrettanto
~ uter — ambore IIc
altiare — alzare; [cutretta IIa]
alto, in — naut IIc
altus — alzare; cammeo; cheto; scorciare; altaleno IIa; altana IIa; ribaltare IIa; otar IIb; otero IIb; antif IIc; auvent IIc; azaut IIc; ferrant IIc; haut IIc; hautbois IIc; trissar IIc; XXIV (XIX) 6
alucus — locco; badalucco IIa; [mouco IIb]
alveare — aroia
alveus — albañal IIb; auge IIc
alvus — ape
alysson — aliso IIb
ama ml. — aime IIc
amandola ml. — mándorla
amaracus — majorana
amare — ama IIb
amarellus ml. — amarillo IIb
amaricare ml.
amaricosus spl. — amaricare
amarus — ib.; marasca IIa; amarillo IIb
amatus — amadouer IIc
ambactia ml. — ambasciata
ambactus — *ib.; *abait IIc
ambasciare, -atum, ambaxia ml. — ambasciata
ambire, ambitare — andare; [hanter IIc]
ambo — intrambo; abait IIc; ambore IIc
~ ml. — auvent IIc
amborum — ambore IIc
ambrex — lambre IIc
ambulare, auch ml. — ambiare; *andare; gire IIa
ambutrum — *ambore IIc
amen, saeculorum — avoi IIc
amens — avocolo
amentare — avventare IIa
ames, -itis — andas IIb; *haute IIc
amica — mie IIc
amicitas — tosto
amictus — amito IIb; pantófola
[amicus] — amadouer IIc
amidum ml. — amido
amir, -atus ml. — almirante
amita — tante IIc; andare
amites — audas IIb
amma ml. — ama IIb
amodo — moderno
amphora — colpo
amplare — ancho IIb
amplatius, ampliatius — ampleis IIc
amplius — *ib.; [esso]

amplus — ancho IIb; cacho IIb
ampora ml. — colpo
amurca — morchia; marc IIc
amygdala — mándorla
amylum — ámido; andare; [escada IIb]
anas — hanneton IIc
ancaedere, ancaesa — ancidere IIa
[ancisus] ml. — ib.
[ancola] ml. — bascule IIc
ancon — gonzo; rincou IIb
ancrae ml. — angra IIb
[anculare] — bascule IIc
ancus, auch ml. — anca; anco IIb
andamius ml. — andana
andare ml. — I; andana; andarío IIb; andas IIb
andena ml. — landier IIc
anditus ml. — andare
anediosus ml. — noja
anēthum — eneldo IIb
angaria — [avania]; angar IIc
angelus — ange IIc
angularis — anglar IIc; ranc IIc
angustia — angoscia; crosciare
[angustus, angustiare] — bruciare
anhelare — alenare; asma IIa
anhelitus — aliento IIb
anhelus — snello
anima — I; merme
animal — oca; aumaille IIc
animalia, auch ml. — aumaille IIc
animus — anima
annexus — nesga IIb
anno, ab — avannotto IIa
~, hoc — uguanno; antaño; [avannotto IIa]; lanquan IIc
annorum, quatuor — milsoudor IIc
annotinus — antaño
annulus — sortija IIb
annum, ante — antaño
~, hunc — uguanno
annus — lanquan IIc
anodiosus, anoediosus ml. — noja
anoget ml. — ib.
ansa — [agio]; asir IIh; aza IIb
ansar ml. — páxaro IIb
[ansatus] — agio
anser — ganta; mergansar IIb; páxaro IIb
ante — *anzi; [esso]; alnado IIb; hontem IIb; angarde IIc; aubain IIc; auvent IIc; dorénavant IIc
antea — *anzi
ante annum — antaño
antecessores — ancêtres IIc
ante-coenium — pusigno IIa
antedie ml., ante diem — hontem IIb
[ante id] — anzi
~ ipsum — [esso]; ainçois IIc

ante ist' ipsum — testcso IIa

anteluculus — bagliore IIa

ante natus ml. — alnado IIb; ainé IIc

ante oculum — antojo IIb

[antes] vulg. — anzi

anteviare — voyer² IIc

antiphona ml. — antienne IIc

antiquaticum — âge IIc

antiquus — antif IIc; relief IIc

anti-secus ml. — ainçois IIc

antius — anche; *anzi; [esso]; [poi]; ainçois IIc; [ampleis IIc]

[anus] — aro IIb

anxia ml. — ansia; ansia IIb

[anxiare] — grascia IIa; pantois IIc

anxius — ansia; asma IIa; ansia IIb

apage — evay IIb

aper — cingbiare

aperire — abra IIb; abrojo IIb; ouvrir IIc

apex — vetta IIa

aphya — acciuga

apiarium volksm., apicula, apis — ape

apisci(re) — *asir IIb

apium — ache IIc; petrosellíno; sédano; XI (X)

aplüda — biondo; *pula IIa; bluter IIc

[apodixa] ml. — pólizza

apotheca — bottega; bauche IIc

apparare, apparium — apero IIb

appellare — appeau IIc; reptar

appendix — pendíce IIa

applicare — llegar IIb

apponere — ponente

appositicius — posticcio

appropiare — proche IIc; reprocher IIc; rocca

apricare, auch spl. — *abrigo

aprieus — *ib.

aprilis — XVI (XIII)

aptare, auch ml. — atar IIb; teler IIc

aptiíicare ml. — tifer IIc

aptillare, aptulare — teler IIc

aptum facere — tifer IIc

aptus — *malato; [aatir IIc]; aus IIc; azaut IIc

~, ex — sciatto IIa

apua — acciuga

apud — a; appo; avec IIc; chez IIc

apya — acciuga

aqua — avale IIa; scialacqnare IIa; antif IIc; eau IIc; rêve IIc

aquaeductus — égout IIc

aquagium ml. — ouaiche IIc

aquare — enxuagar IIb

aquarium — eau IIc

aquifolium — acebo IIb; trifoglio

aquila — alérion IIc; regretter IIc

aquilarius — alérion IIc

aquileja — ancolie IIc

aquilifer — alfiere IIa

aquilina — guileña IIb

aquilo, aquilus — bigio

aquilus, ventus — ventávolo IIa

Aquitania — regretter IIc

aranea, araneata — araignée IIc

araneus, mus — musaraña

arangia ml. — arancio

arapennis — arpent IIc

arare — arañar IIb; artiga IIb; arpent IIc

aratrum — arátro; siller IIc

[arbannum] ml. — bando

arbiter — veiaire IIc

arbitrium — *albedrío IIb; veiaire IIc

arbor — alberare; álbaro IIa; arrebol IIb; pino² IIb; aviron IIc; XXV (XIX) 8

[arbuscella, arbuscula] — bruciare; gracco

[arbustellum] — ib.

arbuteus, arbútus — albédro IIb

arca, auch ml. — busto; carcasso; casso¹; [scranna IIa]; arcasse IIc; ars IIc; XXIV (XIX) 6

[arcadicus] — argot IIc

arcessere — árgine

arcio, -ionis — arcione; écu IIc

[arciscranna] ml. — scranna IIa

arctare — atar IIb

arctio — arcione

arcuballista — arbalête IIc

arculus — argolla IIb

arcus — arcione; arcobugio; torso; baleno IIa; écu IIc

ardalio — ariotto

ardelio — ib.; ardiglione

ardere — ardire; [goliard IIc]; sud IIc

ardigas ml. (Cass. Gl.) — artiglio

area — aere; aja IIa; erial IIb; [leira IIb]

arena — arisco IIb

arenga ml. — aringo

arepennis — arpent IIc

[arganum] ml. — argue IIc

argata ml. — árgano

arger — *árgine

argilla — ib.; arcilla IIb; corzo IIb; erguir IIb; esparcir IIb; récio IIb

[arguere] — ruer IIc

argus ml. — aragan IIb

argútari — ergoter IIc; [ruer IIc]

[argutus] — argot¹ IIc

aridus, color — sauro

aries squilatus ml. — belier IIc

arietare — urtare

[arinca] — larigot IIc

arismetica ml. — risma
arista
arma—allarme; caserma; giusarma; armoire IIc
armare — enarme IIc; armadilla IIb; flotta
armarium — armoire IIc
armeniacum — meliaca IIa
armenius — armellino
armessarius ml. — árgine
arminiae pelles ml. — armellino
armoracia, -ium — ramolaccio IIa; remolacha IIb
armus — ars IIc
arramire ml. — aramir IIc
arreptare — rebatar IIb
arribannum ml. — *bando
arrogare — arrogere IIa
arrogium ml. — arroyo IIb
ars, artis — artilha
[arserunt] — festo IIb
arsura — asurarse IIb
artare ml. — atar IIb
artemisia — altamisa IIb; armoise IIc
[artem magicam] — grammaire IIc; mire IIc
[artenses] — artigiano
arteria; arteriatus ml. — altérer IIc
[articoccus, -coctus] ml. — articiocco
articula ml., articulus — artiglio; garra; oseille IIc
artitianus — ardire; *artigiano
artitus, auch ml. — ib.
arum, arus, arva ml. — aere
arx — arcasse IIc
as — asso; azzardo; sala IIa
[asa] volksth. — agio
ascia — accia
ascilla ml. — ascella; aza IIb
ascultare — ascoltare
[asium, asia] — agio
asper — esprelle IIc
assassinium ml. — assassino
assectari — acechar IIb; [assettare]
[assedare] — asear IIb
[asseditare] — assettare; asear IIb
assicellus — ais IIc
assignare — *assener IIc
assimilare; assimulare, auch ml. — sembrare
assis — assettare; sala IIa; ais IIc
assisia ml. — assises IIc
assula — *ascla; [pestillo IIb]; [atelier IIc]
asthma — asma IIa
astia ml. — aatir IIc
asto animo ml. — astio IIa
astracum ml. — tillac IIb
astracus, astricus ml. — piastra
astronomia — astore

astrosus, auch ml. — astro
astrum — ib.; piastra
~ ml. — piastra
astula — *ascla; [pestillo IIb]; [atelier IIc]
[astularium] — atelier IIc
astur — astore
astus — astio IIa
atavia — tata
atomus ml. — áttimo IIa
[atque] — anche; ora [3]
atramentum — inchiostro
atriplex — *armuelle IIb; arroche IIc
atrium — aere; piastra
atta — tata
attingere — toccare; tino IIb
attitulare ml. — attillare
attonare — étonner IIc
attondere, -onsus — tusar IIb
attonitus — tonto IIb
attrahicare — atracar IIb
attribuere (sibi) — atreverse IIb
attutare — intuzzare IIa
a tunc ml. — dunque
auca ml. — oca; arcione
aucella, -us, aucilla ml. — uccello
aucilla — auce IIb; azzardo
auciun ml. (Cass. Gloss.) — oca
auctorare, auctoricare — otriare
aucupium — stoppia
audax — [ancidere IIa]; scalterire IIa
audere — ardire; [rifusare]
audire — oui IIc
augurare, auguriosus ml. — augurio
augurium — ib.; ora
Augustodunum — duna
augustus — guado [3]; [rúvido IIa]
aula, aulaeum — cortina
aunculus ml. — oncle IIc
aura — I; brezza; sauro; lezzo IIa
aurantia ml., aurata -- arancio
aurea mala — ib.
aureolus — loro IIb; loriot IIc
aureus — banda; loro IIb; [oriflamme IIc]
aurichalcum — bronzo; oricalco
auricula — orecchia; pestorejo IIb; horion IIc
aurifaber — forgia
aurifex — órafo IIa
auriflamma ml. — *oriflamme IIc
aurifrigium ml. — orfroi IIc
aurigalgulus — gálbero
auriphrigium·ml. — orfroi IIc
auris — orecchia
auritium — aura
auritus — ardire; [oriflamme IIc]
[aurivus] — oriflamme IIc
auro, ex — sauro

aurora — alba

aurum — arancio; oricalco; orpello; [argue IIc]; dorelot IIc; orfroi IIc; oriflamme IIc; XXV (XIX) 8
~ fractum — orfroi IIc
~ phrygium — *ib.

[ausare] — rifusare

auscultare — ascoltare; aura; sentinella; XXVII (XXI)

auspicium — auce IIb; azzardo

aut — o

auterum ml. — otero IIb

aut verum — o

avecus ml. — oca

avena — rédina; haveron IIc

aversus — avieso IIb; ritto

avica — barca; oca; rocca; cascar IIb

avicella — uccello

avicus ml. — oca

avis — barca; mur; nática; oca; rocca; grésillon IIc
~ struthio — struzzo
~ tarda — ottarda

avia, avius — ayo IIb

avunculus — oncle IIc

avus — aïeul IIc

axale — sala IIa

axella — lascaire

axicellus — ais IIc

axiculus — *épieu IIc; essieu IIc

axile — sala IIa

axilla — ascella; aza IIb

axis — sala; ais IIc

axungia — sugna IIa; enxundia IIb; fresange IIc

azardi, ludus ml. — azzardo

azarum, ad (ludere) ml. — ib.

b

babae — pápe IIa

babulus, baburra. baburrus — babbéo

baca — baja²; cica; [bagatella]; baya IIb; bague IIc

bacalaria ml. — baccalare

bacar — bicchiere

bacca, auch ml. — baccalare; baja²; cica; [bagatella]; perla: baccello IIa; baciocco IIa; gagliuolo IIa; orbacca IIa; baya IIb; bague IIc
~ ml. — bacino

baccalaria, -arius ml. — baccalare

baccalaureus ml. — ib.; XXV (XIX) 8

bacca, lauri — orbacca IIa

baccea ml. — bacía IIb

bacchinon ml., Bacchus — bacino; bacía IIb

baceolus — baciocro IIa

bacinus; bacioca ml. (Erf. Gl.) — bacino

bacius ml. — bigio

baco ml. — bacon IIc

bacula — bac IIc

baculus — baccalare; bacchetta; fiasco; [gracco]; bacler IIc; cabeliau IIc

badare ml. — I; *badalucco IIa; [bajare IIa]; [aboyer IIc]; béguéule IIc; XXV (XIX) 8; XXVII (XXI)

badiolettus ml. — bajo

badius — ib; bigio; noja; crojo IIa

[baffa, -o] ml. — bâfre IIc

baga ml. — bague IIc

[bagatella] ml.

baia ml. — baja

bajae — bagno

bajulare — bailo

bajulus, auch ml. — ib.; baúle

balanus — bellota IIb

balare — belare

balascus ml. — balascio

[balatrare] — baladrar IIb

balatro — [palandrano]; [baladrar IIb]; belitre IIc

balaustium — balaústro

balbus — bobo IIb; [bègue IIc]; ébaubi IIc

baldringus ml. — baudré IIc

balimathia ml — galimatias IIc

ballatio ml. — ballare

ballistrarius — belitre IIc

balluca — bagliore IIa; baluz IIb

ballux — baluz IIb

balma ml. — balme IIc

balneum — bagno; mulino

Balsa — balsa IIb

balteus — balzu IIa; baudré IIc

baltius ml. — balza IIa

balux — baluz IIb

bambacium ml. — bambagio

bambalio — bambo

bambucinum ml. — bigio

[banastra] — benna

bandum ml. — banda

banicare — ib.; balicare

bannire ml. — bando

bannum ml. — ib.; banda; dec IIc
~ leucae ml. — banlieue IIc

bansta ml. — benna

bar al. — bréhaigne IIc

barba — IIa; borbogliare; jusbarba;
  malato; saggio; [caparbio IIa];
  biche² IIc; givre² IIc
barbanus ml. — barba IIa
barbaricarius, barbaricus — grammaire IIc
barbarum, rha — rabárbaro
barbas ml. — barba IIa
barbatus — malato
barbizellum ml. — hercer IIc
barbuta — morue IIc
barca ml. — I; bargagno
barcaniare ml. — bargagno; grignon
  IIc
bárica — barca; chaland IIc
barigildus ml. — bargello
baris — barca
barlucolare — bagliore IIa
baro, auch ml. — I; barone; bréhaigne IIc
Baro ml. — barone
[baroco] schol. — barrueco IIb
barrītus — baritono
barrium ml. — barra
barrus — barruntar IIb
barus ml. — baro; bréhaigne IIc
basca ml. — vasca IIa
baselum ml. — vascello
basiare — bacio; pappalardo; combagio IIa
Basilius — navilio
basium — bacio
Bassus — basso
bassus ml. — baccalare; bastardo;
  basso; [babeurre IIc]; balèvre IIc;
  *bascule IIc
bastardus ml. — bastardo
basterna spl. — basto
batat ml. (Erf. Gl.) — badare
batillum — badile
battalia ml. — battere; duello
battat ml. (Erf. Gl.) — badare
battidi, battutus ml. — battere
batualia — ib.
batuere — ib.; batassare IIa; *babeurre IIc; [bascule IIc]; esclo
  IIc; XXV (XIX) 8
baubari — bajare IIa; *aboyer IIc
baubulari — bajare IIa
bauca ml. — bova IIa
baucalis ml. — boccale
bausiare ml. — bugía
baxea — basso
bebra — givre IIc
bebrinus — bévero
Becco ml. — becco IIa
Beccus — becco
bedum ml. — bied IIc
begardus, beguina, begutta ml. —
  bigot IIc
belare, auch ml. — I; belitre IIc

belfredus ml. — battifredo
bella — bele IIc
bellatior — bellezour IIc
bellatius — ampleis IIc; [malvagio]
bellatulus, bellatus, [belletulus], bel-
  litus — bellezour IIc
bellula — bele IIc
bellum — duello; guerra; [viluppo]
bellus — guerra; belletto IIa; cicisbeo IIa; donnola IIa; beau IIc;
  beaucoup IIc; bele IIc; bellezour
  IIc; eau IIc
bene — astro
benedictor — belitre IIc
benefactoria, benfetria ml. — behetría IIb
benna ml. — I; vanne IIc
berbex — berbico; barioler IIc;
  bercer IIc
berbicarius, berbix ml. — berbice
bercellum ml. — bercer IIc
berciolum ml. — bercer² IIc
berfredus ml. — battifredo
Bero ml. — barone
berroerii ml. — berruier IIc
bersa ml. — bercer IIc
berta ovis mi. — bretto IIa
Bertham (acc.) — putto
berula; berule ml. — berle IIc
beryllus — alberare; brillare; perla;
  besicle IIc; chaise IIc; poudre IIc
bestia — bescio IIa; *biscia IIa;
  farfalla
beta sicula — acelga IIb
betonica — brettonica
betula, betulla — bétula
biber, auch ml. — birra
bibere — ib.; [bettola IIa]; lira IIa;
  boisson IIc; breuvage IIc; XXVII
  (XXI)
bibio — moscione IIa
bibit — plevir IIc; trieu IIc
[bibita] — bettola IIa
bibitio — boisson IIc
bibitus — béodó IIb
bicarium ml. — bicchiere
bicornis — hornio; bigarrer IIc; bigorne IIc; dagorne IIc
bidens — bidet IIc
bi-ennius — enho IIb
bietium, biezium ml. — bied IIc;
  mies IIc
bifaciare, bifacies ml., bifax — biasciu;
  bis; sgbembo IIa; bisojo IIb
bifidatus. bifidus — bellezour IIc;
  [beffa]
biga — viga IIb
bigerica vestis — bigarrer IIc
bilanx, -cis — bilancia; XXIV
  (XVIII) 4
bini oculi — binocolo

biochus ml. — bioc IIc
bipenulla, bipinella — pimpinella
[biramica] — branca
[bironerius] ml. — verrina
birotus — biroccio
birretum ml. — berretta
birrus spl. — *berretta; bujo; birro
  IIa; XXIV (XVIII) 4
- (adj.) — birro IIa
bis — bargagno; [berta]; bicocca;
  *bis; canto; [lordo]; ruffa; sogna;
  tata; [viluppo]; bagliore IIa; [ba-
  leno IIa]; barlume IIa; berlusco
  IIa; bigoncia IIa; [bilenco IIa];
  bisdosso IIa; lessare IIa; *stentare IIa; tondo IIa; barrueco IIb;
  vis'umbre IIb; [bafouer IIc] (Nachträge); balafre IIc; [balèvre IIc];
  *barioler IIc; barlong IIc; [bascule
  IIc]; bellugue IIc; besaigre IIc;
  bévue IIc; bigarrer IIc; [falourde
  IIc]; tordre IIc; XXIV (XVIII) 4
bisaccia, bisaccium — bisaccia
bisaculus spl. — bicciacuto IIa
[bisanclare] — bascule IIc
bis coctus — biscotto
bis cyclus — besicle IIc
bis jocare — bijou IIc
bisle ml. (Cass. Gl.) — poêle³ IIc
bis longus — XXIV (XVIII) 4
bismalva ml. — malvavischio
bis-oculus — biasciu; bis; bisojo
  IIb; bizco IIb; bigle IIc
[bis-regulare] — barioler IIc
bis-saccus — bisaccia
bissextus, auch ml. — bissêtre IIc
bis-variare — bigarrer IIc
bitus ml. (Erf. Gl.) — bitta
bivira — biffera IIa; [caleffare IIa];
  fiasco
bladarius ml. — blaireau IIc
bladum ml. — biondo
blaesus — biasciare IIa; blois IIc
blasare — biasciare IIa
[blasphēmare] — puirier IIc .
blax ml. — blêche IIc
bliaudus ml. — bliaut
blicea, blitea ml., bliteus — bizzocco
  IIa
blitum — bledo IIb; belitre IIc
blodius, bloius ml. — biondo
blutare ml. — biotto
boca — *I
bódena, bódina, bodula ml. — abonner
  IIc; borne IIc
bogia ml. — boja²
boja — I; *bova IIa
~ — boja²; bourreau IIc; XXVII
  (XX)
bojae — boja
bombacius — bigio

bombax ml. — baco IIa; [bègue
  IIc]; [chenille IIc]
[bombice] — biscia IIa
bombicina ml. — bigio
bombicus — bomba
bombitare — bondir IIc; jaillir IIc
bombum ml. — bobò IIa
bombus — bigio; bomba; pisciare;
  bobine IIc
bombycīnus — bambagio
bombycius — bigio; [biscia IIa];
  [bègue IIc]
[bombyculus] — biscia IIa
bombyx — bambagio; baco IIa;
  cimento IIa; bobine IIc
bona hora — augurio
bonda, bondula, bonna ml. — borne
  IIc
bonneta ml. — bonete
bonus — augurio; bonaccia; ora;
  oibò IIa; bofé IIb; bonina IIb;
  abonner IIc
borealis, borearius — rovajo IIa
boreas — burrasca; bória IIa; brina
  IIa
borratium ml. — borra
bos, bovis — bobo IIb; uopo
boscus ml. — *bosco; [boucher IIc]
bosones ml. — borne IIc
bossa ml. — XI (IX)
bostar ml. — IIb
bosula ml. — borne IIc
botellus, auch ml. — budello
botilia ml. — botte
botones ml. — borne IIc
[botrio, -ionis] ml., botrus — bourgeon IIc
botulus — budello; *bouder IIc
Bovianum — loja IIa
box, bocis (m.) — *boca
brabanciones ml. — braiman IIc
[brabidus] — bravo
braca — *I; cica; brague IIc
bracca — cica
brace — bras IIc
brachia — braza; XVI (XIII)
brachiale — maçon IIc
brachiare, brachicare — barcar IIb
brachium — branca; treccia; brenta
  IIa; bressin IIc
braciare, bracium ml. — bras IIc
braga ml. — braca
bragire ml. — braire IIc; [rallar]
branca leonis ml. — branca
brasicia ml. — verza
brasile, brasilium ml. — brasile
bravus bos ml. — bravo
braxare ml. — bras IIc
braxile ml. — brasile
brecaria ml. — bouc IIc
brenna ml. — breña IIb

bresillum ml. — brasile
bretachiae ml. — bertesca
Brigantes; brigantes ml. — briga
[brigum] ml. — brio
brimborium — brimborion IIc
brisa — IIb
brisare ml. — briser IIc
brisca, brisica ml. — bresca
britannice — romanzo
[britisca] — bertesca
brocca ml. — brocco
broccio — brocca
broccus, auch ml. — brocco; bronco; broncio IIa

brodium ml. — brodo
brogilus ml. — broglio
broia ml. — bru IIc
broilus ml. — broglio
brolium ml. — bosco
brolius ml. — broglio
broncus — bronco
Broniolacum — brugna
brosdus ml. — bordo
broxa ml. — bruxa IIb
brucheus, brūchus — bruco
brugiro ml. — bruire; braire IIc
brugna ml. — broigne IIc
bruma, auch ml.
bruneta, brunetta ml. — isanbrun IIc
brunitius ml. — bronzo
[bruscum, bruscus] — brusco
[brustare, brustiare] — bruciare
brustus ml. — bordo
brutus — brutto IIa; [burdo IIb]
bŭa — bobò IIa
bubalus — beugler IIc
būbo — bubo IIb
bubulcus — bifolco IIa
bucca — bocca; guancia IIa; buz IIb; bouc IIc; *boucher IIc; palais IIc
buccea, bucceale — bocca
buccella, buccinum — ib.
buccula — fiasco; [borchia IIa]; acelga IIb; boucle IIc
bucia ml. — busse IIc
bucula ml. — boucle IIc
buculus — beugler IIc
buda ml. — IIa
bufurdium ml. — bagordo
bulcio ml. — bolzone
bulengarius ml. — boulanger IIc
buletare, buletellum ml. — bluter IIc
bulga — bolgia
Bulgarus, auch ml. — bougre IIc; rabougrir IIc
bulgea, bulgia — bolgia
bulla— bolla; bolzone; [broglio]; bor-

chia IIa; boulanger IIc; bouleverser IIc
bullare — borbogliare
bullire — bolla; [broglio]; garbuglio; *zabullir IIb; bouger IIc; grabuge IIc
bultio ml. — bolzone
bumbacium ml. — bigio
bumbisare ml. — pisciare
bunda ml. — bondir IIc
burbalia ml. — brouailles IIc
burclus ml. — burchia IIa
burdo spl. — borde; bordone; bordore'; muleta IIb
~ ml. — bordone²
[burere] — bruciare
būreus, burius — *bujo
burgensis — borgo
Burgi, -orum ml. — ib.
Burgundia — vergogna; rogner IIc
burgus vulg. — borgo; faubourg IIc
būricus, auch ml. — burro
burra — burla
burrae — borra; borraggine
[burreus] — gorra
burrius — bujo
burrula — burla
būrrus al. — *bujo; burro; [gorra]; bluter IIc
bursa, auch ml. — borsa; fonda IIb; bouder IIc
buscarla ml. — busse IIc
buscus ml. — bosco
busius ml. — bigio
busta ml. — busto
bustar ml. — bostar IIb
[bustare, bustiare] — bruciare
bustellus, bustia ml. — boîte IIc
bustula ml. — busto
[bustulare] — bruciare
bustum — busto; [bruciare]
buteo, [-onem] — *buse IIc
buticula ml. — botte
butis — s. gr βούτις
butta, buttis ml. — busse IIc
butte ml. — botte
butyrum—manteca IIb; *babeurre IIc
[buxa] — busca
buxdia ml. — boîte IIc
[buxica] — busca
buxida ml. — busto; boîte IIc
buxis ml. — bosso; boîte IIc
buxus — bosso; [bosco]
buza ml. — busse IIc
byrrhus — berretta
byrsa ml. — borsa; bouder IIc
bysseus — bigio; albazano IIb; bigot IIc
byzantus, byzantius ml. — bisante

C

caballarius ml. — baccalare; cavallo
caballicare ml. — cavallo; barcar IIb; marcher IIc
caballus — cavallo; [gualdrappa]; marcher IIc; [solive IIc]
cabreria ml. — bouc IIc
cabuta ml. — gamba
cácabus — caco IIb
[cacare] — eschiter IIc (Nachträge)
cachinnare — regañar
cadens, cadiens — pezzente IIa
cadere — casco IIa; queda IIb; chance IIc; méchant IIc
cadescere — esquecer IIb
cadmia — calaminaria
caducus — caluco IIa
cadurcini, cadurcinus ml. — chaorcin IIc
caecilia — cicigna IIa; murciego IIb
Caecilia — XXIII (XVIII) 3
caecus — avocolo
~, caeculus — murciego IIb
caelata (cassis) — *celata
caementum — cimento IIa
caepa — cive IIc
caerefolium — cerfoglio
caesillus — cincel
caesius — sais IIc
caespes, auch ml. — bronco; cespo IIa; [tropezar IIb]
[caespitare] — bronco; tropezar IIb
caespitem (ucc.) — cespo IIa
caesus — cincel; cesoje IIa
[Caja, Cajus] — gajo
cajare — cayo
cala — calare
calamel ml. (Cass. Gl.) — chalumeau IIc
calamites — calamita
calamus — ib.; ceramella IIa; chalumeau IIc; chaume IIc; greffe² IIc
[calaria] ml. — galea
calce terere — scalterire IIa
calceus — calzo; galoscia
[calcia] — calzada
[calciare, calciata] — ib.
calculus — caillou IIc
caldaria ml., caldarius — *caldaja
[calefacere, calfare] — tufo
calefectare — calafatare
[calendae] — aguinaldo IIb
calere — I; [chaland IIc]
~, calens — calentar IIb
calescere — ib.; acaecer IIb
calfacere — chauffer IIc
caliendrum — calandra
calificare ml. — chauffer IIc

caliga — galoscia
caligo — calina IIb
calix — charivari IIc
callidus — scalterire IIa; tosto
callosus ml. — gale IIc
callum — gagliuolo IIa
callus — gale IIc
calma ml. — chaume IIc
calo ml. — chaland IIc
[calopodia, calopia] — galoscia
calor — calma
calumnia — menzogna; chalonge IIc; XXIV (XIX) 5
calvaria — calavera IIh
calvus — chamorro IIb; chauve-souris IIc
calx — calzada
~ — incalciare; calpestare IIa; alcance IIb; coz IIb; mare IIc
cama — IIb; camicia
camahelus, -heu, -hotus, -hutus ml. — cammeo
cambiare ml. — I; loggia; chatouiller IIc
cambire — cambiare; chatouiller IIc
Cambodunum, cambuta ml. — gamba
camelinum ml. — cambellotto
camella — gamella
[camelote] — cambellotto
camelotum ml. — ib.
[camelus] — ib.
camera — gamba; páxaro IIb
Cameracum ml. — vrai IIc
camerare — gamba; cambrer IIc
camerus — gamba
cames, camis, camitis ml. — jante IIc
cameus — canho IIb
caminata, -um ml. — caminata
caminus — ib.; [chenet IIc]
~ ml. — cammino
camisia — camicia; ciacco IIa
camisile ml. — camicia
camit, camitem, camites ml. — jante IIc
cammaeus — cammeo
cammara ml. — páxaro IIb
cammarus — gámbero; homard IIc
camminata ml. — caminata
campana, auch ml.
campaneus — campagna
Campania, auch ml. — ib.; campana
campanius — campagna
campanum ml. — campana
campare — scappare
campio ml. — campo
Campobassum ml. — basso

campsare al. — cansare IIa
campsile ml. — camicia
campsor — chaorcin IIc
campus, auch ml. — campo; scappare; champignon IIc
camurus — camuso; gamba; cambron IIb
camus — [camaglio]; cama² IIb
[canaba] — cánova IIa
canalicula — calba IIb
canalis — chéneau IIc
canamella ml. — cannamele
[canastra] ml. — benna; canasto IIb
canava ml. — cánova IIa
cancellare, auch ml.
cancer, cancri — cangrena; [gancio]; granchio; [ganghero IIa]; granciporro IIa; [carcomer IIb]; écrevisse IIc; XVI (XIII)
cancriculus — granchio
candere, candidus — escantir IIc
candidus — scandella
canea — chien IIc; gagnon IIc
canes Gothi — cagot IIc
canēre, canescere — chancir IIc
canicula — chenille IIc
canipa ml. — cáuova IIa
[~] al. — ib.
canis — [camuso]; canaglia; gatto; stordire; perro IIb; casnard IIc; chenet IIc; chien IIc; gagnon IIc; raca IIc; rèche IIc; requin IIc
canistrum — canasto IIb
canna — brasile; cannamele; cannella; cannone; cañaherla IIb; gañon IIb; cane IIc
[~ impletoria] — chantepleure IIc
cannabis — camicia; cánape
cannabus — cánape
cantare — chantepleure IIc; chapuiser IIc
canterinum hordeum — scandella
canterius — cantiere
canthus, auch ml. — canto; jante IIc
canti ml. — jante IIc
canutire — chancir IIc
caorsinus ml. — chaorcin IIc
capa ml. — cappa
capanna ml.
cape ml. — cabe IIb
capella mutila — montone
capellus, -ella — gavela
capellus — gavilan IIb
caper — cabrer IIc; chevron IIc; chien IIc; cornard IIc; verve IIc
capere — capanna; capére; cappa; gavilan IIb; capre IIc
[capicare] — gibier IIc
capillitium — valigia

capillus — valigia; écheveau IIc
capio — cascio
capistrum — chevétre IIc
capita ml. — gavetta
capitalis — caudal IIb
capitaneus ml., capitanus — capitano
capitastrum — catastro; [cadeau IIc]
capitellum — capitello; [cadeau IIc]; [cadet IIc]
capitellus — recaudar IIb
capitettum — cadet IIc
capitium, auch ml. — cavezza
capito — chabot IIc
[capitula] — cavicchia
capitularium ml. — catastro
capitulum — capitello; capitolo; trottare; capocchia IIa; tilde IIb
caplum ml. — cappio
capo — cappa; chapler IIc; chapuiser IIc; XXIV (XIX) 5
cappa ml. — I; capanna; casipola; scappare; chapa IIb
capparis — cáppero
capra — camozza; capriccio; montone; becco IIa; [caparbio IIa]; grillo IIa; ticchio IIa; cabestan IIc; *crevette IIc; lambeau IIc
caprea — corzo IIb; chien IIc
capreolus — becco IIa; chevron IIc
capriuns ml. (Cass. Gl.) — chevron IIc
capsa — cassa; chaise IIc
capsus — busto; cacciare; carcasso; casso²; chaise IIc; XXIV (XIX) 6
captare, auch ml. — accattare; cacciare; catar; cataletto; gatto; trovare
captator ml. — cacciare
captia ml., captiare — ib.; avacciare IIa; chaza IIb
captivus — cattivo
captus — cacciare
capulare ml. — [chiappare IIa]; cacho IIb; chapler IIc
capulum, auch ml. — cappio
capulus — [chiappare IIa]; gavela; cacho IIb; chapler IIc; jabot IIc
~ ml. — gavilan IIb
capus = capo — chapuiser IIc
~ ml. — gavilan IIb; [gibier IIc]
capus — gavela; jabot IIc
caput, auch ml. — acabar; camaglio; capitano; caporale; cappa; cappio; catastro; cavezza; fino; lampo; menoscabo; muffare; tabarro; testa; caffo IIa; camangiare IIa; caparbio IIa; capitare IIa; cabal IIb; cabe IIb; [chapuzar IIb]; recaudar IIb; res IIb; cabus IIc; cadet IIc; cagot IIc; chabot IIc; chavirer IIc; chefIIc; [chien IIc]

caput tenere — mantenere
cap*u*tulum — capocchia IIa
capys ml. — gavilan IIb
cara — I; rimpetto IIa; escarapelarse IIb
carabrio ml. — calabrone IIa
carabus — cáraba; crabe IIc; [crapaud IIc]; crevetté IIc
[*caracta*] — astore; charade IIc
caradrius ml. — calandra
caragius spl. — charme IIc; veit IIc
c*r*cer — chartre IIc
card*eus*, cardeare — garzo IIa
cardo, -inis — carne IIc
card*us* — garzo IIa
carduus — cardo; *garzone; grumo; garzo IIa; pazzo IIa; ronce IIc
[carere, care*stus*] — carestía
c*a*reum — carvi
carex — carrizo IIb
carina — crena IIb
car*i*nare — scherno
caristia ml. — carestía
carmen, carminare, auch ml.—charme IIc
carminare, auch ml. — grama; escarmentar IIb; charme IIc
carnarium — cimeterio
carnerus ml — carnero IIb
carniceria ml. — bouc IIc
carnilevamen, carniprivium ml. — carnevale IIa
caro — carcasso; carogna; carnevale IIa; cárcava IIb; carcomer IIb; carnero IIb; escarmentar IIb; acharner IIc; viande IIc; XXIV (XIX) 6
Carolivenna ml. — vanne IIc
Carolum (acc.), Carolus — abisso; ciarlare; sohez IIb
carpa ml.
carpentarius ml. — carpentiere
carpentum — ib.
càrpenus ml. — charme³ IIc
carpere — lagnarsi; scerpare IIa; charpie IIc; gercer IIc
carpīnus — charme³ IIc
carpiscare — gercer IIc
carpisculum — scarpa
carp*tiare*, carptus — gercer IIc
carp*us* — carpone IIa
carr*ata* — caratello IIa
carratium ml. — échalas IIc
carrica — barca
carricare ml. — caricare
carruca, auch ml. — arátro
carrus — caricare; *carriera; charme IIc
~ navalis — carnevale IIa
carsat*u*s ml. — escarzar IIb

caruncula — carogna
carus — carestía; [chien IIc]
caryophyllum — garófano; [gibier IIc]
casa, auch ml. — I; casacca; casamatta; caserma; uosa; *chez IIc
casare, cascus — casco IIa
caseus — bragia; cascio; tiócina IIa
cas*icare* — casco IIa
[casis] — chez IIc
casnar — casnard IIc
casnus — ib.
~ ml. — chêne IIc
cassare — casso
cassis — galéa; cascar IIb
~ — cacciare
cassum ml. — casso²
cassus, auch ml. — casso; casso²
castigare — gamba; châtier IIc; reprocher IIc
castrare — *escarzar IIb
castus — casta IIb
casula, auch ml. — baúle; casacca; *casipola
[cata] — cadaúno
cataractes — cataraña IIb
catarannus ml. — catrame
catasta — IIa
catellus — *cadeau IIc
catena — grata; cadeau IIc; chignon IIc; glisser IIc; grignon IIc
catenatum — cand*a*do IIb
caten*icula*, catenula — chenille IIc
cathedra — cadera IIb; chaire IIc; chaise IIc
[cat*iculare*, catt*uculare*]—chatouiller IIc
cattare ml., cattus — catar
cat*uliare* — chatouiller IIc
catuliens — cachorro IIb
catulire — chatouiller IIc
catulus — gatto; mozzo; cachorro IIb
caturcinus ml. — chaorcin IIc
cătus — gatto; gamba: micio; urlare; *chenille IIc; choc IIc; [chatouiller IIc]
cauani, cauannus, cauanna ml.—choe IIc
[*caucare*] — [choyer IIc]
cauda — coda; codardo; *cutretta IIa; bascule IIc; maufé IIc
caudica ml. — cocca²
caulia ml. — choe IIc
caulae — colódra IIb
cauliculus — cogollo IIb
caulis — cavolo; urlare; XXV (XIX) 8
cauma ml. — calma
~ ml. — chaume IIc
causa, auch ml. — cosa
causari — ib.
Causiacum ml. — choisir IIc

cauteriare — scalterire IIa
cautes — échouer IIc; códol IIc
cautum, auch ml. — roto IIb
[cautus] — [choyer IIc]
~ ml. — scalterire IIa ; coto IIb;
recaudar IIb
cava — caserma; grotta; cárcava
IIb
cavare — IIa
cavea — gabbia ; gavela ; carrobio
IIa ; cahute IIc ; gave IIc ; neige
IIc; rêve IIc
caveola — gercer IIc
[cavere] — [choyer IIc]
caverna — caserma
cavica — cocca
[cavicare] — [choyer IIc]
[cavilla] — cavelle IIa
cavus — cocca; *corone IIa; [ca-
velle IIa]; foggia IIa; [gavigna
IIa]; chiguon IIc; écrou IIc; gave
IIc
cawarsinus ml. — chaorcin IIc
cayum ml. — cayo
cecinus ml. — cécero
cedrus — alerce IIb
celare — [celata]; saja; zalagarda
IIb; coiller IIc
[celarium] — celata
celeusma — ciurma
cella, cellarium — celda IIb
celsa, morus — gelso IIa
celsus, celsa — ib.
[censale] — susina IIa
censualis ml. — sensale
census — *sisa IIb
centenarius — quintale
centenus, [centesimum] — centeno
IIb
cera — cara; cierge IIc
cerasea — brugna
ceraseus, cérasum, cérasus — ciriegia ; juillet IIc
cerata, — cierge IIc
cerates — carato
cercius — cers IIc
cerebellum — cervello; ficelle IIc
cerebrum — cervello
cereola — ciruela IIb
cereum, prunum — ib.
cereus — cierge IIc
cerevella ml. — cervello
cerevisia — birra
[cernenda] — zaranda IIb
cernere — barruntar IIb; cierna
IIb; [zaranda IIb]
[cerritaneus, cerritus] — ciarlatano
cerrus — cerro IIa; carrasca IIb
certus — zutano IIb
cervella, -ellus ml. — cervello
cervisia — birra

cervix — nuca
cessare — cejar IIb; ciar IIb
cessus ml. (Erf. Gl.) — cesso IIa
cetera ml. — chitarra
chadabula ml. — carabina; caable IIc
chalare — calare
chalvaricum ml. — charivari IIc
chamaedrys — calamandréa
[chaos] — gas
[characta] ml. — charade IIc
charadrius — calandra
[charaxare] ml. — gercer IIc
[(c)harebannus] ml. — bando
Chariobaldus ml. — araldo
charistia — carestía
charivarium ml. — charivari IIc
charta — scartare; charte IIc
chartaceus — alcartaz IIb
chartula — charte IIc
Charybdis — XXIV (XIX) 5
chelandium, auch ml., chelinda ml.
— chaland IIc
Chimaera — chimera; jumart IIc
chirurgia — surgia IIc
Chlodoveus ml. — fianco
cholera, cholerina — *corruccio;
cruna IIa
choraula — carole IIc
chorda — accordo
chordus, agnus — cordero IIb
chorea — carole IIc
~ Machabaeorum — macabre IIc
choreola — carole IIc
chors. -tis — corte; *cortina
chorulus, chorus — carole IIc
christianus — XVI (XIII)
chronica — XVI (XIII)
chrotta ml. — rote IIc
chuvue ml. — choe IIc
cibare — cebada IIb
cibaria — civaja IIa; cebada IIb;
[civière IIc]
ciborium ml. — ciborio; centinare
[cibus] — zeba
cicada — cigala; [cigolare IIa]
cicadula — cigala
[cicare] — cigolare IIa
ciccum — cica; cicisbeo IIa
cicer — árgine; cece; *cécero; centinare; cica
cicercula — cece
cicinus ml. — cécero
ciconia — cigüeña IIb
ciere, — [cigolare IIa]
~ salivam — bâfrer IIc
cifra
cilium — froncir; tempia; déciller
IIc; siller[2] IIc
cimex — chinche IIb
cincinnus — cenno; XXIII (XVIII) 3;
gozzo IIa

cinctura — centinare; pétrir IIc
cincturare — centinare
cinctus — cinghia
cinerata — cernada IIb
cinericius — ceniza IIb
cinge ml. (Cass. Gl.) — cinghia; baudré IIc
cingere — cinghia; parco; stringa; ceindre IIc
cingula — cinghia
cingulum — cingler IIc; baudré IIc
cingulus — nido
cinis — ceniza IIb; cernada IIb
cinnabaris — cinábro
cinnus — *cenno
~ ml. (Erf. Gl.) — *ib.
cippus — zeppa IIa; cepillo IIb
cirbus ml. — zirbo IIa
circa ml. — cercare
circare — ib.; buscare; XXIII (XVIII) 1
circator ml. — cercare
circellus — zarcillo IIb; cerceau IIc
circes, -itis — sortija IIb
circinare, circinus — cércine; rogner IIc
circitare ml. — cercare
circiticula — sortija IIb
circius, auch ml. — cers IIc
circulari — ciarlare
circulus — cerceau IIc
[cire] — cigolare IIa
cirricius — riccio¹
cirrus — ib.; cerro IIa; cerro IIb; cerrion IIb
cisimus ml. — cisemus IIc
[cismare] — esmar
cisorium — cincel
[citare] — cigolare IIa
cithara — chitarra
citius ml. — vias IIc
cito — cetto; tosto
[citratum, citratus] — contrata
citreum, citrus — cedro
civilis, civis — navilio
civitas — città
clabula — glaba IIa
clamare, auch ml. — chiamare; ciurma; chiappare IIa; chamade IIc
clappa ml. — clapir IIc
clarus — chiarina; glaire IIc; grêle IIc
classicum, auch ml. — chiasso; gonna; lesto
claudere — chiudere
~, ex — ib.
claudicare, claudipes, claudus — clop IIc
clausa — llosa IIb
clava — glaba IIa; chabasca IIb

clavaca ml. — chiávica IIa
clavicula — *cavicchia; XXIII (XVIII) 2
clavis — clavicembalo
clavus — [biado]; [biavo]; fio; chiodo IIa; covone IIa
clepere — clapir IIc
clericus — arcione; torso
cleta — claie IIc
cletella ml. — ib.
cleton ml. — gleton IIc
clia, clida ml. — claie IIc
clinare — cligner IIc; targer IIc; XXVI (XX)
clinatus — fino; avol IIc; XXVI (XX)
clinicare — cligner IIc; embronc IIc; targer IIc; treper IIc
clinicus — *enclenque IIb
cloaca — chiavica IIa
cloca, clocca ml. — cloche IIc
cloccia, clocciola — chiócciola IIa
clodipes — clop IIc
cloppicare — *ib.; cloche IIc
cloppus ml. — clop IIc
cludere — chiudere
clupea — chieppa IIa
[clustare] ml. — recru IIc
coactare — *quatto; blottir IIc
[coacticare] — quatto
coactus — ib.; sortire; schiacciare IIa
coagulare — quagliare; quatto; caillou IIc
coagulum — quagliare; caillou IIc
[coaxare] — quexar IIb
coba ml. — covare
cobio — goujon IIc
coccina, coccinella — cénelle IIc; [bègue IIc]
coccinus — cocciniglia
coccio ml. — cozzone
coccum — cénelle IIc
cochlearia, cochlearis (f.), -ium — cucchiajo
cocio — cozzone
cocistro ml. — *cuire IIc
coclea — chiócciola IIa
coctare — coitar
coctiare — coçar IIb
coctio — *cuire IIc; cozzone
coctus — coitar; coçar IIb; *sancochar IIb
~ = coictus — cozzare
~, bis — biscotto
~, quasi — ib.
cocus — freux IIc
codeta — coderc IIc
codex — alcorque IIb; cahier IIc
codicarium — *cahier IIc
codra ml. — coron IIc

[coelestis] — ruste IIc
coelum — palais IIc
coemeterium — cimeterio
coena pura — venerdì
coenare — desinare
coeno-vehum ml. — civière IIc
cofea ml. — cuffia
cogitare — coitare; [voto IIa]
cognatus, auch ml. — cognato
cognite, cogniter ml. — conto
cognitus — ib.; [chalaud IIc]; *conciare IIa
cognoscere — conhecer IIb; retroenge IIc
[cohortari] — confortare
cohua ml. — cohue IIc
coicere, coictus — cozzare
[cokerum] ml. — couire IIc
colaphus — colpo; beaucoup IIc;
copeau IIc; ente II; guimple IIc
colapus ml. — colpo; copeau IIc;
ente IIc
colare, colaticius — couler IIc; bucato
coleus — coglione; minchia IIa
colis — cavolo
collactaneus, collacteus — collazo IIb
collecta — cosecha IIb
collibertus ml. — culvert IIc
colligere — cogliere
collocare — colcare
collum — pappalardo; usbergo; collottola IIa; colporter IIc; licou IIc
colomellus — colmillo IIb
colopus ml. — colpo
color — sohez IIb
colucula — conocchia
columella — colmillo IIb
colus — conocchia
coma — chioma IIa
combinare — parecchio
combrus ml. — colmo; combrer IIc
[combustus, -iare, -ulare] — bruciare
comedere — cominciare; mangiare;
béodo IIb; carcomer IIb; comer
IIb
comere — conciare IIa
comes, -item — andare: conte
~ stabuli — contestabile
cominitiare — cominciare
commatercula — comadreja IIb; donnola IIa
commatulum — cammeo
commeatus — grembo IIa; congé IIc
commentari — sgomentare IIa
[comminare, -ari, comminitare] — ib.
commorari — combrer IIc
commutare — escamoter IIc
compaganus ml. — compagno
compages — combagio IIa
compaginare — compagno
companaticum — ib.

companium ml. — compagno
comparare — parare
compassus — còmpasso
competere — cutir IIb
compilare — pigliare
complex spl. — complot IIc
complicitum — ib.
composita — compote IIc
compositus — eschevi IIc
[comptus] — esconso IIb
computare — contare; bondir IIc
computus — contare
comtus — valigia; conciare IIa
comula — chioma IIa
con- — cohue IIc; concierge IIc
[concacare] — eschiter IIc
concava ml. — combo; cárcava IIb
concavare — combo
concavus — *ib.
concentus — concertare
concertare
concha — [agio]; cocca²; cochiglia;
[cozzare]; pote; testa; pescuezo
IIb
concheus — cocca²; [agio]
conchylium — cocca²; cochiglia; mucchio IIa
concilium — navilio; [mire IIc]
concinnare — congegnare IIa
concio — aringo
conclassare ml. — chiasso
concordare — accordo
concurvare — corcovar IIb
[concutere, -ussus] — cucco; corcovar
IIb; cutir IIb;
condemnare ml. — dañar IIb
condensus — condesa IIb
condire — curtir IIb
condirigere ml. — coderc IIc
[conditaneus, conditus] — ciarlatano
condrictus ml. — coderc IIc
[confessus] — engrès IIc
conficere — sconfiggere IIa
configere — ib.
conflare — gonfiare; [tronfio IIa];
achar IIb; XXVI (XX); XXVII
(XXI)
conflatus — XXVI (XX)
confortare spl. — *I
confringere — cominciare
congermanus — hermano IIb
congius — cogno IIa; cangilon IIb
~, bis — bigoncia IIa
congruere — XXVI (XX)
congrus — grongo IIa
congruus — XXVI (XX)
conopeum — canopè
conquilium ml. — cochiglia
conquirere — chiedere IIa; intridere
IIa
[conquisitio] — cuire IIc

consecare, consectus — cosecha IIb
consequi — guadagnare
conserere — concertare
consergius ml. — concierge IIc
conservare — *ib.
[conservire, conservius] — ib.
consertare — concertare
consobrinus — cugino
consolida — consoude IIc
conspuere — [escupir]; cuspir IIb
constare — coûter IIc
constipare — estribo
constringere — étreindre IIc; haterel IIc
consuere — cucire: XXIV (XIX) 5
consuetudinem, consuetumen — costuma; [quilma IIb]
consutura — cucire
conterere — curtir IIb; derretir IIb
conterrata ml. — contrata
continenti, in — inmantinente
contingere — contir IIb
contra — bando; contrata; pro; ritto; rotolo; trovare; rimpetto IIa
conturbare — trovare
contus — gonzo
conucula ml. — conocchia
convasare — évaser IIc
convenia ml., convenire — convegno
[conversari] — hanter IIc
conviare — voyer² IIc
convivium — convitare; convegno
cooperculum — cobija IIb
coopério — asir IIb
cophinus — cófano
copula — coppia; trovare; [chiappare IIa]
[copulare] — chiappare IIa
coqcio ml. — cozzone
coquaster, coquentia — cuire IIc
coquere — coitar; cuccagna; coçar IIb; cuire IIc
coquina — cucina; coquin IIc
coquinare — cucina
coquinus — coquin IIc
coquus — ib.; *gueux IIc; queux² IIc; XXVI (XX)
cor, cordis — accordo; anima; coraggio; *corazon IIb
coraula, coraulare ml. — carole IIc
corbicula — corbeille IIc
corbita — corbeta
[corculio] — carcomer IIb
cordatus — fino; cuerdo IIb; mego IIb; prieto IIb; avol IIc
cordebisus ml. — cordovano
cordolium — cordoglio
cordovesus ml., cordubensis — cordovano
coriacea — corazza
coriandrum — culantro IIb

[corieus] — crajo IIa
[coriscus] — coriscar IIb
corium — corazza; scuriada; corazon IIb
corneolus, corneus, ·iculum — cornia
cornix — cornice
cornu — corniola; bigarrer IIc; cornard IIc; coron IIc; dagorne IIc; flagorner IIc
cornua sumere — scornare IIa
cornuculum — cornia
cornum — ib.; corme IIc
cornu Musae — cornamusa
cornus — cornia
corolla — *carole IIc
corona — cruna IIa
coronis — cornice; coron IIc
corotulare — crollare
corpus — corset IIc; corvée IIc
corrigere, -exi, ·ectum — corgere IIa; XXVII (XXI)
corrigia — coreggia; scuriada
corrogata, auch ml. — corvée IIc; rover IIc
corrosus, -um — *creux IIc
[corrumpere, -uptus, -uptare, -uptiare] — corruccio
cortensis — corte
cortex — corteccia; scorza; scorzonera; rospo IIa; alcorque IIb; corcho IIb; curtir IIb; escuerzo IIb; ruche IIc
corticeare — scorza
corticeus — corteccia; scorza
cortina, auch ml. — *I
cortisanus ml. — corte
coruscare — brincar IIb; coriscar IIb
[coruscus] — coriscar IIb
corvada ml. — corvée IIc
[corvula] — grolle IIc
corvus — *cormoran IIc; loup-garou IIc
corylus — coudre IIc
corytus — *goldre IIb; couire IIc
cos, cotis — códol IIc; queux IIc
cosina ml. — cugino
cossus — gusano IIb; cosson IIc; fourmiller IIc
costa
coto ml. — IIb
cotoneum, -ium — cotogna
cotta ml.
cottanum ml. — cotogna
cottus ml. — cotta
coustuma ml. — costuma
[covortina] — cortina
coxa — coscia
coxo, coxus ml. — ib.
crabro — baratto; calabrone IIa; frelon IIc
cramacula, -ulus ml. — crémaillon IIc

cramaila ml. (Cass. Gl.) — crémaillon
    IIc
cras — mane
crassus — grasso; [malvagio]; gra-
    scia IIa; crapaud IIc
crastinus — foresta
crat*alis*, crater — graal IIc
crates — grata; grétola IIa; fermillon
    IIc; glisser IIc; haise IIc
craticola — grata
[craticula] — chaire IIc
cratus ml. — graal IIc
creare — criado IIb; [piètre IIc]; fé IIc
credens, credent*are* — creanter IIc;
    XXIV (XVIII) 4
credere — ricredersi
crema ml.
cremacula ml. — crémaillon IIc
cremare — quemar IIb
cremor — crema
crena — *crencha IIb; carnero IIb;
    coche IIc; cran IIc
crenicula — crencha IIb
crepans — crebantar; [rebentar IIb];
    XXIV (XVIII) 4
crepare — I; crebantar; crepore IIa;
    crapaud IIc
crepitare — grietar IIb
crescere — crescione; increscere IIa;
    recru IIc
creta — tata; craie IIc; moyeu² IIc
cribellum — garbillo IIb
cribrare — XXIII (XVIII) 2
cribrum — garbillo IIb; [zaranda IIb];
    écoufle IIc; XXIII (XVIII) 2
crin*iculus* — cernecchio; crencha IIb
crinis; crino ml — greña
crispus — crêpe IIc
crista — guado²; moscio
[croccare, -eare] — rocca
[crocceus, crocca, croccum] — croccia
crocitare — gracidare
crotalum — crocchiare IIa; grelot IIc
crucea — croccia
[crucibulum] ml. — crisuelo IIb
crud*ius* — *crojo IIa
crūdus — ib.; bravo; [malvagio];
    fujo IIa
cru*idus* — crojo IIa
crusta — costra IIb; crotte IIc
crux — croccia; XVI (XIII)
crypta — grotta
cubare — covare
~, cubitus — liévito; leude IIc
cubitus — cúbito; [malato]; escodar
    IIb; bondir IIc
cubus, -*iculus* — guijo IIb
[cuculla] — moire IIc (Nachträge)
cucullarius ml. — cogolária IIa
cucullus — ib.; cogujada IIb
cuculus — *cucco

cucuma — cógoma IIa
cucurbita — cucuzza; pazzo IIa;
    XXIII (XVIII) 3
cúcurum ml. — *couire IIc
cucus ml. — cucco
culcare ml. — colcare
culcita, culcit*inum* — *cóltrice
culcitra, culc*ta*, culc*tra* — ib.; [cu-
    cire]
[cule*amen*, culeus] — quilma IIb
culex, culic*inus* — *cousin IIc
culina — cucina
culmen, culmus — colmo
[culpa] — cucco
culter — coutre IIc
cultura — cucire
cul*u*culus — cogollo IIb
culum vertens — culvert IIc
culus — rinculare; *bascule IIc;
    *culbute IIc
culverta, culvertagium, culvertus ml. —
    culvert IIc
cum — appo; cominciare; compagno;
    paragone; avec IIc
Cumba ml. — combo
cumba, cymba ml. — *ib.
cumitus ml. — cúbito
cumulus — colmo; combrer IIc
cunctanter — nuitantre IIc
cunctim ire — cundir IIb
cuneus — coin IIc; guingois IIc
cuniada ml. — coin IIc
cuniculus — coniglio
cunula — pasquino; culla IIa; [gonda
    IIa]
cūpa — coppa; poppa; [treccare];
    cupo IIa; alcubilla IIb
cupere — cúpido
cuphia ml. — cuffia
[cupiditatem] — cúpido
cupid*itia* — ib.
cupidus — regretter IIc
cupit*are* — cúpido
cupītus — regretter IIc
cuppa, auch ml. — cuffia; coppa;
    testa; [treccare]
cupreum — *cuivre IIc
cupri rosa — copparosa
cuprum — *cuivre IIc
cura (m.) ml.
~ (f.)
curare — sgurare; smerare
curat*arius* — cura
[curatio] — corazon IIb
curatus — cura
curculio — [carcomer IIb]; gorgojo
    IIb
curia ml. — andare
currere — corro IIb; engreir IIb;
    corlieu IIc
curruca -- cucco

currus — corro IIb
cursus — corsare; coso IIb
curtus — scorciare; [stordire]; escote IIb
curvare — corcovar IIb
curvus — [cortina]; corvetta; corvée IIc: gourme² IIc
cusculium — coscojo IIb
cusire ml. — cucire
cuspis — copeau IIc
[custor ml., custos] — cuire IIc
cutaneus — cotenna
cutere (in compos.) — cudir IIb; [cucco]
cutica ml. — cotenna; nática; rocca
cŭtis — cotenna; cotta; nática; rocca; cosse IIc

cyclas, -dis — ciclaton; palio; singlar
cyclus — besicle IIc
[cycnus] — cécero
Cydon, cydonia — cotogna
cygnus — *cécero; visto
cylindrus — calandre IIc; XXIV (XVIII) 4
cyma — cima; [esmar]
cymba, auch ml. — combo
cymbalum — clavicembalo; zimbello
cymbellum — zimbello
cynnare ml. — *cenno
cyprīnus — carpa
[cyprium] — cuivre IIc
cylisus — códeso IIb

d

dactylus — dáttero; álbaro IIa
daemonion — demonio
dama — camozza; gamo IIb; daim IIc
Damascus — damasco
damnare — dañar IIb; dame IIc
damnarium — danger IIc
damnum, auch ml. — inganno; dañar IIb; danger IIc; dommage IIc
damus — daim IIc
dangio ml. — dongeon IIc
dare — dado; estréer IIc
~, finem — findar IIb
dasypus — gamo IIb; gazápo IIb
datio ml. — dazio
dativa ml. — dádiva IIb
de — già; dorénavant IIc; [gier IIc]; jusque IIc
de ab — a
de ab ante — anzi
de ad ml. — a; affare
deambulare — gire IIa
de ante — anzi
de-aperire — ouvrir IIc
deaurare — destare IIa; dorelot IIc
debatuere — desinare
debere — sapere; estovoir IIc; [débit IIc]
debet — débit IIc; plevir IIc
debilis — enclenque IIb
debita (pl.) — dette IIc
debitum — gavetta; aib IIc; débit IIc
decanus — doyen IIc
[decidere] — descer IIb
decima — desinare
~ hora — ib.
decoenare — ib.

de de intus — ens IIc
[dedicatio] — pouillé IIc
dee (voc.) — deb IIa
[deescinare] — desinare
de ex, de exante — des
de-excitare — destare IIa
de ex ibi — des
~ ex inde — ib.
de-expedire — despedir IIb
de-explicare — piegare
de ex post — des; poi
[de-exripare] — desver IIc
de-exviare — desver IIc
defendere — parare; tutare
defensa, défensum ml. — dehesa IIb
defrui — desinare
[defrutum] — bravo
defugare — desinare
degladiandi ml. — ghiado
degradare — degré IIc
dehaurire — ôter IIc
[dehibere arch., dehibitare] — débit IIc
dehonestum, -are — denuesto IIb
de in ante — anzi
~ inde — indi
~ intus — ens IIc; entrailles IIc
~ ipso — des
de-ire — gire IIa
dejectare — gettare
delaborare — desinare
delectare — pacciare
delegare — endilgar IIb
deliberare ml. — liverare
delicatus — délié IIc; gauge IIc
delicia — lezia IIa
[delicus, deliculus] — dilégine IIa

deliquescere — dileguare
delphinus — gamo IIb; dauphin IIc; XXIV (XVIII) 4
delustrare — desinare
de magis — mai
demanducare ml. — mangiare
demanium, -ius ml. — dominio
de manu — demanois IIc
dementare — mentar
denarius — denaro; XXIV (XVIII) 4
denegare — dengue IIb
[denique] — dunque
dens — dentello; daintié IIc
de-operire — ouvrir IIc
deoptare — desinare
deorsum, deosum — giuso; muso; toso; cruna IIa; jusant IIc; jusque IIc
depetere — desinare
deponere — pausare
de post ml. — poi
deprimere — preindre IIc
deretranus, -anarius — retro
de retro — ib.
derogare — desver IIc
[desaevare, desaevire] — ib.
descendere — scendere IIa; descer IIb
desecta — disette IIc
desidère — descer IIb
desiderium — disio
[desidia, desidietta] — ib.
[desidium] — ib.
designare — disegnare; XXV (XIX) 7
desinere, desitus — *dexar IIb
desipit — desver IIc
désita — disette IIc
desitare — *dexar IIb
despectus — dépit IIc
despernere — desinare
despicare — spiare
destrictia, -iare — détresse IIc
destrictus — ib.; étroit IIc; tricare
destrigare ml. — tricare
destructus — torso
destruere — scendere IIa; struggere IIa
deterere — derretir IIb; curtir IIb
de trans — tras
detricare ml. — tricare
detrimentum — derretir IIb
de ubi — ove
~ unde — onde
de-undulare — dondolare IIa
de unquam — dunque
deurus ml. (Cass. Gl.) — uosa
dĕus — dio; io; eziandío IIa; oibò IIa; pardíez IIb; sandío IIb; sohez IIb; belitre IIc; bigot IIc; die IIc; goi IIc; morbleu IIc; parbleu IIc; XXI (XVII)

de usque — jusque IIc
devastare — guastare
de versus — vas IIc
devotare — envoûter IIc; voeu IIc
devovere — envoûter IIc
dexter — destriero
dextrale — mannaja IIa
dextrarius ml. — destriero
diabolus — [zotico IIa]; diantre IIc; [piètre IIc]
[diaconus] — zotico IIa
diaeta — dieta
dic — da IIc; escondire IIc
dictare, -atum — dechado IIb
dictum, -a — dicha IIb
die — oggi
diem, ante — hontem IIb
dies — alba; dieta²; giorno; oggi; diana IIa; jadis IIc; tandis IIc
~ dominicus — domenica; [oriflamme IIc]
~ Jovis — giovedì
~ Lunae — lunedì
~ Martis — martedì
~ Mercurii — mercoledì
~ sabbati — samedi IIc
~ Veneris — venerdì
dietim ml. — dieta¹
digitus — ditello IIa
dignare domine — desinare; visto
dignari — dominio
dignitas — daintié IIc
dignus — sien IIb
[dilatare] — dileguare
dilatum — délai IIc
diluculum — bagliore IIa
diluere — dileguare
[dimidius] — mezzo
[diota] = idiota — zotico IIa
directiare — rizzare
directum ml. — ritto; torto
directus — cozzare; frizzare; ritto; rizzare; adrede IIb; orendroit IIc
[di-resuere] — cucire; sdrajarsi IIa
dirigere — endilgar IIb; coderc IIc
diruere — *desver IIc
discalceatus; discalcius ml. — calzo
discargare ml. — caricare
discarpere — scerpare IIa
discarricare ml. — caricare
discernere — scernere IIa
discerniculum — cernecchio
discerpere — scerpare IIa
[discinare] — desinare
discincta — incinta
discingere — pacciare
[discoenare] — desinare
discordare — accordo
discupere — tricare
discus, auch ml. — dais IIc; [desinare]

dis-jejunare — *desinare
[*disjunare*] — ib.
disjungere — pacciare
dis-lex — dileggiare IIa
*dis*liquare — *dileguare
disnare ml. — desinare
*dis*pact*are* — pacciare
dispendere — dépens IIc
dispendium — spéndere IIa
dispensus — dépens IIc
dispingere — pacciare
disponere — pausare
[*dis*radiare] — sdrajarsi IIa
*dis*renicare — derrengar
[*dis*roteolare] — sdrajarsi IIa
dissidium — disio; obblio; saudade IIb
dissipare — scipare IIa; desver IIc
dissolvere — sciogliere IIa
dissupare — scipare IIa
disterere — derretir IIb
distract*iare* — straziare IIa
distractus — stracciare; stratto IIa;
  straziare IIa
disturbare — trovare
[*dis*vadere] — desver IIc
*dis*vadiare ml. — gaggio
diu — eziandío IIa: jadis IIc; quandius IIc; tandis IIc
diurnum — giorno; [gier IIc]
diurnus — giuso
Diva — da IIc
dividere — diviso
[divina, soror] — jorgina IIb
doa ml. — doga
docere, doctus — *duire IIc
doga, auch ml. — I; dogana
doha ml. — doga
dolatus, dolitus ml. — liévito
dolium — cordoglio
[dolui] — caleffare IIa
domare — adonare IIa
~, domitus — liévito
domesticus — donno
domgio ml. — dongeon IIc
domina — donno; *monna; signore;
  donnola IIa; beau IIc; dame IIc;
  fierce IIc: guenon IIc
domine — dame IIc
dominica — domenica
dominic*illus* — donno; garzone
dominicus, auch ml. — domenica;
  dominio
dominio, *-ionis* — dongeon IIc
dominissimus ml. — abisso
[domin*itatem*] — daintié IIc
dominium — dominio; danger IIc;
  dongeon IIc
dominus — dio: donno; signore;
  [soldo]; dame IIc; vidame IIc
domitare — donno; duendo IIb
domitus — andare; liévito; duendo IIb

domna al. — donno
domnio ml. — dongeon IIc
domnus al. — donno
domus — aere; casa; duomo IIa;
  duendo IIb
donare — adonare IIa
donarium — aere; donaire IIb
donativa — dádiva IIb
[donique] — dunque
donnus, -a ml. — donno
donum — guiderdone; donaire IIb;
  aib IIc; XXV (XIX) 8
dormire — tempia; dondolare IIa;
  amapóla IIb; lendore IIc
dormitorium — charme IIc; ferme
  IIc
dorsum — toso; bisdosso IIa; dossi
  IIa; pazzo IIa; dais IIc; rosser IIc
doss*ium* — dais IIc
dotarium ml., dotare — douer IIc
douana ml. — dogana
douva ml. — doga
dox, docis ml. — duca
drachma — rima
draco — targone: XVI (XIII); barone
dracunculus, dragon*tea* — targone
draperius, drappus ml. — drappo
drascum, -us ml. — drasche IIc
dromo — dromon IIc
drudus ml. — drudo
Duacum ml. — vrai IIc
duana ml. — dogana
dubitare — bondir IIc
ducal*imen* — reame
ducatus spl. — duca
ducere — dala; doga; dogana; mina;
  [soldo]; douille² IIc; dnire IIc
[duc*itatem*] — duca
duct*iare* — docciare
ductile ml. — douille² IIc
ductilis — douille IIc
ductio — docciare
ductus — ib.; duca; [duire IIc]; égout
  IIc
duellum — duello
dulcis — sédano; sandío IIb; [ama-
  douer IIc]
~, dulcicul*ettus* — douille IIc
duma ml. — duvet IIc
dum interea, ~ interim, ~ mente —
  mentre
dungio ml. — dongeon IIc
duplus — doppiere IIa
duracina (persica) — durazno IIb
durare
dure — durfeū IIc
dureta — IIb
durnus ml. — dour IIc
durus — adur IIb; mou IIc
dux, dūcis — doga; duca; nuca;
  XXVI (XX)

e

eboreus — avorio
ebriacus — ebbriáco; vrai IIc
[ebriillus] — brillare
ebriolatus, ebriolus — bellezour IIc
ebrius — bis; [brio]; [mièvre IIc];
 savai IIc; vrai IIc
ebulum — ebbio
ecce — ecco; qui
~ hac — qua; ens IIc
~ hic — qui
~ hoc — ciò
ecc' ille — quello
~ iste — questo
[ecclesiae, filius] — feligres IIb
eccu' hac — qua
~ hic — qui
~ hincce — quinci IIa
~ hoc — ciò
~ ibi — quinci IIa
~ illac — colà
~ ille — quello
~ inde — quinci IIa; aquende IIb
~ ipse — aquese IIb
~ istac, ~ istic, ~ istinc-ce —
 costà IIa
~ iste — questo
eccum — ecco; così
eccu' tibi iste — cotesto IIa
eclipsis — cris IIb
edere — carnero IIb
edictum — dec IIc
edorsare ml. — rosser IIc
efferare — effarer IIc
effrons — affrontare
ego — io; deh IIa; gier IIc
eja — ea
ejaculari — jaillir IIc
ejectare — *gettare
ejulare — aullar IIb
electarium,·uarium — lattovaro;
 XXIV (XVIII) 4
eleemosyna — limósina
elephantus — olifant IIc
elevare — allevare; XXVI—XXVII
 (XX)
eligere — gettare; scegliere IIa
elinguare — scegliere IIa; scilinguare
 IIa
elixus — elissire
elmus ml. — elmo
emarcum — marc IIc
emendare — amender IIc
emere — accattare; chaupir IIc
emergere — andare
emolliens — armuelle IIb
emplastrum — piastra
emunctus — mungere

encaustum — incbiostro
[encleticus] ml. — enclenque IIb
enecare — negare; *enger IIc
enōdis — ennódio IIb
ens, entis — niente; chente IIa;
 gens IIc
ensis — spada
enxarcia ml. — sarte
epiphaniae — befana IIa
epirota — piloto
episcopus — prince IIc
epithēma — bizma IIb
equa — *cavallo; eau IIc; haras IIc;
 *solive IIc
equuleus — [cavallo]; polédro
equus — cavallo; polédro
eradicare — ranco; arracher IIc
eremita — romíto IIa
eremus — ermo
erga — ergo IIb
ergăta — árgano
ergo — IIb; ergoter IIc; gier IIc;
 larigot IIc
erice — urce IIb; [argot² IIc]
ericiare — stordire
ericius — riccio; riccio²; ruffa;
 stordire; [argot² IIc]
erigere — erguir IIb; erto IIa;
 uncir IIb
ermus ml. — ermo
erptia ml. — herse IIc
errare — erre IIc; [rêve IIc]
[errătare] — rêve IIc
errativus — radío IIb
erūca — ruca
ervilia, ervum — ervo
erza ml. — herse IIc
esca, auch ml. — I; [hisca IIb];
 pabilo; amadouer IIc
escalonia corr. ascalonia (caepa) —
 scalogno
[escare, escinare] — desinare
eschăra — éscara
eschilla ml. — squilla
esna ml. — aisne IIc
esor — tasso
esse; essere ml. — éssere
[est] — estovoir IIc
estoverium ml. — ib.
et — ciascuno; *mariposa IIb; vaiven
 IIb; enne IIc
[etarchartea] ml. — stamberga IIa
etiam — anche
~ adeo, ~ deus, ~ diu — eziandío
 IIa
eucharistia — carestía
[euge] — cavelle IIa

evagari — rabâcher IIc
Evam (acc.) — mamma; putto
evanesco, evanui — évanouir IIc;
épanouir IIc
evare — rêve IIc
evellere — svellere IIa
evigilare — sveglia IIa
evoë — avoi IIc
evovae kirchl. — ib.
ex — chiudere; des; spasimo: stordire
[ex-*adaptus*] — sciatto IIa
ex-adaquare — scialacquare IIa
exagium, auch ml. — saggio¹
exaltare — ribaltare IIa
exalt*iare* — alzare
examen. examinare — sciame
ex-amplare — ancho IIb
[exanclare] — bascule IIc
exante — des
ex-aptus — *sciatto IIa
ex-aquare — enxuagar IIb
exartare, exartum ml. — essart IIc
exauguratus — augurio
exaurare, ex auro — sauro
ex-cadescere — esquecer IIb
excaldare — chauffer IIc
excalfacere — ib.; [stufa]
ex-campare — scappare
ex-captare — accattare
ex-carinare — scherno
ex-carminare — escarmentar IIb
excarpere — scarso; [escarmentar IIb]
[excarp*imentum*] — escarmentar IIb
[excarp*sare*] — escarzar IIb
excarpsus ml. — scarso; sciarpa
[exc*arptiare*], ex-castrare — escarzar
IIb
excernere — scernere IIa
excerpere — scarso; [escarmentar IIb]
excitare — tosto; destare IIa
exclamare — schiamazzare IIa
exclarare — éclair IIc
excludere — chiudere; esclusa
exclusa ml. — esclusa; [enclenque IIb]
excocta — scotta IIa
ex-commentare — sgomentare IIa
[*ex*-comptiare] — esconso IIb
ex-con-dicere ml. — escondire IIc
ex-conficere, *ex*-configere — sconfiggere IIa
[*ex*-conspuere] — escupir
ex-coriata — scuriada; zurriaga IIb
ex-cornare — scornare IIa; écorniñer
IIc
ex-corticare — corteccia; scorza
ex-cortic*eare* — scorza
[*ex*-cuneare] — esconso IIb
ex-curare — sgurare; smerare
excurr*itare* — corgere IIa
ex-curtare — escote IIb

excussa — scuotere; cosse IIc
excutere — scuotere; [scotolare IIa]
ex-cutiare — cosse IIc
ex-eligere — scegliere IIa
ex-elinguare — scilinguare IIa
exemplum — scempio IIa
[exempt*iare*] — stancare
exeo, exire — andare
exercitus — oste
[*exfridare*] — frayeur IIc
exhalare — scialacquare IIa; scialare
IIa; holgar IIb
exhaustare ml. — ôter IIc
[exhibere] — débit IIc
exinde — des
exire — escire
exitus — ésito IIa
ex-legere — scegliere IIa
ex-lex — lague IIc
ex-merare — smerare
exonia, ·ium ml. — sogna
ex-operare — scioperare IIa
[exortus] — sortire
exoticus — zotico IIa
expandere, -assus — passare; spanna;
spassarsi IIa; épancher IIc; épanouir IIc
expand*icare* — épancher IIc
[expand*iculare*] — badare
expavere, -ens — spaventare; espautar IIc ·
expavidus — épave IIc
[expav*itare*] — bigot IIc
expectorare — prieto IIb
expedire — *despedir IIb
expendere, expensa — spéndere IIa
expergere — esperir IIc
expergitus — espertar IIb
experr*igere* — esperir IIc
ex-perulare, *experulatus*, *experulus*
— brullo IIa
[expetere] — despedir IIb
expingere — spegnere IIa; spignere IIa
explantare — schiantare
explicare — piegare; exploit IIc
explicitum — exploit IIc
exponere — pausare
exporrigere — sporto IIa; espurrir
IIb; sobar IIb: sumsir IIc
exprimere — preindre IIc
[expuls*illum*] — poudre IIc
ex-purare — smerare
ex-quadrare — quadro
ex-quartare, *ex*-quartiare — squarciare IIa
exradicare — arracher IIc
ex-saritare, *ex*-saritum — essart IIc
[*ex*-saupare, *ex*-sipare] — scipare IIa
exsecare — osche IIc
exsequiae — obsequias; obsèques IIc

exsolvere — sciogliere IIa
exspectare — aspettare IIa
exspuere — escupir
exstirguere — éteindre IIc
exstirpare — strappare IIa ; estraper IIc
exsucare — suco; ordeñar IIb
exsuccus — sauro; [bacioco IIa] ;
sciocco IIa; chocho IIb
exsuctus — suco ; aspettare IIa;
*chocho IIb
[ex-sŭpare] — scipare IIa
extaris — sestiere
extendere — stendardo
exterius — esters IIc
[exterminare] — tutare
externa (avis) — starna
ex-tonare — estruendo IIb; étonner IIc
ex-torculare — torchio

extorpescere — stordire ; stroppiare
ex-torpidare — stroppiare
ex-torpidire, extordire — stordire
extorrere — torrar IIb
extra — esters IIc
extractiare — stracciare
extractus — ib.; strada
ex-tra-dare — estréer IIc
extraneus — stranio
extra-vagare — estraguar IIc
extricare — tricare
extricari — trigar IIb
[extrinsecus] — sesgo IIb
extrorsum. extrūsus — estros IIc
[ex-tufare] — stufa
ex tuncce — enton IIb
[ex-tutare] — tutare
ex uffo — uffo
ex-vellere — svellere IIa

f

faba — vívole
fabella; fabellari ml. — favola
faber — forgia
fabrica — ib.; foggia IIa; santiguar
IIb
fabricare — forgia
fabricata — fregata
fabula — favola; fiasco ; tôle IIc
fabulari — favola
facere — affare; fattizio : forfare ;
facimola IIa; chauffer IIc; faire
IIc; tifer IIc
fac farinam — farfalla
facia — faccia
faciale ml. — fazzuolo IIa
faciam — baccalare
facias ml. (Cass. Gl.) — faccia
faciendum — faccenda; ganado IIb
facies — faccia; fazzuolo IIa; rimpetto IIa; [halagar IIb]; hasta
IIb; haza IIb; [zaherir IIb;] façon
IIc
facla ml. — fiáccola
facta, -um — pacciare
facticius — fattizio
factio — sezzo IIa; façon IIc
factum — fechar IIb
factura — fattizio
factus — maufe IIc
facula — [falò] ; fiáccola; fiócina
IIa: rifiutare IIa; espiche IIb
faderfium ml. — fio
faenum — faner IIc; foin IIc
faex — sohez IIb
fagea — faggio
fageus — ib.; quercia IIa

[fagina] — faggio (Nachträge)
[fagina] ml. — faggio (Nachträge)
faginea — *faggio (Nachträge) ;
vanne IIc
faginetta — gineta
faginus — fanello IIa
fagus — faggio (auch Nachträge);
fagotto; faína; marangone IIa;
[bafouer IIc] (Nachträge); crau
IIc; esclo IIc; fouet IIc
faida ml. — faide IIc
fala — catafalco; fallire
falbus ml. — falbo
falcastrare ml. — feltro
falco — falcone; girfalco
falcula — falcone
falla, fallacia — fallire
fallax — halagar IIb
fallere — fallire; faltare ; hallar
IIb
fallitare — faltare
falsia — forza
falsus — ib.; faubourg IIc
falvus ml. — falbo; fanello IIa
falwus ml. — falbo
falx — falcare; falcone; hoz IIb
fames, faminis — hambre IIb; incúde
famex — fango
famfaluca ml. — fanfaluca
famicosus — fango
familia — famiglio
far — harija IIb
fara ml. — IIa; haras IIc
farcire — harto IIb; [fatras IIc]
fari — dicha IIb; faire IIc

farii equi ml. — haras IIc
farinam, fac — farfalla
farius ml. — alfaraz IIb; aufage IIc
farneus, farnus — farnia IIa
farrago — ferrana
farriculum — harija IIb
farsus — farsa
fartus — harto IIb; *fatras IIc
fascia — fazzuolo IIa; haza IIb
[fascinare] — desinare .
fascinum — facimola IIa
fascis — facchino; fascio; falourde IIc
fasculum ml. — fiasco
fasticare, fastidiosus — *fastidio
fastidium — allodio; fastidio; porfïa IIb
fastigium — *festo IIb; hastial IIb
[fastum] — festo IIb
fata
fatatus — durfeû IIc
fatit (3. sg.) ml. — faire IIc
fatua — fata
fatum — ib.; dicha IIb
fatus — fata; [maufé IIc]
fatuus — fat IIc
fau ml. — faggio
fautus — *hoto IIb
faux — hoz² IIb
favilla, favillesca — falavesca
favonius — fagueño IIb
favus — fiavo IIa
fax, facis — [facchino]; fagotto; fiáccola
[feaudus] ml. — fio
[fediare] ml. — figer IIc
[fedio] — ib. ,
[fedium, fedum, feidum] ml. — fio
fël — fello
felis — gatto
felleus — fello
fello, fellonis — ib.
felo ml. — ib.; filou IIc
feltrum ml. — feltro
femina — uomo; feme IIc; prude IIc
femineus, féminus — feme IIc; vanne IIc
fenestra — ventana IIb; trésor IIc
fenuclum ml. — finocchio
fenus — renou IIc
feodum ml — *fio; [épieu IIc]
ferbannitus ml. — bando
fercia ml. — fierce IIc
feria: feriae — fiera; giovedì; lunedì: martedì; mercoledì; venerdì
fericula — cañaherla IIb
ferire — chiedere IIa; ferzare IIa; fiedere IIa; *zaherir IIb
ferox, -cis — effarer IIc; farouche IIc: XXIV (XVIII) 4

ferrandus ml. — ferrant IIc
ferrat ml. (Cass. Gl.) — viola
ferrugo, -inis — herrin IIb
ferrum — strada: argolla IIb: terropea IIb; blottir IIc; fermillon IIc: ferrant IIc; frette IIc; verrou IIc
ferrumen — herrin IIb
ferula — cañaherla IIb
ferus — effarer IIc
feta, fetare, fetula — feda IIc
fetus — faon IIc; feda IIc
feudum ml. — *fio; [épieu IIc]
[fevodium] ml. — fio
fiber — bévero
fibra — [felpa]; [friper IIc]; hebra IIb
fibula — [stoppia]; [sino IIa]: hebilla IIb; *affubler IIc
ficatum, auch ml. — fégato; minugia IIa; [figer IIc]
fictus ≈ fixus — fitto
fidelli ml. (Cass. Gl.) — viola
fidere — XXVI (XX)
fides — disfidare; gnaffè IIa; alafé IIb; anto IIb; bofé IIb; fiancer IIc
fidicula — viola
[fidicum] — fégato
fiducia — fiúcia IIb
fidus, auch ml. — fi IIc; XXVI (XX)
figere — ficcare; sconfiggere IIa; *figer IIc
figicare — ficcare; fitto
figido ml. (Cass. Gl.) — *fégato
fila (f.) ml.
filia — beau IIc
filicaria — felce
filicellum — ficelle IIc
filictum — felce; ontáno IIa
filitium — filza IIa
filius — fondo; filhar IIb; hidalgo IIb; hillot IIc; beau IIc
~ gregis — feligres IIb
[~ ecclesiae] — ib.
filix — felce
filo, -onis ml. — filou IIc
filtrum ml. — feltro
filum — fila; filipendula; profilare; filza IIa; hilvan IIb; araignée IIc; ficelle IIc; [filou IIc]
fimbria — frangia: pestare; [friper IIc]
fimētum, fimita — fiente IIc
fimus — letame IIa; foin IIc; fumier IIc; jumeau IIc
financia ml. — finanza
findere — ascla: rendija IIb
fine ml. — fino IIa
finem dare — findar IIb
~. in — fino IIa
fingere — fagno IIa; beüir IIb; faint IIc

finire ml. — finanza
finis ml. — ib.; *sino IIa
finitus — fino ; manso ; tindar IIb ;
. [quejando IIb]
fiola ml. — phiole IIc
firmaculum — fermillon IIc
firmare — fumier IIc
firmitas — ars IIc; charme IIc;
ferme IIc
firmus, -are — ferme IIc
fiscella — fistella IIa
fiscla ml. — fischiare IIa
fissiculare — fèler IIc
fissus, -a — fesse IIc; zeste IIc
fistella — frestele IIc
fistula — testa ; fischiare IIa ; frestele IIc
fistulare — astio IIa; sisclar IIc
fistulari ml. — fischiare IIa ; schioppo
IIa
fitus ml. — fitto
fixus — ficcare; fitto ; lasciare
flabellum — [flatter IIc]; flavelle IIc
flaccaster, flaccescere — flétrir IIc
flaccidus — fiacco ; lácio IIb
flaccus — fiacco ; fianco ; [fiappo IIa];
fioco IIa; flamberge IIc; flou IIc
[flacidus] — biado
flaco, flactra ml. — flaque IIc
flado ml. — fiadone
flagellum — fiotta ; fléau IIc
flagor ml. — frayeur IIc
flagrare — fragrare
flamma — falavesca ; chamuscar IIb ;
labareda IIb; lácio IIb; furolles
IIc ; oriflamme IIc
flammare — socarrar IIb
flammula — labareda IIb; flambe IIc;
oriflamme IIc
[flare] — flatter IIc
flasca ml. — fiasco ; flanella
flasco ml. — fiasco
[flata] — folata IIa
[flatare ml., flatitare] — flatter IIc
flato ml. — fiadone
[flatorem] — fragrare
[flatuare] — viluppo
flatus — flauto
flau[t]iolus — ib. ; flagorner IIc
[flavescere] — fiappo IIa
flavus — falbo
flebilis — fievole ; able IIc ; [avol IIc];
XXIII (XVIII) 2
flectere — pacciare ; *quatto ; *fléchir IIc
~ promontorium — bojar IIb
flexare — fléchir IIc
flexus — *ib.
fliccum ml. — flèche IIc
floccus, auch ml. — burla ; bioccolo IIa; fleco IIb; froc IIc

flos — fioretto ; fiorino; foresta ;
[fragrare]; *oriflamme IIc
fluctuare — fiotta, [viluppo]; frullare
IIa ·
fluctus — flotta; flotta
fluidulus — [brullo IIa]; frollo IIa
fluidus — frollo IIa; frullare IIa;
rúvido IIa; flou IIc
flumen — achar IIb
fluxus — floscio ; lasciare
focacius — focaccia
focarius — foyer IIc
focum facere ml. — fuoco
focus, auch ml. — focaccia; fuoco;
foga IIa; *fucina IIa ; avouer IIc ;
chenet IIc; furolles IIc
fodere — ficcare
fodicare — ib.; fouger IIc
fodiculare — fouger IIc; faína
[foeda] — hide IIc
[foederatus] — fraire IIb
foedus — feo IIb; [hide IIc]
foeniculum — finocchio ; trifoglio ;
calha IIb
foenum — [sino IIa]; faner IIc; foin
IIc ; juillet IIc
foetebundus — hediondo IIb
foetidus — feo IIb
folia (pl.) — loggia
follere — folle; XXVI (XX)
follicare — holgar IIb
folliculus — holejo IIb
follis — folle; desollar IIb; holgar
IIb; XXVI (XX)
fomes — fona IIb
fons — fontana; tempia; bioccolo
IIa
fontana ml.
[foraneus] — furo IIb
forare — huraco IIb
foras, auch ml. — bando; escire ;
foresta ; foro; fuora; [sera]
forasta, forasticus, forastum ml. —
foresta
forbannitus ml. — bando
forcia ml. — forza; force IIc
forensis — foro; [sera]
fores — trifoire IIc
foresta, -e, -is, -um, -us ml. — foresta
[foresticus] — tosco IIb
foria — foire IIc
foris — foresta; fuora; faubourg IIc
~ consiliare, ~ facere ml. — forfare
~ factum, ~ factus ml. — ib.
forma — formaggio ; orma; manteca
IIb
formaceus — hormazo IIb
formare — eschevi IIc
[formaticum] ml. — formaggio ; fornire

formaticus — formaggio
formicare — fourmiller IIc ; glacier
   IIc
formiculare — fourmiller IIc
formosus — hermoso IIb
fornis ml — vernice
forpex, -icis — force IIc
forsan — forse IIa
forsarius ml. — forziere IIa
forsitans ml. — forse IIa
fortiare — forza
fortiarius — forziere IIa
fortis — forza; forziere IIa; raifort
   IIc
fortius — [esso]; ampleis IIc
forum — fiera: foro; [sera]
fossa — fonsado IIb
fotus — hoto IIb
fovea — [fiappo IIa]; foggia IIa;
   hoya IIb
fracidus — frácido IIa
fracium ml. — fraise IIc
fractitium — friche IIc
fractum — [frais IIc]
~, aurum — orfroi IIc
fraga ml. — IIb
fragaria, fragea ml. — fraise IIc
fragellum — fléau IIc
fragilis — frêle IIc: frelon IIc
fragmina — frana IIa
fragor — [briga] ; *frayeur IIc
frāgosus — fraga IIb
fragrare — I: aere; [farò IIb];
   XXIII (XVIII) 2
[fragrorem] — fragrare
fragula ml. — fraise IIc
frāgum — fraga IIb; fraise IIc;
   framboise IIc
fraguria ml. — fraise IIc
framboses ml. — framboises IIc
framea — franco ; *frangia; glaive
   IIc
Francia. Francus — franco
frangere — [briga]; fracassare ; refran ; braquer IIc ; fraindre IIc ;
   friente IIc
frascarium ml. — frasca IIa
frater — *fraire IIb ; hermano IIb;
   beau IIc; besicles IIc; frairin IIc ;
   moineau IIc
[fraudare] — filou IIc
fraxina ml. — fraise IIc
fraxinus — pimpioella ; farnia IIa ;
   frêne IIc
Fredinandis ml. — XV (XII)
fredum ml. — *frais IIc
fremitus — [imprenta]; refran; fiente
   IIc: friente IIc
frendere, fressus — froisser IIc
frendere, fresus — frisone IIa
fremum — palafreno; écran IIc

Fresa ml. — fregio
fresa ml. — frisol IIb
fresonica (pallia, saga) ml. — fregio
frestra ml. — trésor IIc
[fresum] — orfroi IIc
friare — frayeur IIc
fricare — fregare; frettare ; frizzare;
   fretin IIc ; [fringuer IIc]; frique
   IIc ; froisser IIc; riote IIc
fricare ꞊ frictare — frique IIc
frictillare — frétiller IIc
frictio ml. — frisson IIc
frictum — frettare; fretin IIc;
   complot IIc
frictus — frizzare; froisser IIc
~ — frique IIc
friculare — frollo IIa
frigdora ml. — fredon IIc
frigēre — frique IIc; frire IIc
frigēre — frisson IIc
frigidulosus, frigidulus — frileux IIc
frigidus — *frayeur IIc
frigitio — frisson IIc
[frigor, -oris] ml. — frayeur IIc
frigus — *ib.
frigutire, frigulare — fringuer IIc
frinbia — *frangia
fringilla — refran
fringuilla — fringuer IIc ; [folata
   IIa]
fringutire — fringuer IIc; refran
friscum ml. — friche IIc
frisii panni ml. — fregio
fritillus, fritillare — frétiller IIc
fritinnire — fredon IIc
frivolus — avol IIc; veule IIc
froccum, froccus ml. — froc IIc
[frocus] ml. — lleco IIb
[frons, -dis] — frusco IIa
frons, -tis — affrontare; *froncir;
   lordo; frignare IIa; rimpetto IIa;
   cerdo IIb; fleco IIb; frente IIb;
   [lleco IIb]
frontiare — froncir
fructificare — santiguar IIb
fructus — biado
frugilegus — freux IIc
frūmen — enfrum IIc
frumentum — trigo IIb
frunire ml., frunisci — frunir IIc
frustare, auch ml. — frusto IIa
[frustiare] — froisser IIc
frustrare ml. — frusto IIa
frustum — ib.; [froisser IIc]
[frutex] — frusco IIa
fuga — foga IIa
fugere — frasca IIa; ripire IIa
fugita — regretter IIc
fulgere — éclair IIc
fulgidus — fulvido IIa
fulgor — éclair IIc

fulgur — foudre IIc
fuligo, -inis — hollin IIb
fullo — [drappo]; follare; folata IIa; folto IIa
fulmen — éclair IIc
[fultus] — hoto IIb
fulvus — fulvido IIa; fulo IIb
fumicare — sahumar IIb
fumus terrae — fummosterno IIa
funda, auch ml. — fionda; fóndaco; [frusto IIa]; fonda IIb; rombo IIa; venta IIb
fundare — andare; [chapuzar IIb]
fundere — morfondre IIc
fundibalum, fundibulum spl. — pantófola; fonil IIb; fondefle IIc
fundus — fondo; [lleco IIb]; plafond IIc
~, terrae — tréfonds IIc
für — furon; fujo IIa; mezzo IIa;
rozzo IIa; vizzo IIa; *furo IIb; XXVI (XX)
furax — úrraca IIb
furca — forcatura; frugare; trovare; garabáto IIb; fouger IIc; fourgon IIc; gable IIc
furere — XXVI (XX)
furfur — crusca IIa
fŭria — foja IIa
furnus — fornire
furo ml. — furon
~ furonis ml. — ib.
furunculus — fiasco
furvius, furvus — bujo; fujo IIa
fuscina — fiócina IIa; [frusto IIa]
fusio — foison IIc
fustis, auch ml. — busto; frugare; fusta; [frusto IIa]; fuscello IIa; fona IIb; hostigar IIb
fusus — fusaggine IIa

g

gabalus al. — gable IIc
gabăta — gavetta; gota
gabella ml.
gablum, gabulum ml. — gabella
[gadalis] ml. — gasalha
gaesa ml. — gèse IIc
gaesum — ib.; giusarma
gafrum ml. — gaufre IIc
gaida ml. — ghiera IIa
[gajus] — gajo
galabrunum ml. — isanbrun IIc
Galatia, galaticus — scarlatto
galbicterus — gálbero
galbinus — giallo; [terne IIc]
[galbo] — terne IIc
galbula — gálbero
galbulus — gagliuolo IIa
galea — galéa; jale IIc
~ ml. — galéa
galeola — cuffia; jale IIc
galeria ml. — *galéa
galerita — calandra
galetus ml. — jale IIc
galgulus — gálbero; gagliuolo IIa
[galica] — jauger IIc
galium ml. — quagliare
galla — gavigna IIa; gallare IIa; gale IIc
gallare — IIa
Galliae — galoscia
gallica — ib.
~ (manus) — gauche IIc
~ (nux) — guscio
gallicia, galliciciola, galliciola — ib.
gallicus — segugio
~ (canis) — galgo IIb
gallina — blottir IIc; coq IIc
Galli offa, ~ offula — gaglioffo
gallus — gajo; galoscia; pappagallo; *gallare IIa; coq IIc
galo ml. — jale IIc; jauger IIc
gamba — I; regimber IIc
gambacium ml. — gambais
gambaso, -onis spml. — ib.
gamus ml. — gamo IIb
ganare ml. — guadagnare
ganatus ml. — ganado IIb
gangraena — cangrena
gannare, gannatura ml. — inganno
gannire — [inganno]; gagnolare IIa; gagnon IIc
gannum ml. — inganno
ganta ml.
garantia ml. — garance IIc
garathinx ml. — guiderdone
gargarizare — gargatta
garrire — garbuglio; grabuge IIc; jars IIc
garrulus — garlar IIb
gasalia, gasalianes ml. — gasalha
gascaria ml. — jachère IIc
gastaldius, gastaldio ml. — castaldo IIa
gaudere ml. — godere; goda IIc; [godet IIc]
[gaudibilia] — gozzo IIa
gaudibundus, auch ml. — godere
gaudiellum — ib.
gaudium, gaudia (pl.) — ib.; *gozo IIb; monjoie IIc
gaulus — jale IIc

gaunācum — gonna
gávata ml. — gota
gavia
gavisus, -are — gozo IIb
gaza; [gazetum] ml. — gazzetta
gazza ml. — cazza
gehenna — gêue IIc
gelda ml. — geldra
gelima ml. — glaner IIc
gelu — galerno; giallo; frayeur IIc; givre IIc
gemellae — giumella IIa
gemellicius — mellizo IIb
gemellus — gavilan IIb; [mella IIb]; mellizo IIb; jumeau IIc
gemere —sprecare IIa; aveindre IIc; craindre IIc; geindre IIc
gemicare — ficcare; sprecare IIa
gemma, ~ onychea — cammeo
Gemmeticum ml. — jumeau IIc; [mire IIc]
gena — ganascia; XXIV (XVIII) 4
gener — yerno IIb; beau IIc
geniculum — aguglia; ginocchio
genista — hiniesta IIb
genitus — gente; [quejando IIb]
genius — ingegno: congegnare IIa
gens — XVI (XIII)
gentilis — gente
gentium (gen. pl.) — gens IIc
gentius — ampleis IIc; [esso]
genuculum ml. — aguglia: ginoc-chio; [ritorta]; cenogil IIb; filou IIc
genus — aere; *gens IIc
gerala tina ml. (Cass. Gl.) — gerla
gerere — mina
germanus — germanía IIb; hermano IIb
Germanus — germanía IIb
gerrae — vétille IIc
[gerres] — garra
gerulphus ml. — loup-garou IIc; XXIV (XVIII) 4
gerula — baúle
gerulus — gerla
gesa, gesara ml. — gèse IIc
gesarum, -us — ib.
gessara, gessum ml. — ib.
gesta, gestae ml. — gesta
gestus — mina
gibba — gobbo; jabot IIc; [gavigna IIa]
gibbus — gobbo
gigas, ntis — géant IIc
gigeria — gésier IIc
gingiva — gengiva: XXIII (XVIII) 2
ginnus — ginete IIb
girillare ml. — ghirlanda
gisarma ml. — giusarma
gista, gistum spml. — gésir IIc

givarida ml. — fard IIc
glaciare — glacier IIc
[glacidus] — ghiado
glacies — glacier IIc; glisser IIc ; verglas IIc
gladius — ghiado; [giavelotto]; spada; glaive IIc; XXIII (XVIII) 2
glandula — gavigna IIa; lande IIb
glans — lande IIb; aglan IIc
glarea, auch ml — ghiaja IIa; [greto IIa]; glaire IIc
[glaretum] — greto IIa
glastum — guado²
glattire ml. — ghiattire
gleba — ghiova IIa
glena, -are ml. — glaner IIc
glesum — glaire IIc
gleton ml. — IIc
gliceus ml. — glaise IIc
glis, -ris — ghiro; lande IIb; lapin IIc
~, -tis, gliteus ml. — glaise IIc
[globus] — ghiova IIa
glocire — chiocciare
gloria — gloriette IIc; XXV (XIX) 8
glorieta ml. — gloriette IIc
glus, -tis, gluten — glu IIc
gluto, gluttire — ghiotto
gluttus — ib.; [treccare]; gonzo IIa
glūtus — ghiotto
gnomon — nemon IIb
gobelinus ml. — gobelin IIc
gobio — goujon IIc
goliardus ml. — goliart IIc
gomphus ml. — gonzo
gondeia, gondus ml. — gonda IIa
gora ml. — IIa
gordus ml. — X (IX)
gorrinare ml. — gorre IIc
Gothi — algoz IIb
~, canes — [camuso]; cagot IIc
[gottia] — goccia IIa
gracilis — grillo IIb; frelon IIc; grêle IIc; grelot IIc
gracula ml. — gracco; *grole IIc
graculus — *gracco; grole IIc
gradalis, gradale ml. — graal IIc
gradus — trepar IIb; degré IIc ; gravir IIc; regretter IIc
graec-ulfus — grigou IIc
[graecum foenum] — sino IIa
graffiolum ml. —greffe² IIc
[grammatica] — mire IIc
grammaticaria — pouillé IIc
grammaticarius — *grammaire IIc ; grimoire IIc; mire IIc
grammaticus —dominio; *grammaire IIc; mire IIc
grana ml. — I; brasile

[grandior] — greve
grandis — beaucoup IIc; [ɛngrant IIc]
~ res — guari; rien IIc
granea, auch ml. — granja; [grascia IIa] ; corzo IIb
granica ml. — granja; pinque ; [grascia IIa]; rajar IIb
granire — granito
grano ml. — greña
granum — grana; granito; grata; cuesco IIb; milgrana IIb; grignon IIc
granus ml. — greña
graphium. auch ml. — graffio; greffe IIc; greffe² IIc
grasaie ml. — XI (IX)
grassitudo, grassus ml. — grasso
gratia ml., gratialis — graal IIc
graticula ml. — grata
gratum — grado; macári IIa; degré IIc; graal IIc
gratus — regretter IIc
~, male — grado
[graulus, gravulus] — grolle IIc
[gravamentum] — gaimenter IIc
graviare ml. — forza; molla; sembrare
gravis — forza; greve; molla; engrès IIc; mare IIc; XXIV (XIX) 5
gravitas — greve
gregis, filius — feligres IIb
gremium — grembo IIa
greno spml. — greña
[grex] — greggio. IIa
griseus ml. — griso
groselarium ml. — grosella
grossus (sbst.) — ib.
~ — ib.; grosso
grugem ml. — segugio
gruicula — grulla IIb
grūmus, -ulus — grumo; [gourmer IIc]; XVI (XIII)
[grunda] — gronda
grundire — grugnire
grunnire — ib.; stagno; grufolare IIa
grupta ml. — grotta
grus — ganta; segugio; crone IIc

gryllus — grillo; grillo IIa; grésillon IIc
grȳphus — grif IIc
gualdana ml. — IIa
guasdium ml. — guado²
gubellus ml. — coppa
gubia ml.
guerpire ml. — guerpir IIc
guesdium ml. — guado²
gufa (vestis) ml. — goffo
guiffa, -are ml. — aggueffare IIa
gula — gora IIa; argolla IIb; gollizo IIb; [gozo IIb]; regoldar IIb; béguéule IIc; goliart IIc; palais IIc
gulbia ml. — gubia
guliardus ml. — goliart IIc
gulvia, -ium ml. (Cass. Gl.) — gubia
gumba ml. — combo
gŭmia — gomia IIb
gunna ml. — gonna
gupios ml. — gobbo
gurdus, auch ml. — gordo
gurga ml. — gorgo
gurges — gargatta; gorgo; gozzo IIa; estrago IIb; [gozo IIb]; X (IX)
gurgitem, in — gordo
gurgulio — gorgo
gurgustium — gargote IIc
gustus — *gozo IIb; ragoûter IIc
gutta — ghiotto; gotta; goccia IIa; veruno IIa; chez IIc; égout IIc
[guttea] — goccia IIa
gutter ml. — goitre IIc
guttur — goto IIb; goitre IIc
gutturina ml.; gutturnea; gutturnosus ml. — goître IIc
guttus — goto IIb; *godet IIc
guvia ml. — gubia
gybbus ml. — gobbo
gymnasiarchus — concierge IIc
gypsum — aggueffare IIa; algez IIb
gyrare ml. — girfalco ; giro ; virar
gyrofalco ml. — girfalco
gyrulare — ghirlanda
gyrus — ib.; giro; aviron IIc
gysarum ml. — giusarma

h

[ha] — anche; ora; gier IIc
habena — rédina
habere — ganado IIb; XV (XII)
~ mente, (ad mentem) — mentar
[habilis] — ávol IIc
habitare — *hanter IIc

habitus — [malato]; aib IIc
hac, eccu', ecce — qua; ens IIc
~ hora — ora²
hactenus — té IIb
haematites — amatita IIa
haemorrhoides — almorranas IIb

haerens — rez IIc
[ha hora] — ora²
haistaldus ml. — bétaudeau IIc
halare — aleuare
halec — *aringa; laccia
hallus, -a ml. — hallier IIc
hama — aime IIc
hamus — ancino; bolzone; ain IIc
hanap ml. (Cass. Gl.) — anappo
hanc horam — anche; ora²
[ha nocte] — anche
hapsum, -us — aus IIc
hara; haracium ml — haras IIc
haraldus ml. — araldo
haribannum ml. — *bando
harpa ml.; harpago — arpa; herpé IIc
hascaria ml. — haschière IIc
hasla ml. — hallier IIc
hasta — azcona IIb; atelier IIc; *flèche IIc; *hante IIc; haterel IIc
haurire; haus*tare* — auvent IIc; ôter IIc
[have] — IIc
hebdomas — settimana
~, media — mercoledì
hecticus — enteco IIb
hedera — édera
helluo — arlotto
hemina, auch ml. — mine IIc; marc IIc
hepar — epa IIa
heraldus ml. — araldo
herba — pozione; [hervero IIb]
hercia ml. — herse IIc
heri — ginnare; ieri; ivi
heribannum ml. — bando
hermana ml. — hermano IIb
hermellinus, hermi*niae* pelles ml. — armellino
hermus ml. — ermo
hesia ml. — haise IIc
hesternus — moderno
hetta al. — niente; ette IIa; nada IIb
heu bone Deus — oibò IIa
hiare — gana
Hibernia — bérnia; berner IIc
hibernus, -um — inverno
hic, eccu', ecce — qui; si IIc
~, ips' — esso; quello
~ talis ml. — cotale
hiems — inverno
hiero-*falco* — girfalco
hilaris, hila*rius* — léri IIc
hincce, eccu' — quinci IIa
hinnilitare, hinnitus — hennir
hinnuleus — enho IIb
hinnus, mulus — muffo
Hippocrates — pappagallo

hirpex — haise IIc; herse IIc
hirtus — *yerto IIb
hirundo, -inis — [micio]; róndine
hispidosus — hide IIc
[ho] — ora²
hobellarius, hoberarius ml. — hobin IIc
hoc — ciò; avec IIc; o IIc; oui IIc
~ anno — antaño; [avannotto IIa]³ uguanno
[~ ille] — oui IIc
~ illud — *ib.
~, inter — mentre
~, per, pro — però
hocque, per ml. — ib.
hodie — *anche; oggi; [ora]
~ ante — hontem IIb
[~, de] — gier IIc
~ die — oggi
hodiernus — moderno
hoedus — carnero IIb
hoga, -um ml. — hogue IIc
[homicidium] — mire IIc
homina*ticum* — XI (IX)
hommagium ml. — X (IX)
homo, auch ml. — alcuno; uomo; prude IIc
honestus — XXI (XVII)
hora — alba; ora; orlo; otta IIa; dorénavant IIc
~ (abl.) — ora²; anche; orendroit IIc
~, bona — augurio
~, bona, mala ml. — ora
[~, ha] — ora²
~, hac — ib.
~, illa — *ib.
~, ipsa — ib.; anche
~, mala — augurio
~, qua — quora IIc
~, unquam — ora²
horam, ad — *ib.
~, ad illam — ib.
~, hanc — ib.; anche
hordeum — orzo; garzo IIa
horologium — oriuolo; [redor IIb]
horridus — bis; lordo; ordo
horripilare — arripiar IIb; herupé IIc
hosa, -are ml. — uosa
hospes, -itis; hospitale ml.; hospitalis — oste²
[hospit*are*] — ôter IIc
[hospit*aticum*] — ostaggio
hostagium epml. — ib.
[host*are*] — ôter IIc
hostaticum ml. — ostaggio
hostis, auch ml. — oste; oste²; [ôter IIc]
hourdum ml. — bagordo

[hrinca] ml. — renge IIc
hroccus ml. — rocchetto
huc; huccus ml. — hucher IIc;
  XXVII (XXI)
hulcia, hulcitum ml. — housse IIc
hulla ml. — bouille IIc; houle² IIc
humectus — [mezzo IIa]; moite IIc
humi — cama IIb

[humigare] — lamicare IIa
humilis — humilde IIb
humlo ml. — houblon IIc
hunc, ad — dunque
~ annum — uguanno
hurdardus, hurdus ml. — urtare
hutica ml. — huche IIc
hyosciamus — giusquiamo

i

ibex — biche IIc
ibi — ivi; des
~, eccu' — quinci IIa
ibiscum, malva — malvavischio
~ malva — ib.
idem ipsus — desso IIa
idiota — piloto; [zotico IIa]
[idioticus] — zotico IIa
id ipse, ~ ipsa — desso IIa
idipsis, in ml. — ib.
idipsum, in ml. — ib.
igitur — dunque; *gier IIc
ignis — fuoco
ignitellus, ignitulus, ignitus — snello
īle, ilia — ijar IIb
ilex — elce; añagaza IIb
ilicea, ilicerna — iserna IIc
ilicetum, iliceus — elce
illac — là; colà; ens IIc
illae — egli
illa hora — *ora²
~, post — postilla
illam horam, ad — ora²
ille — egli
~, illum — il
~, ecc', ~ eccu' — quello
[~, hoc] — oui IIc
illex — añagaza IIb
illi (dat. sg. f.) — egli
illic — anche; egli; lì; allende IIb
illicinus ml. — elce
[illicium] — lezia IIa
illoc — iluec IIc
illorum — egli
illud, hoc — *oui IIc
~, non — ne IIc
illuic — egli
[illuvies] — loja IIa
imbarricare — embargar IIb
[imbuere] — imbuto
imbulare ml. — embler IIc
imitari — remedar IIb
imminutus — menno IIa
imo — sì
impactare, -iare — pacciare
impar — caffo IIa
impedicare — pacciare

impedire — empecer IIb
imperans — almirante
[imperium] — merir IIc; mire IIc
impetigo — empeine IIb
impingere — pacciare; spignere IIa
impla ml. — guimple IIc; andare
implere — ancho IIb; benchir IIb
impleta — emplette IIc
impletorium — pévera IIa; [chante-
  pleure IIc]
implicare — piegare; emplette IIc
implicitare, implicitus — emplette
  IIc
imponere — pausare
impotus ml. — ente IIc
im-pôtus — ib.
[impraegnare] — pregno
imprimere — imprenta; aveindre IIc;
  craindre IIc; preindre IIc
imprimitare — *imprenta
impromtum, -are — improntare
improcurare — embronc IIc
improperare, improperium — improverare
[impruntare] ml. — improntare
im-putare ente IIc
in — dorénavant IIc; entrailles IIc;
  orendroit IIc
in-addere — añadir IIb; añagaza IIb
in alto — naut IIc; alzare
in ante — anzi
incantare — incanto
incastratura ml. — cassa
inceptare — incettare IIa; *encentar IIb; entamer IIc
inchoare — cominciare; enquar IIc
[incicia, salis] — salsa
incidere, auch ml. — *ancidere IIa
[incile] — siller IIc
incincta ml., incinctus — incinta
incingere — pacciare
incipere — cominciare
[incoenicare] — halagar IIb
in continenti — immantinente
increpare — frapper IIc
increscere, auch ml. — IIa
incrocare ml. — croc IIc

incubare — covare
incudo, -inis — incúde
[incumbere] — cominciare
incus, -ūdis — incúde; [innesto IIa]
inde — [come]; des; dunque; indi;
allende IIb; voyer² IIc
~ ad — inda IIb
~, de — indi
~, eccu' — quinci IIa; aquende
IIb
~, pro — porende IIb
in-delegare — endilgar IIb
indere, ie — rendere
indictare ml. — dec IIc
indictum, auch ml. — ib.; landit
IIc
· indicum — índaco
in-dirigere — endilgar IIb
inductile — douille² IIc
inductilis ml. — andouille IIc
indurare — durare
[iners] — yerto IIb
infans — vassallo; cimento IIa; fante
IIa; testeso IIa; faon IIc
infectare — afeitar IIb
inferno, in — abisso
inficere — afeitar IIb
in finem — fino IIa
inflare — gonfiare; hennir; [ron-
fiare]; [tronfio IIa]; achar IIb;
hinchar IIb; *bonder IIc
infocare ml. — fuoco
infra — fracassare; tra IIa; si IIc
infringere — fraindre IIc
infula — guimple IIc
infultus — tolto IIa; fante IIa
infundibulum — fonil IIb
ingeniosus ml. — ingegno
ingenium — artilha; inganno; ingegno; congegnare IIa
ingignere — enger IIc; évanouir
IIc
ingravare — engrès IIc
ingravescere — increscere IIa; engrès IIc
ingredi — engreir IIb; [engrès IIc]
[ingressare, ingressus] — engrès IIc
inguen, inguinalia — inguine; [inne-
sto IIa]
ingurgitare, se — gordo
in gurgitem — ib.
ininferna ml. — abisso
in inferno — ib.
in-initiare — cominciare
[in-insitare] — innesto IIa
in inter — mentre
~ intro — ib.
~ ipso — neis IIc
iniquus — enic IIc
initiare — cominciare; [pertugiare];
[entamer IIc]; [rincer IIc]

[initium] — pertugiare
injungere — pacciare
inligare — *enlear IIb
in manu tenens — immantinente
in medio — mezzo
inpromutuum, -are — improntare
in quantum — incanto
[inquietudinem] — cheto
inquoatum ml. — enquar IIc
in-rixare — riccio²
insania — saña IIb
insanire — sandío IIb
in-sapidus — scipido IIa
[insectare] — encentar IIb
inserere — enxerir IIb; sertir IIc
insertare — enxerir IIb
insertum — sertir IIc
insignare, auch ml. — insegnare
insigne, insignia — insegna
insimul — insembre
insinuare — insegnare; ensenada
IIb
insipidus — fante IIa'; scipido IIa;
fat IIc
insitus — innesto IIa
instaurare — stuolo; estorer IIc
instaurum ml. — estorer IIc
instrumentum — fante IIa
insubulum — [casipola]; subbio;
[friper IIc]
insulsus — cincel; soso IIb; fat IIc
in-taminatus — entamer IIc
intĕger, intĕgri -- intero; montone;
entregar IIb
integrare — entregar IIb
inter — intrambo
~, in — mentre
interaneum, -ea — entrailles IIc
interea, dum, ~ mente — mentre
interere — intridere IIa
inter hoc — mentre
interim, dum — ib.
interimere, interimicare — trinciare
interlusitare — trastullo IIa
intermedium — entremes IIb
internecare — trinciare
interrogare — corvée IIc; desver IIc;
rover IIc
interrumpere — fracassare
intertaleare ml. — taglia
intertiare ml. -- entercier IIc
intibus — endivia; andare
intonsus — toso
intra — tra IIa
intrania ml. — entrailles IIc
intrare — carnevale IIa
intricare — tricare
intro — tro IIc
~, in — mentre
introitus — entroido IIb
introrsum — estros IIc

intro usque ad — jusque IIc
intubus — endivia
[in-tuditiare] — intuzzare IIa
in tum, ~ tuncce — enton IIb
intundere, intusus — intuzzare IIa
intus — ens IIc; entrailles IIc
intybeus, -ea, intybus — endivia
inula — enola
invadere — envahir IIc
invadiare ml. — gaggio
invehere — envahir IIc
invenire — trovare
inversus — ritto; avieso IIb
investire
inviare — voyer² IIc
invidia — envis IIc
invitare — convitare; [liévito]; [envis IIc
invite — envis IIc
invitus — combo; ambídos IIb; *envis IIc
involare — combo; *embler IIc
in-votare — *envoûter IIc
in voto — combo
invultare ml. — envoûter IIc
ipsa — anche; esso
~ hora — ora²
~, id — desso IIa
ipse — casso²; esso; nada IIb
~, eccu' — aquese IIb
~ ipsa — il
~, id — desso IIa
~, iste — stesso IIa
~, met — medes
~ unus, ne — nessuno
ips' hic — esso; quello

ipsi illi ei ml. — quello
~ lui ml. — ib.
ipso, de — des
ipso, in — neis IIc
ipsorum — egli
ipsum — fuora; demanois IIc
~, ad — esso
~, ante — *ib.; ainçois IIc
~, isthuc — esso
~, met — medes
~, nae — neis IIc
~, ne — ib.; aus IIc
~, nunc — esso
ipsus, idem — desso IIa
ira — gramo
ire — andare; *gire IIa; cundir IIb; manevir IIc
is — desso IIa
istac, eccu' — costà IIa
iste — esto
~, ecc', eccu' — questo
~, eccu' tibi — cotesto IIa
~ ipse — stesso IIa; testeso IIa
isthuc ipsum — esso
istic, eccu' — costà IIa
istinc-ce, eccu' — ib.
[isto isto] — tosto
~ ipso — testeso IIa
ita — sì
itare — andare
iter — erre IIc; gier IIc
iterare — erre IIc
iterare — hedrar IIb
ivi (pf.) — andare
ixaralem ml. — xara IIb

j

jacēre — diaspro; [gettare]; lasciare; gésir IIc
Jácobus — [astore]; caco IIb
jactare — *gettare
jactus — geito IIb
jaculari — jaillir IIc
jaculum — giavelotto
jam — già
~, modo — mo IIa
jamdiu — jadis IIc
jantare ml. — yantar IIb
janua — ventana IIb
jaspis, -idis — diaspro
jecur — fégato
jejunare — giunare
jejunium — aullar IIb
jejunus — giunare
jentare — yantar IIb
jocale ml. — goderc

jocari — inganno; ballare; jouer IIc
joculari, -aris, -arius — giocolaro; jangler IIc
joculator — giocolaro; [spillo]
jocus — inganno; avouer IIc; jouer IIc
jornus ml. — giorno; giuso
Josephus — colpo
josum ml — giuso
jovialis — giulivo
Jovis — giovedì
~ barba — jusbarba
~ dies — giovedì
~, mons — monjoie IIc
jubilare — giubilare
judaeus — fio; sandío IIb
judex — sohez IIb; grammaire IIc; juge IIc
judicare — mielga IIb; [sosegar

IIb]; guiche IIc; juge IIc; targer IIc; XXVII (XX)
judicarius ml. — grammaire IIc
jugarius — geira IIb
julius — luglio IIa; juillet IIc
jumentum — jumart IIc
juncetum, juncus — giunchiglia
jungere — llegar IIb; uncir IIb; joindre IIc
juniperus — ginepro; génisse IIc

junius — luglio IIa; juillet IIc
junix, -īcis — ginepro; giubetto; génisse IIc
jus — verjus IIc
jusquiamus ml. — giusquiamo
justa — giusta
jusum ml. — giuso
juxta, auch ml. — giusta; ordeñar. IIb

k

kai, kaij ml. — cayo

kyrie kirchl. — signore

l

labarum — labareda IIb
labellum — avello IIa; avel IIc; lambeau IIc
labes, labeus — laivo IIb
labi, labina ml. — avalange IIc
labiellus ml. — lambeau IIc
labor, auch ml. — labriego IIb
labrum — buz IIb; lebrillo IIb; balafre IIc; balèvre IIc; lambeau IIc
labrusca — lambrusca
labruscum — abrostíno IIa
labruscus — brusco²
lac — lechon IIb
laca ml. — lacca
lacerta — I; carrasca IIb; chenille IIc
lacrima -- larme IIc
lacuna — lacca IIa; lona IIc
lacus — lama; lagar IIb
lada — xara IIb
laedere, sus — lisiar IIb
laesio — ib.
laetamen, laetare — letame IIa
laetus — liart IIc; lie IIc
láganum — launa IIb
lama
lamber al., lamberare — lambeau IIc
lambere — lampreda; lamicare IIa
lambicare — lamicare IIa
lamentari — gaimenter IIc
[lamia] — atril IIb
lamina — lama²; launa IIb; [aglan IIc]; lambre IIc; XXII (XVIII) 1; XXIII (XVIII) 2
lampas — lampo; menzogna; [lercio IIa]; tin IIc

lampetra ml. — lampreda
[lana] — laniere
lancea — forza; gherone; lancia; brochet IIc
lanceare — lancia; stordire
laneus — lange IIc; linge IIc
laniare — lagnarsi; *laniere
[laniaria], laniarius — laniere
[lapathum] — parelle IIc
lapillus — *avel IIc
[lapis] — losa
laqueus — laccio
Lar — lar
[largare] — lasciare
largo — *larigot IIc
laridum — pappalardo
larix — alerce IIb; mélèze IIc
larricium ml. — larris IIc
[lascinia] — laniere
lassare, lassus — lasso
lata — latta
[laterculensis] — artigiano
laterculus — ladrillo IIb
latinus — latino
latrare — bramare; ghiattire; *baladrar IIb
[latrile] ml. — atril IIb
latro — barone; léri IIc
latrocinium — larcin IIc
latus — latino
~, auch ml. — les IIc
laubia ml. — loggia
laudare, auch ml. — lusinga; alabar IIb; allouer IIc; louer IIc
laudemia spml. — lusinga
laudes — ib.; *losa; *mariposa IIb
laudila ml. — allodola

laudimium spml. — lusinga
laudula ml. — allodola
laurex, lauricem — loura IIb
lauri bacca — orbacca IIa
laurus — baccalare; oleandro
laus — lusinga
[lausiae, lapides] ml. — losa
lavare — lavanda; lava IIa; lavanco IIb
lavellum ml. — avello IIa
laxa — lasca IIb; [losa]
laxamina ml. — laisse IIc
laxare — lasciare; carnevale IIa; salassare IIa; [dexar IIb]; laisse IIc; relayer IIc
laxus — fiacco; fracassare; lasciare; miccia; lasca IIb; lexos IIb; [fléchir IIc]; laisse IIc; tàche IIc
Lazarus — lázaro; sidro
lazuli, lapis ml. — azzurro
lebes, lebetium — laveggio IIa; XXIV (XVIII) 4
lecacitas, lecator ml. — lacayo; leccare
leciva ml. — lisciva
lectaria ml. — lettiera; bied IIc
[lectio] — aglan IIc
lectorile — atril IIb
lectrinum — lutrin IIc
lectrum ml. — ib.
lectus — cataletto; lettiera; veit IIc
leda — xara IIb
~ ml. — laie² IIc
legamen ml. — limier IIc
legare — lasciare; llegar IIb
legem, ad — lega²
legere — leggio IIa; scegliere IIa; esperir IIc
legivum ml. — leggio IIa
[legumen] — reame
leha ml. — laie IIc
lenocinia — lusinga
lens, lendis, lendinis — léndine
lentus — lordo
leo — [piètre IIc]
leone, sub — sollione IIa
leoninus ml. — leonino
leopardus — choisir IIc
leporarius — levriere
lepus — lapin IIc
leuca — lega
leucae, bannum ml. — banlieue IIc
leucardus — liart IIc
leucoion — goivo IIb
levamen — lia; [liévito]; légamo IIb; levain IIc
levans — levante; liévito; levàntar IIb
levare — lia; lieve; liévito; malvagio; carnevale IIa; levantar IIb;

malvar IIb; bascule IIc; levain IIc; ôter IIc
~, manu ml. — mallevare; manaier IIc
~, manum — mallevare
~, tributum — leude IIc
~, de sacro fonte ml. — allevare
leviardus — leggiadro IIa
leviare ml. — forza; lieve; molla; assoager IIc; soulager IIc
leviarius — lieve
levis — forza; greve; lieve; molla; leggiadro IIa; leve IIb; corlieu IIc; XXIV (XIX) 5
levisticum — levistico
[levitare] — liévito
levitus — ib.; leude IIc
levius — liége IIc
lex — lega²; bellugue IIc
lia ml.
libella — libello
liber — XVI (XIII)
liberare, auch ml. — liverare; [franco]
liberata, -atio ml. — liverare
libra — lira IIa; [virar]
~, qua — calibro
librare — liverare
licere — loisir IIc
licia spml. — liccia
licinium — lechino IIb
[licita] — leude IIc
licitus — piato
licium — liccia; lechino IIb
liga — lige IIc
ligamen — limier IIc; [piètre IIc]
ligare — enlear IIb; ilegar IIb; licou IIc
ligatio — liaison IIc
ligius ml. — lige IIc
lignum — fusta
ligula — lingot IIc
ligurinus — lucherino IIa
ligusticum — levistico; ruvistico IIa
ligustrum — ruvistico IIa
lilium, lilius — giglio; gioglio
lima — limande IIc; chagrin IIc
limax — lumaccia
limen — [atril IIb]; leme IIb
limes, -itis — linde IIb
liminarius — limier IIc
limitaneus — aledaño IIb
limitare — andare; linde IIb
limitaris — linde IIb
limo ml. — leme IIb
limpidus — forbire; lindo; ros; retoño IIb
linea; linea sanguinis ml. — linea; razza
lineus — linea; linge IIc
lingua — lingot IIc
lingula — cucchiajo

lintea, linteum, linteolum — lenzá
linum — linea; linot IIc
[liquare] — scialacquare IIa
liquiritia — regolizia
lira, lirea — leira IIb
[liticare] — solleticare IIa
litus ml. — aldéa IIb
lituus — liúto
lix, licis — lia; lessare IIa
lixare ml. — lessare IIa
lixivia, -ium — lisciva
loba — loppa IIa
localis — lugar IIb
locare — loggia; *allouer IIc; avouer
  IIc; louer⁴ IIc
locarium — louer³ IIc
locellus, loculus ml. — lucillo IIb
locus, loco — loco; lugar IIb; milieu IIc
lodix — lodier IIc
logēum, logīum — loggia
lolium — gioglio
longabo — longaniza IIb
longāno — ib.; lugánega IIa
longe — lexos IIb; aubain IIc
longitanus, longiter, longiterus — lontano
longitrorsus — ib.
longius — ampleis IIc; [esso]
Longobardus — XXV (XIX) 8
longum — selon IIc; XXIV (XIX) 6
longus — lexos IIb; barlong IIc;
  longe³ IIc
lorandrum ml. — oleandro
lorum — logoro
loutrus ml. (Erf. Gl.) — lontra
[lubido] — ubbia IIa
[lubricus], auch ml. — lóbrego IIb
Lucania — lugánega IIa
lucanica — ib.; longaniza IIb
lucanus — lueur IIc
[lucaria] — luquer IIc
lucere — lueur IIc
lucerna — lucarne IIc
lucius — *merluzzo

lucius, maris — merluzzo
lucrari — logro IIb
lucrum — ib.; cosa; malvar IIb
luctus — lutin IIc
luculentus; lucus al. — lueur IIc
ludus — lusinga
Lugdunum — duna
lugubris — lóbrego IIb
lumbea — longe IIc
lumbricus — lambrija IIb
lumbulus — nomble IIc; XXIII
  (XVIII) 2
lumbus — lonzo IIa; lomo IIb; longe
  IIc
lumen — barlume IIa; vislumbre IIb;
  bellugue IIc; éclair IIc
[lumicare] — lamicare IIa
luna — lunette IIc
Lunae — XV (XII)
  ~ dies — lunedì
lunula — spillo; culla IIa; lulla IIa;
  pialla IIa
lupa — loupe IIc
lupus — loup-garou IIc
lurcari — logoro
lurdus ml. — lordo
luridus — ib.; [loja IIa]; loro IIb;
  falourde IIc
luscinia — lusinga
lusciniola — rosignuolo
lusciniolus — ib.; redor IIb
luscinius — rosignuolo
luscus — berlusco IIa; bisojo IIb;
  [lorgner IIc]
Lusor — lázaro
lūteus — lordo; loza IIb
lutra — *lontra; schiantare
[lut/ra] — lontra
lutum — loja IIa
lux, lucis — fagotto; lia; bagliore
  IIa; [baleno IIa]; bellugue IIc;
  caluc IIc; lueur IIc
luxus — lasciare
lycisca, lycisce — lice IIc
lyncea, lynx — lonza

m

macare — macco
Macarius — macabre IIc
maccature ml. — macco
maccus vulg. — maccu IIa
macellarius — bouc IIc
macer — mègue IIc
Machabaeorum chorea — macabre IIc
machina — mácina IIa; maciulla
  IIa; maña IIb
machineus — mácina IIa

machio — maçon IIc
macina, macinarius ml. — mácina IIa
macio — maçon IIc
mactare — casamatta; macco; matar
  IIb
[mactus] — mattone
macula — camaglio; macchia; tramaglio; [mangla IIb]; matiz IIb;
  [pestillo IIb]; fermillon IIc; maquereau IIc; maquereau² IIc

madidus — [mattone]; matto IIa;
  moite IIc
maelium — manigoldo IIa
magalia — majada IIb; naguela IIb
[magicam, artem] — mire IIc
magis — dio; mai; oggi
~, de ml. — mai
~, sed ml. — ib.
~, mágidis — madia IIa
magister — maestro
[magius, magus] — mego IIb
mahamium spml. — magagna
major — majorana; maire IIc
~ domus — maire IIc
~, vis — vimaire IIc
majorinus, auch ml. — merino IIb
majus — majo; maggese IIa; mayota
  IIb
mala, aurea — arancio
[malabitiare] — malato
mala hora — augurio
mal-aptus — aus IIc; azaut IIc
Malarouta ml. — rotta
malatus ml. — malato
male — astro; landra; malvagio;
  mis; macári IIa; avés IIb; behetría IIb; encono IIb; malvar IIb;
  durfeü IIc; heingre IIc; maltòte
  IIc; sade IIc
~ aptus — *malato
~ factus — maufé IIc
~ gratus — grado
[~ habitus] — malato
~ levatus — malvagio
~ signare — malsin IIb
maledicere — ora
malleare, -atus, malleus — maglio
[mallo, -onis] — mallo IIa
mallum publicum ml. — mall public
  IIc
malluvium — mallevare
maltha — *mattone; smalto; malta
  IIa
malum — malato; melo IIa
~ Matianum — manzana IIb
~ vitis — mauvis IIc
malus — agio; augurio; bonaccia;
  ora; malía IIa; logro IIb; malsin
  IIb; [maraud IIc]; [maufé IIc];
  mauvis IIc; XXV (XIX) 7, 8
~ (sb.) — melo IIa; XXV (XIX) 7
malva ibiscum — malvavischio
  ~, ~ — ib.
[malvatius, malvatus] — malvagio
mamilla — zito IIa
mamma
mammare ml. — mamma
[manachus] — almanacco
manarius — maniero
mancipium — famiglio; mancebo IIb
mancipius ml. — mancebo IIb

mancus — manco; gauche IIc; XXV
  (XIX) 7
mandare — andare
mandcuare — mangiare
mandibula — bandíbula IIb
mandra — madrigale
mandragoras — XXV (XIX) 8
manducare, auch ml. — *mangiare;
  papa; bramangiere IIa; camangiare IIa
manducus — máschera
mane — I; manevir IIc
manens ml. — mas; manant IIc
manere, auch ml. — mas; [mariposa
  IIb]; manir IIb; manant IIc
manerium — estovoir IIc
manganum — s. gr. μάγγανον
[mania] — maniato IIa
mania — smánia IIa
manica — mánico; mancia IIa; manigance IIc
manicium ml. — mancia IIa
[manicula] — maniglia
maniculare ml. — manigance IIc
maniflua ml. — pantófola
manipula ml. — manópola
manipulus — casipola; manópola;
  manojo IIb
manneiras ml. (Cass. Gl.) — mannaja
  IIa
mansa ml. — mas
mansio, auch ml. — magione; pigione IIa; [corazon IIb]; gagnon
  IIc; ménage IIc
mansionata — magione
mansionaticum ml. — ménage IIc
mansionile — ménil IIc
manstutor — mantenere
[mansues] — manso
mansuetudo — costuma
mansuetus — anzi; fino; gente;
  manso; cuerdo IIb; tolo IIb
mansus, -um ml. — mas
manta ml. — manto
manteiga ml. — manteca IIb
mantellum, mantelum — manto
mantica — mántaco IIa; manteca
  IIb
manticum ml. — mántaco IIa
mantile, mantele — manto; mandil
  IIb
mantus ml. — manto
[manua] vulg. — maña IIb; menno
  IIa
manu adjutare — manaier IIc
~ levare ml. — mallevare
manualis — menovare; mangual IIb
manuari — embler IIc
manuaria, auch ml. — maniero;
  mannaja IIa
manuarius — maniero

manu, de — demanois IIc
~, in (tenens) — immantinente
manum, ad (ire) — manevir IIc
~ levare — mallevare; mantenere
manu(m) tenere — mantenere
manu parare — mamparar IIb
manupula — pantófola
manupulus — manópola; manojo IIb
manus — casipola; magione; mánico:
  manópola; manovra; monocordo;
  passamano: ritto; mancia IIa;
  mondualdo IIa: ademan IIb; maña
  IIb; menear IIb; chien IIc; embler IIc: main IIc; mainbour IIc;
  manége IIc; manevir IIc; manigance IIc: menottes IIc; XXV
  (XIX) 8
~ mortua — mortaille IIc
manu tueri — mantenere
manzer ml. — manser IIb
mappa — nappe IIc
mara ml. — mare
[maraticus, corvus] — cormoran IIc
marcare — marcher IIc
[marcasium] ml. — marcassin IIc
[marcescere] — marcher IIc
marchio ml. — marca
marcidus — marchito IIb
marcio ml. — maçon IIc
[marculare] — marca
marculus — macho IIb; maçon IIc;
  marcher IIc
marcus — [marca]; macho IIb;
  marron IIb; maçon IIc; marcher
  IIc
mare — I: mariposa IIb; [marcassin
  IIc]
marga — marne IIc
margarita — perla
margila ml. — marne IIc
maria ml. — mare
Maria — [mariposa IIb]; urraca IIb;
  marionnette IIc
Marianus — XXV (XIX) 8
marinarius — maron IIc
marinus — ramerino; cormoran IIc
[mariscus] — marcassin IIc
maris lucius — merluzzo
~ sus — marsouin IIc
maritima — mare; rima; maremma
  IIa
marla — marne IIc
marmor — arrebol IIb; lambre IIc
[marmoreus] — moire IIc (Nachtr.)
maro ml. — maron IIc
Maro — marrone IIa
marrire ml. — marrir
martel ml. — martello
martellus — gavela
Martellus, Carolus ml. — martello
martes — martora

Martinus — Martin pescatore
Martis — martedì
~ dies — ib.
martius — marza IIa
martulus — bertovello; gavela;
  martello
martyr, martyrium, martyrorum —
  martirio
marum — amarillo IIb
mas, maris — marron IIb
masca, mascara, mascarel ml. —
  máschera; strega
masculus — macho IIb; marron IIb;
  malart IIc; [bruciare]
mascus ml. — máschera
maserini, scyphi ml. — madré IIc
massa ml. ~ mas
~ — masso IIa
[massare] — massacre IIc
masticare — I; máschera
[mastico] — tosco IIb
mata ml. — IIb
matara — matras IIc
mataris — ib.
mataxa — matassa
matea — mazza; maciulla IIa: maçon IIc; *massacre IIc
matĕola — mazza
mater — mamma; beau IIc; marraine IIc
materia, -ies — madera IIb; merrain
  IIc
materiamen ml. — merrain IIc
materis ml. — matras IIc
matricularius — marguillier IIc
matrina ml. — marraine IIc
matrona — landra
matta — [nata IIb]; *matelot IIc
  natte IIc
mattarius — matelot IIc
[mattus] — mattone
~, matus — matto IIa
maturicare — madrugar IIb
maturus — ib.; mûr IIc
matutinum — mane
maurus — morondo IIb; morille
  IIc
maxima — mássima
maza — marzapane
mazacrium ml. — massacre IIc
mē — che
mea — *monna; [nido]; gnaffè IIa;
  beau IIc; guenon IIc; mie IIc
meanus — *mien IIc
meare — andare
medallia, -alla ml. — medaglia
media hebdomas — mercoledì
[~ nox] — oriflamme IIc
medialis — medaglia
medianus ml. — mezzo
medica — mielga IIb

18*

medicarius, medicator, medicianus — *mire IIc

medicus — [fégato]; mege; [sucido]; pejo IIb; [grammaire IIc]; *mire IIc

[medietaneus]; medietarius ml.; medietas — mezzo

medimnus — mine IIc

mediran ml. (Cass. Gl.) — merrain IIc

meditor — mire IIc

medium — entre mes IIb

~ ovi — moyeu² IIc

~ tempus — [mezzo]

medius — [fastidio]; medaglia; mezzo; gozo IIb; media IIb; [mire IIc]

~ locus — milieu IIc

medo, -onis ml. — mies IIc

medulla — moelle IIc; moyeu² IIc; [ritorta]

meiare, meigare ml. — mear IIb

mejare — pisciare

mejere — mear IIb; torrar IIb

mel — cannamele; mélèze IIc

melancholia — encono IIb; merencorio IIb

melancholicus — mereucorio IIb

meles, melis — tasso

melimelum — membrillo IIb

meliorare — medrar IIb

melligera — mangla IIb

melo, -onis, melota ml. — tasso

[melote] — cambellotto

melum ml. — arancio; melo IIa

meminisse, memorare — membrare

mendica — solive IIc

mens — *come; mentar; mente

mensio — moïson IIc

mentastrum — mastrauto IIb

mente — *come; esso; mentre; senno; nuitantre IIc

~ (ad mentem) habere — mentar

~, interea — mentre

~, qua — come

mentis somnium — menzogna

mentitio — ib.; XXIV (XIX) 5

[mentitionea] — menzogna

mentitionica — ib.

mentula — minchia IIa

merācus — ebbriáco

merare — smerare

mercadantes ml., mercari — marché IIc

mercatare, mercatus — ib.; marcher IIc; XXIV (XVIII) 4

merces, auch ml. — mercè; usted IIb

Mercurii — XV (XII)

~ dies — mercoledì

mercurialis — mercorella IIa

[mereat] — merir IIc

merere, auch ml. — ib.

merga — merlo

mergere — mégir IIc; sumsir IIc

mergus — margotta; marangone IIa; XXIV (XVIII) 4

~ anser — mergánsar IIb

merula — smerlo

mĕrus — ebbriáco; [smerare]

mesenca ml. — mésange IIc

mesga ml. — mêgue IIc

mespilum — nicchio

mespilus, ·um — néspola; nicchio

messa

messio — moisson IIc; juillet IIc

meta — I; meule IIc

metalleus, -ea, metallum — medaglia

metere, messus — mesar IIb

met-ipse, met-ipsum — medes

metipsimus — ib.

metipsissimus — abisso; medes; desso IIa

metula — meule IIc

metus — ambídos IIb

meum — *mien IIc

~ gaudium — monjoie IIc

meus — dio; fio; signore; *mien IIc

mezium ml. — mies IIc

mica — cica; mica

micare — ammiccare IIa; brincar IIb

[miculare] — sémillant IIc

milimindrus ml. — milmandro IIb; [zaranda IIb]

mille — milgrana IIb

~ solidorum — milsoudor IIc

millia — miglio

miluanus, milŭus — milano; astore

milvius — nibbio IIa

milvus — ib.; milano

mina, auch ml. — I; merlo

minaciae — minaccia

minae — ib.; almena IIb

minare ml. — ammainare; cammino; dominio; menare; menear IIb

~ — mina

~ consilium ml. — ib.

minari — menare

minco ml.; mingo, -onis — minchia IIa

miniare ml. — I; maniato IIa

miniminus — mina²

minimus — merme; mina²; menuo IIa; mimar IIb; XXIV (XVIII) 4

ministerialis ml. — mestiero

ministerium, auch ml. — ib.; serviette IIc

ministrare — minestra IIa; serviette IIc

[minitari] — sgomentare IIa

minium — miniare

minor — mitraille IIc
minuare ml. — menovare; mangoal
  IIb
minuere — menovare; [menno IIa]
min*ula* — merlo
minus — menoscabo; mis; niente;
  amén de IIb; erre IIc; main IIc;
  méchant IIc
minutia — minugia IIa
~ porcorum ml. — ib.
minūti*are* — minuto; chapuiser IIc;
  mince IIc; XXIV (XIX) 5
[minutire], minūti*us* — mince IIc
minūtus — minuto; mince IIc
mirabilia — maraviglia; XXIV
  (XVIII) 4
miraculum — milagro IIb; miroir
  IIc
mirari — merlo; mire IIc
mirat*orium* — miroir IIc
miro ml. — mire IIc
miscere — [cenno]; mischiare: barruntar IIb; mecer IIb
mischinus ml. — meschino
misculare ml. — mischiare: abrostíno IIa: macho IIb; pêle-mêle
  IIc
misellus — mais IIc; mesel IIc
miser — mais IIc
missa — bigio; messa
missum — fuora; mets IIc
mitificus, mitiga*us* — mego IIb
mītis, mit*ius* — *mezzo IIa
mittere, au*c*h ml. — mettere: mets
  IIc; teler IIc
mitulus — nicchio
mixticius — mestizo
mixtic*ulum* — méteil IIc
mixtum — mest IIc; méteil IIc
[mixtus] — moite IIc
[mōbilis] — meute IIc; mièvre IIc
mochus botan. — moco IIa
modernus — moderno
[modestus] — amonestar
modiolus — mozzo IIa; moyeu IIc
modius — moggio; tramoggia; mozzo
  IIa: aluine IIc; moyeu IIc
modo — moderno; mo IIa; mon IIc
~ jam — mo IIa
~, quo — come
modulus — módano; [dilegine IIa]:
  eschevi IIc
modus — moderno
moer*ulus* — merlo
moerus arch. — ib.
moi ml. (Cass. Gl.) — moggio
mola — mulino; facimola IIa:
  meule IIc
molere — mulino; meule IIc
mōles — molo; meule IIc
[molestare] — amonestar

molina — mulino; banlieue IIc
moll*iare* — molla; assoager IIc
mollis — molla: armuelle IIb; mollera IIb; molleton IIc; mou IIc
molossus — alano
mon ml. — mo IIa
monachus — moineau IIc
monasterium — moutier IIc
monere — amonestar: muñir IIb
[monest*us*] — amonestar
monile, -ia — maniglia
monitare — amonestar; XXV (XIX) 7
mons — montero IIb; loup-garou
  IIc; vent d'amont IIc; XXV
  (XIX) 7
~ gaudii ml. — monjoie IIc
~ Jovis — ib.
monstrare — oriuolo; mostrenco
  IIb
montanus — tramontana IIa
~, mus — marmotta
monticulus — mucchio IIa
montis, mus — marmotta
morator — maraud IIc
morbidus — morbido IIa
morbilli ml. — morbiglione IIa
morbus — ib.; mormo; morfondre
  IIc
mordax, -cis — farouche IIc; mordache IIc
mors — goi IIc; morbleu IIc
morsellus ml. — morceau IIc
morsus — *camuso; muso; almuerzo
  IIb; coq IIc; morceau IIc
mortarium — mortajo
mortificare — santiguar IIb
mortua, manus — mortaille IIc
mortui tallia ml. — mortaille IIc
mortuus — [maña IIb]; sortire
morus — morello
~ — múrrio IIb
~ celsa — gelso IIa
moschus, moscus ml. — musco
motacilla — cutretta IIa
movere — smagare; meu'e IIc; trémousser IIc
movet — plevir IIc
[mōvibilis] — meute IIc
movita ml. — *ib.
mozolus ml. — mozzo IIa
mu ml. — mo IIa
mucare, muccare ml. — moucher
  IIc
mucceus — moccio IIa
[muccidus] — moite IIc
muccus —cica; moccio IIa; moucher
  IIc
mucere. mucescere — moisir IIc
mucidus — moscio: [moite IIc]
mūcor — mugre IIb
mucro — mugron IIb; puya IIb

mucus — cica; moccio IIa; [moquer IIc]; moucher IIc
[mucus] — mouco IIb
muffula ml. — muffare
mugil — múggine
mugire — mugghiare; braire IIc; raire IIc
mugulare ml. — mugghiare
mula — hure IIc
mulgeo — mongana IIa
mulgere — mungere
mulleus — mula
mullo ml. — meule IIc
mullus — múggine
[mulsa] — mousse IIc
multo ml. — montone
multus — mucho IIb
mulus — bordone; mulato IIb; muleta IIb
~ hinnus — muffo
mundare — escamondar IIb
munde — mon IIc
mundiburdis, -um, -us ml. — mainbour IIc
mundiburnium ml. — ib.
mundualdus ml. — mondualdo IIa
murcidus — marchito IIb; murcho IIb
murfus ml. — morfire IIa
muria — moja
murus — merlo; mur; marron IIb; muladar IIb
mus — micio; mur
~ caecus, ~ caeculus — murciego IIb
~ araneus — musaraña

mus montanus, ~ montis — marmotta
~ ponticus — armellino
Musa — musaico
Musae, cornu — cornamusa
musca — mo?chetto; moscione IIa; moineau IIc
muscheta ml. — moschetto
muscio — moineau IIc
musculus — nicchio; essart IIc
muscus — musco; musco IIb; mousse IIc; mugue IIc
museum, musica, musivum sc. opus — musaico
mussare — muso
mustela — bele IIc
musteus — moscio; *moite IIc
mustio ml. — moscione IIa
mustum — mostarda; moscione IIa; mozo IIb
mustus — cerrion IIb; [gozo IIb]; *mozo IIb
mutare — muer IIc
[muticus] — mozo IIb
mutilus — montone; *mozzo; mucchio IIa; mojon IIb; [mozo IIb]; muchacho IIb
mutire — motto; moquer IIc
muttum ml. — motto
mutulus ml. — mucchio IIa; moyeu² IIc
mutus — sollo IIa
muzolus ml. — mozzo IIa
myropola — mire IIc
myrtus — mortella IIa
mytilus — nicchio; moyeu² IIc
myxa — miccia

n

naca ml. — esneque IIc
[nacca, nacta] — nata IIb
nae ipsum — neis IIc
naevus — neo IIa
namium ml. — nans IIc
nanus — ninno
napus — nabot IIc; navet IIc
naricare; nario ml. — *narguer IIc
nasci — levante
nasturtium — *nasturzio; [mièvre IIc]
nasus — brocca; punais IIc
nata — nada IIb; nata IIb
natalis — noël IIc
natare — notare; nata IIb
nati — *nada IIb
natica ml. — nática; oca; rocca; vengiare; guiche IIc; huche IIc
natis — nática; oca; rocca

nativus — naïf IIc
natta ml. — [nata IIb]; natte IIc
natus — alnado IIb; nada IIb; ainé IIc; aubain IIc
nauclerus — *nocchiere
naulum — nolo
nausea — noja; noise IIc
[nauticarius] — nocchiere
navalis, carrus — carnevale IIa
[navicarius] — nocchiere
navicella — nacelle IIc
[navicularius] — nocchiere
navigare — nager IIc
navigium — [navilio]; navío IIb; [mire IIc]
navile — hure IIc
[navilium] ml. — navilio
navis — ib.
ne — niente; enne IIc

[Neapolitanus] — artigiano
nebula, auch ml. — nevula; stoppia
nebulo, nebulus — *mièvre IIc
nec — anche; così; niente; neis IIc
necare, auch ml. — negare; trinciare; taie IIc
nec quem — ninguem IIb
~ ubi — nenhures IIb
~ unus — ib.: niuno; [degun IIc]
negare — goi IIc
~ ml.
neglectus — neleit IIc
negromantia ml. — negromante
ne hetta al. — nada IIb
~ ipse unus — nessuno
~ ipsum — aus IIc; neis IIc
nemo — nimo IIa
[nemus] — bosco
nenu al. — ne IIc
nepos — [estribo]
~, nepota, neptía, neptis — nièce IIc
nepta ml. — ib.
neque unus — niuno; neis IIc
nervium — nervio IIb
nervus — ib.; [naverare]
nesapius — saggio
nescio unum — nessuno
nescius — saggio; nice IIc
ne unus — niuno
[nevicare] — neige IIc
nexus — nesga IIb
nidificare — jauger IIc; nicher IIc
nidulus — nido
nidus — nido; ninno; nec IIc; nicher IIc
nigellare, nigellum ml., nigellus — niello
niger — negromante; scorzonera; mare IIc
nihil, non — nada IIb; ne IIc
nimis — nemps IIc
nitella — arda IIb
nitidus — lindo; netto; putto²
nitrum, sal — salitre IIb
nivea — trieu IIc
niveus, -a — *neige IIc
nix, nivis — ib.; [virar]
nixa ml. — miccia

nobiae ml. — nòvio IIb
[nobilius] — mire IIc
noctante, noctante mente; noctanter ml. — nuitantre IIc
[nocte] — anche
noctis tempore — nuitantre IIc
nodus — denuedo IIb; avouer IIc
nomen — nombre IIb
nominare — charme IIc
non — ne IIc; si IIc
nona
~ hora — desinare
non illud — ne IIc
~ nihil — ib.; nada IIb
nonna ml. — nonno; mamma
nonnanes ml. — nonno; moineau IIc
nonnus — nonno; XXIII (XVIII) 1
non valens — nualh IIc
nora ml. — nuora
nosca ml. — nosche IIc
novacula — navaja IIb
novale — friche IIc
novus, -a — *nòvio IIb; friche IIc
nox — *anche; lutin IIc
noxa — noja; noise IIc
noxia — noja
nubere — nòvio IIb; velar IIb
nubes — nuer IIc
nucalis — noyau IIc
nucleus — [gnocco IIa]; nocchio IIa
nudus — biotto; [gnocco IIa]
nugalis, comp. nugalior, nugalius — nualh IIc
nugari — bugía
nullus — zero; nada IIb; veruno IIa
numerus, -are — nòvero IIa
[numqua] — dunque; degun IIc
[numquid] — dunque
nūptiae — *nòvio IIb
nura ml. — nuora
nurus — ib.; beau IIc
nusca ml. — nosche IIc
nutrimen — nourrain IIc
nutritio — polisson IIc
nux, nŭcis — fagotto; *nuca; nocca IIa

O

obba — obus IIc
obbonis ml. — bonete
obdurare — adurer IIc
oblaqueare — élaguer IIc
oblata — biado; oublie IIc; plie IIc
obliquus — bieco IIa; bigle IIc

oblitus — obblio
oblivium, pl. oblivia — ib.
obpinis ml. — bonete
obryzum ml. — bronzo
obsequiae — obsequias; obsèques IIc
obsequium, auch ml. — obsèques IIc

obses — ostaggio
obsidaticum, obsidatus — *ib.
obsidium — sedio; sítio IIb
obstare, auch ml. — öter IIc
obtūrare, — atturare; tuero IIb
ob viam — ubbia IIa
óbviam — ib.; uggia IIa
obviare — uviar IIb
occare — alcornoque IIb; hueco IIb
occasio — cagione IIa: achaque
  IIb; [corazon IIb]
occidens — levante
occidere — *ancidere IIa
[occipitium, occiput] — agio
ocius — vias IIc
october — XXIV (XIX) 5
oculus — binocolo; bornio; froncir;
  bircio; sottecco IIa; abrojo IIb;
  antojo IIb; bisojo IIb; bizco IIb;
  bigle IIc; œillet IIc
odium — noja; uggia IIa
oestrus — estro
offa — uffo
~, Galli — gaglioffo
offendere — achar IIb; ajar IIb:
  hallar IIb
[officina] — fucina IIa
offula — guancia IIa
~, Galli — gaglioffo
olca ml. — ouche IIc
olere — lezzo IIa
olla — IIb; houle IIc; houle² IIc
olor — ganta
~ — olore; lezzo IIa; alerce IIb
omnia, omnis — ogni IIa
omni -unus — ib.
onocrotalus — agrotto IIa
onychea, gemma — cammeo
onyx, -chis — nichetto IIa
opacus — *bacío IIa; uggia IIa
opera — manovra; uopo; huebra
  IIb
operare, ex — scioperare IIa
operari — vignoble IIc
operire — ouvrir IIc
opprobrium — reprocher IIc

optare — otar IIb
opulens, vini — vignoble IIc
opulus — oppio IIa; obier IIc
opus — uopo; [estovoir IIc]
~ textile — outil IIc
ora — *orlo
orbita, orbitaria — ornière IIc
orbus — avocolo; orbo
orca — orza; urca IIb; dorca IIc;
  dorna IIc
orcea — orza
Orcus — orco
ordalium ml. — ordalie IIc
ordinare — mungere; ordeñar IIb;
  ordonner IIc
ordinem, ad — orne IIc; [ornière
  IIc]; ordonner IIc
organum — *árgano; órgano
orichalcum — oricalco
oricla — orecchia
oriens — levante
[oripelargus] — orfraie IIc
orphaninus — andare
orula — spillo; [orlo]
[orulus] — orlo
oryza — riso
os, oris — rostro IIb
osa ml. — uosa
osculum ml. — oscle IIc
osma ml. (Erf. Gl.) — orma
ossifraga — orfraie IIc
ostendidi ml. — battere
ostiarius — uscio; bruxa IIb
ostium — andare; escire; uscio;
  uggia IIa
ostracus ml. — piastra
ostrea — huitre IIc
oterum ml. — otero IIb
otis — ottarda
otium — agio; oisif IIc
otus — autillo IIb
ovicula — ouaille IIc
ovis — feda IIc; ouaille IIc
ovum — ovata: moyeu² IIc; ove IIc
oxalis — oseille IIc

P

pabulum — pabilo
pacare — pagare; eschiter IIc
pacificare — santiguar IIb
pacisci, pactio — pacciare
pactum — [eito IIb]; pecho IIb; pan
  IIc
padulis ml. — padule IIa
paedagogans — pedante
paedagogium, paedagogianus — paggio

paedare — pedante
paeonia — pivoine IIc
paganus — pagano
pagense — paese
pagensis ml. — ib.; paggio
[pagesius] — paese
pagina — léndine
pagius spml. — paggio
pagurus — granciporro IIa

pagus — paese; aere
pala — spalla; paleto IIb; paleron IIc; pêle-mêle IIc; pelle IIc
palam — paladino IIb
palanga ml. — pianca
palari — paltone IIa
palarius — paleron IIc
palatium — [malvagio]; ruffa: sagire: álabe IIb; palais IIc; punais IIc
palatum — palais IIc
palea — paglia: [parpaglione]; [houspiller IIc]
palitari — paltone IIa
palitia — balisa; liccia
palla — palletôt IIc
pallidus — pardo IIb
palliolum ml. — palio
pallium, auch ml. — ib.; palletôt IIc; poêle² IIc
palma — palmiere; paumier IIc
palmare ml. — paumier IIc
palmatus (cervus) — paleto IIb
palpare — bobo IIb; hueco IIb; popar IIb
palpebra
[palpetra], palpitare — palpebra
paludanum — pantáno
palus — balisa; catafalco; parco; [pertugiare]: spalla; pelear IIb; pieu IIc
~, paludis — pantáno; padule IIa
pampinus — pimpinella; pimpollo IIb; pampre IIc
panarium — paniere
Pancratius — plevir IIc
panctum — pan IIc
[pandare] — badare
pandere, passus — passare
pandiculari — pantois IIc
pandura, -ium — pandúra
pangere — spignere IIa
panicula — pannocchia
panis — compagno; marzapane; pada IIb; appaner IIc; chien IIc
pannus, auch ml. — pennone; spanna; *pan IIc; panne IIc
Pantaleon — pantalone IIa
pantanum ml. — pantáno
pantex, -icis — croccia; pancia; ratto; torciare; corcho IIb; pantorrilla IIb
panucula — pannocchia
panus — dipanare: panne IIc
paor vulg. — peur IIc
papa — 1; pappagallo
~ — 1; pappagallo; pappalardo; pápero IIa
papae — pápe IIa
papaver — abába IIb; amapóla IIb: [bègue IIc]; *pavot IIc; [ponceau IIc]; XXIII (XVIII) 3

papilio, auch ml. — farfalla; padiglione: parpaglione; chiodo IIa; [tref IIc]
pappa, papula — papa; pápero IIa
papyrius — [pabilo]: papier IIc
papyrus — papier IIc
par — paraggio; parecchio; caffo IIa; párias IIb
parabola, auch ml. — gota; parola
parabolare ml. — parola
paradisus — parvis IIc
parafredus ml. — fiasco; palafreno
parare — I: mamparar IIb; pairar IIb; manaier IIc
[paratella] ml. — parelle IIc
para-veredus — palafreno
parc, parch ml. — parco
parca — fata
parcere — parco; XXVI (XX)
parcus, auch ml. — foresta; parco; párgolo IIa; XXVI (XX)
parens, parēre — parven IIc
paria; pariare ml. — párias IIb
pariare, pariari — pairar IIb
pariculus ml. — parecchio
[paries] — cheto
[pariolum] — perol IIb
Parmensis — corte
paro ml. — barone
parochia ml. — parróchia
parochus — parrocchetto
poroecia ml. — parróchia
parricus ml. — parco
pars — par² IIc; part IIc
[partenses] — artigiano
partiri, se — partire
partitus — artigiano
parvus — párgolo IIa
pascha, pascharum; pascua ml. — pasqua
passa (uva) — pasa IIb
passar volksth., passer — páxaro IIb
passerculus, pictus — pintacilgo IIb
passus — passamano; passare; tosto; varcare IIa; pas IIc
~ (pt. zu pandere) — passare
pastillus — pasta
pastoria, pastorium ml., pastorius — pastoja
pastus — pasta; pastocchia IIa
patella — faína; charivari IIc; noël IIc; pêle-mêle IIc; poêle IIc
pater — mamma; babbo IIa; beau IIc; parrain IIc
patere — foresta
patina — *perol IIb
patior — pazzo IIa
[patranus] — *parrain IIc
patrinus ml. — *ib.; marraine IIc
patrius — patois IIc
patruus — oncle IIc

paucus — flou IIc; peu IIc
Paulus — alabar IIb
pauritare — peritarsi IIa
pausare — I; aposentar IIb; *maripusa IIb
pavare ml., pavire — paver IIc
pavitare — espautar IIc
pavo — vanno; súghero IIa; [ponceau IIc]
pavor — augurio; [bigot IIc]; peur IIc
pavus — pappagallo
paxillus — paisseau IIc; [plais IIc]
peccare — pecca
pecora ml. — pécora IIa
pecten — péttine; empeine IIb; pechina IIb
pectore — prieto IIb; prieto² IIb
pectorina — prieto IIb; barriga IIb; poitrine IIc
pectus — parare; rimpetto IIa; peto IIb; pis IIc; poitrine IIc
pecuaria — piara IIb
peculus — picciuolo IIa
pecunia — ardite IIb
pecus — bescio IIa; pécora IIa; ardite IIb; ouaille IIc; pec IIc; picorer IIc
pedagium ml. — pedaggio
pedare, -atio ml. — peason IIc
pedes, -itis — pedone; pitaud IIc; regretter IIc
[pedestris] — [piètre IIc]
pedica — sedio; tagliuola IIa; pejo IIb; pihuela IIb; [mire IIc]; piége IIc
pediculus — pidocchio
~ — picciuolo IIa; pihuela IIb
pedis ungula — pesuña IIb
peditare ml. — pedone
pedito, -itonis — ib.; pitaud IIc
peditum — petardo
pedo, -onis — pedone; [piètre IIc]
peducla, -us ml.; peduculus — pidocchio; pulce
pelagus, auch ml. — pélago
[pelegrinus] ml. — pellegrino
pellericum ml. — pilori IIc
pellex, pellicula — pelleja IIb
pellicula (pellis) — ib.
pelliceus, -ea — pelliccia
pellis — orpello; *pelare; peltro; pellizcar IIb; empeltar IIc
pellitus — ardire
pellorium ml. — pilori IIc
[pemma] — pelmazo IIb
pendēre — filipendula; pennone; pendíce IIa; épancher IIc; loque IIc; pencher IIc; pente IIc; targer IIc; tonte IIc
pendicare — ficcare; arracher IIc;

épancher IIc; pencher IIc; targer IIc
pendulus — péntola IIa; loque IIc
penna, auch ml. — I; pennone; fédera IIa; panache IIc; panne IIc; XXIV (XVIII) 4
pennula — pennone; gálbero; sandío IIb
pensare — peso; mare IIc; XXV (XIX) 7
~ (sitim) — peso
pénsile, pensilis — poéle³ IIc
pensio — pigione IIa
pensum — peso; pestillo IIb; poéle³ IIc
pepo — pepin IIc
per — [pertugiare]; por; profilare; pardiez IIb; fouger IIc; par IIc; parbleu IIc
~ ad — por
percognitare — conto
percontari — preguntar IIb
percutere — cudir IIb
perdere — empecer IIb
perdix — fagotto; perdíce; tralce IIa; rapaz IIb
perdoctus — par IIc
perdrix ml. — perdíce
peregrinus — pellegrino; XXIII (XVIII) 2
per-exsucare, per-exsuctus — suco
perfectus — fino
perfidia — porfia IIb
pergamenum — parchemin IIc
pergamum — pergamo IIa
pergula — parra IIb
per hoc — però
~ hocque ml. — ib.
periclum — aliento IIb
[perire, peritiare] — pertugiare
peritare, peritus — peritarsi IIa
perla ml.
per medium — mezzo
perna — perla; perno; pierna IIb
perpunctum ml. — pourpoint IIc
persica — [rivescio]; toso; pazzo IIa; [festo IIb]; [tosco IIb]
~, syringa — lilac
persicum, -us — persica
persus, -eus ml. — perso
pertica — [stamberga IIa]; perche IIc
perticare, pertundere — pertugiare
pertusiare, -ium — ib.
pertusus, -iare — pigiare IIa; morceau IIc
perula — brullo IIa
~ ml. — perla
perulare — brullo IIa
perulus ml. — perla

perust*ulare*, **perustare**, **perustus** — bruciare

pervigilatrix — rosignuolo

pes, pedis — pedaggio; pedone; piedestallo; [piota IIa]; tagliuola IIa; apear IIb; argolla IIb; ferropea IIb; pihuela IIb; regretter IIc

pes*io* — pigione IIa

pes pulli — portulaca

~, ~ — ib.

pessulus — [ascla]; pestillo IIb

[**pestulum**] volksth. — pestillo IIb

[**pestulus**] volksth. — ascla

petalum ml. — poêle² IIc

petens — pezzente IIa

petent*ia* — pietanza

[**petere**] — despedir IIb

petia ml. — pizarra IIb; pizza

~ ml. — pezza

peti*ens* — pezzente IIa

petiolus — pezza; *picciuolo IIa

petium ml. — pezza

petra — lampreda; perro IIb; salpêtre IIc

petronius (canis) ml. — perro IIb

petroselinum — petrosellino

petrunculus (canis) ml. — perro IIb

Petrus — parrocchetto

[**phantasiare**] — pantois IIc

phantasma — fantôme IIc; [taxer IIc]

phantasticus — fantôme IIc; [pantois IIc]

phaseolus — frisol IIb

phiala — fiasco; phiole IIc

philomela — XXIII (XVIII) 2

phlebotŏmus — fiama

phlegma — rima

phoeniceus — ponceau IIc

phreneticus — garbillo IIb

Phrygiae vestes — fregio; orfroi IIc

[**phrygium, aurum**] — orfroi IIc

Phryx, phryxianus — ib.

pica — piorno IIb

pĭcare — pegar; rez IIc

picarium ml. — bicchiere

piceus — bigio

pict*are* — peindre IIc

pict*iare* — pizza; XXVII (XX)

pictus — pizza; pinta; rubbio IIa

~ **passerculus** — pintacilgo IIb

pic*ulus* — picco; pieu IIc

picus — picco; piccolo; piorno IIb

pietatem — [cheto]; pietanza

pigmentum, auch ml. — pimiento

pignora (pl.) — medrar IIb

[**pignorari**, **-are**] — nans IIc

[**pigritari**] spl. — peritarsi IIa

pigritia — pigrezza; XXIV (XVIII) 4

pīla — pillotta; pella IIb; complot IIc

pīla — pigliare; pella IIb; XXV (XIX) 7

pīlare — pelare; pigliare; piluccare; escarapelarse IIb; [chenille IIc]

pīlare — pigliare; siller IIc; XXV (XIX) 7

pilaricum ml. — pilori IIc

pilasca ml. — fiasco

piliorium ml. — pilori IIc

pilloricum ml. — ib.; berlina IIa

pillula — perla; záccaro IIa

pilotellus ml. — pillotta

pilum — chuzo IIb; [pilori IIc]

~ **vestimenti** ml. — gherone

pilus — fiasco; piluccare; [piota IIa]; terciopelo IIb; peluche IIc

pinca ml. — penca IIb

pincio ml. — pincione

pincus ml. — penca IIb

pinea — pignatta IIa

pingere — pinta; pizza; aveindre IIc; peindre IIc

pinguis — pringue IIb

pinica, pinca — pinque

pin*iceus* — bronzo

pinna, -aculum — penna

pinsere, -us — pigiare IIa; pétrir IIc

pins*iare* — pigiare IIa

[**pinsit*are***] — innesto IIa

pinsitus — pestare

pinus — pinaccia; pinque; pino² IIb

pīpare — piccione; piva

pīpiare, pipilare — piva

pip*inna* — pepin IIc

pipio, pipire — piccione

pip*isare* — pisciare

piracium — agresto

[*piriolum*] — piva

pirula — perla; [orlo]

pirum — perla

pisalis ml. — poêle³ IIc

pīsare — pestare; pigiare IIa

piscator — Martin pescatore

piscis — poisson IIc

pisele, -is, -um ml. — poêle³ IIc

pistare spl. — pestare; *calpestare IIa; [innesto IIa]

pistillus — pistóla

pistura, -ire — pétrir IIc

pistus — pasta; pestare

pitacium ml. — pedazo IIb

pir*are* ml. — pietanza

[*piticulus, pitiolus*] — picciuolo IIa

pītissare — pisciare

Pitito-villare ml. — pito

pittacium — petecchie; pezza; pedazo IIb

pituita — pipita; [viluppo]

pix, picis — pegar; alcorque IIb

pixides ml. — boite IIc
placere — loisir IIc
placitare ml. — concertare
placitum, -a ml. — *piato; exploit IIc
plăga — piaggia; plie IIc
plāga; plagia ml. — piaggia
plais ml. — plie IIc
planare — pialla IIa
planca — pianca; [folata IIa]; spa·
lancare IIa; esparrancar IIb;
[lasca IIb]
plangere — lagnarsi; plaindre IIc
planta — pantófola
plantago — llanten IIb
planula, -ulare — pialla IIa
planus — ib.; chanela IIb; [rivellino]
plasma — pasta
plastrum — piastra
plata ml. — piatto
platēa — mazza; piazza
platēa — piazza
platessa — plie IIc
plautus — piota IIa
[plaxetum, plaxitium] ml. — plais IIc
[plaxum] — ib.
plebanus, plebes ml. — pieve IIa
plebs — ib.; pieviale IIa; chus IIb
plectere — pleita IIb
[plexare] — plais IIc
plexum — sais IIc
plexus — *plais IIc
plicare — fregare; piegare; llegar
IIb; plisser IIc; scier IIc
plicatus — délié IIc
plicita — exploit IIc
plíco — bieco IIa
plictiare — plisser IIc
ploppus — pioppo
plorare — chantepleure IIc
plotus — *piota IIa
ploum, plouum ml. — arátro
pluma — chumazo IIb
[plumbaceus] — pelmazo IIb
plumbare, -icare — alberare; piombare; XVI (XIII)
plumbum — mare IIc
pluppus ml. — pioppo
plures; pluriores ml. — plusieurs
IIc
plus — chus IIb; plusieurs IIc
plusimus — plusieurs IIc
pluteum, plutea — choza IIb
pluvia — parare; pioggia; sergente;
pieviale IIa
pluvialis — *pieviale IIa
podire ml. — potere
podium — poggio
poena — appena; seta; [foin IIc]
poenitere — ripentaglio IIa; pan
IIc

polecticum ml. — pouillé IIc
poledrus ml. — polédro
polenta — andare
poleticum ml. — pouillé IIc
policare ml. — pollegar
policia ml., polire — polizía
politia ml. — ib.; pólizza
polities spl. — polizía
[pollenticarius] — boulanger IIc
pollex, -icis, auch ml. — *pólizza;
ronce IIc
pollicaris — pollegar
pollice truncus — poltro
[pollincarius] — boulanger IIc
[polpus] — mièvre IIc
polyptycarium — *pouillé IIc
polyptychum — ib.; [pólizza]
polypus — [mièvre IIc]; XXIII
(XVIII) 2
pompholyx — fanfaluca; XXIII
(XVIII) 1
pomum — pomata
pondus — peso
ponere, auch ml. — levante; pausare; ponente; sagire; pondre
IIc; teler IIc
ponticum, rha — rabárbaro
ponticus — armellino; [ratto]
pōpulus — fiasco; pioppo; XXV
(XIX) 7
~ alba — álbaro
popus ml. — poppa
[porcētra] — polédro
porcilaca — portulaca
[porcula] — borchia IIa
porcus — cinghiare; porcellana;
[lleco IIb]; sohez IIb; porc·épic
IIc; XV (XII)
porrigere — sporto IIa; espurrir
IIb; sobar IIb; *puirier IIc
porro — por IIc
porrum — porra IIb
porta — sporto IIa
portare — [voto IIa]; colporter IIc
porticus — porche IIc
portulaca
pos al. — poi
positus — posta; posticcio; postilla
posse — potere; XV (XIII)
post — *poi; pescuezo IIb; pestorejo
IIb
~, de ml. — poi
~, de ex — ib.; des
postcoenium — desinare; pusigno
IIa
postea — anzi; dunque; poi; pria
IIa; XXIV (XIX) 5
posterula — [orlo]; marne IIc;
poterne IIc
post illa — postilla
postis — poteau IIc

[post*ius*] — poi
postrare ml. — prostrare
potentia ml. — potence IIc
potere ml. — I; sapere; assouvir
   IIc
potestas — podestà IIa
[pot*inare*, pot*inus*] — posnée IIc
potio ; potionare ml. — pozione
[potis] — posnée IIc
potus — pote
poxides ml. (Erf. Gl.) — boîte IIc
[prae] — anzi
praebenda — prebenda
praebere, auch ml., praebitio, prae-
   b*ium* — plevir IIc
praeconium — pròne IIc
praecoquus — albercocco
praeda — [foin IIc]; ganado IIb
praedicare — gniche IIc; prêcher
   IIc
praed*ire*, praeditus, praedium —
   plevir IIc
praegnas, -ans — pregno
praepositus — prevosto
[praeputium] — buccio IIa
praesaga — fresaie IIc; [orfraie
   IIc]
praes, praedis — plevir IIc
praesentare, auch ml. — presente
praesentia ml. — ib.
praesepe — [agio]; greppia
[praesepium] — agio
praestare, auch ml. — prestare
praesto — prieto IIb
praestus, auch ml. — presto
praeter·quod — ergo IIb
praevaricare — varcare IIa
pratum — *parelle IIc
pravitas, pravus — bravo
precarius — plegária IIb
prehendere — capére; ripresaglia;
   nans IIc; [puirier IIc]; XXIII
   (XVIII) 2
prehensio, prensio — prigione
prehensus — ripresaglia
premere — preindre IIc
prendidi ml. — battere
presbyter — prete
presbyteralis, -atus ml. — ib.
presbyterum (acc.) — ib.
pressare — prensar IIb
pressum — presso
pretium — seta; gens IIc
primarius — ciriegia; primo
prime — primo
primicerius — prince IIc
primus — primo; ver; pria IIa; primo
   IIb; prinsautier IIc
princeps — prince IIc
prius — [anzi]; pria IIa; XXIV
   (XIX) 5

pro — por; pro; protilare; avec IIc;
   belitre IIc; pourpoint IIc
~ ad — paragone; por
proba — tema IIb
probant*ia* — XVI (XIII)
probatus — liévito
probe, probus — pro
[procer*are*, procĕru*s*] — puirier IIc
prodest, prod*ius* — pro; avol IIc
profectus — profitto
proficiat — pro
[proflare] — ronfiare
profundus — biasciu; *confortare;
   foudo; rifusare
pro hoc — però
pro inde — porende IIb
promere — improntare
prominare — menare
[promutuor], promutuum — improntare
[pronicare] — bronco
pronus — *broncio IIa; embronc IIc
propaginare — propaggine; fermillon
   IIc
propago, -inis — propaggine
propiare — proche IIc
propius — ib.; aubain IIc
prop*ius* — propio
proponere — pausare
proprius — propio
prora — *prua; [rado IIa]
prosternere, prostratus — [andare];
   prostrare; [puirier IIc]; XXIII
   (XVIII) 2
protelum, protelare — teler IIc
provectus — profitto
providenda, providere — prebenda
providus — prude IIc
provitus ml. — liévito
prŭdens — pro; prude IIc
prud*us* — prude IIc
pruina — *brina IIa; brin IIc; brouée
   IIc; bruine IIc
pruinosus — brina IIa
prun*ea* — brugna
[prun*ia*, prun*icia*] — bronzo
prūrire — prŭdere
psalmus — ensalmar IIb
psittacus — pappagallo
ptisăna — tisana
publicum, mallum ml. — mall public
   IIc
puer — garzone; ragazzo IIa
pugio, -onis — pugnale; mugron IIo;
   puya IIb
[pugnus] — embler IIc
pulcher — guerra
pulcinus ml. (Cass. Gl.) — poussin IIc
puledra, -o ml. (Cass. Gl.) — polédro
pulegium — poleggio
pulex — piluccare; pulce; alcorque
   IIb

pulicella ml. — pulcella
pulla — coq IIc; ficelle IIc; grésillon IIc
pullare — pollare IIa; pular IIb
pullastra — polédro
pullatus — bellezour IIc
[pulletra] — polédro
pulletrus ml. — *ib.; solive IIc
pullicenus — poussin IIc
pulli pes — portulaca
~, ~ ib.
pullitrus — [polédro]; poltro
pullulare — pular IIb; repollo IIb
pullus — poltro; pulcella; pulcinello IIa; pardo IIb; [polilla IIb]; bellezour IIc; poulain IIc
[pulpitulum] — pupitre IIc
pulpitum — *ib.
puls, pultis — pantáno; puches IIb
pulsare — pulsar; torciare; [bussare IIa]; possa IIc
pulsus — pulsar; tempia; bolso IIa; [bussare IIa]; [poudre IIc]
pulvis, ·eris *polilla IIb; salpicar IIb; *poudre IIc; soudre IIc
pumex — ponce IIc; ronce IIc
punctiare, punctio — *punzar
punctulum — piccolo
pnnctum — ib.; punto; spuntone
punctus—[coltrice]; punzar; pontare IIa; pourpoint IIc
pungere — poindre IIc
punicellus, puniceus — ponceau IIc

pūpa — [agio]; poppa
[pupia] — agio
pupilla — ninno
pura — [engrant IIc]
~, coena — venerdì
purare — smerare
pure — IIa; mon IIc
puritas — [corazon IIb]; poridad IIb
purpureus — ponceau IIc
purus — pretto IIa; schietto IIa
pūs, pūris — podre IIb
pustula — postilla IIb
pūtam (acc.) — nonno; *putto
pūtare — potare; [podenco IIb]; ente IIc
[puteare] — chapuzar IIb
pūter — podre IIb
puteus — pozzo
puticla ml. (Cass. Gl.) — botte; fiasco
pūtidus — *putto²; puzzo IIa; punais IIc
putillus — putto
putius — puzzo IIa
putridus — lordo; olla IIb
pūtus — putto
pyralis spml. — poéle³ IIc
pyrethrum — pilatro
pytissare — pisciare
pyxida (acc.) — [bosso]; busto; boîte IIc
pyxis ml. — boîte IIc

q

quadra, auch ml. — coron IIc
quadragesima — quarésima; carnevale IIa
quadrans — cadran IIc; coron IIc
quadrare — cara; quadro
quadraria ml., quadratus — quadro
quadrifurcum — carrefour IIc
quadrilio — carrillon IIc
quadrivium — carrobio IIa
quadrum—*carriera; quadro; bigarrer IIc; coron IIc
quadrupedone, quadrupone; quadrupes — carpone IIa
quaerere — chiedere IIa; quien IIb; siquiera IIb
quaericare — cercare
quaeritare ml. — gridare
qua hora — qnora IIc
~ libra — calibro
qualificare — jauger IIc
qualis — calaña IIb
~ quam — qualque

quam — ca; qualche; quan IIb
quamdiu — quandius IIc
[qua mente] — come
quando — lanquan IIc
quantum, in — incanto
quaquadra, quaquara, quaquila ml. — quaglia
qua re — ca
quare — car
quartus — mercoledì; quartiere; [scartare]; squarciare IIa; esquinzar IIb; primo IIb
quasi — *hascás IIb
~ coctus — biscotto
quasimente — mentre
quassare — cass; casso²; coitar; *fracassare; frasca IIa; cascar IIb
quassiare — cass
quassicare — cascar IIb
quassus — cass; cansare IIa
quatere — coitar; quatto
[quaterna] — caserma

quaternio ml., [quaternum] — cahier IIc

quattuor — quattrino IIa; XXI (XVII)

quatuor annorum — milsoudor IIc

quem — che; ninguem IIb; quien IIb

querceus, -ea — quercia IIa; chêne IIc

quercia ml. — IIa

quercinus — cerquinho IIb; chêne IIc; mélèze IIc

quercus — cedro; quercia IIa; quexígo IIb

queri, questus — quexar IIb

queritari — regretter IIc

querna — iserna IIc

quernus — cedro; alcornoque IIb;. chêne IIc

querquedula — cerceta; XXIV (XVIII) 4

questare — *quexar IIb

[questiare] — ib.

quia — ca

quid — che

[~ velles, ~ vis] — cavelle IIa

quiesci — quicio IIb

quietare — *cheto; retoño IIb

[quietatio, -ator] — cheto

quietus, auch ml. — *ib.; tomar IIb

quinam — quin IIc

quintana ml. — bagordo

quintus — giovedì; esquinzar IIb; quinta IIb

Quiricus — gridare

quiritare, auch ml. — ib.; XXVI (XXI)

quiritari — regretter IIc

quiritatio — gridare

quis — che; quizá IIb

quisquam — qualche

quisque — alcuno; chaque IIc; chêne IIc

~ ad unum — cadaúno; ciascuno

~ et unus — ciascuno

~ unus — ib.; chaque IIc; XXIV (XVIII) 4

quo (modo) — come

quomodo — *ib.; [quejando IIb]

~ sic — come

quotidie — cote IIb

[quota] — otta IIa

quotus — quota

r

rabidus — [bravo]; raudo IIb

rabies — [ravauder IIc]; rêve IIc; revel IIc

[rabus] — bravo

raca ml. — ragazzo IIa

racēmus; racimus ml. — raisin IIc

radere, rasus — rallar; rasare; rascar; arañar IIb; zurrar IIb; rez IIc; roguer IIc

~ litus — rez IIc

radiare — raggio

radicina — racine IIc

radiculare — rallar

radius — raggio; gozo IIb; rate IIc

radix, -icis — [nuca]; razza; rapaz IIb; racine IIc; raifort IIc

radula — rallar

Radulphus ml. — loup-garou IIc

raga ml. — ragazzo IIa

[ragĕre] — raire IIc

ragire — *bravo; [rallar]; *braire IIc; bredouiller IIc; *raire IIc

[ragulare] — rallar

rallus — ralo IIb

rariex — ranche IIc

ramus — [branca]; ramingo; sprecare IIa; derramar IIb; rame

IIc; ramon IIc; rinceau IIc; XXIV (XIX) 6

rana — grenouille IIc; reinette IIc

rancidus — [bravo]; puzzo IIa

rancor ml. — rancore

[rancorea, -oria] — ib.

rangifer ml. — rangífero

ranucula, ranunculus — grenouille IIc

rapa — raperonzo; escuerzo IIb; rodrigon IIb

rapax — roba; rapaz IIb; raposa IIb

rapere — rappare: rabasta IIc; rabo IIb; raposa IIb; ravir IIc

raphanus — rábano IIb; remolacha IIb

rapidus — [cutretta IIa]; [ratto IIa]; ripire IIa: [raudo IIb]

raptare — rausar IIb; rautar IIc; rebatar IIb

raptiare — rausar IIb

raptus — [cutretta IIa]; *ratto IIa; rato IIb

rapum — rabo IIb

rarulus — ralo IIb

rarus — rado IIa; ralo IIb

[rasclare, rasclum] — rascar

ras*eus*, -*ea* — ragia IIa
ras*ica* — rache II
rasicare — *rascar; arañar IIb
ras*icula*re — *rascar
rasilis ml. — raso
rasis — ragia IIa; rache IIc
rastellus — rastro
[rast*lum*] — rascar
rastrum — [benna]; [rascar]; rastro
rasus — raso; cesoje IIa; rez IIc
ratio, auch ml. — razione
ratis — radeau IIc; [ré IIc]
~ — IIc
rauba -are ml. — roba
raucidulus — raust IIc
raucidus — [broncio IIa]; raust IIc;
   [ruste IIc]
raucus — fioco Ia; ronco IIb; enrouer IIc
rausus ml. — rausar IIb
[ravis, ravus] — grolle IIc
ravulus — ralo IIb
razus ml. — raggio
re (ha) — [gier IIc]
~ (qua) — ca
re-*ab*-altare — ribaltare IIa
re-*ad*-gustare — ragoûter IIc
re-*ad*-validare — ravauder IIc
rebellare — guerra; [rovello IIa]
   (Nachträge); revel IIc
rebur*ius* ml. — borra; riccio[2]
rebursus ml. — broza; riccio[2]
recaptare — recaudar IIb
[recens] — rincer IIc
recentare ml. — *ib.
recent*iare* — *ib.
reciprocare — reprocher IIc
recitare — astore; rezar IIb
[reclutare] ml. — recru IIc
recoenare — desinare
recondere — rebondre IIc
recredere (se), recreditus ml. — ricredersi
rectare ml. — reptar
rect*iare* — rizzare
rectus, auch ml. — ib.; ritto; cutretta
   IIa
recuperare, auch ml. — *cobrar; stoppia; enho IIb
recurrere — cudir IIb
recusare — rifusare; XXIV (XIX) 6
recŭtere — cudir IIb; [cutir IIb]
reddere — andare; rendere; adonare IIa
reddita — andare; rendere
redditum — rendere
redemtio — rançon IIc; XXIV
   (XVIII) 4
redimere — remir IIb; craindre
   IIc
reducere, -uctus — ridotto

redulus ml. — ré IIc
re-evare — rêve IIc
re-*ex*-captare — accattare
re-excitare — destare IIa
re-excutere — scuotere
re-expergere — esperir IIc
referre — refran
reflectere — fléchir IIc
refrangere, refrēnare, refringere —
   refran
[refundere, refus*are*] — rifusare
refutare, auch ml. — biasciu; *rifusare; rifiutare IIa; XXIV (XIX)
   6; XXV (XIX) 7
[refut*iare*] — rifusare
regalimen — reame
regaliolus — roitelet IIc
regalis — reame; regalare; real IIb;
   real[2] IIb; graal IIc
regĕlare — regalare; carrasca IIb
reg*ellus* — riel IIb
regestum — registro
regidus ml. — récio IIb
regimen — reame
regina — reinette IIc; fierce IIc
[regio, -onem] — reame
registrum ml — registro
regnare — rédina
re-gradus — regretter IIc
regula — relba; tegola; reja IIb;
   riel IIb; ringla IIb; meule IIc
[regulare] — bariol*er* IIc
regulus — roitelet IIc
[reg*umen*] — reame
reĭcere — récere IIa
re-imitari — remedar IIb
reincrescere ml. — increscere IIa
re-indere — rendere
[re-inflare] — ronfiare
[re-initiare] — rincer IIc
rei*s*a ml. — raise IIc
rejicere — récere IIa; arrojar IIb
relevare, reliquus — relief IIc
rem — rien IIc; [sé IIc]
[remedium] — mire IIc
re-molere — mulino
removere — muer IIc
[remulc*ulum*] — borchia IIa
remulcum — rimurchiare; [burchio
   IIa]
rēmus — rame IIc; XXIV (XIX) 6
remutare ml. — muer IIc
ren, renes — derrengar; ranco;
   rognone; trognon IIc
rendere ml.
ren*io* — rognone
renovare — renou IIc
reparare — pairar IIb
repatriare — repairer IIc
[repeditare] — rebentar IIb
repente — ib.

repere — [ripentaglio IIa]; ripire IIa; rabo IIb
replum — ripio IIb
reponere, auch ml. — rebondre IIc
re-prehendere, re-prehensus — ripresaglia
reprobare, [reprobicare] — [broncio IIa]: reprocber IIc
[reprobitare] — brontolare IIa
re-propiare — proche IIc; reprocher IIc
re-pullulare — repollo IIb
reputare, auch ml. — reptar
requiem — requin IIc
re-quiritari — regretter IIc
res, grandis — guari
resecare — rascar; *risicare; arisco IIb
[re-sincerare] — rincer IIc
respectare — répit IIc
respectus, auch ml. — ib.; rimpetto IIa
restare — resta²; restío
restes (alii sive caeparum), restis — resta
restringere — étreindre IIc
resuere — cucire .
rete — racchetta: randa; rezza IIa; redil IIb; *ré IIc; XXIV (XVIII) 4
retia (pl.), [retia, -iae] — rezza IIa
reticellum — réseau IIc
reticulum — reja IIb
retinere — parco; rédina; laisse IIc
retornare ml. — torno
retorquere; retorta ml. — ritorta
retro — I; mulino; redruña IIb
~, ad — bando; retro
~, de — retro
retroientia — retroenge IIc
retronea — redruña IIb; gauche IIc
retrorsus — bertovello; toso; ritroso IIa
[reunflare] — ronfiare
reus — reo IIa; XXV (XIX) 7
revadiare ml. — gaggio
re-validare — ravauder IIc
[re-vallare] — rivellino
reverentia — usted IIb
[reversicus] — rivescio
reversus — *rivescio; toso; avieso IIb
[reverticare] — quatto
[revictus] — rivescio
revisitare — trovare; rovistare IIa
revorsare — versare
[revorsum] — broza
rex — XXVI (XX)
rha barbarum botan. — rabárbaro
rheuma — choisir IIc; rhume IIc
Rhodanus — chêne IIc

Rhodigium — biado; chiodo IIa
rhododendrum — oleandro
[rhombulare] — ronfiare
rhombus — rombo
rhonchare — roncar IIb; ronco IIb; froncher IIc
rhonchus — roncar IIb
rhythmicus, ~ versus — rima
rhythmus, auch ml. — ib.; grimoire IIc
ribaldus ml. — ribaldo
ricinus — rezno IIb
ridere — regañar; riote IIc
ridica — rodrigon IIb
rigare — raggio
rigescere — récio IIb
rigidus — arisco IIb; récio IIb; roide IIc
rima
rimari — rima
rinca ml. — renge IIc
ringi — reñir IIb; grignon IIc
rio ml. — ru IIc
ripa — arrivare; ripido IIa; ripire IIa; arriba IIb; derribar IIb; ria IIb; *desver IIc; XVI (XIII)
riparia — riviera
rivicellus — *ru IIc
rivulus — ib.; rigole IIc
rivus — riviera; andarío IIb; arroyo IIb; *ru IIc
rixari — riccio²; raissar IIc
rixosus — raissar IIc
robiginosus — rogna
robigo, -inis — ib.; arañar IIb
robora ml., roborare — robra IIb
robur, -oris — róvere; robra IIb; goitre IIc
roburneus — goitre IIc
rocca ml.
[roccare, -eare, roccum] — rocca
roccus ml. — rocchetto
rodere — [rilhar IIb]; rozar IIb; rogner IIc
Roderiquiz ml. — XV (XII)
rodicare — rozar IIb; ronger IIc
[rodiculare] — rilhar IIb
rogare, auch ml. — corvée IIc; desver IIc; rover IIc
rogatus — liévito
rogitus ml. — ib.: [voto IIa]
rogium ml. — arroyo IIb
rogus — ré IIc
roissia ml. — rouir IIc
Roma — romeo
romancium ml., romanice — romanzo
ronchissare — hennir
rorale, -ia (pl.) — orvalho IIb
[rorare, roriata] — ros
ros — *ib.
~ marinus — ramerino

rŏsa
~, cupri — copparosa
roscidus — [bravo]; ros; [arrojar IIb]
roscinia ml. — rosignuolo
rŏsitare — rozar IIb
rosta ml. — IIa
rostrum — brocca; rostro IIb
rosus — rozar IIb
rota — girfalco; [ritorta]; pirouette IIc
rotare — rôder IIc
[rotatorium] — redor IIb
rotella ml.
rot-llare — rotolo
rotta ml. — rote IIc
rotula — rotella
rotulare — crollare; viola
rotulus — baldo; rotolo; redor IIb; [bouder IIc]
rotundus — fondo; tondo IIa; arrebol IIb; [redor IIb]; rogner IIc
rubellus — *rovello IIa (Nachträge); arrebol IIb
rubens — ruban IIc
~, ira — rovello IIa
[rubentum] — ib.
rubere flagellis — rosser IIc
rubescere — arrebol IIb
rubeus — roggio; rubino; rubbio IIa
rubia — roggio
rubidus — ib.; rúvido IIa
rubigo — ruggine
rubor — arrebol IIb
[rubrĭcus, rubrus] — lóbrego IIb
rŭbus — rogo IIa
ructare — regoldar IIb
rúctus — rot IIc
rudere — bruire; ruzer IIc
rŭdis — rozzo IIa; rúvido IIa; vizzo IIa
rudius — rozzo IIa
rudus, auch ml. — ib.
ruere — agina; arrojar IIb; desver IIc; *ruer IIc

rufulus — ruffiano
rufus — ruffa; ruffiano
ruga, auch ml.
[rugidus] — rúvido IIa
rugire, auch ml. — *bravo; bruire; braire IIc; bruine IIc; raire IIc; rut IIc
rugitus — [bravo]; bruire; ruido IIb; rut IIc
ruidus — rúvido IIa
ruina — agina; ruin IIb
ruma — máschera
rumbulus ml. — rombo IIa
rumex — ronce IIc
rumigare — ronger IIc
rumpere — friche IIc; rosser IIc
runcare — ronca IIa
runcinus ml. — rozza
rupea — *rocca
rupes — *ib.; dirupare
rupica — *rocca; rocchio IIa; bar·. rueco IIb
rupicapra — camozza
rupta ml. — rotta; brive IIc
ruptiare — rosser IIc
ruptura ml. — rotta
ruptus, -a — ib.; grotta; rosser IIc
rurestris — ruste IIc
rusca ml. — brusco; ruche IIc
ruscinia ml. — rosignuolo
ruscum — *brusco; [frusco IIa]; ruspo IIa
ruscus — bravo; [brusco]; [frusco IIa]
ruspari — ruspare IIa
russeus — rúcio IIb
russus — rosso; bele IIc; rissoler IIc; rosser IIc
rusticitas — ruste IIc
rusticus — [brusco]; foresta; gonna; lesto; *ruste IIc
rutabulum — [rilhar IIb]; râble IIc
[rûtare] — ruer IIc
[rutuba] — alboroto IIb

S

sabanum spl. — sábana
sabbati dies — samedi IIc
sabellinus, sabellum ml. — zibellino
sabius — saggio
sabucus — sureau IIc
saburra — zavorra
saccare ml. — sacar
saccharum — zúcchero
saccus — bisaccia; sacar; sacco; tasca; ciacco IIa

sacer — girfalco; sagro
sacire ml. — sagire
sacramentum — [gaimenter IIc]; serment IIc
[sacrare] — massacre IIc
saeculum — grole IIc; meule IIc
saevus — [desver IIc]; savai IIc
saga — saja
sagena — seine IIc
sagimen ml. — saíme

[sag*imen*] — faggio (Nachträge)
sagina — saíme
sagio ml. — sayon IIb
sagitta — bègue IIc
sagma — salma; launa IIb
sagulatus, sagulum — saja
sagum — giaco; saja; zagal IIb; berner IIc
saio ml. — sayon IIb
sal — moja; sala IIa; salpicar IIb
salcitia ml. — salsa
salice*tum* — saule IIc
salire — sahir IIb
[sali*sicia*] — salsa
[salis *incicia*] — ib.
salivam ciere — bâfre IIc
salix, -icis — *saule IIc
salma ml.
salmacidus — salmastro
sal nitrum — salitre IIb
~ petrae — salpêtre IIc
salsities ml. — salsa; XXIII (XVIII) 7
salsus — salsa; soda; morceau IIc
saltus — [bosco]; soto IIb
~ (salio) — prinsautier IIc
salus — sadío IIb
salvia — sauge IIc
salvus — [anafar IIb]; zafo IIb
Samarobriva — brive IIc
sambuca spml. — sambue IIc
sambucus — sampogna
sampsa — cansare IIa
[sanare] — aro IIb
sancte deus — sandío IIb
sanctificare — mego IIb; sandío IIb; santiguar IIb; testigo IIb
sanctus — pappalardo; segno
sandalium — sándalo²
sanguinare — salassare IIa
sanguinem — [combo]; salassare IIa; goi IIc; graal IIc
[sanies, sania] — saña IIb
sanna — zanna IIa; saña IIb; sandío IIb; sosanar IIb
sannio — sandío IIb
sapa — sève IIc
sapere, auch ml. — I; saggio²; quizá IIb; desver IIc
sapidus — saggio; scipido IIa; sade IIc
sapium — sap IIc
sap*ius* — saggio; saggio²
sapor — saggio²
[sappa] ml. — zappa
sappinus — sap IIc
saraballa, sarabara, sarabella ml. — zaragüelles IIb
sarcire — zurcir IIb
sarcitor ml. — sastre IIb
sarcophág*ulus*, sarcophagus — cercueil IIc

sarculare — sacho IIb; essart IIc; juillet IIc
sarculum — macho IIb; sacho IIb; essart IIc
sarda, -ina — sardina
Sardinia — dominio
sarex ml. — sárria IIb
sarica ml. — sargia
sarit*are* — essart IIc
[Sarmatia] — malvagio
sarmentum — serpe IIc
sarna ml. — IIb
sarpa ml. — [sarpare]; serpe IIc
sarpere — ib.
sarralia ml. — sarraja IIb
sartago — sarten IIb; sargotar IIc
sartor — taglia; sastre IIb; XXIII (XVIII) 2
satio — stagione; saison IIc
satira — farsa
satis — *assai
~, ad — ib.; avés IIb; se IIc
sativum — stio IIa
satullus — soûl IIc
satureja
[Saturnus] — sorn; sornette IIc
[saurix] — chauve-souris IIc
sautus ml. — soto IIb
savanum spl. — sábana
sa*vius* — saggio
scabellum — escamel; cascabel IIb
scabineus, ·ius, -us ml. — scabino
[scab*rare*] — escarbar IIb
scabro ml. — calabrone IIa
scala —, *sacco; schiera; *escada IIb; trepar IIb; échalas IIc; échalier IIc; houille IIc
[scal*are*] — sacco
scalidus ml. — escalio IIb
scalmus — scalmo; ferzare IIa
scalpellum — [scarpa]; *escarapelarse IIb; escoplo IIb; pardo IIb; scalterire IIa
scalpere — [scarpa]; scalfire IIa; scalterire IIa
scalprum — escoplo IIb; serpe IIc
sculptura — scalterire IIa; pétrir IIc
scalpturire — scalterire IIa; tozzo IIa
scalpurire — scalterire IIa
scambus — sghembo IIa; zambo IIb; zurriaga IIb
scamellum, scamillum, scamnellum — escamel
scancia, scancio ml. — escanciar
scandalum — esclandre IIc
scandere; scandilia ml. — scandaglio
scandula, auch ml. — *scandella
~ — échandole IIc; moyeu² IIc
scantio ml. — escanciar
[scaph*a*] — combo; scaffale IIa

19*

[scaphium] — combo
scapula — spalla
scapus — écheveau IIc
scarabaeus — scarafaggio; écrevisse IIc
scaralega, scareia ml. — schiarea IIa
scarificare — scalfire IIa; *sarrafar IIb
scarificere — scalfire IIa
scarire ml. — schiera
scarpsella ml. — sciarpa
scarpsus ml. — scarso
scatola ml. — IIa
scatum ml. — scatola IIa
scaviola ml. — schiarea IIa
scematio ml. — scemo
scheda — coda
schedium — schizzo
schedula — cédola; zeste IIc
schella ml. — squilla
schidia — scheggia IIa
schidiae, schidula — esquille IIc
schilla ml. — squilla
schisma — cédola; cisma; [esmar]; chisme IIb
schistus — zeste IIc
schiza ml. — esquinzar IIb
scida ml. — schizzo
scindere — ib.; trinciare; [sumsir IIc]
[scindula] — scandella
scintilla — étincelle IIc
scire — sapere
[scīsa, scissa] — sisa IIb
[scissum] — esquinzar IIb; sumsir IIc
scitus — zutano IIb
sciurus, ulus — scojattolo
scius — saggio
sclarea, egia ml. — schiarea IIa
sclavus ml. — schiavo
sclopus, sclupare ml. — schioppo IIa
sclusa ml. — esclusa
[scoculus] — scoglio (Nachträge)
scolymus — escolimoso IIb
scopa — écouvillon IIc
scopulus — scoglio; échouer IIc
scortea — scorza
scortum — pelleja IIb; *zorra IIb
scorzia ml. — scorza
scotum ml. — scotto
scramasaxus, scramus ml. — escramo IIb
screona, screuna, -ia ml. — escregne IIc
scriba — XXVI (XX)
scribit — plevir IIc
scribo — estribo
scrinium — escregne IIc
scrobis — écrou IIc

[scrofa] — marcassin IIc
scrofella — gavela; écrouelle IIc
scrofula — écrouelle IIc
scrophula — gavela
scrutinium — escudriñar IIb
scuria ml. — écurie IIc
scutella — écuelle IIc
[scuticius] — striscia IIa
scutio — écu IIc
scutum — arcione; *tartaruga; targer IIc; écu IIc
Scylla — XXIV (XIX) 5
sebum — sevo
sebusius ml. — segugio
secale — ségale
secare — assettare; rascar; risicare; trinciare; [ripentaglio IIa]; [cingler IIc]; *osche IIc; scier IIc; [siller IIc]
secellus — cincel
secernere — scernere IIa
secessus — cesso IIa
secius, auch ml. — súcido; sezzo IIa; XXIII (XVIII) 1
sectio — stagione; scier IIc
sectius — sezzo IIa
sectus — assettare; [sesgo IIb]
secula — cincel; régolo IIa
[seculare] — cingler IIc; siller IIc
seculorum amen — avoi IIc
[secum] — anafar IIb
secunda — trastullo IIa
secundum — [sommo]; *selon IIc; soventre IIc; XXIV (XIX) 6
secundus — lunedì; minuto; primo IIb
securis — scure IIa
securus — sicrano IIb; zutano IIb; sûr IIc
secus, auch ml. — sezzo IIa; ainçois IIc
secutor ml., secutus — segugio
sedatium ml. — staccio
sedella ml. (Cass. Gl.) — secchia
sedens — sentare; aposentar IIb; eschevi IIc
sedere, auch ml. — éstere; sentare; [astar IIb]
sedes — sedio; sítio IIb
sedica — sedio
segmen — sien IIb
Segusium; segutius ml. — segugio
seia ml. (Cass. Gl.) — saja
seligere — scegliere IIa
semel — sema IIa; [se IIc]
sementis — izquierdo IIb
semetipsimus — medes
[semicoctus] — sancochar IIb
[semiebrius] — mièvre IIc
[semiplotium] — piota IIa
semis — scemo

semita —andare; senda; [sentinella]
semitarius — seuda
semper — se IIc
sempiternus — moderno
semus ml. — scemo
senex — gauche IIc
senior, auch ml. — signore; usted IIb; beau IIc; maire IIc
seniscalcus ml. — siniscalco
sensus — senno; seso IIb; sisa IIb
sentina, sentinator, sentire — sentinella
[seonnum] ml. — sommo
separare — sévrer IIc; trier IIc
[sepelire] — zabullir IIb
[seperare] — sévrer IIc
[sepes] — soif IIc
sepia — seppia
seps — sapo IIb
septimana ml. — rima; settimana
septum — seto IIb
sequente — nuitantre IIc; soventre IIc
sequi — suivre IIc
sera, auch ml. — serrare
seranus — sera
serare — serrare; rez IIc; XXV (XIX) 7
serenus — *sera
serica ml. — barca; seta
sericus, -a — *sargia
serpens — serpe; vignoble IIc
serpentaria — scorzonera
[serpere] — serpe IIc
serpyllum — sermollino IIa
serra, auch ml. — I; serrare; sarraja IIb
serrago, -inis — serrin IIb
serratus — serra
serta — sarta IIb
sertare ml., sertum — sertir IIc
sertus — sarte
sērum — sera
sērum — suero IIb
serus — sera; XXV (XIX) 7
serviens — sergente; sirvente IIc
servire — serviette IIc; sirvente IIc
servitus — *serviette IIc
[sesecus] — sesgo IIb
sessicare ml. — X (IX)
sestar ml. — sestiere
seta, auch spml. — I; [sommo]; staccio; cerdo IIb
~ serica ml. — seta
setaceum — [sommo]; staccio; stio IIa
setigera — cerdo IIb
seucis ml. — segugio
seusia valle, seusius ml. — ib.
sévere ml. — suivre IIc
[sevortere] — sortire
sevum — sevo; flou IIc

sexaginta — XXIII (XVIII) 1
sexta — venerdì; siesta IIb
sextarius — sestiere
[sextus] — sesta
[sexus = sectus] — ib.; sesgo IIb
si — forse IIa; siquiera IIb; *si IIc; veaus IIc
sibilare — cigolare IIa; chillar IIb; sisclar IIc; siffler IIc; sitot IIc
sibilus — siffler IIc
sic — altresì; altrettale; altrettanto; anche; come; così; sì; aussi IIc; *si IIc
[sica] ml. — siller IIc
siccla ml. (Cass. Gl.) — secchia
siccus — cers IIc
sicera — sidro
sichilla ml. — squilla
Sicilia — cicigna IIa; XXIII (XVIII) 1
sicilicellus — cincel
sicilicula, sicilis — ib.
sicla ml. — secchia
siclo ml. — ségale
siclus ml. — secchia
sicula, beta — acelga IIb
sidacium ml. — [sommo]; staccie
siderari — sido IIa
[sidomnus] ml. — sommo
sidus — sido IIa
sifflare — chillar IIb
sifilare al. — ciúfolo; siffler IIc
sifilus — siffler IIc
sigala, sigilum ml. — ségale
signare, in- — insegnare
~, male — malsin IIb
signifer — alfiere IIa
signum, auch ml. — insegna; insegnare; segno; *sino IIa; assener IIc; si IIc; tocsin IIc
~, ad — asinha IIb
sigusius ml. — segugio
[siliqua] — serqua IIa
silva — *bosco
Silvanus — salvano IIa
silvaticus — camozza; salvaggio; salvano IIa; XXIV (XVIII) 4
[silybum] — pintacilgo IIb
simare ml. — scemo
simia — grembo IIa
simila — sémola
similare, similis — sembrare
simius — sargia
simplex, simplicellus — *sencillo IIb
simul — insembre; sembrare
~, ad — insembre
simulare — ib.; sembrare
sindon — seta; zendale
sine — anzi; senza
[singellus] — sencillo IIb
singillarius, singillus — singélo IIb

singularis ml. — cinghiare; duello
singularius. — sendos IIb
singuli, -os — ib.; [sencillo IIb]
singulos — andare; ebbio
singultare, singultire — singhiozzo;
cigolare IIa
singultus — singhiozzo; hipo IIb
sinister — stancare
sinopis; sinoplum ml. — sinople IIc
sinus — ensenada IIb; sien IIb
siphon — fogna IIa; sione IIa
siphonia — fogna IIa
siricare — sirgar IIb
sirpa ml. — serpe IIc
sirus — silo IIb
sisca ml. — sescha IIc
siser — chirivía IIb
sitella — secchia
siticellare, siticulare — *soif IIc
sitire — soif IIc
sitis — *ib.; guari
situla — nicchio; secchia
situlus — secchia
siusius ml. — segugio
skella ml. — squilla
smaldum, smaltum ml. — smalto
smaragdus — salma; smeraldo
sobrinus — cugino
[sobrius] — soubrette IIc
soca ml. — soga
soccus — soc IIc; XXIII (XVIII) 1
socer — beau IIc; [couire IIc]
socus ml. — soc IIc
[sodes] — cavelle IIa
soga ml.
sogalis ml. — soga
sol — parare; ventana IIb
solarium, solarius — suolo
solatiari, -are ml. — sollazzo
solatium — ib.; soulager IIc
solea — suolo
solida — soda
solidare — *soldo
solidorum, mille — milsoudor IIc
solidus — soldo
soli-equa — *solive IIc
solis — domenica
~ umbra — sombra IIb
solitas — saudade IIb
sollicitare — solleticare IIa; souci
IIc
sollicitum — *souci IIc
[sollicitus] — ib.
solum — suolo; solive IIc
solus — cinghiare
[solutulus] — brullo IIa
solutus — liverare; sollo IIa; soltar
IIb
solvere — soltar IIb; soudre IIc
~ jejunia — asciolvere IIa
soma ml. — salma

somniculosus, somniculus — sommeil
IIc
somnium — *sogna
~, mentis — menzogna
somnus — tempia; sien IIb; sommeil
IIc
sonia, -iare, sonium ml. — sogna
sonus — sommeil IIc
sopire — assouvir IIc
sorbere — sorbetto
~, sorpsus — [sumsir IIc]
sorbicare — ficcare
sorbitium — sorbetto
sorbum — scrba IIb
sordidius — ampleis IIc
sordidus — cerdo IIb
sorex — fagotto; mur; sorce; chauve-
souris IIc
[sorix] — chauve-souris IIc
soror — [fraire IIb]; [jorgina IIb];
beau IIc; hermano IIb
sororius — beau IIc; serorge IIc
sors — sortire; sortire²; auce IIb;
jorgina IIb; sorcier IIc
sortarius — sorcier IIc
sortiarius — ib.; XXIII (XVIII) 1
sorticula — sortija IIb
sortiri — sortire; sortire²
[sortus ⚊ surrectus] — sortire
sottus ml. — zote
spacus ml. — spago IIa
[spada, -us] ml. — spada
sparcus ml. — spago IIa
spargere — [parpaglione]; esparcir
IIb; sumsir IIc
sparticus ml. — [lasciare]; spago
IIa
spartum — spago IIa
sparum — espier IIc
spasmus — spasimo; tozzo IIa;
tricoter IIc
spatha — spada; spalla; tutare
spathula — spalla; sollo IIa
spatiari — spazzare
spatium — scappare
spatula — baldo; spalla
species, auch ml. — spezie
specimen, specimentum — cimento
IIa
[specularium] — pilori IIc
speculum — specchio
spelta, auch ml.
spem (acc.) — speme IIa
spendio — spéndere IIa
spensa ml. — ib.
sphaerula — perla
[sphingula] — spillo
spica — porc-épic IIc; taie IIc
spicare — spiare
[spicula] — spillo
spiculare — espiche IIb

spiculum — spillo; spígolo IIa;
espiche IIb; esquiua IIb; *épieu
IIc; essieu IIc
spicum, spicus — spígolo IIa; porc-
épic IIc
spilorium ml. — pilori IIc
spina — schiena; spillo; *spinace;
spinetta; porc-épic IIc
spinaceus — *spinace
spingarda ml. — springare
spinifer — spinace
spinula — spillo
spira — éperlan IIc
spiritus — aere; spirito
spissus — spesso; dais IIc
splen — milza
spolia ml. — spoglio
spoliare — bolla; [ponillé IIc]
spolium — spoglio
sponda — IIa
sponsare, sponsus, -a — sposo
squalidare ml., squalidus sc. ager —
escalio IIb
squama — escamondar IIb; escamoter IIc
squamula — scaglia
squilatus, aries ml. — belier IIc
squilla
squiriolus ml. — scojattolo
st! — zitto
stabilire — établir IIc
stabulum — contestabile; stallo
stagnare — stancare; zanco IIa
stagnatus, stagneus — stagno
stagnum al. ml. — ib.; stancare;
tricoter IIc; XXV (XIX) 7
~ — stagno; stancare; gauche IIc
stallum, equus ad ml. — stallo
stamineus — stamigno; bluter IIc
stannum — staguo
stans — stanza; [stamberga IIa];
cabestan IIc
stantia — stanza; [stamberga IIa]
[stantiare] — stancare
stapes; stapia spl. — staffa IIa
stare — andare; staggio; stanza;
sostare; estovoir IIc; saison IIc
statim — testeso IIa
statio — *stagione; staggire IIa;
saison IIc
[statuére] — estovoir IIc
statum, staticum — staggio
status — staggire IIa
staurum ml. — estorer IIc
Stephanus — antienne IIc
[sternere] — estern IIc
'sti — stesso IIa
stimare ml. — IIa
stipare — estribo; stivare; [entibo
IIb]
stipatus — acipado IIb

stipes — *entibo IIb
stipula — *stoppia; tona
stiria — cerrion IIb
stivalis ml. — stivale
stloppus — schioppo IIa
''stoc — stesso IIa
stolidus — stordire
stolium ml. — stuolo
stolus ml. — ib.; estorer IIc
stomachus — magone IIa
storea — stoja
storium ml. — flotta; stuolo
'storum — stesso IIa
strabus — strambo
strages — estrago IIb
strata sc. via — strada; [estern
IIc]; estraguar IIc
stratum — strada
strepitus — estruendo IIb
stria ml. — strega
stricta — scotta IIa
strictescere, strictiare, strictus —
étroit IIc
stridulus — valigia; [brullo IIa];
frollo IIa; strillo IIa
striga, auch ml. — strega; bruxa IIb
~ — estriga IIb
[strigea, strigia] — striscia IIa
strigilis — [fregare]; stregghia
stringere — stringa; toccare; étreindre IIc
strix — strega
~ — *striscia IIa
stropa volksth., stropha — colpo
stropus ml. — *stróppolo
strucio ml. — struzzo
struppus — *stróppolo
strüpus (struppus) — estribo
struthio, ~ avis — struzzo
stuba ml. — stufa
studere — estovoir IIc
studium — *astuccio
stultus — estout IIc
'stunc — stesso IIa
[stupefacere, stupefare, stupificare]
— tufo
stuppa — stoffa; stoppa
stuppare ml. — stoppa
stupula vulg. — *stoppia
suavis — assoager IIc
sub — gozzo IIa; [chapuzar IIb];
sohez IIb; zozobrar IIb
subactum — sovatto IIa
sub-aequare — sosegar IIb
subagere — sobar IIb; sumsir IIc
sub-bullire — *zabullir IIb
sub-brachiare, subbrachium — barcar
IIb
subcoctus — sansochar IIb
[subducere] — soldo
[süber] — súgbero IIa

[*subfanare*] — sosanar IIb
sub*ferire* — zaherir IIb
subflammare — socarrar IIb
[sub-fundare] — chapuzar IIb
subgrunda — *gronda
[*subhanare*] — sosanar IIb
subigere — sobar IIb
subinde — sovente
subitaneus, [subitus] — soudain IIc
sub leone — sollione IIa
sublevare, sublev*ium* — solive IIc
sublev*iare* — soulager IIc
sublica — solive IIc
[sub longo] — selon IIc
sub*longum* — *ib.
submergere — somorgujo IIb
[*submiculare*] — sémillant IIc
subsannare — [sino IIa]; sosanar
IIb
[*subscindere, subscissus*] — sumsir IIc
[*subsedicare*] — halagar IIb; sosegar
IIb
[subsidere] — sosegar IIb
substare — sostare
subt*ana, -anea*, subterranea — tana
IIa
sub-titill*icare* — solleticare IIa
subtus — sotto; sottecco IIa; [so-
briquet IIc]
sūbula — subbia IIa; succhiare
IIa
sub umbra — sonda
subumbrare spl. — *sombra IIb
sub*undare* — sonda
succ*ulare* — succhiare IIa; [chocho
IIb]; [chorcha IIb]
succus — cica; succhiare IIa
succutere — scuotere; cudir IIb;
[cutir IIb]
sucidus — *súcido; lazzo IIa; puzzo
IIa
[suc*īnus*] — susína IIa
[suct*are*] — chocho IIb
suct*iare* — suco
suctus — docciare; suco; *chocho
IIb; chucha IIb
sucula — succhiare IIa; *souil IIc
[sucul*are*], suculus — souil IIc
sūcus — cica; suco; succhiare IIa
[*sudicus, -ius*] — súcido
sudit*are* — suinter IIc
suere — cucire
sufferre — coruard IIc
sufficere — assouvir IIc
sufflare — buf; ciúfolo; colpo; soffiare; spirito; chillar IIb; sollar
IIb; bouder IIc; guimple IIc

[suffocare] — tufo
suffringere, suffractus — soffratta
suffumicare — sahumar IIb
suggultium ml. — singhiozzo
[sugrunda] ml. — gronda
suia ml. — suie IIc
suillus — sollo IIb; souil IIc
sūis = sus — sohez IIb
sulcus — pardo IIb
sulphur — colpo; solfo
sum — speme IIa
sumere, summergere — *sumsir IIc
summonere — selon IIc; [sémillant
IIc]; semondre IIc
summonere — amonestar
summum — *sommo
summus — [tutare]; [salma]
[sumpsus] — sumsir IIc
sunnia, sunnis ml. — sogna
super — pelliccia; zozobrar IIb; sur
IIc; suzerain IIc
super*culus* — piccolo; soverchio;
cobija IIb
superna — galerno; estalbi IIc;
suberna IIc
supplex — scalfire IIa; sóffice IIa;
XXIV (XIX) 5
supponere — pausare
[sup-put*eare*] — chapuzar IIb
supra — sobriquet IIc; sur IIc
supric*us* — sobriquet IIc
surcotus ml. — cotta
surdus — *zurdo IIb; gauche IIc
surgere — sourdre IIc
surire — zurlo IIa
surradere — zorra IIb; zurrar IIb
surrect*ire*, surrectus — *sortire
sursum — suso
sūs — sohez IIb
~, maris — marsouin IIc
[suscitare] — sostare
[suspectio] — soupçon IIc
suspic*ari* — ib.
suspicio — *ib.; [reame]
sus(que) — suso
susum — ib.; suzerain IIc
susurrare — [sorn]; zurrir IIb
susurrus — chorro IIb
suum — abisso
symphonia, auch ml. — sampogna;
colpo; XXIII (XVIII) 1; XXIV
(XVIII) 4
synoplum ml. — sinople IIc
Syria — sauro
syringa persica — lilac
syrinx — sciringa
syrma — sírima IIa

t

tabanus, auch ml. — *tafáno; bifolco IIa
tabella, tabellio — campo; maçon IIc
[tabo, -onem] — tafáno
tabula — talevas IIc; taveler IIc; tôle IIc
taburcium, taburlum ml. — tabust IIc
tace — ta, ta IIb
taciturnus — sorn
[tactus] — sesta
taeda — tea IIb
taedium — entejar IIb
talamasca ml. — máschera
talare ml. — tala IIb
talauun ml. — tallone
talbus ml. — topo IIa
talea — taglia; sisa IIb; tala IIb; chapuiser IIc; *taxer IIc
talemasca ml. — máschera
talentum, auch ml. — talento
taliare, -iatura vulg. — taglia
talis — altrettale: così; cotale; autel IIc; [engrant IIc]; pieu IIc
tallia, mortui ml. — mortaille IIc
talo ml. — tallone
talpa — falavesca; mur; soldo; ontáno IIa; topo IIa; tapir IIc
talpus ml. — topo IIa
talus — tallone: tagliuola IIa
taluun ml. — tallone
tamdiu — jadis IIc; tandis IIc
taminare — encentar IIb; entamer IIc
tamisium ml. — tamigio
tanare ml. — tan IIc
tanganare, -anum ml. — tangoner IIc
tantillum — dandin IIc
tantos dies — tandis IIc
tantus — altretanto; così; cotanto; tan IIb; autant IIc
tapes, -etis — tabarro; tappeto
tapetum — tappeto
tapinatio ml. — tapir IIc
taradrus, taratrum ml. — taraire
tarcari ml. — targer IIc
tarda, avis — ottarda
tardare — terger IIc
tarde — IIb
tardicare — targer IIc
tardus — tartarassa IIc
tarmes, -itis — tarma; *arna IIc
[tarmita] — arna IIc
tarmulus; tarmus, tarnus ml. — tarma

tartuca ml. — tartaruga
tasca ml. — tâche IIc
tata
taura — toura IIb; bréhaigne IIc
tavenus ml. — tafáno
taxa ml. — tâche IIc
taxare — tastare; *taxer IIc
taxatio — tâche IIc
taxea — tasso; tasajo IIb
taxeo — tasso
taxillus — tassello
taxitare — tastare
taxo ml. — tasso; tasajo IIb
taxoninus ml. — tasso; tanière IIc
taxta ml. — tastare
taxus ml. — *tasso
[~ = tactus] — sesta
teges — teiga IIb
tegula — tegola; tecla IIb; ru IIc; taie IIc
tela — toilette IIc
telebra vulg. — taraire
temo — leme IIb
temperare — trape IIc; *tremper IIc
tempera — tempia; sien IIb; écoufle IIc; plevir IIc
tempore, noctis — nuitantre IIc
tempus — [mezzo]; tempella IIa; sien IIb; tin IIc
tenacula, -um — tanaglia; XXIV (XVIII) 4
tenax, -cia (pl.) — tanaglia
tenda ml. — tenda
tendere — tenda; pente IIc; toise IIc
tendicula, tendo, -inis — tenda
tenebrae — [polédro]; treva IIb
tenebricus — tenerc IIc
tenens, in manu — immantinente
tener — tierno IIb; tarin IIc; XXIV (XVIII) 4
tenere — tencer IIc
~, caput — mantenere; manaier IIc
~, manu(m) — mantenere
[tensare] — tencer IIc
tensus — tieso IIb; [tencer IIc]; toise IIc
[tentare] — stentare IIa
tentiare — ib.; *tencer IIc
tentus — tenda; *tencer IIc
tenuis — flauto; viola; tin IIc
tenus — hasta IIb; té IIb; tino IIb
tepidus — stordire; tiède IIc
ter — tramaglio
tercel, terciol ml. — terzuolo
terebellum, terebra, teredo — taraire

terere — curtir IIb; derretir IIb;
trier IIc; trissar IIc
~, calce — scalterire IIa
teres ml. — tarida
tergere — sumsir IIc
tergum — targa; [haterel IIc]
terma ml. — tarma
[terminare] — tutare
terra — XXV (XIX) 8
terrae fundus — tréfonds IIc
~ torus — tertre IIc
~ tuber — truffe
~, fumus — fummosterno IIa
tersare — tez IIb
tersus — ib.; [tieso IIb]
tertiare — tez IIb
tertius, -iolus — martedì; minuto;
terzuolo; terciopelo IIb; entercier
IIc
tertus — tez IIb
tessella — *tasajo IIb
testa, auch ml. — I; anappo; cocca²;
colódra IIb; pescuezo IIb
testificare — santiguar IIb; testigo
IIb
testificus — testigo IIb
[testuilis, -ilia] — stovigli IIa
testula, testum — testa
[testus] — stovigli IIa
tesus ml. — tieso IIb
[teter] — terne IIc
tetricus — terco IIb
[tetrinus] — terne IIc
teutonus — chuzo IIb
texere — éssere
textile, opus — outil IIc
textor — tisserand IIc
thafur ml. — tafur
thalamus — tambo IIb
thallus — tallo
theca — teiga IIb; taie IIc
theclatura ml. — taglia
thema — tema IIb
thensaurus — trésor IIc
theriaca — gridare
thesaurus — trésor IIc
thia, thius spl. — zio; barba IIa
thinx ml. — guiderdone
tholus — *toldo IIb; [taudir IIc]
thronus — tron IIc
thunnus — tonno
thymïnus — témolo IIa; [matelot
IIc]
thyrsus — garzone; [torciare]; torso;
toso; [tosco IIb]
Tiber — toivre IIc
tibi, eccu' (iste) — cotesto IIa
tibia — tige IIc
tibiale — stivale
[tileticare] — ditello IIa
tiliae (pl.) — teiller IIc

[tilliticare] — solleticare IIa
timbrium ml. — timbre IIc
timere — craindre IIc
timpora ml. — sien IIb
timpus ml. — tin IIc
tina — stoppia; tona; tinel IIc
tinalum ml. — tinel IIc
tinca — tanche IIc
tincta — inchiostro; fard IIc
tinea, tinea — tigna
tingere — teindre IIc
tinnitare — bondir IIc
titillare — *ditello IIa
titillicare — [dileggiare IIa]; *solleticare IIa; XXIII (XVIII) 8
titio — brando; tizzo; torso; aatir
IIc; [enticher IIc]
titulus — attillare; tilde IIb
toculus ml. — tocca
[toles] — gavigna IIa
tolleno — altaleno IIa
tollere — carnevale IIa; [toldo IIb];
tolo IIb; tullirse IIb: épanouir
IIc; maltôte IIc; óter IIc
~ puerum — allevare
tolta ml. — maltôte IIc
tolutare — trottare; trésor IIc
tolutarius, tolutim ire — trottare
toma ml. — formaggio
tomacina — tocino IIb
tomix — tomiza IIb
tomus — tomo IIb
tona ml.
tonare s. tonus
tondere — tonte IIc; [berta]
tonitrus, -uum — trono; estruendo IIb
[tonsare] — berta
tonsilla — gavigna IIa
tonsio — punzar; tosone; [arna IIc];
façon IIc
tonsoria — tesoira
tonsus — *toso; [tusar IIb]
tonus, -are — stordire; trono; atobar IIb; tron IIc
tophus — tufo ³
torctus — torciare
torcular — trujal IIb
torculare, torculum — torchio
tornare, auch ml. — bornio; torno;
versare; cranequin IIc
tornus — torno
torpidus — *stordire
torquere — cuccagna; parco; pappalardo; ritorta; torchio; torciare;
tordre IIc
torrere — torrar IIb
torris — tuero IIb
torsio — torezon IIb
torta
~ panis ml. — torta
tortiare — *torciare

tortilis — torto
tortuca ml. — tartaruga
tortum, auch ml. — torciare; torto
tortus — bornio; nasturzio; stancare; tartaruga; torciare; torto
torulus — muñon; tuorlo IIa; moyeu ² IIc
torus — tozuelo IIb; tuero IIb; tertre IIc
tostus — *tosto
tot-cito — ib.
totus — [salma]; [tutare]; via; cruna IIa; ratto IIa; sitot IIc
toxicum — tosco; [toxo IIb]
[toxillas] ml. — gavigna IIa
trabacca ml. — tref IIc
trabea — tabarro
[trabicare] — pertugiare
trabis ml. — tref IIc
trabs — *ib.; baracca; drappo; [pertugiare]; travaglio; travar
tractiare — tracciare; [goccia IIa]; trassinare IIa
tractor — tradire
tractus — ib.; stracciare; tracciare
tradere, -itio, -itor — tradire; entregar IIb
traducere — trocir IIb
tradux, -ŭcis — tralce IIa
tragemata ml. — treggéa
tragere ml. — struggere IIa; trage IIb
[traginare] — striscia IIa
tragula — traille IIc
traha — trailla IIb
trahea — treggia IIa
trahere — mungere; tracciare; tradire; traíno; struggere IIa; tragar IIb; trage IIb
trahicare — tragar IIb
trahimen — traino
[trajere, trajinare] — trassinare IIa
trama; tramolol ml., tramare — tramaglio
tranex ml. — tralce IIa
trans — tras; trac IIc
~, de — tras
transactum ml., transactus — entresait IIc
trans-aequare — trasgo IIb; trasegar IIb
transigere — entresait IIc
[trans-inflare] — tronfio IIa
transitus ml. — transito
transmittere — mettere
transmontanus — tramontana IIa
transmovere, -otus, -otiare — trémousser IIc
trans-oblectulare — trastullo IIa
trans-scindere, trans-secare — trinciare

transtrum — [benna]; trasto IIb; tréteau IIc
transversus — travieso IIb
trans-vicare — tráffico; trasegar IIb; trasgo IIb; XXVII (XX)
trans-vigilia — travaglio
trapetum — trapiche IIb
trappa ml.
trastillum — tréteau IIc
[traucare] ml. — pertugiare
traugus ml. — trou IIc
tra-vehere — atreverse IIb
travicare — trocar
travolare — trôler IIc
trecenta — tregenda IIa
tremaclem (acc.) ml. — tramaglio
tremaculum ml. — ib.; XXIV (XVIII) 4
tremere — tramoggia; craindre IIc; [trumeau IIc]
tremulus — tremolare; cutretta IIa
trepere — trepar IIb
[trepidus] — cutretta IIa
tres — trifoire IIc
[trespida] ml. — bosso
trestellum ml. — tréteau IIc
treuga ml. — tregua
tria = trita ml. — trier IIc
~ — trinchetto
tribocus ml. — buco
tribuere, sibi — atreverse IIb
tribula, -are — travaglio; trebbia; juillet IIc
tribulum — travaglio
tributum — trovare
trica, tricae (pl.) — tricoter IIc
tricae — treccia
tricare ml.
tricari — *treccare; tricare; trigar IIb; targer IIc
[triccare] — treccare
trichila — treille IIc
trico — tricare
trifolium — trifoglio; acebo IIb; tertre IIc
triforium ml. — passamano; trifoire IIc
trigare ml. — tricare
trilicium — traliccio; tramaglio; treille IIc
trilix — traliccio; treille IIc
trillare ml.
trimodius — tramoggia
trinicus, trinitas — trinca IIb; *trinchetto
trinus — trinca IIb; treccia
[triquetrus] — trinchetto
tristis — chaque IIc; [ruste IIc]
tritare — trier IIc
tritiare — trissar IIc
triticum — trigo IIb

tritulare — trier IIc
trītus — trieu IIc; trissar IIc
[triumphare] — tromba
trīvium — trieu IIc
[trochus, -iscus] — droga
troita ml. — trota
Troja; troja ml. (Cass. Gl.)
trojanus, porcus — troja
tropaeum — troféo
tropica ml.. tropicare — trocar
troppus ml. — [drappo]; *tropa;
  tropezar IIb
[trŏpus] — trovare
trossa ml. — torciare
trossulus — drôle IIc
tructa ml. — trota
truncare — trinciare
truncio, -ionis — torso
truncus — bronco; garzone; torso;
  trognon IIc
~, pollice — poltro
truo, -onis — trogne IIc
truppus ml. — tropa; maint IIc
trusare, trusitare — trusar IIc
trutannus ml., [truticare] — truan
tuba — bomba²; tromba; atobar
  IIb; toba IIb; [tobillo IIb];
  [friper IIc]
[tubellum] — tobillo IIb
tubellus — tudel
tŭber — truffe; *tobillo IIb
~, terrae — truffe
tubera (sg. f.) ml. — ib.
tuberculum — tobillo IIb
tucetum — tocino IIb
[tudare] — tutare
tŭditare — *ib.; [intuzzare IIa]
[tuditiare] — intuzzare IIa
tueri, manu — mantenere
~ tutus — intuzzare IIa

[tufare]. — stufa
tufineus vulg. — tufo²
tum — dunque
~, in — enton IIb
tumba, auch ml. — catacomba;
  tomba; tombolare
tumere, tumidus — retoño IIb
tunc — dunque
tuncce, ex — enton IIb
~, in — ib.
[tundere] — tusar IIb
tunica — saja; tona IIb
tunsus — [tosco IIb]; tozo IIb
turare — atturare
turba — *tropa; torvisco IIb
turbare — *trovare
turbidus — [bravo]; [stordire]; lindo
turbiscus — torvisco IIb
turbo — tromba; turbot IIc
turbula — tropa; trouble IIc
turbulare — trovare
[turcasia] ml. — carcasso
turcensis — [carcasso]; turchese
turdus — *stordire
turio — toria IIb; bourgeon IIc
turma — ciurma
turpis — stroppiare
[turrenses] — artigiano
turris — tormo IIb
[tursus] — tosco IIb
tussire — paver IIc; ranger IIb
[tusus] — tusar IIb
tūtari — tutare
tutiare — intuzzare IIa
[tutus] — tutare
tymbris ml., tympanum — timbre IIc
typhus ml. — tufo
tyrium ml. — tire IIc
tzanga ml. — zanca

u

ubi — ove; algures IIb; alubre IIb;
  ·nenhures IIb

~, de — ove
udus — uggia IIa; moite IIc
uffo, ex — uffo
[ulex] — urce IIb
uligo, -inis — légamo IIb
ulmus — álamo IIb; orme IIc
ulna — alna
ulpicum, -ulum — upiglio IIa
ultra — transito
ultra-cogitantia — coitare
[ultratum, -us] — contrata
ultronea — redruña IIb

ulucus ml. — locco; badalucco IIa;
  [mouco IIb]
ululare — urlare; chiappare IIa;
  banneton IIc
umbiliculus — ombelico
umbilicus — ib.; testeso IIa
umbra — abrigo; sonda; sombra
  IIb
umbrare — sombra IIb
[umicare] — lamicare IIa
umpiculus ml. — ombelico
undare — sonda
unde — onde
~, de — ib.
undulare — dondolare IIa

undulatus — orondado IIb .
ungere — pegar; oindre IIc
ungula — pesuña IIb ; uña IIb
unicornis — licorno
unicus — [trinchetto]; trinca IIb
unio — perla; oignon IIc
unquam — anche; dunque; forse IIa
~ hora — ora²
unum, ad (omnes) — cadaúno
~, nescio — nessuno
~, quisque ad — cadaúno; ciascuno
~, usque ad — cadaúno
unus — alcuno; ciascuno; nessuno; niuno; qualche; [trinchetto]; ogni IIa; veruno IIa; nenhures IIb; trinca IIb; chaque IIc; *degun IIc; neis IIc
upupa — I; [houppe IIc]
urceus — orza
urere — uggia IIa

ūrīnus — huero IIb
urna — dorna IIc
ursus — oso IIb; [tosco IIb]
[usare] — rifusare
usatellum — outil IIc
usibilis ml. — ib.
usque — jusque IIc; si IIc
~ ad, intro — jusque IIc
~ ad unum — cadaúno
ustiarius ml. — uscio
ustulare, [ustus] — *bruciare
usus — outil IIc
utensile, -ia — ib.
uter, utris — utello IIa; colódra IIb
~ — ambore IIc
[uti] — rifusare
utilis ml. — pro
utrum — *ambore IIc
uva — luette IIc
uvidus, uvius — uggia IIa

V

vacare — [voto IIa]; jachère IIc
vacaria — jachère IIc
vacca — avachir IIc
vacivus — vacío IIb
vacuus — fat IIc
vadare — guado
vadere — *andare; vaiven IIb; da IIc
vadia (f.), vadium ml. — gaggio
vadum — ib.; guado
vae — da IIc
vagari — estraguar IIc; vague IIc
vagina — guaína; vainiglia
vagire — raire IIc
vagus — vago IIa
vaivae, res ml. — gaif IIc
Valachus ml. — vigliacco
vale — carnevale IIa
valens, non — nualh IIc
[valere] — valigia
validare — ravauder IIc
[vallare] — rivellino
vallegia ml. — valigia
vallis — avalange IIc; vent d'amont IIc
vallus — travaglio; vaglio IIa; gaule IIc; [jauger IIc]; saule IIc
vana vola — veule IIc
Vandalitia ml. — guimple IIc
vanitare ml. — amonestar; vantare
vannitare — vaglio IIa
vannus — vanno; vaglio IIa; auvent IIc

vanus — vantare; hilvan IIb; veule IIc
vapidus — fat IIc
vapor — spirito; brina IIa; [lercio IIa]; vampo IIa
vaporea — brina IIa
vaporeus — bória IIa
vara — varare
variare — barioler IIc; bigarrer IIc
varicare, auch ml. — varcare IIa
variola ml. — vajuolo
variolare — barioler IIc
varius — vajuolo; vajo IIa; barioler IIc; léri IIc; véron IIc
varus — vajuolo
vas, auch ml. — malvagio; vascello; avello IIa; vasca IIa; évaser IIc
~ vadis — gaggio; vassallo
vascellum ml. — vascello
vasconice — gergo; romanzo; bret IIc
vasculum — fiasco; flanella; vascello; biffera IIa
[vascus] spl. — avachir IIc
vasica — vasca IIa
vasit (pf.) — andare
vassallus ml. — baccalare; garzone; signore; vassallo; da IIc
vassus ml. — vassallo
~ vassorum ml. — ib.; XXIII (XVIII) 2
vastare, auch ml. — guastare

vastrapes ml. — gualdrappa
vastus — guastare
vavassor, -orius ml. — vassallo
vaychia, vaysha ml. — avaissa IIc
veclus ml. — vecchio
vectis, auch ml. — veit IIc
vectura — voiture IIc
vega ml. — IIb
veges ml. — veggia IIa
vegetus — visto
vehementia — ecco; [anafar IIb]
vehere — atreverse IIb
vehes — veggia IIa
vejes ml. — ib.
vel — veaus IIc; vias IIc; veruno IIa
velamen — flanella
velare — velar IIb
velko ml. — welke IIc
velle — potere; velleità; volere; *avel IIc
vellere — ficcare
[velles, quid] — cavelle IIa
vellicare — ficcare
vellicula — vedija IIb
vellus — ib.; [fello]
velter, veltra, veltrahus, veltrem (acc.), veltrum (acc.) ml. — veltro
vel unus — veruno IIa
venari — cacciare
venatio — venaison IIc
venatus — veado IIb
vendita — venta IIb
venenum — andare; stagno; beleño IIb; XXIII (XVIII) 2
Veneris, dies — venerdì
venio — fango
venire — affare; vaiven IIb
venna ml. — vanne IIc
venter cruris — pantorrilla IIb
ventus — parare; ventaglio; avventare IIa; *rebentar IIb; ventana IIb; auvent IIc; vent d'amont IIc; [veule IIc]
~ aquilus — ventávolo IIa
ver
veracus — vrai IIc
verantia, verare — garance IIc
verax — vrai IIc
[verba] — verve IIc
verbascum — barbasco IIb
verbena — verména IIa; [verve IIc]
[verbera] — verve IIc
verbum — parola
vere — voire IIc
~ nullus ml. — veruno IIa
verecundia — vergogna; *gogna IIa
vereda ml. — IIb
veredus, auch ml. — palafreno; vereda IIb; vréder IIc
verhullus ml. — veruno IIa

verificare — santiguar IIb
vermiculus, auch ml. — vermiglio
verna, arbor; vernetus — verne IIc
[vero, vera] altitalisch — verone IIa
verrere — vigliare IIa
verres — verrat IIc
verriculare — vigliare IIa
verriculum — bertovello
verruca — barrueco IIb
verruncare — virar
versare — I; torno; trasegar IIb; bouleverser IIc
versus — vas IIc; veaus IIc
vertebolum ml., vertebra — bertovello
vertere — ib.; culvert IIc
vertex — vetta IIa
vertrăgus — veltro; [vautrer IIc]
vertrăha ml. — veltro
věru — brocco; verrina; vira; [ghiera IIa]
verŭculum — brocco; verrou IIc
veruina — verrina
verullus ml. — veruno IIa
verum, aut — o
verus — [engrant IIc]; garance IIc; savai IIc
verva ml. — verve IIc
vervactum — barbecho
vervecale, -ile — berbice
vervex — ib.; bercer IIc; bercer[2] IIc; ouaille IIc
verzaria ml. — verziere
veso ml. — voison IIc
vespa — guêpe IIc
vespertilio, -tillus — pipistrello IIa; XXIII (XVIII) 1
vestra merces — usted IIb
vetulus — cammeo; nicchio; vecchio; [scoglio] (Nachträge); crocchiare IIa; haillon IIc; mare IIc
vetus — vecchio; vétille IIc; antif IIc
via — I; via[2]; bisaccia; fiasco; guisa; vece; vie IIa; avoi IIc
vians — biante IIa
viare — ib.; desver IIc; voyer[2] IIc
viarius, auch ml. — voyer IIc
viaticum, auch ml. — bisaccia; viaggio
vibia — viga IIb
vibrare — [virar]
~, -iculare, -illare — brillare
viburnum — viorne IIc
vicare — trasegar IIb
vicarium — veiaire IIc
vicarius — ib.; aere; viguier IIc; voyer IIc
vice — bis; guisa; *vece; [via]
vicedominus ml. — bis; vidame IIc
vicem — vizio
vicia — vesce IIc

vicinus — malsin IIb
vĭcis — trocar; vicenda IIa; trasegar IIb
vicus — bicocca
vide — ecco; fiasco; vampo IIa; he IIb; avoi IIc
videas, videatis — evay IIb
videns — pezzente IIa
videre — visto; vedetta IIa; bévue IIc; veiaire IIc
vidimus — vidimer IIc
vidua — viola; glaive IIc
viduare — vide IIc
[viduitare] — voto IIa
vidulitia, vidulus — valigia
viduus — *voto IIa; *vide IIc
[vietius] — guitto IIa
viētus — vizzo IIa; [guitto IIa]
vigere — vizio
vigilare — veglia; sveglia IIa; vigliare IIa; revel IIc
vigilia — veglia; travaglio; gozzo IIa; vedetta IIa; vetta IIa
viginti — XXI (XVI)
vilis — landra; rognone; vigliacco; villa; [épieu IIc]
villa ml. — I; villancico IIb
villosus — velours IIc
villus — *fello; milano IIb
villutus — velours IIc
vimarium — vimaire IIc
vimen — milano IIb; mimbre IIb; osier IIc
viminea — vanne IIc
vinciculum — vencejo IIb
vinclum; vinculatus ml. — vinchio IIa
vinculum — ib.; vinco IIa; vencejo IIb; [gracco]
vindemia — frangia; lusinga; grembo IIa; vendange IIc
vindicare — piombare; vengiare; [sosegar IIb]; enger IIc
vindinca ml. — guiche IIc
vinea — [greto IIa]; vignette IIc; vignoble IIc
[vinetum] — greto IIa
vini opulens — vignoble IIc
vinne ml. — vanne IIc
vinoblium ml. — vignoble IIc
vinum acre — aisil IIc
vīpera — vira; givre IIc; givre² IIc
vir — barone; vassallo; verone IIa
virare ml. — virar
virere — frasca IIa
virga, auch ml. — frugare; veit IIc; vierge IIc
virgo — ange IIc; fierce IIc; vierge IIc
virgultum — verdugo IIb

vīria, Viriatus — virar; berlina IIa chavirer IIc
viriculum — verrina
virid(i)arium —verziere; arrebol IIb
virīdia (pl.) — verza
viridis — portulaca; ver; verza; frasca IIa; barbasco IIb; verdugo IIb; gruyer IIc; verjus IIc
viriola — virar
virtus — virtos IIb; goi IIc
vis — IIc; vie IIa
~ major — vimaire IIc
visa — guisa
visca (pl.) — *hisca IIb
viscidus — vincido IIa
viscum — hisca IIb
viscus, -um — gui IIc
Visigothus — bigot IIc
visitare — rovistare IIa
visum — viso
visus — diviso; guisa; vizio
vitella — viola
vitellus — moyeu² IIc; veau IIc
vitex — vétrice IIa
vitiatus — vizio
[viticula] — verrina; mire IIc
vitilia, vitilitigare — vétille IIc
vitiosus — vizio
vitis, malum — mauvis IIc
vītis — veit IIc; vis IIc
vītium — vizio; bugía; XXIV (XIX) 5
vitreus — vernice
vitriculum, -icula — véricle IIc; besicles IIc
vitrinire, vitrinus — vernice
vitrum — vitriuolo; verglas IIc; véricle IIc
vitta — fetta; vetta IIa; guita IIb; veta IIb
vitula ml. — viola; [rabâcher IIc]
vitulari — alberare; viola
vivacius, vivax — vias IIc; [avacciare IIa]
vive — vie IIa
vivenda — viande IIc
vivere — XXVI (XX)
vivolae ml. — vívole
vivus — visto; XXVI (XX)
vix — appena; bis
~, ad — avés IIb
[vocans] — vide IIc
[vocare] — voto IIa; vide IIc
vocatus — liévito
vocitus — ib.; [voto IIa]
vola — *embler IIc; veule IIc
volare — folata IIa; avol IIc
volere ml. — I; sapere; oui IIc
[voltare] — vautrer IIc
voltūrius — avoltore
volumen — tomo IIb

volūtare — *viluppo; bluter IIc
[volut*uare*] — viluppo
volvere, volutus — mulino; volto; [otta IIa]; [ribaltare IIa]; volgere IIa; *voto IIa; bulto IIb; tragar IIb; volcar IIb; chavirer IIc; vautrer IIc
volv*icare* — ficcare; tragar IIb; volcar IIb
vomer — bómbero IIa
vorsare — versare
-vŏrus — safre IIc

vota, auch ml. — boda IIb
vot*are* — avouer IIc
votum — boda IIb; hait IIc; vœu IIc
vox — bociare IIa
vulpecula — renard IIc; volpilh IIc
vulpes — golpe; viluppo; [virar]; raposa IIb
vulpícula ml. — volpilh IIc
vultur — avoltore
vulturnus — bochorno IIb
vultus — bulto IIb; *envôuter IIc

W X Y Z

wadiare, wadium ml. — gaggio
waisda ml. — guado[2]
wambosium, wanbasium ml. — gambais
Wandalus ml. — andare
wantus ml. — guanto; mancia IIa
waranio ml. — guaragno
warenna ml. — garenne IIc
warens ml. — guarento
warentia spml. — garance IIc
wayfium, wayviare ml. — gaïf IIc
werra ml. — guerra
widerdonum ml. — guiderdone
wiffa ml. — aggueffare IIa
windicus ml. — guiche IIc

xarral ml. — xara IIb
xerampelinus, color — sauro

ysembrunum ml. — isanbrun IIc

[zabolus, zaconus] ml. — zotico IIa
zalandria ml. — chaland IIc
[zamellotus] ml. — cambellotto
zelus — zelo; [velours IIc]; XXIV (XVIII) 4
zeta — zediglia
zevra, zevrus ml. — toivre IIc
ʒil*ulare* — zirlare
zingiberi — zenzóvero
zinʒiber — ib.; zelo
zinzilulare — urlare; zenzára; zirlare; XXIII (XVIII) 3
zius ml. — zio
zizyphum — giúggiola; zelo
zoccus ml. — soc IIc

Bezüglich der als gallisch bezeichneten lat. Wörter siehe unter: allodola, ambasciata, barone, becco, benna, bétula, bolgia, *braca, briga, *combo, giusarma, guado[2], lancia, lega, saja, tasso, veltro, virar; arpent IIc, bras IIc, casnard IIc, cers IIc, gèse IIc, [larigot IIc], marc IIc, marne IIc, matras IIc, ratis IIc.

II. Griechisch.

Anmerkung. Ein † bezeichnet hier erschlossene Formen.

ἀβακίν — rabâcher IIc
ἀβαρία ngr. — avania
ἀβολής — avol IIc
ἄβυσσος — abisso
ἀγάλλειν, ἀγάλλεσθαι — gala
ἄγγαρον πῦρ — ángaro IIb
[ἀγγούριον] — angurria IIb
ἄγειν — ayo IIb
ἀγκάλη, ἄγκεα — angra IIb
ἄγκη — anca
ἄγκος — anco IIb
ἀγκύλη — angra IIb
ἀγκών — cúbito; anco IIb
ἀγορασία — ambasciata; grascia IIa
ἀγοραστικός — grascia IIa
ἄγχι — presso
ἀγχόνη — gogna IIa
ἀγωγός — ayo IIb
ἀγωνία, ἀγωνιᾶν — agognare IIa
ἀεργός — aragan IIb
ἄζυμος — esmar
αἳ — hé IIc
[αἰγύπιος] — gheppio IIa
αἴδιος, αἴδιον (τὸ) — agio
αἴσχος, αἰσχρός — asco IIb; ansia
ἄκαιρα — acre IIc
ἀκή — acceggia
ἀκηδία — accidia
ἄκυλος — aglan IIc
ἀκτινόν — garance IIc
ἀλίβρινθος — balbran IIc
ἀλούγγια mgr. — aluine IIc
ἀλ-μυρίς — moja
ἀλόη — galéa
ἀλφαίνειν — achar IIb
ἀλωπεκία, ἀλώπηξ — zorra IIb
ἄμβον — auvent IIc
ἄμη — aime IIc
ἀμύλιον — ámido
ἀμυγδάλη — mándorla
ἀμφασία, [ἀμφίπολος] — ambasciata
[ἀμφισβητικός] — bisbetico IIa
ἀμφότερον — ambore IIc
ἄμωμον — mummia
ἀνακομίζεσθαι — cobrar
ἀνάρτιος — caffo IIa
ἀνδρών, ἀνήρ — verone IIa
ἀπιστία — porfía IIb

[ἀπόδειξις] — pólizza
ἀπόμματος mgr. — avocolo
ἀπὸ ὀμμάτων — ib.
ἄπτεσθαί τινος — tacco
ἀράχνη — araignée IIc
ἀργός — aragan IIb
ἀρδαλος — arlotto
ἄρδις — ardiglione
ἀριστόν — arresto
ἀριθμός — risma
ἁρμόζειν — atar IIb
ἁρπάζειν — sarpare
ἅρπη — *arpa
ἀρρίχος — sárria IIb
ἀρσενάλη mgr. — arsenale
ἄρτιος — caffo IIa
ἄρτος — artoun IIc
[ἀρτιτικά, τά] — articiocco
ἀρχημία mgr. — alchimia
ἄσθμα — asma IIa
[ἀσπίδιον] — fastidio
ἀστράβη — estribo
ἀστράγαλος — nuca
ἄτομος — áttimo IIa
[ἄρμακος] — carcasso
ἄττα — tata
αὖος, αὖος — have IIc
αὐστός, αὐστρός — óstico IIa
ἀφασία — ambasciata
ἀφίλετρον mgr. — feltro
ἀφύη — acciuga
[ἄχαρις] — cara
ἄψος, ἄωτον — aus IIc

βαβάζειν — bava
βαβαί — pápe IIa
βάδιον ngr. — gaggio
βαιός — baja²
βαλαύστιον — balaústro
βάλλειν — balla
βαλλίζειν — balzare
βαμβαίνειν — bambo
βαμβάκιον mgr. — bambagio
βαμβαλίζειν, βαμβαλός — bambo
βάρις — barca
βαρύς — barone

βαρύτονος — baritono
βασιλεύς, βασιλίσκος — roitelet IIc
βάσκα mgr. — máschera
βασκαίνειν — basquiner IIc
βασκανία, βασκάνιον — máschera
βάσσων — basso
βαστάζειν, βάσταξ — basto
βαυκάλιον, βαυκαλίς — boccale
βελεμνίτης, βέλεμνον — *baleno IIa;
    XXIV (XVIII) 4
βέλεμνον — frana IIa
βερνίκη mgr. — vernice
βερύκοκον ngr. — albercocco
βήρυλλος — perla
βίκος — bicchiere
βίσινον ngr. — vísciola
βλάξ, -κός — blèche IIc
βλάστος, βλαστικός — vástago IIb
βλασφημεῖν, -ία, βλάσφημον — biasimo
βλεννός — moccio IIa
βλίτον — bledo IIb
βόαξ — boca
βόθρος, -ίον — borro IIa
βομβεῖν, βόμβυλος — bobò IIa
βόμβυξ, βόμβυκος — bambagio; baco IIa
βόρβορος — bourbe IIc
βορβορύζειν — borbogliare
[βόσχος] — bosco
βουβών — bubbone; puya IIb
βούλα ngr. — gonna
βούλιμος — búlimo IIa
βουνός — borne IIc
βούρτζα ngr. — gonna
βουστάσιον — bostar IIb
βούτις — botte; imbuto
βραβεῖον — bravo
βραγός mgr. — brago
βραδύ ngr. — tarde IIb
βραδύς — ib.
βρέμειν — bramare
βρίνθος — halbran IIc
βριᾶν — brio
βροντή — brontolare IIa
βροῦχος — bruco
βρύτεα — briser IIc
βρύχειν — bruire
βυζάντιος — bisante
βύρσα, βύρση — borsa; lonza
βύσσος — bigio
βύτις — botte
βώξ — boca

γαγγάλιον — gavigna IIa
γάγγλιον — ib.; ganguear IIb
γάγγαμον — gangamu IIa
γάγγραινα — cangrena

γαλαία, γαλία mgr. — galéa
γαλεός, γαλεώτης — ib.
γάλη mgr. — ib.
γαμψός — gancio
γάστρα — grasta IIa
γαστρο-κνήμιον — pantorrilla IIb
γάτα ngr. — gatto
γαῦρον — garbo
γενιά — genía IIa
γέρανος — crone IIc; [argano]
γί-λοφος — tertre IIc
γιγγλυμός — carne IIc
γίννος — ginete IIb
γλάζειν — ghiattire
γλαφυρός, γλαφνρός — scalterire IIa
γλία, γλίσχρος — glaise IIc
γλυκύρριζα — regolizia
[γλύφω] — gubia
γόγγρος — grongo IIa
γόμφος — gonzo
γοῦνα mgr. — gonna
[γράστις] — grascia IIa
γράφειν, γραφίον — graver IIc
γραφίον, γραφεῖον — greffe IIc
[γρέμπανος] ngr. — greppo IIa
[γρουφίν] — marcassin IIc
γρόσφος — gubia
γρώνη — cruna IIa
γυμνίτης — ginete IIb
γυρῖνος — grenouille IIc
γύψ, γυπός — gheppio IIa; ghezzo IIa
[γωρυτός] — goldre IIb

δάκρυ — záccaro IIa
δαρτός — dartre IIc
δασύπους — gazápo IIb
δάφνη — adelfa IIb
δειπνεῖν — desinare
δεῦρο, δεῦτε — andare
δευτέρα ngr. — lunedì
δή, νή — da IIc
Δία, νὴ τὸν — ib.
[διαίρεσις] — gercer IIc
δίαιτα — dieta
[διπλόη] — melia IIb
δοκάνη — dogana
δόρξ, δορκός — corzo IIb
δόρυ, δόρατος — dardo; ardiglione
δούκας byzant. — duca
δοῦλος — farándula IIb
δούξ, δοῦκα (acc.) byzant. — duca
δοχή — doga
δρόμος, δρόμων — dromon IIc
[δρῦς] — bosco
δύσκολος — díscolo
δῶμα — duomo IIa
δῶρον — dour IIc

ἔγκαυστον — inchiostro
εἷα — ea
εἰκών (f.) — ancona IIa
ἐκδύσθαι — scappare
ἐκλογείσθαι — escondire IIc
ἐκ χειρός — demanois IIc
ἐλένιον — enola
ἐλέφας — olifant IIc
ἐμπίνειν — pier IIc
ἔμπλαστον — piastra
ἔμπλαστρον — lasto; piastra
ἐνετόν, ἐναιτεύειν — ente IIc
ἐνθήκη — éndica IIa
ἐντέμνειν — entamer IIc
ἐνυδρίς — lontra
ἐξάγιον — saggio¹
ἐξάμιτος mgr. — sciámito
ἐξαρπάζειν — sarpare
ἐξαρτίζειν — sarte
ἐξάρτιον mgr. — ib.
ἐξόμματος — avocolo
ἔποψ — upupa
ἐργάτης — árgano
ἔργον — argue IIc
ἐρέβινθος — garbanzo IIb
ἔρημος — ermo
ἔρυρος — chabasca IIb
ἕρπης — herpe IIb
ἐρωδιός — aghirone
ἐσχάρα — éscara
ἕτερος — altérer IIc
εὐνή — cama IIb

ζαβός mgr. — sciabla
ζαπίτιον mgr. — zibetto
ζῆλος — zelo; envis IIc
ζιγγίβερι — zenzóvero
ζόρξ, ζορκός — corzo IIb
ζωμός — zumo IIb

ἱμικρανία — magrána; XXIV(XVIII) 4

θαλλός — tallo
θάλπειν — calere
θεῖος, θεία — zio
θρίξ, τριχός — treccia
θύλακος — talega IIb
θύννος — tonno
θύραζε ἔρχεσθαι — escire
θύρσος — lonza; torso

ἰβίσκος — malvavischio
ἴραξ — sagro

ἰλύς, ἰλύος — lia
ἴξαλος — isard IIc
ἱππεύειν — cavallo
ἱππίδιον. ἵππος — polédro
ἵππος — cavallo

καβάλλης — cavallo
κάγχαλος mgr. — gánghero IIa
καδμεία, καδμία — calaminaria
[καθαρός] — cafre IIb
κάθε, καθίνας ngr. — *cadaúno
καιρός — otta IIa
καλά, τὰ — gala
καλαμίτα ngr. — calamíta
κάλανθρα — calandra
καλαφατεῖν mgr. — calafatare
κάλον — calare
καλός — gala
καλπᾶν — galoppare
καμβεῖν — cambiare
[κάμηλος] — cambellotto
καμηλωτή — *ib.
καμπή — cammino; gamba
κάμπτειν — cambiare; cansare IIa
καμπύλος — ganrio
[κάναστρα] — canasto IIb
κανθός — canto; jante IIc
καπλίον mgr. — cappio
κάρα — cara
κάραβος — cáraba; crabe IIc; écrevisse IIc
[κάρεον] — carvi
κάρη, aeol. — cara
[καρκάσιον] ngr. — carcasso
[καρκίνος] — carcomer IIb
καρκίνος — carcan IIc
[καρκίνωμα] — carcomer IIb
κάρον — *carvi
καρπός — biado
[καρυΐα, καρευΐα †] — carvi
καρυόφυλλον — garófano
καρφίον — greffe¹ IIc
[καρχήσιον] — carcasso
κατά — [cadaúno]; catacomba; catafalco
καταβολή — caable IIc
κατατύμβιον† — catacomba
καντιάρι ngr. — caviale
καῦμα — calma
κέλευσμα — ciurma
κεράτιον — carato
κέφαλος — chabot IIc
κῆδος — settimana
κημός — [camaglio]; cama² IIb
κιβώριον, auch mgr. — ciborio
κιθάρα — chitarra
κίκιννος — cenno
κικίρρος — coquelicot IIc
κιννάβαρις — cinábro

κίρκος — girfalco
κιρκοῦν — cercare
κιχίω — llegar IIb
κλάζειν — ghiattire
κλῆρος — lotto
κόβαλος — gobelin IIc
κόγχη — cocca²
κόδφα mgr., κοδράτης — coron IIc
κοιμητήριον — cimeterio
κοίτη — cóltrice
κόκκος — grana
κοκκύζειν, κεκόκκυκεν (pf.) — coq IIc
κολάζειν — collare IIa
κόλλα — colla; protocollo
κολλᾶν — collare IIa
κόλπος; κόλφος mgr. — golfo
κόμμα — cammeo
κόνδυ — gonda IIa
κόπτεσθαι — lagnarsi
κόρη — ninno
κορμός — corma IIb
κόρος — garzone; chabasca IIb
κορούνη mgr. — cruna IIa
κορυῖῶν (corr. κορυᾶς) — moccio IIa
κορώνη — cornice
κορωνίς — ib.; coron IIc
[κοττός, κόττυφος] — cotovía IIb
κούκουρον mgr. — couire IIc
κοῦπα ngr. — gonna
κρέμασθαι — crémaillon IIc
κρήξ — scriccio IIa
κρίζειν, κρίκειν — criquet IIc
κρίνειν — barruntar IIb
κρῖνον — giglio
κροτάλον — crocchiare IIa
κρυμός — grima IIb
κρύπτη — grotta
κτείς — péttine
[κύβιον] — tasajo IIb
κυδώνιον — cotogna; calandre IIc
κύλινδρος — calandre IIc
κῦμα — cima
κύμβη, [κύμβος] — combo
κυριακή — domenica
κύριος — signore
[κυρτός] — cortina
κῖφος — gobbo
κωνωπεῖον — canopè
κωφός — goffo; [mouco IIb]

λαικάζειν — leccare
λάκκος — lacca IIa
λάμπη — lapa² IIb
λαοῦθο ngr. — liúto
λάπαθον — lapa IIb
λάπη — lapa² IIb
λάπτειν — lappare
λαχή — lacca IIa

λέγειν — leggio IIa
λεῖος — leonino
λείριον — giglio
λείχειν — leccare
λειχήν — dartre IIc
λεόντειος — lonza
λεύγη mgr. — lega
λευκίσκος — lasca IIa
λευκόϊον — goivo IIb
λευκός — liart IIc
λεώνυμος† — leonino
λῆδος — xara IIb
λισσός — liscio
λίψ, λιβός — libeccio
λοβός — buccio IIa
λογεῖον — leggio IIa; loggia
λόγιον — loggia
λοπός — buccio IIa; loppa IIa
λύγξ — louza
λύειν — dileguare
λυκάνθρωπος — loup-garou IIc

μάγγανον — magagua; mángano
μαϊμοῦ mgr. ngr. — mammone IIa
[μάκαρες] (pl.) — maccherone IIa
μακάρι ngr. — macári IIa
μακαρία mgr. — *maccherone IIa
μακάριος, μακάριε (voc.) — macári IIa
μάκτρα — mádia IIa
μάλαγμα — *amalgamare
μαλακός — mego IIb
μανθήλιον byzant. — mandil IIb
μανία — smánia IIa
μάραγδος — smeraldo
μάρσον mgr. — marrone IIa
μαργιόλος ngr. — golpe
μαρτυρεῖν — martirio
μάσκα mgr. — máschera
μαστάζειν — masticare
μάταιος — matto IIa
μάταξα spätgr. — matassa; seta
ματζούκα ngr. — mazza
ματός — matto IIa
[μαῦρος] — marrir
μίθυ — mies IIc
[μέλκα] — mègue IIc
μέταξα spätgr. — matassa
μῆλον — melo IIa; albercocco
[~] — cambellotto
[μηλωτή] — ib.
[μήναχος] dor. — almanacco
μηρί ngr., μηρίον — coscia
μιμώ — mammone IIa
μόνιος — cinghiare
μονόχορδον — monocordo
μορφή — morfire IIa
μόσχος — chabasca IIb
μουσεῖον — musaico

μοῦτζος ngr. — gonna
μπρούσκος mgr. — brusco
[μυκός] mgr. — monco IIb
μῦκος — moccio IIa
μυροβάλανος, μύρον — mirabella
μύσταξ — mostaccio; blêcbe IIc
μωκᾶν — moquer IIc
μῶν — mon IIc
μωρός — múrrio IIb

[νάκτης] — nata IIb
ναύκληρος — nocchiere
ναῦλον — nolo
νεκρομαντεία, νεκρόμαντις — negromante; polizía
νεράτζι ngr. — arancio
νεράτζιον mgr. — ib.
νευρίον — nervio IIb
[νεῦρον] — naverare
νῆμα — nema IIb
νυμφίτα (corr. νυμφίτζα) ngr. — donuola IIa
νίννιον mgr. — ninno

ξάμιτος mgr. — sciámito
ξάρτιον mgr. — sarte
ξυστόν — sesta

ὀβρύζον, χρυσίον — bronzo
ὄξος — chabasca IIb
οἰβοῖ ngr. — oibò IIa
οἰκέτης — criado IIb
οἶκος — aere
οἶος — cinghiare
οἶσος — osier IIc
οἴστρος — estro
οἰωνός — cinghiare
ὁλκάς — urca IIb
ὄνυξ — corniola
ὅπλον — manópola
ὄπτομαι — otar IIb
ὄργανον — argano; órgano; [argue IIc]
ὀργίλος — orgoglio
ὀρείχαλκος — oricalco
ὄρος — orlo
ὀρός — ordeñar IIb
ὁρμᾶσθαι, ὁρμή — orma; [ornière IIc]
ὄσσομαι — otar IIb
ὄστρακον — piastra
οὐρανίσκος — palais IIc
οὔρινος, οὔριος — huero IIb

παιδεύειν — pedante
παιδίον — paggio
παλαίειν — pelear IIb
πάλλα, πάλλειν — balla
πανδοκεῖον, πανδόκιον — fóndaco
πανδοῦρα — pandúra
παντό-φελλος† — pantófola
παπαγάλλος ngr. — pappagallo
παπαγάς mgr. —— ib.
παπαί — pápe IIa
παππάζειν — pápero IIa
πάππας — mamma
παρά — palafreno
παραγραφή, παράγραφος — parafe IIc
παράδεισος — parvis IIc
[παρακονάω, -κόνη] — paragone
πάρεσις — pigrezza
παροικία, πάροικος — parrócchia
πατάσσειν — batassare IIa
πατεῖν — patta
πάτημα — pantáno
πάτος — ib.; patta
πέζα — pezza
[πειρίον] ngr. — piva; pirouette IIc
[πεῖρος] — pirouette IIc
[πειρώ] — piva; verrina
πέλλος — pardo IIb
πέλμα — *pelmazo IIb
πέμπτη ngr. — giovedì
περισσός — caffo IIa
περόνη — perno
πέρσα ngr. — persa IIa
πέταλον — poêle² IIc
πετροσέλινον — petrosellíno
[πηδόν, πηδάλιον] — piloto
[πηδώτης†, πηδαλιώτης†] — ib.
πηλός — belletta IIa
πιεῖν — pier IIc
πιττάκιον — petecchie
πλάξ (f.) — plaque IIc
πλατγά ngr., πλατεῖα — piazza
πλατύς — fiadone; piatto
πνεῖν, πνεύμων — bofe IIb
πόδιον — poggia IIa
πολιός — pardo IIb
πολιτεία — polizía
πομφόλυξ — [fanf.]; fanfaluca
ποντικός, auch mgr. — armellino; mur; ratto
[πόρκης, πόρχη] — borchia IIa
ποτίσμα — pócima IIb
πούγγη, πουγγίον mgr. — ponga IIa
πουγγί mgr. — ib.
πούς — poggia IIa
πρᾶγμα ngr. — cosa
πραγματεύειν ngr. — baratto
πραικόκκιον mgr. — albercocco
πρασιά — prace IIa
πράσον, -ων — persa IIa
πράττειν — baratto
πρεκόκκιον mgr. — albercocco

πρεσβύτερος — prete; signore
προβασκάνιον — máschera
πρόγονος — alnado IIb
προδιδόναι — tradire
πρόχους — brocca
προύτζινες mgr. — bronzo
πρωτόκολλον byzant. — protocollo
πρῶτος — ib.
πτισάνη — tisána
πτωχός — pitocco IIa
πυκνόν — spesso
πυξίδα (acc.) — bolte IIc
πυξίς — baratto
πῦρ — poêle[3] IIc
πύργος — borgo
πυῤῥός — bujo; piluccare
πυτίζειν — pisciare
πωλίδιον†, πωλίδριον†, πῶλος — polédro

ῥᾶ -- rabárbaro
ῥαβάττειν, ῥαβάσσειν — rabasta IIc
ῥάκη mgr. — ragazzo IIa
ῥάκος — ranc IIc
ῥαφή — *refe IIa
ῥαχάς — ranc IIc
ῥέγχειν — ranger IIb
ῥέμβειν — rêve IIc
ῥέτενα mgr. — rédina
ῥέω — arroyo IIb
ῥογχάζειν — ranger IIb
ῥόγχος — roncar IIb
ῥοή — arroyo IIb
ῥομβεῖν — rombo IIa
ῥόμβος — ib.; turbot IIc
ῥομφάνειν — ronfiare
ῥόπαλον — veit IIc
ῥοφεῖν — ronfiare
ῥυθμός — rima
ῥυμός — rombo
ῥυτίς, ῥυτίδος — rider IIc

σάβανον — sábana
σάγμα — salma; smeraldo
σάκχαρ, σάκχαρον — zúcchero
σαλιούγκα mgr. — aluine IIc
σαμψῆραι mgr. — scimitarra
σανδάλιον, σάνδαλον — sándalo[2]
σάνταλον — sándalo
σαρδίνη — sardina
σαράβαρα mgr. — zaragüelles IIb
σειράν — sirgar IIb
σειρήν mgr. — scrin IIc; [rabâcher IIc]
σειρός — silo IIb
σεισοπυγίς — cutretta IIa
σέλινον — sédano; [escada IIb]

σής, σητός — seta
[σῆτα] ngr. — sommo
σήψ, σηπός — sapo IIb
σικελός — acelga IIb
σίκερα — sidro
σικότι ngr. — fégato
σικύα — cucuzza
[σιμός] — sima IIb
σισμός — chisme IIb
[σίτα] ngr. — sommo
σίφων — sione IIa
σκαιός — escai IIc
σκαμβός — sghembo IIa
σκαπάνη, σκάπτειν — zappa
σκάραβος — scarafaggio; écrevisse IIc
σκαριφᾶσθαι — scaraffare IIa; [sarrafar IIb]
[σκάφη] — scaffale IIa
σκελετός — scheletro
σκιμβός — sghembo IIa
σκίουρος — scojattolo
[σκόλλυς] — cholla IIb
σκόλυμος — escolimoso IIb
[σκύνιον] — cenno
σμάραγδος — smeraldo
σμικρίνης, σμικρός — cica
σμίρις — [smerare]; smeriglio
σμύρις — smeriglio
σοῦπα ngr. — gonna
σοῦσον — azucena IIb
σπάθη — spada
[σπανάχιον] mgr. — spinace
σπανός — spanu IIa
σπασμός — spasimo
σπέλτον mgr. — spelta
σπιθαμή — spanna; spítamo
σπίνα, σπινίδιον — pincione
σπόγγος — gavigna IIa
στόλος — stuolo
στράτα ngr. — strada
σύβαξ, σύβακος — ciacco IIa
συκωτὸν ἧπαρ — fégato
σύρμα — sirima IIa
σχεδιάζειν, σχέδιος — schizzo
σχίδη — ib.; esquille IIc
σχίδιον — scheggia IIa; esquille IIc
σχίζα — esquinzar IIb
σχίζειν — *ib.
σχίσμα -- esmar
σχιστός — zeste IIc
σωκάριον mgr. — soga

τάλαντον — talento
ταμπάριον mgr. — tabarro
ταπεινός — tapir IIc
[ταρκάσιον] ngr. — carcasso
τάτα — tata
ταῦτα — oui IIc

τέλειος — fino
τέλεσμα — talismano
τέρετρον, τερηδών — taraire ; XXIV (XVIII) 4
τέρθρον — tertre IIc
τεσσαρακοστή ngr. — quarésima
τετράδη ngr. — mercoledì
τζάτζαλα ngr. — ciancia
τζόκος mgr. — soc IIc
[τζυκάνιον] mgr. — cica
τίτθη — tetta
τόκος — renou IIc
τομάρι ngr. — tomajo IIa
τομή — formaggio; tomar IIb
τόμος — tomar IIb
τορνεύειν, τόρνος — torno
τόρος — taraire
τραγήματα (pl.) — treggéa
τραυλός — troglio IIa
[τράχηλος] — haterel IIc
τρέπειν — trepar IIb
[τρῆμα] — craindre IIc
τρίβος — trieu IIc
τρίγλη — triglia
τρίτη ngr. — martedì
τρίφυλλον — trifoglio
τρίχα — treccia
τροπαῖον — golfo; troféo
τροπή, τροπικός — trocar
τροῦτα ngr. — trota
τροχός — trocar ; trucco
τρύειν — trou IIc
τρύπανον — trépano
τρυφή — truffa; tronfio IIa
τρώκτης — trota
τύμβος — lonza; tomba
[τυπή] — tepe IIb
τύπος — foggia IIa
τύραννος — roitelet IIc
τύφη — touffe IIc
τῦφος, τύφος — [stufa]; tufo
τυφών — tnfo
τύχη — dicha IIb

ὑγρός — moite IIc
ὑοσκύαμος· — giusquiamo
ὑποτάττεσθαι — gecchire
[ὔρχη] — urca IIb

φάγος — aufage IIc
φαιδρός — liart IIc
φαιός — vajo IIa

φάκελος — fagotto
φάλαγξ — farandula IIb
φάλκων spätgr. — falcone
φάλλη mgr. — farfalla
φανός, φάρος — falò
φαῦλος — folle
φελλός — pantófola
φοινίκεος — ponceau IIc
φορτίον — forziere IIa
φραγέλλιον — fléau IIc
φράγμα; φράκτη ngr. — fratta IIa
φράττειν — ib.
φώϊξ — foxa IIb

χαῖος — cayado IIb
χαιρέφυλλον — cerfoglio
χαλᾶν — calare; [caleffare IIa]; XXV (XIX) 7
χάλκανθον — copparosa
[χαλκεῖον] — caldaja
χαμαί — cama IIb
χαμαίδρυς — calamandréa
χαμευνή — cama IIb
[χαμός] — camaglio
χαραδριός — calandra
χαράκιον — veit IIc
[χαράκτηρ] — charade IIc
χάραξ — échalas IIc
[χαράσσειν] — gercer IIc
χάρτης — alcartaz IIb
χάσμα, χάσματα — casamatta
χεῖλος — balafre IIc
χειρός, ἐκ — demanois IIc
χελάνδιον mgr. — chaland IIc
χελιδών — róndine
χέλυδρος — tartaruga; *chaland IIc
χημεία spätgr. — alchimia
χίτων (corr. χιτών) — cotone
[χλενάζειν] — caleffare IIa
χοῖρος — ciro IIa
χολοίπους (corr. χωλ . . . .) — clop IIc
χρυσό-μηλον — albercocco
χυμός — alchímia

[ψώρα] — zorra IIb

ὦλαξ, ὦλκα — ouche IIc
ὥρα — saison IIc
ὠτίς — ottarda
ὠτός — autillo IIb

S. auch unter: elissire, paragone.

III. Germanisch.

a

aalbeere *nhd.* — enola
aantrekken *ndl.* — atracar IIb
Abaguc *mhd.* — alguarismo IIb
abahôn *ahd.* — baire
[abbruch leiden] *nhd.* — briga
abenteuer *nhd.* — avventura
abbub *nhd.* — relief IIc
abspeisen *nhd.* — desinare
acker *nhd.* — acre IIc
acottoen *mndl.* — cotone
[adal] *ahd.* — algier IIc; allodio
adalinc *ahd.* — adelenc IIc
adal-kunni *ahd.* — alcuña IIb
adelâr *ahd.* — alériou IIc
ädheling *ags.* — adelenc IIc
adler *nhd.* — alérion IIc
aemen *mhd.* — esmar
aerselen *ndl.* — rinculare
ævisc *ags.* — asco IIb; ansia
af ana *ahd.* — a
afhalen *ndl.* — affaler IIc
agalstra, agaza *ahd.* — gazza; gazzetta
ahle *mhd.* — mente
aibr *goth.* — aib IIc
aisch *ndd.* — asco IIb; ansia
aisil *ags.* — IIc
aisk *ndd.* — asco IIb; ansia
aiviski *goth.* — ib.
akeit *goth.* — aisil IIc
akran *goth.* — aglan IIc
akrs *goth.* — acre IIc
äks *nhd.* — asco IIb; ansia
alah, alah -*kovo ahd.* — alcóva
alansa *ahd.* — lésina
alasme *schwʒ.* — ib.
albari *ahd.* — álbaro IIa
albel *ôstr.* — able IIc
albele *schwʒ.* — ib.
alber *nhd.* — álbaro IIa
aleina *goth.* — alna
Algorismus *mhd.* — alguarismo IIb
ali-banto *ahd.* — aubain IIc
all aus *nhd.* — trincare
[alle machen] *nhd.* — tutare
alm *nord.* — álamo IIb
almer *nhd.* — armoire IIc
almr *nord.* — álamo IIb

almutse *mndl.* — almussa
al-ôd *ahd.* — allodio
âma *an.* — aime IIc
amandel *ndl.* — mándorla
amhaht *ahd.* — abait IIc; ambasciata
amber *mhd.* — ambra
ambra *nhd.* — ib.
âme *mhd.* — aime IIc
âmen *mhd.* — esmar
âmer *mhd.* — ambra
ammâ *ahd.* — ama IIb
[ampath] *ahd.* — abait IIc
amutse *mndl.* — almussa
ana *ahd.* — a
anbiss *nhd.* — almuerzo IIb
ancha *ahd.* — anca
~ *ahd.* — ib.
andbahts *goth.* — ambasciata; [abait IIc]
aneganc *mhd.* — ubbia IIa
angradhr *an.* — engrant IIc
anhalen *ndd.* — héler IIc
anharden *ndd.* — hardier IIc
anke *nhd.* — anca; bis
âno, ânôn *ahd.* — senza
anstecken *nhd.* — enticher IIc
ant *mhd.* — halbran IIc
[antbak] *goth.* — ambasciata
ant-rîhan *ahd.* — abrigo
ant-spenjan *ahd.* — espanir IIc
antwerk *mhd.* — cranequin IIc
anwalt *nhd.* — mondualdo IIa
arag *ahd.* — aragan IIb
arahôn *ahd.* — argue IIc
arbeiten *nhd.*; *bair.* — travaglio
arg *ahd.* — aragan IIb
[ärgern] *nhd.* — corruccio
arrisan *ahd.* — arriser IIc
ars *mhd.* — rinculare
ärschlings *nhd.* — ib.
ärsen, sich *nhd.* — ib.
ars-sparran *ahd.* — esparrancar IIb
arweichjan *ahd.* — avachir IIc
arwiz *ahd.* — ervo
asc *ahd.* — azcona IIb
ascâ *ahd.* — ascua IIb
[asch] *nhd.* — lasca IIa
asche *nhd.* — ascua IIb

[ascò] *ahd.* — lasca IIa
asega *ahd.* — sayon IIb
asqvô *goth.* — ascua IIb
ästling *nhd.* — ramingo
at *nord.* — aatir IIc
ätgár *ags.* — algier IIc
atgeirr *an.* — ib.
athala-kuni *goth.* — alcuña IIb
att *nord.* — aatir IIc
atta (prät.) *nord.* — ib.
~ (sbst.) *goth.* — tata
ätte *schwz.* — ib.
ätzen *nhd.* — agazzare
au *ahd.* — aus IIc; ouaille IIc
auch *nhd.* — oui IIc

[aufräumen] *nhd.* — rima
aus *goth.* — IIc
ausmärzen *nhd.* — *marza IIa
avarij *ndl.* — avaria
âventiure (f.) *mhd.* — avventura
avoi *mhd.* — IIc
awi *ahd.* — aus IIc
azéti *goth.* — agio
azêtjam, in *goth.* — ib.
azéts *goth.* — ib.
azgêr *ahd.* — algier IIc
azgô *goth.* — ascua IIb
aʒi *goth.* — agio
[azijn] *ndl.* — aisil IIc

b

babbeln *nhd.* — babil IIc
babe *mhd.* — babbo IIa
bachbunge *nhd.* — beccabungia
bacho *ahd.* — bacon IIc
baec *mndl.* — ib.
bær *ags.* — bara
bætan *ags.* — beter IIc
baga *nord.*
bâht *hd.* — boue IIc
baidôn *ahd.* — badare
buin *ahd.* — ban IIc
baíran *goth.* — barone; bordone
bairgan *goth.* — borgo
baírhts *goth.* — pretto IIa
[baitôn] *ahd.* — bettola IIa
bak *ndl.* — bacino; bac IIc
~ *ndd.* — bacon IIc
bak-boord *ndl.* — bâbord IIc
bake *ndd.* — balisa
bakkeljau *ndd.* — cabeliau IIc
bal *mhd.* — balla: ballare; balicare
balaráti *ahd.* — baratto
balcho *ahd.* — balco
bald *ahd.* — baldo; bandet IIc
balderich *ahd.* — baudré IIc
baldrich *ahd.* — barriga IIb
balfen *bair. tir.* — balme IIc
balge *nhd.* — bac IIc
balie *ndl.* — ib.; balisa
balja *schwd.* — bac IIc
balk *ndl.* — bau IIc
balke *ndd.* — balco; [bauche IIc]
bálkr *an.* — balco; bauche IIc
balla *ahd.* — I; ballare; balicare
balm *schwz.* — balme IIc
balthaba, balthjan, balths *goth.* — baldo
balvavêsei, *balvavesi-s goth.* — malvagio
balvási *ahd.* — *ib.

bams *ôstr.* — bambo
banc (m. f.) *mhd.* — banco
banch (f.) *ahd.* — ib.
band (n.) *ahd.* — banda; ruban IIc
bandi (f.), bandva *goth.* — banda
bandvjan *goth.* — bando
baneken *mhd.* — banda
bankert *nhd.* — bastardo
bannan *ahd.* — bando
banse *hd.* — benna
banst, bansts *goth.* — ib.
banvjan *goth.* — bando
bäppe *thüring.* — beffa; babbuino
bar *mhd.* — barra
~ *mhd.* — barone
bâra *ahd.* — bara
barátta *an.* — baratto
barchent *nhd.* — baracane; [bucherame]
barde *ndl.* — barda
bardi *nord.* — ib.
[bargoensch] *flâm.* — baragouin IIc
barkr *an.* — barca
bärme *nhd.* — lia
barre *mhd.* — barra
barta *ahd.* — barda
bartâ *ahd.* — partigiana
barte *nhd.* — alabarda
barzen *mhd.* — pazzo IIa
barzjan *ahd.* — ib.
basa *nord.* — basire IIa
[bass] *nhd.* — malato
bast *mhd.* — basto
bât *ags.* — batto
bâtr *an.* — ib.
batze *nhd.* — bezzo IIa; [pazzo IIa]
batzen *nhd.* — bezzo IIa
batzig *nhd.* — *pazzo IIa
bauchen *nhd.* — bucato
bauen *nhd.* — bosco

bauer *nhd.* — bur IIc
baugr *an.* — bou IIc
baúrd *goth.* — borda
[baurgnjan] *goth.* — bargagno
baúrgs *goth.* — borgo
[bauschen] *bair.* — bussare IIa
bausi *ahd.* — bugía
bauth *goth.* — baud IIc
bauths *goth.* — bouder IIc; [mouco IIb]
baz, bazze *mhd.* — bazza
bazzen *hd.* — bezzo IIa
becher *nhd.* — bicchiere
bechin *ahd.* — bacino
beck *ndd.* — beccabungia
beckebunge *ndd.* — ib.; bugna
becken *nhd.* — bacino
bed *ags.* — bied IIc
bedr *an.* — ib.
beeten *mndl.* — beter IIc
beffen *bair. ndl.* — *beffa
befor *ags.* — bévero
beginnen *nhd.* — entamer IIc
behagen *nhd.* — agio
be-halt *mhd.* — halt IIc
behuot, behut *mhd.* — baúle
behüten *nhd.* — ib.
beichte *nhd.* — gecchire
bei got *hd.* — bigot IIc
beil *nhd.* — pialla IIa
beise *schwz.* — bigio
beiszzange *nhd.* — mordache IIc
beitôn *ahd.* — badare; [bettola IIa]
beiwacht *nhd.* — bivac IIc
beizen *mhd.; nhd.* — beter IIc
bek *ndl.* — becco
bekletzen *nhd.* — chiazza IIa
bel *ndl.* — belier IIc; cascabel IIb
belander (m.) *nhd.* — palandra
belene *ags.* — beleño IIb
belgan *ahd.* — bolgia
bel-hamel *ndl.* — belier IIc
belone *ags.* — beleño IIb
belt *ags.* — baudré IIc
belti *an.* — ib.
belune *ags.* — beleño IIb
benken *mhd.* — banco
beofer *ags.* — bévero
beor *ahd. ags.* — birra
bequem *nhd.* — avenant IIc
bera *afries.* — barone
bêrala *ahd.* — perla
beran *ahd.* — barone; borde; lia; mainbonr IIc
berc *ahd.* — abrigo
bercan *nhd.* — baracane
bercvrit *mhd.* — battifredo
bêre *ags.* — bara
bergan *ahd.* — abrigo; borgo
berge *nhd.* — flamberge IIc

bergen (prät. barg.) *nhd.* — parco
berht *ahd.* — pretto IIa
bërla *ahd.* — perla
Berlin *nhd.* — berline IIc
berm *ndl.* — berme IIc
bernjan *ahd.* — vernice
bero *ahd.* (acc. berun, beron) — barone
berrie *ndl.* — bara
[Bertan] *ahd.* — putto
Bertha *ahd.* — berta; befana IIa
bervrit *mhd.* — battifredo
bes *ndl.* — besi IIc
beschluss *nhd.* — arresto
besetzen *nhd.* — sagire
besie *ndl.* — besi IIc
bestau *ahd.* — basto
besten *mhd.* — ib.
betteln *nhd.* — bettola IIa
betti *ahd.* — bied IIc
bettler *nhd.* — bettola IIb; belitre IIc
betz *nhd.* — bezzo IIa
betze *nhd.* — biche² IIc
beuken *ndl.* — *buquer IIc
beuteln *nhd.* — bluter IIc; [boulanger IIc]
bevilt, mich *mhd.* — increscere IIa
bevrihan *ags.* — abrigo
bewillkommen *nhd.* — wilecome IIc
bezig *ndl.* — sogua
bibar *ahd.* — bévero
bicce *ags.* — biche² IIc
bickel *mhd.* — biglia
bicken *nhd.* — becco
[bide, bidne] *norw.* — [bidon IIc]
biebuyck *andl.* — buco
biegen *nhd.* — bouger IIc
bier *nhd.* — birra
bier *mhd.* — ib.
biesso *d.* (mndt.) — biscia IIa
[biest] *nhd.* — beter IIc
bifr *an.* — bévero
big *ndl.* — biga IIa
biga *ahd.* — bica IIa
bigge (f.) *ndl.* — biga IIa
bigiht *ahd.* — gecchire
bi gote *ahd.* — bigot IIc
bikar *an.* — bicchiere
bikkel *ndl.* — biglia
bikkia *nord.* — biche⁷ IIc
bi-laigòn *goth.* — lagot IIc; halagar IIb
bilibi *ahd.* — bribe
bilifen *ags.* — ib.
bil-ih *ahd.* — bele IIc
bilisà *ahd.* — beleño IIb
bille *nhd.* — bele IIc
bi-loh *ahd.* — loc IIc; bloc IIc
binda *ahd.* — benda
bindan *ahd. goth.* — ib.
binnenlander *ndd.* — palandra

biogan *ahd.* — bouger IIc; bou IIc
bior *ahd. an.* — birra
biqueman *ahd.* — avenant IIc
biral *ahd.* — berla IIa
bi-raubôn *goth.* — roba
bir-augig *östr.* — bircio IIa
birg-aug *bair.* — ib.
birgu *ahd.* — abrigo
bi-rîhan ahd. — ib.
biroufan *ahd.* — ruffa
birutsche *nhd.* — biroccio
bisa *ahd.* — bigio
bi-sauljan *goth.* — souil IIc
bisazjan *ahd.* — sagire
bise *schwz.* — bigio
bisen *mhd.* — beser IIc
bisettan *ags.* — sagire
bisittian *as.* — sítio IIb
bi-siuni, bi-siunigi *ahd.* — sogna
bismuth *nhd.* — IIc
biss *nhd.* — biscia IIa
bissen *schwz.* — bitta
bita *ags.* — biscia IIa
biten *mhd.* — rover IIc
biti *an.* — bitta; bietta IIa
bius goth. — birra
biuteln *mhd.* — bluter IIc
biwacht nhd. — bivac IIc
biz, *bizo ahd.* — biscia IIa
bizôn *ahd.* — bizzarro
blâ *an.* — blême IIc
blâc *ags.* — pardo IIb
blæd (f.) *ags.* — biado
[*blaggvus*] *goth.* — bravo
[blaman] *an.* — blême IIc
blâmenschier *mhd.* — bramangiere
IIa
blâmi *an.* — blême IIc
blanc *mhd.* — bianco; bajo; bramangiere IIa
blanch *ahd.* — bianco
bland *dän.* — mest IIc
blank *nhd.* — bianco
blâo *ahd.* — biavo
blas *mhd.* — blasone
blâsa *an.* — blaser IIc
blase *ags.* — blasone
blâse *ags.* — bragia
blasen *nhd.* — blaser IIc
blau *nhd.* — éblouïr IIc
blaud *an.* — biondo
[blaudhr] *an.* — poltro
blauthjan *goth.* — éblouïr IIc
blaw *ahd.* — biavo
[blegdi] *an.* — bietta IIa
[blegg] *norw.* — ib.
bleich *nhd.* — biacca IIa; blèche IIc
bleich-farb *nhd.* — blafard IIc
bleich-var *mhd.* — ib.
bleifarb *nhd.* — ib.
bleih *ahd.* — pardo IIb

bleih-faro ahd. — blafard IIc
bleihh-umo ahd. — blême IIc
bleizza *ahd.* — blet IIc; [blesser IIc]
blendan *ahd.* — blinder IIc
blenden *nhd.* — ib.
bletz, bletzen *mhd.* — blesser IIc
blîalt, bliat *mhd.* — bliaut
[bligd] *schwd.* (mndt.) — bietta IIa
[bliggvan] *goth.* — bravo
[*bliht*] *ahd.* — bietta IIa
blinchan *ahd.* — brincar IIb
blindjan *goth.* — blinder IIc
blinken *nhd.* — bianco; brincar IIb
blinzen *nhd.* — bircio IIa
bloc *ahd.* — IIc
bloch *ahd.* — bloc IIc; loc IIc
bloc-bûs *ahd.* — bloc IIc
block, blockbaus *nhd.* — ib.
blôd *dän.* — biondo
blôdan *ahd.* — éblouïr IIc
[bloder] *ahd.* — poltro
blôdi, blôdi *ahd.* — éblouïr IIc
blödsüchtig *nhd.* — ib.
blond *nhd.* — biondo
blonden-feax *ags.* — ib.
blôt *schwd.* — ib.
blotten ndd. — blottir IIc
blotzen *nhd.* — blet IIc; blottir IIc
blôz *mhd.* — biotto; [brullo IIa]
blutsen *ndl.* — blet IIc
blutt, blutten *schwz. bair.* — biotto
blutz *schwz.* — ib.
bluyster *ndl.* — blostre IIc
bobbeln *ndl.* — borboleta IIb
bocht *hd.* — bone IIc
bock *nhd.* — [bucherame]; becco IIa
bocken *mhd.* — urtare
böckle *nhd.* — crevette IIc
bodem, bodemerij *ndl.* — bomerie IIc
bodmerei *nhd.* — ib.
boeckin *mndl.* — bouquin IIc
boegspriet *ndl.* — beaupré IIc
boekje *mndl.* — bouquin IIc
boe-lijn *ndl.* — bouline IIc
boerde, boert *mndl.* — bourde IIc
bogen *mhd.* — arcione
~ *ndl.* — bojar IIb; bouger IIc
bogên *ahd.* — bouger IIc
bog-lina *schwd.* — bouline IIc
bohl-werk *nhd.* — boulevard IIc
[bohren] *nhd.* — bornio
boije, boje *mhd.* — boja
bojen *schwz.* — bouger IIc
bolca *ahd.* — borchia IIa
bo-leine *hd.* — bouline IIc
bo-lina *schwd.* — ib.
böllr *an.* — balla; ballare; balicare
bollwerk *nhd.* — boulevard IIc
bolstar *ahd.* — poltro; [trastullo IIa]

bolz, bolzen *nhd.* — bolzone
boosmann *ndd.* — bosseman IIc
bootje *ndl.* — botequin IIb
bootsmann *ndl.* — bosseman IIc
bora *ahd.* — borino
bord *an.* — borda
~ *as.* — bordo
[*borganjan*] *ahd.* — bargagno
[borgen] *nhd.* — ib.
borke *nhd.* — barca
börkr *an.* — ib.
borôn *ahd.* — borino
borste *nhd.* — mince IIc
bort *ahd.* — borda
~ *ahd.* — bordo
borto *ahd.* — ib.
bôsa *ahd.* — bugía
bosche *mhd.* — bosco
böse *nhd.* — bugía
bôsi, bôsôn *ahd.* — ib.
bossen *nhd.* — bussare IIa
bôtkin *andl.* — botequin IIb
boug *ahd.* — bou IIc
bougâ *ahd.* — bova IIa
bôzen *mhd.* — botta; bozza; bottare ; embutir IIb
bôzo *ahd.* — bottare
braak *ndl.* — brago
braambezie *ndl.* — framboise IIc
braccho *ahd.* — bracco; alberare
brâchen *mhd.* — braquer IIc
brachsme *hd.* — brème IIc
bracke *nhd.* — bracco
[bradeln] *nhd.* — brédouiller IIc
braggaerd *mndl.* — brague IIc
brahne *nhd.* — breña IIb
brak *nhd.* — brac IIc
~ *an.* — brague IIc
braka *an.* — *ib.
brâka *an.* — braquer IIc
brâmberi *ahd.* — framboise IIc .
bräme *nhd.* — berme IIc
brandr *an.* — brando; brandistocco IIa
brant *ahd.* — brando
bränte *nhd.* — brenta IIa
bras *ags.* — bronzo
~ *ndl. schwd.* — bressin IIc
brasa *an. schwd.* — bragia
brase *fläm.* — ib.
bräsian *ags.* — ib.
brasse *nhd.* — bressin IIc
brâto, (acc. brâtun, brâton) *ahd.* — brandone
brauen *nhd.* — bras IIc
braun *nhd.* — bruno ; isanbrun IIc
braut *nhd.* — bru² IIc; beau IIc
bräutigam *nhd.* — bru¹ IIc
brauwe *ndl.* — bravo
brav *nhd.* — ib.
brechâ *ahd.* — brèche IIc

breche *bair.* — berlina IIa
~ *mhd.; schwz.* — brèche IIc
brëchel *mhd.* — ib.
brechen *nhd.* — [briga]; briser IIc
brecho *ahd.* — bricco'
bredda *nord.* — brette IIc
breban *ahd.* — bircio IIa
[brek, breka] *an.* — briga
breke *mndl.* — brèche IIc
[breken] *ndd.* — briga
breker *afries.* — bricco²
breki *nord.* — brico IIb
breman *ahd.* — bramare
breme *ndl.* — berme IIc
bremmen *ndl.* — bramare
brente *mhd.* — brenta IIa
bresta *an.* — briser IIc
brëstan (präs. bristu) *ahd.* — ib.
bretlin *mhd.* — brelan IIc
bretling *mhd.* — [bilenco IIa]; brelan IIc
bretòn *ahd.* — berta
brett *nhd.* — predella IIa; bertesca
brettan *ahd.* — brete
brett-dach *nhd.* — bertesca
brica *ags.* — bricco²
brice *ags.* — bricco
brijzelen, brijzeu *ndl.* — briser IIc
[brikan] *goth.* — briga
brille *nhd.* — besicle IIc; perla
brim *an.* — brin IIc
bring dirs *nhd.* — bríndisi IIa
brinnan *ahd.* — broigne IIc ; vernice
brista *schwd.* — briser IIc
britelin *mhd.* — berlina IIa
briten *mhd.* — brida
britia *an.* — berta; briser IIc
brittian *ags.* — britar IIb
brittil *ahd.* — brida
britzeln, britzen *ahd.* — brezzu
briunen *mhd.* — bruno
brochisòn *ahd.* — bruiser IIc
brocken *nhd.* — brocco
brod *ahd.* — brodo
broddr *an.* — bordo
brodel *mhd.* — brouée IIc
[brodeln] *nhd.* — brédouiller IIc
brodem *mhd.* — brouée IIc
brodh *ags.* — brodo; brouée IIc; [bravo]
broeijen *ndl.* — brouir IIc
broek *ndl.* — brouques IIc
brög *schwz.* — brocca
[bröga] *ags.* — frayeur IIc
brogen *mhd.* — broglio
brok *ndl.* — bronco
~ *dän.* — tasso
broke *schwz.* — brocca
broos (f.) *ndl.* — borzacchino
brord *ags.* — bordo
brort *ahd.* — prua

broseken *mndl.* — borzacchino
brosekin *andl.* — ib.
broz. brozzen *ahd.* — brote
bruch *ahd.* — bronco
~ *nhd.* — bruc IIc; l rocco
brûch *schwz.* — bru IIc
brud *schwd.* — bru² IIc
brûd *as.* — ib.
brudel *mhd.* — brouéc IIc
[brudeln] *nhd.* — bredouiller IIc
brûdh gumi *nord.* — bru² IIc
~ -madhr *nord.* — ib.
~ -mannr, brûdhr *an.* — ib.
brod-man *schwd.* — ib.
brüejen *mhd.* — brouir IIc
bruh *ahd.* — bruc IIc
brûhen *nhd.* — brouir IIc
brubt *ahd.* — bruc IIc
bruid *ndl.* — bru² IIc
brûn *ahd.* — bruno
brunit *mhd.* — isanbrun IIc
brunjâ *ahd.* — broigne IIc
brunjô *goth.* — ib.
brunst *nhd.* — bronzo; [bruciare]
bruoch *ahd.* — brouques IIc
[bruogo] *ahd.* — frayeur IIc
brüsch *nhd.* — brusco
brust *ahd.* — busto
brusta *ahd.* — broza; bruxa IIb
brustian *as.* — broza
brût *ahd. mhd.* — bru² IIc
bruths *goth.* — ib.; [choyer IIc]
brütsch, brütschen *schwz.* — broncio IIa
bruitan *ahd.* — brutto IIa
bruttisc *ahd.* — brusco²
bruʒdón *goth.* — bordo
brŷd *ags.* — bru² IIc
brymme *ags.* — herme IIc
brynja *an.* — broigne IIc
brysan *ags.* — bruiser IIc
bübbi *schwz.* — poppa
bube *nhd.* — garzone
bûch *nhd.* — buco
buchmarder *nhd.* — faina
buchsen *obd.* — bussare IIa
bucka *nord.* — bouquer IIc
buckel *mhd.* — boucle IIc; rabou-grir IIc
buckeler *ahd.* — boucle IIc
buc·en *ndd.* — bucato
bücken *nhd.* — bouquer IIc
buckeram *mhd.* — bucherame
[buckskin] *ahd.* — ib.
buf *mhd.*
bûf *ahd.* — buho IIb
buga *an.* — bouger IIc
bûh *ahd.* — buco
buhle *nhd.* — bulo IIa

bûhurt *mhd.* — bagordo; bourde IIc
[buidelen, builen] *ndl.* — boulanger IIc
buik *mndl.* — buco; buega IIb
buisc *ahd.* — bosco; busca; buscare
buise *ndl.* — busse IIc
buiten-man *ndl.* — foresta
bûk *mndl.* — buco
buk *nhd.* — buega IIb
bûkr *an.* — buco
bulga *ahd.* — bolgia
bülsi *schwz.* — bolso IIa
bult *ndl.* — bulto IIb
bûndel *nhd.* — benda
bûnga *an.* — bugna
bunge *mhd.* — ib.; beccabungia
bungo *ahd.* — bugna
bunte *schwäb.* — bonde IIc
bunzen *nhd.* — punzar
buole *mhd.* — bulo IIa
bûr *ahd.* — bur IIc
burg *ahd.* — borgo
burjan *ahd.* — bória IIa; bourgeon IIc; astio IIa; XX (XVI)
burjo *ahd.* — bourgeon IIc
burst *ahd.* — broza; bruxa IIb
bürste *nhd.* — mince IIc
busch *nhd.* — *bosco
buse *nhd.* — IIc
bûssa *an.* — busse IIc
bussbart *nhd.* — buse IIc
bûten *mhd.* — bottino
butil *ahd.* — bidello
butin *ahd.* — botte
bûtr *an.* — bozza
butse *ndl.* — ib.
butse-carlas *ags.* — busse IIc
butt *ndd.* — botta
butte *ags.* — botte
bûtte *nhd.* — ib.
büttel *nhd.* — bidello
butz *nhd.* — botta
bûtz *obd.* — bottare
butze *mhd.* — bozza; bouse IIc; crotte IIc
bûtzel (kleiner) *nhd.* — garzone; muchacho IIb
butzen *nhd.* — botta; bozza
buwisc *ahd.* — *bosco; busca; buscare; hautbois IIc
buysschen *ndl.* — bussare IIa
bûz *mhd.* — embutir IIb
[byda] *isl.* — [bidon IIc]
bydel *ags.* — bidello
byden *ags.* — botte
byggja (saman) *an.* — casa
byrsa *mndl.* — borzacchino
byseg *ags.* — sogna
byti *nord.* — bottino

c

caermen *mndl.* — gaimenter IIc
cahot *ahd.* — cayo
cajuit *ndl.* — cahute IIc
califfan *ahd.* — caleffare IIa
carnies *nhd.* — cornice
casarm *d.* (volskm.) — caserma
castrol *nhd.* — cazza .
cat *ags.* — gatto
cempa *ags.* — campo
chamarlinc *ahd.* — camarlingo
chamo *ahd.* — cama² IIb
charnare *ahd.* — cimeterio
chaufan *ahd.* — chaupir IIc
cheminâta *ahd.* — caminata
chezi *ahd.* — cazza
chlampheren *ahd.* — calambre IIb
chlettû *ahd.* — gleton IIc
chletto (acc. chletton, chlettun) *ahd.* — ib.
choffa *ahd.* (Cass. Gl.) — cuffia
chortar *ahd.* — coron IIc
chôsôn *ahd.* — cosa
chouh *mhd.* — choe IIc
chozzo (m.) *ahd.* — cotta
chrazôn *ahd.* — grattare
chresan (prät. chras) *ahd.* — crescione
chrose *ahd.* — crogiare IIa
chupf *ahd.* (Cass. Gl.) — cuffia

chussin *ahd.* — cóltrice
citelan *ags.* — chatouiller IIc
clocca *ahd.* — cloche IIc
cloccan *ags.* — chiocciare; cloche IIc
clucge *ags.* — cloche IIc
cnif *ags.* — canif IIc; guenipe IIc
coc *ags.* — coq IIc
côc *ags.* — giavelotto
cocer *ags.* — couire IIc
coifie *mndl.* — cuffia
comb *ags.* — combo
commando *nhd.* — ciurma
cote *ags.* — cotta
crabba (f.) *ags.* — crabe IIc
cramph *ahd.* — grampa
crecca *ags.* — crique IIc
creópan *ags.* — crapaud IIc
crettili *ahd.* — grétula IIa
crewelôn *ahd.* — grouiller IIc
cribbia *as.* — groppia
crocca *ags.* — cruche IIc
crôg, cruoc *ahd.* — ib.
crupel *ahd.* — groppo
crusc *ahd.* — crusca IIa
cundfano *ahd.* — gonfalone
cûsro *as.* — cusche IIc
cviferlike *ags.* — quivrer IIc
cycene *ags.* — cucina

d

dachs *nhd.* — *tasso
[daerste] *ags.* — drasche IIc
dagge *ndl.* — daga
dahs *ahd.* — tasso
dampf *nhd.* — tanfo IIa
dann *nhd.* — dunque
danne *ahd.* — ib.
dansôn *ahd.* — danzare
danten *mndl.* — dandin IIc
dantern *obd.* — ib.
daradh, darodh *ags.* — dardo; ardiglione
darradbr *an.* — dardo
darrjan *ahd.* — tarir IIc
das *andd. ndl.* — tasso
daselbst *nhd.* — esso
daube *nhd.* — doga
daubjan *goth.* — atobar IIb
dauern *nhd.* — durare
dauge *schwz.* — doga
dauthjan *goth.* — tutare
deddi *ahd.* — tetta

deerne *ndl.* — dúerne IIc
degan *ahd.* — vassallo
degen *nhd.* — daga
dehsen (prät. dahs) *ahd.* — tasso
deo *ahd.* — die IIc
deohproh *ahd.* — uosa
deórling *ags.* — dorelot IIc
deyn *ndl.* — daim IIc
dic *ags.* — diga
diccho *ahd.* — spesso
dick *nhd.* — tecchire IIa
diele *nhd.* — tillac IIc
dihan *ahd.* — tecchire IIa
dihein *ahd.* — degun IIc
dili *ahd.* — tillac IIc
diuc *mhd.* — taïnar IIc
dincta *ahd.* — inchiostro
dinsan *ahd.* — danzare
dirne *nhd.* — déerne IIc
diutisc *ahd.* — tasso
dohle *nhd.* — táccola IIa
dol *ags.* — doudo IIb

doł *as.* — tolo IIb
dola *ahd.* — dala
dolch *nhd.* — dolequin IIc
dolckin *mndl.* — ib.
dolk *ndl.* — ib.
dompfaffe *nhd.* — moineau IIc
doomp *isl.* — dondon IIc
dop *ndl.* — topin IIc
[dorf] *schwz.* — tropa
dörr *an.* — dardo
dorren *mhd.* — torrar IIb
dorsch *nhd.* — torso
doten *ndl.* — radoter IIc
dráf *ags.* — tropa
dräge *ags.* — drague² IIc
dragmunt *mhd.* — dromon IIc
draht *nhd.* — refe IIa
draibjan *goth.* — drageon IIc
drasch *nhd.* — drasche IIc
draschel *ıbd.* — tråle IIc
[drastja] *ahd.* — drasche IIc
drât *ahd.* — spago IIa
dregg *an.* ~ drague IIc
drëscan *ahd.* — trescare; drasche IIc
dreschen *nhd.* — trescare
[drestja] *ahd.* — drasche IIc
dreuschen *nhd.* — troscia IIa
drie-stal *ndl.* — tréteau IIc
drifan *ags.* — tropa
drigil *ahd.* — drille IIc
drigistelli *ahd.* — tréteau IIc
dril *nord.* — drille² IIc
dringan *ahd.* — trigar IIb
dringen *nhd.* — ib.
drioli *an.* — drôle IIc
driugr *an.* — drudo
drol *ndl.* — drôle IIc

drollig *nhd.* — ib.
drômundr *an.* — dromon IIc
droog *ndl.* — droga
drozzâ *ahd.* — strozza IIa
druck, drucken *nhd.* — trucco
drûd, Drudbald *ahd.* — drudo
druffel *ndd.* — truffe
drupan *goth.* — trovare
drupo, drûpo *ahd.* — tropa
drusen *ndd.* — troscia IIa
drût *ahd.* — drudo
dryg *schwd.* — ib.
duahan, duabilla *ahd.* — tovaglia
dubba *an.* — addobbare
dubban *ags.* — ib.
~ tô riddere *ags.* — ib.
duig *nndl.* — doga
duin (n.) *ndl.* — duna
dul *an.* — tolo IIb
[dumm] *nhd.* — mouco IIb
dümpfel *nhd* — tónfano IIa
dûn (f.) *ags.* — duna
~ *an.* — duvet IIc
dunna pahbum *ahd.* — tin IIc
düppel *schwäb.* — dupe IIc
dûren *mhd.* — durare
durri *ahd.* — torrar IIb
dutten *nndl.* — radoter IIc
duyghe *mndl.* — doga
dvala *ags.* — gualiar IIc
dvals *goth.* — tolo IIb; gualiar IIc
dvelian, dveligan *ags.* — gualiar IIc
[dwaers] *ndl.* — berlusco IIa
dwalen *ndl.* — gualiar IIc
dwerch *ahd.* — guercio; bircio IIa; [lercio IIa]; gualiar IIc
dyk *ndl.* — diga

e

eadhe *ags.* — agio
ealdor *ags.* — signore
eást *ags* — est IIc
ebbe *ndl.* — èbe IIc
eben *mhd.* — avale IIa
eber *nhd.* — hide IIc
ecchil *ahd.* — acciajo
eced *ags.* — aisil IIc
eckel *mhd.* — acciajo
ediling *ahd.* — adelenc IIc
eggia-blomi *an.* — moyeu² IIc
égidi *ahd.* — hide IIc
eiâ *mhd.* — ea
eibe *nhd.* — iva
eierklâr *mhd.* -- glaire IIc
eigan *ahd.* — hide IIc
cinwic *ahd.* — duello

eipar *ahd.* — afre IIc
eisen *nhd.* — isanbrun IIc
eisile *ags.* — aisil IIc
eiver *ahd.* — afre IIc
elaho (acc. elahon) *ahd.* — élan IIc
elen elend *nhd.* — ib.
élend *nhd.* — avol IIc
elibenzo *ahd.* — aubain IIc
elina *ahd.* — alna
else *nhd.* — aliso IIb
else-beere *nhd.* — alize IIc
empôren *nhd.* — bória IIa
endivie *nhd.* — endivia
ene *mndl.* — enne IIc
enebaer *dän.* — ginepro
eng *nhd.* — enger IIc
eno *mndl.* — enne IIc

enten *ndl.* — ente IIc
erbeizen *mhd.* — beter IIc
erbse *nhd.* — ervo
erdnuz *ahd.* — truffe
erslingen *mhd.* — rinculare
eschiner schaft *mhd.* — azcona IIb
espink *ndl.* — pinque

estrich *nhd.* — piastra
eta (sbst.), etja *nord.* — aatir IIc
euer gnaden *nhd.* — usted IIb
eule *nhd.* — locco
Eulenspiegel *nhd.* — specchio
czih *ahd.* — aisil IIc

f·

fû *an.* — fard IIc
fæddr *an.* — fé IIc; criado IIb
fæhdhe *ags.* — faide IIc
fåg, tåh *ags.* — faina
fâhan *ahd.* - cappa
[faheids. faheds] *goth.* — fio
fähre *nhd.* — fregata
fabrende *nhd.* — farándula IIb
fáih goth. — faina
faíhu *goth.* — *fio
fàkr *an.* — haca
falawer *ahd.* — garbo
falawisca *ahd.* — falavesca
falb *nhd.* — falbo
falcan *ahd.* — falcare
falcho *ahd.* — falcone
fald *ags.* — faude IIc
faled *as.* — ib.
falgan *ahd.* -- falcare
falkaune *nhd.* — falcone
fallå *ahd.* — hallar IIb
falo, falwer *ahd.* — falbo
fälp *schwd.* — felpa
falt *ahd.* — falda; faldriquera IIb
faltan *ahd.* — falda
faltstuol *ahd.* — faldistorio
falud *ags.* — faude IIc
falz-stuol *ahd.* — faldistorio
fana *goth.* — fanon IIc
fani (n.), fanjis *goth.* — fango
fano *ahd.* — fauon IIc; gonfalone
fant *nhd.* — fante IIa
farfall *schwd.* — farfalla
färja *schwd.* — fregata
far-muckit *ahd.* — manco
farwjan *ahd.* — fard IIc
fat *an.* — hato IIb
fate-bur *schwd.* — ib.
faul *nhd.* — muffo; folle; lordo
~ *schwz.* — muffo
faz (n.), fazza *ahd.* — hato IIb
feald *ags.* — falda
fedare *ahd.* — fédera IIa
federe *mhd.* — ib.; panne IIc
fêh *ahd.* — vajo IIa
fehe *nhd.* — faina
fehde *nhd.* — faide IIc
fehlen *nhd.* — fallire

[*fehod, fehon*] *ahd.* — fio
fehu *ahd.* — *ib.
feie *mhd.* — fata
feifel *nhd.* — vivole
feiban *ahd.* — fagno IIa
[feihon] *goth.* — fio
fein *nhd.* — fino
feine, feinen *mhd.* — fata
fel *ndl.* — fello
felbel *mhd.* — felpa
felber (m.) *bair.* — ib.
felisà (f.) *ahd.* — falaise IIc; XXIV (XVIII) 4
fell *ags.* — fello
felleisen *nhd.* — valigia
fels (m.) *ahd.* — falaise IIc; XXIV (XVIII) 4
felt *ags.* — feltro
felwa *ahd.* — felpa
fenchel *nhd.* — finocchio
fendo *ahd.* — fante IIa
fenna *ahd.* — vanne IIc
feordhling *ags.* — ferlino
fersc *ags.* — fresco
fessel *nhd.* — pastoja
fetzen *nhd.* — fetta; fazzuolo IIa
feucht *nhd.* — fitta IIa
fia *afries.* — fio
ficke *nhd.* — ficcare
ficken *mhd.* — ib.
fidula *ahd.* — viola
fiecken *mndl.* — ficcare
fiedel *mhd.* — viola
fifaltra *ahd.* — farfalla
filhu *ahd.* — fio
fikas *schwd.* — ficcare
fillan *ahd.* — fello
~ *ahd.* — ferzare IIa
fillata *ahd.* — ib
fillaʒan ahd. — ib.
fillo (acc. *fillon, fillun*) *ahd.* — fello
filon *ahd.* — filou IIc
filûs *nhd.* — ib.
filz *ahd.* — feltro
filzen *nhd.* — ferzare IIa; feltro
fin *mhd.* — fino
fincho *ahd.* — finco IIa
finke *nhd.* — ib.

finliho *ahd.* — fino
finne *nhd.* — fignolo IIa
firnis *nhd.* — vernice
first (n.) *ahd. nhd.* — freste IIc; [festo IIb]
fisker, *fisk-gêr ahd.* — fisga IIb
fiskôn *goth.* — ib.
fitzen *nhd.* — fesse IIc
fiuhti *ahd.* — fitta IIa
fiza *ahd.* — fetta
flabbe *ndd.* — fiappo IIa
flachsfinke *nhd.* — linot IIc
flada *ahd.* — fiadone
fladeu *nhd.* — écran IIc
flado *ahd.* — fiadone; fiavo IIa
flaihan goth. — halagar IIb
flamberg (m.) *nhd.* — flamberge IIc
flana *isl.* — flâner IIc
flap *hd.* — lapo; fiappo IIa
flappen *ndd.* — frapper IIc
flascâ *ahd.* — fiasco
flat *ags. an.* — flatter IIc; flagorner IIc
flatr *an.* — flatter IIc
flauw *ndl.* — fiou IIc
flaz *ahd.* — flatter IIc; piatto; flagorner IIc
fleck *nhd.* — flèche de lard IIc
flecken *nhd.* — macchia
flêhôn *ahd.* — halagar IIb
flennen *nhd.* — frignare IIa
flep *hd.* — fiappo IIa
fletia *an.* — flatter IIc
flicce *ags.* — flèche de lard IIc
flick *nhd.* — ib.
fliede *mhd.* — fiama
fliedimâ *ahd.* — ib.
fliete *nhd.* — ib.
flina *schwd.* — frignare IIa
fline *dän.* — ib.
flins *ahd.* — flin IIc
flint *ags.* — ib.; fuoco
flinte *nhd.* — fuoco
flits *ndl.* — freccia; flèche IIc
flitsch *mhd.* — freccia
floc *ags.* — folc IIc
flockr *an.* — ib.
flôta *ags.* — flotta
floti *an.* — ib.
flotta *schwd.*
fôdr *goth. an.* — fodero
föhn *nhd.* — fagüeño IIb
folc *ahd. ags.* — IIc
fôlk *an.* — folc IIc
fol-leistên *ahd.* — lastar IIb
folter *nhd.* — polédro
fôn, funins *goth.* — fona IIb
fona *ahd.* — a
foraha, forehahi *ahd.* — foresta
[forasaga] *ahd.* — fresaie IIc (Nachträge)

foret *ndl.* — furon
forloren *ags.* — frelore IIc
forst *nhd.* — foresta
forvyrcean *ags.* — forfare
franca *ags.* — franco
Franco *ahd.* — ib.
frangie *ndl.* — frangia
franse *nhd.* — ib.
[fratz] *nhd.* — frasca IIa
frau *nhd.* — signore
frauja *goth.* — ib.
fravaúrhts, fravaúrkjan *goth.* — forfare
[frayna] *norw.* — frignare IIa
frec *ags.* — frique IIc
frêh *ahd.* — ib.
frêht *ahd.* — fret
frei *ahd.* — franco
freidi, freidîc *ahd.* — fraiditz IIc
freis *goth.* — franco
Fresa *ahd.* — fregio
fret *ndl.* — furon
fretten *d.* (mndt.) — frettare
Frey *nord.* — flamberge IIc
frezzan *ahd.* — frizzare
Friderich *ahd.* — ricco
fridu *ahd.* — frais IIc; [frayeur IIc]
[frieden] *nhd.* — frayeur IIc
friesel *nhd.* — fregio
friks *goth.* — frique IIc
Frisa *ahd.* — fregio
frisc *ahd.* — fresco; frasca IIa
frisch *nhd.* — fresco; friche IIc; frique IIc
frischling *nhd.* — fresange IIc
frisking *ahd.* — ib.
frisle *fries.* — fregio
fritan *goth.* — frizzare
Frithanantis *goth.* — XV (XII)
frô *ahd.* — signore; flamberge IIc
Fro *ahd.* — flamberge IIc
fronsen *ndl.* — froncir
fruht *ahd.* — biado
frum *ahd.* — pro
frumjan *ahd.* — fornire
[frunjan] *ahd.* — frignare IIa
[fryna] *schwd. norw.* — ib.
fuder *nhd.* — foudre² IIc
Fugger *d.* — fúcar IIb
fûl *ahd.* — lordo
[fulls] *goth.* — folle
fung *ahd.* — ponga IIa
funi *an.* — fona IIb
funke *nhd.* — ib.
fuotar *ahd.* — fodero
furban *ahd.* — forbire; XXVI (XX)
furet *ndl.* — furon
furi-burg *ahd.* — faubourg IIc
fusswarms *schwz.* — tosto

g

ga-azjan *ahd.* — agazzare
gabala *ahd.* — gable IIc
gabb, gabba *nord.* — gabbo
gabel *nhd.* — gafa
gabilôt *mhd.* — giavelotto
gäbisch *bair.* — gauche IIc
gabissa *ahd.* — guscio
gabûro *ahd.* — gaburo IIa
gadrausjan *goth.* — troscia IIa
gaerwen *ndl.* — garbo
gafangan *ahd.* — gavigna IIa
gafèhida *ahd.* — faide IIc
gafel *nhd.* — gafa
gafeloc, gafeluc *ags.* — giavelotto
gaffer *mhd.* — cánfora
gafl (m.) *an.* — gable IIc
gafiâc *ags.* — giavelotto
gaflok *an.* — ib.
gafol, gaful *ags.* — gabella
gaggan *goth.* — andare
gagul *ags.* — gagliardo
gagzen *nhd.* — jaser IIc
gahait *goth.* — hait IIc
gaheiz *ahd.* — ib.
gâhi *ahd.* — *gajo; gagliardo
gahlaufan, gâho hloufan *ahd.* —
  galoppare
gaifen, gaifung *obd.* — gafa
gaitei *goth.* — gate IIc
gakunnan *goth.* — gecchire
gal *mhd.* — zenzára
galander *mhd.* — calandra
galaubjan (sih) *ahd.* — ricredersi
galaubs *goth.* — galaubia IIc
[galey] *flâm.* — giui IIc
galgan *ahd. mhd.* — galanga
galgant *nhd.* — ib.
galiffan *ahd.* — caleffare IIa
galle *nhd.* — gale IIc
galmei *mhd.* — calaminaria
ga-lukan *goth.* — loc IIc
gâmaheu *mhd.* — cammeo
gamau *ahd.* — inganno
gamárjan *ahd.* — gamarra IIb
gamen, gamn *ags.* — inganno
gamuʒ *ahd.* — camozza
gamz *mhd.* — ib.
ganazzo *ahd.* — ganta
gander *bair.* — cantiere
gang *nord.* — via
gans *hd.* — gueusc IIc; ganta;
  gonzo IIa
gänseln *bair.* — jaser IIc
gant *mhd.* — incanto
gante *ndd.* — ganta
ganz *nhd.* — gens IIc
ganze *mhd.* — ganta

ganʒ·rinc *hd.* — ghiazzerino
gaprortôn *ahd.* — bordo
garaidjan *goth.* — agrès IIc
gar aus *nhd.* — trincare
gáraus (sbst.) *nhd.* — ib.
garawan *ahd.* — garbo; gerbe IIc
garawi *ahd.* — garbo
garba *ahd.* — gerbe IIc; gabella;
  gavela
garbe *nhd.* — gerbe IIc
gärben *nhd.* — garbo
gards *goth.* — giardino
gare *afries.* — gherone
garêdan *goth.* — redo
garîdan *ahd.* — riddare IIa; rider
  IIc
garkûche *nhd.* — gargote IIc
garminôn *ahd.* — charme IIc
garnaesch *mhd.* — guarnire
gart *ahd.* — giardino
garto (gen. dat. gartin) *ahd.* — ib.
garve *ndl.* — gerbe IIc
garwî *ahd.* — garbo
gasaljans (pl.) *goth.* — gasalha
gascafit *ahd.* — eschevi IIc
gäschen *nhd.* — gas
gaselljan *ahd.* — gasalha
gasôthjan *goth.* — assouvir IIc
gaspildan *ahd.* — gaspiller IIc
gassi *an.* — jars IIc; jaser IIc
gast *ahd.* — gasto IIa; castaldo IIa
gastaldan *goth.* — castaldo IIa
gastel *mhd.* — gâteau IIc
gatêvjan *goth.* — ataviar IIb
gatzen *nhd.* — jaser IIc
gatʒen *ahd.* — agazzare
gauch *nhd.* — goffo
gaufel *nhd.* — gavela
gaúrs *goth.* — gorre IIc
gau-täuscber *nhd.* — chaorcin IIc
gavadjôn *goth.* — gaggio
gavissa *ahd.* — guscio
gawâri *ahd.* — guari
gawertsch *mhd.* — chaorcin IIc
geagle *ags.* — gagliardo
geberc *mhd.* — abrigo
gebita *ahd.* — gavetta
geburt, von *mhd.* — gente
gebuzze *ahd.* — bozza
gecynd *ags.* — cundir IIb
gedeihen *nhd.* — tecchire IIa
geest *ndl.* — gas
gefja *an.* — giavelotto
gefrenne *mhd.* — garenne IIc
gegend *nhd.* — contrata
gegenôte *mhd.* — ib.
gegilde *ags.* — geldra

gehai *mhd.* — cayo
gehemelte des monds (het) *ndl.* — palais IIc
gehleápan *ags.* — galoppare
geier *nhd.* — girfalco
[geiga] *an.* — giga
[geigan] *ahd.* — ib.
geige *nhd.* — ib.
geile, geilen *mhd.* — gala
geili (f.) *ahd.* — ib.
geinôn *ahd.* — gana ; inganno ; guadagnare
geiss *nhd.* — gate IIc
geit *ndl.* — ib.
geiz *ahd.* — ib.
geländer *nhd.* — landier IIc
gelb *nhd.* — giallo
Geldern — galdre IIb
[gelei] *flâm.* — glui IIc
gelid, gelijk *ndl.* — clique IIc
gelistet *mhd.* — lista
gelm (m.) *ags.* — glaner IIc
gelo *ahd.* — giallo
gelse *mhd.* — zenzára
geluye *flâm.* — glui IIc
gemearra *ags.* — gamarra IIb
gemeit *ahd.* — baldo
gems *obd.* — camozza
gent *ndl.* — ganta
gèr *ahd.* — *ghiera IIa; gherone
gerædian *ags.* — redo
gerben *nhd.* — garbo
gère *mhd.* — gherone
gereeden, gerei, gereide *ndl.* — agrès IIc
gereiten *mhd.* — redo ; agrès IIc
germenôn *ahd.* — charme IIc
gerner *mhd.* — cimeterio
gèro (acc. gêrun) *ahd.* — gherone; ghiera IIa
gesara *ahd.* — giusarma
geschlecht *nhd.* — schiatta
geselle *nhd.* — gasalba
gesicht *nhd.* — veiaire IIc
gespillan *ags.* — gaspiller IIc
gestirn machen *bair.* — froncir
get-isarn *ahd.* — giusarma
getreide *nhd.* — biado
gewebe *nhd.* — guiper IIc
gewölbe *nhd.* — galbe IIc
gezupfe *nhd.* — zuffa IIa
ghincbere *mndl.* — zenzóvero
gîl an *goth.* — gabella
gifan *ags.* — ib.
gifang *ahd.* — cappa
gifarit, gifarwit *ahd.* — fard IIc
gift *nhd.* — pozione
gige, gigen mhd. — giga
gihulsi *ahd.* — guscio
gilan *ahd.* — giler IIc
gild *ags.* — geldra

gilde *ndd.* — geldra
gileip *ahd.* — compagno
gilge *mhd.* — giglio
gilihho *ahd.* — clique IIc
giljan, gillan *ahd.* — giler IIc
gilm (m.) *ags.* — glaner IIc
giltha *goth.* — geldra
gimazo *ahd.* — compagno
gina *an.* — ghignare
ginên *ahd.* — ib.
ginian *ags.* — ib.
ginnen *nhd.* — entamer IIc
gippe *mhd.* — giubba
gir *mhd.* — girfalco
girihti, in *ahd.* — orendroit IIc
girôsti *ahd.* — rostire
gisello *ahd.* — gasalha
gistellan *ahd.* — teler IIc
giwitan *as.* — guidare
glære *ags.* — glaire IIc
glaevin (f.) *mhd.* — glaive IIc
glagôn *ahd.* — cloche IIc
glana *nord.* — glaner IIc
glätte *nhd.* — glette IIc
glätten *nhd.* — glacier IIc
glavie *mndl.* — glaive IIc
[gleye] *flâm.* — glui IIc
glidan *ags.* — eslider IIc
glied *nhd.* — clique IIc
glissen *ndl.* — glisser IIc
glitra *an.* — esclistre IIc
glitschen *nhd.* — glisser IIc
glitsen *hd. ndl.* — ib.
gloho *ahd.* — cloche IIc
glocca *ahd.* — ib.
glôfa (m.) *ags.* — lua IIb
glogga *ahd.* — cloche IIc
Glorjet *mhd.* — gloriette IIc
glucke, glucksen *nhd.* — chiocciare
[glui] *flâm.* — IIc
[gluw] *flâm.* — glui IIc
gluye *flâm.* — *ib.
gnaden, euer *nhd.* — usted IIb
god *nhd.* — goi IIc ; biondo
goff *bair.* — goffo
golf *ndl.* — golfo
golpe, golve *ndl.* (vrlt.) — ib.
gompost *mhd.* — cammeo ; compote IIc
goot *flâm.* — égout IIc
[goppel] *schwz.* — viluppo
gòrag *ahd.* — gorre IIc
gormr *an.* — gourme IIc
gorre *ndl.* — IIc
~ *mhd.* — gorre² IIc
gorren *mhd.* — ib.
gôs *schwd.* — gueuse IIc
göschi *schwz.* — cuccio
gôsen *schwz.* — gueux IIc
gosse *nhd.* — gozzo IIa
got *mhd.* — goi IIc

21*

gota *ahd.* — gudazzo IIa
gothe *nhd.* — ib.
gott *nhd.* — cagot IIc
~ geb *bair.* — eziandío IIa
gotti *ahd.* — gudazzo IIa
goukel *mhd.* — gogue IIc
grabbelen *ndl.* — gravir IIc
graben *nhd.* — grabuge IIc; graver
  IIc
grâd *an.* — gretto
grœtan *ags.* — regretter IIc
graf, gräf *ahd.* — greffe IIc
grafie, grafien *mndl.* — greffe² IIc
gräfling *dän.* — tasso
gräfsvin *schwd.* — ib.
grâl *mhd.* — graal IIc
gram *ahd. nhd.* — gramo; engrant
  IIc; gaimenter IIc; grim IIc
gramatichare *ahd.* — grammaire IIc
gramel, grameln *bair.* — grama
gramen, grami, gramjan *ahd.* —
  gramo
gran *mhd.* — grana
~ (f.) *ahd. mhd.* — greña
granne *nhd.* — ib.
grappe *ndl.* — grappa
[gras] *nhd.* — grascia IIa
grasmücke *nhd.* — moineau IIc
grûta *an.* — *regretter IIc
grau *nhd.* — blaireau IIc
[graus] *nhd.* — greto IIa
grôdus *goth.* — gretto
grꝰffie *mndl.* — greffe IIc
greifen *nhd.* — grif IIc; gripper IIc
greinen *nhd.* — grinar
greipan *goth.* — gripper IIc
gremisôn, gremizôn *ahd.* — grincer
  IIc; gricciare IIa
grêtan *goth.* — gridare; [regretter
  IIc]
griesz *nhd.* — grès IIc; [greto IIa]
griez *ahd.* — grès IIc
griezel *mhd.* — ib.
grif *ahd. mhd.* — IIc
grifan *ahd.* — grif IIc; gripper IIc;
  grufolare IIa
griffel *ndl.* — greffe² IIc
griffie (f.) *ndl.* — greffe IIc; greffe²
  IIc
grijpen *ndl.* — grimper IIc; gripper
  IIc
grim *ahd.* — IIc; grimo IIa
grima *ags. an.* — grima IIb;
  grimoire IIc

grimetan *ags.* — grincer IIc
grimizôn ⚌ gremizôn
grimmida *ahd.* — grinta IIa
grimmisôn *ahd.* — grimo IIa
grinan *ahd.* — grinar
grind *nhd.* — grignon IIc; [grigou IIc]
grînian *ags.* — grinar
grînjan *ahd.* — ib.
griot *an.* — greto IIa
grioz *ahd.* — ib.; grès IIc
gripa *an.* — gripper IIc
gris *as. mhd.* — griso
grise *mhd.* — ib.; pardo IIb
grit, gritec *mhd.* — gretto; [guitto IIa]
grol *mndl.* — grole IIc
grön *an.* — greña
grôz *mhd.* — grosso
grubeln *ndd.* — grouiller IIc
grübeln *nhd.* — ib.
grubilôn *ahd.* — ib.
grufla *an.* — ib.
gruizen *ndl.* — gruger IIc
grumeln, grumen *nhd.* — grommeler
  IIc
grumlete *schwꝝ.* — gromma IIa
grummel, grums *schwd.* — ib.
grun *ahd.* — grugnire
grün *nhd.* — gruyer IIc
grunni, grunzen *ahd.* — grugnire
gruo *mhd.* — gruyer IIc
grüsche *schwäb.* — crusca IIa
grusen *ndd.* — gruger IIc
grut *ags.* — gruau IIc
grütz *schwꝝ.* — gruzzo IIa
[~] *nhd.* — greto IIa
grütze *nhd.* — gruau IIc; [greto IIa]
grûz *mhd.* — gruzzo IIa
gruzi *ahd.* — gruau IIc
gud-hus *goth.* — duomo IIa
gudja *goth.* — gudazzo IIa
gugele *mhd.* — cammeo
gükkel *nhd.* — coq IIc
gulp *ndl.* — golfo
gulter *mhd.* — cammeo
gundfano *ahd.* — gonfalone; [mate-
  lot IIc]
gundja *ahd.* — gonfalone
gurren *mhd.* — gorre² IIc
guss *nhd.* — gueuse IIc
gut *nhd.* — godendac IIc
[guth] *goth.* — [choyer IIc]
gutsche *mhd.* — cocchio
gyrdau, gyrdel *ags.* — ghirlanda

h

ha *nhd.* — hé IIc
hâ *nord.* — haut IIc
haag *nndl.* — haie IIc

haakbus *ndl.* — arcobugio
habâ *ahd.* — haver IIc
habaro *ahd.* — haveron IIc

haben *nhd.* — gavilan IIb
babên *ahd.* — baver IIc
habersack *nhd.* — havresac IIc
habicht *nhd.* — gavilan IIb
baccan *ags.* — accia
bacco *ndl.* — ib.
hacke *nhd. ndl.* — ib.
[hacken] *nhd. ndl.* — ib.
[*haco*] *ahd.* — haver IIc
badara *ahd.* — baillon IIc
hadel, hader *mhd.* — ib.; bargne IIc
haeghe *mndl.* — baie IIc
hael *ndl.* — hâle IIc
bæra *an.* — haire IIc
hafarei, bafen *nhd.* — avaria
häffen *ags.* — havre IIc; abra IIb
haft, haften *nhd.* — baver IIc
hagan *ahd.* — baie IIc
~, hagjan *ahd.* — ayo IIb
hagart *nhd.* — hagard IIc
hagastalt *ahd.* — bétaudeau IIc
hagjo ahd. — ayo IIb
habbala, bâhhan *ahd.* — crémaillon IIc
hahn *nhd.* — banneton IIc
haien *bair.* — cayo
haifstjan, haitsts *goth.* — astio IIa
haims (f.) *goth.* — hameau IIc
baírda *goth.* — herde IIc
baithi, haithnô *goth.* — pagano
haken *nhd.* — hoc IIc
bakkenei *ndl.* — haca
hâkr *an.* — hagard IIc
hal *ags.* — halot IIc
bala *an.* — halar
balbente *nhd.* — halbran IIc
balber ampfer, *halber-ent nhd.* — ib.
balda *ahd.* — falda
halde *nhd.* — ib.
halk *goth.* — hueco IIb
balla *ahd. as.* — halle IIc
balòn *ahd.* — halar
hals *nhd.* — usbergo
halsâdara *ahd.* — haterel IIc
halsàder *mhd.* — ib.
halsberc *ahd.* — usbergo
hâlsbiörg (f.) *an.* — ib.
balsveste *mhd.* — ib.
balt *nhd.* — IIc
halta *ahd.* — halt IIc
hamidi *ahd.* — camicia
hamjan *ahd.* — magagna
hamma *ahd.* — gamba
hammel *nhd.* — montone; carnero IIb
hancke *fries.* — *anca
hand *nhd.* — banter IIc
hand-haben *nhd.* — mantenere
hand-haven *ndl.* — ib.
handseax *ags.* — hansacs IIc

[bangematte] *nhd.* — amáca
hangen *mhd.* — crémaillon IIc
hangmak *ndl.* — *amáca
hangmat *ndl.* — *ib.
[hangmatt] *nhd.* — ib.
hanig-fat *as.* — hanafat IIc
banne *d.* (vrlt.) — banneton IIc
hansa *ahd.* — hanse IIc
hantfano *ahd.* — fanon IIc
hanthabà *ahd.* — hampe IIc; baver IIc
hantieren *nhd.* — *hanter IIc
[*hapjá*] *ahd.* — accia
bappa *ahd.* — happe IIc
[bappâ] *ahd.* — accia
happen *nhd.* — chiappare IIa; happe IIc
hâr *ahd. an.* — haire IIc
hara *ahd.* — haro IIc
hâra *ahd.* — haire IIc
Haraldr *an.* — araldo
hardneskja *nord.* — arnese
barèn *ahd.* — harer IIc
barie *nhd.* — arpa
hari *ahd.* — haras IIc; [aringo]; [redo]
bariban *ahd.* — *bando
harinc *ahd.* — *aringa
Hariolt *as.* — araldo
hariowalt *ahd.* — ib.
barluf *nhd.* — haligote IIc
harmelin *ahd.* — armellino
harmjan *ahd.* — bargne IIc
harmo *ahd.* — armellino
harmscara *ahd.* — haschière IIc
harnasch *mhd.* — arnese
barpa *an.* — arpa
harpha *ahd.* — ib.
barst *nhd.* — baise IIc; baterel IIc
[~ barste] *ahd.* — flèche IIc
barsta *ahd.* — herse IIc
hart *nhd.* — ardire; hardier IIc
hartjan *ahd.* — ardire
barto *ahd.* — ib.
harw *ahd.* — garbo IIa; gufo IIa
bäsche *mhd.* — accia
basehart *mhd.* — azzardo
baso *ahd.* — base IIc
baspa, baspel *ahd.* — aspo
hast *afries.* — hâte IIc
hasta *nord.* — ib.
hasten *mnd.* — ib.
hastr *nord.* — ib.
hasva *ags.* — *have IIc
hatan *goth.* — guidare; baïr IIc
hatia *afries.* — baïr IIc
hatian *ags.* — ib.
hatis *goth.* — ib.
hâtsche *mhd.* — accia
hatzen *nhd.* — cacciare
haube *nhd.* — [bure IIc]; cuffia

haubitze *nhd.* — obus IIc
[hauen] *nhd.* — haver IIc
haufen *nhd.* — tombolare
haufnitz *nhd.* — obus IIc
haugr (m.) *an.* — hogue IIc
haunitha *goth.* — onire; anche
haunjan *goth.* — onire; galoppare
havarie *nhd.* — avaria
haverij *ndl.* — ib.
hazjan *ahd.* — agazzare
heal *ags.* — halle IIc
healsbeorg *ags.* — usbergo
hearpe *ags.* — arpa
hearra *ags.* — signore
heben *nhd.* — lia
heber *ahd.* — hide IIc
[hecheln] *nhd.* — rallar
heer *ndl.* — hère IIc
heester *ndl.* — hêtre IIc
hefe *nhd.* — lia
hege (f.) *mhd.* — haie IIc
hegen *mhd. nhd.* — ib.
hegben *ndl.* — ayo IIb
hegidi, Hegisher *ahd.* — bide IIc
[hehlen] *nhd.* — celata
hei *nhd.* — hé IIc
heidan *ahd.* — pagano
heide *nhd.* — ib.
heiên *ahd.* — havir IIc; [hâve IIc]
heigan *ahd.* — hide IIc
heigir *ahd.* — aghirone; élan IIc
heigro *ahd.* — aghirone
heijen *ndl.* — hie IIc
heim *ahd.* — hameau IIc; casa
~ *nhd.* — hanter IIc
heimen *mhd.* — casa
heimssen *bair.* — hanter IIc
heimta *an.* — *ib.
[Heinrih] *ahd.* — bettola IIa
hei-rauch *nhd.* — havir IIc
heio, Heio *ahd.* — ayo IIb
heister *ndl. nhd.* — hêtre IIc
heit *an.* — hait IIc
helle *nhd.* — hellequin IIc
helleken, hellekîn *ndl.* — ib.
helm *ahd.* — elmo; [celata]
helmbarte, helnbarte *mhd.* — alabarda
helt *ahd.* — hendure IIc
helza *ahd.* — elsa IIa
hemidi *ahd.* — camicia
hencke *fries.* — anca
henda *an.* — hendure IIc
hente *dän.* — hanter IIc
[heppe] *nhd.* — accia
hera *ahd.* — haro IIc
herb *nhd.* — garbo IIa; gufo IIa
herbergi (n.) *an.* — albergo
herbst *nhd.* — biado
herder *ndl.* — herde IIc
hergian *ags.* — harer IIc

hêri *an.* — hase IIc
herian *ags.* — harer IIc
heriberga (f.), heribergôn *ahd.* —
*albergo; stamberga IIa
hering *ags. mhd.* — aringa
hermelin *mhd.* — armellino
herod *as.* — haro IIc
herold *nhd.* — araldo
herot *ahd.* — haro IIc
herr *nhd.* — hère IIc
hêrro *ahd.* — signore
[herst] *aflām.* — haterel IIc
hersta *ags.* — herse IIc
herta *ahd.* — herde IIc
hertaere *mhd.* — ib.
hester *ndd.* — hêtre IIc
heswe *nhd.* — have IIc
beti, hetian *as.* — baïr IIc
hetzen *nhd.* — agazzare; izza IIa
heulen *nhd.* — urlare
hî, hiâ *an.* — chez IIc
hiâlmr *an.* — elmo
hialt *an.* — elsa IIa
hibuchen *schwz.* — hihou IIc
higan, hige *ags.* — hie IIc
hijgen *ndl.* — ib.
hilms *goth.* — elmo
hilt (n.) *ags.* — elsa IIa
himpelbeere *nhd.* — lampione IIa
[hinken] *nhd.* — anca
[hippe] *nhd.* — accia
hiri, hirjith *goth.* — andare
hirschbain *bair.* — ban IIc
hiruz *ahd.* — camozza
hissa *schwd.* — issare
hissen *ndd.* — ib.
hitsen *ndd.* — izza IIa
hitze *nhd.* — ib.
hiufilâ *ahd.* — guancia IIa
hiuwila *ahd.* — hure IIc
hiuzen *mhd.* — hucher IIc
hiza *ahd.* — izza IIa
[hlahhan] *ahd.* — halagar IIb
hlanca *ahd.* — fianco
hlast *ahd.* — lasto
hlaupan *goth.* — galoppare
hlauts *goth.* — lotto
[hlé] *skand.* — abrigo
hlest *africs.* — lasto
bloufo *ahd.* — galoppare
hlôz *ahd.* — lotto
hlurên *ahd.* — lorgner IIc
hlut, hlutr *an.* — lotto
hlût *ad.* — lutin IIc
hluz *ahd.* — lotto
[hlyja, hlyr] *skand.* — abrigo
hnap, hnapf *ahd.* — anappo
hneppi *an.* — nippe IIc
hnicchan *ahd.* — nique IIc
hnippi *an.* — nippe IIc
hobant *mndl.* — haubans IIc

hoc *ags.* — IIc; [haver IIc]
hôch *ahd.* — haut IIc; XXIV (XIX) 6
hocken *hd.* — juc IIc
[hoedanig] *ndl.* — quejando IIb
hoek (m.) *ndl.* — hoc IIc
hôfn *an.* — havre IIc; abra IIb
höfudbendur (f. pl.) *an.* — haubans IIc
hôhl (f.) *ahd.* — hogue IIc
höhle *nhd.* — houle² IIc
höhnen *nhd.* — onire
hoicke *mndl.* — hoche IIc
hokke *fries.* — ib.
hol *ahd.* — halot IIc
hola *an.* — houle² IIc
[holche] *ahd.* — urca IIb
holt (f.) *ahd.* — houle² IIc; hulotte IIc
[hollik] *ahd.* — urca IIb
holt-bana *ags.* — acceggia
hombeere *nhd.* — lampione IIa
hommel *mndl.* — houblon IIc
hônda *as.* — onire
hônida *ahd.* — ib.
honig-vat *ndl.* — hanafat IIc
hônjan *ahd.* — onire
hop *ndl.* — houblon IIc
hopa *an.* — hober IIc
hoppan *ags.* — houpée IIc
hoppe *dän.* — hobin IIc
~ (f.) *ndl.* — houppe IIc
hôrà *ahd.* — hore IIc
horde *nhd.* — orda
hornisz *nhd.* — frelon IIc
hornwerk *nhd.* — hornabeque IIb
hort, horten *ndl.* — urtare
hos *dän.* — chez IIc
hosà *ahd.* — uosa
hose *ags. nhd. mhd.* — ib.; casacca
hotsen *ndl.* — bocher IIc
hotte *nhd.* — huche IIc
hotze *hd.* — hotte IIc‐
houbet *mhd.* — capitare IIa
[houf] *ahd.* — covone IIa
houwù *ahd.* — houe IIc
houwan *ahd.* — ib.; [haver IIc]
hræhan *ags.* — racher IIc
hraekia *an.* — ib.
hrafla *an.* — raffare
hràki *an.* — racher IIc
bramjan *goth.* — aramir IIc
hrappa *nord.* — *frapper IIc
hrappr *an.* — ib.; raffare
hraukr *an.* — ré IIc
hreác *ags.* — ib.
hrein *nord.* — rangifero
hreinsa *an.* — *rincer IIc; morceau IIc
hreófl *ags.* — ruffa
hribà *ahd.* — ribaldo
[hrifa] *ahd.* — friper IIc
hrim *ags. an.* — frimas IIc
hring *ahd.* — *aringo; rang IIc

hringa *ahd.* — renge IIc
bringôn *ahd.* — rang IIc
briópan *ags.* — herupé IIc
bripa *isl.* — *friper IIc
hripà *ahd.* — [friper IIc]; ribaldo
hrôc *ags.* — freux IIc
hroch *ahd.* — froc IIc; rocchetto
hrôkr *an.* — freux IIc
~ *an.* — rogue IIc
hrômjan *ahd.* — romire IIa
hros *an. ahd.* — rozza
hrota ahd. — rote IIc
Hrôthareikis *goth.* — XV (XII)
hrucka *an.* — rocchetto
hruf *ahd.* — ruffa
hrufa *an.* — ib.
hruoch *ahd.* — freux IIc
hruom, hruomjan *ahd.* — romire IIa
hûba *ahd.* — upupa; huvet IIc;
[hure IIc]
hûf *ahd.* — gufo IIa; buho IIb;
guancia IIa
hûfa *an.* — huvet IIc; [hure IIc]
[hufô] *ahd.* — covone IIa
huif *ndl.* — cuffia
hûke *s.* — hoche IIc
[huker] *holl.* — urca IIb
hukken *ndl.* — juc IIc
hûle *mhd.* — hulotte IIc
hulft *ahd.* — housse IIc
hulis *ahd.* — houx IIc
[hûlk] *ahd.* — urca IIb
hüllen *nds.* — houille IIc
hulsa *ahd.* — guscio
hulse *ndd.* — houx IIc
hulst *ahd.* — housse IIc; guscio
~ *ndl.* — houx IIc
humall *an.* — houblon IIc
humja *nord.* — hogner IIc
humjan ahd. — ib.
humma *nord.* — ib.
hummen *hd.* — ib.
hummer *schwd.* — homard IIc
hûn (m.) *an.* — hune IIc
hûne *mndl.* — ib.
huorà, huorari *ahd.* — hore IIc
huor-mahhari *ahd.* — maquereau²
IIc
hupfan *ahd.* — houpée IIc
hürde *nhd.* — bagordo; horde IIc
hürru *hd.* — hure IIc
hurt *ahd.* — bagordo; horde IIc
~ *mhd.* — urtare
hurten *mhd. ndl.* — bagordo; urtare
hûs *ahd.* — chez IIc
~ brecho *ahd.* — bricco²
hût *mhd.* — cotta; [celata]
[hüten] *nhd.* — celata
hutsen *ndl.* — hocher IIc
hutta *ahd.* — hutte IIc
hutte *schwz.* — hotte IIc

hütte *nhd.* — cahute IIc; huche IIc
hutzen *mhd.* — izza IIa; cozzare
huuc *mndl.* — hucher IIc
huwel *schwz.* — bruxa IIb; hure IIc
hûwo *ahd.* — hu IIc

hûz *ahd.* — hide IIc
hvăcce *ags.* — huche IIc
[hvas, *hvat*] *ahd.* — guadagnare
hyge *ags.* — hie IIc
hyspan *ags.* — houspiller IIc

i

iårn *an.* — arnese
i-blandt *dän.* — mest IIc
ididédun *goth.* — andare
ilge *schwz.* — giglio
impfen *nhd.* — ente IIc
impfeten *mhd.* — ib.
impitôn *ahd.* — ib.

inguz *mhd.* — lingot IIc
inkt *ndl.* — inchiostro
isarn *ahd.* — arnese; ghiazzerino
ïup, ïupa *goth.* — upa IIb
iv *ags.* — iva
iwa *ahd.* — ib.

j

jacke *nhd.* — giaco
jähe *nhd.* — gajo; gagliardo
jâ ich *mhd.* — oui IIc.
[jaloersch] *ndl.* — velours IIc
jangeln, janken *ndl. ndd.* — jangler
    IIc
jarg *nord.* — gergo
jårn *an.* — arnese
jata *nord.* — gavetta
Jazeranz *mhd.* — ghiazzerino
jeban *ahd.* — gecchire
jehen *mhd.* — ib.

jenever *ndl.* — ginepro
jĕr (pl. jĕra) *goth.* — era
jilge *schwz.* — giglio
jiuleis *goth.* — giulivo
joeste *mndl.* — giusta
jol *an.* — arnese; giulivo
jnppe *mhd.* — ginbba
jubeln, jubilieren *nhd.* — giubilare
[juh] *ahd.* — juc IIc
[juk] *goth. ndl.* — ib.
jul *schwd. dän.* — giulivo
jüngferchen *nhd.* — donnola IIa

k

kaai *ndl.* — cayo
kaaken *ndl.* — caquer IIc
kaan (f.) *ndl.* — canc IIc
kabel *ndl.* — cappio
kabeljaauw *ndl.* — cabeliau IIc
kachel *nhd.* — caco IIb
kachet *bair.* — cayo
kaecken *ndl.* — caquer IIc
kaed *afries.* — canto
kaf *mhd.* — cavelle IIa
~ *ndl. mhd.* — chiffe IIc
kaha *ahd.* — cayo IIb
kahn *nhd.* — canc IIc
kai *bair.* — cayo
~ *ndl.* — caillou IIc
kaje *ndd.* — cayo
kälbern *nhd.* (mndt.) — viola
kallôn *ahd.* — gallare IIa
kalm, kalmte *ndl.* — calma

kalveren *ndd.* — viola
kamf, kamfjo *ahd.* — campo
kämmerling *nhd.* — camarlingo
kämpe, kampf *nhd.* — campo
kampfjan *ahd.* — ib.
kaneel *ndl.* — cannella
kannibale *nhd.* — cannibale
kant *ndl.* — randa
kante *nhd.* — canto
kantr *nord.* — ib.
kapen, kaper *ndl.* — capre IIc
kappen *mhd.* — chapuiser IIc
kappes *nhd.* — cabus IIc
kappi *an.* — campo
karbatsche *nhd.* — corbacho
karg *ahd.* — gargo IIa
kargr *an.* — ib.
karkant *ndl.* — carcan IIc
karn, karnen *ndd.* — cran IIc

karniffeln *nhd.* — écorniflér IIc
karôn *ahd.* — *sparagnare
[kärr] *schwd.* — charco IIb
karrosche, karrutsche *mhd.* — carriera
kartoffel *nhd.* — truffe
karve *ndd.* — cran IIc
[kasten] *nhd.* — cassa
kati *an.* — cazza
kattun *nhd.* — cotone
kaue *nhd.* — cahute IIc
kaufen *nhd.* — chaupir IIc
kaul *niederrhein.* — coiller IIc
kaupôn *goth.* — chaupir IIc
kausjan *goth.* — choisir IIc; crosciare
kauw *ndl.* — cayo IIb; choe IIc
kauwerz *nhd.* — chaorcin IIc
kawartsch *nhd.* — ib.
kegil *ahd.* — chiglia
kehle, kehlleiste *uhd.* — gubia
kei *ndl.* — caillou IIc
kempfe *mhd.* — campo
kenden *d.* (mndt.) — escantir IIc
kengr *an.* — guingois IIc
[kennen] *nhd.* — chaland IIc
kenten *obd.* — escantir IIc
kentenari *ahd.* — quintale
kerbe *hd.* — cran IIc
kermen *mndl.* — gaimenter IIc
kerze *nhd.* — cierge IIc
kessel *nhd.* — cazza
kessel-asche *nhd.* — potasse IIc
keusch *nhd.* — cusche IIc
kerâ *ahd.* — chiffe IIc
kezi *ahd.* — cazza
kies *nhd.* — grès IIc
kiesel *nhd.* — caillou IIc
kieseln *nhd.* (mndt.) — grès IIc
kiesen *mhd.* — otar IIL; choisir IIc
kimma *ahd.* — cammeo
kinan *ahd.* — *ghignare; [rèche
IIc]
kinda, kindir *an.* — escantir IIc
kingr *an.* — guingois IIc
kinnreif *ahd.* — gourme² IIc
kint *mhd.* — paggio
kiol *ahd.* — chiglia: clisse IIc
kiölr *an.* — chiglia
kiosan *ahd.* — choisir IIc
kirsa *ahd.* — ciriegia
kirsche *nhd.* — ib.
kirse *mhd.* — ib.
kisan ahd. — caillou IIc
kittelen *ndl.* — chatouiller IIc
kiusan *goth.* — crosciare; choisir IIc
[kjerr] *dän.* — charco IIb
kjönne (den) *dän.* — bele IIc
[kjörr] *an.* — charco IIb
klabbaerd *ndl.* — glapir IIc
klac *mhd.* — claque IIc
klackjan *ahd.* — schiacciare IIa

klaffen *mhd.* — glapir IIc; [aboyer
IIc]
~ *mhd.* — toise IIc
[kläffen] *nhd.* — aboyer IIc
klaffôn *ahd.* — glapir IIc
klafter *nhd.* — toise IIc
klagôn *ahd.* — cloche IIc
klaka *an.* — refran
klakken *ndl.* — claque IIc
klampfe *mhd.* — clamp IIc
klampi *an.* — ib.
klapjo ahd. — chiappare IIa
[klapp] *nhd.* — ib.
klappa *ahd.* — ib.
klappen *ndl.* — glapir IIc
klateren *ndl.* — ghiattire
klatsche *nhd.* — chasco IIb
klatschen *nhd.* — ghiattire
kleb *ahd.* — greppo IIa
kleka *an.* — refran
klêp *ahd.* — *greppo IIa
kletsie *afries.* — clisse IIc
kletz *nhd.* — chiazza IIa
klick *nhd.* — clique IIc
klieben *mhd.* — cliver IIc
klikken *ndl.* — clique IIc
klimban *ahd.* — grimper IIc
klimmen *nhd.* — ib.
klingklang *nhd.* — clinquant IIc
klink *ndl.* — clinche IIc
klinke *nhd.* — ib.
klinken *ndl.* — clinquant IIc
kliozan *ahd.* — clisse IIc
klippe *nhd.* — greppo IIa
[klittern] *nhd* — recru IIc
[klitterwerk] *nhd.* — ib.
klitz *nhd.* — clisse IIc
klobo *ahd.* — cloche IIc
klochôn *ahd.* — chioccare IIa; cloche
IIc
klop *ndl.* — colpo
klopfen *nhd.* — clop IIc
kloppen *ndl.* — colpo; cloche IIc;
clop IIc
kloss *nhd.* — crotte IIc
klôt *schwd. ndd.* — ib.
klotz *nhd.* — bronco
klucka *nord.* — cloche IIc
[klut] *schw. dän.* — recru IIc
[klütern] *nhd.* — ib.
[klutr] *an.* — ib.
knappe *mhd.* — nabot IIc
knappen *nhd.* — canapsa IIc
knappsack *nhd.* — ib.
kneif, kneip *nhd.* — canif IIc
kneipe *nhd.* — guenipe IIc
knie-rade *mhd.* — rotella
knifr *an.* — canif IIc; guenipe IIc
knijpe, knip *mndl.* — guenipe IIc
knippe *dän. schwd.* — nippe IIc
knippi *an.* — ib.

knoche *mhd.* — nocca IIa
knochen *nhd.* — ib.
[knolle] *nhd.* — brusco²
kobalt *nhd.* — cobalto
kobold *nhd.* — gobelin IIc; cobalto
koborôn *ahd.* — cobrar
koccho *ahd.* — cocca²
[köcher] *nhd.* — couire IIc
koets *ndl.* — cocchio
kofen *nhd.* — alcóva
kog *ndl.* — cocca²
[kogge] *nhd.* — ib.
kohhar *ahd.* — couire IIc
kohle *nhd.* — houille IIc
kok *an.* — coquin IIc
kokelen *ndl.* — coq IIc
kolben *nhd.* — colpo
kolbo *ahd.* — ib.
kollen *mhd.* — collare IIa
koller *nhd.* — usbergo
kolpo *ahd.* — colpo
kompost *ndl.* — compote IIc
kop *ndl.* — coppa
[kopenote] *ndl.* — matelot IIc
kopf *mhd.* — coppa; testa; caparbio
IIa
~ *ahd.* — testa
kork *nhd.* — alcorque IIb
kosen *nhd.* — cosa
koste *mhd.* — coûter IIc
köttr *an.* — gatto
kotze *mhd.* — cotta
kovo *ahd.* — alcóva
krab (f.) *ndl.* — crabe IIc
krabbe *nhd.* — crevette IIc;[crapaud
IIc]; rapaz IIb
krabbeln *nhd.* — grabuge IIc
krabbi (m.) *an.* — crabe IIc
krac *ahd.* — crac IIc
krach *nhd.* — ib.
kracke *nhd.* — criquet² IIc
kraecke *ndl.* — caracca
krafjo, krafo *ahd.* — graffio
kragen *nhd.* — carcan IIc
krakeling *ndl.* — crac IIc
kram *ndl.* — crémaillon IIc
krampf *nhd.* — grampa
krân *ndd.* — crone IIc
kranc *mhd.* — fianco
krâneke *ndl.* — cranequin IIc
kranich *hd.* — crone IIc
krapfjo ahd. — graffio
krapfo *ahd.* — ib.; grappa; XVI
(XIII)
krappe *ndl.* — grappa
krappen *nhd.* — ib.
krasa *schwd.* — écraser IIc
krassa *an.* — ib.
kratsen *ndl.* — grattare
krätze, kratzen *nhd.* — riffa

krausbeere, kräuselbeere *hd.* —
grosella
[krause] *nhd.* — crisuelo IIb
kraustjon goth. — crosciare
krebiz *ahd.* — écrevisse IIc
kreek *ndl.* — crique IIc
kreiss, kreissen *nhd.* — giro
kreisten *nhd.* — ib.
krekel *ndl.* — criquet IIc
krenke *mhd.* — fianco
kresse *nhd.* — crescione
kresso (acc. kresson) *ahd.* — ib.
krevelen *ndl.* — grouiller IIc
kriefen *obd.* — crapaud IIc
kritken *ndl.* — criquet IIc
krien *mhd.* — gridare
krifan *ahd.* — crapaud IIc
krimman *ahd.* — gremire IIa
krinne *mhd.* — cran IIc
krinnen (f.) *bair.* — ib.
kripja *ahd.* — cuffia
krippa *ahd.* — ib.; greppia
~ *nord.* — groppo
krippea *ahd.* — greppia
kriupa *nord.* — groppo
kriustan *goth.* — crosciare
krôcha *africs.* — cruche IIc
krôkr *an.* — croc IIc
krooke *ndl.* — ib.
kropf *ahd.* — groppo; jabot IIc
~ *nhd.* — jabot IIc
kröte *nhd.* — rospo IIa
krotte *flâm.* — crotte IIc
krubbe *ndd.* — greppia
[krucka] *ahd.* — croccia
kruim *ndl.* — esgrumer IIc
kruipen *ndl.* — crapaud IIc
kruisbezie *ndl.* — grosella
krukja *ahd.* — croccia
krulla *nord.* — crollare
krume *nhd.* — esgrumer IIc
krup *hd.* — rabougrir IIc
krupen *ndd.* — groppo
krüppel *nhd.* — rabougrir IIc
[krus] *nhd.* — crisuelo IIb
krusbâr *schwd.* — grosella
krüsch *schwz.* — crusca IIa
kryppa *nord.* — groppo
kryten *ndl.* — gridare
kuba *ahd.* — coppa
kuchen *nhd.* — cuccagna
kuchina *ahd.* — cucina
kuil, kuilen *ndl.* — coiller IIc
kûle *mhd.* — ib.
kulm *bair.* — colmo
kumber *mhd.* — ib.
kummer *nhd.* — ib.
kûmo *ahd.* — appena
kuncla *ahd.* — conocchia
[kunde] *nhd.* — chaland IIc
kundjan goth. — cundir IIb

kunds *goth.* — cundir IIb
kuni (gen. kunjis pl. kunja) *goth.*
— ib.; alcuña IIb
kunkel *nhd.* — conocchia
kupfereidechse *nhd.* — ramarro IIa
kuphja, kuppa *ahd.* — cuffìa
kuppe *nhd.* — coppa
kuppha *ahd.* — cuffìa

kùski *ahd.* — cusche IIc
kûssen *nhd.* — cóltrice
[kûster] *nhd.* — cuire IIc
kûten *mhd.* — cotogna
kutina *ahd.* — ib.
kutsche *nhd.* — cocchio
[kverkbant] *aisl.* — carcan IIc
kyn *an.* — cundir IIb

l

laar *nndl.* — larris IIc
lûc *ags.* — giavelotto
lache *nhd.* — lacca IIa
lâd (f.) *ags.* — laie² IIc
[~] (vb.) *ags.* — locman IIc
lade *nhd.* — layette IIc
lâdh, lâdhjan *ags.* — laido
laecke *mndl.* — lacra IIb
luecken *mndl.* — élaguer IIc
laer *ndl.* — larris IIc
læva *ags.* — aleve IIb
laeye *ndl.* — layette IIc
lag *ags.* — lague IIc; laya IIb
~ *an.* — lai IIc; laya IIb
lah *ahd.* — élaguer IIc
lahhà *ahd.* — lacca IIa
lahm *nhd.* — lam IIc
laiks *goth.* — carole IIc
laistjan *goth.* — lastar IIb
lam *ahd.* — IIc
lâmel *mhd.* — lama²
lamfer *ndl.* — lambeau IIc
lamoen *ndl.* — leme IIb
lamper, *lamperkin ndl.* — lambeau IIc
lampreel *ndl.* — lapin IIc
lân *mhd.* — lasciare
lancha *ahd.* — fianco
land (n.) *goth.* — landa
lander *bair.* — landier IIc
landsknecht *nhd.* — lanzichenecco
[lang, langen] *nhd.* — puirier IIc
langêt (mih) *ahd.* — taînar IIc
lantderi *ahd.* — landra
lapp *nhd.* — lapo
lappa *ahd.* — ib.
lappen *nhd.* — ib.; lappare; lambeau IIc; lopin IIc
lasche *mhd.* — lasca IIb
last *nhd.* — lasto
lâst *ags.* — ib.
laten *ndl.* — lasciare
latine *mhd.* — latino
latjan, lats *goth.* — allazzare IIa
latta *ahd.*
lätta *ags.* — latta
làtun *nord.* — ottone

latz *nhd.* — laccio
lau *hd.* — flou IIc
laub *nhd.* — loggia
lauba *ahd.* — ib.
laube *nhd.* — ib.
laubja ahd. — ib.
lauen *nhd.* — avalange IIc
lauern *nhd.* — lorgner IIc
lauf *obd.* — loppa IIa
laufen *nhd.* — galoppare
laus *goth.* — lozano IIb
laut *nhd.* — lutin IIc
laute *nhd.* — liùto
lavieren *nhd.* — lof IIc
laz *ahd.* — allazzare IIa
lâz *ahd.* — laisse IIc
lâzan *ahd.* — ib.; lasciare
lazi *ahd.* — liccia
lebermer *mhd.* — beter IIc
lecchôn *ahd.* — leccare; XXVI (XX)
leccôn *as.* — leccare
leck *nhd.* — élaguer IIc
lectar *ahd.* — lutrin IIc
ledig *nhd.* — lige IIc
leeg *ndl.* — lége IIc
leer, leerse *ndl.* — borzacchino
leffur *ahd.* — balafre IIc; lippe IIc
lefs *ahd.* — lippe IIc
lehne *nhd.* — laie IIc
lei *ndl.* — lavagna IIa
leia *as.* — ib.; laie² IIc
leich *mhd.* — lai IIc
leichari *ahd.* — leccare
leichhuhn *nhd.* — fresaie IIc
leid *ahd.* — laido
leiden *mhd.* — ib.
leidh *an.* — laie² IIc
leidhr *an.* — laido
leidjan, leidôn, leidunga *ahd.* — ib.
leie *mhd.* — lavagna IIa
leih *ahd.* — carole IIc; lai IIc
leik *ndl.* — ralingues IIc
leikr *an.* — lai IIc
leinfinke *nhd.* — linot IIc
leinl *d.* (mndt.) — ghiro
leir-lein nhd. — ib.
leisanôn *ahd.* — liscio

leisten *nhd.* — lastar IIb
leistēn, leistjan *ahd.* — ib.
leit *mhd.* — laido
leithund *mhd.* — limier IIc
lenderen *mhd.* — landra
[lenken] *nhd.* — bilenco IIa
lenne *ahd.* — landra
lenteren, lenterer *ndl.* — lendore IIc
lentern *mhd.* — ib.
lepia *an.* — lappare
lerc *mhd.* — zurdo IIb •
lerihha *ahd.* — calandra
lerz *mhd.* — lercio IIa; zurdo IIb
lesc *andd.* — lisca
letse *ndl.* — laisse IIc
letze *mhd.* — liccia
letzen *mhd.* — ib.; blesser IIc
leudis *germ.* — leude IIc
lêvjan *goth.* — tradire; aleve IIb
leye *mhd.* — laya IIb
lezjan *ahd.* — allazzare IIa; laisse IIc
liberen *mhd.* — [figer IIc]; beter IIc
liccian *ags.* — leccare
liccòn *as.* — ib.
lidha (ærra, äftera) *ags.* — juillet IIc
lidi *an.* — lige IIc
lied *nhd.* — liúto
liche *mhd.* — laie IIc
liene *mhd.* — ib.
liep *mhd.* — laido
lik *schwd.* — ralingues IIc
lilio *ahd.* — giglio
lim *ags. an.* — leme IIb
[lingen] *mhd.* — bilenco IIa
linie *nhd.* — razza
link *nhd.* — bilenco IIa; [enclenque IIb]
lippa *ags.* — lippe IIc
lippe *ndd.* — ib.
lirc *mhd.* — lercio IIa
lirun *ahd.* — ghiro
lisca *ahd.*
lisch *ndl.* — lisca
lisi *ahd.* — liscio
list *ahd. mhd.* — lesto
lista *ahd.* — lista; liccia
liste *mhd.* — lista
listeigs *goth.* — lesto
listic *ahd.* — ib.
lits *ndl.* — laisse IIc
litze *nhd.* — ib.

liugan *goth.* — velar IIb
liuthôn *goth.* — liúto
lôa *an.* — allodola
lob *ahd. nhd.* — lobe IIc
lobên *ahd.* — ib.
lobsingen *nhd.* — lusinga
loc *ags.* — IIc
lôcian *ags.* — luquer IIc
locke *nhd.* — loque IIc
loddari *an.* — lodier IIc
lodder *mndl.* — ib.
lode *mhd.* — ib.
lodha *ags.* — ib.
lodo *ahd.* — ib.
loef *ndl.* — lof IIc
lôfa (m.) *goth.* — lua IIb
lôfi *an.* — ib.; mancia IIa
lôkr *an.* — loque IIc
lombard *ndl.* — lombard IIc
lompsch *mndl.* — lonzo IIa
lôn (u.) *an.* — lona IIc
lood *ndl.* — piloto
loods·man *ndl.* — *locman IIc
loos *nhd.* — lotto
loot *ndl.* — piloto
loren *schwz.* — lorgner IIc
lôs *ahd.* — lozano IIb
lôsen *nhd.* — lusinga
loter *mhd.* — lodier IIc
lotter-bube *nhd.* — ib.
loug *ahd.* — luquer IIc
lücke *mhd.* — locher IIc
lücken (vb.) *mhd.* — ib.
ludo *ahd.* — lodier IIc
lûdr *an.* — loure IIc
lugina *ahd.* — luchina IIa
luister *ndl.* — muso
lukan *goth.* — bloc IIc
lukarn *goth.* — lucarne IIc
luntsch *hd.* — lonzo IIa
lúntussa *ahd.* — lonza IIa
lunz *mhd.* — lonzo IIa
lunze *mhd.* — lonza
lunzet *bair.* — lonzo IIa
luoder, luodern *mhd.* — logoro
luogên *ahd.* — luquer IIc
luokên *ahd.* — [badalucco IIa]; luquer IIc
luren *schwz.* — *lorgner IIc; *sparagnare
lurts *mndl.* — orza; poggia IIa
lurz *mhd. bair.* — orza
luttil *aflām.* — lutin IIc
luur *dän.* — loure IIc

m

ma *afries.* — uomo
maal, maale *ndl.* — mala
maar *ndl.* — mare

maat *ndl.* — matelot IIc
[maat-genoot] *ndl.* — matelot IIc
made *dän.* — amadouer IIc

maecken *ndl.* — maquereau' IIc
maerasch *ndl.* — mare
maere *mhd.* — conto
magan *goth. ahd.* — smagare
magat *ahd.* — matto' IIa
magen *nhd.* — magone IIa
magên *ahd.* — smagare
maget *mhd.* — matto' IIa
mago *ahd.* — magone IIa
mâgo *ahd.* — pavot IIc
mahal *ahd.* — mall·public IIc
mâhen *mhd.* — pavot IIc
mahhari, mahhôn *ahd.* — maquereau' IIc
mahler *nhd.* — farfalla
mahr (m.) *nhd.* — mare IIc
mais *goth.* — mai
maiss *bair.* — mata IIb
maitan *goth.* — ib.; maçon IIc
makelaar *ndl.* — maquereau' IIc
mäkeln *nhd.* — ib.
maken, maker, makker *ndl.* — ib.
mäkler *nhd.* — ib.
makreel *ndl.* — maquereau IIc
malaba, malba *ahd.* — mala
malhe *mhd.* — ib.
malma *goth.* — melma IIa
malz *ahd. nhd.* — malt IIc
man *ahd.* — uomo; magagna
~ *ndl. afries.* — uomo
~ *dän.* — ib.
manag *ahd.* — maint IIc; beaucoup IIc
managaȥ, managat ahd. — maint IIc
managei *goth.* — mánico
Managolt *ahd.* — manigoldo IIa
managôti *ahd.* — maint IIc
manch *nhd.* — ib.
mand *dän.* — uomo
~, mande (f.) *ndl.* — manne IIc
mande-kin *mndl.* — ib.
[*manganjan*] *ahd.* — magagna
mangel *nhd.* — mángano
mango *ahd.* — ib.
mangold *nhd.* — manigoldo IIa
[mangôn] *ahd.* — magagna
man-hamjan ahd. — ib.
mânili *ahd.* — maniglia
mannekin *mndl.* — mannequin IIc; lambeau IIc
Manogald, Manowalt *ahd.* — manigoldo IIa
manslago *ahd.* — magagna
manvjan, manvus *goth.* — manevir IIc
mara (f.) *an.* — mare IIc
marà (f.) *ahd.* — ib.
marah-scalc *ahd.* — mariscalco
marc (n.) *mhd.* — marca
march *germ.* — marcher IIc

marcha *ahd.* — marca
mare (f.) *mhd.* — IIc
[marja marja flȝ flȝ] *norw.* — mariposa IIb
mark (n.) *an.* — marca
~ *nhd.* — marc IIc
marka *goth.* — marca
marketender *nhd.* — marché IIc
markon *ahd.* — marca
marlen, marlijo *ndl.* — merlin IIc
[marode] *nhd.* — maraud IIc
marone *nhd.* — marrone IIa
marrran *ahd.* — marrir
marren *ndl.* — amarrar
marrjan *ahd.* — ib.
marsch *nhd. ndd.* — mare
marschalc *mhd.* — mariscalco
martinsvogel *nhd.* — martin pescatore
[mârz] *nhd.* — marza IIa
marzjan *goth.* — *marrir
mâsa *aha.* — máschera
masar *ahd.* — madré IIc; lázaro
mascà *ahd.* — máschera
masche *nhd.* — ib.
maschel, mascher *mndl.* — ib.
mâscre *ags.* — ib.
maser, maser-holz *nhd.* — madré IIc
mast *ahd.* — masto; matelot IIc
mâst *ags.* — masto
mastr *an.* — ib.
mat *mhd.* — matto
mata *an.* — *amadouer IIc (Nachträge)
[mate-geselle] *ndl.* — matelot IIc
mathl *goth.* — mall·public IIc
matjan *goth.* — amadouer IIc
matraz *mhd.* — materasso
[matroos] *skand.* — matelot IIc
mats *goth.* — mets IIc
matseken, matsekern ndd. — massacre IIc
matsken *ndd.* — ib.
matt *nhd.* — matto; casamatta
matte, matz *nhd.* — mattone; [nata IIb]
[matunautr] *an.* — matelot IIc
matz *nhd.* — mazette IIc; matto IIa
matzen *nhd.* — montone
matzicht, matzig *nhd.* — mazette IIc
mauche hd. — mauca IIc
mäuel *schwȝ.* — moue IIc
maulaffe *nhd.* — muso
maúrnan *goth.* — morne IIc; XXVI (XX)
maúrthr, maúrthrjan *goth.* — meurtre IIc
mause *schwȝ.* — muso
manwe *hd.* — moue IIc
mauwen *schwȝ.* — ib.

mäv *ags.* — mouette IIc
maz *ahd.* — mets IIc
[mâz-genôze] *mhd.* — matelot IIc
mearc *ags.* — marca
mearrian *ags.* — marrir
medele *mhd.* — medaglia
medili, medilla *ahd.* — ib.
medo *ahd. ags.* — mies IIc
meergeisz *nhd.* — crevette IIc
meerling *ndl.* — merlin IIc
meer-schwein *nhd.* — marsouin IIc
meeseke *ndd.* — mésange IIc
meghe *ndl.* — mêgue IIc
meier *nhd.* — maire IIc
meigramme *mhd.* — majorana
meile *nhd.* — miglio
mein, meinig *nhd.* — mien IIc
meinung *bair.* — mente
meiszelu *nhd.* — maçon IIc
meiz *mhd.* — mata IIb
meizan *ahd.* — maçon IIc; massacre IIc
meizzo *ahd.* — maçon IIc
mekere *afries.* — maquereau² IIc
mêl, mêla *goth.* — pinta
[melkswyn] *ndl.* — marcassin IIc
melm *ahd.* — melma IIa
memme *nhd.* — mamma
men *ndl.* — uomo
menen *mhd.* — menare
menge *nhd.* — mánico
menigte *ndl.* — maint IIc
menni *ahd.* — manigoldo IIa
mêr *mhd.* — mai
mergil *ahd.* — marne IIc
meri-suin *ahd.* — marsouin IIc
merken *nhd.* — marca
merran *ags.* — amarrar
merren *ndl.* — ib.
mese *ndd.* — mésange IIc
messe *nhd.* — fiera; messa
mete *ags.* — viande IIc
metz *nhd.* — maçon IIc
metzen *nhd.* — mazza
metzger *hd.* — massacre IIc
meu *ahd.* — mouette IIc
meuk *ndl.* — mégir IIc
meute *nhd.* — IIc
mewe *hd.* — mouette IIc
mez *ahd.* — moineau IIc
mêzzo *ahd.* — maçon IIc
middel end *ndl.* — halbran IIc
mienc *nhd.* — mina
miez *nhd.* — micio
mijt, mijte *ndl.* — mitraille IIc
mîla *ahd.* — miglio
mile *mhd.* — lega
milla *ahd.* — miglio
milz *nhd.* — milza
milzi (n.) *ahd.* — ib.
minja *ahd.* — mignon IIc

minne *mhd. mndl.* — mignon IIc
minni *bair.* — mina²
minnist *ahd.* — mince IIc
minst *an.* — ib.
mis *nhd.* — I; bis
mischmasch *nhd.* — micmac IIc
miselsucht *nhd.* — mesel IIc
mite *ags.* — mita
mittamo *ahd.* — mezzo
mitte *nhd.* — ib.
miukr *an.* — mego IIb
mizâ *ahd.* — mita
mocke *mhd.* — manco
mocken *ndl.* — moquer IIc
moet *ndl.* — motta
moffel *ndl.* — muffare
~ (m.) *hd.* — mufle IIc
mohr *nhd.* — *moire IIc (Nachträge)
mol *ndl.* — mulot IIc
molta *ahd.* — malta IIa
molton *nhd.* — molleton IIc
momboor *ndl.* — mainbour IIc
mon *dän.* — IIc
mönch, mönchen *nhd.* — hétaudeau IIc
mond *ags.* — manne IIc
monne *schwd.* — mou IIc
moocke *ndl.* — mauca IIc
moos *nhd.* — mousse IIc
moppen *ndl.* — mofa IIb
mor *an.* — mora
morchel *nhd.* — morille IIc
mord *ahd. nhd.; ahd.* — meurtre IIc
mordkeller *nhd.* — casamatta
morfen *mndl.* — morfire IIa
morhila *ahd.* — morille IIc
morilje *ndl.* — ib.
mornên *ahd.* — morne IIc
mos *ahd.* — mousse IIc
mosch *ndl.* — moineau IIc
mot *ndl.* — motta
môt *ags.* — meute IIc
mote *fries.* — motta
mots, motsen *ndl.* — mozzo
mott *bair.* — motta
[môtunautr] *an.* — matelot IIc
motz *bair.* — montone
mou *mhd.* — muffare
mouwe *ndl.* — moue IIc
~ (maken) *ndl.* — ib.
~ *mhd.* — muffare
move *ags.* — moue IIc
möve *nhd.* — mouette IIc
mucken *ndd.; nhd.* — moquer IIc
muf *nhd.* — muffare
~ *ndl.* — muffo
muff *nhd.* — ib.
muffen *bair.* — ib.
müffen *nhd.* — ib.
muffisch *bair.* — ib.

muizen *ndl.* — muso
muks *goth.* — mego IIb
mul *ndl.* — mulot IIc
mulda *goth.* — malta IIa
müller maler *nhd.* — farfalla
mumel *nhd.* — momer IIc
mummeln *nhd.* — mumiar IIa
mummen, mummerei *nhd.* — momer IIc
mun *an.* — mon IIc
mundbora *ags.* — mainbour IIc
mundburd *as.* — ib.
munt, muntboro *ahd.* — ib.
muntwalt *ahd.* — mondualdo IIa
muoza, muozôn *ahd.* — muso
mupfen *mhd.* — mofa IIb
mur *bair.* — mora
mürbe *nhd.* — ib.; mórbido IIa
murc *mhd.* — murcho IIb
murdjan, murdreo *ahd.* — meurtre IIc
muremunto *ahd.* — marmotta
murkla *schwd.* — morille IIc

murmelu, murmeltbier *nhd.* — marmotter IIc
murmenti *ahd.* — marmotta
murmet *schwz.* — ib.
murpfen *mhd.* — morfire IIa
mus *schwz.* — muso
muscel *ags.* — nicchio
musche *mndl.* — moineau IIc
muschel *nhd.* — nicchio
muscla *ahd.* — ib.
musen *schwz.* — muso
mûth *afries.* — ib.
mutse *ndl.* — almussa
mutsen *ndl.* — mozzo
mutte *schwz.* — motta
muttli *schwz.* — montone
mutz *schwz.* — mozzo
mütze *nhd.* — almussa; tocca
mutzen *nhd.* — almussa; mozzo tocca
mûzen (sich) *mhd.* — musser IIc
myl *ags.* — mulot IIc
myte *ndd.* — mita

n

nabagèr *ahd.* — *naverare
nabbi *an.* — nabot IIc
nâber *nhd.* — naverare
nafar *nord.* — ib.
nàm (n.) *an.* — nans IIc
nàme *mhd.* — ib.
napf *nhd.* — anappo
[narbe] *nhd.* — naverare
[narf] *schwd.* — ib.
narr *nhd.* — narguer IIc
narro *ahd.* — ib.
[naru] *as.* — naverare
[narv] *dän.* — ib.
[narwa, -e] *ahd.* — ib.
[narwe] *mhd.* — ib.
natte *mndl.* — IIc
naus (pl. naveis) *goth.* — navío IIb
nè *goth.* — naie IIc
neb *ags. ndl.* — niffa; rostro IIb
nebbi, nef *an.* — niffa
neffiger *ndl.* — naverare
negg *ndl.* — baca
nei *an.* — naie IIc
nespil *ahd.* — néspola
nest *nhd.* — nicher IIc
nestel *nhd.* — nastro IIa

nestila *ahd.* — nastro IIa
nestling *nhd.* — ramingo
neviger *ndl.* — naverare
nibbe *ndd.* — niffa
nickel *nhd.* — baca
nicken *nhd.* — nique IIc; ammiccare IIa
nif *ndd.* — niffa
niffeln *bair.* — ib.
niffen *schwz.* — ib.
nigel *mhd.* — niello
nische *nhd.* — nicchio
nisten *nhd.* — nicher IIc
nit *mhd.* — envis IIc
nobis *mhd.* — abisso
nock *bair.* — gnocco IIa
nocke *ndl.* — nuca
noila *ahd.* — gubia
noose *ndl.* — noise IIc
nordh *ags.* — nord IIc
Norvegr *nord.* — norois IIc
noyse *ndl.* — noize IIc
nudeln *nhd.* — nouilles IIc
nusca, nuskil *ahd.* — nosche IIc
nûwe *mhd.* — nuca

o

ôd *ahd.* — *allodio
ôdi *ahd.* — agio
oheim *nhd.* — oncle IIc
ohm *nhd.* — aime IIc

ohne *nhd.* — senza
ohteiz *mhd.* — pardiez IIb
[oki] *an.* — juc IIc
olf *hd.* — grigou IIc

olfant *ndl.* — olifant IIc
olifant *nndl.* — IIc
olpenta *ahd.* — olifant IIc
[ölr] *an.* — folle
olyfant *niederrhein* — olifant IIc
ombeer *schwz.* — lampione IIa
ôme *mhd.* — aime IIc
[öppes] *schwz.* — viluppo
orc *ags.* — orco
ordàl (n.) *ags.* — ordalie IIc

organa *ahd.* — órgano
orgel *nhd.* — ib.
orgela *ahd.* — ib.
orghel *nndl.* — ib.
[orl] *ags.* — orlo
orlei *ahd.* — oriuolo
ort *bair.* — canto
ôt *ahd.* — allodio; [fio]
ôtta *an.* — otta IIa
[otter] *nhd.* — lontra

P

pacht *nhd.* — pecho IIb
page *ndd.* — aufage IIc
pak *ndl.* — pacco
palcho *ahd.* — balco
palla *ahd.* — balla; ballare; balicare
palm *mhd.* — palmiere
palt, palte *ndd.* — paltone IIa
paltenaere *mhd.* — ib.
panier *nhd.* — banda
pant *afries. nndl.* — pan IIc
panzer *nhd.* — pancia
panzier *mhd.* — ib.
papegûn *mhd.* — pappagallo
papig *ags.* — pavot IIc
parruc *ags.* — giavelotto
partâ *ahd.* — partigiana; mannaja IIa
parzjan *ahd.* — pazzo IIa
pasman *schwd.* — passamano
passen *nhd.* — *malato
patschen *nhd.* — patta
pattuffel *ndl.* — pantófola
pearl *ags.* — perla
pearroc, pearruc *ags.* — parco
peauter *ndl.* — peltro
pedant *nhd.* — pedante
pehhar *ahd.* — bicchiere
peilen *ndl.* — piloto
pelliz *ahd.* — pelliccia
pelz *nhd.* — ib.
pelzen *mhd.* — empeltar IIc
penta *afries.* — pau IIc
peraht *ahd.* — pretto IIa
pêrala *ahd.* — perla
pererd *as.* — palafreno
pêrla *ahd.* — perla
perla *nord.*
pêrula *ahd.* — perla
petesche *nhd.* — petecchie
petil *ahd.* — bidello
pfand *nhd.* — pan IIc
pfarrich *ahd.* — parco
pfeife *nhd.* — piva
pfeifen *nhd.* — pisciare
pfeifer *nhd.* — piva

pfellel, pfeller *mhd.* — palio
pfennwerth *bair.* — denaro
pferch *nhd.* — parco
pferd *nhd.* — palafreno
pfetzen *mhd.* — pizza
pfîfâ *ahd.* — piva
pfîfen *mhd.* — pisciare
pfîlaere *nhd.* — pilori IIc
pfinztac *nhd.* — giovedì
pflegan *ahd.* — *plevir IIc
pflug *nhd.* — arátro
pfotc *mhd.* — piota IIa; poe IIc
pfreim *bair.* — frimas IIc
pfropfen *nhd.* — propaggine
pfründe *nhd.* — prebenda
pfütze *nhd.* — pozzo
phage *mhd.* — aufage IIc
phant *ahd.* — pan IIc
phellol *ahd.* — palio
pherit *ahd.* — palafreno
pherrich *ahd.* — parco
phesal *ahd.* — poêle³ IIc
phiesel *mhd.* — ib.
phiphis *ahd.* — pipita
phisel *mhd.* — poêle³ IIc
phundloch *ahd.* — bonde IIc
pial *ad.* — pialla IIa
pichen *nhd.* — pegar
pickel *nhd.* — picco
picken *nhd.* — becco; picco
pienk *bair.* — pincione
pijloot *ndl.* — piloto
pilger, pilgrim *nhd.* — pellegrino
pimenta *nhd.* — pimiento
pin *ndl.* — pino IIb
pina *ahd.* — seta
pink *ndl.* — pinque
pinke (f.) *ndd.* — ib.
pinne *hd.* — pino IIb
pinni *an.* — ib.
pisôn *ahd.* — beser IIc
pispeln *nhd.* — bisbiglio IIa
pissia *afries.* — pisciare
pitsen *ndl.* — pizza
[*plaihvan*] *goth.* — plevir IIc

plak (f.), plakken *ndl.* — plaque IIc
plasche *mhd.* — fiasco
platja goth. — piazza
platz *mhd. nhd.* — ib ; fiadone
pletz *ahd.* — blesser IIc
[plodar] *ahd.* — poltro
plotzen *bair.* — palascio IIa
pluccian *ags.* — piluccare
plunder *nhd.* — sacco
pocca *ags.* — poche IIc
pof, poffen *ndl.* — fofo IIb
pôgatz *mhd.* — focaccia
poinder *mhd.* — poindre IIc
poki *nord.* — poche IIc
pokke *ndd.* — ib.
polizei *nhd.* — polizía
polstar *ahd.* — poltro; materasso
polster *nhd.* — haterel IIc
poot *ndl.* — poe IIc; ente IIc
popig *ags.* — pavot IIc
posse *nhd.* — bugía
pot *ndl.* — pote
potekin *mndl.* — ib.
pott-asche *nhd.* — potasse IIc
[pottr] *an.* — pote
pret *ahd.* — predella IIa
prezilinc *ahd.* — berlingare IIa
prica *ags.* — priego IIb

prik *ndl.* — priego IIb
prikken *ndl.* — esprequer IIc
printen *ndl.* — imprenta
pris *ahd.* — seta
pritil *ahd.* — brida
probst *nhd.* — prevosto
prort, prot *ahd.* — prua
[prot] *ahd.* — bravo
proth *ahd.* — prua
protze *nhd.* — biroccio
protzen *nhd.* — broncio IIa
protzwagen *nhd.* — biroccio
proviant *nhd.* — prebenda
puf *mhd.* — buf
puff *nhd.* — ib.
puffe *nhd.* — ib.
puffen *nhd.* — ib.; acbar IIb; fofo IIb
puffer *nhd.* — buf
puggs *goth.* — ponga IIa
pullian *ags.* — poulier IIc
pungr *an.* — ponga IIa
punt *schwz.* — bonde IIc
punzen *mhd.* — punzar
puppe *nhd.* — poppa
purzella *ahd.* — portulaca
pysel *fries.* — poéle³ IIc

q

quakele *mnl.* — quaglia
quälen *nhd.* — collare IIa
[quark] *nhd.* — charco IIb
quattala *ahd.* — quaglia
quellen *mhd.* — collare IIa
quenà *ahd.* — goda IIc; guenon IIc
quene *flâm.* — guenille IIc

querca *ahd.* — carcan IIc; XXIV (XVIII) 4
qverk *an.* — ib.
[quirl] *hd.* — urlare
quiten *mhd.* — cotogna
quitschen *bair.* — squittire IIa
quitt *nhd.* — cheto

r

râ *schwd.* — ralingues IIc
raa *ndl.* — ib.
raa-band *ndl.* — haubans IIc
raa-leik *nhd.* — ralingues IIc
rabaudeken *flâm.* — ribaldo
[rabauw] *ndl.* — ravauder IIc
rabot *mndl.* — raboter IIc
racki *nord.* — raca IIc
[râda] *ahd.* — redo
rade *mhd.* — rada
rädel *nhd.* — randello IIa
rael *flâm.* — ralo IIb
ræs *ags.* — rasse IIc

raffel *nhd.* — raffare
~ *ndl. schwd.* — ib.
raffen *nhd.* — ib.; rappare
raffi, rafjan *ahd.* — raffare
rahe *mhd.* — ralingues IIc
rabelen *schwz.* — rallar
rahm *nhd.* — ramequin IIc
rahmen *nhd.* — rame² IIc
rahne (f.) *nhd.* — rognie IIc
raidjan *goth.* — *redo
rain *nhd. ahd.* — IIc
raka *nord.* — raguer IIc
rakelen *ndl.* — rallar

rakete *nhd.* — rocca²
ralle *nhd.* — râler IIc
rallen *ndl. ndd.* — rallar
ram *ahd. ndl.* — ran IIc
râmên *ahd.* — aramir IIc
rampf *mhd.* — ramfo IIa
rampfeo *bair.* — rampa
rand *ahd. mhd.; nhd. ags. schwd.*
 — randa
rang *nhd. ndl. schwd.* — IIc
rank *nhd.* — ranco
rapen *ndd.* — rampa
~ *ndl. ndd.* — rappare
räpfen (sich) *bair.* — ib.
rappa *schwd.* — ib.
rappe *ndl.* — raffare
~ *mndl. mhd.* — rappa IIa
~ *mhd. ndl.* — rappare
râs *an.* — rasse IIc
raspôn *ahd.* — raspare; rapière IIc
rasseln *nhd.* — râler IIc
rât *ahd.* — *redo
rät *ags.* — ratto
râta *as.* — raggio
râte *mndl.* — ib.
rate *ndl.* — IIc
ratelen *ndl. nds.* — râler IIc
rato (m.) *ahd.* — ratto
ratta *andd.* — ib.
ratte *nhd.* — ib.
rauben *nhd.* — flauto
raubôn *ahd.* — galoppare
raufen *nhd.* — ruffa
rauh *nhd.* — raust IIc
raunen *nhd.* — runer IIc
raus *goth.* — IIc; galoppare
raustjan *ahd.* — rostire
ravelen *ndl.* — rêve IIc
ravot *ndl.* — riote IIc
raw *ahd.* — bravo
râz *mhd.* — raggio
[râze] *mhd.* — ré IIc
[rebe] *ahd.* — bourgeon IIc
reben *mhd.* — rêve IIc
recchên *ahd.* — recare IIa
recken *nhd.* — ib.
reden *nhd.* — radoter IIc
rêden *ndl.* — redo
reede *ndl.* — rada
reen *ndl.* — rain IIc
reffen *mhd.* — raffare
refr *an.* — raposa IIb
regimbald *ahd.* — ribaldo
Reginhart *ahd.* — renard IIc
rebt *ahd.* — orendroit IIc
reiben *nhd.* — river IIc
reich *nhd.* — ricco
reichan *ahd.* — recare IIa
reichen *nhd.* — ib.
reid *ahd.* — rider IIc
reida *an.* — rada

reif *ahd.* — *refe IIa
reihe *nhd.* — riga IIa
reiks *goth.* — ricco
reim *bair.* — frimas IIc
~ *nhd.* — rima
Reinhart *ahd.* — renard IIc
reinneo *ahd.* — guaraguo; rozza
reis *ndl.* — vìa
reisa *ahd.* — raise IIc
reise *mhd.; nhd.* — ib.
reitel *mhd.* — randello IIa
reiten *mhd.* — esmar
[~] *nhd.* — redo
reiza *ahd.* — razza; XVI (XIII)
rekel *ndl.* — raca IIc
rên *nord.* — rangifero
renken *mhd. bair.* — ranco
reppen *ndl.* — rebbio IIa
rêran *ahd.* — raire IIc
resche *mhd.* — *rèche IIc
reupsen *nhd.* — reuper IIc
revelen, reven *ndl.* — rêve IIc
revot *ndl.* — riote IIc
reyn *ndl.* — rain IIc
reynger *ndl.* — rangifero
riban *ahd.* — riote IIc; riper IIc;
 river IIc; riffa
ribballdi *an.* — ribaldo
ribbalt *mhd.* — ib.
ribben *d.* (volksm.) — riper IIc
ribe *mhd.* — ribaldo
ríbil *ahd.* — river IIc
rìchi *ahd.* — ricco
rìden *mhd.* — riddare IIa
ridieren *mhd.* — rider IIc
riege *nhd.* — riolé IIc; barioler IIc
riem *ndl.* — risma
[riemen] *nhd.* — rame IIc
[riemo] *ahd.* — ib.
riesz *nhd.* — risma
rifa *an.* — river IIc; riffa
rifas *an.* — riffa
riffel, riffeln *nhd.* — ib.; rebbio IIa
riffen *bair.* — riffa
riffil, riffîla, riffîlôn *ahd.* — ib.
rìga *ahd.* — riga IIa; rang IIc;
 rigot IIc
rige *ndd.* — rigole IIc
rìhan *ahd.* — abrigo
rìhe *mhd.* — riga IIa
rìhhi *ahd.* — smacco IIa
rijf (f.) *ndl.* — riper IIc
rijm *ndl.* — frimas IIc
rìjven *ndl.* — river IIc; riffa
rìm *ahd.* — rima
rinde *nhd.* — grignon IIc
ring *mhd.* — aringo; rang IIc
ring-band *ndl.* — ruban IIc
rinnâ *ahd.* — rin IIc
rinne *nhd.* — ib.
rinnô *goth.* — ib.

ripil ahd. — rebbio IIa
rippen d. (volksm.) — riper IIc
rist *isl. schwd.* — rissoler IIc
rista *ahd.* — resta
riste *dän.* — rissoler IIc
rive *dän.* — river IIc
rô *an.* — ro IIb
rôa *ahd.* — ib.
robosteln *schwäb.* — rabasta IIc
roc *ags. ahd.* — rocchetto
rocco *ahd.* — rocca²
roch *ahd.* — froc IIc
[röcheln] *nhd.* — roncar IIb
rockr *an.* — rocca²
~ *an.* — rocchetto
Rodrich *ahd.* — barriga IIb
roef, rof *ndl.* — ruffa
rofazôn *ahd.* — reuper IIc
roge *dän.* — freux IIc
[rokelen] *ndl.* — roncar IIb
romp *ndl.* — rombo IIb
rond *ags.* — randa
rönd *an.* — ib.
rone (m.) *mhd.* — rognie IIc
rono *ahd.* — ib.
rook *ndd.* — freux IIc
ropizôn *as.* — reuper IIc
rôr *ahd.* — raus IIc
rör, rören *ndd.* — rez IIc
rôså *ahd.* — rosa
rosà *ahd.* — rausa IIc
rösche *nhd.* — rèche IIc
rosine *nhd.* — raisin IIc
ros-kammen *ndl.* — rosser IIc
ross *nhd.* — rozza
rosseln d. (mndt.) — râler IIc
rossen *ndl.* — rosser IIc
rôst *ahd. nhd.* — rosta IIa; rissoler IIc
rôstâ *ahd.* — rosta IIa
röste *nhd.* — rouir IIc
rösteln, rösten *nhd.* — rissoler IIc; rostire; rouir IIc
röstjan *ahd.* — rostire
rösz *bair.* — rouir IIc
roten *ndd. ndl.* — ib.

rots *ndl.* — cocchio; rocca
rotte *nhd.* — rotta
~ *mhd.* — rote IIc
rotten *ndl. ndd.* — rouir IIc
roub *ahd.* — roba
roubôn *ahd.* — ib.; tuffare IIa
roupôn *ahd.* — roba
rôwa *ahd.* — ro IIb
rozzen *ahd. mhd.* — rouir IIc
rübe (schwanzrübe) *nhd.* — rabo IIb
ruech *obd.* — freux IIc
ruf *mhd.* — ruffa
rufa *an.* — ib.
ruffeln *nhd.* — ruffiano
ruffer *hd.* — ib.
rûfinn *an.* — ruffa
ruhe *nhd.* — ro IIb
rühmen *nhd.* — romire IIa
ruim *ndl.* — rombo
ruin *ndl.* — rozza
rumpf *nhd.* — busto; rombo IIb
runa *goth.* — runer IIc
rûnazôn *ahd.* — ronzare IIa; roncear IIb
rûnên *ahd.* — runer IIc
[runze] *nhd.* — froncir
[runzel] *nhd.* — ronce IIc
rûnzen *mhd.* — ronzare IIa; roncear IIb
runzit *mhd.* — rozza
ruowa *ahd.* — ro IIb
rupfen *nhd.* — ruffa; zuffa IIa
rusche *ndd.* — brusco
ruspan *ahd.* — ruspo IIa; rospo IIa
ruspil-hâr *ahd.* — ruspo IIa
russen — russare IIa
rusti *nord.* — ruste IIc
rûtzen *schwz.* — ruzzare IIa
ruyen *ndl.* — ruer IIc
ruyffel *ndl.* — ruffa
ruzzôn *ahd.* — russare IIa
ryben *schwz.* — river IIc
ryffelen *flâm.* — riffa

S

saban *ahd.* — sábana
sabans *goth.* — ib.
säbel *nhd.* — sciabla
sache *nhd.* — cosa
sackmann *bair. mhd. ndl.* — sacco
~ (machen) *mhd.* — ib.
safareis, safjan *goth.* — safre IIc
saflor *nhd.* — zafferano
sago *ahd.* — sayon IIb

sahar *ahd.* — sárria IIb
sakken *ndd.* — sacar
sal (m.) *ahd. mhd.* — *sala
sälaha *ahd.* — saule IIc
salawêr (gen. salawes) *ahd.* — salávo
salier *mhd.* — *celata
saliter d. (volkst.) — salitre IIb
saljan *goth.* — gasalha

salo *ahd.* — salávo
samboh, sambuh, sambuoh *ahd.* —
    sambuc IIc
sarc *ahd.* — cercueil IIc
satjan *goth.* — assettare
säuerling *nhd.* — oseille IIc
saufen *nhd.* — *soif IIc ; sopa
saum *ahd.* — salma
[saupan] *ahd.* — scipare IIa
sauren *ahd.* — sauro
sausen *nhd.* — segugio
sazjan *ahd.* — sagire ; [asir IIb]
scaerpe *mndl.* — sciarpa
scafaut *mndl.* — catafalco
scafjan *ahd.* — eschevi IIc
scâh *ahd.* — scacco; *sacco
scâhari *ahd.* — scacco
scalc *ahd.* — scalco IIa
scalja, scaljan *ahd.* — scaglia
scamara *ahd.* — escamoter IIc
scanca *ags.* — zanca
scancho ahd. — ib.
scancjan, scancjo ahd. — escanciar
scara *ahd.* — schiera ; scaramuccia
scarbôn *ahd.* — écarver IIc
scarf *ahd.* — scarpa
scarja, scarjan *ahd.* — schiera
scarjo *ahd.* — sgherro IIa; sergente
scarti *ahd.* — cardo
sceffen, sceffeno *ahd.* — scabino
scencan, scenco *ahd.* — escanciar
scepeno *as.* — scabino
schaar *nhd.* — schiera
schaars *ndl.* — scarso
schaarwacht *nhd.* — échauguette IIc
schaats *holl.* — échasse IIc
scbabracke *nhd.* — chabraque IIc
schächer *nhd.* — scacco
schachtel *hd.* — scatola IIa
schaets *flam.* — échasse IIc
schafe *mhd.* — scaffale IIa
schafen (f.) *bair.* — ib.
schaffen *nhd.* — safre IIc; scabino
schaffer *ndl.* — safre IIc
schafott *nhd.* — catafalco
schaft, schaftel *hd.* — scatola IIa
schale *nhd.* — scaglia ; jale IIc
schälen *nhd.* — scaglia
[schamelât, -lót] *mhd.* — cambellotto
schanz *bair.* — escanciar
schanze *mhd.* — chance IIc
schap *ndl.* — scaffale IIa
[scharben] *nhd.* — escarba IIb
scharbock *nhd.* — scorbúto
scharf *nhd.* — scarpa
scharlei *nhd.* — schiarea IIa
scharmützel *nhd.* — scaramuccia
schärpe *nhd.* — sciarpa
schatulle *nhd.* — scatola IIa
schaube *nhd.* — giubba
schauhaus *nhd.* — catafalco

schauvat *ndl.* — catafalco
schebecke *nhd.* — chaveco
scheckig *nhd.* — bigarrer IIc
scheffen *nhd.* — scabino
scheiden *nhd.* — partire
schelle *nhd.* — squilla
schelm *nhd.* — chelme IIc
[schenkel] *nhd.* — anca
schenken *nhd.* — escanciar
scherbe *ahd.* — sciarpa
scherge *nhd.* — sergente
scherzen *mhd.* — scherzare IIa
scheu, scheuen *nhd.* — schivare
scheuer *nhd.* — écurie IIc
scheuern *nhd.* — sgurare
scheurbuik *ndl.* — scorbuto
schiefer *nhd.* — pizarra IIb
schiessen *nhd.* — scotta ; scotto
schieten *ndl.* — scotta
schiffer *nhd.* — schifo
schildevezel *mhd.* — guiche IIc
schildkröte *nhd.* — tartaruga
schilling *nhd.* — scellino
schinke *mhd.* — stinco IIa
schirmen *nhd.* — escarmentar IIb
schirpe *niederrhein.* — sciarpa
schläfe *nhd.* — tempia
schlamasse *nhd.* — schiamazzare
    IIa
schlapfe hd. — schiaffo IIa
schlappe *nhd.* — ib.
schlecht *nhd.* — schietto IIa
schleissen *nhd.* — esclier IIc
schlemm *bair.* — sghembo IIa
schlendern *nhd.* — landra
schlicht *nhd.* — schietto IIa; [bietta
    IIa]
schlimm *bair.* — sghembo IIa
schlucken, schlucker *nhd.* — scrocco
schmalz *nhd.* — landra ; smalzo
    IIa
schmelzen *nhd.* — smalto
schmergel *nhd.* — smeriglio
schmerling *nhd.* — merlan IIc
schnapphahn *nhd.* — chenapan IIc
schnecke *nhd.* — esneque IIc
    nicchio
schnepfe *nhd.* — sgneppa IIa
[schneuzen] *nhd.* — moquer IIc
schnittling *nhd.* — scier IIc
schock, schocken *nhd.* — ciocco;
    cioncare IIa
schöffe *nhd.* — scabino
scholle *nhd.* — zolla IIa ; *houille
    IIc
scholp *ndl.* — chaloupe IIc
Schomberg *d.* — chamberga IIb
schöndinglein, schönthierlein *bair.*
    — bele IIc
schoon *ndl.* — beau IIc
schoot *ndl.* — scotta; scosso IIa

schopf *nhd.* — ciuffo IIa
schoppen *ndl.* — zoppo
~ *nhd.* — chopine IIc
schorbock *ndd.* — scorbuto
schore *ndi.* — écore IIc
schörl *nhd.* — chorlo IIb
schorre *ndl.* — écore IIc
schoss *nhd.* — scotto; escote IIb
schosse *ndl.* — cosse IIc
schössling *nhd.* — scotto
schote *nhd.* — scotta
~ *nhd.* — zote
~ *ndd.* — cosse IIc
schotten *nhd.* — scotta IIa
schraeffen *fläm.* — escraper IIc
schrafen *bair.* — scaraffare IIa
schragen *nhd.* — écran IIc
schranke, schranken *mhd.* — cancellare
schranne *nhd.* — scranna IIa
schrantse *mndl.* — seran IIc
schrantsen *mndd.* — ib.
schranz *ahd. mhd.* — ib.
schrap *ndd.* — sciarpa
schrapen *ndd.* — scaraffare IIa
~ *ndl.* — escarbar IIb; escraper IIc; [scarpa]
schrapfen *mhd.* — scaraffare IIa; escarbar IIb; escraper IIc
schraube *nhd.* — écrou IIc
schraubstock *nhd.* — stallo
schremen *bair.* — schermo
schrenzen *mhd.* — seran IIc
schrick *hd.* — scriccio IIa
[schroff] *nhd.* — scarpa
schroh *niederrhein.* — scrocco
schrok *ndl.* — ib.
schrove *mhd.* — escregne IIc
schuba *ahd.* — giubba
schuft *nhd.* — ciofo IIa
schupfä *ahd.* — échoppe IIc
schupfen *mhd.* — zoppo; écoufle IIc
schupfer *mhd.* — écoufle IIc
schuppen *nhd.* — échoppe IIc
schurke *nhd.* — scrocco
schurz, schürzen *nhd.* — scorciare
schüssel *nhd.* — écuelle IIc
schütten *nhd.* — scotta IIa
schuuren *ndl.* — sgurare
schwach *nhd.* — fievolo
schwaden *nhd.* — andana
schwank *nhd.* — sguancio IIa
schwarze bücher *nhd.* — negromante
schwarzwurz *nhd.* — scorzonera
Schweiz *nhd.* — suinter IIc
schwelle, schwellen *nhd.* — bouder IIc
[schwenken] *nhd.* — virar
scip, sciper *ags.* — schifo

scitan *ags.* — eschiter IIc
sclaf *ahd.* — fiacco
sclag *ahd.* — esclo IIc; crau IIc
sclipfjan ahd. — schippire IIa
sclizan *ahd.* — esclier IIc
scolla *ahd.* — zolla IIa
score *ags.* — écore IIc ·
scorro *ahd.* — ib.
scôz *ahd.* — scosso IIa
scräf *ags.* — escregne IIc
scranna *ahd.* — écran IIc; scranna IIa
scrian *ahd.* — gridare
scric *ags.* — scriccio IIa
scubiling *ahd.* — andouille IIc
scûm *ahd.* — schiuma
scûra *ahd.* — écurie IIc
scurgo *ahd.* — scrocco
scutilôn *ahd.* — scotolare IIa
scuz *ahd.* — scotto
scuzilâ *ahd.* — écuelle IIc
scuzling *ahd.* — scotto
seárian *ahd.* — sauro
secg, segc *ags.* — sescha IIc
sechteln *nhd.* — bucato
ségelèn *ahd.* — singlar
segrein *ndl.* — chagrin IIc
sehtari *ahd.* — sestiere
sei *mhd.* — saja
seide *nhd.* — seta
seit *mhd.* — saja
semmel *nhd.* — sémola
sestôn, sestunga *ahd.* — sesta
setzen *nhd.* — sagire
sîda *ahd.* — seta
sîdin *ahd.* — bigio
sigla *an.* — singlar
sila *nord.* — arátro; siller IIc; [cingler IIc]
[simbel] *ags.* — zimbello·
sin *ahd.*; *mhd.* — senno; [assener IIc]
siniscalb *ahd.* — siniscalco
sinn *nhd.* — senno; [assener IIc]
sint *ahd.* — senno
sise-mûs *ags.* — cisemus IIc
sittian *as.* — sítio IIb; setiar IIc
sittich *nhd.* — pappagallo
siusjan *ahd.* — segugio
sizan *ahd.* — sítio IIb; setiar IIc
skalja *goth.* — scaglia
skalks *goth.* — scalco IIa
skär, skära *schwd.* — risicare
skara *ahd.* — assettare
[~] *isl.* — escarba IIb
skard, skarda *an.* — cardo
skarfva *schwd.* — écarver IIc
skarjo *ahd.* — concierge IIc
skarp *an.* — scarpa; [escarapelarse IIb]
skatt *ad.* — scatola IIa
skauts *goth.* — escote IIb

skella, skëllan *ahd.* — squilla
skena *ahd.* — schiena
skeran *ahd.* — assettare
skerjan *ahd.* — ib.; schiera
skerm *ahd.* — schermo
skerman *ahd.* — scaramuccia
skërn, skërnôn *ahd.* — scherno
skerôn *ahd.* — scherzare IIa
skêrran *ahd.* — eschirer IIc
skertan *ahd.* — cardo
skif *ahd.* — schifo
skilla *ahd.* — squilla
skilliggs *goth.* — scellino
skilling *ahd.* — ib.
skilt-riemo *ahd.* — enarme IIc
skina *ahd.* — schiena; esquina IIb
skinâ *ahd.* — schiena
[*skinken*] *ahd.* — anca
skinko *ahd.* — stinco IIa
skioban *ahd.* — andouille IIc
skip *an. goth.* — schifo
skipari *an.* — ib.
skirm, skirman, *skirmjan ahd.* — schermo
skirno *ahd.* — scherno
skiuhan *ahd.* — schivare; [fio]; [caleffare IIa]
skiura *ahd.* — écurie IIc
skizan *ahd.* — eschiter IIc
sklave *nhd.* — schiavo
skleiʒén ahd. — schiantare
skolja, skolla *ahd.* — houille IIc
~ *ad.* — zappa
skopa *schwd.* — écope IIc
skot *schwd.* — scotta
~ *afries.* — scotto
[skräf] *schwd.* — scarpa
skrilla *schwd.* — escriler IIc
skûm *nord.* — schiuma
slac *mhd.* — esclo IIc
slag *ahd.* — ib.
slahta *ahd.* — schiatta
slaíhts *goth.* — schietto IIa
slapfe hd. — schiaffo IIa
slavenie *mhd.* — schiavo
slechts *ndl.* — schietto
slëht *ahd.* — ib.
slenteren *ndl.* — landra
slidan *ags.* — eslider IIc
slidden *mndl.* — ib.
slimb *ahd.* — sghembo IIa
slinc *ahd.* — esclenque IIc; [bilenco IIa]; [enclenque IIb]
slingâ *ahd.* — slinga; ascua IIb
slink, slinken *ndl.* — esclenque IIc
sliozan *ahd.* — esclusa
slipan *ags.* — schippire IIa
slipfen *mhd.* — ib.
slipfjan ahd. — ib.
slippen *ndl.* — ib.
slitan *ags.* — esclier IIc

slito *ahd.* — slitta IIa
slizan *ahd.* — schiantare
sloep (f.) *ndl.* — chaloupe IIc
slompe *ndl.* — salope IIc
slumpe *ndd.* — ib.
slup (m.) *schwd.* — chaloupe IIc
sluys *ndl.* — esclusa
smâhên *ahd.* — smacco IIa
smâhi, smâhjan *ahd.* — ib.; smagare
smak *ndl.* — semaque IIc
smalʒjan, smaltjan *ahd.* — smalto
smelzan, smelzi *ahd.* — ib.
smerling *mhd.* — merlan IIc
smirl *ahd.* — smerlo
snabul *ahd.* — rostro IIb
snagâ *ahd.* — esneque IIc
snau *ndd.* — semaque IIc
snauw *ndl.* — ib.
snavel *afries.* — rostro IIb
snecke *mhd.* — esneque IIc
sneckia *an.* — ib.
snekke *dän.* — ib.
snel *ahd.* — snello
snepfa, snepfo *ahd.* — sgneppa IIa
snik *ndd.* — esneque IIc
snüffeln — niffa
sohle *nhd.* — suolo
soll *nhd.* — sergente
somber *ndl.* — sombra IIb
sompe, sompen *ndl.* — zoppo
soor *ndd.* — sauro
soppe *ndd.* — sopa
soppen *ndl.* — ib.
sôr *mhd.* — sauro
sôrên *ahd.* — ib.
sot *ags.* — zote
sôt, sôtg, sôtig *ays.* — suie IIc
spaak *ndl.* — espeque IIb
spaca (m.) *ags.* — ib.
spacha *ahd.* — spaccare IIa
spachen *mhd. bair.* — ib.
spähen *nhd.* — spiare
spaken *ndd.* — spaccare IIa
spalt *nhd.* — spaldo IIa
span *nhd.* — spanna
spanen *ndl.* — espanir IIc
spanga *ahd.* — spranga IIa
spanna, spannan *ahd.* — spanna
spanne *nhd.* — ib.
sparen *nhd.* — [lorgner IIc]; [bornio]
sparên *ahd.* — sparagnare
sparôn *ahd.* — *ib.
sparro *ahd.* — barra
sparva *goth.* — sparaviere; spavenio
sparwari *ahd.* — sparaviere
spass, spassen *nhd.* — spassarsi IIa
spaten *nhd.* — spada
spato *ahd.* — ib.
speek (f.) *ndl.* — espeque IIb
speer *nhd.* — espier IIc; spito
speh *ahd.* — épeiche IIc

spëha (f.), spëhôn *ahd.* — spiare
speihhâ *ahd.* — espeque IIb
speise *nhd.* — spéndere IIa
[spelljân] *afries.* — épeler IIc
spellôn *ahd.* — ib.
spelta *ahd.*
spelza (f.) *ahd.* — spelta
spelzo (m.) *ahd.* — ib.
spenden *nhd.* — spéndere IIa
spenen *ndl.* — espanir IIc
spentôn *ahd.* — spéndere IIa
speoz *ahd.* — espiet IIc; épieu IIc
sper *ahd.* — espier IIc; spito
sperber *nhd.* — alérion IIc
sperran *ahd.* — barra
[spent] *burg. fränk.* — *épieu IIc
spialter *ndd.* — peltro
spiauter *nhd.* — ib.
spie *ndl.* — spiare
spiering *ndl.* — éperlan IIc
spierling *nhd.* — ib.
spiesz *nhd.* — [épieu IIc]; spito
spihan *ahd.* — spiare
spillòn *goth.* — épeler IIc
spioz *ahd.* — espiet IIc
spisa *ahd.* — coûter IIc; spéndere IIa
spit *ndl. ndd.* — spito
spital *nhd.* — oste'
spiz *ahd.* — spito
spornôn *ahd.* — sperone
sporo (acc. sporon) *ahd.* — ib.
sprâ *ahd.* — esprohon IIc
spratzen *nhd.* — sprazzare IIa
sprec *ags.* — spreccare IIa
spreckel *mhd.* — ib.
sprecken *nhd.* — ib.
sprecklicht *ood.* — ib.
sprehe *nhd.* — esprohon IIc
spreuwe *ndl.* — ib.
sprêwen *mhd.* — esproher IIc
springâ *ahd.* — esplinque IIb
springan *ahd.* — springare
[springen] *nhd.* — brincar IIb
springstock *nhd.* — brin d'estoc IIc
sprinz *mhd.* — moschetto
spritzen *nhd.* — sprazzare IIa
spross *nhd.* — brocco
sprot *ndd.* — ib.
spruejen *ahd.* — esproher IIc
sprützen *mhd.* — sprazzare IIa
[spucken] *nhd.* — escupir
spule *nhd.* — poulier IIc; spola
spunt *ahd.* — bonde IIc
spuolo *ahd.* — spola
sranz *mhd.* — seran IIc
staca *ags.* — stacca
staede, staeden *mndl.* — étai IIc
stael *aflâm.* — stallo
[stag] *hd.* — étai IIc
staghe *mndl.* — staggio

staiga *goth.* — stia IIa
stainboc *ahd.* — stambecco IIa
stake *ndd. afries.* — stacca
stal *ahd.* — stallo; piedestallo
stallen *ndl.* — stallo
stampelliedel *bair.* — estampie IIc
stampenie *mhd.* — ib.
stampfen *nhd.* — stampare
stamph, stamphôn *ahd.* — ib.; estampie IIc
stampie *mndl.* — estampie IIc
[stang] *nhd.* — stancare
stanga *ahd.*
stanthart *mhd.* — stendardo
stapel *ndl.* — étape IIc
staph, stapho *ahd.* — staffa IIa
starn *ahd.* — starna
stata *ahd.* — étai IIc
state *mhd.* — ib.
stàtian, stâtigòn *ahd.* — staggire IIa
staup *an.* — stovigli IIa
staye *mndl.* — étai IIc
steáp *ags.* — stovigli IIa
stearn *ags.* — estern IIc
~ *ags.* — starna
steccho *ahd.* — stecco IIa; étiquette IIc
stechen *nhd.* — stocco
stede *ags.* — étai IIc
[stedja] *an.* — staggire IIa
steel *holl.* — stallo
stegereif *mhd.* — estribo
stehn *nhd.* — stagione
steif *nhd.* — intero
steiga *ahd.* — stia IIa
stek *ndl.* — stecco IIa; étiquette IIc
stellen *nhd.* — teler IIc
stempfan *ahd.* — estampie IIc
Stempfe *mhd.* — berta
steórbord *ags.* — stribord IIc
steóre, steórman *ags.* — esturman IIc
stich *nhd.* — asso
stiefel *nhd.* — stivale
stiful *ahd.* — ib.
stiga *ahd.* — stia IIa
stigrap *ags.* — estribo
stihhil *ahd.* — esteil IIc
stikke, stikken *ndd.* — étiquette IIc
stirap *ags.* — estribo
stireip *mndd.* — ib.
stival *ndd.* — stivale
stobe *mhd.* — stnfa
stock *nhd.* — stallo; stocco; estonc IIc; soc IIc; [stuzzicare IIa]; brandistocco IIa
stocken *nhd.* — stocco
stofa *an. ags.* — stufa
stolz *nhd.* — estout IIc

stopfen *nhd.* — stoppa; [stoffa]
stoppel *nhd.* — stoppia
stoppôn *ahd.* — stoppa
stör *nhd. schwd.* — storione
storje *mhd.* — stuolo
stornôn *ahd.* — étonner IIc
stotz *schwäb.* — tozzo IIa
stouf *ahd.* — coppa; stovigli IIa
stoufili *ahd.* — stovigli IIa
stove *mndl.* — stufa
stoven *ndd.* — ib.
strac *ahd.* — estrac IIc
strack *nhd.* — ib.
straejen *ad.* — strale IIa
stræl (m.) *ags.* — ib.
straff *nhd.* — strappare IIa; [pazzo IIa]
straffen *bair.* — estraper IIc
strâl (m.) *mhd.* — strale IIa
strâla (f.) *ahd.* — ib.
strampfeln *bair.* — strambo
strand *ndl. nhd.* — étrain IIc
[strapazieren] *nhd.* — pazzo IIa
strapen *schwz.* — estraper IIc
strapfen *obd. schwz.* — strappare IIa; [pazzo IIa]
straucheln *nhd.* — sdrúcciolo IIa
straujan *goth.* — sdrajarsi IIa
Strâzburc *mhd.* — boulevard IIc
strebe, streben *nhd.* — estribo
streben *mhd.* — ib.
strecchan *ahd.* — straccare IIa
[streichen] *nhd.* — fregare
strempfel *bair.* — strambo
streng *ags.* — stringa
strengen *mndl.* — ib.
strengi *ahd.* — ib.
strengr *an.* — ib.
strewjan *ahd.* — sdrajarsi IIa
strich *nhd.* — striscia IIa
striche *mhd.* — tricoter IIc
strichen *ahd.* — ib.
strick *nhd.* — estrinque IIb; stringa
stricken *nhd.* — estrinque IIb
striepe *nds.* — *estribo
strijken, strik, strikken *ndl.* — tricoter IIc
string *ags.* — stringa
stringen, stringhe *mndl.* — ib.
strit, stritan *ahd.* — estribo
stront *ndl.* — stronzare IIa
[strot] *ndl.* — strozza IIa
stroufen *ahd.* — struffo IIa
strûchelen *mhd.* — sdrúcciolo IIa
strûhhal *ahd.* — ib.
strunzan *ahd.* — stronzare IIa; bonse IIc
strunzel, strunzen *nhd.* — stronzare IIa
strunzere *ahd.* — ib.

strupf *nhd.* — struffo IIa
strüppe *nhd.* — stróppolo
stube *nhd.* — stufa; stovigli IIa
stucchi *ahd.* — stucco
stûche *mhd.* — astuccio
[stuên] *ahd.* — estovoir IIc
stufen *hd.* — stufa
stuffa *ahd.* — stoffa
stulla *ahd.* — trastullo IIa
stullan *ahd.* — smagare
stunda *ahd.* — trastullo IIa
stunde *nhd.* — stagione; trastullo IIa
stung *ahd.* — estonc IIc
stungen *nhd.* — ib.
stuol *ahd.* — faldistorio
stupâ *ahd.* — stufa
stupfa *ahd.* — stoffa
sturilinc *ahd.* — esturlenc IIc
sturio *ahd.* — storione
sturm, sturman *ahd.* — stormo
sturo *ahd.* — storione
stürzen *nhd.* — stordire
stutz *nhd.* — tozzo IIa; intuzzare IIa
stutzen *nhd.* — stuzzicare IIa; intuzzare IIa; [tusar IIb]
stuurman *ndl.* — esturman IIc
styra *ags.* — storione
sudeln *hd.* — souil IIc
sûdh *ags.* — sud IIc
suegalâ *ahd.* — sveglia IIa
sûfan *ahd.* — sopa
sûgan *ahd.* — suco
suggenie *mhd.* — guenille IIc
suizan *ahd.* — suinter IIc
sultz *ahd.* — solcio IIa
sulza *ahd.* — ib.; fianco
sulze *nhd.* — solcio IIa
sumach *nhd.* — sommaco
[sumbl] *an.* — zimbello
[sumbla] *an.* — sombra IIb
sunja, sunjôn *goth.* — sogna
sunne *ahd.* — ib.
sunnea *as.* — ib.
sunnis *fränk.* — ib.
supfen *mhd.* — sopa
suppe *nhd.* — ib.
suppen *ndd.* — ib.
supphan *ahd.* — ib.
sûr *ahd. ags. an.* — sur² IIc
surgijn *mndl.* — surgia IIc
sûse, sûsen *mhd.* — segugio
[sûthjôn] *goth.* — [choyer IIc]
svæc *ags.* — orma
svank *schwd.* — sguancio IIa
sviglja *goth.* — sveglia IIa
swartze konst *ahd.* — negromante
syl *ags.* — solive IIc
syn, synja *an.* — sogna

t

taai *ndl.* — tai IIc
taaiaard *ndl.* — taccagno
tâbûr *mhd.* — tamburo
taca *an.* — tacco
tacan *ags.* — ib.
tacken *mndl.* — ib.
tag *nhd.* — godendac IIc
tâba *ahd.* — táccola IIa; smacco
 IIa
táhala ahd. — táccola IIa
taíran *goth.* — tirare
taite *ndd.* — tata
tak *ndl.* — tacco
talemasge *ahd.* — máschera
talmasche *mndl.* — ib.
taltern *ndd.* — táttera IIa
tambûr *mhd.* — tamburo
tamf, tamfjan *ahd.* — tamfo IIa
tand, tändeln *nhd.* — dandin IIc
tanen, taneyt *mndl.* — tan IIc
tangber *mndl.* — tangoner IIc
tanne *nhd.* — tan IIc
tant *mhd.* — dandin IIc
tanzen *nhd.* — danzare
tap *ndd.* — tape
tapar *ahd.* — trape IIc
tapfart *mhd.* — tabarro
tapfer *nhd.* — trape IIc
tapfern *mhd.* — ib.
taphar, taphari *ahd.* — ib.
tapp *schwd.* — tapir IIc
tappe *ndd.* — tape IIc; ceffo IIa
tarbot *mndl.* — turbot IIc
targa *an.*
targe *ags.* — targa
targen *ndd.* — *tarier IIc
tärkis *mhd.* — turquois IIc; [car-
casso]
tarnbût *mhd.* — cotta
tarni, tarnjan *ahd.* — terne IIc
tarnkappe *nhd.* — ib.
tart *ahd.* — dardo; ardiglione
tartoffel *d.* (mndt.) — truffe
tartsche *nhd.* — targa
tartuflur (pl.) *isl.* — truffe
tas *ags.* — IIc
~ (f.) *ndl.* -- IIc
tasca *ahd.*
tasche *mhd. nhd.* — tasca
tasten *nhd.* — tastare
tateren *ndl.* — tartagliare
tatte *ndd.* — tata
täubelen *schwz.* — dupe IIc
taufen *mhd.* — tuffare IIa; ruffa
taujan *goth.* — ataviar IIb
taumeln *nhd.* — tombolare
täuppen *schwz.* — dupe IIc

tav *ags.* — touer IIc
tavian *ags.* — ataviar IIb
teems *ndl.* — tamigio
tehngg *schwz.* — gauche IIc
teidinc, teidingen *ad.* — taïnar IIc
têkan *goth.* — toccare
teke *ndd.* — zecca
telde *mndl.* — taudir IIc
teller *nhd.* — taglia
tenc *mhd.* — staucare; gauche IIc
tergen *nhd.* — tarier IIc
ternen *mhd.* — terne IIc
terze, terzel *mhd.* — terzuolo
tesche *mhd.* — tasca
teter *ags.* — dartre IIc
têva *goth.* — ataviar IIb
teynen *mndl.* — tan IIc
teyte *mndl.* — tata
thahs *ahd.* — tasso
thaírkò *goth.* — trou IIc
tharrjan *ahd.* — tarir IIc
thaúrsus *goth.* — torrar IIb
theihan *goth.* — tecchire IIa
theo *ahd.* — die IIc
theoh-bruoch *ahd.* — brouques IIc
theóv, theóva *ags.* — die IIc
thiban *as.* — tecchire IIa
thik *ahd.* — ib.
thil *ahd.* — tillac IIc
thilia *an.* — ib.
thille *ags.* — ib.
thinsan (prät. thans) *goth.* — danzare
thio *ahd.* — die IIc
thius *goth.* — ib.
thiuth *goth.* — fio
thintisc *ahd.* — tasso; trincare
thlaíhan *goth.* — halagar IIb
thlaqvus *goth.* — flou IIc
[thorp] *skand.* — tropa
thrœll *an.* — drille IIc
threihan *goth.* — trigar IIb
thringan *ags. as.* — trigar IIb
thrisc *ags.* — tràle IIc
thriskan *goth.* — trescare
throon *mndl.* — tron IIc
throscelâ *ahd.* — tràle IIc
throsle *ags.* — ib.
thröstr *an.* — ib.
thryccan *ags.* — trucco
thryckin *an.* — ib.
thûfe (f.) *ags.* — touffe IIc
thurû *isl.* — durfeü IIc
thwahan *ahd.* — tovaglia
thŷ (n.), thŷr (m.) *an.* — mancebo
 IIb
tialld, tiallda *an.* — taudir IIc

tiber *ags.* — toivre IIc
tief *nhd.* — topin IIc
tier *ags.* — tiere IIc
til *ags.* — tino IIb
tilja *schwd.* — tillac IIc
timber *ndl. schwd.* — timbre IIc
tincta *ahd.* — inchiostro
tinne (n.) *mhd.* — tin IIc
tinte *nhd.* — inchiostro
tip *ndl.* — zipolo IIa
tippen *ndl.* — tifer IIc
tisch *nhd.* — dais IIc
tita *an.* — tarin IIc
tite *ags.* — tetta
tjost *mhd.* — giusta
todtenvogel *nhd.* — fresaie IIc
[toldo] *ahd.* — IIb
toll *nhd.* — tolo IIb
tômian *as.* — tomar IIb
tonne *nhd.* — tona
top *ags.* — toppo; cerro IIb
~ *afries.*; *ndl.* — toppo
topf *mhd. nhd.* — topin IIc
toppr *an.* — toppo; touffe IIc
torf *an.* — torba
[torp] *skand.* — tropa
torsen *ndl.* — torciare
torso *ahd.*
tôtan *ahd.* — tutare
totzen *mhd.* — radoter IIc
toufan *ahd.* — tuffare IIa
touwen *ndl.* — ataviar IIb
tov *ags.* — touer IIc
trabant *nhd.* — traban IIc
traben *nhd.* — marcher IIc; traban IIc
träber *nhd.* — marcher IIc
trabo *ahd.* — drappo; [tref IIc]
trach hd. — trac IIc
tradk, tradka *nord.* — ib.
[traf] *nord.* — tref IIc
[~ gen. trabis] *goth. hd.* — ib.
[träf] *ags.* — ib.
tragemunt *mhd.* — dragomanno
tragmunt *mhd.* — dromon IIc
tragstuhl *nhd.* — tréteau IIc
trampa *nord.* — trampolo IIa
trampeln *nhd.* — ib.
transt *schwz.* — transito
trap *ndl.* — trepar IIb
trapo *ahd.* — trappa
trappa *an.* — trepar IIb
trappe *mhd.* — ib.
trappen *mndl. ndd.* — trappa
~ *nhd.* — *drappo
[träsch, träst] *schwz.* — drasche IIc
trauppen *bair.* — tropa
trechen (präs. triche) *mhd.* — treccare; treggia IIa
~ (prät. trach) *mhd.* — trac IIc
treck *ndl.* — ib.

trecken *hd.* — treggia IIa; tracciare
trefan *ahd.* — trovare
treffen *nhd.* — achar IIb
treib *mhd.* — drageon IIc
treibjau *ahd.* — ib.
trek *ndl.* — treccare; XXVII (XXI)
trek-ijzer *ndl.* — tricoises IIc
trekken *ndl.* — treccare; atracar IIb
trennen *nhd.* — trinciare
trense *nhd.* — treccia
treppe *nhd.* — trepar IIb
treso *ahd.* — trésor IIc
tresor *ags.* — ib.
trester *nhd.* — marcher IIc; [drasche IIc]
tretau *ahd.* — trovare
treten *nhd.* — marcher IIc; tracciare
treue *nhd.* — tregua
triboc *mhd.* — buco
trieb *nhd.* — drageon IIc
triel *mhd.* — trogne IIc
triggva *goth.* — tregua; trevar IIc
trillen *ndl.* — trillare
trillern *nhd.* — ib.
trimen *mhd.* — trimer IIc
trimpan *goth.* — trampolo IIa
trinken *mhd.* — trincare; pier IIc; soif IIc
triona (f.) *an.* — trogne IIc
tripe *mndl.* — trippa
trippeln *nhd.* — *treper IIc
trippen *ndl.* — ib.
triso *ahd.* — trésor IIc
triutin *ahd.* — drudo
triuwa *ahd.* — tregua; segugio
triuwi *ahd.* — drudo
triwa *ahd.* — tregua
trofan (pt.) *ahd.* — trovare
trog *ahd.* — truogo IIa
tröll, trölla *an.* — truiller IIc
trolle *mhd.* — ib.
trollen *mhd.* — trôler IIc
trommel *nhd.* — tamburo
trôn *mhd.* — tron IIc
tronie *ndl.* — trogne IIc
troon *mndl.* — tron IIc
troonje *ndd.* — trogne IIc
tropfen *nhd.* — gotta
troph *ahd.* — ib.
tröss *nhd.* — torciare
trossen *mhd.* — ib.
trucan *ags.* — trocar
trudan *goth.* — trovare
trug *nhd.* — trocar
truhting *ahd.* — truan
trumm *mhd.* — trumeau IIc
trümmer, kegel· (pl.) *bair.* — ib.
trumpâ *ahd.* — tromba
trust *ahd.* — torciare

trût *ahd.* — drudo
tryne *dän.* — trogne IIc
tschaffit *tyr.* — gavilan·IIb
tûd *dän.* — tudel
tûda *an.* — ib.
tuft *mhd.* — tufo
tuif (f.) *ndl.* — touffe IIc
tuit *ndl.* — tudel
tumba *an.* — tombolare
tumen *mndl.* — ib.
tûmôn *ahd.* — ib.
tümpfel *mhd.* — tóofano IIa
tumphilo *ahd.* — ib.
tundr *an.* — tondre IIc
tunihhâ *ahd.* — saja

tunna *ahd. an.* — tona
turbot *mndl.* — IIc
tûren *mhd.* — durare
turf *ags.* — torba
türkis *nhd.* — turchese
turn *as. an. mhd.* — tormo IIb
turso *ahd.* — torso
tütelen *mhd.* — tetta
tuttâ, tutti *ahd.* — ib.
tuzjan *ahd.* — tutare
twahilla *ahd.* — tovaglia
twehele *mhd.* — ib.
twer *ahd.* — guercio; bircio IIa;
  [lercio IIa]
tynder *ags.* — tondre IIc

u

ubbâ *ahd.* — uffo
über, übergrôz *mhd.* — tras
ufjô *goth.* — uffo
uht *goth.* — otta IIa
ula *ahd.* — houle IIc
ulbandus *goth.* — olifant IIc
ulf *hd.* — grigou IIc
[umgehen] *nhd.* — hanter IIc
un-ga·tas *goth.* — tas IIc
ungeziefer *nhd.* — toivre IIc
unhiur, unhiuri *ahd.* — hure IIc
unmagén *ahd.* — smagare

unpässlich *nhd.* — *malato
unweiger *mhd.* — guari
uohta *ahd.* — otta IIa
up, ûp, upa *as.* — upa IIb
uppâ *ahd.* — uffo
uppian *as.* — upa IIb
uppûn (in) *ahd.* — uffo
urguol, urguoli *ahd.* — orgoglio
urtheil *nhd.* — ordalie IIc
ût-lag *ags.* — lague IIc
ûz *ahd.* — hide IIc

v

väcen *ags.* — waggon IIc
vad *an.* — guado
vâd *ags.* — guado²
vadd *schwd.* — ovata
vadi *goth.* — gaggio
vaelen *mhd.* — fallire
vafian *ags.* — gaif IIc
vagian *ags.* — váguido IIb
vagjan *goth.* — ib.
[vagrek] *an.* — varech IIc
vahtvô *goth.* — guatare
vai *goth.* — guai; gaimenter IIc
vaírpan *goth.* — guerpir IIc
val *mhd.* — biondo
val-hnot *an.* — gauge IIc
[valtjan] *goth.* — ribaltare IIa
valus *goth.* — gaule IIc; [jauger IIc]
vamba *goth.* — gambais
vandjan *goth.* — andare; gandir IIc
vânjan *ags.* — guañir IIb
vante *dän. schwd.* — guanto

vant-kin *ndl.* — facchino
vapolian, vapul *ags.* — guappo
vardja *goth.* — guardare
varjan *goth.* — guarire
varnian *ags.* — guarnire
vase *ags.* — gazon IIc
vastjan *goth.* — vassallo
vazzen *mhd.* — cappa
vealh *ags.* — schiavo
veal-hnut *ags.* — gauge IIc
[vealtian] *ags.* — ribaltare IIa
ved, vedia *afries.* — gaggio
vêgs *goth.* — vague IIc
veid *goth.* — guidare
veipan *goth.* — guiper IIc
[vemenote] *ndl.* — matelot IIc
vende *mhd.* — fante IIa
ventje *nndl.* — facchino
veolc *ags.* — welke IIc
~, veoluc, veoloc *ags.* — parco
verdutzt *nhd.* — radoter IIc
verlaten (wyn) *ndl.* — frelater IIc

verletzen *nhd.* — blesser IIc
verloren *nhd.* — frelore IIc
vermögen *nhd.* — potere
verstand *nhd.* — senno
vertheidigen *nhd.* — taïnar IIc
vertrackt *nhd.* — trac IIc
vertrekken *ndl.* — ib.
vertuzen *mhd.* — radoter IIc
verwürken *mhd.* — forfare
vesle *ags.* — voison IIc
vest *ags.* — ouest IIc
veyntken *ndl.* — facchino
viber *ags.* — givre IIc
vic *ags.* — guichet IIc
vidan *goth.* — gaggio
vifer *ags.* — givre IIc
vigar *ags.* — wigre IIc
vigele *mhd.* — viola
vigla *an.* — guile IIc
viglian *ags.* — ih.
vigr *an.* — wigre IIc
vigur *ags.* — ib.
vik *an.* — guichet IIc
vilcume, vilcumian *ags.* — wilecome IIc
vile *ags.* — guile IIc
viliu, vilûs *mhd.* — filou IIc
vind-auga *an.* — ventana IIb
vindue *dän.* — ib.
vis *an.* — guisa
visan *goth.* — éssere
viskr *an.* — guiscart IIc

vita *ags.* — guidare
[~] *an.* — ib.
vitan *goth.* — *ib.
[viti] *an.* — ib.
vizthum *mhd.* — vidame IIc
vlacke *mhd.* — flaque IIc
vlade (f.) *ndl.* — fiadone
vlaeminc *mhd.* — braiman IIc
vlasche *mhd.* — fiasco
vleet *ndl.* — flete IIc
vlies *nhd.* — fregio
vliz *mhd.* — freccia
vloot *ndl.* — flotta
[vlui, vluw] *flâm.* — glui IIc
vogelen *mhd.* — uccello
[voll] *nhd.* — folle
völr *an.* — gaule IIc
von *nhd.* — a
[voor-loop] *ndl.* — varlope IIc
vöttr *an.* — guanto
vräc *ags.* — varech IIc
vracht *ndl.* — fret
vraiqvs *goth.* — ranco; rincon IIb
vränger (pl.) *schwd.* — varangue IIc
vrëch *mhd.* — frique IIc
vreidec *mhd.* — fraiditz IIc
vrenc *ags.* — ranco
vridhan *ags.* — rider IIc
vudcoc *ags.* — vitecoq IIc
vuil *ndl.* — lordo
vurst *ahd.* — foresta

W

wabe *nhd.* — gaufre IIc
wâc *ahd.* — vague IIc
wach-arme *mndl.* — vacarme IIc
wacht *nhd.* — guatare
[wacker] *nhd. schwd.* — bravo
wadal *ahd.* — vedija IIb
waffel *nhd.* — gaufre IIc
wagen *mhd.* — vogare; waggon IIc
waghe *mndl.* — vague IIc; XXIII (XVIII) 2
wagida *ahd.* — váguido IIb
wagôn *ahd.* — vogare
[wahstus] *goth.* — vástago IIb
wahta *ahd.* — guatare
wahtala *ahd.* — quaglia
wahtên *ahd.* — guatare; lercio IIa; gaita IIb
walah *ahd.* — gauge IIc
walap *mhd.* — galoppare
walbe (m.) *mhd.* — galbe IIc
walchan *ahd.* — gualcare IIa
wald *nhd.* — gaut IIc; pappagallo; smalto

[wale] *mndl.* — gala
Walewein *ndl.* — galoppare
walken *nhd.* — gualcare IIa; [marcher IIc]
[wallandaere] *ahd.* — palandrano
wallen *nhd.* — andare; jaillir IIc
wallnuss *nhd.* — gauge IIc
wallôn *ahd.* — andare
walm *nhd.* — galbe IIc
walop, walopeeren *mndl.* — galoppare
walopieren *mhd.* — ib.
waltrappen *bair.* — gualdrappa
walu *fries.* — gaule IIc
[walzan] *ahd.* — ribaltare IIa
wälzen *nhd.* — gualcire IIa
walzjan *ahd.* — ib.
wamba *ahd.* — gambais
wambeis, wambis, wambois *mhd.* — ib.
wampa *ahd.* — gamba
wams *nhd.* — gambais
wandern *nhd.* — andare

wanga *ahd.* — guancia IIa
wank *ahd.* — ganchir IIc
wanka *ahd.* — guancia IIa
wankja *ahd.* — astuccio
wankjan *ahd.* — ganchir IIc; gauche IIc
[wantigen] *ags.* — malvar IIb
wantjan *ahd.* — gandir IIc
wapperen *ndl.* — guappo
warande *ndl.* — garenne IIc
warend *afries.* — guarento
wâri *ahd.* — guari
warid *ahd.* — guarire
warna *ahd.* — guarnire
warne *mhd.* — ib.
warnen *nhd.* — ib.
warnôn *ahd.* — ib.
warôn *ahd.* — garer IIc; gara IIa; garenne IIc
warta (f.) *ahd.* —guardare; zalagarda IIb
wartên *ahd.* — aspettare IIa; guardare; angarde IIc
warto (m.) *ahd.* — guardare
wasal *ahd.* — guilée IIc
waschen *nhd.* — gâcher IIc; [guado]; vasca IIa
wase *ndl.* — gazon IIc
wasen *nhd.* — ib.
waskan *ahd.* —gâcher IIc; [guado]
waso *ahd.* — gazon IIc
wastel *mhd.* — gâteau IIc
wasten *mhd.* — guastare
wastjan, wastjo (sbst.) *ahd.* — ib.
wat *ahd. mhd.* — guado
wât *ahd.* — ovata
watan *ahd.* — guado
waten *mhd. nhd.* — ib.
watte *ndl. nhd.* — ovata
wau *nhd.* — gualda
wazzar *ahd.* — *guado
wê *ahd.* — guai; gaimenter IIc
wëban *ahd.* — guiper IIc
wëbbe *mhd.* — ib.
weben *nhd.* — gaufre IIc; guiper IIc
wedel *nhd.* — vedija IIb
wedelsterz *nhd.* — cutretta IIa
wedil *ahd.* — vedija IIb
weepsch *ndl.* — guappo
weerloop 'ndl. ndd. — *varlope IIc
wefsâ *ahd.* — guêpe IIc
weg *nhd.* — ouaiche IIc
wegida, wegjan *ahd.* — váguido IIb
wegputzen *nhd.* — escamoter IIc
wehe *mhd.* — gueia IIa
weho *ahd.* — ib.
wehren *nhd.* — guarire
weiche *nhd.* — fianco
weichjan *ahd.* — avachir IIc
weichsel *nhd.* — vísciola

weida *ahd.* — guadagnare; guaime
weidanjan *ahd.* — guadagnare; guaime; ganado IIb; gagnon IIc
weidanôn *ahd.* — guadagnare; ganado IIb; gagnon IIc
weide *nhd.* — guaime
weidenhabn *d.* (mndt.) — hanneton IIc
weidôn *ahd.* — guéder IIc: guaime
weifen *nhd.* — guiper IIc
weiffen *nhd.* — agguetfare IIa
weigaro *ahd.* — guari
weiger *mhd.* — ib.
weihe *nhd.* — gueia IIa
weile *nhd.* — guilée IIc
weingartsvogel *nhd.* — mauvis IIc
weinôn *ahd.* — guañir IIb
weise *nhd.* — guisa
weiss *nhd.* — scandella
weissgerben *nhd.* — megir IIc
weisspfennig *nhd.* — bajo
welt *ahd.* — guado'
weizen *ahd.* — scandella
weizi *ahd.* — trigo IIb
welk *ahd.* — gauche IIc
~ *mndl.* — welke IIc
wenden *nhd.* — gandir IIc; andare.
wenig *nhd.* — fievole
wenkjan *ahd.* — ganchir IIc; ghignare; gauche IIc
wentjan *ahd.* — gandir IIc
wëpan *ahd.* — guiper IIc
wëppe *mhd.* — ib.
wëppi *ahd.* — ib.
werand *afries.* — guarento
werd, werder *nhd.* — guarire
wërên *ahd.* — guarento; XXIV (XVIII) 4
werf *ndl.* — verve IIc
werfan *ahd.* — guerpir IIc
werid, werjan *ahd.* — guarire; tutare
werk *nhd.* — huebra IIb
wernia *afries.* — guarnire
werp *ndl.* — verve IIc
werra, werran *ahd.* — guerra
werre *mndl. mhd.* — ib.
werve *nhd.* — verve IIc
wervelen *ndl.* — werbler IIc
wespe *nhd.* — guêpe IIc
wette *nhd. mhd.* — gaggio
wetten *mhd.* — ib.
wetti *ahd.* — ib.
[wetzen] *nhd.* — agazzare; guadagnare
weven *ndd.* — gaufre IIc
wiara *ahd.* — ghirlanda
wibɛl, wibelen *mhd.* — fourmiller IIc
wic *ahd.* — guerra
[wicht] *nhd.* — guitto IIa

[wickeln] *nhd.* — bicocca
widar, widarlòn *ahd.* — guiderdone
wider *nhd.* — ib.
widherlean *ags.* — ib.
[widhop, wiedehopf] *nhd.* — cornard IIc
widrigilt *ahd.* — guiderdone
[wielboorken] *fläm.* — vilebrequin IIc
Wieldrud *ahd.* — drudo
wiere, wieren, *wierelen* *mhd.* — ghirlanda
wiesenschnarcher *nhd.* — râler IIc
wifan *ahd.* — *aggueffare IIa
wifen *mhd.* — guiper IIc
wigelen *ndd.* — guile IIc
wihsela *ahd.* — visciola
willkommen *nhd.* — wilecome IIc
wimpal *ahd.* — guimple IIc
wimpel *mhd.* — ib.
wimpel-kin *mndl.* — vilebrequin IIc
wimper, wimpern *nhd.* — palpebra
winboreken *ndd.* — vilebrequin IIc
windan *ahd.* — ghindare
windas *ndl.* — ib.
windelbohrer *nhd.* — vilebrequin IIc
windisch *nhd.* — sguancio IIa
winjâ *ahd.* — guenon IIc
winket *ndl.* — guichet IIc
wiukjan *ahd.* — ghignare
winsch *nhd.* — sguancio IIa

wintine *ahd.* — guiche IIc
wipera *ahd.* — givre IIc
wirbel *mhd.* — ghirlanda
wirbeln *nhd.* — werbler IIc
wirrwarr *nhd.* — charivari IIc
wis *ahd.* — guisa
wisa *as.* — ib.
wise *ags.* — ib.
wisel *mhd.* — voison IIc
wist *mhd.* — gâteau IIc
wit *ahd.* — guidare; vide IIc
wita *ahd.* — guita IIb
wits *ndd.* — guizzare IIa
witschen, witsen *d.* (mndt.) — ib.
witu-hopf *ahd.* — upupa
wogen *nhd.* — vogare
wogòn *ahd.* — ib.; XXVII (XX)
woldan *mhd.* — gualdana IIa; algara IIb
wolf *hd.* — grigou IIc
wolfsgeschwulst *nhd.* — loupe IIc
[wrekkio] *as.* — bricco²
wrêne *mndl.* — guaragno
wrênjo *andd.* — ib.
wronck *ndl.* — ranco
wucher *nhd.* — renou IIc
wulpâ *ahd.* — gaupe IIc
wuor *schwz.* — gora IIa
wuore (f.) *mhd.* — ib.
wurfjan *ahd.* — guerpir IIc
wutwut *obd.* — upupa

y

Ypern *d.* — ypréau IIc

| yppa *an.* — upa IIb

z

zacke *nhd.* — tacco; taccagno
zager *mhd.* — chagrin IIc
zahar *ahd.* — záccaro IIa
zähe *nhd.* — tai IIc; taccagno
zaher *mhd.* — záccaro IIa
zâhi *ahd.* — taccagno; tai IIc
zahn *nhd.* — zanna IIa
zähre *nhd.* — záccaro IIa
zain *ahd.* — zaino IIa
zainâ *ahd.* — ib.; zana IIa
zâlâ *ahd.* — zalagarda IIb
zâlôn *ahd.* — tala IIb
zan, zand *ahd.* — zanna IIa
zanger *mhd.* — tangoner IIc
zanke *nhd.* — zanca
zänzeln *nhd.* — ciancia

zapf *nhd.* — tapir IIc
zapfo *ahd.* — tape; zeppa IIa
zar *mhd.* — sciarra IIa
zarga *ahd.* — targa
zarge *nhd.* — ib.
zaschen *bair.* — tascar IIb; tasca
zascòn, zaskôn *ahd.* — tasca; rabo IIb; tascar IIb
zatâ *ahd.* — táttera IIa; zazza IIa
zaturrâ *ahd.* — zorra IIb
zaute *nhd.* — ciocciare
~ *nhd.* (mndt.) — tudel
zawjan *ahd.* — ataviar IIb
zebar *ahd.* — zeba
zebletzen *mhd.* — blesser IIc
zëche *mhd.* — zecca

zecke *nhd.* — zecca
zehant *mhd.* — demanois IIc
zeljan *ahd.* — contare
zelt *ahd. nhd.* — taudir IIc
zemisa *ahd.* — tamigio
zendâl, zendat *mhd.* — zendale
zënselen *mhd.* — ciancia
zentenari *ahd.* — quintale
zepar *ahd.* — toivre IIc
zepfe *mhd.* — zeppa IIa
zëran *ahd.* — tirare
zergen *mhd.* — tarier IIc
zerjan *ahd.* — ib.
zerklecken *mhd.* — schiacciare IIa
zerran *ahd.* — sciarra IIa
zesche, zeschen *nhd.* — rabo IIb ; tasca
ziarî *ahd.* — tiere IIc
zibbe *nhd.* — zeba
ziechâ *ahd.* — taie IIc
zieche *nhd.* — ib.
ziegal *ahd.* — ib.
ziege *nhd.* — zeba
ziehen *nhd.* — duire IIc
ziese *hd.* — assises IIc
ziki *ahd.* — ticchio IIa
ziklât, ziklades *mhd.* — ciclaton
zil *ahd.* — tino IIb
zilôn *ahd.* — giler IIc
zimber *mhd.* — timbre IIc
zimier, zimierde *mhd.* — cima
zimmer *mhd.* — timbre IIc
zindal *mhd.* — zendale
zindel *nhd.* — ib.
zinke *nhd.* — zanca
zinselen *mhd.* — ciancia
zinzala, zinzila *ahd.* — zenzára

ziptel *hd.* — zipolo IIb
ʒipfen *hd.* — tifer IIc
zirkel *nhd.* — compasso
zischen *nhd.* — pisciare
ziselmaus *nhd.* — cisemus IIc
zisi-mûs *ahd.* — ib.
zitôle *mhd.* — chitarra
zitter *nhd.* — dartre IIc
zitze *nhd.* — poppa ; tetta
zobel *nhd.* — zibellino
zoha *ahd.* — zorra IIb
zopf *ahd.* — ciuffo IIa ; touffe IIc ; toppo
[zota] *ahd.* — zotico IIa
zotarjan *ahd.* — zazza IIa
[zoteht] *ahd.* — zotico IIa
[zotte] *nhd.* — ib.
zotteli *schwʒ.* — ciocciare
zoubar, zouwan *ahd.* — fattizio
zuchôn *ahd.* — toccare
zucken *nhd.* — ib.
zucker *nhd.* — zúcchero
zucura *ahd.* — ib.
zuffe *schwʒ.* — touffe IIc ; zuffa IIa
[zuibar] *ahd.* — civière IIc
zunder *mhd.* — tondre IIc
ʒupfa *hd.* — touffe IIc
zupfen *d.* (mndt.) — sopa
~ *nhd.* — zuffa IIa ; ruffa ; ciuffo IIa
zuppe *d.* (mndt.) — sopa
zurf *ahd.* — torba
zutschen *nhd.* — ciocciare
zuuring *ndl.* — sur² IIc
zwanken *ndl.* — sguancio IIa
zweiäugeln *bair.* — biasciu
[zweig] *nhd.* — branca
zwir, zwirn *mhd.* — doppiere IIa

S. auch unter: bargello, lancia, buz IIb, bouc IIc ; für *ndl.* arlecchino ; für *an.* azzardo ; für *flâm.* avoutre IIc

IV. Celtisch.

afan *kymr.* — affanno
[aketi, aketuz] *armor.* — ambasciata
[al] *ir.* — andare
alausa — laccia
alaw-adar *kymr.* — allodola
alc' houéder *bret.* — ib.
am *gael.* — ama IIb
amaeth *kymr.* — *ambasciata
amaith *kymr.* — abait IIc
[ambi] *acelt.* — ambasciata
angar *gael.* — IIc
añk *bret.* — anco IIb
aozil *bret.* — osier IIc
àrcan *gael.* — arnia
Ardes *Irland* — ardoise IIc
armari *kymr.* — armoire IIc
armel *bret.* — ib.
aru *kymr.* — artiga IIb
ascle *corn.* — lasciare
asgall *gael.* — ib.
ask, aska *bret.* — osche IIc
atahin (m.) *bret.* — taïnar IIc
atahinein *bret. (Vannes)* — ib.
athu *kymr.* — andare
avoultr *bret.* — avoutre IIc

baban *kymr. ir.* — babbéo
bac — bacino
~ (vb.) *gael.* — baga
bacal *ir.* — baccalare
bach *kymr.* — bagascia
bachall *gael.* — baccalare
bachac — ib.
baches *kymr.* — bagascia
bâd *kymr.* — batto
bada, badalein *bret.* — badare
bâdh *gael.* — baja
bag *bret.* — bac IIc
~ *gael.* — baga
bâgh *gael.* — baja
baich *kymr.* — baga
báith *air.* — badare
bak *bret.* — bac IIc
bala *kymr.* — balai IIc
balaen *bret.* — ib.
balai *kymr.* — IIc

balan *bret.* — balai IIc
balant; balaon (pl.) *kymr.* — ib.
balc *gael.* — IIc; bauche IIc
bân *kymr.* — ban IIc
banc *kymr.* — banco
bann *gael.* — bando
baoth *gael.* — baud IIc
bar (m.) *kymr.* — barra
~ *agael.* — barone
bara *bret.* — baragouin IIc
baraill *gael.* — barra
baran *gael.* — garzone
bard *gael.* — XXI (XVI)
bargod, bargodi *kymr.* — barga
baril *kymr.* — barra
bâs — basso
~, basaich *gael.* — basire IIa
bascauda — vasca IIa
baw (m.) *kymr.* — boue IIc
beabhar *gael.* — bévero
beac'h *bret.* — baga
bedu *kymr.* — bétula
befer *corn.* — bévero
beic *gael.* — becco
bék *bret.* — ib.
bel *bret. kymr.* — guerra
bele *kymr.* — IIc
béler *bret.* — berro IIb
beñdem *bret.* — vendange IIc
beôir (f.) *gael.* — birra
berc'h *bret.* — bercer IIc
bernais *kymr.* — vernice
bersa — bercer[2] IIc
berwr *kymr.* — berro IIb
berz, berza *bret.* — bercer IIc
besk *bret.* — bis
beth *gael.* — bétula
betho *corn.* — ib.
bézô *bret.* — ib.
bezo *corn.* — ib.
bidan *kymr.* — bidet IIc
bideach, bidein *gael.* — ib.
bidogan *kymr.* — ib.
binndich *gael.* — beter IIc
binnse *gael.* — banco
biorc'h (m.) *bret.* — birra
bir *bret.* — vira
bisou *acorn.* — bijou IIc

biw *kymr.* — becerro IIb
biz *bret.* — bigio
bizeu, bizou *bret.* — bijou IIc
blâth *gael.* — biado
blawd *kymr.* — ib.
blawr *kymr.* — blaireau IIc
bleiz, bleiz-garô *bret.* — loup-garou IIc
bliant *kymr.* — bliaut
blôd *bret.* — biondo
boést *bret.* — boîte IIc
bog (m.) *kymr.* — buega IIb
bolc *air.* — bolgia
bôn *ir.* — bugno IIa
bonn *bret.* — borne IIc.
bor *agael.* — XX (XVI)
borban *gael.* — borbogliare
bôrd *gael. ir.* — borda
born *bret.* — bornio
~ *bret.* — borne IIc
bot *kymr.* — bottare
bôt *gael.* — botte
bôth *kymr.* — bottare
brac *agael.* — branca
brach *gael.* — bras IIc
brag (m.) *kymr.* — ib.
bragal *kymr.* — braire IIc
bragez *bret.* — braca
bragu *kymr.* — bras IIc
braich (f.) *gael.* — ib.
bran *gael.* — brenno
~ *bret.* — cormoran IIc
brân *kymr.* — brenno
brank *bret.* — branca
braô *bret.* — bravo
braw *kymr.* — ib.
brech *corn.* — branca
bréc'haň *bret.* — bréhaigne IIc
brêg (m.) *kymr.* — brèche IIc
bregyn (sing.) *kymr.* — bras IIc
breich *kymr.* — branca
brenn *bret.* — brenno
bresa *bret.* — briser IIc
bresg *kymr.* — bresca
bresk *bret.* — ib.
bria — brive IIc
brifa, brifaod *bret.* — bribe
brig *kymr.* — briga
brig *air.* — *brio; [brívido]
briga
brigh *gael.* — brio; [brívido]
briosag *gael.* — bruxa IIb
briosg *ir.* — bresca
bris *gael.* — briser IIc
briva — brive IIc
briw *kymr.* — bribe; brive IIc
briwo *kymr.* — bribe
brod *gael.* — bordo
brodio *kymr.* — ib.
brog (sbst. vb.) *ir. gael.* — brocco
~ *kymr.* — broglio

brònach *gael.* — embronc IIc
brot *gael.* — brodo
broth *ir.* — ib.
broust, brousta *bret.* — broza
brûg *bret.* — bru IIc
bruis *gael.* — broza
brwg *kymr.* — bru IIc
brwys *kymr.* — broza
budyr *kymr.* — boue IIc
buga *bret.* — bucato
builg *gael.* — bolgia
bun *gael.* — bugno IIa
bûrd *gael.* — bourde IIc
bûrdan *gael.* — bordone²; garzone
burutel *bret.* — bluter IIc
bwrdh *kymr.* — borda
bys, byson *kymr.* — bijou IIc

cab, caban (m.) *kymr.* — capanna
caban *gael.* — garzone
câch *ir.* — chaque IIc
[cacodd] *bret.* — cagot IIc
cae *kymr.* — cayo
cai *gael.* — ib.
caimmse *air.* — camicia
cal, cala *gael.* — calare
calen (f.) *kymr.* — gal IIc
callestr *kymr.* — caillou IIc
cam *kymr. gael.* — escamoter IIc
~ ~ — camozza; gamba; camuso
~, caman *kymr.* — cammino
câmez gâr *kymr.* — garra
camineg *kymr.* — gamba
cammed (f.) *bret.* — jante IIc
cammog *kymr.* — ib.
camse *kymr.* — camicia
camus *ir.* — camuso
cant *kymr.* — canto
câr *kymr.* — carole IIc
carach *gael.* — caragollo
carol *kymr.* — carole IIc
cat *ir.* — gatto
câth *kymr.* — ib.
cawl *kymr.* — cavolo
ceach *agael.* — chaque IIc
cegin *kymr.* — cucina
cellt *kymr.* — caillou IIc
claideb *air.* — glaive IIc
claidheamh *gael.* — ib.
clamp *kymr.* — clap IIc
clap *kymr.* — IIc
cledyf *kymr.* — glaive IIc
clezef *bret.* — ib.
cliath *air.* — claie IIc
cloch *kymr.* — cloche IIc
cloff *kymr.* — clop IIc
clog (m.) *ir.* — cloche IIc
cloig *kymr.* — glui IIc
clwyd *kymr.* — claie IIc

coca *agael.* — cocca
codalan *gael.* — coquelicot IIc
codlainean *ir.* — ib.
côg *kymr.* — giavelotto
coinne *agael.* — goda IIc
coirioll *gael.* — carole IIc
colp *kymr.* — colpo
cop, copa *kymr.* — coppa
coroli *kymr.* — carole IIc
crac *gael.* — IIc
craf *kymr.* — graffio
crag (f.) *gael.* — crau IIc; grès IIc; brio
craig (f.) *kymr.* — crau IIc
crammen — gromma IIa
cranc *kymr.* — granchio
crap *kymr.* — graffio; grappa
creag, creagan *gael.* — crau IIc
cricell *kymr.* — criquet IIc
crôg *kymr.* — croc IIc
crom *kymr.* — gourme² IIc
cropa *kymr.* — groppo
crot *air.* — rote IIc
cruit (f.) *gael.* — ib.
crup *gael.* — groppo
crwc *kymr.* — cruche IIc
crwmm *kymr.* — gourme² IIc
crwth (m.) *kymr.* — rote IIc
cugann *air.* — cucina
cûraing *gael.* — flanella
cwch (m.) *kymr.* — cocca²
cwm (m) *kymr.* — combo
cwmp, cwmpas *kymr.* — compasso

dag *gael. bret.* — daga
dager *bret.* — ib.
daid *ir.* — tata
daingean *ir.* — dongeon IIc
dais *gael.* — tas IIc
darn (f.) *kymr. bret.* — darne IIc
darouéden *bret.* — dartre IIc
darwden *kymr.* — ib.
dâs *kymr.* — tas IIc
dervoéden *bret.* — dartre IIc
didi *kymr.* — tetta
din *kymr.* — duna
dorlô, dorlôi *bret.* — dorelot IIc
dorlota *kymr. bret.* — ib.
dorn *bret.* — dour IIc
dôrn *gael.* — ib.
droblh *gael.* — tropa
droll *gael.* — drôle IIc
drud *kymr.* — drudo
drûth (sbst. adj.) *gael.* — ib.
dryll (m.) *kymr.* — drille² IIc
dug *kymr.* — giavelotto
dûn — dongeon IIc
~ *air.* — duna
dwrn *kymr.* — dour IIc

eath *ir.* — andare
efreiz *bret.* — redo
[eghinad d'é] *bret.* — aguinaldo IIb
em-bouden *bret.* — ente IIc
eñkrez *bret.* — engrès IIc

fainne *gael.* — affanno
fank *bret.* — fango
fann *gael.* — affanno
faolchon *gael.* — falcone
feârn *ir.* — verne IIc
feôdar *gael.* — peltro
feiz *bret.* — redo
ffagod (f.) *kymr.* — fagotto
ffald *kymr.* — faude IIc
ff∗ll *kymr.* — fello
fforest *kymr.* — foresta
ffreg *kymr.* — fringuer IIc
ffrowyll *kymr.* — fléau IIc
ffrwyn *kymr.* — écran IIc
ffured *kymr.* — furon
flair *corn.* — flagrare
flusg *gael.* — lasciare
fochall *ir.* — fango
foilenn *gael.* — goëland IIc
fol — folle
founil *bret.* — fonil IIb
fresg *kymr.* — fresco
fresk *bret.* — ib.
fringa, fringol *bret.* — fringuer IIc
fûdar *gael.* — peltro
fûr *bret.* — furon
fŵl *kymr.* — gonna

gabhla *ir.* — giavelotto
gad *bret.* — gazápo IIb
gaf *gael.* — gafa
gafl, gaflach *kymr.* — giavelotto
gairm *gael.* — gaimenter IIc
gal *ir.* — galerno
galach *agael.* — gagliardo
galar *ir.* — gale IIc
gall *kymr.* — gagliardo
galradh *ir.* — gale IIc
gangaid *gael.* — inganno
gar *bret.* — garra
gàr *kymr.* — ib.
garan *bret.* — ib.
[garanos] — árgano
gardd *kymr.* — giardino
gargaden *bret.* — gargatta
garmi *bret.* — gaimenter IIc
garmio *kymr.* — ib.
garô *bret.* — loup-garou IIc
garsan *gael.* — garzone
gart *gael.* — giardino
garz *bret.* — jars IIc

gas *gael.* — garzone
gaved *bret.* — gota
gavlin, gavlod *bret.* — giavelotto
geiza *bret.* — jaser IIc
gibhte *gael.* — stoffa
[gilb, gilbin] *agall.* — gubia
glain, glân, glanhaa *kymr.* — glaner IIc
glaour (f.) *bret.* — glaire IIc
glas *ir.* — chiasso
glyfoer (m.) *kymr.* — glaire IIc
gob *gael.* — gobbe IIc
~ *kymr.* — gobbo
gobilin *bret.* — gobelin IIc
god *kymr.* —
gog, gogan *kymr.* — gogue IIc
gôguéa *bret.* — ib.
gôr *kymr.* — gourme IIc
grabin *kymr.* — gravir IIc
graé *bret.* — grève IIc
grann *kymr.* — greña
granni *gael.* — ib.
grau *acorn.* — grève IIc
gravel (pl.) *kymr.* — ib.
gro *kymr.* — ib.
grôa *bret.* — ib.
grôisead *gael.* — grosella
gromm, gromma *bret.* — gourme² IIc
grou *corn.* — grève IIc
grual *kymr.* — gruau IIc
grŵn *kymr.* — grugnire
guilter *corn.* — veltro
[gulpan] *air.* — gubia
gwae *kymr.* — guai
gwain *kymr.* — guaína
gwalarn *bret.* — galerno
gwalch *kymr.* — falcone
Gwalchmai *kymr.* — galoppare
[gwalen] *bret.* — jauger IIc
gwalern, gwalorn *bret.* — galerno
gwan *kymr.* — affanno
gwâs, gwasawl *kymr.* — vassallo
gwela, gwelan *bret.* — goëland IIc
gweltren *bret.* — guêtre IIc
gwerc'h *bret.* — garzone
gwern *bret.* — verne IIc
~, gwernen (f.) *kymr.* — ib.; vassallo
gwiber *kymr.* — givre IIc
gwil *bret.* — guile IIc
gwill *kymr.* — ib.
gwin *bret.* — baragouin IIc
gwindask *bret.* — ghindare
gwing *kymr.* — ghignare
gwn *kymr.* — gonna
gwp *kymr.* — gobbe IIc
gwregys *kymr.* — grègues IIc
gwylan, gwylaw *kymr.* — goëland IIc
gynnel *kymr.* — gonna

haiarn, haiarnaez *kymr.* — arnese
hak *bret.* — hoquet IIc
haul *kymr.* — hâle IIc
[hebouc] *cambr.* — hibou IIc
heol *bret.* — hâle IIc
hêsg *kymr.* — sescha IIc
heul *kymr.* — hâle IIc
hik *bret.* — hoquet IIc
hivin *corn.* — iva
hoewal (m.) *kymr.* — ola
hoiarn *abret.* — arnese
hôs *kymr.* — uosa
houarnach — arnese
houl *corn.* — hâle IIc
~ (m.), houlenna *bret.* — ola
houlier *bret.* — houle² IIc
hû *bret.* — hu IIc
hudd, huddiad *kymr.* — uggia IIa
hug *kymr.* — hôche IIc
hw *kymr.* — hu IIc
hwca *kymr.* — hoc IIc
hwch *kymr.* — coche IIc
hwchw *kymr.* — hucher IIc
hwrdh, byrdhio, byrdhu *kymr.* — urtare

iar *bret. kymr.* — jars IIc
iaran *ir.* — arnese
iñkrez *bret.* — engrès IIc

kaé, kaéa *bret.* — cayo
kaer *bret.* — beau IIc
kaol *bret.* — cavolo
kaouan *bret.* — choe IIc
kerchat *bret.* — cercare
kizel *bret.* — cincel
kochi *bret.* — cohue IIc
kodioch *bret.* — cotovía IIb
kohuy *bret.* — cohue IIc
koked *bret.* — cocca²
kôlôen-wénan *bret.* — colmena IIb
komb *bret.* — combo
korolla *bret.* — carole IIc
kos *bret.* — cosson IIc
krag (m.) *bret.* — crau IIc
krank *bret.* — granchio
krenna *bret.* — rogner IIc
kyrchu *kymr.* — cercare

labasken *bret.* — lambeau IIc
[laç] — losa
ladran *gael.* — garzone
[laid] *ir.* — lai IIc
land *abret.* — landa
landar, landrea, landreant *bret.* — leudore IIc

23*

lann (pl. lannou) *bret.* — landa
lêab *gael.* — lambeau IIc
leac *gael.* — lavagna IIa
leasg *gael.* — lasciare
[leblaing] *air.* — brincar IIb
lêic *air.* — lasciare
lêig *gael.* — ib.
~ *gael.* — lega
leisg *ir.* — lasciare
leô, lev *bret.* — lega
léz *bret.* — liccia
liamer *bret.* — limier IIc
[lingim] *air.* — brincar IIb
liop (f.) *gael.* — lippe IIc
lios *gael.* — liccia
lip (f.) *gael.* — lippe IIc
lisiu *kymr.* — lisciva
livé *bret.* — libello
llabed *kymr.* — lambeau IIc
llâi *kymr.* — liart IIc
llais *kymr.* — lai IIc
llâth (f.) *kymr.* — latta
llêch *kymr.* — lavagna IIa
llepio *kymr.* — lappare
llesg *kymr.* — lasciare
llygorn (m.) *kymr.* — lucarne IIc
llys *kymr.* — liccia
lobht *gael.* — stoffa
logaidhe *ir.* — locco
loguid *ersisch* — ib.
[lôid] *ir.* — lai IIc
luacharu *ir.* — lucarne IIc
ly *bret.* — lia

mâc'ha *bret.* — macco
mac'hañ *bret.* — magagna
macrell *kymr.* — maquereau IIc
maidh *kymr.* — mègue IIc
maim (pl.) *gael.* — maña IIb
maint *kymr.* — IIc
mala *gael.*
mam *gael.* — maña IIb
mân *bret.* — mina²
maout *bret.* — montone
march — marcher IIc
marg (m.) *bret.* — marne IIc
marl *kymr.* — ib.
mârla *gael.* — ib.
marlouan *bret.* — merlan IIc
martôlod *bret.* — matelot IIc
mèin *gael.* — mina
melhuez *corn.* — mauvis IIc
meog *gael.* — mègue IIc
milc'houid *bret.* (*Vannes*) — mauvis IIc
milfid, milvid *bret.* — ib.
min *gael.*; *ir.* — mina²; mignon IIc
moan *bret.* — mina²
moccio *kymr.* — moquer IIc

mollt *kymr.* — montone
molt *air.* — ib.
molz *corn.* — ib.
moñ *bret.* — *muñon
môr *bret.* — cormoran IIc
morséel *bret.* — muso
môr·vran *bret.* — cormorau IIc
mota (m.) *ir.* — motta
mouñ *bret.* — muñon
mouna *bret.* — monna
mùin *gael.* — pisciare
muiseal *gael.* — muso
mult *gael.* — montone
mwn *kymr.* — mina
mwyn *kymr.* — mina²

na — nada IIb

oh *kymr.* — hober IIc
[oir] *walis. gael.* — orlo
olifant *bret.* — olifant IIc
oliffant *kymr.* — ib.
oliphans *corn.* — ib.
ôr (f.) *kymr.* — orlo
[or] *walis. gael.* — orlo

pabell *kymr.* — padiglione
pabi *kymr.* — pavot IIc
pabwyr *kymr.* — pabilo
pac *gael.* — pacco
[pair] *kymr.* — perol IIb
pàirc *gael.* — parco
paltôk *bret.* — palletot IIc
pant, pantu *kymr.* — pantois IIc
parc *kymr.* — parco
parwg *kymr.* — giavelotto; parco
paup *akymr.* — chaque IIc
peb *corn.* — ib.
pen — penna
peos *gael.* — pezza
pep *bret.* — chaque IIc
[per] *cornw.* — perol IIb
~ *bret.* — graal IIc
peth *kymr.* — pezza
péz *bret.* — ib.
pid *kymr.* — pito
pig *kymr.* — picco
pin *kymr.* — pino IIb
pinc, pingc *kymr.* — penca IIb
~ *kymr.* — pincione
pinne *gael.* — pino IIb
pint *bret.* — pincione
pisio, piso *kymr.* — pisciare
plunia *bret.* — piombare
plwng *kymr.* — ib.

poit _gael._ — pote
pot _kymr._ — ib.
preiz _bret._ — redo
pric _kymr._ — priego IIb
puite (f.) _ir._ — pote
pupall _air._ — padiglione

rabhd _gael._ — rêve IIc
radan _gael._ — ratto
raden _bret._ — ratis IIc
ramæ _air._ — rame IIc
ramh (m.) _gael._ — ib.
raoz _bret._ — raus IIc
raz _bret._ — ratto
reden _corn._ — ratis IIc
reic'b _bret._ (_Vannes_) — redo
rèidh _gael._ — ib.
reiz _bret._ — ib.
reñk _bret._ — rang IIc
rhedyn _kymr._ — ratis IIc
rhengc _kymr._ — rang IIc
rhif (m.) _kymr._ — rima
rhig, rhigol _kymr._ — rigole IIc
rhin (f.) _kymr._ — rin IIc
rhisg _kymr._ — ruche IIc
rhodio _kymr._ — rôder IIc
rhostio _kymr._ — rostire
rhummen _kymr._ — rombo IIb
rhwg _kymr._ — rocca
rhwnsi _kymr._ — rozza
rim _air._ — rima
rimh _nir._ — ib.
robainn _gael._ — roba
roc _gael._ — rocca
~ _gael._ — rocchetto
ròg _gael._ — rogue IIc
rôist _gael._ — rostire
rosta _bret._ — ib.
rufla _bret._ — ronfiare
rûsc _air._ — ruche IIc
rûsg _gael._ — ib.
rusk, rusken _bret._ — ib.

sai _air._ — saja
saled _kymr._ — celata
sarf _kymr._ — serpe
sarn (f.), sarnaidh _kymr._ — sarna IIb
scabhal _gael._ — stoffa
scoul _corn._ — écoufle IIc
[seboce] _hibern._ — hibou IIc
sechtmaine _ir._ — settimana
seisg _ir._ _gael._ — sescha IIc
sgoch _gael._ — cocca
sgór _gael._ — écore IIc
sgot _agacl._ — scotto
sgûm _gael._ — schiuma

sibht _gael._ — stoffa
sidan _kymr._ — seta
siglo _kymr._ — cutretta IIa
sim _kymr._ — sémillant IIc
sioda _ir._ — seta
skoul _bret._ — écoufle IIc
soc _gael._ — IIc
sôr — sorn
sorc'hen _bret._ — sornette IIc
sôrllyd — sorn
sorren _corn._ — ib.
sotaire _ir._ — zote
spad _ir._ — spada
srian _gael._ — écran IIc
srogell _air._ — fléau IIc
stann _bret._ — stancare
stobb _gael._ — stufa
stoc _gael._ — stocco
stoirm _gael._ — stormo
stôr _gael._ — estorer IIc
stourm _bret._ — stormo
strif _bret._ — estribo
stripen _bret._ — trippa
stubb _gael._ — stoffa
sûg _bret._ — soga
sugan _gael._ — ib.
sûith _gael._ — suie IIc
sur _kymr._ — sur² IIc
suthan _ir._ — zote
swch _kymr._ — soc IIc
swrn _kymr._ — sornette IIc
swrnach _kymr._ — sorn
syg _kymr._ — soga

tabar _kymr._ — tabarro
tac _gael._ — tacco
tach _corn._ — ib.
tâd _kymr._ — tata
taisg _gael._ — tâche IIc
talar _bret._ — taraire
talp _kymr._ — trape IIc
tam, taman — entamer IIc
tamma — tamigio
tann _bret._ — tan IIc
taradr _kymr._ — taraire
tarar, tarer _bret._ — ib.
tario _kymr._ — targer IIc
tarnu _kymr._ — terne IIc
tarp _gael._ _ir._ — trape IIc
tarwden _kymr._ — dartre IIc
tasg _kymr._ — tâche IIc
tengyn _kymr._ — tangoner IIc
tensaour _bret._ — trésor IIc
terer _bret._ — taraire
tèth — XX (XV)
tin, tinsigl _kymr._ — cutretta IIa
titten _kymr._ — tetta
toc (m.), tocio _kymr._ — tocca; palletot IIc

tonn (m.) *kymr.* — tona IIb
top *kymr.* — toppo
~ *gael. kymr.* — ib.
tora, toradh *gael.* — taraire
torbwt *kymr.* — turbot IIc
torv *kymr.* — tropa
trafod *kymr.* — travaglio
traig *air.* — veltro
tramwy *kymr.* — trimer IIc
treabh *gael.* — travaglio
tremeni *bret.* — trimer IIc
trîgo *kymr.* — tricare
tripa *bret.* — treper IIc
~ (pl.) *kymr.* — trippa
tripio *kymr.* — treper IIc
tro — trôler IIc
~ — tron IIc
troaza *bret.* — pisciare
tróg *air.* — truan
trôlio *kymr.* — trôler IIc
tron *corn.* — trogne IIc
trot *gael.* — trottare
trotio *kymr.* — ib.
tru *kymr. bret. corn.* — truan
truant *bret.* — ib.

trus, trws — torciare
trwyd *kymr.* — trou IIc
trwyn (m.) *kymr.* — trogne IIc
tun *kymr.* — retoño IIb
turbaid *gael.* — turbot IIc
twcio *kymr.* — tocca
twf *kymr.* — touffe IIc
twrdd *kymr.* — stordire

uchedydd *kymr.* — allodola

ver *air.* — veltro

wiber *bret.* — givre IIc

yar *corn.* — jars IIc
yspawd *kymr.* — spada
ystôr *kymr.* — estorer IIc
ystorm *kymr.* — stormo
yw (f.); ywen (sing.) *kymr.* — iva

Vrgl. auch: brote, fiasco, franco, gabbo, gridare, mare, buz
IIb, ardoise IIc, arpent IIc, balme IIc, [bercer[2] IIc], besi IIc, bouc IIc,
brague IIc, bruiser IIc, chêne IIc, cochevis IIc, manne IIc, maron IIc.

V: Englisch.

abet — beter IIc
acquaint — conto
aim — esmar
aisyl *aengl.* — aisil IIc
alas — lasso
ambush — bosco
among — mest IIc
andiron — landier IIc
arismetica *aengl.* — risma
arras — arazzo IIa
astonish — étonner IIc
at random — rando
attire — tirare
aunt — tante IIc

babble — babil IIc
babby, babe — babbéo
badger — tasso; blairean IIc
baffle — beffa
bag (sbst. vb.) — sacar
baldrick *aengl.* — baudré IIc
baleis *aengl.* — balai IIc
ban, band — bando
barrayne *aengl.* — bréhaigne IIc
barren — ib.
baudrick *aengl.* — baudré IIc
bawsin — balza IIa
bed — cama IIb
beguile — guile IIc
bell-wether — belier IIc
beset — sagire
bever — birra
bi god *aengl.* — bigot IIc
bit — bitta
bitch — biche² IIc
blaze — blasone
~ — blaser IIc
blazon — blasone
bleaunt, blehand *aengl.* — bliaut
blemish — blême IIc
blister — blostre IIc
bogett *aengl.* — bolgia
boord — bourde IIc
border — bordo
both, and — ambore IIc
bottom, bottomry — bomerie IIc

bougett *aengl.* — bolgia
bourdon *aengl.* — bordone²
bow-line — bonline IIc
bowsprit — beaupré IIc
box — bussare IIa
brace — bressin IIc
brag — braire IIc
brass — bronzo
brawn — brandone
break — braquer IIc; [briga]
breakfast — giunare; asciolvere IIa
breeze — brezza
brick — bricco
bride — bru¹ IIc
brim — berme IIc
brit (mndt.) — britar IIb
brittle — ib.
brock — tasso
brode *aengl.* — bordo
broider — ib.
[broth] — bravo
bruise — bruiser IIc
bubby — poppa
bud — bouder IIc
budget — bolgia
bundle — benda
bung, bunny *aengl.* — bugna
bushel — boîte IIc
buss — busse IIc

cabal — cábala
cabin — capanna
capstan — cabestan IIc
carcanet *aengl.* — carcan IIc
carol — carole IIc
carouse — trincare; [carriera]
catch — cacciare
[caterpillar] — chenille IIc
challenge — chalonge IIc
chest — busto
chieftain — capitano
chip — chiffe IIc
chowgh — choe IIc
cleave — cliver IIc
cloak — cloche IIc
cloping *aengl.* — clop IIc

cluck — cloche IIc
coat — cotta
cock — cocca
~ — coq IIc
cock-chäfer — hanneton IIc
cokaygne *aengl.* — cuccagna
cork — alcorque IIb
corme *aengl.* — IIc
cot — cotta
covin, covine *aengl.* — convegno
crack — crac IIc
crag — crau IIc
creek — crique IIc
creep, creeper — crapaud IIc
cricket — criquet IIc
~ — criquet² IIc
crook — croc IIc
cry — gridare
cuivre — couire IIc
curb — gourme² IIc
curlew — corlieu IIc

dad, daddy — tata
dag, dagger — daga
daintee (mndt.), dainty — daintié IIc
dandle — dandin IIc
dart — dardo; ardiglione
demain — dominio
dismay — smagare
dold *Devonshire* — doudo IIb
dolt — ib.
dote (to) — radoter IIc
down — duna
drag — drague² IIc
[drastes] *aengl.* — drasche IIc
dreg — drague IIc
drink — trincare
droll — drôle IIc
drove — tropa
dub — addobbare
duck — lavanco IIb
duke — giavelotto
dumpling — dondon IIc
dumpty, dumpy, dunty (mndt.) — ib.
dure — durare

east — est IIc
easy — agio
eisel — aisil IIc
elm — álamo IIb
excise — assises IIc

faggot — fagotto
faint — IIc

fairy *aengl.* — bele IIc
fell — fello
fellow — filou IIc
ferret — furon
file *aengl.* — filou IIc
finaunce *aengl.* — finanza
fine — ib.
[flabby] — fiappo IIa
flam — fiama
flannel — flanella
flap — frapper IIc
flat, flat-boat — flete IIc
[flavour] — fragrare
flawn — fiadone
fleam — fiama
fleece — fregio
flick *aengl.* — flèche de lard IIc
flitch — ib.
fly-boat — flibot IIc; XVI (XIII)
foil — follare
fold — faude IIc
forlore *aengl.* — frelore IIc
forlorn — ib.
frape (mndt.) — frapper IIc
~, fraple — ib.
frek *aengl.* — frique IIc
frine (mndt.) — frignare IIa
frizzle — fregio
funnel — fonil IIb .

gaff — gafa
gale — galerno
galingal — galanga
gall (sbst. vb.) — gale IIc
gallimawfrey *aengl.* — galimatias IIc
gargane — cerceta
gargate *aengl.* — gargatta
gargoun *aengl.* — gergo
gaudery *aengl.* — goda IIc
gauge — jauger IIc
gauk *aengl.* — gauche IIc
gaulic hand (mndt.) — ib.
gavel — gabella; gavela
gavellock — giavelotto
geld, gelding — guilledin IIc
genet — gineta
gerbe — IIc
gibbet — giubetto
gift — stoffa
gisarm *aengl.* — giusarma
glair of an egg — glaire IIc
glide — eslider IIc
glisten, glister — esclistre IIc
glove — lua IIb
gob, gobble — gobbe IIc
goblin — gobelin IIc
gof (mndt.) — goffo
good ale — goda IIc

gore, gorm (mndt.) — gourme IIc
gown — gonna
graff — greffe' IIc
grant — creanter IIc
grape — grappa
grate — regretter IIc
gravel — grève IIc
gray — tasso; blaireau IIc
greed — gretto
groan — grugnire
grom (mndt.) — gourme IIc
[groom] — grumo
grudge — gruger IIc
gruel — gruau IIc
grumble — grommeler IIc
guff (mndt.) — goffo
guise — guisa
gysarn aengl. — giusarma

hack — accia
~, hackney — haca
haggard — hagard IIc
hail (a ship) — heler IIc
hair — moire IIc
hallier — IIc
[hammocks] — amáca
hare, harie aengl. — harer IIc
harl — haligote IIc
harlot aengl.; nengl. — arlotto
harness — arnese
harridan — haridelle IIc
harrow (to) — herse IIc
hauke aengl. — bagard IIc
haunch — anca
haunt — hanter IIc
have (to) — haver IIc
[havoc] — ib.
hawk — hagard IIc
[hawke, to] — gibier IIc
hearse — herse IIc
heavy — have IIc
hen-bane — hanebane IIc
herlote aengl. — arlotto
hiccough, hickup — hoquet IIc
hie — IIc
high-water — suberna IIc
hobby — hobin IIc
hobeler aengl. — ib.
hob-goblin — gobelin IIc
holard aengl. — houle' IIc
hold aengl. — halt IIc
hole — houle' IIc
hook — hoc IIc
hoot — hucher IIc
[hulk] — urca IIb
hum — hogner IIc
hure aengl. — *IIc
hurt, hurtle — urtare
hutch — huche IIc

ingot — lingot IIc
ink — inchiostro

jangle — jangler IIc
jar — jars IIc
jaw — gota
jingle — jangler IIc
jowe aengl. — gota
juke (to) — juc IIc

kay — cayo
kaw — choe IIc
kind — cundir IIb

label — lambeau IIc
lack — lacra IIb
[lady bird] — mariposa IIb
lake aengl. — lacra IIb
lanner — laniere
latymer. latynere aengl. — latino
law — lague IIc; laya IIb
league — lega
lee — lia
liege — lige IIc
ligbts — leve IIb
list — liccia
loach — loche IIc
loads-man — locman IIc
lock — loc IIc
lode-man, lodes-man aengl. — locman IIc
loft — stoffa
loof — lof IIc
look (to) — luquer IIc
lure — logoro

mackerell — maquereau IIc
malt — IIc
marline — merlin IIc
maund — manne IIc
mead — mies IIc
meat — viande IIc
meek — mégir IIc; mego IIb
merlin — smerlo
[mess-mate] — matelot IIc
mew — mouette IIc
mien, mine — mina
mishmash — micmac IIc
mock aengl. — manco
~ — moquer IIc
mohair — moire IIc (auch Nachträge)
moist — moite IIc
mole — mulot IIc

mop — mofa IIb
morel — morille IIc
mouth — muso; moue IIc
mow — moue IIc
~ *aengl.* — mouette IIc
muffle — biasciare IIa
mumble — mumiar IIa
muse, muzzle — muso

nag — haca
[narrow] — naverare
neb — niffa; rostro IIb
night-mare — mare IIc
nock — nuca
north — nord IIc

osprey — *orfraie IIc
oust — ôter IIc
out-law — lague IIc

pack — pacco
pant — pantois IIc
papyngay (vrlt.) — pappagallo
pawn — pan IIc
pelf — pelfre IIc
pelt — empeltar IIc
pewter — peltro
pig — biga IIa
pike — brochet IIc
pilfer — pelfre IIc
pillory — pilori IIc
pin — pino IIb
pink — pinque
~ — penca IIb
plaice — plie IIc
plunder — sacco
pock, poke — poche IIc
pólicy — pólizza
polley — poulier IIc
pope, popinjay — pappagallo
poppy — pavot IIc
porcupine — porc-épic IIc
[pout] — pote
powder — peltro
prick — priego IIb
print — imprenta
pull — poulier IIc
pump — bomba²
punice — punais IIc
put (to) — teler IIc

queen — goda IIc; guenon IIc
quiver (adj. vb.) — quivrer IIc

race — razza
~ — rasse IIc
rack — raca IIc
random, at — rando
raff, raffle — raffare
rank — rang IIc
rap — rappare
rattle — râler IIc
rave — rêve IIc
[relay, release] — relayer IIc
revel — IIc
revelry — revel IIc
riband, ribbon — ruban IIc
ridingcoat — redingote IIc
rifle — riffa
rime — frimas IIc
riot — riote IIc
ripple — rebbio IIa
rock — rocca
rocket — rocca²
rogue — IIc
roof — ruffa
ruck (to) — rocchetto
ruff — ruffa
~ *aengl.* — ib.
ruffiner *aengl.* — ruffiano
ruffle — ruffa
rumb — rombo
[rusk] — brusco
rym *englischnorm.* — rima

sable — zibellino
safe — zafo IIb
salad — celata
[saturnine] — sorn
scaffold — stoffa
scarce — scarso
scarf (to) — écarver IIc; [escarba IIb]
[scorn] — scornare IIa
scot — scotto
scourge — scuriada
[scrape] — scarpa
sear (adj. vb.) — sauro
search — cercare
sedge — sescha IIc
shallop — chaloupe IIc
sbift — stoffa
shore — écore IIc
shot — scotto
shrape — escraper IIc
sinoper — sinople IIc
sir — signore
skate — échasse IIc
[skull] — cholla IIb
slaughter-house — casamatta
slide — eslider IIc
slip — schippire IIa
sloop — chaloupe IIc

sloppy — salope IIc
smack — semaque IIc
snow — ib.
soil — souil IIc
sooty — suie IIc
sot — zote
south — sud IIc
spade — spada
spavin — spavenio
spelter — peltro
spirit — spirito
spoke — espeque IIb
sprig — sprecare IIa
spright — spirito
squint — ghignare; sguancio IIa
stag -- étai IIc
staple — étape IIc
starboard — stribord IIc
stay — étai IIc
steersman — esturman IIc
stern — estern IIc
stirrup — estribo
store — estorer IIc
stove — stufa
stover — estovoir IIc
[stray, to] — strada
strife — estribo
stuff — stoffa
sturdy — stordire
[subside] — sosegar IIb
sullen — sorn
surgeon — surgia IIc
[swing (a ship)] — virar

tabart — tabarro
tack — tacco
take — ib.; toccare
tap — tape IIc
tarry — targer IIc
task — tàche IIc
tass — tas IIc
taste — tastare
tatters — táttera IIa
taw — ataviar IIb
tetter — dartre IIc
throstle — tràle IIc
tife aengl. — tifer IIc
timber — timbre IIc
tinder — tondre IIc
[tired] — tirare ; straccare IIa
to — XXI (XVII)
top — toppo
~ — cerro IIb
tortoise — tartaruga
tow (sbst. vb.) — touer IIc
track — trac IIc

travel — travaglio
trestle — tréteau IIc
trick — treccare
trig — tricare
trill (to) — trillare
trim — trimer IIc
trink, trinket — trinchetto
trip — treper IIc
tripe — trippa
troll, trowel — tròler IIc
trick — trocar
trucks — trucco
try — trier IIc
tuff, tuft — touffe IIc
turbot — IIc

varnish — vernice
velleity — velleità
[veranda] — verone IIa
verewolf aengl. — loup-garou IIc
vow — mouc IIc

wad — ovata
waggon — IIc
wagtail — cutretta IIa
waif, waive — gaif IIc
[wake] — ouaiche IIc
[walk] — marcher IIc
wallop aengl. — gaupe IIc
[wanton] — malvar IIb
war ; warre aengl. — guerra
wash — gâcher IIc
wave — váguido IIb ; gaif IIc
[weal] — gala
welcome — wilecome IIc
weld — gualda
werre aengl. — guerra
west — ouest IIc
whirl — werbler IIc
wicket — guichet IIc
wile — guile IIc
wilk — welke IIc
wimble — vilebrequin IIc
windlass — ghindare
[wittol] — cornard IIc
woodcook — vitecoq IIc
wrack — varech IIc
writhe — rider IIc

yelm — glaner IIc
yew — iva

VI. Baskisch.

abarquia — abarca IIc
abarra da — barda; abarca IIb
aberea — ganado IIb
achaparra — chaparra IIb
adarra — álabe IIb
adi, aditu, adieman — ademan IIb
aga — izaga IIb
[aguindu] — aguinaldo IIb
ahul *navar.* — avol IIc
aipatu, aipua — aib IIc
aisa, aisia *labort.* — agio
aisina — ib.
alabea — álabe IIb
alaguera — allegro
aldamu — andana
aldea, aldedaño — aledaño IIb
allorbea — alholba IIb
ama — IIb
an — ángaro IIb
aña — añagaza IIb
andereigerra — donnola IIa
andoilla — andouille IIc
andraminac — andrómina IIb
andrea — ib.; donnola IIa
angurria — *IIb
antzua — acciuga; garbanzo IIb
anusca — añusgar IIb
apirilla — XVI (XIII)
apoa -- sapo IIb
ardia, ardita — ardite IIb; liart IIc
ari da — arda IIb
ar-lauza — losa
arra — bizzarro
arraza — XVI (XIII)
arri — losa
arria — pizarra IIb
arroca — rocca
artea — artoun IIc
artica, artiga — artiga IIb
artoa — artoun IIc
ascó — asco IIb; ansia
asco sua — ascua IIb
asqui — asco IIb; ansia
asserrecina — sarracina IIb
atcienda — ganado IIb
ateis — atisbar IIb
athea — escire
athela, athelatu *navar.* — teler IIc

atheratu — escire
atisbeatu — atisbar IIb
atrebitu — atreverse IIb
atsi — asir IIb
atzaga, atzea — zaga IIb
auntza — camozza
auscua — ascua IIb
ayo — lacayo
ayoa — ayo IIb
azaoa — haza IIb
azurria — zurriaga IIb

baba — babazorro IIb
bacailaba — cabeliau IIc
bahia — gaggio
baia — baja
balacatu — halagar IIb
balsa — IIb
baltza — bigio; pizarra IIb
barruan — barruntar IIb
basa, basauntza — camozza
basca — IIb
batu — sobar IIb
be — álabe IIb; breña IIb
beatu — atisbar IIb
be-guea — vega IIb
beia, beicecorra — becerro IIb
bella — belleguin IIb
beltza — bigio; pizarra IIb
bera — hervero IIb; vega IIb
beret-iria — behetría IIb
bero-ur-ga — burga IIb
berro *labort.* — IIb
berún, berunéz — XV (XII)
bicioa — biscia IIa
bide-gue-ta — vericueto IIb
bilhatu — trovare
biregueta — vericueto IIb
biruncatu — virar
biz, bizarra — bizzarro
botherea — XV (XIII)
breña — IIb
briga — abrigo
buluza — biotto
burra — manteca IIb
burus -- buz IIb

cadira — chaire IIc
carastia *labort.* — carestía
carra — socarrar IIb
cecorra — becerro IIb
ceinua — ghignare; segno
cekharea — ségale
cemporra — porra IIb
cerra — cerro IIb
chakh, chakhurra — cachorro IIb
chamar-asco — chamarasca IIb
chara — xara IIb
charcea, charcoa — charco IIb
charria — zarria IIb
charro — IIb
che-ascó — chasco IIb
cherria — cerdo IIb
chiquia — cica
chirchila — ciarlare
chirria — cerrion IIb
chocuna — chacona IIb
churia — sauro
churigaña — zirigaña IIb
cicatea — acicate IIb
ciloa — silo IIb
cimela — cimbrar IIb
cime-terra — scimitarra
cincerria, cinzarria — cencerro IIb
circillua — zarcillo IIb
ciricua — sargia
coscolla — coscojo IIb
coskha — cuesco IIb
criselua, cruselua — crisuelo IIb
cusculla — coscojo IIb

da — arda IIb
daño — aledaño IIb
deslejatu — dileguare
dita — ardite IIb
dithia — tetta

ea
ecachea — escarcha IIb
echamarra — zamarro IIb
eguin — belleguin IIb
eguiya, eguij-arria, egui-arria — guijo IIb
elcarbea — escarba IIb
ema, eman — amapóla IIb; busto; ademan IIb; escátima IIb; quemar IIb
emalopa — amapóla IIb
emandrea — mandria IIb
enoch — noja
erabelarra — milmandro IIb
erachi, erbera -- hervero IIb
ere — ora'
eremu — ermo
ereña — breña IIb
eroquería — XV (XII)

erraldea — arrel IIb
erribera — XVI (XIII)
es-catima, escatu *labort.* — escátima IIb
escua, esku, eskuer, esku-esker, eskuin — izquierdo IIb
estalpea, estalpetcea — estalbi IIc
est-archa — estacha IIb
esteinua — ghignare
estiba — entibo IIb
estoka *navar.* — stallo
ezquerdatu, ezquerdo, ezquerra — izquierdo IIb

farfuilla — bobo IIb

gaco-itsua — ganzua IIb
gainchuritu — zirigaña IIb
[gait, gaitz, gaist] — guitto IIa
galzarra — regazo IIb
gamarra — IIb
ganga — ganguear IIb
garagarilla — juillet IIc
garau — garbanzo IIb
garau-illa — garulla IIb
garbantzua — garbanzo IIb
garbatu — garbo
garestia — carestía
garilla — juillet IIc
garra — ángaro IIb
gazmuña, gazmuñaria — gazmoño IIb
godaria — goda IIc
gormatu — gourme IIc
gorria — *gorra
gose-utsa — gazuza IIb
goza — añagaza IIb
gramaticaria — grammaire IIc
gubia
gubioa — gubia
guerla — guerra
guile *navar.* — vísciola
guiña — jorgina IIb
guiristinoa — XVI (XIII)
gurbia, gurbiaz — gubia
guria — manteca IIb
gur-mina — gurrumina IIb

hatsa *labort.* — acezar IIb
hesia — haise IIc

Ya — izaga IIb
ispilinga — spillo
izaga — IIb
izpata — spada

jaria — harija IIb
jo — sobar IIb

kheinua — ghignare
khorbua — greppia
khurutzea — XVI (XIII)

lacayoa — lacayo
lachá — lazzo IIa
lacoa — lagar IIb
lacun, lagun — lacayo
laidoa — laido
lambroa — lamicare IIa
landa
landera — landier IIc
landerra — landra
lapa — lapa² IIb
larania — arancio
latzá — lazzo IIa
lausengua — lusinga
laya — IIb
legamia — légamo IIb
leinua — linea
lekhayoa labort. — lacayo
lela — lelo IIb
lerd, lerr — izquierdo IIb
leya — dileguare
lia
liburua — XVI (XIII)
liga — lia
linia — linge IIc
loa (pl. loac) — sien IIb
loloa — lelo IIb
loona — XVII (XIV)
lopa, lopea — amapóla IIb
loya — loja IIa
lukhainca — lugánega IIa

maina — maña IIb
mainhua — bagne
marroa — marron IIb
mascatu — masticare
mina — andrómina IIb
miraila — miroir IIc
mirua — milano
mizpira — néspola
mocoa — mogo IIb
modorra — IIb
morcoa — morcon IIb
morutu — moron IIb
motca — motta
muga — mogo IIb
muñ — muñon
murrutu, murua — moron IIb
mutila — mozzo
muturra — morro IIb

narra — narguer IIc; narria IIb
nasca — asco IIb; ansia
nava — IIb
Navarra — nava IIb

oko — loupe IIc
ona — baja
oquertzea — oqueruela IIb
osa ulea — zalea IIb
osca — osche IIc
ostuquia — ostugo IIb

pairatu — pairar IIb
palacatu — halagar IIb
parabisua labort. — parvis IIc
pazco — pasqua
peca — pec IIc
perolea — perol IIb
pitcherra — bicchiere
piz, pizca — pizarra IIb
poroganza — XVI (XIII)
prima·dera labort. — ver
primua — primo IIb
pulumpatu — piombare; XVI (XIII)
puzca — pizarra IIb

que, quea — quemar IIb
queñua — ghignare
quia — abarca IIb

saliga — saule IIc
sarciatu — sarrafar IIb
sarra — sarna IIb
sarrca — sárria IIb
sauca navar. — sureau IIc
seiña — cenzaya IIb
seinzaya — ayo IIb; cenzaya IIb
sesca — sescha IIc
siloa — silo IIb
sobatu — sobar IIb
soca — soga; socarrar IIb
sorguina, sorguiña, sorr — jorgina
IIb
sorrena — sorn
sua — socarrar IIb; ascua IIb
sucartu — socarrar IIb

tala — IIb
talendua — talento
thematu — tema IIb
tholdo — tolo IIb
trimatu — trimer IIc
tripa — trippa
trufa — truffa

u-asca — vasca IIa
ucha — huche IIc
ulia, ulifarfalla — farfalla
unila — fonil IIb
upa — IIb
ura — dureta IIb
urra, urraca — urraca IIb
uste — busto

yela — dileguare
yendea — XVI (XIII)
yuyea *labort.* — juge IIc

zaguia — zaque IIb
zapoa — sapo IIb
zaquia — zaque IIb
zaragarra — sarna IIb

zarpa — sarpare
zarria — IIb
zathia *labort.* — zato IIb
zatoa — ib.
zato-quia — zaque IIb
zaya — ayo IIb; cenzaya IIb
zoratu — astore
zorro — babazorro IIb
zorroa — zurron IIb
zorrotz — chorro IIb
zortea — jorgina IIb
zumba-caya — zumaya IIb
zupea — zupia IIb
zuperna — estalbi IIc
zuria — sauro
zurigaña — zirigaña IIb
zurpea — zupia IIb
zurra — zorra IIb
zurriaga — IIb

Vrgl. auch unter: ciabatta, gordo, tape, barragan IIb, bizco IIb,
naguela IIb, zanahoria IIb.

VII. Arabisch.

[ˈaba] — gabbano
ˈâbara — abra IIb
[ablaq] — balza IIa
ˈâbrah — abra IIb
aç-çabir — acíbar IIb
aç-çanefah — cenefa IIb
aç-çiqâl — acicalar IIb
aç-çofr — azófar IIb
aˈd-ˈdaiˈah — aldéa IIb
ad-dalil — adalid IIb
addaraqah — tárga
ad-darb — adarve IIb
ad-dib — adiva IIb; chacal IIc
ad-diflâ — adelfa IIb
addivân — dogana
[aˈhlas] — alazan IIb
aibah — aib IIc
al-anbiq — lambicco
al-ˈaqrab — alacran IIb
al-ˈarab, al-ˈarabi — alarbe IIb
al-ˈarˈd — alarde IIb
al-arîr — alarido IIb
alarzah — alerce IIb
al-bardaˈah — barda
al-baschârah — albricia IIb
al-berqùq — albercocco
albersk — pérsica
[albondoca] — andouille IIc
al-bornos — albornóz IIb
al-changar — alfange IIb
al-charschufa — articiocco
al-chazeqah — zagaia
alchill — alfiler IIb
alchomrah — alfombra IIb
al-chorg — alforja IIb
[al-djamˈa, al-djimaˈ] — amalgamare
al-faras — alfaraz IIb
al-fâris — alférez IIb; alfiere IIa
alferes — ferrant IIc
al-fîl — alfido
al-fondoq — fóndaco
alfostoq — alfócigo IIb
al-frs — ferrant IIc
al-gabah — aljaba IIb
algabr — álgebra
al-garâh — algara IIb
al-gauhar — aljófar IIb

al-gaúhar — caffe
al-geç — algez IIb
al-gobbah — giubba
al-gommel — gómona
algozz — algoz IIb
algùbbah — giubba; giubetto
al-ˈhaçan — alazan IIb
al-ˈhâgah — alhaja IIb
al ˈhauz — alfoz IIb
al-ˈholbah — alholba IIb
al-ˈborrijah — horro IIb
al-kabar — cáppero
al-kâfûr — cánfora
al-kandarah — alcandára IIb
al-karavia — carvi
al-kimiâ — alchímia
al-kira — alquile IIb
al-koˈhl — alcohol
al-korrâz — alcarraza IIb
al-kuniah — alcuña IIb
allah — oxalá IIb
al-machsan — magazzino
almaˈdan — almaden IIb
almagrah — almagra IIb
almaiˈah — aldéa IIb
al-mais — almez IIb
al-manaˈh — almanacco
al-maˈtraˈh — materasso
al-mechaddah — almohada IIb
almeˈhassah — almohaza IIb
ál-meiç — almece IIb
al-menâa — almena IIb
al-migfar — almofar IIb
al-minˈhat — almanacco
al-misk — musco
almod — almud IIb
al-mogâvir — mugavéro
al-monâdija — almoneda IIb
al-moqallad — alcalde IIb
al-moschrif — almoxarife IIb
al-qabalah, al-qabâlah — alcabála
IIb
al-qaçr — alcázar IIb; navío IIb
al-qaˈdi — alcalde IIb
al-qâid — alcaide IIb
al-qali — alcali
al-qanaç — alcance IIb
al-qàrah — alcor IIb

al-qartâz — alcartaz IIb
alqa'trân — catrame
al-qauvâd — alcahuete IIb
al-qobbach — alcóva
al-qo'ton — cotone
alqûr (pl.) — alcor IIb
al-sa'tl — secchia
al-'tabl — ataballo
al-tabût — ataud
al'ûd — liúto
al-vazir — alguacil IIb
amîr — almirante
amîr-al ba'hr — ib.
'anbar — ambra
an-nafîr — añafil IIb
annilah — añil IIb
arah — germanía IIb
'arafa — tariffa
ar'dî schauki — *articiocco
aroz — riso
ar-raba'd — arrabalde IIb
ar-raçaf, arracif — arrecife IIb
ar-rahn — rehen IIb
arrob'a — arroba IIb
asch-schakû — achaque IIb
asch-scba'treng — axedrez IIb
asch-schavkah, asch-schavkaton — acicate IIb
asch-scheqq — enxeco IIb
asch-schuar — axuar IIb
[aspanakh] — spinace
as-saïa'te — azafate IIb
assa'tl — secchia
as-sau't — azote IIb
as-selqa — acelga IIb
assokkar — zúcchero
assr — azzardo
as-sûsau — azucena IIb
attabl — ataballo
attabût — ataud
a't-'tarfah — atarfe IIb
a't-'tiaba — ataviar IIb
aub — aib IIc
aug — auge
'awâr — avaria
azzaibaq — azogue IIb
azzait — accite IIb
az-zofaizaf — azufaifa IIb

babagâ — pappagallo
bâbusch — babouches IIc
bachara — bafo IIb
bagata — bagatella
bâgez, bagi — bagascia
ba'hr, ba'hrî — baharí IIb
bairam — verrina
balad — baladí IIb
baleguin — belleguin IIb
bâlhasan — balza IIa
ballû't — bel'ota IIb

[balqâ] — balza IIa
bâqelâh — baccello IIa
baqqam — brasile
bara'h, barât — baratto
[barbakh] — barbacane
bardag — bardascia
barimah — verrina
barkan, barrakân — baracane; barragan IIb; [bucherame]
baschara — albricia IIb
bat — patta
ba'tala — baldo
baura, habba — amapóla IIb
bi-'tânah — badana IIb
bi'tichah — pateca IIb
bolaqina — belleguin IIb
Boqra't — pappagallo
boraq (pl.) — barrueco IIb
bord — burdo IIb
borqah — barrueco IIb
bûraq — borrace

çafar — cifra
ça'hrâ — sáfara IIb
cambeyator — campo
çaqala — acicalar IIb
çaqr — sagro
chalaa'h — gala
chalaia — galéa
chalan' — galanga
chalî, chalion — galéa
chalion — ib.
charrûb — carruba
châzeq — zagaia
[chiff] — chiffe IIc
chilaa'h — gala
choçç — choza IIb
[çibâr] — acibar IIb
çifr — cifra
çifron — zero; cifra
çi'hron — zero
coddasa — condesa IIb
çoffah — sofá
çorra, çorrah — zurron IIb

dadd — dado
dahûl — tafur
dálâlah — dala
dalla — ib.; adalid IIb
dârçanah — arsenale
'darr — azzardo
[dholla] — toldo IIb
divân — dogana
[djerneit] — gineta

elg — elche IIb
el-iksir — elissire
emir — mire IIc
en, enschâ allah — oxalá IIb

falak — catafalco
falaka — feluca
faqîr — facchino
faras — aufage IIc
~ — ferrant IIc; haras IIc
far'd — *fardo
far'don — ib.
farfara — farfogliare; XXVII (XX)
fîl — *marfil IIb
fôlan — fulano IIb
folk — feluca
fondoq — fóndaco
Fossat, Fostat — fustagno

ǵabalî, chinzîr — jabalí IIb
ǵâfî — zafio IIb
ǵabaz — jaez IIb
gallah — guilla IIb
ganîa — guadagnare
ganîmah — galima IIb
garâ — gara IIa
garaba — garbino
garafa — caraffa
garâmah — garrama IIb
garb — garabáto IIb
garbî — garbino
gargara (vb.) — gargatta
garî, garîr — garrido IIb
ǵarrah — giara; [charro IIb]
ǵazâîr — ghiazzerino
gazâl — gazzella
ǵebaz — jaez IIb
gerbâl, gerbala — garbillo IIb
ghara — gara IIa
girab — garabáto IIb
girâf — caraffa
ǵolab — giulebbe
gonbâz — gambais

habba baura — amapóla IIb
'habbat-al-'halvah — batafalua IIb
'habl — cappio
'halaba — alholba IIb
['halsä] — alazan IIb
'harbah — arpa
'hard — fardo
harôn — haron IIb
harrâka — feluca
'harraqah — caracca
harschef — articiocco
'haschisch, 'haschischin — assassino
'hatta — té IIb; hasta IIb
[haul] — ola
'hazin — hacino IIb
'horr — horro IIb

[isfinâdj, isfânâdj] — spinace

jâsamûn — gesmino; azzardo
jasar, jasara — azzardo

kabâbat — cubebe
ka'bah — taba IIb
kadim — cadimo IIb
kâfir — cafre IIb; cagot IIc
kalib — kalibro
[karawiu] — carvi
karîvija — chirivía IIb
karkara — caragollo
kerbâh — manteca IIb
kortobani — cordovano
kuar men na'hal — colmena IIb

laimûn — limone
laki'a, laqi't — lacayo
lâzvardî — azzurro

machsan — magazzino; tazza
magabir — macabre IIc
mana'ha — almanacco
mandil — mandil IIb
mardaqûsch — majorana
markazat — marcassita
marmi'd — marmita
marqaschita — marcassita

marr, marra — amarrar
marrah — marras IIb
mascharat — máschera
masi'h — macío IIb
ma'tmôrah — mazmorra IIb
Mauçîl — mussolo
meskîn — meschino
mi'traqah — matraca IIb
[mokhayyar] — moire IIc
morâbi'tin — maravedí IIb
mowallad — mulato IIb

nâb — *marfil IIb
nâda — almoneda IIb
na'hî — manteca IIb
nâ'ib — naipe IIb
nâranǵ — arancio
nucha — nuca

[oualiha] — valigia

qabala — alcabála IIb; *gabella
qafilah — cáfila IIb
qahvah — caffe
qâlab — calibro
qalafa — calafatare
[qālib] — calibro
qalib — ib.

[qallaf] — calafatare
qamiç — camicia
qanaça — alcance IIb
qand, qandat — candire
qermazi, qermez —carmesino; XXIV
  (XVIII) 4
qin'târ — quintale ·
qîrâ't — carato
[qorqonr pl. qarâqir] — caracca
qo'ton — cotone; [gabella]

rabab — arrebol IIb
rabâb — ribeba; [rabâcher IIc]
raba'd, rabaz — rapaz IIb
rachiç — rafez IIb
rahn — rehen IIb
rakaza — marcassita
rama'da — marmita
ramla — rambla IIb
raqama — *ricamare
raqm — ib.
râs — res IIb
ratam, ratamah — retama IIb
ratt — arrel IIb
razmah — risma
[refî'] — refe IIa
rehân (pl.) — rehen IIb
rekb — récua IIb
rezmah, rizma — risma
[rizq] — risicare
robb — robbo
rochç — rafez IIb

sabat, sabata — ciabatta; sabot IIc
sachira — máschera
saha — zafo IIb
sakana — meschino
sâqah — zaga IIb
sarada — zaranda IIb
sarandab — zaranda IIb
schâ — oxalá IIb
schabaka — xabeca IIb
schajch alġabal — assassino
schaqiqah — xaqueca IIb
scha'râ — xara IIb
scharâb — siroppo
scharif — xarifo IIb
scharkon — sargia
scharq — scirocco
scharr — sciarra IIa
scha't — xato IIb
schorb — sorbetto

schoruq — scirocco
[seil el kemel] — cambellotto
sekkah — zecca IIa
senâ — sena
serval — zaragüelles IIb
Sikelia — scarlatto
simsar — sensale
sokkar — zúcchero
Soliman — tazza
sommâq — sommaco

'tábaq — taba IIb
'tabîq — tabique IIb
tâbût — *ataud
taihûr — tafur
'talaq — talco
tamr hiudi — tamarindo
taquim — almanacco
taracha — sarrafar IIb
'tarah — tara
'tara'ha — materasso
tarb — zirbo IIa

'tarchûn — targone
tarġama, targômân — dragomanno
'tarh — tara
'tarîdah — tarida; tartana
'ta'rîf — tariffa
'tarimah — tarima IIb
tartara — tartagliare
taschbik — tabique IIb
'tassa, 'tassah — tazza
'telsam (pl. 'telsamân) — talismano
'tonbûr — tamburo
torġomân — dragomanno

'ûd — liúto
usťâd — usted IIb
uzfur — zafferano

vars — brasile
vazara, vazîr — alguacil IIb

za'fara, za'farân — zafferano
zagal — IIb
zandal — sándalo
zargab — chagrin IIc
zarqâ (f.) — zarco IIb; garzo IIb
zarrâfah — giraffa
zehâr (vulg.) — azzardo
zibib — zioibbo IIa
zorzâl, zorzur — zorzal IIb

Vrgl. auch unter: addobbare, andana, andare (Andaluz), arabesco
baracca, *barbacane, chaveco, ciclaton, fregata, [gabbáno], garzone,
[lacayo], [scarpa], stuolo; bagliore IIa; alguarismo IIb, argolla IIb,
arriero IIb, barragan IIb, boda IIb, buz IIb, faro IIb, goivo IIb, mugron
IIb, naguela IIb, zaino IIb.

VIII. Slavisch.

ájdate, ajde *serb.* — andare
ambón *russ.* — auvent IIc

bába *russ.* — berta
barátati *serb.* — baratto
barna *serb.* — brenna IIa
bátati *serb.* — battere
békawitza, béknuti *serb.* — becco
  IIa
belenà *russ.* — beleño IIb
bielun *poln.* — ib.
bik *serb.* — becco IIa
bljn *böhm.* — beleño IIb
bober *russ.* — bévero
brnja *serb.* — brenna IIa

dárda *slav.* — dardo
darmo, darom *slav.* — indarno IIa
doga *wend.*
duga *wend.* — doga

glas *serb.* — chiasso
górod *russ.* — giardino
grâd, gràdina *serb.* — ib.
[greben] *serb.* — greppo IIa

baufnice *böhm.* — obus IIc

ibunka *russ.* — beccabungia

kamenj *slav.* — cammino; cammeo
kamsa *ill.* — camicia
kapusta *russ.* — cabus IIc
klopòtâr *serb.* — cloche IIc
kolesa *böhm.* — calesse
koleso *russ.* — ib.
kólokol' *russ.* — cloche IIc
korbatsch *russ.* — corbacho
kotsch *böhm.* — cocchio
kow *böhm.* — cobalto
kutsitza *ill.* — coche IIc
kutze *ill.* — cuccio

lokol *ill.* — loc IIc

makar *serb.* — macári IIa

nébo, nëbo *russ.* — palais IIc
nèbo *serb.* — ib.

orda *russ.*

palásch *russ.* — palascio IIa
paór *serb.* — gaburo IIa
pasaman *poln.* — passamano
paweza *böhm.* — pavese
pinka *slav.* — pincione
pivo *slav.* — birra
platiti *serb.* — pagare
ploska *serb.* — fiasco
plug *slav.* — arátro
pohan *böhm.* — pagano
pravi *slav.* — bravo

ròb, róbija *serb.* — roba
roštilj *serb.* — rosta IIa

sàblja *serb.* — sciabla
sàmur *serb.* — zibellino
selitra *russ.* — salitre IIb
sobol' *russ.* — zibellino
sochà *russ.* — soc IIc
sokol *slav.* — sagro
[sraka] *aslav.* — sargia
sreda *slov.* — mercoledì
stresch *krain.* — scriccio

tàs *serb.* — tazza
tikva *serb.* — cucuzza
towàr *russ.* — tomajo IIa
tulich *böhm.* — dolequin IIc
tzev *serb.* — tige IIc

[ugorek] *slav.* — augurría IIb
uka *serb.* — hucher IIc

veriga *slav.* — virar

zapaio *russ.* — ceffo IIa
zaritsch *ill.* — scriccio IIa

Vrgl. auch unter: [casacca], gauta, guerra, inchiostro, vísciola, strale IIa, bras IIc, élan IIc; für *russ.* crescione.

IX. Onomatopoëtische oder Naturausdrücke.

ba — badare
baba — babil IIc
bab — baire
ha — haro IIc

han — affanno
bin hin — hennir
pati patapan — patois IIc

Vrgl. auch bava, [beffa], bomba[2], borbogliare, bruire, buf, chiocciare,
ciancia, ciarlare, cigala, ciocciare, ciúfolo, [escupir], fanfa, gargatta,
gergo, ghiattire, marmita, micio, [pappagallo], patta, pattuglia, piare,
piccione, pisciare, ronfiare, tartagliare, tromba, trono, upupa, zenzára,
zitto; bajare IIa, bisbiglio IIa, buféra IIa, [chiappare IIa], cigolare IIa,
[izza IIa], lui IIa, pápero IIa, rombo IIa; asco IIb, bafo IIb, bofe IIb,
báchara IIb, chasco IIb, chucha IIb, ganguear IIb, hipo IIb, pito IIb,
ranger IIb, regoldar IIb, zumaya IIb, zumbar IIb, zurrir IIb; claque IIc,
clique IIc, cloche IIc, coq IIc, coquelicot IIc, criquet IIc, gargote IIc,
grenouille IIc, grive IIc, hibou IIc, hoquet IIc, hu IIc, humer IIc, [lo-
riot IIc], marmotter IIc, raire IIc, tabust IIc, tartarassa IIc.

~~⌘~~

X. Verschiedenes in alphab. Reihenfolge.

1. afrikanisch.

Bugie — bugía[2]
Fostat, Fossat (= Cairo) — fustagno
[Gadames] — gamba
pathaton — pátio IIb
Tagarros — tagarote IIb
vrgl. auch canto; *südafr.* auch zebro.

2. albanesisch.

at — tata
bebę — bava
bebęzę — ninno
biljbilj — rosignuolo
calę, callę — cavallo
cambanę — campana
cęmišę — camicia
che
cocós — coq IIc
dogę — doga •
gardę, gęradiuę — giardino
gunę — gonna
hordi — orda
kęrcóig — cercare
khęmbę — gamba
livę — libeccio

mácar — macári IIa
magje — mádia IIa
maïmun — mammone IIa
mascaré — máschera
męltzi — milza
mergónem — andare
mustáke — mostaccio
nalte — naut IIc
not — notare
patę — patta
pice — piccolo
pitskóig — pizza
pjesę — pezza
plepi — pioppo
puzę — pote
ralę — ralo IIb
robi, ropi — roba
rugę — ruga
russ — biondo
[sárkë] — sargia
scantalę — scandaglio
ścumę — schiuma
scúpira — escupir
sirmę — sírima IIa
śortari — sorcier IIc
śpate — spada
śpeś — spesso

štrẹmp — strambo
timoni — leme IIb
tsjap — zebra
tufẹ — touffe IIc
tzgiep — zebra
tzicẹ — cica
unki — oncle IIc
vapẹ — vampo IIa
zínziras — zenzára

3. amerikanisch.

vrgl. [amáca], ananás (süd.), brasile, condore (süd.), campeggio (central.), cannibale (Antillen), tabacco, [uracano] (central.); maiz IIb (Haiti), patata IIb

4. asiatisch.

Badakschan (Balaschan, Balaxiam) — balascio
Bagdad — baldacchino
[Bokhara] — bucherame
Gaza — gaze IIc
Kaschmir — casimiro IIb
Mosul — mussolo
Sinope — sinople IIc
vrgl. auch orda

5. bengalisch

nibu, nimbu — limone

6. berberisch.

vrgl. sárria IIb

7. chaldäisch.

vrgl. dragomanno

8. chinesisch.

vrgl. tè

9. cimbrisch.

gerbe — garbo IIa
gote — gudazzo IIa
greppe — greppo IIa
pul — bulo IIa

10. estnisch.

vrgl. crescione

11. etruskisch.

capys — gavilan IIb

12. hebräisch.

[baruch 'adonäi] — baragouin IIc
[~ habba] — ib.
goj, gojе jüd. — gouge IIc
kabalah — cábala
kobha (kova) — cuffia
mahach, makkah — macco
mamser rabbin. — manser IIb
marah — marrano IIb
[marud] — maraud IIc
pesach — pasqua
[rakam] — ricamare
rod — rôder IIc
schoteh rabbin. — zote
těrēfa — trefe IIb
trefe — IIb
zait — aceite IIb
zarah — azzardo
zuzan — azucena IIb
vrgl. auch gêne IIc, almanacco, tasso.

13. hispanisch.

brisa — briser IIc
vrgl. auch unter: canto, gordo, lancia, baluz IIb, brisa IIb, cigüeña IIb, coscojo IIb, dureta IIb, arpent IIc.

14. iberisch.

vrgl. arnia, virar, marron IIb, sarna IIb

15. indisch.

khand, khanda — candire
[namaca] (west-) — amáca
nimbûka — limone
vrgl. auch cánfora, axedrez IIb

16. karaibisch.

vrgl. amáca, cannibale, uracano

17. koreanisch.

sir, szir — seta

18. kurdisch.

nakára — nácchero

19. lappisch-finnisch.

raingo — *rangífero

20. lettisch.

vrgl. crescione

21. levantinisch.

moïacar — moire IIc
vrgl. auch borraggine, gineta

22. lithauisch.

bebru — bévero
pleczca — fiasco
sakalas — sagro
szarmonys, szarmû — armellino

23. malayisch.

[kakadu] — pappagallo
[korakora, kourakoura] — caracca
tambâga — tombacco

24. mexikanisch.

camctli — camote IIb
choco, chocollatl — cioccolata
kakahuatl — cacáo
latl — cioccolata
petlacalli — petaca IIb
petlatl — petate IIb
tomatl — tomate IIb
vrgl. auch xícara IIb

25. mongolisch.

sirgek — seta

26. morgenländisch.

vrgl. scimitarra, zibetto

27. orientalisch.

ambar — *amarillo IIb
ambra — carabe
vrgl. auch [bucherame]

28. oskisch.

dat — a

29. persisch.

ab — giulebbe
agem, agem lilac — lilac
arz — alerce IIb
auk — auge
bâla-khaneh — *barbacane
baljâd — bliaut
balkan — balco
baraka — baracane
buring — bronzo
dulbend — tulipano
ferz — fierce IIc
fil — alfido

gul — giulebbe
jâsemîn — gesmino
kâhrubâ — carabe IIb
lak — lacca
lalê — tulipano
lazvard — azzurro
leilâk — lilac
lilac, agem — ib.
limû — limone
mûm, mûmijâ — mummia
muschk — musco
nafir — añafil IIb
nâreng — arancio
nila — añil IIb
pâpusch — babouches IIc
piring — bronzo
[qarabah] — caraffa
rokh — rocco; rocca
sàgarî — chagrin IIc
sakirlât — scarlatto
satil — secchia
schâch mat — matto; matto IIa
schâh — scacco
schakar — zúcchero
schigala — chacal IIc
schimschîr — scimitarra
serai — serrare
serbend — sarabanda
tâfteh — taffetà
'tambûr — tamburo
[tark, tarkasch] — carcasso
tarsanah — arsenale
[tschaugan] — cica
[walîtchè] — valigia
vrgl. auch dogana, galanga, talco,
tazza; aljófar IIb, axedrez IIb,
azogue IIb

30. rhätisch.

capys — gavilan IIb
fascia, fäscia — haza IIb
palva — balme IIc

31. sabinisch.

cumba — catacomba
veia — veggia IIa

32. sanskrit.

darana — darne IIc
dardru — dartre IIc
[drabh] — tref IIc
hlas — chiasso
khand, khanda — candire
krimi-dscha — carmesino
kschauma — camicia
lâkschâ — lacca
locaka — locco
marakada — smeraldo

[naga, nâgaranga] — arancio
på — birra
panka — fango
pîb — birra
[pippakâ] — pappagallo
pîv — birra
plavana — piombare
[pruš] — bruciare
[ranga] — arancio
sarpa — serpe
tapanas — tafáno
[tarka] — carcasso
vârata — jars IIc
vrgl. auch sándalo

33. semitisch.

vrgl. avania

34. syrisch.

berûl — perla
vrgl. auch [giúggiola]

35. türkisch.

bat — patta
beg armôdi — bergamotta
kyrbûtsch — corbacho
lalê — tulipano
leilâk — lilac
maïmun — mammone IIa
qalfât — calafatare
scherîf, hatti — xarifo IIb
serai — serrare
[terkesch] — carcasso
tschâprâk — chabraque IIc
zâgrì — chagrin IIc
zâr — azzardo
vrgl. auch: arnia, avania, chaveco

36. tuscisch.

subulo — ciúfolo

37. umbrisch.

[covortus] — cortina
plautus, plotus — piota IIa
pus — poi

38. ungarisch.

atzél — acciajo
baba — babbo IIa
belénd-fu — heleño IIb
billikom — wilecome IIc
buda — botta
dákos — daga
dárda — dardo
gants — gancio
kotsi — cocchio
kotza — coche IIc
kuszi — cuccio
lúd — ganta
majom — mammone IIa
pais — pavese
palatzk — fiasco
palos — palascio IIa
pászma, paszomán — passamano
pinty — pincione
pitzin — piccolo
por — gaburo IIa
sparga — spago IIa
srof — écrou IIc
száblya — sciabla
tsonka — cioncare IIa
tsür — écurie IIc
úrók — arroyo IIb

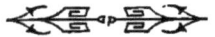

XI. Eigennamen als Etyma.

a) Ländernamen.

Algier (ġazáir) — ghiazzerino
Badakschan (Balascian, Balaxiam) — balascio
[Bokhara] — bucherame
Campania — campana
Campeche — campeggio
Francia — franco
Hibernia — bérnia; troja
Holland — ib.
Indien (West-) — dinde IIc
Kandia — candire
Kaschmir — casimiro IIb
Lucania — lugánega IIa
Majorca — majólica IIa
Phrygien — fregio; orfroi IIc
Rascien — raso
Sardinien — sardina
Savoyen — segugio
Sicilien — scarlatto
Syrien — sauro
Vau-de-Vire — vaudeville IIc

b) Berg- und Flussnamen.

Ardennen — ardoise IIc
Tagarros — tagarote IIb

c) Städtenamen.

Ardes — ardoise IIc
Arras — raso; arazzo IIa
Ascalon — scalogno
Bagdad — baldacchino
Bayonne — *baïonnette IIc
Berlin — berline IIc
Brignole — brugna
Bugie — bugía[3]
Cahors — chaorcin IIc

Cerreto — ciarlare
Cordoba — cordovano
Cydon — cotogna
Damascus — damasco
Fostat, Fossat (Cairo) — fustagno
[Gadames] (Tripoli) — gamba
Galatia — scarlatto
Gaza — gaze IIc
Geldern — galdre IIb
Marrocco — marrochino
Mate (Platz in Paris) — matois IIc
Mosul — mussolo
Pasquino (Statue in Rom) — pasquino
Pavia — pavese
Pistoja — ib.; pistóla
Pozzuoli — pozzolana IIa
Rheims — renso IIa
Rom — romeo
Sinope — sinople IIc
Susa — segugio; susína IIa
Tarent — tarántola
Troja — troja
Tyrus — tire IIc
Verdun — verdugo IIb
Ypern — ypréau IIc

d) Völkernamen.

Alanus, Albanus — alano
Berruier — berruier IIc
Brabänter — braimant IIc
Bretone — bret IIc
Bulgare — bougre IIc; rabougrir IIc
Cinetes — ginete IIb
Cravate (Croate) — cravatta
Flamänder — braimant IIc
Franke — franco
Friese — fregio
Gallier — gaglioffo
Germane — germanía IIb

Gothe — algoz IIb; cagot IIc; goda IIc
Lombarde — lombard IIc
Normanne — norois IIc
Norwege — ib.
Slave — schiavo
Türke — turco IIb; turquois IIc
Walache — vigliacco
Westgothe — bigot IIc
Zigeuner — zangano IIb

e) Personennamen.

[Acarius] — cara
Bertha — berta
[Caja, Cajus] — gajo
[Charles, Charlemagne] — ciarlare
Céladon — céladon IIc
Chimaera — chimera; jumart IIc
Δῖα, Diva — da IIc
Fiacre — fiacre IIc
Fro — flamberge IIc
Fugger — fúcar IIb
Gianni — zanni IIa
[Hurakan] — uracano
Jaque — giaco
Jovis dies — giovedì
~ barba — jusbarba
~ mons — monjoie IIc
Lar — lar
Lazarus — lázaro
Leonius — leonino

Lunae dies — lunedì
Macarius — macabre IIc
Machabaeorum, chorea — ib.
Mahomet — momer IIc
Manogald, Managolt, Manowalt — manigoldo IIa
Mansard — mansarde IIc
Maria — [mariposa IIb]; urraca IIb; marionnette IIc
Maro — marrone IIa
Martinus — Martin pescatore
Martis dies — martedì
Matianum, malum — manzana IIb
Mercurii dies — mercoledì
Musa — musaico; cornamusa
Nicolao Pepin — naipe IIb
Orcus — orco
Pantaleon — pantalone IIa
Parillo — salsapariglia
Peterchen — parrocchetto
Phryx — orfroi IIc
Puccio d'Aniello — pulcinel
Rodrigo — rodrigon IIb
Rollo — haro IIc
Salomon — trifoire IIa
Samson — sansonnet IIc
[Saturnus] — sorn; sornette IIc
Schomberg — chamberga IIb
Silhouette — silhouette IIc
Silvanus — salvano IIa
Tabarin — tabarin IIc
Turlupin — turlupin IIc
Urraca — urraca IIb
Veneris dies — venerdì

XII. Verzeichnis

der

in den einzelnen Alphabeten gleichlautenden Stichwörter,

von denen das zweite im Index mit einem oben rechts angebrachten [2] bezeichnet wird.

I. Band: baja, boja, bomba, bordone, bricco, brusco, bugía, casso, cocca, dieta, guado, lama, lega, mina, ora, oste, putto, resta, riccio, rocca, saggio, sándalo, sortire, tufo, via.

II. Band IIa: matto.

      IIb: amago, cama, garzo, hoz, lapa, pino, prieto, real.

      IIc: argot, bercer, biche, brin, bru, charme, criquet, douille, drague, drille, foudre, givre, gorre, gourme, greffe, houle, laie, longe, louer, maquereau, moyeu, par, poêle (1, 2, 3), queux, rame, siller, sur, voyer.

XIII. Berichtigungen und Ergänzungen.

1. Schalte ein:

a) in den rom. Index:

ajancener *wall.* — gente
assènza *it.* — senza
aubère *fr.* — alban
bacalaria *pr.* — baccalare
baccharo *pg.* — ib.
biljbílj *macedowal.* — rosignuolo
caruca *pr.* — arátro
falso *rothw.* — catafalco
fasol *sp.* — frisol IIb
felh *pr.* — fello
[fleür] *afr.* — fragrare
[franbe] *it.* (mndt.) — frangia
hierlekin *afr.* — arlecchino
[lamia] *sp.* (vrlt.) — atril IIb
[lumbral] *sp.* (vrlt.) — ib.
mes (pt.) *afr.* — mets IIc
mesgins, mesgis *afr.* — mégir IIc
mis (pt.) *fr.* — mets IIc
mort aux poules *fr.* — hanebane IIc
Rotlan *pr.* — rotolo
venez (präs.) *wal.* — cacciare
verso *it.* — suso
y *sp.* — *mariposa IIb

b) in den lat. Index:

ascalonia (caepa) — scalogno
leudis *ml.* — leude IIc

2. Zu folgenden Wörtern des rom. Indexes mögen noch die daneben stehenden Stichwörter hinzugefügt werden:

auca — barca
badare — baire
botar — bagordo
bren — brin
busca — [bruciare]

coq — [cucco]
dileticare — [ditello IIa]
diritto — torto
Douai — raso
droit — torto
fascia — ambasciata
fromage — fornire
fugo (corr. fujo) — mezzo IIa
gésir — [gettare]
har — harer IIc
haro — ib.
piccare — pegar
prostrare — I; [andare]; [puirier IIc]
stoffa — stufa
sus — sommo
susornione — *sorn
trumel — *trumeau IIc

Desgl. im lat. Index:

acutus — *aigu IIc (Nachträge)
Duacum — raso
mons — [aigu IIc] (Nachträge)
versus — suso

3. Verbessere im rom. Index:

bafouer — hier gehört „(Nachträge)" zu beffa
Bojano — boja IIa bessere loja IIa
coublet *fr.* — 1. couplet
dncat (S. 78, 1. v. u.) — 1. ducat
fugo *it.* — 1. fujo
guidare ist nach guidardone zu setzen
pinco; hier ist zu trennen pinco *sp.* — pinque
~ *it.* — minchia IIa
pisca, piscar (S. 173, 16 v. u.) — 1. pizca, pizcar; — im germ. Index statt Frey 1. Freyr.

XIV. Berichtigungen zu Schelers Anhang.

Seite	Zeile	statt	XIII	lies	XIV		Seite	Zeile	statt	420	lies	422
705,	22	statt	XIII	lies	XIV		763,	14	statt	420	lies	422
707,	2 v. u.	„	293	„	298		766,	20	„	V	„	III
709,	22	„	IV	„	V		767,	23	„	317	„	319
711,	24	„	Suchier	„	Grœber		770,	9 v. u.	„	146	„	346
713,	17	„	857	„	557		773,	22	„	176	„	178
714,	22	„	XII	„	XIII		790,	29	„	V	„	III
719,	2	„	IV	„	IX		791,	9	„	444	„	108—9
—	29	„	263	„	243		—	11	„	260	„	264
723,	7 v. u.	„	244	„	444		797,	21	„	V	„	IV
724,	2 v. u.	„	405	„	445		804,	28	„	167	„	157
726,	4 v. u.	„	461	„	135		805,	30	„	127	„	129
729,	1	„	XV	„	XIV		807,	6 v. u.	„	629	„	619
733,	15	„	205	„	245		808,	13	„	436	„	437
—	16	„	426	„	424		—	11	„	615	„	611
738,	15	„	574	„	374		812,	13	„	432	„	482
739,	1 und 9	„	690	„	630		814,	9 v. u.	„	249	„	293
750,	18	„	748	„	419		815,	3	„	III	„	II
751,	4	„	238	„	228		865,	21	„	128	„	123
761,	22	„	IX	„	X							

INHALT.

Buchdruckerei von B. Stýblo in Prag.